Etz isch noch go gnuag Hai hunta!

Etz isch nooch gau gnua Hai honta!

Wir bedanken uns beim Förderverein „Schwäbischer Dialekt" e. V.
und bei den Oberschwäbischen Elektrizitätswerken (OEW)
für die Unterstützung dieses Buchprojektes.

Bibliografische Information der Deutschen Bibliothek
Die Deutsche Bibliothek verzeichnet diese Publikation in der
Deutschen Nationalbibliografie; detaillierte bibliografische Daten
sind im Internet über http://dnb.ddb.de abrufbar.

Fotos: Florian Achberger: Titelbild, Seite 11, 13, 14, 15, 17, 284, 417;
Ludwig Dorner: Seite 6, 24, 165;
Achim Zepp Seite 596/597;

Gesamtherstellung:
Biberacher Verlagsdruckerei GmbH & Co. KG,
88400 Biberach, Leipzigstraße 26

Alle Rechte einschließlich der Vervielfältigung, Verbreitung
in Film, Funk und Fernsehen, Speicherung in elektronischen
Medien sowie Nachdruck, auch auszugsweise, vorbehalten.
Printed in Germany

ISBN 978-3-943391-88-6

Ludwig Mich. Dorner

Etz isch noch go gnuag Hai hunta!

Etz isch nooch gau gnua Hai honta!

Oberschwäbische Sprüche, Redensarten,
Lebensweisheiten, Lieder

Mitteloberschwäbisches Bauernhaus in Fischbach bei Biberach, Anfang des 20. Jahrhunderts; die „Hoimet" der Mutter des Autors.

Zu diesem Buch

Der Buchtitel »Etz isch noch go gnuag Hai hunta!« ist in der allgäuerischen und südoberschwäbischen Sprechweise gehalten; die mittel- und nordoberschwäbische Variante heißt: »Etz isch nooch gau gnua Hai honta!«.

Die Sammlung entstand über einen Zeitraum von gut vier Jahrzehnten.

In den 1990ern waren zwei Bücher von mir erschienen. Sie enthielten größere Teile der jetzt vorliegenden Sammlung, die ich aber bis zum Erscheinen dieser Ausgabe unermüdlich weiterführte und im Umfang in etwa verdoppeln konnte.

Außerdem wurden die zugehörigen Erklärungen und Kommentare wesentlich überarbeitet, vertieft und ergänzt.

Dieses Buch enthält fast 3000 oberschwäbische Sprüche, Redensarten, Lebensweisheiten, Lieder, Kinderreime, Wort- und Sprachspielereien, Charakterisierungen, spontan Entstandenes. Auch allerlei zu Liebe und Erotik, zum Essen und Trinken, zu Vor- und Ortsnamen, zu Pflanzen und Tieren, zu Handwerks- und anderen Berufen, zur Landwirtschaft und noch Einiges mehr.

Die Nachsitzungen des Gemeinderats Griesingen (»em Hiisch« = »im Hirsch[en]«) waren mir über Jahre eine sehr ergiebige Quelle zu dieser Sammlung.

Über mehr als vier Jahrzehnte hinweg aufgelesen und niedergeschrieben.
Alsdann: Gesichtet. Sortiert. Dokumentiert. Erklärt. Kommentiert.
Und hiermit zugänglich gemacht.

Im Herbst 2016
Ludwig Mich. Dorner

Inhalt

	Seite

Einführung   10

Redensarten, Sprichwörter, Lebensweisheiten   25
zuweilen auch Ironie, Spott und Boshaftigkeit oder Dummheit

Liebe, Erotik, Partnerschaft   135
und oft damit verbundene menschliche Schwächen

Fasnet (Fastnacht)   159
Sprüche und Redensarten rund um die närrische Jahreszeit

Kinderreime, Auszählverse, Zungenbrecher   167
*Nicht wenige von ihnen gäben heutzutage Anlass
zu erzieherischem Eingreifen.*

Wortspiele und Sprachspielereien   207
*Hier darf sich der Volkswitz mit Hilfe der Sprache so richtig austoben.
Manches wirkt fast philosophisch. Anderes ist boshaft.*

Lieder, neu, abgewandelt oder ergänzt   257
*und meist nur in geselliger Runde »erlaubt«
(Nicht immer »geschmackvoll« oder ganz jugendfrei)*

Männliche und weibliche Vornamen   269
*Vielfach wird ein Schluss-i oder etwas Ähnliches angefügt:
zugleich gelebte Integration.*

Ortsnamen   277
*wie sie in der örtlichen Mundart bzw. in der Umgebung
ausgesprochen werden. Wenn etwas nur in der Fastnacht
gebraucht wird, ist dies angegeben.*

Spontan Entstandenes, Aufgeschnapptes und Erlauschtes   285
*Manches könnte gut auch zum Kapitel »Wortspiele« passen.
Und zuweilen macht es nachdenklich ...*

	Seite
Blumen, Bäume und andere Pflanzen **und teils auch deren Früchte**	307
Tierisches *Wo sagt man Boohle und wo heißt es Rälleng?*	315
Charakterisierungen *Meinungen über andere Leute, Ereignisse und Sachen,* *manchmal wahr und manchmal unfair.*	319
Berufe *Sprüche aus Handwerks- und anderen Berufen*	363
Aus der Landwirtschaft und bäuerlichem Tun *(oder was sich hochnäsige Stadtleute zuweilen darunter vorstellen)* *Erfahrung, Weisheit, Arbeitswelt, zuweilen Spott, manchmal Humorvolles*	391
Essen und Trinken *Was bitte ist »a bizzele Hassan«?* *Und wer hätte es gedacht: »A großer Bouch kommt et voo* *gloine Schbätzla.«*	419
Buntes Allerlei *(was sich sonst noch so angesammelt hat ...)* *Lustiges, Ernstes, Besinnliches, Mitleidiges, Boshaftes, Erlebtes*	459
Quellen	594

Grundsätzlicher Aufbau der einzelnen Sprüche
dargestellt am Beispiel des Buchtitels

Spruch *(zugleich Buchtitel)*

(A) Etz isch noch go gnuag Hai hunta!
(B) Jetzt ist dann demnächst genug Heu herunten!
(C) Stammt aus der bäuerlichen Viehfütterung, als man vom Heuboden (Lagerraum im Dachgeschoß) die benötigte Tagesration an Heu oder Öhmd [= 2. Grasschnitt] durch eine Luke abwarf, um sie dann dem Vieh vorzulegen.
 – Kommentar zur eigenen Arbeit, auch im Team: Für heute ist es genug gearbeitet, lasst uns Feierabend machen. <u>Oder:</u>
 – Warnung an einen anderen, er habe genug proviziert. Das Maß sei jetzt voll.
Allgäu, Schussen

Erklärung

(A) Spruch, Redensart, Kinderreim, Lied ...
(B) möglichst wortgetreue Übertragung in die Schriftsprache, was meistens klappt.
(C) Darauf folgen in der Regel zugehörige Wort- und Bedeutungserklärungen;
 ggf. ergänzt durch die Angabe der Sprachregion(en):
Allgäu, Schussen, Riß, Donau

Innerhalb jedes Kapitels sind die Sprüche usw. (allermeist) nach dem Alphabet geordnet. Dies ergibt von selbst eine bunte Mischung.

Wer den oberschwäbischen Sprachschatz kennenlernen, erweitern oder vertiefen will, ist hier richtig. Vieles wirkt sehr komisch, manches macht nachdenklich, es gibt Einfältiges und Gescheites, wie im richtigen Leben halt auch.

Viele Sprüche, Redensarten, Bemerkungen oder Weisheiten passen jeweils auch in ein anderes Kapitel. Ich habe aber Mehrfachnennungen vermieden.

Sprüche, die sich ähneln, aber doch unterschiedlich ausgedrückt werden, habe ich öfters unter einer gemeinsamen »Nummer« zusammengefasst. Insofern sind es eigentlich sogar noch etliche mehr als »nur« 2958 Sprüche.

Einführung 11

„Deene hommr abr gheerig da Marsch bloosa".

Liebe Leserinnen und Leser,

was die Leute in Oberschwaben an Sprüchen, Redewendungen, Lebensweisheiten und so weiter immer wieder sagten oder auch mal spontan formulierten, habe ich vor Jahrzehnten zu sammeln begonnen. Lose, unsystematisch erst, doch schon ab 1984 mit Computerhilfe nach bestimmten Kriterien geordnet. Wenn man einmal angefangen hat, dann sprudelt oder tröpfelt es immerfort, und überall tun sich wieder neue Quellen auf.

Alle Sprüche haben gemeinsam, dass sie lebendigem Sprachgebrauch entsprangen und in Oberschwaben erlauscht wurden. Zu mehreren Tausend haben meine Frau und ich sie selber aufgeschnappt und sogleich notiert, zur Not auf allerlei Zetteln und Bierdeckeln, und später auch mithilfe des Handys, oder sie fielen uns nach und nach aus Kindheit und Jugend selber wieder ein. In wenigen anderen Fällen konnte ich auf Quellen zurückgreifen, die ihrerseits offensichtlich eigenem Erinnern entsprangen und in Schriftform festgehalten wurden. Ich habe sehr darauf geachtet, nichts in meine Sammlung aufzunehmen, was in Büchern steht, die aus anderen Büchern zusammengetragen wurden, die auf weiteren Büchern beruhen.

Leider ist es mir nicht durchweg gelungen, die heutzutage mit Recht übliche sprachliche Gleichstellung zwischen Männern und Frauen durchzuhalten. Gar zu viele »seine/m/r Freund/in« würden das Lesen zur Tortur machen. Und außerdem: Die Sprüche wurden notiert, wie sie fielen. Es war nicht meine Aufgabe, Zensor zu spielen! Ich bitte also die Leser/innen, dies mir nachsehen zu wollen. Es sind in fast jedem Falle beide Geschlechter »mit-gemeint«.

Was ist Oberschwaben? Unterländer (mittlerer Neckarraum) nennen es meist »Oberland« und besingen es fälschlicherweise als Land der Schlehen, also des rauen Klimas, als ob es weder Tettnanger Hopfen noch Bodenseeobst oder Seewein gäbe. Der Nordtrauf der Schwäbischen Alb ist deutlich sicht- und spürbar (z. B. Drackensteiner, Honauer Steige). Da geht's von Norden her immer steil bergan. Da sich die Alb dem Süden zu jedoch nur allmählich absenkt, fällt dem Reisenden der Übergang zu Oberschwaben viel weniger auf. Das flachgewellte nördliche Oberschwaben unterscheidet sich (oberflächlich betrachtet) nicht so sehr von der ebenfalls welligen Albhochfläche. Ein weiterer Grund für mangelnde Oberschwabenkenntnisse von Stuttgartern (und anderen Schwäbisch-Unterländischen) mag sein, dass Oberschwaben ja auch das Gebiet mit den nicht (ganz so) gut ausgebauten Straßen ist, welche von Unterländern an den Wochenenden auf dem Weg zum Bodensee oder in die Skigebiete verstopft werden wie fast die ganze Woche nicht. Ein Gebiet, das sie hin und zurück meist möglichst schnell hinter sich zu bringen trachten.

Und katholisch, bäuerlich, etwas rückständig und sehr, sehr konservativ beim Wählen sei man dort meist auch. Den einen zur Freud' und Rettung ihrer langjährigen landesweiten Mehrheitsverhältnisse, den anderen zum Leid und Grund schierer Hoffnungslosigkeit. Aber: In Oberschwaben gab es auch den ersten baden-württembergischen Grünen, der zum leibhaftigen Bürgermeister gewählt wurde! Und seit 2011 und

Das Wangener Rathaus

wieder seit 2016 haben wir einen in Oberschwaben verwurzelten Ministerpräsident, der nicht in der früheren Langzeit-Mehrheitspartei ist, zudem mit eigener Migrationsgeschichte. Doch nun der Reihe nach.

Oberschwaben ist ein Teil des fränkisch-schwäbisch-alemannischen Sprachgebiets. Es liegt südlich der Schwäbischen Alb und der sie begleitenden Donau bis hin zum Bodensee. Es gibt durchaus unterschiedliche Definitionen, was Oberschwaben sei *(siehe Wikipedia)*.

Aber für diese Sprüchesammlung soll gelten: Die Ostgrenze Oberschwabens wird von der Iller gezogen, weitgehend auch Grenze zum Nachbarn Bayern. Auch im dortigen Regierungsbezirk Schwaben leben schwäbische Stammesvettern, doch würde man sie heute eher weniger als Oberschwaben bezeichnen. Im Westen wird es schwieriger mit der Abgrenzung: Hohenzollern (um Sigmaringen) und das alte Badnerland bilden ungefähr die Grenze. Markdorf, Meersburg, Pfullendorf und Überlingen sind badische Städtchen und würden sich vermutlich lieber nicht zu Ober-»Schwaben«(!) zählen lassen. Davor schützt sie das regelmäßige Singen des Badnerlieds! Das württembergische Allgäu um Wangen, Bad Wurzach, Leutkirch und Isny zählt man sozusagen als eigenständige Untergruppe hingegen mit zu Oberschwaben. Auf *www.amtzell. de* heißt es noch im September 2016: »... gibt's natürlich die Möglichkeit einer Pause und Stärkung mit der typisch allgäu-oberschwäbischen Gastlichkeit.«

Ulm - Ehingen/Donau - Riedlingen - Mengen - Sigmaringen - Ostrach - Wilhelmsdorf und das Zocklerland - Friedrichshafen - Kressbronn - Tettnang - Wangen/Allgäu - Isny - Leutkirch - Dietenheim und wieder Ulm schließen Oberschwaben und Allgäu also in

Ravensburg

diesem Sinne ungefähr ein. Mittendrin liegen die beiden Metropolen Biberach und Ravensburg sowie etliche Kurstädtchen: Aulendorf, Bad Saulgau, Bad Schussenried, Bad Buchau, Bad Waldsee und Bad Wurzach. Große Barockkirchen, Klosteranlagen und Schlösser gehören ebenfalls dazu. Die »Oberschwäbische Barockstraße« *(Näheres unter Wikipedia)* führt zu diesen baulichen Schönheiten Oberschwabens.

Unser Oberschwaben gehörte jahrhundertelang entweder zu örtlichen Herrschaften (Adligen), zu Klöstern (teils reich und mächtig, teils in Oberschwaben gelegen, teils auch außerhalb), zu den ehemaligen Freien Reichsstädten (Ulm, Biberach, Bad Buchau, Ravensburg, Wangen, Leutkirch, Isny, Buchhorn *[heute Friedrichshafen]* und reichsunmittelbaren Territorien (zum Beispiel Altdorf *[heute Weingarten]*) und zum großen Teil zu den sogenannten vorderösterreichischen Besitztümern. Ein Blick auf die Landkarte aus der Zeit vor dem Wiener Kongress zeigt einen verwirrend bunten Flickenteppich. Erst mit dem Wiener Kongress und noch einigem Hickhack danach kam Oberschwaben an das Herzogtum und alsbald Königreich Württemberg, also seit etwa 1810. Übrigens nicht gerade himmelhochjauchzend ob dieser Entwicklung! Wie die entsprechende innere Einstellung der ersten königlich-württembergischen Beamten, Offiziere und ins »Oberland« gelockten Kaufleute war, geht an passender Stelle im Buch hervor: »de Evangelische saget ›Lährer‹ und ›Säle‹ statt ›Lehrer‹ und ›Seele‹«. Nunmehr ist unser Oberschwaben mit Kunst, Kultur, Geschichte, schöner Landschaft, dem Bodensee und mit Industrie und auch Mittelstand von Weltruf längst Teil von Baden-Württemberg.

Biberach

Man könnte sich zuweilen dennoch durchaus auch heute noch als eine Art Anhängsel oder Kolonie von Stuttgarts Gnaden fühlen; dies zeigt sich in schlechteren Straßen und Eisenbahnverbindungen, doch auch darin, dass das für Oberschwaben zuständige Regierungspräsidium ausgerechnet jenseits der Alb, im (evangelisch geprägten) Tübingen am Neckar nämlich, liegt. Der Sitz der katholischen Diözese wurde bald nach der Einverleibung Oberschwabens in die dem Stuttgarter Herrscherhaus nächstgelegene katholische Stadt Rottenburg am Neckar verlegt, reichlich weitab von ihrem eigentlichen Zuständigkeitsbereich. Weitaus angemessener wäre eine Stadt im mittleren Oberschwaben gewesen. Aber das war herrschafts-politisch nicht gewollt.

Und bis heute gibt es in Oberschwaben keine einzige Universität, abgesehen vom randständigen Ulm. Mancherlei Akademien, Hoch- und Fachhochschulen, über ganz Oberschwaben verteilt, sind schön und gut, aber noch kein vollwertiger Uni-Ersatz.

Unterländer reden und schreiben ungeniert von »Schwäbisch« schlechthin und meinen damit doch »nur« ihr Neckarschwäbisch. Auch Humoristen und Comedians, aus anderen Sprachregionen stammend, bemühen schwäbelnd und um der Lacherfolge willen ausschließlich sogenanntes Stuttgarter Honoratiorenschwäbisch, an das sie, passend oder häufig nicht, an möglichst viele Wörter ein *-le* anhängen. Auch eine regelmäßige Sprachkolumne in der Südwest Presse, fundiert und durchaus amüsant geschrieben, spricht schlicht von »Schwäbisch« und verschweigt jede Woche aufs Neue geflissentlich, dass sie den Sprachgebrauch (Wortschatz und Aussprache) der Älbler und Unterländer beschreibt. Es wird unterstellt, dass deren Schwäbisch zugleich das allgemeingültige Schwäbisch schlechthin sei. Dabei sind uns Oberschwaben viele der dort jeweils erklärten »schwäbischen« Begriffe von Haus aus eher unbekannt. Oberschwaben wie auch andere Regionen des Landes verschwinden hier wie auch sonst oft hinter dem Stuttgart-Neckarraum-Monopol. Liebe (Süd-)Badener, gell, ihr versteht uns! Nur meint ihr oft, dass auch wir zu jenen von euch weniger geliebten »Schwoba(-seggl)« gehören, die wir zwar womöglich wohl sind, aber eben nicht jene der unterländischen Prägung.

Alles nur »olle Kamellen«? Am 23. April 2016 schreibt die Südwest Presse auf Seite 5 zu den damaligen Koalitionsverhandlungen im Land zwischen Grünen und CDU: »Stuttgart. Egal, ob es um Stuttgart 21 oder eine Umgehungsstraße in einem oberschwäbischen Weiler ging: …« Das soll heißen: Erst ein Thema, das (vermeintlich) schier die Welt aus den Fugen hebt, dann etwas aus Oberschwäbisch-Hinterpfuiteufel, das keine Sau interessiert. Größer kann der Kontrast nicht dargestellt werden. Ja, genau so ist öfters die dortige Denke …!

Hanebüchen ist auch, was am 8. Oktober 2016 in derselben Zeitung stand: „Die Gesichtszüge des Schwaben sind für gewöhnlich also so streng wie seine pietistisch ausgebildete Abneigung gegen jeden Glamour." Wer sowas auch über die Oberschwaben schreibt, kann von deren Lebenswelt nur sehr wenig Ahnung haben.

Die Landschaft Oberschwaben spiegelt sich auch in den Dialektvarianten wider, in denen die einzelnen Sprüche gehalten sind. Da findet sich der Raum an der Donau entlang, zuweilen mit kleinen »Ausflügen« auf die nahegelegene Ehinger Alb, ins Tal von Schmiech, Schelklinger Aach und Blau. Daran südlich schließt sich der Landkreis Biberach (Riß) mit seinem typischen Oberschwäbisch von der Iller nahe Memmingen bis zur Donau in Riedlingen und wiederum dessen Untergruppen, auf die ich hier nicht näher eingehen kann. Alsdann nähern wir uns dem schon niederalemannisch gefärbten Schwäbisch im mittleren Schussental, und ganz im Süden kommen dann das Bodensee-Alemannisch und das diesem nah verwandte Westallgäuerisch zu ihrem Recht.

Wenn sich innerhalb Oberschwabens an der Aussprache eine Sprachregion erkennen lässt, ist sie vermerkt. Ich habe mich meist der Flussnamen bedient. Das ist nicht rein geografisch zu nehmen, Zuflüsse gehören dazu, und an den Rändern gibt es natürlich auch Überlappungen. Die nachfolgenden Ortsnamen beschreiben die Räume, zu denen das jeweilige Umland dazugezählt werden muss.

- **Allgäu**: württembergisches Allgäu, also etwa …
  Neukirch, Bodnegg, Wangen, Kißlegg, Leutkirch, Isny
- **Schussen**: südliches Oberschwaben bis zum Bodensee, also etwa …
  Mochenwangen, Bergatreute, Baienfurt, Weingarten, Ravensburg, Tettnang, Friedrichshafen, das »Zocklerland«
- **Riß**: mittleres Oberschwaben, also etwa …
  Dietenheim, Ochsenhausen, Laupheim, Schemmerhofen, Biberach, Bad Wurzach, Bad Waldsee, Bad Schussenried, Bad Buchau, Bad Saulgau
- **Donau**: nördliches Oberschwaben, also etwa …
  Riedlingen, Munderkingen, Ehingen, Schelklingen, Erbach, Ulm

Oberschwäbisches Schwäbisch: Oberschwaben ist sprachlich etwas zweigeteilt. Nördlich etwa der Linie Altshausen - Bad Waldsee - Wolfegg - Leutkirch spricht man Schwäbisch (»Riß, Donau«). Mit anderer, typisch oberschwäbischer Färbung als auf der Alb und im württembergischen Unterland natürlich, auch mit teils original oberschwäbischem Wortschatz, und ursprünglich natürlich beinahe von Dorf zu Dorf leicht verschieden, aber: Es ist eine Spielart des Schwäbischen. Dessen eindeutiges, wenn auch nicht einziges Erkennungsmerkmal sind die Nasale, also die mehr oder weniger durch die Nase gesprochenen Selbstlaute, die zunehmen, je näher jemand an der Donau zuhause ist. Südlich der genannten Linie schwätzt man ebenfalls Schwäbisch, jedoch zunehmend mit alemannischer Lautfärbung. (»Allgäu, Schussen«) Das »ch« ist schon deutlich dem Schweizerischen und Vorarlbergerischen näher. Im südlichen Oberschwaben wird auf dem Land zuweilen sogar noch das echte Alemannisch gesprochen: »Hus« statt »Haus«, »Wib« statt »Weib« und »schdong long« für »stehen lassen«, »Griasa« statt »Kirschen« und »gsi« statt »gwäa« [= gewesen]. In den Städten (Weingarten, Ravensburg, Wangen, Leutkirch, Isny, Tettnang, Friedrichshafen) und den verstädterten Umlandgemeinden ist diese alemannische Umlautung indes weitgehend verschwunden und hat längst dem oberschwäbisch eingefärbten Allgemeinschwäbisch Platz gemacht: Nur die hellen, klingenden Vokale (gänzlich ohne Nasale) und auch der teilweise andere Wortschatz sind geblieben und bezeichnen eindeutig die »südliche« Herkunft. Jemand aus Langenargen (zum Beispiel!) sagt »Bah'hof« [= Bahnhof] mit einem deutlich anderen »a« als jemand etwa aus Ehingen-Kirchen. Ein Bodenseeanrainer könnte Schwierigkeiten beim Verstehen haben, wenn einer von der Donau sagt: »Där zuit de gau glei an de Aura!« [= Der wird dich gleich an

Die Donau bei Obermarchtal

den Ohren ziehen!] Der Mensch von der Donau wiederum fragt sich vielleicht, was gemeint ist, wenn er in Seenähe hört: »Du kasch dia Griasa riabig a Zitlang schdong long.« *[= Du kannst die Kirschen ruhig eine Weile stehen lassen.]* Und nur jemand aus dem Allgäu könnte Büchele *(siehe unter* »Quellen«*)* verstehen: »Nommer gommet allet.« *[= Irgendeinen gibt es immer, der (bei Abwesenheit der Übrigen) das Haus hütet.]* Da käme dann wohl auch ein Unterländer Schwabe mit seinem vermeintlich alleingültigen Schwäbisch leicht ins Grübeln. Vielfalt herrscht nicht nur im Schwäbischen insgesamt, sondern durchaus auch innerhalb Oberschwabens.

Kleine Anmerkung zum Buchtitel:

Das »go« *(mit kurzem offenem O zu sprechen) kennzeichnet die Oberschwäbisch-Variante aus dem Sprachräumen* »Allgäu« *und* »Schussen«. *Mir sind im Raum* »Riß« *und* »Donau« *etliche Menschen oberschwäbischer Prägung begegnet, die mit dem* »go« *wenig anzufangen wussten und sich schier ins Englische zu verirren drohten. Erst als ich es ihnen mit dem ihnen wohlvertrauten* »gau« *übersetzte, war auch ihnen alsbald klar, was gemeint war. Deswegen hat dieses Buch einen südoberschwäbischen Titel (*»Allgäu«, »Schussen«*) und darunter einen mittel- und nordoberschwäbischen Zweittitel als Hilfe zum Verständnis für alle aus den Sprachräumen* »Riß« *und* »Donau«.

(A) Titel:
Etz isch noch go gnuag Hai hunta! *bzw.*

(B) Zweittitel:
Etz isch nooch gau gnua Hai honta!

Interessierte können hierbei immerhin vier typische Unterschiede entdecken.

Meine Frau ist im württembergischen Allgäu geboren und aufgewachsen. Auch ihre Eltern stammen aus dieser Gegend. Fast ihre ganze Verwandtschaft ist zwischen Wangen und Ravensburg beheimatet und spricht – soweit auf dem Lande wohnend – das Alemannische beziehungsweise, in Wangen zu Hause, das Süd-Oberschwäbisch (nieder-)alemannischer Klangfärbung.

Ich bin im mittleren Schussental geboren, aufgewachsen, zur Schule und Hochschule gegangen und habe dort den Großteil meiner sprachlichen Wurzeln. Auch mein Vater ist hier zu Hause gewesen: städtisch-alemannisches Spracherbe, während meine Mutter aus dem südlichen Raum des Landkreises Biberach stammte und samt ihrer Verwandtschaft die mittel-oberschwäbische Komponente beisteuerte. Beruflich waren meine Frau und ich über vier Jahrzehnte in Ehingen tätig, und wir sind dort seit den frühen 1970ern auch wohnhaft, integriert und (immer noch) engagiert. Uns ist also auch das Schwäbisch an Donau und Albaufstieg bestens vertraut.

Vereinfacht, aber keineswegs falsch: Im nördlichen Oberschwaben heißt es für »gehen, stehen, lassen, haben« »gau, schtau, lau, hau«. Im mittleren Oberschwaben hört man dafür »ganga, schdanda, lassa, hon«. In Seenähe und im nahen Allgäu wird daraus zuweilen noch ein »gong, schtong, long, hong«. In einer Strophe des Wangemer Fasnetslieds heißt es folgerichtig: »Möchtet au ge Tanze gong ... – und amol a Späßle hong, ...«. Kenner unterscheiden auch, wiederum von Nord nach Süd, »gwea *[nasaliert]*, gwäa, gsai, gsi«, alle stehen sie für »gewesen«. Ab etwa Höhe Laupheim in nördlicher Richtung sagt man »älle« statt wie sonst überall in Oberschwaben bis hin zum See »alle«.

Im mittleren und nördlichen Oberschwaben fährt man an den See *[= Bodensee]* »nouf« *[= hinauf]*, während man im Allgäu und im Schussental an den See »nab« *[= hinab* – und übrigens nicht *»naa«]* fährt.

Wer mit kurzem »e« sagt »'s hebbt«, ist vom südlichen Teil, wer gedehnt »'s heebt« sagt, wohnt näher an der Donau. Beide könnten damit meinen, dass zwar ein Gewitter naht, es aber wohl nicht oder nicht zu früh zum Regnen komme. Es könnte auch sein, dass ein Knopf gemeint ist, der nur noch an einem dünnen Faden hängt, aber so lange noch »heben« *[= halten]* wird, bis ... Die Unterschiede (Oberschwaben-Nord/Süd) in der Längung der Vokale gelten für viele Fälle.

Und es gibt Wörter, die man im nördlichen Teil Oberschwabens vielleicht noch nie gehört hat, die aber im südlichen *(wenigstens ursprünglich)* gang und gäbe sind oder waren – oder umgekehrt:

Allgäu, Schussen	**Riß, Donau**	**Standarddeutsch**
Bodabirra	*Grommbiera, Aideepfl*	Kartoffeln
diefa	–	beleidigt sein, sich beleidigt zurückziehen
es schindig hon	–	(saumäßig) viel zu tun haben
glimpfig	–	gelenkig
Griasa, Kirscha	*Kiischa*	Kirschen
Haag	*Zau'*	Zaun
keebelig	–	nasskalt
Schumpa (Allgäu)	*Beschla*	Jungrind, dem Kälberalter entwachsen
Gschiss	*Gschieß*	unnötiges Aufhebens
–	*Auweedr*	Maulwurf
schnättera	–	knatternd furzen
schnattera	*schnättera*	vor Kälte bibbern
–	*Laiberling*	Zecke bzw. Blutegel
vrschmäggela	–	an etwas, z. B. Essen, herumnörgeln
–	*vrschmäggela*	auf den Geschmack kommen (»es ver schmeckt haben«)

Also aufpassen bei Aussagen wie: »Mir hant [bzw. hond] gschnätteret, und wia!«

Was Schwäbisch auch kann: Verkleinerungsformen (Diminutive) beim Verb.
Im Schwäbischen kann man an manche Verben im Infinitiv ein »-le« anhängen. Bei einigen Verben geht das in der Schriftsprache zwar so ähnlich auch, vgl. tänzeln (zu tanzen), tröpfeln (zu tropfen), säuseln (zu sausen). Aber in unserer Mundart sind es wesentlich mehr. Hier einige Beispiele:

bockela	*als Mensch etwas streng nach Ziegenbock riechen*
däbberla	*von »tappen«: Trippelschritte machen*
gäbela	*von »gäbeln« (abgeleitet von »Gabel«): einander reizen, ärgern. (Vgl. Wax; s. Quellenverzeichnis)*
gniagala	*von »genug (bekommen)«: was man allmählich nicht mehr so mag; nicht nur beim Essen*
kitzabehnela	*»Kitzböhnchen« fallen lassen: Es hagelt kleine Hagelkörner.*
meichtela, meichela	*zu lange in der Mauke* gelegen muffig/modrig riechen (*Mauke: »heimlich angesammelter Vorrat von Obst, Nüssen u. dgl.; Ort, wo dies aufbewahrt wird« (Wax; s. Quellenverzeichnis)*
rengela	*von »renga« [= regnen]: leicht regnen*
schäffela	*von «schaffen« [= arbeiten]: leichte Arbeiten verrichten*
schneiela	*von »schneia« [= schneien]: leicht schneien*
soichela	*von »seicheln«: etwas streng nach Urin riechen*
zornela	*ein wenig zornen (kleine Kinder aus Erwachsenen-Sicht; dem Kind ist es meist ernst damit)*

Kein Wunder, dass es in einem Lied heißt: »A bizzle bockela, a bizzle schdinka, a bizzle soichela, dees dott dr Schwob.« – von Oberschwaben zuweilen bierselig und selbstironisch gesungen!

Mit einem kleinen Augenzwinkern sei vermeldet, dass es einige Schussentäler gibt, in deren Weltbild das »eigentliche Oberschwaben« in Richtung Norden spätestens bei Laupheim oder Schemmerhofen endet. Und in der Tat: Umgekehrt zählen sich Ulmer und Ehinger (samt Umland) nicht wirklich mehr so richtig zu Oberschwaben! Sie sagen, sie fahren ins »Oberland« »nouf« [= hinauf]. Aber hier sind sie gleichwohl und zu Recht mit inbegriffen. Prof. Norbert Feinäugle† von der PH Weingarten hatte mein erstes Buch (1992) so kommentiert: Es sei »eine kleine Kulturkunde Oberschwabens«, hatte ich doch einige Hinweise auf Sitten und Gebräuche oder auch sprachliche Gewohnheiten aufgenommen, die zwar nicht immer unter die Kategorie »Sprüche und Redensarten« fielen, aber sehr wohl oberschwäbisches Leben erhellten. Dies wird hier weitergepflegt.

Es schadet sicher nicht, wenn man sich bei so manchem altüberlieferten Spruch zuweilen bewusst macht, wie sehr er intolerant ist, wie er unfair umgeht mit Kranken, Schwachen, Behinderten, Alten, Zuwanderern und – mit Frauen. Vielleicht bleibt manchen Leserinnen und Lesern das Lachen oder Lächeln zuweilen auch im Halse stecken, und sie zügeln womöglich inskünftig ihre diesbezügliche eigene Zunge. Dies gilt erst recht in Zeiten teils hemmungslosen Gehetzes in Internetmedien, wo man den Angegriffenen nicht ins Gesicht schauen muss. Es stammt nicht von mir, aber es gehört hierher: »Rufmord geht dem richtigen Mord voraus.«

Ich wünsche nun der gesamten Leserschaft ...
- a bizzele Spaß
- a bizzele Wehmut
- a bizzele Erinnern und Wiederfinden
- a bizzele Neuentdecken
- a bizzele Schmunzeln und Lachen
- a bizzele Zufriedenheit angesichts früherer Mangelzeiten
- a bizzele Dankbarkeit, weil es uns heute meist besser geht
- a bizzele Anerkennung, dass wir (hier) in jahrzehntealtem Frieden leben und mit unseren europäischen Nachbarn zusammenleben können
- a bizzele Staunen über die Weisheit »der Alten«
- a bizzele Beachtung und Respektierung der Inhalte des Grundgesetzes und der europäischen Grundrechte-Charta *(auch angesichts so mancher Sprüche im Buch!)*
- a bizzele Hoffnung, weil Sprachwitz und Spontaneität nicht aussterben, wie jüngere Sprüche beweisen, auch wenn sich die Sprache ständig wandelt
- a bizzele etwas an Ideen zum Weitergeben an Kinder, Enkel, Kindergarten- und Schulkinder in der Hoffnung, diese würden sich später daran erinnern
  »Ich möchte Ihnen für Ihre Sammlung einen Kinderreim zusenden, den meine Großmutter Paula S. (Jahrgang 1894) allen ihren Enkeln beigebracht hat und auch von mir an meine Kinder weitergegeben wurde.«
- a bizzele Zugewinn an Lebensweisheit
- a bizzele Zugewinn an Toleranz
- a bizzele Zugewinn an Daseinsfreude

... und dies alles nicht nur für Oberschwaben (Landschaft und alle hier Lebenden).

»Eigenständiges Vokabular im Schwäbischen«

In Wikipedia findet sich eine naturgemäß unvollständige und allenfalls beispielhafte Zusammenstellung; nicht alles darin ist Oberschwäbisch, aber Vieles schon *(auch)*: »Substantive, Verben, Adjektive, Adverbien und Modalpartikel, Präpositionen, Orts- angaben, Richtungsangaben«

Der Wikipedia-Beitrag (Stand: 19. Mai 2016) enthält auch ein Kapitel »Dialekträume und Verbreitung«. Oberschwaben wird darin *nicht* aufgeführt: Oberschwaben findet aus auswärtiger Sicht oft gar nicht statt, wie bereits dargestellt.

Mehr dazu siehe unter: https://de.wikipedia.org/wiki/Schwäbischer_Dialekt

Was mir wichtig ist: Alles, was ich zusammengetragen habe, wurde in Oberschwaben gefunden. Das heißt aber ausdrücklich nicht, dass man anderswo nicht ebenso oder ähnlich denke, empfinde und sage! In Oberschwaben sind die Leute nicht mehr und nicht weniger pfiffig als in anderen Gegenden der Welt. Wie überall gibt es auch hierzulande nicht nur Gescheite, Weise, Humorvolle, Tolerante, Versöhnliche und Höfliche. Es gibt auch die Anderen.

Anmerkungen

Wer mit der Aussprache des hier vorgestellten Oberschwäbischen Probleme hat, dem sei empfohlen, sich das Eine oder Andere von einem einheimischen Mundartkundigen vorsprechen zu lassen. Die Sprüche und Redensarten in der Schrift darzustellen, so dass man sie einfach »runterlesen« könnte, ist schlichtweg unmöglich. Viele kennen vielleicht die Lautschrift (IPA / International Phonetical Association) aus dem Fremdsprachen-Schulbuch und manche *(wenige?)* können sie vielleicht auch richtig interpretieren. Wer aber von uns wüsste schon die IPA-Sonderzeichen für oberschwäbische Lautungen schreibend oder lesend zu nutzen?

Was bei den Sprüchen unter<u>strichen</u> wurde, ist beim Lesen zu betonen. Beachtet man dieses nicht, würde der Sinn möglicherweise verfälscht.

Im schwäbischen Spruch vorkommende doppelte »aa«, »ee«, »oo«, »uu« sind gedehnt zu sprechen. Also wie langes aaaaaaaaaa (usw.), nicht wie a-a!

Auch »ie«, »ih« und »ieh« entsprechen insoweit der Schriftsprache.

Die Konsonanten K, P und T werden im Schwäbischen oft weniger hart als im Standarddeutschen, aber auch nicht so weich wie G, B, D gesprochen. Dies lässt sich im Schriftbild nicht darstellen.

-a oder auch -e am Wortende, das dem Schriftdeutschen -en entspricht (z. B. huaschda = husten) wird ganz ähnlich wie das englische »a« *(Artikel; vgl. <u>a</u> book)* gesprochen, also weder als »a« noch als »e«, was im vorliegenden Beispiel auch bereits für das erste »a« im Wort gilt. Das kann man sich im Zweifelsfall nur von Kundigen vorsprechen lassen. Nicht dass gut schwäbisch »huaschda« zuletzt noch zu einem sehr exotisch anmutenden »hu-<u>asch</u>-ta« missriete ...

Ähnliches gilt für die Schreibung der Binnen-E: Schreibe ich »e«, dann ist das ebenso ungenau wie die Schreibung mit »ä«. So bin ich zum Beispiel unschlüssig, ob ich im Schwäbischen »Messr« oder »Mässr« für das schriftdeutsche »Messer« schreiben soll. Beides trifft wie in der Schriftsprache nicht genau den Laut, der irgendwo dazwischen liegt.

Manche Sprüche ähneln sich, so dass sich auch einzelne (Wort-)Erklärungen zuweilen mehr oder weniger gleichen. Diese Sammlung wird wohl nicht von vorn bis hinten streng der Reihe nach durchgelesen. Und daher kann ich mich nicht darauf verlassen, der Leser (die Leserin) habe eine entsprechende Erklärung ja schon mal zur Kenntnis genommen und diese zugleich auch im Gedächtnis behalten.

Zuletzt ist auch ein Wort des Dankes angebracht

Ich danke allen sehr herzlich, die gewollt oder durch Zufall zur Sammlung beigetragen haben. Manche freundliche Menschen haben sich nach Erscheinen meiner ersten Bücher die Mühe gemacht aufzuschreiben, was ihnen aus ihrer Kindheit und Jugend an Redensarten einfiel. Es sind viele Köstlichkeiten darunter. Nachbarn, Verwandte, Bekannte, Lehrerkollegen und Schülerschaft (für alle gilt: m/w) haben oftmals freiwillig und bewusst oder zuweilen auch unfreiwillig ebenfalls mitgewirkt.

Ich danke den 145 Leserinnen und Lesern meines »Privatbuchs« gleichen Titels (auf Vorbestellung im Frühjahr 2016). Diese haben durch ihr Interesse und zahlreiche, meist herzerfrischend formulierte Rückmeldungen zum Entstehen dieses Buches nicht unwesentlich mit beigetragen. Was sie mir zum Teil an Sprüchen mitteilten, wurde hier noch gerne aufgenommen.

Ich danke der Biberacher Verlagsdruckerei, dass sie sich des Projekts angenommen und viel Herzblut in die Entstehung und Gestaltung investiert hat.

Und last but not least danke ich meiner lieben Frau Klärle, dass sie mein zeitaufwändiges Hobby mitgetragen und erduldet hat. Und nicht nur das, sie hat mit aufgepasst und vieles notiert, sie hat das »Manuskript« auch Seite für Seite durchgesehen und noch viele gute Tipps geben können.

Allen Mitwirkenden also ganz herzlichen Dank!

Und nun hoffe ich, dass 'etzt in der Tat noch go gnuag Hai hunta isch.

Ich wünsche allerseits eine angenehme und erkenntnisreiche Lektüre.

Es kann losgehen.

Ludwig Mich. Dorner

Bei Fragen und Rückmeldungen bitte Mail an LMD.EU@t-online.de
Solange ich kann, will ich gerne darauf antworten.

Wer trotz aller Sorgfalt, die wir aufbrachten, doch noch Fehler findet, darf diese gerne behalten und in einem Schächtele aufbewahren oder auch an die Wand bäppen ... ;-)))

Brunnen der verdruckten Allgäuer in Wangen: »Wemme 6 Allgeier ibrenand beigad, no isch dr oberscht so vrdruckt wie dr unterscht!«

Redensarten, Sprichwörter, Lebensweisheiten

Zuweilen auch Ironie, Spott und Boshaftigkeit oder Dummheit. Manchen Spruch könnte man natürlich auch in einem der anderen Kapitel unterbringen.

(Ab) morga pfeifd en <u>andera</u> Wind.
(Ab) morgen pfeift *[= bläst]* ein anderer Wind.
(Ab) morgen herrschen strengere Sitten. Sagt man zum Beispiel zu Kindern am letzten Ferientag vor Schuljahresbeginn.

»Dees git se <u>scho</u> beim Biegla,« hot dr sell Schneidr gsait, wo n er da Hosalada <u>hin</u>ta nagnäht hot.
»Das gibt sich *[= erledigt sich]* beim Bügeln«, hat jener Schneider gesagt, als er versehentlich den Hosenschlitz hinten angenäht/angebracht hat.
Karikiert die naive Zuversicht, auch ein gravierender Fehler könne leicht und alsbald behoben werden.

»Dr Kliegere git nooch«, hot dr sell Bourabua gsait. »Ox, gib <u>duu</u> nooch!«
»Der Klügere gibt nach,« hat jener Bauernbub gesagt. »Ochs', gib du nach!«
Karikiert sog. Bauernschläue: Der Urheber wisse sehr wohl, was sich gehöre, gehe aber davon aus, dass es der andere nicht wisse oder auf sein Recht verzichte.

»Mir isch s Untermoul grad aso liab wia s Obrmoul!« hot dr sell Knecht gsait, wo n r Buttr und Gsälz ouf <u>boi</u>de Seita vom Brot noufgschdricha hot.
»Mir ist das Untermaul genau so lieb wie das Obermaul,« hat jener Knecht gesagt, als er Butter und Marmelade auf beide Seiten des Brotes strich.
Der Spruch wird wohl aus »hungrigen« Zeiten stammen, als Kost und Logis (Wohnrecht in einem dunklen und ungeheizten Verschlag) den Hauptbestandteil des Einkommens von Knechten und Mägden darstellte.

»S Hous vrliert nix!« hot de sell Beiere gsait, wo se d Socka ous em Krouthafa zoga hot.
»Das Haus verliert nichts!« hat jene Bäuerin gesagt, als sie die Socken aus dem *(großen)* Topf mit *(dem eingelegten Sauer-)*Kraut zog.
Erweitert die Erkenntnis, dass man im Haus nicht wirklich etwas verlieren könne, um eine schaurig-schöne Variante.

A Äckerle und a Kua deckt alle Armut zua.
Ein Äckerlein und eine Kuh decken alle Armut zu.
Wer wenigstens dieses sein eigen nennen kann, ist nicht mehr gar so bitterarm. Inschrift auf dem Kachelofen einer traditionsreichen Biberacher Gaststätte.

A alds Rendviech vrgissd leichd, dass es au amol a Kälble gwea isch.
Ein altes Rindvieh vergisst leicht, dass es auch einmal ein Kälbchen gewesen ist.
Wenn ältere Leute so gar kein Verständnis für die Jugend (und deren gelegentliche Flausen) haben.

A aschdendiger Hund scheißt it vor de oiga Dir.
Ein anständiger Hund scheißt nicht vor die eigene Tür *(sondern vor die des Nachbarn).*

A blinde Sou findt au amol a Oichele.
Ein blindes Schwein findet auch einmal eine Eichel*(frucht.)*
Auch wer sich (warum auch immer) meist ungeschickt anstellt, hat zuweilen Glück. Oder: Ein blindes Huhn findet auch einmal ein Korn.

A Brilla ka em dimmschda Gsichd a vornehms Oussäa vrleia.
Eine Brille kann *(selbst)* dem dümmsten Gesicht *(noch)* ein vornehmes Aussehen verleihen.
Das nachgeahmte Schriftdeutsch unterstreicht den Sinn der ironischen Redensart: vornehmer scheinen, sich klüger geben als man ist.

a galschdrigs Ding
ein galstriges Ding
ein unhandlich großes Ding, Gestell, Gerät, Möbelstück …

A godde Ousred isch zea Batza wert.
Eine gute Ausrede ist zehn Batzen wert.
Batzen: früheres Geld. Es ist wertvoll, wenn man bei einem Missgeschick zu seiner Rechtfertigung schnell eine gute Ausrede bereit hat.

A goete Sou frisst alles.
Eine gute Sau [= Schwein] frisst alles.
Meist scherzhaft über sich selbst: »Ich bin beim Essen nicht besonders wählerisch.«

A gottr Schtolperer fellt it glei,
ond wenn r fellt, no leit r glei.
Ein guter Stolperer fällt nicht so leicht hin, und wenn er (schon) fällt, dann liegt er wenigstens gleich (richtig auf der Nase, und sonst passiert ihm weiter nichts.)
Sagt man meist (auch über sich selbst), wenn man eben beinahe gestolpert und hingefallen wäre.
Die zweite Hälfte »ond wenn …« kann auch entfallen.   Riß

A Grundschdigg ums Hous, d Vrwandtschaft weit futt, ringsrum koine Nochbr: No kasch im Frieda läaba.

Ein Grundstück ums Haus, die Verwandtschaft weit fort (wohnhaft), ringsum keine Nachbarn: Dann kannst du im Frieden leben.
Aus dem Allgäu mit den vielen Einzelhöfen.

A gsaddlade Sou isch no lang koi Reitgoul!

Eine gesattelte Sau ist noch lange kein Reitgaul!

Kann ein harmloser Scherz sein, aber auch zu rassistischen Zwecken missbraucht werden ...

A guats Gschäffd hot ällaweil offa.

Ein gutes Geschäft hat immer offen.

Anspielung, wenn einer seinen Hosenladen [= Hosenfalle] versehentlich offen hat.

A Hafa moss erscht he gau, bis ma mirgd, wa ma anem ghet hott.

Ein Hafen [= Topf] muss erst kaputtgehen, bis man merkt, was man an ihm gehabt hat.

Man weiß den Wert einer Person oder Sache leider oft erst dann zu schätzen, wenn es zu spät dafür ist.

a Hennadäbberle

ein Hennenschrittlein

»Däbberle«: kleiner Tapper (von »tappen«) = kleiner Schritt
a) wörtlich: nur um einen kleinen Schritt weiter (Kinderspiele)
b) übertragen: nur um ein Geringes

A Hura-Bäure trait im Schurzle mehr naus, als vier Gäul reiziaha könnet.

Eine Huren-Bäuerin trägt in der Schürze mehr hinaus, als vier Gäule hereinziehen können. *(Ummendorf)*

Huren...: zu nichts nutz. Eine Bauersfrau, die nicht sorgsam mit Hab und Gut umzugehen weiß, richtet großen und unwiederbringlichen wirtschaftlichen Schaden an. Steckt da stille Anerkennung der vielen tüchtigen und sparsamen bäuerlichen Hausfrauen dahinter?

A luschdiger Bua
brouchd manches Baar Schua.
En drouriga Narr
hott lang am a Baar.

Ein *(unternehmungs)*lustiger Bursche
*(ver)*braucht *(so)* manches Paar Schuhe.
Ein trauriger Narr [= *Stubenhocker]*
hat lange an einem Paar.

a Mottele macha

»motten«: »Moorerde, Wurzeln, Gestrüpp und dgl. verbrennen, um Asche zur Düngung zu gewinnen« (*Wax*);
ein (kleines) Feuerchen (im Freien) anzünden, zweckfrei, aus Freude und Abenteuerlust.

Schussen

A Riale isch bessr wie a Briale.

Ein »Rühelein« [= *kleine Ruhe]* ist besser als ein »Brühelein« [= *etwas Flüssiges, d.h. Arznei/Alkohol].*

Sich bei Krankheit ins Bett zu legen hilft mehr als Schlucken von Medikamenten.

A Tablett moss ma naalicha!

»lichen/lüchen«: »mit Wasser spülend reinigen« (*Fischer* in: *Wax*)
Eine Tablette muss man mit etwas Wasser hinabspülen [= hinunterspülen].

A vrschrockener Ma isch im Himmel it sichr!

Ein schreckhafter Mann ist im Himmel nicht sicher!

Ein schreckhafter (oder furchtsamer) Mann (Mensch) darf sich nicht einmal im Himmel sicher fühlen; selbst dort gibt es Gelegenheiten zu erschrecken. Oder: So jemand ist nirgends vor Ungemach sicher.

Ab nooch Kassel!

Ab nach Kassel!

Ernsthaft, aber nicht böse: Ab mit dir! Geh jetzt! – Zu Kindern abends auch: Ab ins Bett! Die Redensart spielt wohl auf den Soldatenhandel deutscher Fürsten im 18. Jahrhundert an, die während des amerikanischen Unabhängigkeitskrieges ihre »Landeskinder« (junge Männer) mit Gewalt, Tricks, Lug und Trug oder Versprechungen anwerben ließen, um sie als Soldaten an die englische Krone zu verkaufen. Von Kassel gingen Sammeltransporte nach Übersee.

Absalom, der Kenigsohn, bleibt am Baimle hanga.
Wär r it so gottlos gwäa, no wärs em it so ganga.

Absalom, der Königssohn, bleibt am Bäumchen hängen.
Wäre er nicht so gottlos gewesen, dann wäre es ihm nicht so ergangen.

… Absalom … war einer der … Söhne von König David … Seine Lebenszeit wird um das Jahr 1000 v. Chr. datiert. Obwohl er von seinem Vater sehr geliebt wurde, versucht er

diesen zu stürzen. Die Umstände werden in biblischen Erzählungen des Alten Testaments (2 Sam 15-18) geschildert: (...) Auf der Flucht vor den Soldaten seines Vaters blieb Abschalom mit seinem langen Haupthaar – dem Kennzeichen, das die biblische Erzählung mit ihm verbindet – in der Krone eines Baumes hängen. Joab, dem Hauptmann Davids, blieb nichts anderes zu tun, als ihn zu töten. ... https://de.wikipedia.org/wiki/Abschalom – Könnte als Drohung verwendet worden sein: »Wenn du nicht brav bist und tust, was du sollst ...«

Adee,
bleib schee ...
Ade *[= adieu]*,
bleib schön!

Leicht ironischer Abschiedsgruß, auch zu einem kleinen Kind, das Ada-Ada (Winke-Winke) macht.

Adeele
Adelein*

*Im Schwäbischen kann man an den Abschiedsgruß »Ade« noch ein verkleinerndes -le anfügen. Damit wirkt der Gruß noch ein bisschen herzinniger ...
Das aus dem Norddeutschen kommende »tschüss/tschüssi« ist durchaus eine Entsprechung, denn beide Formen (»tschüss« und »ade«) gehen auf das französische »Adieu« (»zu Gott, bei Gott, Gottbefohlen«) zurück.

Aibildung machd d Leit narret.
Einbildung macht die Leute missmutig.

Eingebildet zu sein bzw. sich etwas einzubilden stiftet Unfrieden.

Alde Fraua messet huaschta.
Alte Frauen müssen husten.

Selbstironisch aus gegebenem Anlass, gilt aber sicher für beide Geschlechter.

all Schaltjoor amool
alle Schaltjahre einmal

äußerst selten
Kommentiert vor allem Ereignisse, die man sich eigentlich öfters wünschen würde.

Älles wissa isch iebr älles hau!
Alles *(zu)* wissen ist über allem *(zu)* haben!

Hohes Wissen ist mehr wert als materieller Besitz.

Älls wa' räacht isch, abr doused Mark isch zviel fir a alta Goiß!
Älls wa' räacht isch, abr zea Mark ferr a vrreggda Henn isch zviel!
Alles, was recht ist, aber tausend Mark *(ca. 500 €)* ist zuviel für eine alte Ziege!
Alles, was recht ist, aber zehn Mark *(ca. 5 €)* für ein eingegangenes Huhn ist zuviel!
Was zuviel ist, ist zuviel! *Donau*

Also Goddvrschbrich, wenn it amool <u>dees</u> sai däff ...
Also, Gott versprich, wenn nicht einmal das *(mehr)* sein darf ...
Verärgert, enttäuscht, durch die Einbeziehung von »Gott« noch verstärkt:
Wenn man sich im Recht und guten Glauben wähnte und jetzt doch eine Enttäuschung
erlebte, insbesondere, wenn es sich nach Ansicht des Klagenden um eine Lappalie
handelte.

Alt und grau däsch wärra, bloß it frech!
Alt und grau darfst du werden, aber bloß nicht frech!
Meist eine nicht allzu ernst gemeinte Mahnung an ältere Kinder oder Jugendliche,
nicht so frech (oder repektlos) zu sein. *Allgäu, Schussen*

Am beschda, mir machet gar koin so en Galimathias!
Am besten *(ist es)*, wir machen gar keinen solchen Galimathias!
»Galimathias«: sinnloses, verworrenes Gerede (Duden)
Am besten machen wir gar kein solches Aufhebens um die Angelegenheit.

Am Karfrittig soll ma niats drinka, suschd hott ma s ganz Johr Durschd.
Am Karfreitag soll man nichts trinken, sonst hat man das ganze Jahr Durst.
(Büchele I); der Karfreitag gilt/galt als strenger Fastentag. *Allgäu*

Ama gschenkta Goul guggt ma it ins Moul.
Einem geschenkten Gaul schaut man nicht ins Maul.
Pferdehändler können beim Blick ins Pferdemaul am Zustand der Zähne das Alter
des Tieres abschätzen. Wenn man etwas geschenkt bekommt, soll man keine
besonderen Ansprüche an Beschaffenheit oder Aussehen stellen.

Ama nichderne Ma goht koi Glick aa.
Einem nüchternen Mann geht kein Glück ab.
Ein besonnener Mensch muss kein Glück entbehren.
Also auch wie redensartlich: Hilf dir selbst, so hilft dir Gott!

Amma Arma fähld viel, amma Geiziga alles.
Einem Armen fehlt viel, einem Geizigen alles.

An alta Huat zom Drommla!
Einen alten Hut zum Trommeln!

a) Etwa: »Ja von wegen – das hat sich der so gedacht!«.
   (schadenfroh bis leicht gehässig)
b) Sich mehr oder weniger in sein Schicksal fügend:
   »Der Mensch denkt, und Gott lenkt.«   *Donau*

An dr Agnes ischt an Bua vrlora ganga.
An der Agnes ist ein Bub verloren gegangen.

Über ein Mädchen, das sich eher etwas draufgängerisch verhält, wie ein Junge,
als dass es »sittsam« mit Puppen spielt. (Moosmann I)   *Allgäu*

An guata Goggeler vrblindet beldr.
Ein guter Gockel*(hahn)* erblindet früher.

Vielleicht gemeint: ein sexuell ausschweifendes Leben soll beim Menschen zu vorzeiti-
ger Alterung führen. (Moralvorstellung?)

An Ratz im Kuchekaschte isch mir liabr wia en Wirttaberger im Husgang!
Eine Ratte im Küchenkasten *[= -schrank]* ist mir lieber als ein Württemberger
im Hausgang *[= Flur]*! *(Büchele I)*

... und dies, obwohl im bäuerlichen Anwesen Ratten ja nicht gerade gern gesehene
»Gäste« sind.
Der Anschluss Oberschwabens und Teilen des Westallgäus an das Herzogtum Würt-
temberg (Anfang 19. Jhd.) machte der Bevölkerung noch jahrzehntelang zu schaffen.
Die Repräsentanten der neuen Herrschaft (Verwaltungsbeamte, Offiziere usw.) wur-
den wie Kolonialherren empfunden.   *Allgäu*

An voola Bouch lobt s Faschda.
Ein voller Bauch lobt das Fasten.

Etwa: »Vom sichern Port lässt sich's gemächlich raten!« (Schiller) - (Port = Hafen)

Anra Riab und anra Goiß
isch nia z hoiß.
Einer Rübe und einer Geiß *[= Ziege]*
ist es nie zu heiß.

Bauernspruch. Vielleicht: Sie fürchten sich vor nichts, sie kennen keine Gefahr.
Oder: Sie sind überhaupt nicht empfindlich. Wird vielleicht auf einen allzu Leichtsinni-
gen oder Vertrauensseligen gemünzt.

Armut isch a Hadrkatz!
Armut ist eine Haderkatze!

»Hadrkatz / Haderkatze«: »wer Streit anfängt, was Streit erregt« (Wax)
Armut führt zu Streitereien.

Au ama alda Scherba sieht ma a, dass r amol a netts Häfele war.
Auch einem alten Scherben [= *Topf*] sieht man an, dass er mal ein nettes Töpfchen war.
Auch alten Menschen sieht man noch an, wenn sie in ihrer Jugend als schön gegolten haben.

Au an alta Daggl scheißt Houfa na.
Auch ein alter Dackel scheißt Haufen hin.
»alter Dackel«: alter männlicher Mensch: Alter schützt vor Torheit nicht.

Au dr beschda Katz goht amol a Mous nous!
Auch der besten Katze geht einmal eine Maus hinaus!
»hinausgehen« (hier): entgehen, entkommen, entwischen
Jeder macht mal einen Fehler!

Au wenn da itt amool selbr schuldig bisch, hosch doch allaweil a Gschbrang drmit.
Auch wenn du nicht mal selber schuldig bist, hast du doch immer ein Gesprang damit.
»Gschbrang / Gesprang« von »springen«: Lauferei, Hektik, Fahrten zur Versicherung ... Bezogen auf Verkehrs-Un- und sonstige Versicherungsfälle.   Schussen

Bass ouf, i henk dr go glei s Greiz ous!
Pass auf, ich hänge dir gleich [= *demnächst*] das Kreuz aus!
Nicht ganz ernst gemeinte Drohung, sonst wäre es schlimm: das Kreuz (die Wirbelsäule) aushängen würde bedeuten, jemand körperlich schwer zuzusetzen (»die Gräten brechen«).

Bass ouf, sonsch komme mer hinter-anander!
Pass auf, sonst kommen wir hintereinander!
»hintereinanderkommen«: miteinander in Streit geraten
Damit drohte eine Mutter ihrem Kind auf offener Straße Ärger an, wenn es sich nicht hinfort manierlich benehme.

Beamte ond Meis:
Dia frässet eis!
Beamte und Mäuse:
Die fressen uns!
Klage, dass Behörden nur kosten.

Anmerkung: Wer Erfahrung hat aus Ländern ohne funktionierende Verwaltung, zudem oft anfällig für Korruption, der sieht das meist entschieden anders.

Bei de reiche Leit ka ma s Schbara lerna.
Bei den reichen Leuten kann man das Sparen lernen.

Oft auch sarkastisch, wenn sich ein Wohlhabender besonders kleinlich gibt.

Bei denne hot ma schaint s a Bachele.
Bei denen hat man, so scheint es, ein B.

»Bachele«: »unbeholfener, blöder Mensch, ein Erwachsener, der noch etwas kindisch ist« (Wax)
hier gemeint: geistig behindertes Kind (mitleidsvoll – veraltet)

Bei Nachd sind alle Kia schwarz.
Bei Nacht sind alle Kühe schwarz.

Zunächst ähnlich wie: Bei Nacht sind alle Katzen grau.
Zugleich aber auch: Nachts sieht alles ähnlich aus. Sei nicht so pingelig, strenge dich bei einer Arbeit nicht gar so heftig an, denn zuletzt schaut da niemand so genau hin.

Belle vrbacha, ka haina ond lacha. *Oder:*
Beller vo Bacha, ka haina ond lacha.
a) »belle« = heulen - b) »vrbacha« = von Tränen und vielleicht dazugehörigem Nasenausfluss »verbackenes« Gesicht - c) »heinen« = leise, aber intensiv weinen

b) Oder auch: Beller aus der Gemeinde Edenbachen, *(»Bacha«)*, weil es sich so schön reimt.
»Beller« ist einer, der gern und viel heult. *(Wax)*

Singsang, halb Spott, halb Trost zu Kindern, die zwischen Lachen und Weinen schwanken. Riß

Bisch heit mit em linka Fuaß oufgschdanda?
Bist du heute mit dem linken Fuß aufgestanden?

Bist du heute nicht gut drauf? (Wer beim morgendlichen Aufstehen aus dem Bett mit dem linken Fuß zuerst den Boden berühre, sei den ganzen Tag missgelaunt.) Übrigens: Im Schwäbischen beginnt der »Fuß« an der Hüfte, ein »Bein« gibt es nicht, höchstens als »Boiner« (Mehrzahl), doch dann bedeutet es »Knochen«.

Bisch vom Dobl?
Bist du vom Tobel?

Den Einwohnern des zwei Höfe großen Wohnplatzes Tobel bei Pfärrich, Gemeinde Amtzell, wurde scherzhaft unterstellt, sie zögen, wenn sie bei Verwandten und Bekannten einen Besuch abstatten wollten, nie den Mantel aus, weil sie angeblich nur auf einen Sprung vorbeischauen wollten, auch wenn es denn letztlich doch

regelmäßig zu einem auf Stunden ausgedehnten Besuch geriete, der übrigens nicht als unwillkommen galt. Waren doch die »Tobler« die Bauern, die so manches verwandte Stadtkind in hungrigen Zeiten durchfüttern halfen.
Variante: »I bin doch it vom <u>Dobl</u>!«: Ich bin doch nicht vom Tobel! Sinn: Wenn ich schon zu Besuch komme, dann bleibe ich nicht unter der Tür stehen, sondern lasse mich für ein Weilchen gemütlich nieder zum (wie oben beschrieben) durchaus willkommenen Besuch, der nicht mit leeren Händen kam.
Tobel, eigentlich Landschaftsform: ein enger, zuweilen namengebender, Taleinschnitt

Bleibet gsund und brav, abr liabr <u>gsund</u> wie brav.

Bleibt gesund und brav, aber lieber gesund als brav.

augenzwinkernd-liebevoller Abschiedsgruß

Bleib no a weng do. Do vr<u>somsch</u> doch nix.

Bleib noch ein wenig da. Da versäumst *(du)* doch nichts.

Aufforderung an einen Gast, doch noch etwas zu bleiben. Er habe ja derzeit keine anderen Termine (Aufgaben, Verpflichtungen …) wahrzunehmen.

Bloß vom <u>Zu</u>agugga wird ma <u>au</u> it fett.

Bloß vom Zusehen wird man auch nicht fett.

»fett«: ausreichend gut ernährt, nicht übergewichtig!
Zugucken allein nützt nichts, man muss schon selber etwas zwischen die Zähne bekommen (natürlich auch im übertragenen Sinn).

Bloß von scheene Wort sind d Schdiefl <u>noit</u> gschmiert.

Nur von schönen Worten *(des Dankes)* sind die Stiefel noch nicht geschmiert.

Von Lob und Beifall allein kann man nicht leben.

Bodabiera sind guet, wenn se dur da Maga vun ara Sou ganga sind.

Bodenbirnen *[= Kartoffeln]* sind *(erst dann)* gut, wenn sie durch den Magen einer Sau gegangen *(und dadurch zu Fleisch und Wurst geworden)* sind.

Augenzwinkernd: Schweinefleisch schmeckt besser als Kartoffeln, die man zur Erzeugung desselben den Schweinen zum Fraß vorwerfen möge. (Büchele I) *Allgäu*

Brell au it so!

Schrei doch nicht so rum! *Allgäu*

»brellen / brüllen: unanständig laut weinen, im Schmerz oder Zorn« (Wax)

Brobiera däff ma älles, bloß it dreiba!

Probieren darf man alles, bloß nicht *(dauerhaft)* betreiben!

Broschd, Gurgl, s kommt en Pflatschreaga!
Prost, Gurgel, es kommt ein Platzregen!

Sagt man vor einem kräftigen Schluck an heißen Tagen.

Brouchsch gar it so drägged lacha!
(Du) brauchst gar nicht so dreckig (zu) lachen!

Dreckig lachen: boshaft, schadenfroh, höhnisch, heimtückisch lachen. Der Spruch stellt eine ernste Warnung dar. – Variante: »Brouchsch gar it so katzadrägged lacha!« Katzendreck = Katzenkot; »katzadrägged« als Verstärkung für »drägged«.

Bua, do hot de dai Vaddr no im Beitl draga, wo n i scho ...
Junge, da hat dich dein Vater noch im Beutel getragen, als ich schon ...

»Beutel« (hier): Hodensack
»Du bist noch grün hinter den Ohren [= jung und unerfahren] im Vergleich zu mir. Ich habe weit mehr Erfahrung als du und erbitte den entsprechenden Respekt!«
Derb, muss aber nicht bös gemeint sein.

D Affa schdeiget, s wird schee Wettr!
Die Affen steigen, es wird schönes Wetter!

Ruft man frohgelaunt jemand zu, der gerade auf einer Leiter stehend arbeitet.
So lautet auch der Narrenruf der Affenfamilie Unterankenreute, der dortigen Narrengruppe.

D Ehleit sind Zigainerleit: Heit reißet se anand da Kopf weg, und morga schlegget se d Schdumpa.
Die Eheleute sind Zigeunerleute: Heute reißen sie einander den Kopf ab, und morgen (sch)lecken sie sich die Stummel ab.

Pack schlägt sich, Pack verträgt sich.
(Rassistisch gegenüber Sinti und Roma.)

D Huimat vrkouft ma it!
Die Heimat verkauft man nicht! *(Büchele I)*

Es gehöre sich nicht, das Elternhaus zu verkaufen, vor allem nicht, wenn es sich um einen Bauernhof handle, der die »Heimat« vieler gewesen sei. *Allgäu*

D Langnees kommt ond hooket zom Schlisslloch rai!
Die Langnase kommt und hakt zum Schlüsselloch herein
(um dich zu fassen und mitzuschleppen!)

Fiktive Angstfigur, um Kinder einzuschüchtern. (Früher waren Schlüssel und Schlüssellöcher deutlich größer als heutzutage.) *Riß*

D Leit misset halt ebbes iebr andere zum Schwätza hon, no kenned se ihre oigene Maleschda vrgessa!

*Die Leute müssen halt etwas zum (darüber) Schwätzen [= Tratschen] haben,
dann können sie ihre eigenen Malesten vergessen! (Moosmann II)*
»Malesten«: Beschwerlichkeiten (Wax) *Allgäu*

d Loibade
beim Essen Übriggelassenes, kleiner Essensrest, den man später noch essen kann
zu »leiben«: übrig lassen, schonen (Wax)

D Schduba-Schläfr sind koine Rare –
dia dont bloß so und heret alles.
Die Stubenschläfer sind keine Raren –
die tun nur so *(als ob)* und hören *(indessen)* alles.
- »Stubenschläfer«: Leute, die sich in der Stube [= Wohnzimmer] zu einem Schläfchen hinlegen
- »Rare«: rar heißt eigentlich selten, also etwas Besonderes; wenn es »koine Rare« sind, handelt es sich um NICHTS Besonderes. Man schätzt es nicht sonderlich.

Sinn: Die Stubenschläfer schlafen nicht wirklich und bekommen daher mit, was um sie herum gesprochen wird, vor allem auch das, was nicht für ihre Ohren bestimmt war.

D Sou hogget scho wiedr im Schubkarra dinna.
Die Sau hockt schon wieder im Schubkarren drin.
*Damit pflegt zuweilen der Ehemann seine Gemahlin zu etwas mehr Eile aufzufordern.
Er sitzt bereits abfahrbereit im Auto, während sie noch auf sich warten lässt. Der
Spruch macht aber nur Sinn, weil beide folgenden Witz kennen: Wenn die Sau reißt,
d.h. paarungswillig ist, muss sie der Landwirt möglichst umgehend zum Eber bringen,
damit der sie möglichst decke. Zum Transport benützt er immer einen Schubkarren.
Nun hat einmal der Eberhalter nach einiger Zeit nachgefragt, ob die Aktion denn von
Erfolg gekrönt war. »Noi«, antwortete der Bauer. »Dees grad it, abr d Sou hogget scho
wieder im Schubkarra dinna.« [= Das gerade nicht, aber die Sau hockt schon wieder
im Schubkarren drin.]*

D Weiber, s Wassr und s Feuer
des sind drei große Ungeheuer.
eine schon recht frauenfeindliche Inschrift in einer oberschwäbischen Gaststätte

Da Bouch nousschtrecka ziat d Falta aus em Gsicht.
Den Bauch hinaus(zu)strecken zieht die Falten aus dem Gesicht!
scherzhaft bei Wohlbeleibten

da Lätsch nabhenka
den Lätsch hinunterhängen *(lassen)*

»Lätsch«: »schief verzogener Mund, ein herunterhängender Mundwinkel, eine herunterhängende Unterlippe, die ganze Mundpartie, auch der ganze schlaffe Gesichtsausdruck« (Wax) - enttäuscht, frustriert, betrübt, beleidigt sein

da Riaßl nabhenka
den Rüssel hinunterhängen *(lassen)*

»Riaßl / Rüssel« (hier): Mund, Mundwinkel
enttäuscht, frustriert, betrübt, beleidigt sein

Dankschee fer d <u>leb</u>rlaschd!
Dankschön für die <u>Ü</u>berlast!

Dank, wenn sich ein Besuch verabschiedet, dafür, dass man diese Belastung auf sich genommen habe. Dabei kann die Hoffnung mitschwingen, die Gastgeber hätten den Besuch nicht als Last empfunden, sondern als willkommen.

Dankschee, dass da me it vrschluggd hosch! – ??? – Solang i s Rindfloisch no pfundweis kaufa ka ...
Dankschön, dass du mich nicht verschluckt hast! – ??? –
Solange ich das Rindfleisch noch pfundweise kaufen kann ...

*Wenn einer besonders herzhaft gegähnt hat.
Das mit dem »Rindfleisch« ist natürlich eine herzlich-derbe Anspielung, man wolle nicht gleich ein ganzes Rindvieh verschlucken, solange es das Fleisch in kleineren Portionen zu kaufen gebe.*

Dankschee, dass da mer it naigschbrunga bisch! – ??? – Solang i s Rindfloisch no pfundweis kaufa ka ...
Dankschön, dass du mir nicht reingesprungen bist! – ??? –
Solange ich das Rindfleisch noch pfundweise kaufen kann ...

Wenn einer besonders herzhaft gegähnt hat.

Das mit dem »Rindfleisch« ist natürlich auch hier eine herzlich-derbe Anspielung, man wolle nicht gleich ein ganzes Rindvieh verschlucken, solange es das Fleisch in kleineren Portionen zu kaufen gebe.

Där Dank des Vatrlands ... – *Jo jo, do haune scho a ganze <u>Bee</u>ne vool.*
Der Dank des Vaterlands *(ist dir gewiss, er wird dir immer nachschleichen und dich nie erreichen).* – Ja ja, davon habe ich schon die ganze Bühne voll.

»Bühne« (hier): Dachboden
Unter angedeuteter Heranziehung der klassischen Redensart: Man erwarte auch diesmal für ein Engagement keinen Dank.

Donau

Där dät dr da Roschd ra, Ma!
Der täte dir den Rost runter, Mann!

Metall (von Hand) entrosten ist schwere körperliche Arbeit.
Jemand den Rost heruntertun bedeutet also, ihm eine gehörige (verbale)
Abreibung zu verpassen.
Wenn ich dem ... berichten würde, was du angerichtet hast, dann würde (der) dir aber
gehörig Bescheid stoßen. Sei froh, dass ich ihm (für diesmal) nichts davon erzähle!

Där dott au koin Schdegga!
Der tut auch keinen Stecken!

»Schdegga / Stecken« (eigentlich): Stab, Stock
Der tut (von sich aus) gar nichts. Der ist stinkfaul. Der rührt keinen Finger.

Där goht Bachhagla zua!
Der geht Bachhagel zu!

a) Er ist dem Tode nahe.
b) Er ist demnächst wirtschaftlich ruiniert.
In der Ortschaft Bachhagel (Landkreis Dillingen) befand sich einst ein pfälzischer Ober-
vogt und Zolleinnehmer, der die Gerichtsbarkeit der Umgebung innehatte.
(Fischer) - weitverbreitete Redensart

Där grinst ouf alle vier Backa!
Der grinst auf allen vier Backen!

Über ein Kind oder über einen (scheinbar etwas) Naiven, der sich so sehr über eine
Kleinigkeit freut, dass er nicht nur die zwei Backen im Gesicht (Wangen), sondern auch
die des Gesäßes noch zu Hilfe nehmen muss, um seiner Freude genügend Ausdruck
verleihen zu können.

Där hot äbbes vrschmäggelet.
Der hat etwas (v...).

a) Er ist auf den Geschmack gekommen: Er hat Gefallen an etwas gefunden.
b) Er hat etwas gemerkt. Er ist einer krummen Sache auf die Spur gekommen.   Donau

Där hot alles vrschmäggelet.
Der hat alles (v...).

»verschmäckele(n)«: »als mangelhaft bezeichnen, tadeln, gering schätzen, verleum-
den« (Wax)   Schussen

Där hot bloß an allem rumgschmäggelet.
Er hat bloß an allem herumgenörgelt.

Nichts war ihm recht. An allem fand er etwas auszusetzen.

Där hott au Hochwassr-Hosa a!
Der hat auch Hochwasser-Hosen an!
Wenn die (langen) Hosenbeine deutlich zu kurz sind!

Där hott en scheena Wampa beianand!
Der hat einen schönen Wampen beieinander!
»der Wampen«: die Wampe - über einen Wohlbeleibten

Där hott Nerfa wia broite Nuudla!
Der hat Nerven wie breite *(Band-)*Nudeln!
Der hat besonders gute Nerven und bleibt daher immer gelassen.
Kann auch Kritik sein: Der lässt sich durch nichts zu schnellerem Tun bewegen.

Där hott Nerfa wia schmale Waldwääg!
Der hat Nerven *(so breit)* wie schmale Waldwege!
Der hat besonders gute Nerven und bleibt daher immer gelassen.

Där isch gloich.
Der ist gelenkig.
Interessantes über Herkunft und Bedeutung: Wax

Där isch heit it ganz rar.
Der ist ist heute nicht ganz rar.
»rar« (lateinisch: selten), also ist etwas Rares auch etwas Besonderes, Gutes
Wenn ein Kind nicht ganz rar ist, dann brütet es womöglich gerade eine Krankheit aus, vermuten die besorgten Eltern.

Där ka viel behaupta, deesch wäaga sellem no lang koi Efangelium!
Der kann viel behaupten, das ist deswegen noch lange kein Evangelium!
»Evangelium« (hier): unumstößliche Wahrheit
Was dieser behauptet, muss man noch lange nicht für bare Münze nehmen.

Där ka voor Graft schier nimme laufa.
Der kann vor *(lauter)* Kraft beinahe nicht mehr laufen [= gehen].
a) Wenn ein junger Gockelhahn vor Tatendrang und Imponiergehabe mehr seitwärts trippelnd als geradeaus geht.
b) Wenn ein Kerl gockelhaft muskelprotzend einherstolziert.

Där schreibd se …
Der schreibt sich …
Unter den Einheimischen auf den Dörfern spricht man meist unter Verwendung der

Hausnamen voneinander. Diese haben mit den »amtlichen« Familiennamen nichts zu tun, denn diese werden nur im schriftlichen Bereich verwendet. So mancher im Ort muss sich zuweilen besinnen, wie sich der Nachbar, von dem er den Hausnamen alltäglich erlebt, schreibt ...

Där schreit wia en Haldama!
Der schreit *(herum)* wie ein Haldenmann!

Wax (sinngemäß): »Haldenmann« (H.) kommt nur in dieser Redensart vor. Es muss wohl derjenige gewesen sein, der beim Beladen eines Erntewagens an einer Halde zuständig war, dass dieser nicht umstürzte und auch nicht die Helfer unter sich begrub. Dies war eine schwierige und gefährliche Arbeit. Der H. »vollführte aus Gründen des Warnens, Dirigierens und Abreagierens ein Heiden-, Mordsgeschrei.«

Där sieht ous wia s Herrgettle vo Bihlafinga: magr ond vo de Fluiga vrschissa.
Der sieht aus wie das Herrgöttle von Bihlafingen:
mager und von den Fliegen verschissen [= mit Fliegenkot bedeckt].

a) Der zweite Teil kann auch entfallen.
b) Bihlafingen ist ein Teilort von Laupheim
c) Zur Geschichte des Herrgöttle: http://marquart-hans.de/main/Beruehmte%20Personen/Pater%20Jakob%20Wallfahrtsgeschichte.htm

Där, wo nass macht, macht au (wiedr) trocka.
Der, der nass macht, macht auch (wieder) trocken.

*Trost, wenn es in die zum Trocknen aufgehängte Wäsche regnet.
Da seien wohl himmlische Mächte am Werk.*

Där/Dia isch no nix!
Der/Die ist noch nichts!

Mitfühlend: Ein kranker Mensch sei noch keineswegs wieder voll genesen.

Där/Dia isch noit rar!
Der/Die ist noch nicht rar!

*»rar« ist lateinisch und heißt: selten
Das Wort wird im (Ober-)Schwäbischen in seiner wörtlichen Bedeutung verwendet, aber auch wie hier für »vortrefflich/kostbar«:
Mitfühlend: Ein kranker Mensch sei noch lange nicht wieder gesund geworden.*

Där/dui hott en Aarsch wia Heckamillers Handgaul.
Der/die hat einen Arsch wie Heckenmüllers Handgaul. *(Ehingen)*

»Handgaul« (Handpferd): im Gespann rechts von der Deichsel eingespanntes Pferd (Duden)

»Heckenmühle/Heckenmüller«: alteingesessene Ehinger Firma (deren anfänglicher und teils noch heutiger volkstümlicher Name); früher Getreidemühle, Landwirtschaftsbetrieb, schon früh auch Stromerzeuger und dieses bis heute (2016); heute insbesondere tätig als Stromversorger in und um Ehingen.
»Ende der Sechzigerjahre (1960er) wurde auch die von der Heckenmühle lange betriebene Rollfuhr verkauft. Das war der damals noch mit Pferden betriebene Transport des Expressguts vom und zum Güterbahnhof. Die Pferde waren mächtige große und dicke Belgier.« (Ehingen) - Damit erklärt sich auch die Redensart.

De dimmschde Boura hont de greeschte Kardoffla.

Die dümmsten Bauern haben [= *ernten*] die größten Kartoffeln.

Bos- oder auch nur scherzhaft, als ob man dem Anderen einen wirtschaftlichen Erfolg nicht gönnen wolle.

De domme Leit waxet de graischte Groutskepf.

Den dummen Leuten geraten [= *wachsen*] die größten Krautsköpfe.

Bos- oder scherzhaft, als ob man dem Anderen einen wirtschaftlichen Erfolg nicht gönnt.

De drei gote Tugenda: beim Essa schwitza, beim Schaffa friera und beim Betta schlofa.

Die drei guten Tugenden: beim Essen schwitzen (kräftig zulangen), beim Arbeiten frieren (also eher möglichst wenig tun) und beim Beten (z. B. in der Kirche) schlafen. Damit beschrieb eine Dame, hoch in den Siebzigern, scherzhaft das, was man bei ländlicher Arbeit gewiss nicht tun konnte und sich auch nicht zu tun getraut hätte. Der Spruch rührt an Tabus.   *Allgäu*

De erschde drei Joor soddesch da <u>Faind</u> rai lau.

Die ersten drei Jahre solltest du den [= *deinen*] Feind reinlassen.

In früheren »vornehmen« Kreisen war es üblich, ein neu erbautes Haus für ein bis zwei Jahre an arme Leute zu vermieten, bis die Feuchtigkeit aus den Wänden geschwunden und das Wohnen gesünder und angenehmer geworden sei. Die Armen holten sich unterdessen Rheuma und Schwindsucht. Schließlich hatten sie zudem auch noch weniger Geld zum Heizen. »Sein Haus trockenwohnen lassen« nannte man dies im Berlin der Jahrhundertwende (1900). Dass man dieses »Erlebnis« also seinem ärgsten »Feind« antun möchte, steckt in dem Spruch.

De erschde Katza vrregged gern.

Die ersten Katzen verrecken gern.

Etwa: Vögel, die morgens pfeifen, holt abends gern die Katz'.
Oder: Man soll den Tag nicht vor dem Abend loben.
Hier: Scherzhafter Kommentar beim Kartenspiel zu einem, der sich wohl zu früh über sein gutes Blatt freut.

De Evangelische kennd man, dass se »Lährer« und »Säle« saget.
Die Evangelischen *[= Angehörige dieser Konfession]* erkennt man daran, dass sie »Lährer« und »Säle« sagen.

Diese Unterscheidung galt in Oberschwaben, aber nur, um die Schwaben von der Alb oder vom württembergischen Unterland (Großraum Stuttgart) zu identifizieren. Natürlich konnte man damit nicht Deutschsprachige, von anderswo zugereist, beschreiben, ebensowenig alteingesessene protestantische Bürger der ehemaligen Freien Reichsstädte. Als Oberschwaben um 1806 Württemberg zugeschlagen wurde, kamen (alt-)württembergische Beamte, Lehrer und Offiziere (hinbefohlen), aber bald auch unternehmenswillige Geschäftsleute und sogar Bauern nach Oberschwaben. Diese mussten sich im ehemals meist vorderösterreichischen Gebiet eher als Kolonialheren vorgekommen sein und wurden keineswegs immer freudig begrüßt. So behielten sie und manche ihrer Nachkommen noch bis in die 2. Hälfte des 20. Jahrhunderts hinein ihren nordwürttembergischen Tonfall bei und waren natürlich auch weiterhin evangelisch. Vor ihrer Zeit war Oberschwaben zum größten Teil (abgesehen von den ehemaligen Reichsstädten) rein katholisch gewesen.
Die Aussprache von »Lährer« und »Säle« hat also eigentlich nichts mit der Konfession zu tun, sondern mit der Sprache von Alb und Unterland.

De Gloine ibrsieht ma ääba gära!
Die Kleinen übersieht man eben gerne!

Dies sagen einander hauptsächlich körperlich große oder wohlbeleibte Leute, die sich gut kennen, sich aber im Getümmel auf Straße oder Markt erst mal nicht bemerkt haben.

De gscheide Leit bassieret meh dumme Sacha
wia de dumme Leit gscheide Sacha.
Den gescheiten Leuten passieren mehr dumme Sachen
als den dummen Leuten gescheite Sachen.

De Gscheidschde dont s dimmschde Zeig.
Die Gescheitesten tun das dümmste Zeug.

Selbst sehr gescheiten Leuten unterlaufen zuweilen Dummheiten bzw. Fehler.
Auch: Alter schützt vor Torheit nicht.

De Mindschde ouf dr Weald sind halt d Mannsbildr und d Weibsbildr.
Die Mindesten *[= Schlimmsten]* auf der Welt sind halt die Männer und die Frauen.

Da bleibt nicht viel übrig, das besser wäre …

De Räachde kommet hintanoche!
Die Rechten *[= Richtigen, Wichtigen]* kommen hintennach!

Scherzhafter Kommentar, wenn etwa zum Geburtstag erst anderntags gratuliert wird.

De vrsoicht Sophie – Sophie, dia Soichere
die verseichte Sophie – Sophie, die Seicherin

seichen: urinieren, aber auch: stark regnen
Sophie ist eine der Eisheiligen; an ihrem Tag regne es besonders gern.
Zu den Eisheiligen, auch gestrenge Herren genannt, zählen mehrere ... Gedenktage von Heiligen im Mai. ... Die sogenannten Eisheiligen zählen zu den Wetterheiligen; sie waren Bischöfe und Märtyrer im 4. oder 5. Jahrhundert. – Sophia, frühchristliche Märtyrin und Mutter dreier geweihter Jungfrauen – 15. Mai
https://de.wikipedia.org/wiki/Eisheilige

Dees bockt's voll!
Das bockt es voll!

Das ist/war echt toll!
Jugendsprache 1993

Dees dät mi scho a'fiacha!
Das tät mich schon anfechten!

Das würde mir aber schon gewaltig »stinken«!
(Vgl. »das ficht mich nicht an!«)

Dees fetzt ab!
Das fetzt ab!

Das ist/war echt toll!
Jugendsprache 1993

Dees goht drai wia d Scheißpflauma!
Das geht drein wie die Scheißpflaumen.

Scheißpflaumen: menschliche Kotkugeln, die es ja gleichsam umsonst gibt
Das geht obendrein; als kostenlose Zugabe bei einem Kauf.

Dees goht mr ouf da Weckr!
Das geht mir auf den Wecker!

Das geht mir auf den Geist! Das nervt mich!

Dees honne gar it in Obachd gnomma.
Das hab ich gar nicht in Obacht genommen.

wenn man etwas unabsichtlich nicht beachtet oder wahrgenommen hat

Allgäu, Schussen

Dees hot au koin Wärd:
Wenn dees Kind Bouchweh hot, und duu hausch s ouf da Aarsch.

Das hat auch keinen Wert: Wenn das Kind Bauchweh hat,
und du haust es auf den Arsch.
*Ein allgemeiner Ratschlag, übertragen und nicht etwa auf das Hauen
von Säuglingen bezogen!*

Dees hot guete Wäag!
Das hat gute Wege!
So ist es sinnvoll/denkbar/machbar bzw. »Basst scho'!«   Donau

Dees hots gschockt!
Das hat es geschockt!
*Das ist/war echt toll!
Jugendsprache 1993*

Dees hott denn schnäll en Schiddler dua, mai!
Das hat dann schnell einen Schüttler getan, mein *(Lieber)*!
über einen kurzen heftigen Regenguss, wobei es »geschüttet« hat

Dees hott en Magga!
Das hat einen Macken *[= eine Macke]*!
*Es kann sowohl ein Schönheitsfehler (Schramme/Beule, zum Beispiel am Auto)
wie auch eine technische Unzulänglichkeit sein.*

Dees isch aaschglaar und fiedlarichtig!
Dees isch aaschglaar und fiedlasichr!
Das ist arschklar und (hintern-)richtig!
Das ist arschklar und (hintern-)sicher!

*»Fiedla«: Po, Gesäß, …
Das ist eine ganz klare, sichere Sache. Da besteht kein Zweifel.
Das in zwei Varianten beigefügte Körperteil dient nur zur Verstärkung.*

Dees kasch de Hasa gäa!
Das kannst du den Hasen geben!
*Es taugt nichts.
Vermutlich ursprünglich bezogen auf minderwertiges Grünfutter, das fürs Milchvieh
nicht tauge.*

Dees keit mi it!
Das wirft mich nicht um!
*abgeleitet von schwäb. »keia« = werfen, schmeißen
Das lässt mich kalt. Das berührt mich nicht. Das juckt mich nicht. Das ist mir egal.*

Dees Messr isch so scharf, des schneidet s kalt Wassr gereischlos bis ouf da Boda nab!
Dieses Messer ist so scharf, dieses schneidet das kalte Wasser geräuschlos bis auf den (Topf-)Boden hinab.
ironisch über ein recht stumpfes Messer

Dees surret ganz schee!
Das surrt ganz schön!
Über bohrenden Schmerz: Das schmerzt ganz schön kräftig.

Deesch a alta Muck!
Das ist eine alte Mücke!
Das ist eine altbekannte Tatsache (ein alter Hut).

Deesch a Galschdr! – Deesch a Mords-Galschdr!
Das ist ein Galster! – Das ist ein Mords-Galster!
Das ist eine sehr große Frau! – Das ist eine riesengroße Frau!

Deesch a Malafizhurazuig!
Das ist ein Malefiz-Huren-Zeug!
Das ist ein ganz und gar vertracktes Ding!
»Malefiz« kommt vom Lateinischen und bedeutet »Übeltäter«.
»Hure« dient lediglich zur Verstärkung, ähnlich wie »sau-«.

Deesch ääba arg, wemma am End vom Geld no viel Monet iebrig hott!
Das ist eben arg, wenn man am Ende des Geldes noch viel Monat übrig hat!
Es ist arg, wenn das Geld nicht bis zum Monatsende reicht.

Deesch aaschgail!
Das ist arschgeil!
Das ist echt toll!
Jugendsprache 1993

Deesch abr au ousnemmig!
Das ist aber auch ausnehmig!
Tadelt ein Verhalten, das die Leute ausnehme, weil das Preis-Leistungsverhältnis nicht stimme.

Deesch allaweil a Gschbrang!
Das ist immer ein Gespringe!
Getue / Aufhebens / Hektik

Deesch au oinr vom Ugrächada!
Das ist auch einer vom Un-Gerechten.

»un-gerecht«: dort, wo nicht gerecht wird, also da, wo die weitabgelegenen sauren Wiesen nicht gemäht bzw. vor allem nicht zum Trocknen mit dem Rechen bearbeitet werden. Wer dort zuhause sei, wohnt also ganz weit abgelegen und sei wohl auch ein rechter Hinterwäldler und Eigenbrötler ohne Manieren.

Deesch barabisch!
das ist total schlecht wirr / durcheinander / unverständlich / abzulehnen / verrücktes Zeug ...

Als Baraber werden im bairischen Sprachraum ungelernte Bauarbeiter bezeichnet. ... Das Wort kommt aus dem Tschechischen; poroba bedeutet ‚Knechtschaft', porobiti ‚unterjochen'. In Österreich und Bayern wird diese Bezeichnung auch als Schimpfwort verwendet. (https://de.wikipedia.org/wiki/Baraber)
Und in Oberschwaben offensichtlich auch ...

Deesch da Gluu!
Das ist der Clou!

das ist der Knüller / die unerwartete Pointe / das Tüpfelchen auf dem »i« ...

Deesch da Reschd
vom Schitzafeschd
Das ist der Rest
vom Schützenfest

Das ist das, was übriggeblieben ist – wovon auch immer. Hat mit dem Biberacher Schützenfest allenfalls um des Reimes willen etwas zu tun.

Deesch de Meis pfiffa!
Das ist den Mäusen gepfiffen!

Das kannst du glatt vergessen! – So macht das eigentlich gar keinen Sinn!

Deesch en Heet-Lediga.
Das ist ein Hart-(näckig-)Lediger.

schon älterer unverheirateter Mann; Unterton: Eigenbrötler   Donau

Deesch grad dees:
A Loitrwaga isch koi Schees.
Das ist *(eben)* gerade das:
Ein Leiterwagen ist keine Chaise.

Eine Chaise ist ein pferdebespannter kleiner Reisewagen (Kutsche). Sie war zu vor-

automobilen Zeiten im Vergleich zu holprigen landwirtschaftlichen Karren (Leiterwagen) bequem. Bessergestellte Leute reisten damit umher. Aber auch wohlhabendere Bauern fuhren damit zu Markte oder sonntags (vor allem von weiter abgelegenen Höfen) zur Kirche.
Sinn: So sind die Dinge nun mal! Füge dich drein!
Der Nachsatz mit der »Schees / Chaise« ist sicherlich eher schmückendes Beiwerk um des Reimes willen.

Deesch Gschmaggsach, hot dr sell gsait, wo n er d Hoosa voll ghett hott.

Das ist *(alles einfach nur)* Geschmacksache, hat selbiger gesagt, als er die Hosen voll gehabt hatte.

Deesch hiepr!

Das ist hyper!

Steigerung von »gut« (Jugendsprache 1994)

Deesch immr no bessr wia en Housschua oufs Moul nouf.

Das ist immer noch besser wie ein Hausschuh auf 's Maul drauf*(gehauen)*.

Das kleinere Übel.
Übrigens: es war ein verdecktes Lob!

Deesch immr no bessr wia ois an Gosch na!

Das ist immer noch besser als eins an die Gosche hin!

Das ist immer noch besser als eine Maulschelle!
Leicht ironischer Trost: Deine Lage könnte noch schlechter sein!

Deesch keijig!

Das ist ge-heijig: wohl abgeleitet von schwäb. »keia« = werfen, schmeißen

Das ist peinlich/fatal/Pech/schade/unangenehm!

Deesch Liabhaberei!

Das ist Liebhaberei!

Misstrauisch-ablehnend: Das ist Geschmackssache (was da einer tut oder will)!

Dem lauft au da Rotz da Backa nouf.

Dem läuft *(sogar)* der Rotz die Backen hinauf.

Er muss den Rotz nicht immer wieder selber hochziehen …
Der hat (immer wieder) unverschämt viel Glück.

Dem sott ma vom Soumäahl kocha!

Dem sollte man vom Saumehl *(etwas)* kochen!

Dieser Mensch ist so unsympathisch, störrisch, böse ..., dass man ihm vom Schweinefutter etwas zu essen bereiten sollte.

Den frait au dr Dräck ouf dr Schdroß.
Den freut auch der Dreck auf der Straße.
Der freut sich über jede Kleinigkeit überschwänglich: Der ist ein bisschen naiv.

Der bumpet wia en Moiagägge.
Der pumpt wie ein Maikäfer *(vor dem Abflug)*.
Der plustert sich auf und steigert sich in einen Wutanfall hinein. Sagt man, wenn man den Zornigen nicht sehr fürchtet oder gar spotten will. Kann man auch scherzhaft-ironisch zu den konzentrierten Atemübungen eines Sportlers vor dem Rekordversuch sagen.

Der fahrt wi a gsengte Sou!
Der fährt wie eine *(an)*gesengte Sau.
Rasend schnell fahren. Dürfte daran erinnern, wie ein Schwein vor Schmerz davongaloppiert, wenn man ihm mit einem glühenden Eisen das Zeichen des Besitzers aufs Borstenkleid gebrannt hat.

Der gibt a wia zea nackede Negr.
Der gibt an wie zehn nackte Neger.
Spielt ursprünglich auf das Vorurteil an, Männer schwarzer Hautfarbe hätten besonders große Penisse und würden damit prahlen. (rassistisch)

Der gibt a wie a Schdang voll Affa!
Der gibt an wie eine Stange voller Affen!
Angeben wie gleich mehrere Affen zusammen, die nebeinander auf einer Stange sitzen und sich gemeinsam (angeblich) gut und stark finden - menschlicher Deutung zufolge.

Der goht au ouf jede Käppeleskirbe.
Der geht auf jede Kapellenkirchweih!
Kirchweih-Fest = Kirchweih = Kirmes = Kirbe
An einem bestimmten Tag im Jahr feiert man – »pauschal« für alle lokalen kath. Gotteshäuser – den Jahrestag ihrer Einweihung. Die Kirbe war besonders im früheren bäuerlichen Arbeitsjahr ein wichtiges und vergleichsweise groß gefeiertes Fest, oft mit dem Erntedank verbunden. Es fanden Gottesdienst, Markt, Tanz und allerlei örtliche Bräuche statt. Es gab gut und viel zu essen und zu trinken. Die Kirbe war das Ereignis des Jahres.
Wer auf jede Käppeleskirbe geht, ist sich nicht zu schade, sich auf jedem noch so

kleinen und unbedeutenden Fest sehen zu lassen. Kritik an so manchem, der meint, er müsse überall dabei sein.

Der goht druff wia a Gaus uffn Epflbutza.
Der geht drauf*(los)* wie eine Gans auf einen Apfelbutzen *[= Kerngehäuse].*
Er stürzt sich gierig darauf.

Der gugged bald Grombiera von onda a!
Der schaut sich die Grundbirnen *[= Kartoffeln]* bald von unten an!
Der ist nicht mehr lange unter den Lebenden!

Der gugged wia Kua, wenn s donneret!
Der guckt *(so verdutzt drein)* wie eine Kuh, wenn es donnert!

Der hot bei ems Biwoo.
Der hat bei ihm das Biwo *[= einen Stein im Brett].*

z. B.: *Der Enkel hat beim Opa das Biwo: Er darf (fast) alles tun, was Opa jedem anderen untersagen würde.*
»Biwo, das; Narrenrecht, Vorrecht; vermeintliches Recht ... Wohl zu frz. le pivot = Angel, Spindel (... Dreh-, Angelpunkt, Hauptstütze, -person ...)« (Wax)   Riß

Der hot da Aarsch offa!
Der hat den Arsch offen!
Derb für: Der spinnt ja! Der hat 'ne Meise!

Der hot da Käla dau.
Der hat den »ekelhaften Kerl« gespielt. Er hat getobt wie ein Wilder.

käl = hässlich, unangenehm, kalt, grob ... a) Wetter b) menschliches Verhalten
Wenn einer einen Zornanfall bekommen hat.
Das Wort »käl« hat in den vergangenen Jahrzehnten im Raum eine Bedeutungsumkehr von »unangenehm« in »super/toll/...« erfahren. (Vgl. »Deesch käl«.) Großeltern und Enkel verstanden unter »käl« etwas diametral Entgegengesetztes. Freilich: Die Jugendsprache hat sich längst weiterentwickelt ...

Der hot en Ranza wia en Brui.
Der hat einen Ranzen *[= dicker Bauch]* wie ein Brau*(meist)*er.

Bier sei nahrhaft, meinen manche. Bierfreunde glauben, es liege nicht am Getränk selbst, sondern am dadurch verursachten Appetit.

Der hot koi Hebse ghett.
Der hatte nichts, um sich daran festzuhalten.

heben = halten, festhalten: »Heb de!« = »Halt dich fest!«
Hebse: etwas, um sich daran festzuhalten oder um etwas anderes festzuhalten: Handgriff, Henkel ...
Hier gegebenenfalls auch spöttisch über einen, der eine Frau/Freundin mit kleinem Busen hat und also Mühe habe, um sich daran »festzuhalten«.

Der hot s Grieß.

Der hat das Gereiße.

Der hat das Gliederreißen/Rheuma/...

Der hot sich au hintr dr Himmlsdiar vrschdeggd, wo ma ... vrdoilt hot.

Der hat sich auch hinter der Himmelstür versteckt, als man ... verteilt hat.

Über einen, dem eine wichtige oder ansehnliche charakterliche oder körperliche Eigenschaft eher abgeht, weil er/sie am Tag der Schöpfung der Menschheit diesbezüglich etwas zu kurz gekommen sei.

Der hott schnellr a Ousred wia a Mous a Loch.

Der hat [= findet] schneller eine Ausrede als eine Maus ein Loch.

Der ist nie um eine Ausflucht verlegen.

Der isch am Oufamsla.

Der ist am Aufamseln.

aufamseln: a) im Sterben liegen (derb) – b) geschäftlich/finanziell am Ende sein (Anm.: In Internetforen finden sich zu »aufamseln« teils andere Deutungen, aber jeweils aus verschiedenen anderen Sprachregionen.)

Der isch au got durch da Wintr komma!

Der ist auch gut durch den Winter gekommen!

Der Winter war die Jahreszeit, in der früher Menschen und Tiere allein von den Vorräten leben mussten. Gingen diese zur Neige, herrschte Mangel und gar Hungersnot. Wenn einer gut durch den Winter gekommen ist, dann sieht man ihm keine Not an. Das heißt, er ist wohlbeleibt.
Heute hat der Spruch mit bäuerlichem Winter nichts mehr zu tun.

Der isch au it ganz bacha!

Der ist auch nicht ganz *(aus)*gebacken!

in Anspielung auf Brot/Kuchen usw.:
a) unfertig, unreif = geistig unterbemittelt
b) Tadel, wenn jemand Unsinn gemacht/geredet hat

Der isch au it oufs Moul gfalla.
Der ist auch nicht aufs Maul gefallen.
Er kann sich beredt seiner Haut wehren.

Der isch au nemme gangbar.
Der ist auch nicht mehr gut zu Fuß.
Sagt man von alten, gebrechlich gewordenen Leuten.

Der isch em Deifl ous dr Butta gjuggd!
Der ist dem Teufel aus der Butte gejuckt [= *gehüpft*].
»Butte«: auf dem Rücken zu tragendes Gefäß; wie bei der Weinlese (Bütte).
Das ist ein Tausendsassa, der selbst aus ausweglos scheinenden Situationen noch etwas zu machen versteht.

Der isch gsund und gfrääß!
Der ist gesund und gefräßig!
»gfräß«: mit gesundem Appetit gesegnet
Über das Wohlergehen eines Dritten: Oh, dem geht's gut!

Der isch im Grankahous zum da Luagabeitl rousmacha lassa.
Der ist im Krankenhaus, um *(sich)* den Lügenbeutel herausmachen zu lassen.
Es geht hier nicht ums Lügen. »Lugabeitl/Lügenbeutel«: als ob es sich um ein operierbares Körperorgan handle. Man verwendet die Redensart nur, wenn es sich um nichts wirklich Ernsthaftes handelt.

Der isch leidschei ond firchd d Hond.
Der ist leutescheu und fürchtet die Hunde.
»leidschei«: menschenscheu, kontaktscheu, einzelgängerisch   Donau

Der isch wia aagsetzde Katz.
Der ist wie eine angesetzte/abgesetzte(?) Katze.
Was »angesetzt/abgesetzt« bedeuten soll, ist nicht klar. Vielleicht in Anspielung auf ein junges Kätzchen, das der Katzenmutter an die Zitzen gelegt wird.
Die Redensart beschreibt einen, der aufdringlich zutraulich oder distanzlos sei.

Der isch wia Kächeles Katz: Dia isch hinterefür da Baum nouf, dass ma s Fiedla it sieht.
Der ist wie die Katze von *(Familie)* Kächele: Die ist *(immer)* rückwärts den Baum hinauf*(geklettert)*, damit man ihren Po nicht sieht.
Beschreibt »überzwerches« (ungewöhnliches) Verhalten.

Der ka s schier nimme vrgraddla.
Der kann es beinahe nicht mehr vergratteln.

»Es vergratteln können«: zwar noch gehen können, aber nur sehr mühsam, infolge Alters. Jemand, der es also nur unter größter Anstrengung noch schafft, zu Fuß irgendwohin zu gelangen.
Übertragen in finanzieller Hinsicht: kurz vor der Insolvenz stehen.

Der ka se it vrbutza!
Der kann sie überhaupt nicht leiden!

Kann auf Menschen oder auf Speisen, Sachen, Musik, Eigenschaften usw. gemünzt sein.

Der kas it vrschderba!
Der kann es nicht versterben!

Wenn jemand schon längere Zeit todkrank ist und doch nicht stirbt, es aber eigentlich will oder sich zumindest nicht dagegen verwehrt; wird voller Mitleid über den Betroffenen gesagt.

Der kommt au hintadrai wia de alt Fasnet.
Der kommt hinterdrein wie die alte Fastnacht.

Sinn (frei nach Michael Gorbatschow): Wer zu spät kommt, den bestraft das Leben. Früher und mancherorts auch heute noch gibt es am Sonntag nach der Fastnacht noch eine Nach-Fastnacht (»alte Fasnet«), wie es zu kirchlichen Feiertagen eine Woche später auch eine »Oktav« (Nachfeier) gab; abgeleitet vom lat. Wort für »acht«: Alt-Fronleichnam in Ravensburg, Pfarrei Sankt Jodok. Nachfeiern gibt es auch zu anderen weltlichen Festen: »Boura-Schitza« (Bauern-Schützen) zum Biberacher Schützenfest u.ä.

Der kommt drher wia so a Buuschd!
Der kommt daher wie so ein Bursche!

Bursche (hier): Handwerksbursche, fahrender Geselle, Handwerkergeselle auf der Walz; leicht abgerissen oder verwildert in Kleidung, Aussehen und Umgangsformen; man begegnete ihnen mit Misstrauen, wenn einer des Weges kam.

Der kommt drher wia so en Biiietl!
Der kommt daher wie so ein Beetle!

Böses Schimpfwort, als die Beatles (Musikgruppe) bekannt wurden. Ihre in den Augen vieler Leute unmäßig langen Haare galten als Sinnbild für ungepflegt, asozial, arbeitsscheu und dergleichen. »Langhaardackel« war nicht nur eine Hunderasse, sondern eine entsprechende böse Beschimpfung gegen (meist jüngere) Menschen, ähnlich zu verstehen wie damals »Beatle«. 1960er-Jahre.

Der laufd au en Metr nääba dr Kapp.
Der läuft einen Meter neben der *(eigenen)* Kappe *[= Mütze]*.

a) vorübergehend verwirrt, zerstreut, gedankenverloren, nicht bei der Sache sein und handeln; kann man auch von sich selbst sagen
b) ernsthaft: nicht ganz bei Trost, verrückt, verkalkt sein
Die Meterangabe kann auch entfallen.

Der lauft rumm wia a legige Henn.
Der geht *(unstet)* hin und her wie ein legiges *[= legewilliges]* Huhn.

Wenn jemand von innerer Unruhe getrieben wirkt.

Der machd au grad d Schäferbriafung!
Der macht auch gerade die Schäferprüfung.

Spott für einen (vermeintlich oder wirklich) Faulen. Die Schäferprüfung besteht angeblich darin, möglichst lange möglichst unbeweglich auf einen Stock gestützt zu verharren. Eine in Wirklichkeit ganz wichtige Körperhaltung in diesem Beruf!

Der moit, er sei dr Käs, drbis schdingt r bloß.
Der meint, er sei der Käse, dabei stinkt er nur.

»Der Käs' sein« hat hier, und nur hier, die positive Bedeutung, eine bessere, bedeutende, prominente Persönlichkeit zu sein. Genau diese Eigenschaften werden dem Betroffenen aber abgesprochen und ins Gegenteil verkehrt: Er sei ein Eingebildeter, zu Unrecht von sich Eingenommener.

Der moss doch au immr zvordrschd danna sai!
Der muss doch auch immer zuvorderst dran sein!

Über einen, der sich immer vordrängelt oder der besonders neugierig (naseweis) ist.

Der muess au en Houfa Wurscht fressa, bis saine Kindr von de Heit gnuag hont.
Der muss auch eine große Menge Wurst fressen, bis seine Kinder
von den *(Wurst-)*Häuten genug haben *[= satt sind]*.

Früher (in den hungrigen Zeiten) war es in der Tat häufig so, dass dem körperlich schwer arbeitenden Familienvater die besten und größten Stückchen vom Essen als selbstverständlich zustanden. Frau und Kinder mussten mit weniger vorliebnehmen. – Der Spruch beschreibt aber eher einen Egoisten, der das Beste immer für sich selbst will. Kann natürlich auch scherzhaft gemeint sein, wenn es jemand sichtlich schmeckt.

Der schlofd au mit offene Auga wia d Hasa!
Der schläft auch mit offenen Augen wie die Hasen!

Der schaut verträumt drein und nimmt nichts wahr.

Der schlofd mit offene Auga wia d Kielhasa!
Der schläft mit offenen Augen wie die Kielhasen!

Der schaut verträumt drein und nimmt nichts wahr.
Was ein Kielhase sei, wird unterschiedlich gedeutet:
a) ein Hase mit roten Augen. (Peter Kiedaisch | 24.06.2010 | SWP)
b) reines Phantasieprodukt (http://killer-online.de/GFK/AS_050420.htm)
   vgl. »Wolpertinger«
c) ein Kaninchen

Der schwitzd wia a Molle!
Der schwitzt wie ein Molle *[= Ochse]*!

Der schwitzt mächtig vor Anstrengung!
Molle (Ochsen = kastrierte Stiere) wurden vor der Motorisierung in der Landwirtschaft häufig als Zugtiere eingesetzt, weil sie kräftig und doch friedfertig waren.

Der sieht ous wia em Dood sai Raisenda!
Der sieht aus wie dem Tod sein Reisender *[= Handlungsreisender]*!

Der sieht erschreckend blass, schlecht, kränklich aus!
So drückte sich ein Auslieferungsfahrer nach Rückkehr in den eigenen Betrieb über einen Kunden aus, den er heute beliefert hatte.

Der sieht ous wia s Kätzla am Bouch!
Der sieht aus wie das Kätzchen am Bauch!

Blass, kränklich, noch nicht wieder gesundet aussehen.

Der Wain erfreut des Menschen Herz, der Moscht den ganzen Kerle!
Der Wein erfreut des Menschen Herz, der Most *(hingegen)* den ganzen Kerl!

Ahmt ein hochsprachliches Gedicht nach.
»Most« ist hierzulande vergorener Obstwein, meist aus Äpfeln, zuweilen aus Birnen oder auch Rosinen, sortenrein oder als Cuvée aus verschiedenen Obstarten.
Da hat jeder sein Rezept. Der Spruch preist den Most als dem Wein überlegen.

Der ziat koi Wuuschd vom Dällr.
Der zieht keine Wurst vom Teller.

a) Dieses Fahrzeug ist so schwach motorisiert, dass es keine Scheibe Wurst vom Teller
   zu ziehen vermag; (allgemein und eher abwertend gemeint).
b) Der Schnee liegt so hoch, dass selbst der Traktor ein festgefahrenes Auto nicht
   wieder flottmachen könnte; (als betroffener Autofahrer konkret selbst so erlebt).
c) Die Redensart sei einem Informanten zufolge älter als die Motorisierung und
   sei auch schon auf Zugtiere angewandt worden.

Des bockt's (voll)!

Das ist stark/super/geil/…

Jugendsprache der 1980-er. *Donau*

Des dät (mr) grad no fähla!

Das täte (mir) gerade noch fehlen!

Das wäre das Allerletzte, was ich (mir) noch wünschen würde!
(Stark ironisch zu Unerwünschtem)

Des dät me grad a'käla!

Das würde mich sehr anekeln.

abgeleitet von »käl« für hässlich, garstig, widerwärtig, …
Speisen oder eine Arbeit, die man überhaupt nicht mag, gar abstoßend findet.

Des dät me grad drugga!

Das täte mich gerade drücken!

Das wäre so ziemlich das Letzte, was ich täte!

Des druggd oim jo s Gurglgnepfle ab!

Das drückt einem ja das Gurgelknöpflein ab!

»Gurgelknöpfle«: Kehlkopf
Wenn einem zum Beispiel der Hemdkragen zu eng ist.

Des frissd koi Hai!

Das frisst kein Heu!

Wenn man sich davon einen Vorrrat anlegt, verursacht es weiter keine nennenswerten Kosten und kaum Mühe, auch wenn sich ein Nutzen nicht unmittelbar absehen lässt. Landwirtschaftliche Nutztiere hingegen, die man nicht wirklich benötigt, würden Heu fressen und damit vermeidbare Kosten verursachen.

Des goht bloß bis ouf d Hout!

Das geht nur bis auf die Haut!

Trost oder Selbsterkenntnis: Diese Nässe geht zwar durch die Kleidung und bis auf die Haut, dringt aber nicht weiter in den Körper ein. Auch bei starkem Regen richtet die Nässe letztlich also kein Unheil an.
Und übertragen: Wenn jemand beschimpft wird, soll er sich nichts draus machen.

Des goht wia s Katzamacha!

Das geht wie das Katzenmachen!

Schnell, ohne großen Aufwand. Anspielung auf die Kopulation bei Katzen.

Des hosch au it ouf em Briefle!
Das hast du auch nicht auf dem Brieflein!

Das ist noch lange nicht sicher/bewiesen/mit Sicherheit zu erwarten.
»auf dem Briefle« sein: schriftlich vereinbart sein
Vergleiche die Redensarten »mit Brief und Siegel« und »verbrieftes Recht«.

Des isch no nia niats gsi.
Des isch no nia nix gwäa.
Des isch no nia nix gsai.
Des isch no nia nix gwea.

Das ist noch nie*(mals)* nichts gewesen. *(4x)*

1. Zeile: niederalemannisch (Allgäu)
2. Zeile: südoberschwäbisch (Schussen)
3. Zeile: mitteloberschwäbisch (Raum Bad Saulgau)
4. Zeile (Nasal! in »gwea«): mittel- und nordoberschwäbisch (Riß, Donau)
Die doppelte Verneinung dient zur Verstärkung. Die Aussage kann sich auf Charaktereigenschaften, Gesundheitszustand oder Umstände beziehen.

Des kasch halta wia dr sell ouf em Dach, ...
... und der isch rabgfalla, weil r sich it ghebbt hott.

Das kannst du halten wie der auf dem Dach ...
... und der ist herabgefallen, weil er sich nicht festgehebt [= *festgehalten*] hat.

(Die zweite Zeile entfällt häufig.)
Die Bedeutung kann man grob in zwei Stufen unterscheiden:
a) Du hast mehrere Möglichkeiten zur Auswahl und kannst dich frei entscheiden.
*   Wie schön für dich!*
b) Du kannst (dich) entscheiden, wie du willst. Aber ich warne dich im Voraus, wenn
*   es schiefgeht, will ich nicht schuldig sein. Tue also lieber, was man dir nahelegt.*

Des laufd wia s Ergele.

Das läuft wie das Örgele [= *kleine Orgel*].

Das läuft wie geschmiert.
Dies kann ein Fahrrad, ein Auto, eine Maschine oder etwas Ähnliches sein. Es wird vor allem gesagt, wenn man von der reibungslosen Funktion angenehm überrascht ist, weil ein längerer Stillstand, eine Reparatur oder Ähnliches vorausging.
Orgel: Vielleicht Anspielung auf »die Jahrmarktsorgel, auch Kirmes- oder Karusselorgel genannt, (die) zur Gattung der mechanischen Musikinstrumente« gehört.
(https://de.wikipedia.org/wiki/Jahrmarktsorgel)

Des liegt unta dunta.
Des leit onda donda.

Das liegt unten drunter. *(2x)*

a) obere Zeile: alemannisch gefärbtes südliches Oberschwäbisch (Allgäu, Schussen)
b) untere Zeile: übriges Oberschwäbisch (Riss, Donau)
Wird auch gerne aus Freude am Sprachspielerischen verwendet.

Des reißt's!
Das ist stark/super/geil/...

Jugendsprache der 1980-er.

Des schdoht hintadiba.
Das steht hintendrüben.

abgelegen, versteckt

Des schmeggd wia aigschlofene Fiaß.
Das schmeckt wie eingeschlafene Füße.

fad, geschmacklos

Des wagglet wia en Kuaschwanz.
Das wackelt wie ein Kuhschwanz.

Sagt man von losen Dingen, die eigentlich fest angebracht/festgemacht sein müssten, aber auch von Milchzähnen, die bald ausfallen.

Des wär faschd hinta hott ganga!
Das wäre fast hinten hott gegangen: Das wäre beinahe schiefgegangen.

»hott oder hott nomm« wies Zugtiere an, nach links zu schwenken. Wenn der Gaul hinten hott geht, wo er andersrum laufen müsste, dann geht es eben hinten hott, also nicht wie erwartet oder erhofft. In diesem Fall konnte das Unheil also gerade noch abgewendet werden.

Des wird scho recht, bis d Gnepf danna sind.
Das wird schon recht, bis die Knöpfe dran sind.

Anspielung auf ein Kleidungsstück, das noch nicht ganz fertiggestellt ist. Sinn etwa: Ende gut, alles gut!

Desch a Essa wia junge Meis!
Das ist ein Essen wie junge Mäuse!

... wie diese wohl einer Katze munden würden: dickes Lob!

Desch a gmähts Wiesle fr en gwäa!
Das ist eine gemähte (kleine) Wiese für ihn gewesen!

Das lief ihm voll rein! Das hat ihm gerade in den Kram gepasst. Die Redensart stammt aus der Landwirtschaft: War die Wiese schon gemäht, freute sich der, der sie erst noch hätte mähen müssen. Also eine angenehme Überraschung. Eigentlich. Aber dies kam wohl so gut wie nie vor. Und daher wird die Redensart nicht wörtlich verwendet und drückt eher Ärger oder Neid aus: Das kam ihm gerade »recht«, um sich dann mächtig darüber zu ärgern.

Desch ächt a Käbsele!
Der ist in der Tat ein wahres Genie!

a) Ein Käpsele sein – intelligent sein, gewitzt sein (gelegentlich auch im Sinne von durchtrieben). Eine hauptsächlich in Schwaben gebräuchliche Redewendung, die vom lateinischen caput (Kopf) stammt.
https://de.wikipedia.org/wiki/Liste_deutscher_Redewendungen
b) Großes Lob, Anerkennung, vor allem, wenn der Gelobte noch relativ jung ist. Ein »Käbsele« (von Kapsel) ist zugleich ein Zündplättchen, von Fastnachts- oder Karnevals-Cowboys und -girls in entsprechenden »Käbseles-Pistolen« als Munition verwendet.

Desch au dr nägschd Wäag!
Das ist auch der nächste Weg!

a) ironisch, wenn jemand einen größeren Umweg geht/fährt
b) wenn jemand eine weite Wegstrecke vor sich hat

Desch au frisch wia laus Wassr.
Das ist auch frisch wie laues Wasser.

Etwas, das wider Erwarten so gar nicht erfrischend oder »prickelnd« ist.

Desch au oiner wia mai Fritz: von dr siebenta Bitt.
Das ist auch einer wie mein Fritz: von der siebten Bitte.

Also einer, von dem man sagt oder denkt: »... und erlöse uns von dem Übel!«, die siebte Bitte im christlichen Gebet »Vater unser«.

Desch au s Wassr in Bach draga!
Das ist auch das Wasser in den Bach getragen!

Ähnlich wie »Eulen nach Athen tragen«: ein völlig unnötige oder sinnlose Tätigkeit.

Desch au so a Dranfunzel!
Das ist auch so eine Tranfunzel!

sehr schwache, trübe Lampe; davon abgeleitet:
(langweiliger) langsamer, (geistig) schwerfälliger Mensch

Desch bloß, bis ma s gwehnt isch.
Das ist nur, bis man es gewohnt ist.

So sagt man scherzhaft zu sich oder Anderen bei kleineren Missgeschicken, wenn sich einer zum Beispiel mit dem Hammer auf den Finger gehauen hat.

Desch en bsondera Hoiliga, der!
Das ist ein besonderer Heiliger, der!

Ziemlich verächtlich über einen Menschen, der sich immer wieder unangenehm anders als erwartet verhält.

Desch en gschbässiga Hoiliga: Der zennet, wemma zonem bädded.
Das ist ein gespäßiger [= seltsamer] Heiliger: Der zennt*, wenn man zu ihm betet.
* »zennen bzw. zännen«: den Mund verziehen aus Neid, Leid; boshaft lachen, heulen, weinen, …, verhöhnen (Wax)

Desch fir d Katz!
Das ist für die Katze!

Das ist vergebliche Liebesmüh'!

Desch ghupfd wia gjuggd!
Das it gehüpft wie gejuckt!

Das ist gehüpft wie gesprungen!

Desch Gschmacksach, wenn d Katz in d Schduba scheißt.
Das ist (reine) Geschmackssache, wenn die Katze in die Stube [= Wohnzimmer] scheißt.

Es ist alles Geschmackssache. – Über Geschmäcker kann man (nicht) streiten.

Desch ibrig wia en Gropf!
Das ist übrig [= ebenso überflüssig] wie ein Kropf!

Kropf: (durch eine krankhafte Vergrößerung der Schilddrüse bewirkte) nach außen meist sichtbare, oft auffällige Verdickung des Halses an der Vorderseite (Duden)

Desch immr no bessr wia a Moul voll Glufa!
Das ist immer noch besser als ein Maul voller Stecknadeln!

Das ist immer noch besser als gar nichts!
(Hobbyschneider/innen pflegen sich Stecknadeln zur schnellen Verfügbarkeit zwischen die Lippen zu klemmen.)

Desch kääl!
Das ist stark/super/geil/…

Die Jugendsprache der 1970/80er-Jahre verkehrte die ursprünglich negative Bedeutung von »käl« (hässlich, garstig, widerwärtig) ins Positive.

Desch untr allr Sou!
Das ist unter aller Sau!
Das ist schlecht, nichtsnutzig, miserabel, völlig indiskutabel …

Desch wuuzkääl!
Das ist mega-stark/-super/-geil/…
Die Jugendsprache der 1970/80er-Jahre verkehrte die ursprünglich negative Bedeutung von »käl« (hässlich, garstig, widerwärtig) ins Positive.
»wuuz« könnte gut von »Wurz« abstammen und somit das »käl« verstärken (mehr zu »Wurz«: siehe Wax)

Di sott doch grad s Meisle beißa! *oder:*
Di sott doch glei s Meisle beißa!
Dich sollte doch *(gerade/gleich)* das Mäuslein beißen!
Etwa: Du verflixter Kerl! Lob und Tadel, in veränderlichen Anteilen gemischt.

Dia bättet au ums täglich Brot!
Die betet auch ums tägliche Brot!
Nachsichtiger Kommentar, wenn sich eine Fliege am Tisch gütlich tut.
Anspielung auf das Vaterunser (Gebet).

Dia bringets zu nix, dia hoschtubet z viel.
Die bringen es zu nichts, die hochstuben zu viel.
»hochstuben«: abgeleitet von Hochstube, einer guten Stube, in der man Besucher empfing und sich, anstatt zu arbeiten, mit ihnen unterhielt. (Moosmann I)   Allgäu

Dia hot Schmerza wia en Goul!
Die hat Schmerzen wie ein Gaul *[= Pferd]*!
unerträglich starke Schmerzen

Dia hott wohl drweil!
Die hat wohl derweil!
Die hat (gerade) alle Zeit der Welt und keinen Grund zu Eile oder Hektik.
Auch: Sie kann den erteilten Auftrag sehr wohl ausführen.

Dia Leit, wo jommeret, denne ka ma helfa.
Mindr isch, wenn se nimme jommered.
Die Leute, die jammern, denen kann man helfen.
Minder *[= schlimmer]* ist *(es)*, wenn sie nicht mehr jammern.
Entweder eher ironisch, dass, wer gar so arg jammere, in Wirklichkeit so schlimm

nicht dran sein könne. Denn echtes Leid sei eher stumm. Oder eher philosophisch:
Tote seien, des Lebens verlustig, am Schlimmsten dran, und gerade diese könnten
überhaupt nicht mehr jammern.

Dia nemmet s au vo de Lääbige.
Die nehmen's auch von den Lebenden.

*Von den Toten bekommt man nichts mehr bezahlt, also schröpft man die Lebenden.
Wird gerne dort gesagt, wo gesalzene Preise verlangt werden.*

Dia säat anand doch ragrissa gleich!
Die sehen einander doch heruntergerissen gleich!

*Die sehen sich so ähnlich, wie wenn der eine ein Abguss des anderen wäre.
Die gleichen sich wie ein Ei dem anderen.
Hinweis: Man denke an eine Maske aus Wachs oder Gips, die nach dem Aushärten
abgezogen wird.*

Dia säet anand doch gleich wia a Schbatz ama Vogl.
Die sehen einander doch gleich wie ein Spatz [= Sperling] einem Vogel.

Die sehen einander sehr ähnlich.

Dia säet enand doch dupfagleich!
Die sehen einander doch tupfengleich! [= aufs (i-)Tüpfelchen gleich]

Über Eltern und Kinder, Geschwister …, die einander sehr ähneln.

Dia sand vom Glaible, dia haltet zeema.
Die sind vom Gläublein, die halten zusammen.

*»Gläuble/Gläublein«: kleiner Glaube = nicht ganz ernstzunehmender Glaube (Konfession). Im
überwiegend traditionell katholischen Ehingen ist der evangelische Glaube damit gemeint.
Wie allen ausgegrenzten Minderheiten wird in diesem Falle den Protestanten – ob
zu Recht oder nicht – besondere Gruppen-Solidarität nachgesagt. Zum Glück werden
solche Sprüche heute nur noch scherzhaft gebraucht.*

Dia Sonna wäar scho räacht, wenn s no au it so druggig wär!
Die Sonne wäre schon recht, wenn es nur nicht auch so druckig wäre.

»druggig/druckig« = drückend (schwül)   *Donau*

Dia Vegl, wo am Morga scho so schee pfeifet, lieget obeds hee ouf dr Mischde.
Die Vögel, die am Morgen schon so schön pfeifen, liegen abends hin [= tot] auf der
Dunglege.

Hochmut kommt vor dem Fall.   *Riß, Donau*

Dia Wirtschaft dät scho ganga, wemma se <u>um</u>dreiba dät.
Diese *(Gast-)*Wirtschaft würde schon gehen, wenn man sie umtriebe.

Diese Gaststätte brächte schon genügend Umsatz, wenn man sie ordnungsgemäß betreiben würde. Bedeutungen:
a) Ernster Hintergrund: Diese Gaststätte steckt in selbstverschuldeten Schwierigkeiten, weil sie von den Wirtsleuten nicht mit der nötigen Umsicht betrieben wird. Sie nehmen es nicht ernst oder genau genug, sind selbst ihre besten Gäste (das heißt, dem Alkohol verfallen), übernehmen sich finanziell ...
b) Spaßhafter Hintergrund: So necken gut aufgelegte Stammgäste, wenn Wirt oder Bedienung einmal nicht ganz so schnell zur Stelle sind, um Bestellungen aufzunehmen.

Die hont au d Zigainr im Ga<u>lopp</u> vrlora!
Dich haben *(wohl)* auch die Zigeuner im Galopp verloren!

Du bist eigentlich ein Zigeunerkind und damit für uns nichts wert. Deine leiblichen Eltern haben dich nur versehentlich verloren, als sie (mit ihrem pferdebespannten Planwagen in Windeseile) vorbeifuhren. In Wirklichkeit gehörst du gar nicht hierher! Das klingt sehr böse und rassistisch und ist es natürlich auch gegenüber den Sinti und Roma, denn diese sollen ja (angeblich!) allen Grund (gehabt) haben, möglichst schnell möglichst weit wegzukommen, weil sie angeblich immer und überall Diebstähle begehen.
Man sagt dies jedoch leise seufzend nur zu einem kleinen Kind, wenn es wegen einer Kleinigkeit ein wenig gescholten werden soll und ist insoweit keineswegs böse gemeint. Ich will nicht zuviel hineindeuten, aber da man diese Redensart eher kleinen Mädchen als kleinen Buben gegenüber anwendet, mag unbewusst auch der »typisch männliche« Wunschtraum von der »rassigen« = erotischen und erotischen Bemühungen zugänglichen »Zigeunerin« eine Rolle spielen, der man »sehnsüchtig-verträumt« nachschaut.

Do bin e <u>schwär</u> naidappet!
Da bin ich schwer hineingetappt!

Da bin ich mächtig ins Fettnäpfchen getreten!

Do bisch du no mit de <u>Mugga</u> gfloga!
Da bist du noch mit den Mücken geflogen!

Scherzhaft: Da warst du noch gar nicht geboren!

Do bisch no als Jokurt im <u>Schau</u>fenschdr gschdanda!
Da*(mals)* bist *(du)* noch als Joghurt im Schaufenster gestanden.

Scherzhaft: Da warst du noch gar nicht geboren!

Do bleibt dr s Moul scho <u>soubr</u>!
Da bleibt dir das Maul schon sauber!

Mach dir nur keine falschen Hoffnungen, hiervon etwas abzubekommen!
(Nicht nur bei Essen und Trinken.)

Do bringet me koine zea Geil me na.
Da bringen mich keine zehn Gäule mehr hin!

… so ungern würde ich da nochmals hingehen.

Do dott oim d Wahl weh! *bzw.* Do dott dr jo d Wahl weh!
Da tut einem die Wahl weh! *bzw.* Da tut dir ja die Wahl weh!

Die Entscheidung zwischen Alternativen ist schwierig. Gemeint sein kann die Auswahl zwischen angenehmen Möglichkeiten bzw. »Pest und Cholera«   Schussen

Do drait ma a ganza Wanna vool Luaga s Dorf oub ond ab.
Da trägt man eine ganze Wanne voller Lügen das Dorf auf und ab.

Da werden jetzt wohl eine ganze Menge Gerüchte entstehen und kolportiert werden.
Riß, Donau

Do glaubsch, do bisch echd da Schbinnsch!
Da glaubst du, du seiest echt der »du spinnst«!

Da bist du ob der Frechheit perplex, einem so etwas zuzumuten!
(Eine Wendung der 1980/90er-Jahre)

Do glaubsch, du bisch da Leo!
Da glaubst du, du seiest der Leo!

Da bist du vor Erstaunen baff!   *(Eine Wendung der 1980/90er-Jahre)*

Do goht oim s Messr im Sack ouf!
Da geht einem das *(Klapp-)*Messer in der Hosentasche auf!

Das ist empörend! Das ist ein Skandal!

Do goht s hinta hott!
Da geht es hinten hott: Da bahnt sich Unheil/Unglück/eine Krise an.

»hott oder hott nomm« wies Zugtiere an, nach links zu schwenken. Wenn der Gaul hinten hott geht, wo er andersrum laufen müsste, dann geht es eben hinten hott, also nicht wie erwartet oder erhofft.

Do gohts zua wia im Himml vordussa!
Da geht es zu wie im Himmel davor draußen!

(Wie außerhalb des Himmels) Da herrscht Chaos! Da wird durcheinander geschrien!

Do gohts zua wia in era Judaschual!
Da geht es zu wie in einer Judenschule!
»Schul« bedeutet im Jiddischen »Bethaus«, »Synagoge«.
»Weil alle Männer in der Synagoge laut beten, dabei aber nicht im Chor sprechen, hat sich der Eindruck eines ungeordneten Geschreis ergeben.« (Wax)

Do griagsch jo Leis in Bouch!
Da bekommst du ja Läuse in den Bauch!

a) Sagt man, wenn jemand im Gegensatz zu den anderen im geselligen Kreis nur Sprudel (Mineralwasser) trinkt. Es ist letztlich eine Aufforderung, doch auch lieber etwas »Richtiges« [= Alkoholisches] zu sich zu nehmen. Das könnte auch das Alkoholtrinken im Sinne eines Gruppenzwangs herbeiführen, verharmlosen oder ver herrlichen.

b) Kann man seufzend auch von sich selber sagen, wenn man sich aus irgendwelchen Gründen veranlasst sah, statt Alkoholischem Wasser zu trinken.

Do guggsch bleed ous dr Wesch!
Da schaust du blöd aus der Wäsche!
In Anspielung darauf, dass der Kopf oben aus der Bekleidung herausragt.
Da wirst du bass erstaunt sein! Da wirst du dich ganz schön wundern!

Do hamma jedesmol a Mordsfraid dra - wia Hond am Igl.
Da haben wir jedesmal eine Mordsfreude *[= Riesenfreude]* daran –
wie ein Hund am Igel.
Also das Gegenteil von Freude!

Do hilfd koi Betta, do gheert Mischd naa!
Da hilft kein Beten, da gehört Mist *[= Dünger]* hin!
Hilf dir selbst, so hilft dir Gott!

Do hoggesch au ouf em Tablett.
Da hockst du auch auf dem Tablett.
»Tablett« (hier): Präsentierteller
Sagt man, wenn Wohnung/Balkon/Terrasse/Sitzplatz von überallher einzusehen sind.

Do hond se gsou-iglet!
Da haben sie gesau-igelt!

a) Sie haben Sexuelles getan oder einander erzählt.
b) Sie sind mit Material sehr verschwenderisch umgegangen.

Do hosch Hemmed ond Hosa no an oim Schdugg draga!
Da hast du Hemd und Hosen*(n)* noch an ein*em* Stück getragen!

a) Das ist schon lange her, da lagst du noch im Strampelanzug.
b) (noch von weiter früher): Das ist schon lange her, da trugst du noch eine Hemdhose. (Ein Wäschestück für Kleinkinder, bei dem Unterhemd und -hose aus einem Stück bestehen; ggf. mit eingearbeitetem Schlitz am Po fürs »große Geschäft«.)

Do hosch wiaschd Recht!
Da hast du wüst Recht!

Da hast aber sowas von Recht!
»wiascht/wüst« verstärkt das »Recht haben« ähnlich wie die Vorsilben
»sau-«, »hura-«, »grotta-«.

Do hot dr Zimmrma s Loch gmacht!
Da hat der Zimmermann das Loch gemacht!

Da ist die Tür: Raus mit dir!
Eine sehr grobe Aufforderung, das Haus oder die Wohnung schleunigst zu verlassen.

Do hot s Grotta ghaglet.
Da hat es Kröten gehagelt.

Da hat es einen Starkregen gegeben.

Do hotts richtig glätschet.
Da hat es richtig gelätscht.

»lätschen«: »Mit heftigem Schall (beim Aufschlagen) regnen, klatschen, plätschern«
(Wax) . Über Starkregen.   Schussen

Do isch d Hebamm au nimme schuldig!
Da ist die Hebamme auch nicht mehr *(daran)* schuldig!

Kommentar, wenn ein Mensch im höheren Alter verstorben ist.

Do isch dr Markt!
Da *[= hier]* ist der Markt!

»Markt« ist hier nicht wörtlich gemeint, sondern beschreibt den Ort des eigentlichen oder wichtigen Geschehens, zumindest in den Augen dessen, der dies ausruft.
So könnten sich demnach besonders Eltern, Lehrkräfte oder berufliche Ausbilder ausdrücken.
– Wendet eure Aufmerksamkeit nicht sonstwohin, sondern passt gefälligst auf!
– Hier spielt die Musik!
– Alle mal herhören!
Gibt es auch als (rhetorische) Frage: Wo isch dr Markt?

Do isch dr Zemmrma denna!
Da ist der Zimmermann drinnen!
In diesem Haus geht es laut zu, und zwar, weil der Haussegen schief hängt, nicht etwa, weil Handwerker zugange wären ...

Do isch s au hinta hott ganga!
Da ist es auch hinten hott gegangen: Das lief ganz anders als erwartet.
»hott oder hott nomm« wies Zugtiere an, nach links zu schwenken. Wenn der Gaul hinten hott ging, wo er hätte andersrum laufen müssen, dann ging es eben hinten hott, also nicht wie erwartet oder erhofft.

Do kasch macha nix, do kasch bloß gugga zua!
Da kannst du machen nichts, da kannst du nur gucken zu!
Absichtlich verdrehtes Schwäbisch – vielleicht bei den ersten Gastarbeitern gehört: Da bist du machtlos! Dagegen kannst du nichts machen!
So sagt man halb scherzhaft nur in einer nicht besonders ernsten Lage.

Do kenndesch an de gladde Wend nouf!
Da könntest du an den glatten Wänden hinauf*(klettern)*!
Vor Zorn!

Do kenndesch nous, wo koi Loch isch!
Da könntest du hinaus*(flüchten)*, wo *(gar)* kein Loch ist!
Das ist zum Davonlaufen ärgerlich!

Do kenndesch ous dr Hout fahra und nääba na hocka!
Da könntest du aus der Haut fahren und dich daneben hinhocken!
Das ist zum Aus-der-Haut-fahren! Höchst ärgerlich!
Wird durch den Zusatz aber wieder abgemildert.

Do kenndeschd haina – mit oim Aug wia d Soua!
Da könntest du weinen – mit einem Auge wie die Schweine!
Das ist zum Heulen!

Do kenndsch ouf dr Sou nous!
Da könntest du auf der Sau hinaus*(reiten)*!
Drückt Ärger aus wie etwa: »Das ist zum Davonlaufen!«

Do kennt oim s Fiedla schwätza!
Da könnte einem *(sogar)* der Hintern reden!
Jetzt schlägt's 13! Da bleibt einem die Spucke weg!

Do machsch was mit, bis da in d Rente kommsch!
Da machst du *(allerhand)* mit, bis du ins Rentenalter kommst!

Seufzer, ironisch zu sich oder anderen, wenn einem Unangenehmes widerfährt.
Ist aber nicht sehr ernst gemeint.

Do mosch halt nochhär d Henna railau.
Du musst du halt nachher die Hennen hereinlassen.

Sagt man, wenn Speisereste, vor allem Brosamen (»Bresela«) zu Boden gefallen sind, als scheinbaren Trost für Hausfrau/-mann. Die Hühner würden schon damit aufräumen. Dass diese unterdes anderweitige Spuren hinterließen, macht den Reiz oder die Nicht-Ernsthaftigkeit des Vorschlags aus, selbst wenn Federvieh zur Verfügung stünde.

Do moschd oufbassa wia en Hefdlesmachr.
Da musst du aufpassen wie ein Heftlesmacher.

Da muss man sehr genau/sauber/sorgfältig/minutiös/achtsam arbeiten.
»Heftle« sind Häkchen an Kleidungsstücken; ursprünglich aus Draht gebogen.
Heftlesmacher mussten bei der Arbeit geschickt und geduldig sein.

Do moschd s Fiedla zammaglemma, sonschd schwätz s ders.
Da musst du den Po zusammenklemmen, sonst redet er dir.

Das ist zum Aus-der-Haut-fahren. (Ärger)

Do moscht noch fai ouf jede Käppeleskirbe.
Da musst du dann fein *[= »aber«: zur Verstärkung]* auf jede Kapellenkirchweih!

Kirchweih-Fest = Kirchweih = Kirmes = Kirbe
An einem bestimmten Tag im Jahr feiert man – »pauschal« für alle lokalen kath. Gotteshäuser – den Jahrestag ihrer Einweihung. Die Kirbe war besonders im früheren bäuerlichen Arbeitsjahr ein wichtiges und vergleichsweise groß gefeiertes Fest, oft mit dem Erntedank verbunden. Es fanden Gottesdienst, Markt, Tanz und allerlei örtliche Bräuche statt. Es gab gut und viel zu essen und zu trinken. Die Kirbe war <u>das</u> Ereignis des Jahres.
Der Spruch ist Rat oder Warnung an einen, der ein öffentliches Amt anstrebt. Er sei dann verpflichtet, sich auf jedem noch so kleinen Fest blicken zu lassen und habe daher kaum mehr freie Abende oder Wochenenden.

Do segglesch denn ebbes umanand!
Da seckelst du dann etwas umeinander!

»seckeln« = rastlos hin und her rennen, unentwegt schnell unterwegs sein
Kann einen Arbeitstag beschreiben.

Do siehsch ous wia a dunkte Mous.
Da siehst *(du)* aus wie eine *(ins Wasser)* getunkte Maus.
Wenn jemand in einen starken Regen geraten ist und die Haare nur noch in nassen Strähnen herunterhängen.   *Schussen*

Do sieht ma vor loutr Baim da <u>Wald</u> nimme.
Da sieht man vor lauter Bäumen den Wald nicht mehr.
Da verliert man ja glatt die Übersicht.

Do soichd Katz <u>links</u>!
Da seicht *[= uriniert]* die Katze links *[= auf der falschen Seite]*.
Da läuft blödsinnigerweise alles anders als geplant.

Do soichsch doch glatt in d <u>Ho</u>sa!
Da pinkelst du *(dir)* doch glatt in die Hosen!
So sehr musst du wegen eines Witzes oder einer lustigen Radio-/TV-Sendung usw. lachen.
Anm.: »Hosa / Hosen«: Plural (Mehrzahl), auch wenn »eine Hose« gemeint ist; abgeleitet von früher: »ein Paar Hosen«; vgl. engl. »{a pair of} trousers«

Do wersch <u>herb</u> dua! *bzw.*
Do wersch dr <u>herb</u> leichd dua!
Da wirst du herb tun! *bzw.*
Da wirst du dir herb leicht tun!
»herb« (hier): kaum, nur mit Mühe
Das wird für dich nicht leicht zu bewerkstelligen sein!
Als Tipp, Warnung oder eine Art Trost.

Do ziahts wia Hechtsupp!
Da zieht es wie Hechtsuppe!
Da zieht es stark (Luftzug).
Wahrscheinlichste Deutung nach Krüger-Lorenzen: »hech supha« (jiddisch) : »wie Sturmwind«

Do ziats dr Gnocha ous em Leib!
Da zieht's dir die Knochen aus dem Leib!
Das ist ja unglaublich! Das ist nicht zu fassen!   *Jugendsprache 1993*

Dobblet gnäht <u>hebt</u> bessr.
Doppelt genäht hält besser.
Lobt jede Art von mehrfacher Absicherung.

Doo bisch von de Sogga!
Da bist du von den Socken!

Ausruf des Erstaunens: Da bist du vor Überraschung platt! (oder so ähnlich)

Doo bisch vrratzd!
Da bist Du verratzt!

Da bist Du aufgeschmissen, verloren, »verkauft«. (Ein oder eine »Ratz« ist eine Ratte.)

Doo druggds!
Da drückt es!

Da pressiert es. Da steht ein dringender Termin an, bis zu dem eine Arbeit getan sein muss.

Doo kutt alls, was gong kaa.
Da kommt alles, was gehen kann.   *Allgäu*

Doo mach s räachd!
Da mache es *(einer)* recht!

Seufzer, wenn das, was gestern noch als richtig galt, heute verkehrt sein soll, oder umgekehrt: Da soll sich noch einer auskennen!   *Riß, Donau*

Dor de au schdrähla!
Tu dich auch strählen!

Kämme auch deine Haare! Der »Strähl«: Kamm

Dr »Wenn« und dr »Hett«
hont no selta was ghett.
Der »Wenn« und der »Hätte« haben noch selten etwas gehabt *[= besessen]*.

Wenn es um (vermeintlich) utopische Vorstellungen geht:
Hinter den Möglichkeitsformen stehe selten etwas Handfestes.

Dr beschde Schloof isch dr Fernsäh-Schloof.
Der beste Schlaf ist der Fernseh-Schlaf.

Wenn man vor dem laufenden Fernsehgerät (regelmäßig?) einschläft.

Dr Deifl isch a Aichhernle!
Der Teufel ist ein Eichhörnchen!

Er taucht wie das Tierchen zu unvermuteter Zeit an unvermutetem Orte auf.
Die Redensart drückt aus, dass man vorsichtshalber mit allerlei Widrigkeiten rechnet

und deswegen lieber Vorsorge trifft: »man weiß nie ...« oder »sicher ist sicher«.

Dr Epfl fällt it weit vom Bom, außer er rogelet s Bergale na.
Der Apfel fällt nicht weit vom Baum, außer er rolle das Berglein hinab.
(Ummendorf)
Meist sei es so, dass die nachfolgene Generation in die Fußstapfen der Eltern trete. Aber eben nur meistens. Wenn die Bedingungen anders sind, schlage sie auch eigene Wege ein.

Dr Geabr und da Schenker sind boide gschdorba.
Der Geber *[= Gebende]* und der Schenker *[= (etwas) Verschenkende]* sind beide gestorben.
Es gibt (hier/bei uns) nichts umsonst. Wir haben nichts zu verschenken.

Dr Himmlbabba schembfd!
Der Himmelpapa schimpft!
»Himmlbabba«: Gott(vater)
Sagte man zu Kindern, wenn es donnerte. Damit jagte man ihnen natürlich Angst ein und erzeugte ein schlechtes Gewissen. Und die älteren Kinder gaben dies an die jüngeren weiter. Riß

Dr Näe nooch kocha
Der Nähe nach kochen
Etwas Naheliegendes kochen – Etwas Einfaches ohne großen Aufwand kochen.
Tat man zum Beispiel, wenn der Ehemann und Vater ausnahmsweise mal nicht zum Essen da war und die Frau für sich und die Kinder »kurze« Küche machte.

Dr Nepomuk git am Wettr da Druck!
Der *(heilige Johannes von)* Nepomuk gibt dem Wetter den *(nötigen)* Druck.
Bäuerliche Wetterregel: Nepomuk ist einer der »Eisheiligen«.

Dr oi goht liabr in Kirch, dr andr isst liabr en Backschdoikäs.
Der eine geht lieber in die Kirche *[= zum Gottesdienst]*,
der andere isst lieber einen Backsteinkäse.
Backsteinkäse: Limburger Käse in Form eines Backsteins (Duden): quaderförmig
Die Geschmäcker seien eben verschieden.

Dr Reif ond dr Räag verkommet anand im Wääg.
Der Reif *(Raureif)* und der Regen verkommen einander *[= begegnen sich]* im Weg.
Reif (Frost) und Regen liegen (im Herbst) nahe beieinander.

Dr Seifr ond da Hurabock,
dan fruits au no em dickschda Rock.

Den Säufer und den Hurenbock
den friert's auch noch im dicksten Rock.

a) »Säufer«: Alkoholabhängiger
b) »Hurenbock«: sexuell Ausschweifender
c) »Rock« (hier): Jacke, Mantel
Kann natürlich auch derber, aber freundlich gemeinter Spott sein, wenn es jemand friert.
Donau

Dr sell isch au itt hählenga ouf dr Welt!

Der(jenige) ist auch nicht hehlingen [= heimlich / unbemerkt] auf der Welt.

Er macht so viel Wind / Aufhebens um sich.

Dr Tod kut allat z friah.

Der Tod kommt alleweil [= immer] zu früh. (Büchele I)
Allgäu

Dr Wend vom Sai
brengd Räaga ond Schnai.

Der Wind vom *[Boden-]*See
bringt Regen und Schnee.

Soll noch um 1945 der damals neunzigjährige Nehne (Großvater) der Gewährsfrau immer gesagt haben: Südwestwind.
Donau

Dr Will ka vill. *(»vill« mit kurzem »i« sprechen, damit sich's besser reimt)*

Der Wille kann viel.

Wo ein Wille ist, ist auch ein Weg.

Drägg machd fätt!

Dreck macht fett!

Wenn Essbares zu Boden gefallen ist und dabei beschmutzt wurde, sei es gleichwohl zu schade, dies wegzuwerfen, denn es sei sogar umso nahrhafter.
Kann, muss aber nicht ernst gemeint sein.

Dreiml a'gsäaget ond noh z kuuz! *oder:*
Dreiml abgschnidda – und noh z kurz!

Dreimal abgesägt und *(immer)* noch zu kurz! *oder:*
Dreimal abgeschnitten – und *(immer)* noch zu kurz!

Ironisch oder selbstironisch über einen ungeschickten Hand- oder Heimwerker.
Riß, Donau / Schussen

**Dreiviertl ouf alta Frau,
wemma se bogget, no drait se au.**
Dreiviertel auf *(eine)* alte Frau, wenn man sie bockt, dann trägt sie auch.

*a) »Dreiviertel«: Teil der Uhrzeit, Beispiel: dreiviertel Acht = Viertel vor Acht
b) »bocken« (derb): Geschlechtsverkehr ausüben
c) »tragen«: schwanger (bei Tieren: trächtig) werden
Der Spruch ist eine derbe Scheinantwort auf die Frage nach der Uhrzeit.*   *Donau*

Du Aarschloch, du grummbohrets!
Du Arschloch, du krummgebohrtes!

Ärger bis wilden Zorn ausdrückend; Mimik und Gestik verraten es.

Du bisch au it wunderfitzig!
Du bist auch überhaupt nicht wunderfitzig!

»wunderfitzig« bedeutet »neugierig« oder »naseweis«. Damit wird einer zurechtgewiesen, der seine Nase in Dinge steckt, die ihn nichts angehen.

Du bisch au vo dr Wuuz nix!
Du bist auch von der Wurzel *(aus)* nichts *(wert)*.

*a) wörtlich: Du taugst von Grund auf nichts!
b) im übertragenen Sinne: Wird wie viele scheinbare Beschimpfungen durchaus auch als heimliches Lob verwendet, als Anerkennung eines Verhaltens, das zwar »offiziell« nicht ganz hasenrein ist, aber (normalerweise) niemand schadet und zum Erfolg führt.*
      Donau

Du bisch jo vrruggd im Schadda! *bzw.*
Do vrreggsch im Schadda!
Du bist ja verrückt im Schatten! *bzw.*
Da verreckst du im Schatten!

Ausruf ungläubigen Erstaunens. Im Schatten verrückt zu werden bzw. zu »verrecken« ist weniger wahrscheinlich als in der prallen Hitze. Der Zusatz mit dem Schatten verstärkt also noch das Erstaunen.

Du gfallsch mr it heit!
Du gefällst mir nicht heute!

Ich glaube, du brütest eine Krankheit aus.

Du henksch da Rotz na wia dr Firmgette!
Du hängst den Rotz hinunter wie der Firmgötte *[= Firmpate]*.

*da Rotz ra henka: den Rotz herabhängen (lassen)
a) erkältet sein (mit triefender Nase)
b) beleidigt sein, »verschnupft« sein
Gette (Götte): Pate (männlich; weiblich: Gotta)*

Gette (ohne Zusatz): Taufpate; Firmgette: Firmpate
In welchen Zusammenhang ausgerechnet der Firmpate mit herabhängendem Rotz gebracht wird, war nicht zu ermitteln.

Du hosch au scho bessr ghuaschded!
Du hast auch schon *(mal)* besser gehustet)!

eine etwas verkappte Mitleidsbekundung, wenn einer gerade unter Husten leidet

Du hosch jo en Furz im Hirn!
Du hast ja einen Furz im Hirn!

Mensch, du bist ja nicht ganz bei Trost!

Du hosch räächd und i mai Rua!
Du hast recht und ich *(habe)* meine Ruhe!

Wenn man um des lieben Friedens willen nachgibt, obwohl man glaubt, im Recht zu sein.
Riß, Donau

Du kaasch me gar it moina!
Du kannst mich gar nicht meinen!

»meinen« (hier): reizen, ärgern, provozieren (wohl abgeleitet von der eher rhetorischen Frage: »Meinst du etwa mich?«)
Sinn: Du regst mich mit deinem Verhalten noch lange nicht auf, du Nicht!!!
Meist eher spaßhaft-ironisch und keine ernste Warnung in ernster Lage.

Du kasch me kreizweis und iebrzwerch ...
Du kannst mich kreuzweise und überzwerch ...

überzwerch: etwas, das gegen die gerade Richtung verläuft und unvermittelt die Richtung ändert; hin und her, auf und ab und immer anders, als erwartet
hier: eigentlich dasselbe wie »kreuzweis«
Du kannst mich ...: am Arsch lecken
Derbe Aufforderung zum sog. »Schwäbischen Gruß«, Zitat des Götz von Berlichingen

Du kommsch mr grad gschliffa!
Du kommst mir gerade *(daher)*geschliffen!

Gerade recht, dass du daherkommst: Mit dir habe ich noch ein Hühnchen zu rupfen!

Du schdirbsch gwieß no drei Dag vor dainer oigena Leich!
Du stirbst gewiss noch drei Tage vor deiner eigenen Leiche! [= Beerdigung]

Derb-scherzhafte Drohung, die eigentlich keine ist und nur so aussieht, weil normalerweise jeder Mensch drei (oder mehr) Tage vor seiner eigenen Beerdigung stirbt. (Mochenwangen)
Schussen

Dumm ouf d Welt komma, dagglhaft oufzoga und nix drzuaglernet!
Dumm auf die Welt gekommen, dackelhaft *[= völlig umöglich]* aufgezogen/erzogen worden und *(auch später)* nichts dazugelernt.

Was soll aus so einem schon Rechtes werden?!
Kann boshaft, aber auch augenzwinkend selbst-ironisch sein.

Ebbern zur Leich ganga *bzw.*
Ebbern zur Leicht gau
Jemand zur Leiche gehen *(2x)*

jemand zur Leiche gehen: an der Beisetzung von jemand teilnehmen
Die zweite Spruchvariante mit dem -t bei »Leicht« ist offenbar im Raum Bad Buchau verbreitet. Dies wusste auch Fischer.

Ebbes isch iebraal!
Etwas ist überall!

Vor allem auf Arbeit, Beruf, Arbeitsplätze, Betriebe bezogen: Überall gebe es neben guten auch unangenehme, negative Seiten.

Ei Mädele, ei Mädele, wia macht ma denn da Käs?
Ma duet en in a Kibele
und drückt en mit em Fidele,
drum ischt dr Käs it räß!
Ei *(du)* Mädchen, ei *(du)* Mädchen, wie macht man denn den Käse?
Man tut ihn in ein Kübelchen *[= Eimerchen]*
und drückt ihn mit dem Po,
drum ist der Käse nicht räß. *(Moosmann I)*

»räß«: (durch kräftige Würzung) scharf (Duden)
Diese Spruchvariante entstammt einer Käserei!

Eich kennt ma jo glatt schdäala!
Euch könnte man ja geradewegs stehlen!

Heißt (halb im Scherz): Ihr lasst Türen oder Fenster offen oder den Schlüssel stecken, so dass der Dieb oder Einbrecher leicht ins Haus könnte. Und ihr seid dabei auch noch so vertrauensselig, wenn ihr es nicht einmal bemerken würdet, wenn der Dieb euch selbst als Beute forttrüge.

Elendig gläabt isch immr no besser wie guet gschdorba!
Elend gelebt ist immer noch besser als gut gestorben.

Em Limple gheert s Schdimple!
Dem Lümpchen gehört das Stümpchen!

Dem Kleinsten gehört [= gebührt] der Rest: Der Kleinste darf die Teigschüssel usw. auslecken.

»Lümpchen« ist die liebevolle Verkleinerung von »Lump«. Lump (und auch Lumpamädle) sind in diesem Zusammenhang keine Schimpfwörter.

En schena Gruaß vom Gedriebe und dr Gang sei dinna!
Einen schönen Gruß vom Getriebe und der Gang sei *(jetzt)* drin!

Boshafter oder spöttischer Kommentar, wenn jemand sein Fahrzeug so schaltet, dass der Gang beim Einlegen laut »rätscht« [= laut kreischt]. Das kam in den Zeiten der unsynchronisierten Getriebe häufiger als heutzutage vor.

en Schocha lacha
einen Schochen lachen

»Schochen«: Haufen (Heu u.ä.)
laut lachen, laut hinauslachen
»Anklang an jiddisch zchoken – lachen« (Wax)

Ersch glotza, noch motza!
Erst glotzen, danach *(darüber)* motzen)

Erst mal sich genau informieren [glotzen (hier) = hinsehen],
dann erst wenn nötig darüber schimpfen oder sich beschweren usw.

Etz däts noch go afanga langa.
Jetzt tät's dann anfangen *(zu)* langen [= reichen].

Jetzt hätte man allmählich wirklich genug davon. Seufzer, wenn man an etwas Überdruss hat, zum Beispiel an einer langen Regenperiode oder an unliebsamem Verhalten eines Menschen.

Schussen

Etz diift s noch scho amool hau bei em.
Jetzt dürfte es nachher schon einmal haben bei ihm.

Mitleidiger Wunsch über einen, den gesundheitliche Probleme in größerer Anzahl nacheinander heimgesucht und gequält haben. Es möge baldmöglichst Schluss damit sein.

Donau

Erst wenn der Hund sain Schwanz verlora hot, merkt er, zua was r guet gwea ischt. (Ummendorf)
Erst wenn der Hund seinen Schwanz verloren hat, merkt er, zu was [= wozu] er gut gewesen ist.

So manches wird erst wertgeschätzt, wenn man es nicht mehr hat. Zuvor hatte man es als Selbstverständlichkeit betrachtet.

Riß

Etz gang e hoim ge wohna, dass sich d Miate rentiert.
Jetzt gehe ich heim zum Wohnen, damit sich die Miete rentiert.
Ich muss (nach dem abendlichen Ausgang) jetzt nach Hause gehen bzw. fahren. Es ist an der Zeit.

Etz goht ma gau ens Bett, dass de fremde Leit <u>hoim</u>kennet.
Jetzt geht man demnächst ins Bett, damit die fremden Leute heim können.
Pflegte ein Landwirt zu sagen, wenn seine Gäste gar zu lange sitzen blieben und keine Anstalten zum Aufbruch machten. Eine noch höfliche, aber unmissverständliche Bitte oder Aufforderung.
»Fremde Leit«: alle, die nicht zur eigenen Familie gehören, auch wenn man sie als Verwandte, Bekannte, Nachbarn, Vereinsmitglieder usw. bestens kennt.
Das »ma/man« ist für »ich/wir« nicht ungewöhnlich (übrigens eine weitere sprachliche Verwandtschaft zwischen dem Schwäbischen und dem Französischen).

Etz gohts gau vool schnell, hot dr sell Schbatz gsait,
wo en Katz d Schdiaga nouf dra hott.
Jetzt geht es recht schnell *(mit mir zu einem guten Ende)*, hat jener Spatz *[= Sperling]* gesagt, als ihn die Katze die Stiege *[= Treppe]* hinauftrug.
Normalerweise ist es ja eine tröstliche Aussicht, dass eine unangenehme Arbeit oder ein unangenehmer Vorgang demnächst zu Ende sein wird und es wieder aufwärts gehe. Im Spruch verkennt der Spatz natürlich die Lage, in der er sich befindet: Über den frommen Selbstbetrug, dass etwas Ungutes bald vorüber sei.   Riß, Donau

Etz gohts oufwärts mit mir, hot dr sell Schbatz gsait,
wo en Katz d Schdiaga nouf dra hott.
Jetzt geht es *(wieder)* aufwärts mit mir, hat jener Spatz *[= Sperling]* gesagt, als ihn die Katze die Stiege *[= Treppe]* hinauftrug.
Variante zum vorigen Spruch.

Etz isch lär, etz wird's schee Wättr.
Jetzt ist *(der Teller)* leer*(-gegessen)*, jetzt wird *(es)* schönes Wetter.
a) Man fand allerlei Gründe, Kinder zum Leeressen des Tellers zu veranlassen.
b) Scherzhaft aber auch zu Erwachsenen.

Etz isch noch go <u>gnu</u>ag Hai hunta!
Jetzt ist dann demnächst genug Heu herunten!
»go / gau«: »gau ll/geh; (Adverb), ... Bedeutung ›gleich, demnächst, sogleich, bald‹ ...« Dies und Lesenswertes mehr dazu bei Wax. Das »go/gau« drückt die nahe Zukunft aus: »demnächst«. Lässt man es weg, ist der Tatbestand wie unter a) und b) nachstehend beschrieben bereits am Eintreten. Der Spruch stammt aus der bäuerlichen

Viehfütterung, als man vom Heuboden (Lagerraum im Dachgeschoß) die benötigte Tagesration an Heu (oder Öhmd) durch eine Luke abwarf, um sie dann dem Vieh vorzulegen.
a) Kommentar zur eigenen Arbeit (auch im Team): Für heute ist es genug. Lasst uns Feierabend machen.
b) Warnung an einen anderen, er habe genug proviziert. Das Maß sei jetzt voll.
»go / gau«: Allgäu, Schussen / Riß, Donau

Etz isch noch Zeit, dass dia viele Feitig wiedr rumm sind.
Jetzt ist es dann *(an der)* Zeit, dass die vielen Feiertage wieder rum [= *vorbei*] sind.

Wird gern um den 6. Januar herum gesagt, der in unserem Bundesland der letzte Feiertag zum Abschluss der Weihnachtszeit samt Jahreswechsel darstellt.

Etz lass me gau!
Jetzt lass mich gehen!
Da bin ich vor Überraschung aber völlig platt!   Donau

Etz mach mr no da Goul it schei!
Jetzt mach mir nur den Gaul nicht scheu!

Erzähl mir keine so unwahrscheinlichen Dinge! Mach mich nicht verrückt! Das kann ich beinahe nicht glauben, was du mir da erzählst!

Etz mond r halt schnellr schloofa, dass r bis morga fria fertig sind.
Jetzt müsst ihr halt schneller schlafen, damit ihr bis morgen früh *(damit)* fertig seid.

Scherzhafter Rat, wenn der Abend spät geworden ist.
Der zweite Satzteil kann auch entfallen – man kennt ihn ja eh ...   Schussen

Etz so a Kuglfuhr abr au!
Jetzt so eine Kugelfuhr aber auch!

Kräftiger Seufzer, wenn etwas umständlich und mit unnötig viel Aufwand bewerkstelligt werden muss, oder wenn Aufwand und Ergebnis in keinem rechten Verhältnis stehen wollen. Zu Bedeutungserklärung für »Kugelfuhr« finden sich bei Wikipedia und sonst im Internet verschiedene Eintragungen. Einfach danach suchen ...

Etz wäare zaischt amol denne Flichtleng a Wusele kaufa.
Jetzt werde ich zunächst mal diesen Flüchtlingen da ein Wusele kaufen.

»Wusele«: ein Munderkinger Fastnachtsgebäck
Unser Gewährsmann berichtet: »Ich musste letzte Woche kurz schmunzeln, als ich beim Einkauf in Munderkingen einen Freund traf und just in dem Moment eine Gruppe Flüchtlinge vorbeilief, worauf er meinte, er kaufe denen jetzt erst mal ein »Wusele«.« (Januar 2016)

**Etz wemmr amool säa, hot dr sell gsait,
no hot r erscht nix gsäa, weil r blind war.**

Jetzt wollen wir mal sehen, hat jener gesagt,
(und) dann hat er erst nichts gesehen, weil er blind war.

Karikiert Leute, die allzu unbedarft an ein Vorhaben herangehen.

faiv Kaufde

fünf Gekaufte

*Bezeichnung für mehrfach entrahmte Milch oder für Molke, die noch einige Butterklümpchen enthielt und in der örtlichen dörflichen Molkerei (Milchannahmestelle) abgegeben wurde an diejenigen Familien, die nicht regelmäßig Milch anliefern konnten. Sie hielten nur wenige Kühe, die zugleich als Zugtiere eingesetzt wurden. Der Milchertrag war entsprechend gering und reichte allenfalls für den Eigenbedarf.
Die Herkunft der traditionellen Bezeichnung »faif Kaufde« konnte auch von Augen-und Ohrenzeugen nicht erklärt werden. Rißtissen, um 1940-50.*   Donau

Foig it mit ama grätiga Bohle.

Balge dich nicht mit einem schlechtgelaunten Kater. *(Ummendorf)*

Dieser versteht keinen Spaß. (Gilt sicher nicht nur im Umgang mit Katzen.)

**Frijer sind d Mädla rot worra, wenn se sich gschemmt hont,
und heit schemmet se sich, wenn se rot werret.**

Früher sind die Mädchen rot geworden [= errötet], wenn sie sich geschämt haben, heute schämen sich sich, wenn sie rot werden.

Der Spruch unterstellt der heutigen weiblichen Jugend Sitten- und Schamlosigkeit; gewiss zu Unrecht, auch wenn sich manche früher anerzogene Verklemmtheit glücklicherweise gelöst haben mag.   Schussen

Froog no, lerneschd ebbes!

Frag nur, *(dann)* lernst du etwas!

Ironische Bemerkung, wenn der Gefragte selber, womöglich mehrmals hintereinander, gar keine Antwort zu geben weiß.

Furza isch gsendr wia Niasa – dees vrschiddlet da Kopf it so.

Furzen ist gesünder als Niesen – das verschüttelt den Kopf nicht so.

Ausrede für diesbezüglich ungezwungenes Benehmen

Gang au hoim, d Moddr moss Kindr zella!

Geh du *(bitte)* heim, die Mutter muss *(ihre)* Kinder zählen!

Etwas überhebliche Aufforderung unter Spielgefährten zur Abendzeit, für die jüngeren unter ihnen sei es jetzt Zeit, nach Hause zu gehen.

Ganga will a jedr, bloß it so alt sai!
(In Rente/Pension) gehen will ein jeder, nur nicht so alt sein!

Erinnnert an die Weisheit: »Alt werden will ein jeder, alt sein aber will keiner.«

Gega Dummhoid isch koi Grout gwaxa.
Gegen Dummheit ist kein Kraut gewachsen.

Gegen Dummheit gibt es kein natürliches Heilmittel; ihr steht man machtlos gegenüber.

Gell, do glotsch!?
Da glotzt du, nicht wahr!?

Da staunst du aber, nicht wahr!?

Gessa wär, wenn no scho gschaffed wär!
Gegessen wäre *(ja jetzt)*, wenn nur auch schon *(die Arbeit)* geschafft wäre!

Seufzer zu sich oder anderen, wenn nach dem Essen (Vesper, Mittagessen) wieder zur Arbeit aufgebrochen wird.

Glainigkait, was Kindr frait ... ond de alde Leid grähd.
(Es ist nur) eine Kleinigkeit, was Kinder freut ... und die alten Leute stört/ärgert.

»grähen / gräuen«: von grau (Farbe): ärgern, erzürnen, zuwider sein, grämen, bekümmern, gereuen etc.« (Dies und etliches mehr dazu: Wax)
a) Wenn sich ein Kind wirklich so richtig über eine Kleinigkeit freut.
b) Wenn sich ein Erwachsener wie ein Kind freuen kann (spöttisch gemeint).
Der Zusatz über die alten Leute entfällt oft. Er beschreibt, dass diese sich (angeblich oft) über alles mögliche Unwichtige gleich aufregen.

Gloine Grotta hand <u>au</u> a Gift.
Kleine Kröten haben auch ein Gift.

Auch (körperlich) kleine bzw. »unbedeutende« Leute können Unheil/Unfrieden stiften. Vergleiche »Giftzwerg«.

Goet em Senga, Rechnabuach rouf! *bzw.*
Goet im Singa, Rechnabuach rouf, ka ma lesa!
Gut im Singen, Rechenbuch herauf! *bzw.*
Gut im Singen, Rechenbuch herauf, kann man lesen!

Anspielung auf die Schule (2x):

a) *Ihr habt jetzt lange genug gesungen (getrödelt, gespielt), jetzt geht's an die Arbeit!*
b) *Lob, wenn etwas geklappt (und damit Spaß gemacht) hat.*
Wird weniger im schulischen als im häuslichen Bereich verwendet.   Donau, Allgäu

Griaßgottle!
Tschüssle!
Adeele!

Grüßgott*(lein)*: zur Begrüßung
Tschüs*(lein)*, Adieu*(lein)*: zur Verabschiedung

Was auf Schriftdeutsch nicht geht, in der (schwäbischen) Mundart ist es möglich, selbst den Begrüßungs- und Verabschiedungsformeln durch angehängte Verkleinerungssilben einen herzlich-freundschaftlichen »Touch« (Zungenschlag) zu geben.

Gscheid Leit moss ma <u>wint</u>era, no <u>hot</u> ma s im Sommr!

Gescheite Leute muss man wintern [= *den Winter über durchfüttern*],
dann hat man sie im Sommer.

a) *Frühere Landwirtschaft: Gute Arbeitskräfte (Knechte und Mägde) muss man auch über das Winterhalbjahr behalten (also nicht entlassen), dann stehen sie einem in der arbeitsreichen Zeit wieder zur Verfügung. Normalerweise wurden die Dienstboten meist auf Martini (11. Nov.) entlassen und auf Mariä Lichtmess (2. Februar) wieder eingestellt, aber natürlich nicht unbedingt beim gleichen Bauern.*
Lichtmess: http://www.kath.de/Kirchenjahr/lichtmess.php (lesenswert, auch wg. des zutage tretenden Frauenbilds)
b) *Nützliche Kontakte soll man pflegen, man soll in die Zukunft investieren.*

Gschiehd maim Vaddr grad <u>reacht</u>, dass mi s an d Hend friert,
hett r mr <u>Hend</u>scha kaufd!

Es geschieht meinem Vater gerade recht, dass es mich an die Hände friert,
hätte er mir *(doch nur)* Handschuhe gekauft!

Kehrt ironisch um, wem eine Handlung oder Unterlassung schadet und wem sie nützt.

Häckr – schbreng iebr d Äckr,
schbreng iebr d Roi,
jaich älle alte <u>Weibr</u> hoi.

Häcker – spring über die Äcker, spring über die Raine, jage alle alten Weiber heim.

Den »Häcker« haben: den Schluckauf haben.
Dies (ohne zu atmen) aufgesagt soll den Schluckauf vertreiben.

Häckr, Häckr – schbreng iebr d Äckr,
schbreng iebr d Brooch,
schbreng de alte <u>Weibr</u> nooch.

Häcker, Häcker – spring über die Äcker, spring über die Brache, spring den alten Weibern nach.

Den »Häcker« haben: den Schluckauf haben.
»Brooch/Brache«: Im Rahmen der Dreifelderwirtschaft im laufenden Wirtschaftsjahr unbebautes Land. Dies (ohne zu atmen) dreimal nacheinander aufgesagt soll den Schluckauf vertreiben.
Riß

Häckr, Häckr, schbreng iebr d Äckr.
Schbreng iebr d Rai',
schbreng de alte Weibr hentrdrai.

Häcker ... spring über die Äcker.
Spring über die Rain',
spring den alten Weibern hinterdrein.

»Häckr / Häcker«: Schluckauf
Soll den Schluckauf vertreiben, wenn man es ohne Atem zu holen dreimal wiederholt.
Variante der beiden vorigen Sprüche.
Donau

Haifelda zuagau

Heufelden zu gehen *[= in Richtung Heufelden gehen]*

a) Heufelden ist ein Dorf und Teilort von Ehingen
b) Der Ehinger Friedhof ist an der Heufelder Straße gelegen.
Wer Heufelden zugeht, sieht redensartlich seinem nahen Tod entgegen.

Haimatland abrau!

Heimatland, aber auch!

Ist eigentlich ein aus »Anstand« vermiedener Fluch, der auch mit »Hei...« anfängt (»Heilandsakrament«), und drückt ziemlichen Unmut aus.
Das angehängte »abrau / aber auch« dient zur Verstärkung.

Halleluuja – Katz hot s Gnui a!

Halleluja - *(die)* Katze hat das Knie ab!

Halleluja kann jemand nach erfolgreich getaner Arbeit rufen. Damit es nicht gar so überschäumend-pathetisch oder frömmelnd klänge, fügt man gerne den Reim an, der gewiss mit einer Katze und deren gebrochenen Gliedmaßen nichts zu tun hat. Ich erlaube mir allerdings den Hinweis, dass die Katzen in früheren bäuerlichen Haushalten oft mehr gelitten als geliebt wurden. Sie durften meist nichts ins Haus, bekamen nichts zu fressen außer vielleicht etwas Milch, und mancher derbe Fußtritt galt ihnen, um sie zu verjagen. Ihre Jungen wurden oft kurzerhand erschlagen oder – grausam – ersäuft. Oft wussten die Bauersleute auch gar nicht so genau, wieviele Katzen sie »besaßen«. Diese waren auch entsprechend misstrauisch, bekamen ihre Jungen weit oben im Heu und reagierten bei Annäherung teilweise recht aggressiv. Der Spruch weist meiner Ansicht also darauf hin, dass Leben, Gesundheit und Wohlergehen einer Katze oft wenig galten.

Halloooo – doo gilt's!
Hallo – da *[= hier]* gilt es!

a) Hallo (oder: He du!), sieh gefälligst zu mir her und pass auf, was ich sage! (derb)
b) Kann auch freundlich zu Kindern gesagt werden, die gerade in die falsche Richtung schauen und denjenigen, der sie anspricht, noch nicht nicht erblickt haben: Dreh dich mal um – hier bin ich!

Här au da Jakob!
Ruf *(mir)* auch *(mal)* den Jakob herbei! *(1950-1960)*   Allgäu

Heb de Gedde, Godda kommt!
Halte dich fest, Götte *[= Taufpate]*, (die) Gotta *[= Taufpatin]* kommt!

a) Sieh dich vor, deine Frau naht.
Götte und Gotta sind/waren in aller Regel nicht miteinander verheiratet!
Ironische Warnung.
b) Halte fest! Fass mit an! (Heben einer Last o.ä.).

Hebet me, sonschd vrgess me!
Haltet mich *(fest)*, sonst vergesse ich mich!

Ich bin dabei auszurasten und gewalttätig gegen denjenigen zu werden, der mich gerade maßlos ärgert.
Wird manchmal als letzter Rettungsversuch vor dem eigenen Jähzorn gerufen.

Heid siehsch wiedr ous wia a Doggl!
Heute siehst du wieder aus wie ein Püppchen!

»Dock«: Puppe; zu schmuck herausgeputzten kleinen Mädchen.

Heit morga war's scho reacht hääl. *Oder:*
Bass ouf, s kennt hääl werra!
Heute morgen war es schon recht glatt/rutschig.
Pass auf, es könnte glatt/rutschig werden!

»häl: heimlich glatt, nicht sofort als solches erkennbar« (Wax).
Typischer Hinweis auf erste Reif- oder Eisglätte im Herbst.

Herr, lass Oobed werra – Morga werds vo selber.
Herr, lass Abend werden – Morgen wird es von selber.

Stoßseufzer bei der Arbeit in der Form eines Gebets: es möge Gott (oder sonst jemand) dafür sorgen, dass möglichst bald Abend, also Feierabend werde. Die Ankunft des nächsten Tages hingegen brauche keineswegs beschleunigt werden, denn dieser komme eh früh genug wieder von selbst, und damit auch erneuter Arbeitsbeginn.

Hie, Molle, s goht eeba!
Hüh, *(Zug-)*Ochse, es geht eben *(voran und nicht etwa bergauf)*!

Ermunterung, nicht schlapp zu machen, evtl. auch selbst-ironisch, und also meist nicht (mehr) auf Zugtiere bezogen.

Hindere mit dem Mindere! – Firre mit de Dirre!
Weiter nach hinten *(aufrücken)* mit den Geringerwertigen! – Weiter nach vorne die Dürren [= *Schlanken*]!

Meist selbstironische Aufforderung, auf der Sitzbank am Wirtshausstammtisch aufzurücken, um Neuankömmlingen auch noch Platz zu gewähren.
Der zweite Satz kann auch entfallen.

Hintrafier isch au gfahra!
Hintersche-für [= *andersrum, rückwärts*] ist auch gefahren!

a) *Ironisch: Wenn einer die falsche Richtung einschlägt und es damit zwar gut meint, aber nicht richtig macht.*
b) *Nachträgliche Anerkennung: So herum wird auch ein Schuh daraus. Das ist eine unerwartete, aber ebenfalls richtige Lösung.*

Hond ihr drhoim Lumpa an de Diera!?
Habt ihr daheim [= *zuhause*] Lumpen [= *Lappen*] an den Türen!?

Ruft man jemand hinterher, der die Tür offenstehen lässt und spielt damit darauf an, dass jener von seinem Zuhause her den Umgang mit Türen eventuell gar nicht kenne, er also auch von gar bescheidener Abstammung sein müsse. Er habe wohl statt Türen nur Lappen in den Türöffnungen, die man nicht eigens zu schließen brauche.
Ist aber bei weitem nicht so bös gemeint und fordert im Grunde nur zum nachträglichen bzw. künftigen Schließen der Tür auf. Das war in Haushalten früheren Typs wichtig, denn oft wurde nur ein Raum geheizt. *Allgäu, Schussen*

Hond ihr koi oigene Kuche?
Habt ihr keine eigene Küche?

Scherzhaft zu jemand, der, wie es der Zufall manchmal so fügt, derzeit öfters bei verschiedenen Bekannten und Verwandten reihum zu Besuch weilt.

Hondr ebbes ousgrichtet?
Habt ihr etwas ausgerichtet?

Habt ihr bei dem, was ihr euch vorgenommen hattet, etwas erreicht?

Hosch es schindig?
Hast du es schindig?

Es schindig haben (von: sich schinden): waaaaaahnsinnig viel zu tun haben
Hast du viel Arbeit? – Hast du es stressig?

Hosch it »Grießgott« gsait, no brouchsch au it »Pfia Gott« saga.
Hast du *(zur Begrüßung)* nicht »Grüß Gott« gesagt, dann brauchst du auch nicht *(zum Abschied)* »Behüt dich Gott« zu sagen.

Wenn man ohne großes Aufhebens zu einer Gruppe von Menschen gestoßen ist (sich einfach ohne Begrüßung dazugesellt hat), dann kann man sich auch ebenso unauffällig wieder verdrücken.
Wird als Ratschlag gegeben, wenn sich jemand unschlüssig ist, ob er sich wirklich »französisch« verabschieden kann.
»Grüß Gott« und »Pfia Gott/Pfiate Gott/Pfiate« sind geläufige Grußformeln (keineswegs nur in Bayern!).

Hosch koi Sitzfloisch meh?
Hast du kein Sitzfleisch mehr?

Drängt es dich, aufzustehen und umher- oder gar wegzugehen?

Hosch mer en Hugo?
Hast du mir einen Hugo?

»Hugo«: Zigarette
Damit eine Zigarette erbetteln (schnorren).
Wax schreibt u.a.: (evtl.) despektierlicher Gebrauch des Vornamens Hugo.
Hugo hat am 1. April Namenstag, also an dem Tag, an dem Leute veräppelt werden.
Mag aber auch als scherzhafte Verdrehung von »Hogu« vorliegen, dies aus frz. »haut gout«: eigentümlich scharfer, würziger Geschmack und Geruch, den das Fleisch (von Wild) nach dem Abhängen annimmt (Duden) *Schussen*

Hosch s Abweicha?
Hast du das Abweichen?

Hast du Durchfall?
veraltet: derb, aber durchaus mitfühlend *Schussen*

Hosch selligsmol grad da Wochadibbl ghett?
Hast du selbigesmal [= *damals*] gerade den Wochendippel gehabt?

Scherzhaft, wenn man jemand bei einer Wissenslücke ertappt wurde, ob er damals, als es in der Schule behandelt worden war, wohl gerade wegen eines Wochendippels [= Mumps, Ziegenpeter] gefehlt habe. *Schussen*

Hot dr ebbr ebbes dong?
Hat dir einer etwas angetan? *(Moosmann I)*

besorgte Frage eines Vaters an seine halbwüchsige Tochter, als sie einmal später als vereinbart nach Hause kam *Allgäu, Schussen*

Hots etz bei dr gschnaggled?

Hat's jetzt bei dir geschnackelt?

Hast du es jetzt (endlich) begriffen? – Ist jetzt der Groschen gefallen?

Hundert Heisr – hundert Kiachla – und beim erschta Hous isch r nousgfloga.

Hundert Häuser – hundert Küchlein – und *(schon)* beim ersten Haus ist er hinausgeflogen.

Spielt auf einen Bettler oder fahrenden Gesellen an, der sich beim Erreichen eines Dorfes ausgemalt hatte, in den hundert Häusern wohl auch mit hundert Almosen (in Form eines schmalzgebackenen Küchleins) rechnen zu dürfen, und der doch schon beim ersten Bettelversuch im ersten Haus wieder rücklings hinausgeworfen wurde.
Sagt man spöttisch, wenn sich jemand einen schnellen Erfolg oder Gewinn ausgerechnet hatte und es dann ganz anders kam.

I be doch gar it so bled, wia e oussieh – i hau bloß mai Gloid aweng bled a.

Ich bin doch gar nicht so blöd, wie ich aussehe – ich hab bloß mein Kleid ein wenig blöd *(herum)* an.

Ursprüngliche Bedeutung: Ich bin nicht so einfältig, wie es zunächst den Anschein haben mag, auch wenn ich ein (Ober-)Bekleidungsstück irrtümlich verkehrt herum trage oder falsch zugeknöpft habe oder so ähnlich.
Im konkreten Fall ging es gar nicht um Bekleidung. Da war die Bedeutung: Nun bin ich aber froh, dass ich mich doch nicht geirrt habe, obwohl es zunächst ganz den Anschein hatte.

I be vo Egna,
ka wäscha ond begla.

Ich bin von Ehingen, kann *(Wäsche)* waschen und bügeln.

Mir erzählte eine seit Jahrzehnten auswärts wohnende gebürtige Ehingerin, so habe man früher gesagt. Noch früher hat man damit vielleicht auswärts um Arbeit nachgesucht und sich gleichsam vorgestellt.

I bin doch it da Leo!

Ich bin doch nicht der Leo!

Das käme mir als allerletztes in den Sinn! Ich lasse mich doch nicht für dumm verkaufen! Ich lasse mich doch nicht schamlos ausnützen! Schussen

I bin eich doch hoffentlich it iebrläschdig worra!?

Ich bin Euch doch hoffentlich nicht überlästig geworden!?

Danke, dass ich dir/euch/Ihnen ein Weilchen die Zeit »stehlen« durfte und möglicherweiser zu einer gewissen »Last« wurde. Nach einem Schwätzchen im Nachbarhaus.

I bin ferdig wia en Tornschua!
Ich bin fertig wie ein Turnschuh!
Fix und fertig. K.O. Zum Beispiel nach einer Wanderung.
Gelegentlich heißt es auch: ... wie ein alter Turnschuh.

I bin ferdig wia Schnitzl!
Ich bin fertig wie ein Schnitzel!
Fix und fertig. K.O. Zum Beispiel nach einer Wanderung.

I bin gschbannt wia a (alts) Räagadach.
Ich bin gespannt wie ein (altes) Regendach.
»Räagadach / Regendach«: Regenschirm
Ich bin aufs Höchste gespannt. (Ich bin gespannt wie ein Flitzebogen.)

I brouch koi Kisse, i bin bolschderet gnuag.
Ich brauche kein Kissen, ich bin *(selber)* gepolstert genug.
Damit und mit entsprechender angedeuteter Handbewegung in Richtung des eigenen Hinterns lehnen zuweilen Leute, meist Damen, ein angebotenes Sitzkissen für den harten Stuhl ab, wenigstens zunächst.

I dorr därra nix! *bzw.* **I dorrem nix!**
Ich tu dieser *(Frau)* nichts! *bzw.* Ich tu ihm nichts!
Mit jemand »nichts tun« ist hier gemeint: Man mache dieser Person für etwas Misslungenes ausdrücklich keine persönlichen Vorwürfe. Sie könne nichts dafür. Schussen

I hau tillt.
Ich habe getillt.
Wenn man an Spielautomaten zu sehr rüttelt, um seine Gewinn-Chancen zu erhöhen, schalten sie mit der englischen Bemerkung »tilt« ab. Das heißt wörtlich, sie seien gekippt oder geneigt worden. Obige beinahe schon zur Redensart gewordene Meldung geht indes weiter und bedeutet etwa »ich habe nicht so gelassen wie sonst reagiert« oder gar »da bin ich beinahe ausgerastet«.

I hon it drweil, i muess schaffa!
Ich hab *(dafür)* keine Zeit, ich muss schaffen. *(Moosmann II)*
Gemeint: keine Zeit und keine Lust für Behördenkram (Statistiken)
Hier spiegelt sich wieder das Bild, dass nur körperliche Arbeit richtige und ehrenwerte Arbeit sei, gepaart mit herablassendem Blick auf Büroarbeit. *Allgäu*

I hon scho denkt, eich hot d Nachdfrau ghollet.
Ich hab schon gedacht, euch hat die Nachtfrau geholt.

Wenn die Kinder erst bei Dunkelheit nach Hause kommen. (Anspielung auf eine von den Erwachsenen ersonnene unheimliche Gestalt, die Kinder zu botmäßigem Verhalten zwingen soll. Dazu gehörte auch das Heimkehren bei Einbruch der Dämmerung.)

I ka it scheißa und Grout hacka und noch no em Bfarrer d Hand gäa.
Ich kann nicht *(zugleich)* scheißen und Kraut hacken und dann noch dem Pfarrer die Hand geben.

Man kann nicht alles auf einmal tun. Multitasking sei eben doch schwierig.

I kennt mi it dra erinnera, das mir mitnand scho amol Sei ghiatet hettet!
Ich könnte mich nicht daran erinnern, dass wir miteinander schon einmal Säue gehütet hätten!

Deutliche Warnung, der andere möge sich keine so plumpe Vertraulichkeit herausnehmen bzw. er möge sich einer wesentlich weniger derben Ausdrucksweise bedienen.

I komm it zglufed mit dem Sack.
Ich bekomme es mit dem Sack nicht hingegluft.

a) »Glufa« sind Stecknadeln.
b) »ebbes naglufa« = etwas hin(an)glufen = etwas mit Stecknadeln befestigen (z. B. beim Anfertigen eines Kleidungsstücks)
c) »mit ebbes zglufed komma« = mit etwas zurechtkommen
d) »Sack« = Hosensack = Hosentasche
Sagte die Hausfrau, als sie mit dem Einnähen einer Hosentasche in ein neues Kleidungsstück nicht zurechtkam und sich deswegen hilfesuchend an die Nachbarin wandte.

I mach main beschda Dank!
Ich mache meinen besten Dank!

Sagt der Verkäufer zum Abschluss eines Geschäfts (Zahlung erfolgt!), oder jemand, wenn es ein anständiges Trinkgeld gab.   Donau

I moess soicha wia en Goul.
Ich muss seichen *(so heftig/häufig/stark)* wie ein Gaul.

Hier: nach der Einnahme von Brennnesseltee, der bekanntlich entwässernd wirkt.

I moss jo it afanga.
Ich muss ja nicht anfangen.

Sagen solche, die zu einer Veranstaltung zu spät kommen, als Ausrede: Sie seien ja nicht der Pfarrer, Bürgermeister oder Vorstand usw. und könnten es sich also auch erlauben, nicht ganz pünktlich zu sein.

I schmeiß Ihne noch au wiedr amol en Schdoi in Gaata.
Ich schmeiße Ihnen dann auch wieder einmal einen Stein in den Garten.
Eigentlich heißt es: Recht vielen Dank für die Gefälligkeit – ich werde mich bei passender Gelegenheit revanchieren. Eigentlich eine seltsame Art, Dank abzustatten, denn wer möchte schon Steine aufs Grundstück geworfen bekommen, zumal als Dank? Es ist aber freundlich-salopp gemeint. Ob in der Redensart der jüdische Brauch weiterlebt, bei Friedhofsbesuchen mitgebrachte Steine auf das Grabmal des Toten zu legen, um ihn damit zu ehren? Riß, Donau

I winsch a guets Nuis Joohr, wia huier vonna ond vor zwoi Joohr!
Ich wünsche ein gutes Neues Jahr, wie heuer [= *dieses Jahr*] vorne und vor zwei Jahren!
Vermutlich zogen mit diesem Wunsch Kinder zu den Nachbarn und Verwandten, um ihnen das neue Jahr anzuwünschen und eine kleine Gabe zu erhoffen. Riß, Donau

I winsch dr Glick,
en guata Schdrick,
no kasch de henka,
wenn da witt.
Ich wünsch dir Glück,
einen guten Strick,
dann kannst du dich *(auf)*henken [= *erhängen*],
wann *(immer)* du willst.
ein derb-fröhlicher Geburtstagsglückwunsch

I woiß, mir isch dr Goul durchganga,
abr dees isch doch au so en granatamäßige Dickkopf.
Ich weiß, mir ist der Gaul durchgegangen,
aber das ist doch auch so ein granatenmäßiger Dickkopf.
a) Wenn einem »der Gaul durchgeht«, dann verliert man mal kurz die Fassung und wird richtig wütend.
b) »Granatenmäßig« ist fast noch stärker als »saumäßig«, und das will was heißen.

Ich hööre mich nicht Nain saagen.
Ich höre mich nicht Nein sagen!
Honoratiorenschwäbisch; durch die Fernsehserie »Hannes und der Bürgermeister« bekannt und zum sprachlichen Allgemeingut geworden, auch in Oberschwaben: Man nimmt damit dankend etwas Angebotenes an – keineswegs nur Schnaps wie im TV.

Ich schla de gau wia Garb!
Ich schlage [= *haue*] dich *(jetzt)* gleich wie eine Garbe!
Du bekommst demnächst kräftig Dresche von mir!

Garben sind Getreidebündel, bestehend aus den abgemähten Halmen und den Ähren mit den Getreidekörnern dran. Nach der Ernte wurde die Garben gedroschen: mit Dreschflegeln schlug man auf die Ähren ein, um die Körner daraus zu lösen. Vor der Erfindung der Dreschmaschinen und später der Mähdrescher war das eine höchst schweißtreibende Sache und damit gut als plastische Androhung von Schlägen verständlich.   *Riß, Donau*

Ieblhaira raimt se wohl! *(sprich: iiblhaira ...)*
Übelhören reimt sich wohl!

Wer übel [= schlecht] hört, reimt sich gerne was zusammen, was die anderen vermeintlich gesagt haben. Es muss aber keineswegs stimmen und führt dann unter Umständen zu Missverständnissen und Ärger.   *Donau*

Im Griag und im Kino sind de beschde Blätz hinta.
Im Krieg und im Kino sind die besten Plätze hinten.   Schussen

in aller Herrgottsfrihe
in aller Hergottsfrühe

sehr früh am Morgen

In dr Hout bis iebr d Ohra,
und wenn r do it isch, no isch r vrlora!
In der Haut *(steckend)* bis über die Ohren,
und wenn er da nicht ist, dann ist er verloren!

ungeduldige Antwort auf die Frage, wo sich jemand anderer gerade befinde

In dr Not frissd dr Deifl Fliaga!
In der Not frisst der Teufel *(auch)* Fliegen!

Notfalls begnügt man sich auch mit Zweitklassigem. Sagt man in konkreten entsprechenden Situationen auch selbst-ironisch. Es geht dabei nicht ums Essen.

In Gotznaama isch it gfluechet!
»In Gottes Namen« *(gesagt/gestöhnt)* ist nicht geflucht.

Fluchen soll man nicht: Man soll die Bezeichnungen für Gott, die Sakramente usw. nicht in unehrenhafter Weise gebrauchen. Sagt man aber »in Gotz Nama«, so ist das kein Fluchen, sondern nur ein erlaubter Seufzer, wenn man wenig Kraft oder Lust habe, eine Arbeit anzugehen. Zugleich ist der Spruch aber auch Aufforderung, auch an sich selbst, jetzt damit zu beginnen.

In jeedr Bfarrei machd mr s anderschd!
In jeder Pfarrei macht man es anders!

»Pfarrei«: Pfarrgemeinde, Sprengel
Der Ablauf der katholischen Messe ist ja eigentlich festgelegt, und dennoch gibt es örtliche Nuancen. Sinngemäß: Andere Länder, andere Sitten! Tolerant gemeint. Oder: Jedes Haus hat eigene Gesetzmäßigkeiten.

Irgendwann isch Kuah ousgmolka!
Irgendwann ist die Kuh ausgemolken!

Irgendwann ist auch beim besten Willen nichts mehr an Rabatt und ähnlichen Vergünstigungen herauszuholen.

Isch dai Vaddr Glasr? bzw.
Isch dai Vaddr Vorschdand bei de Glasr?
Ist dein Vater Glaser?
Ist dein Vater Vorstand bei den Glasern? [= Glaser-Innung]

Sagt man (alternativ) zu einem, der sich ungewollt/ungeschickt ins Blickfeld stellt. Glaser – so die ironische Vermutung – nähmen an, wie ihr bevorzugtes Arbeitsmaterial selber auch durchsichtig zu sein.

Isch okee (soo)!
(Das) ist o.k. (so)!

So, wie die Sachlage geschildert wird, scheint demjenigen die Sache in Ordnung zu sein, und er habe keinerlei Grund zu irgendeinem Zweifel, zu irgendeiner Kritik oder zu irgendeinem unguten oder unbehaglichen Gefühl.

Isr Herrgott hot allrhand Koschdgängr.
Unser Herrgott hat allerlei Kostgänger.

Seufzend-resignierend über Menschen, die einem nicht so sympathisch erscheinen, und mit denen man doch zu tun hat.   Allgäu

It dass da noo vom Floisch fallsch!
Nicht dass du *(mir)* noch vom Fleisch fällst!

*Nicht dass du plötzlich und unerwartet abmagerst!
Wird natürlich heutzutage meist ironisch gebraucht, wenn sich jemand sehr rechtzeitig um sein Essen sorgt – bevorzugt bei Vollschlanken.*

It dass i im Wäag umgang!
Nicht, dass ich im Weg umgehe.

*Nicht dass ich noch irgendjemand im Weg sei.
Ein Gastwirt in Eisenharz bat einen Gast, der sich eben an einem Tisch niedergelassen*

hatte, höflich, diesen doch bitte bis in einer halben Stunde wieder frei zu machen. Der umgängliche Gast sah sich danach sogleich nach einem anderen Sitzplatz um, setzte sich nach ergangener Frage, ob es erlaubt sei, zu einer Dame an den Tisch. Diese hatte die Umstände mtbekommen, weshalb der Gast obigen Spruch mit gutem Recht zum Besten gab.

It gschimpfd isch globt gnuag.

Nicht geschimpft ist gelobt genug.

Mehr Lob und Anerkennung brauche es (demnach) nicht. Es reiche völlig aus, wenn man nichts bemängle.
Schussen

It heila, du griagsch dai Dreirädle wiedr!
It heila, du griagsch dain Schnullr wiedr!

Nicht heulen *[= weinen]*, du kriegst dein Dreirädchen wieder!
Nicht heulen *[= weinen]*, du kriegst deinen Schnuller wieder!

Was ursprünglich als Trost für ein Kleinkind galt, dem Dreirad oder Schnuller abhanden gekommen war, wurde auch als etwas ironischer Trost für Erwachsene verwendet. Sinn: »Sei nicht bange, du bekommst schon noch, was du so gerne hättest.«

Ja jetz Goddverschbrich, wäaga so emma Käs en Lebdag macha ...

Ja, jetzt, Gott versprich, wegen so einem Käse einen Lebtag machen.

a) »Godd vrschbrich« ist wörtlich unübersetzbar; am ehesten könnte treffen: »um Gotteswillen«
b) »Käs« (hier): unwichtige, alberne Kleinigkeit
c) »en Lebdag macha«: ein Aufhebens machen, ein aufgeregtes Getue veranstalten
Wenn man sich darüber ärgert, dass jemand wegen einer Lappalie schimpft oder beleidigt ist.

Jeda Dag schdood a Dommr ouf.

Jeden Tag steht *(wieder)* ein *(weiterer)* Dummer auf.

Es gibt immer wieder welche, die etwas falsch machen, sich ausnützen lassen, sich betrügen lassen. Kann auch selbst-ironisch sein, wenn einem etwas Dummes unterlief.
Riß, Donau

Jeden Dag bsoffa isch au reglmäßig gläbd!

Jeden Tag besoffen ist auch regelmäßig gelebt!

spöttischer Kommentar

Jedr Narr kennt sai Sach!

Jeder Narr kennt sein Sach!

»Sach«: Besitz; das, womit alltäglich umgegangen wird
Sich im eigenen Umfeld zurechtzufinden, ist keine Kunst. Das kann jeder.

Erst sich geistiges, geografisches, kulturelles oder soziales usw. Neuland zu erschließen, stellt eine Leistung dar.

Jeeses, fang die Henne!
Jesses [= *Jesus*], fang die Henne!

eigentlich ein derber Fluch, der eben noch abgefangen wird ...
Ärger, Enttäuschung, unangenehme Überraschung (halb Schriftdeutsch)

Jesses Godd und Vaddr, scheißt dees Kind en Pfladdr!
Jesus Gott und Vater,
scheißt dieses Kind einen *(Kuh-)*Fladen.

a) Die Erwähnung christlicher Begriffe überträgt man hier am besten mit »ach du meine Güte!«.
b) »Pfladdr« ist mit »Fladen« nur unzureichend übersetzt. Das Wort beschreibt das durchfallartige Absetzen des Kuhkots; bildhafter »Spinat-Wasserfall«. Aber eigentlich wird der zweite Satzteil nur zuweilen angefügt, um den ersten Teil mit einem eigentlich sinnlosen Vers zu verstärken. Es muss kein Kind im Spiel sein. Somit wird das »ach du meine Güte!« zwar verstärkt, aber zugleich wird ihm Strenge und Schärfe genommen.

Jetz isch ganga: Katz hot sieba gfanga!
Jetzt ist es gegangen, die Katze hat *(deren)* sieben gefangen.

Jetzt hat es endlich nach langer Mühe doch noch geklappt.
Zu sich oder (vor allem) zu Kindern.

Jetzt vrregg im Schadda! bzw. Do vrregsch im Schadda!
Jetzt verrecke im Schatten! *bzw.* Da verreckst du im Schatten! *(zwei Alternativen)*

Bei brütender Sommerhitze geht schon mal was ein, aber gewöhnlich nicht im kühlenden Schatten. Wenn es aber im Sprichwort doch so ist, dann, weil das Erstaunen über einen Sachverhalt gar zu stark sei. Beide Varianten drücken also höchstes Verwundern über Unerwartetes aus.

Jo leck, hee!
Ja, leck ..., hee!

Verkürzung des »Schwäbischen Grußes«, was den jugendlichen Anwendern wohl kaum bewusst ist. Wird aber wie dieser (zuweilen!) als Ausruf des Erstaunens verwendet.

Jo, bluatige Hennakepf!
Ja, blutige Hennenköpfe!

Ausruf großen und ungläubigen Erstaunens, der mit Blut und Hennen nichts zu tun hat, sondern nur bombastisch klingen soll. Jugendsprache 1960er

Jo, jo, in 100 Johr isch (sowieso) alls in fremde Hend.
Ja, ja, in 100 Jahren ist (sowieso) alles in fremden Händen.

Beziet ich auf Haus, Hab und Gut und will sagen: Alles Irdische vergeht ja eh; wozu sich allzusehr darum scheren? Dies sagen aber besonders diejenigen in einem Anflug von Selbstironie, die sich eigentlich besonders abmühen.

Jonge Hond muess ma foiga ond Kälbla jucka lau, wenn se ebbes wera sollen.
(Ummendorf)
Junge Hunde muss man spielen und sich balgen und Kälbchen jucken lassen, wenn sie etwas werden sollen.

»foiga/foigen/.../feigen«: »im Scherz miteinander balgen, ... tändeln; das (grausame) Spielen der Katz mit der gefangenen Maus« (Wax).
Jungen Menschen soll man gestatten, sich (ein Stück weit) auszutoben.

Kascht denn it folga, du Herrdansgrott!?
Kannst du denn nicht folgen, du H.-kröte!?

– »folgen«: gehorchen
– »Herrdanns-« (Da kann ich nur vermuten): ein verkapptes, eben noch zurückgehaltenes »Herrgotts-...«
– »Grott« (Kröte): aber liebevoll gemeint in Bezug auf kleine Mädchen
Die ausgestoßene Beschimpfung wird also sogleich wieder abgemildert.
(Moosmann I)   *Allgäu*

Kaufet schea ai - joo, ond brenget au no a Gäld mit hoi!
Kauft schön ein - ja, und bringt auch noch ein Geld mit heim.

Gebt nicht alles Geld aus! Der Spruch war hier eher scherzhaft-ironisch gemeint, doch hat er gewiss seinen Ursprung in ärmeren Zeiten, als er noch ernstgemeint war.
Ich weiß noch gut, wie ich als kleiner Gymnasiast (um 1960) den Jahrmarkt besuchte, zwischen fünfzig Pfennig und einer Mark in der Tasche hatte und mit glänzenden Augen die »billigen« Plastikautomodelle durchwühlte, das Stück um zehn Pfennig. Meinend, wunder welche Schätze ich nun sorgfältig ausgewählt und erstanden hätte, zog ich dann mit leerem Geldbeutel, aber einigen weiteren Autole für meine Sammlung in der Tasche glücklich nach Hause. (Eine Brezel kostete damals 8-10 Pfennig.)

Koi Gäld ousgäaba, wemma dromm nomm komma ka!
Kein Geld ausgeben, wenn man darum herum kommen kann! *(Moosmann II)*
Kein Geld ausgeben, wenn es irgendwie vermeidbar ist!   *Allgäu*

Koi Kräfdle, koi Säfdle!
Kein Kräftlein, kein Säftlein!
über eine kranke oder altershalber geschwächte Person

Komm, dorr it so schärrig!
Komm, tu nicht so scharrig!
Wenn ein Ross ungeduldig ist, scharrt es mit den Hufen. Dies kann man beispielsweise am Blutfreitag in Weingarten öfters erleben, wenn es einen »Stau« gibt. Ist ein Mensch ungeduldig-ärgerlich, riskiert er diese Ermahnung.

Komm, dribulier it so!
Komm, tribuliere nicht so!
»tribulieren«: »durch beständige Fragen oder Bitten quälen« (Wax)
Sagt man, wenn ein Kind ärgerlich quengelt, um zu erreichen, was es sich in den Kopf gesetzt hat.

Komm, schdegg's au!
Komm, steck' es auch *(auf)*!
Komm, bemühe dich nicht weiter, gib auf. Kann böse-ironisch sein: »Was du da tust, hat eh keinen Wert!« Es kann aber auch Trost bedeuten, jemand möge sich nicht weiter vergeblich abrackern.

Komm, sei gschdädt!
Bitte, beruhige dich doch! *(Moosmann I)*
»gschdäd / stät ...: gemächlich, langsam, bedächtig« (Wax)   *Allgäu*

Komme heit it, komme moora!
Komme *(ich)* heute nicht, *(dann)* komme *(ich eben)* morgen.
Ist Kritik an einem, der gar zu langsam und verträumt ist.
Oder: Eile mit Weile! (auch zu sich selbst)

Kopf hoch, wenn da Hals ou drägged isch!
Kopf hoch, wenn der Hals auch dreckig ist!
In einem Anfall von Galgenhumor zu sagen.
Kopf hoch, auch wenn es demjenigen nicht gerade gut geht.   *Allgäu*

Koppa und furza
hilfd Zeit vrkurza.
Koppen *[= rülpsen]* und furzen
hilft *(einem)* die Zeit verkürzen.
Dass es »vrkurza« statt »vrkirza/verkürzen« heißt, liegt nur am Reim. Kann ein Kom-

mentar sein, wenn man zu einer unerwünschten Wartezeit gezwungen ist.

Kua vo Laupa, s Hai vo Semmadenga, s Weib vo Dissa: no bisch dreiml bschissa!

(Die) Kuh (vom Viehhändler) aus Laupheim, das Heu von Unter-/Obersulmetingen, das Weib [= Ehefrau] von Rißtissen: Dann bist du dreimal beschissen!

Die genannten Orte sind benachbart, in erster Linie handelt es sich also gewiss um übliche Ortsneckereien. Ihnen allen nahe ist auch Griesingen, in dem der Spruch ebenfalls geläufig ist/war. Es könnte aber zudem auch ein antisemitischer Zungenschlag drin enthalten sein, denn in Laupheim gab es bis in die Nazizeit hinein jüdische Viehhändler, die in der Region bekannt waren. Untersulmetingen hatte schlechtes Heu wegen nasser Wiesen. Es wird um des Reimes willen sein, dass schlussendlich die Gattin aus Rißtissen stammen müsse. Es gibt eine Variante: Wär in Laupa kauft a Kua, ond en Semmadenga s Fuadr drzua ond heiret a Weib vo Rißdissa: der isch mit älle drei bschissa. (siehe dort) Donau

Lägg me noo am Schdägga!

Leck mich nur am Stecken!

Ein »Stecken« ist ein Holzstock.
Die Redensart, von einem Sechzehnjährigen gebraucht, stellt eine Variante des Altbekannten dar … Der Spruch drückte Erstaunen und Bewunderung aus.

Lang ema naggeda Maa en Sack!

Fasse mal einem nackten Mann in die Tasche!

Wo nichts (zu holen) ist, hat (sogar) der Kaiser sein Recht verloren!

Lass au Kirch im Dorf!

Lass auch *(die)* Kirche im Dorf!

Übertreibe nicht!

Lass de au aisalza!

Lass dich *(auch)* einsalzen!

Anspielung auf konservierendes Einsalzen: Gib deine Bemühungen auf, sie sind eh für die Katz! (ein ziemlich vernichtendes Urteil)

Lass Hamburg waggla, i hon jo koi Hus dett!

Lass Hamburg wackeln, ich hab ja kein Haus dort!

Etwa: Was ich nicht weiß, macht mich nicht heiß. Allgäu

Lauf guetle hoim!

»guetle« (sprich »gu-etle« nicht »ü«; Verkleinerungsform von »gut«):
Es mildert wohl die Aufforderung ab.

Augenzwinkernd zum Besuch: Nun sieh zu, dass du wieder heimkommst, und zwar wohlbehalten. Wahrscheinlich war es ursprünglich ein höflicher Hinauswurf.

Ledig gschdorba isch au it vrreggd!
Ledig gestorben ist auch nicht verreckt!

Wer unverheiratet lebe, führe wohl keinen ordentlichen Haushalt – wohl auf Männer bezogen. Dementsprechend könnten diese zuletzt auch nicht in Würde sterben, sondern müssten eben jämmerlich »verrecken«.
Dem widerspricht die Redensart und behauptet, auch ein Lediger könne unter ordnungsgemäßen Umständen leben und zuletzt auch sterben, eben »wie es sich gehört«. Man könnte hier fast ein Lob des Junggesellendaseins heraushören ...

Liabr a Lous im Grout wia gar koi Floisch.
Lieber eine Laus im Kraut als gar kein Fleisch.

– Das ist immer noch besser als gar nichts.
– Lieber den Spatz in der Hand als die Taube auf dem Dach.
Stammt sicher aus hungrigen Zeiten, als die Fleischbeilagen im Sauerkraut gar zu spärlich auszufallen pflegten.

Liabr en Ranza vom Soufa wia en Buggl vom Schaffa!
Lieber einen Ranzen [= dicker Bauch] vom Saufen als einen Buckel [= krummer Rücken] vom Schaffen [= arbeiten]! – eine Art Trinkspruch in jüngeren Lebensjahren

Liabr foul als dumm!
Lieber faul als dumm!

Sich durch Nachdenken und Experimentieren die Arbeit lieber erleichtern, als stupide alle Tätigkeiten in immer gleicher Weise zu verrichten.

Liabr guet gfahra wia schlecht gloffa!
Lieber gut gefahren wie schlecht gelaufen!

Ironische Umkehr des Spruchs: »Liabr schlecht gfahra wia guet gloffa.« (siehe dort)

Liabr hundert und daused Johr im Fäagfuier, wenn s no it Hell hoißt.
Lieber hundert und tausend Jahre im Fegefeuer, wenn es nur nicht Hölle heißt.

Katholische Lehre: Wer nach dem Tod im Fegefeuer landet, um seine Sünden abzubüßen, hat Aussicht auf ein Ende. Der Aufenthalt in der Hölle hingegen wäre für ewig.

Riß, Donau

Liabr koi Geld wia koin Schneid!
Lieber kein Geld als keinen Schneid!

Der achtzigjährige Gewährsmann sprach mit glänzenden Augen, als er von seiner Jugendzeit schwärmte, wie er damals, auch ohne reich zu sein, mit den Mädchen anbandelte.

Liabr schlecht gfahra wia guet gloffa!
Lieber schlecht gefahren als gut gelaufen!

Stammt aus der Zeit, als man auch über Land noch viel zu Fuß ging: ins Nachbardorf, in die nächste Stadt usw. Damals waren die Straßen und Wege in aller Regel nicht geteert. Und dennoch war man froh, wenn man bei einem des Weges kommenden Fuhrwerk oder gar frühen LKWs (z. B. »Milchauto«: LKW, der bei den Bauern die Milch abholte) aufsitzen konnte und mitgenommen wurde, auch wenn es, ggf. auf der Ladefläche, heftig rumpelte.
In Zeiten des heutigen Wohlstands gibt es auch eine scherzhaft-ironische Umkehrung: Liabr guet gfahra wia schlecht gloffa! (siehe dort)

Liabs Herrgeddle, lass me doch bloß au <u>iebr</u>sche komma!
Liebes Herrgöttle, lass mich doch bloß auch wieder *(in Richtung »über/oben/aufwärts«)* kommen!

Stoßseufzer bei morgendlichen Kreuzschmerzen, wenn das Aufrichten gar zu schwer fällt.
Hinweis: »übersche« drückt eine Bewegungsrichtung aus, genau wie »fürsche« [= vorwärts] oder »hintersche« [= rückwärts].

Liabs Herrgettle vo Billafenga!
Wia bisch du soo maagr ond mit Fluigadrägg vrschissa!
Liebes Herrgöttle von Billafingen!
Wie bist du *(doch)* so mager und mit Fliegendreck verschissen!

Ach du große Güte! Ach du grüne Neune!
Ausruf mitleidigen Erschreckens. Die zweite Zeile kann entfallen.
Anspielung auf ein Gnadenbild.

Luschdig gläabt und selig gschdorba
isch em Deifl d Fraid vrdorba.
Lustig gelebt und selig gestorben
ist dem Teufel die Freude verdorben.

Soll nach einer damaligen Meldung der Schwäbischen Zeitung das Lebensmotto des 1992 verstorbenen Benediktinermönchs Pater Basilius Nägele des inzwischen aufgelösten Klosters Weingarten gewesen sein. Ihn kannten nicht nur die Menschen der Klosterstadt, sondern auch die vielen (Heilig-)Blutreiter in ganz Oberschwaben, mit denen (und mit dem Blutritt) er über Jahrzehnte verbunden war.
Noch am Rande: Als er wieder einmal den »Blutreiter« (Geistlicher, der während der Prozession zu Pferde die Heiligblutreliquie tragen sollte) machte, deckte er noch schnell einen weißlichen Fleck am Hintern seines »Fuchses« mit einer Paste aus Fett und Kakaopulver zu. Schließlich sollte sein Gaul makellos schön sein:
Da kann man nur sagen: Omnia ad maiorem dei gloriam –
Alles zur größeren Ehre Gottes.

Luthers Kättr
(Martin) Luthers Katharina

Katharina von Bora (*29. Januar 1499 in Lippendorf, +1552 in Torgau) war eine sächsische Adlige und Ordensschwester. Mit 26 Jahren heiratete sie den deutschen Reformator Martin Luther. Später wurde sie deshalb auch die Lutherin genannt. (https://de. wikipedia.org/wiki/Katharina_von_Bora)
»Kättr« kann einen verächtlichen Unterton haben. Noch zumindest in den 1950ern sprach man in katholischen Kreisen zuweilen so von Luthers Frau.

Ma däff da Fuaß it heejer halta als wia ma soicha ka.
Man darf den Fuß nicht höher halten, als man seichen kann.
Man soll sich nicht überschätzen.

Ma drischd emmr ouf deen Goul ai, wo am beschda zuit.
Man drischt immer auf den*(jenigen)* Gaul ein, der *(ohnehin)* am besten zieht.
Ungerechterweise erwarte man jeweils von den Guten/Fleißigen/Gutmütigen, dass sie immer noch bessere Leistung brächten und treibe sie entsprechend an. Bei den Mittelmäßigen und Schwächeren hingegen verlange man letztlich weniger eine persönliche Bestleistung. Donau

Ma isch halt au koine zwanzge meh!
Man ist halt auch keine zwanzig mehr!
Meist ironischer Seufzer über zunehmendes Alter und dessen Beschwerlichkeiten bei sich und im Freundeskreis; scherzhaft-ironisch vor allem, als man selbst noch nicht mal dieses Alter (20) erreicht hatte und sich bei einer Unzulänglichkeit ertappte oder ertappt fühlte. Jugendsprache um 1960

Ma ka koin Furz uff a Brett nagla.
Man kann keinen Furz auf ein Brett nageln.
Etwa: Man kann keinen Pudding an die Wand nageln.
Was nicht geht, das geht eben nicht.

Ma ka nia wissa ... Ma soll d Leit nia wägwerfa, sondern bloß wegloina, dass ma s holla ka, wemmas broucht.
Man kann nie wissen ... Man soll die Leute nicht wegwerfen, sondern bloß weglehnen, dass man sie holen kann, wenn man sie *(wieder)* braucht.
Man soll es sich mit Leuten, die man vielleicht wieder einmal braucht, nicht verderben, sondern den Kontakt nur wie einen derzeit nicht benötigten Besen in die Ecke stellen, wo man ihn bei Bedarf jederzeit wieder hervorholen kann. (Büchele I) Allgäu

Ma ka nia wissa, wo Gott hogget, in dr Broodkabsl odr im Baggschdoikäs.
Man kann nie wissen, wo Gott hockt, in der Brotkapsel oder im Backsteinkäse.

Brotkapsel [= Brotlade] steht unterschwellig wohl auch für etwas Höhergeschätztes und Backsteinkäse, oft auch Stinker genannt, eher für etwas Geringgeschätztes.
»So en Käs!« sagt man ja auch gelegentlich verächtlich.
Ein Gott könne also tatsächlich überall sein, auch dort, wo man ihn nicht vermuten möchte. Um so unsicherer ist demnach das »Man kann nie wissen ...«, das mit dem Spruch ausgedrückt wird.

Ma ka s it zella, se sind nia ruig.
Man kann sie nicht zählen, sie sind nie ruhig [= halten nie stille].

Einer, der sich wohl etwas genierte, dass er 19 Geschwister habe, auf die Frage, wie viele es denn seien. (Moosmann I)   *Allgäu*

Ma ka vom Dimmschda no ebbes lerna!
Man kann *(selbst)* vom Dümmsten noch etwas lernen!

a) überheblich gegen einen anderen, der (überraschenderweise) guten Rat wusste
b) kokettierend-bescheiden, wenn man selber einen guten Rat wusste

Ma soll nia vrschenka, wa ma sell broucha ka!
Man soll nie verschenken, was man selber *(ge)*brauchen kann!

Scherzhafte Antwort, wenn man jemand auf dessen Niesen hin ein herzhaftes »G'sundheit!« zugerufen hat.

Ma sott it mee essa wia mit Gwalt in oin naigoht.
Man sollte nicht mehr essen als mit Gewalt in einen hineingeht.

»mit Gewalt«: mit größter Willens- und Kraftanstrengung
Ironischer Ratschlag, auch an sich selbst, rechtzeitig mit dem Essen aufzuhören und nicht weiter in sich hineinzustopfen.

Ma sott nia nia saga!
Man sollte nie*(mals)* nie sagen!

... denn man wisse nicht, was die Zukunft bringe.
Vergleiche: »Never say never!« (englisch) und »Il ne faut jamais dire jamais!« (französisch)
Drei Weltsprachen also, die sich in dieser philosophischen Betrachtung einig sind :-)))

Ma werd alt ond loht – i be siebzehna ond lass au scho!
Man wird alt und lässt *(nach)* – ich bin siebzehn und lasse auch schon *(nach)*.

Seufzer einer Siebzehnjährigen, als ihr aus Vergesslichkeit ein kleines Malheur unterlief.

Der erste Teil ist Allgemeingut, wenn man an sein kommendes (oder nahendes) Alter denkt, auch unter Jüngeren. Der zweite Satzteil war indessen herzerfrischend spontan.   Donau

Ma wird alt und loot!
Man wird alt und lässt *(nach)*!

Gespielter Seufzer, meist augenzwinkernd über sich selbst, wenn einem ein kleines Missgeschick unterläuft und man aber noch gar nicht »alt« ist.

Mach au koi soo a Gschiss um dees!
Mach auch kein solch ein Geschiss um das!

Mach auch kein solches Aufhebens um diese Sache!

Mach daine Glotzbebbl ouf, no findsch dai Sach!
Mach deine Glotzbällchen [= Augen] auf, dann findest du deine Sachen [= das, was du suchst].

Mach me it schwach! *oder* Mach me joo it schwach!
Mach mich nicht schwach! *oder* Mach mich ja nicht schwach!

Ironisch: wenn jemand eine unangenehme Neuigkeit überbringt, an die man nicht gleich glauben kann oder will. Es kann auch eine leise Drohung enthalten sein, wenn der Überbringer der Nachricht selbst die Ursache des Debakels ist.

Machd nix, wenn s Flecka geit, dia kaa ma rousschneida!
Macht nichts, wenn es Flecken gibt, die kann man herausschneiden!

Scherzhafter Trost, wenn jemand in geselliger Runde seine Kleidung beim Essen oder Trinken besabbert.

Machet au anandr-noche! *bzw.:*
Etz wenn s no au anandr-noche ging!
Macht auch einander-nach! *bzw.:*
Jetzt wenn es auch nur einander-nach ginge!

Nun beeilt euch mal (gefälligst) ein wenig! bzw.:
Wenn es doch endlich mal voranginge! (Arbeit oder Verkehrsstau usw.)
Zu »nach« bzw. hierzu zugehörig auch »anander-noch / einander nach» siehe viel Erhellendes unter Wax.

Machet au gau Feierobed!
Macht auch *(demnächst)* Feierabend!

Wax: »gau« ist abgeleitet von »gehen« –
Bedeutung: daran gehen/sich daran machen, etwas zu tun; es demnächst tun (wollen)

Anmerkung: vergleiche das englische Future mit »going to (do something)« und französisch »aller faire quelque chose«.
Gutnachbarlicher Abendgruß im ländlichen Raum, wenn einer noch zugange ist.

Mädchen, die pfeifen, Hähnen, die kräh'n, soll man beizeiten die Hälse umdreh'n

Es galt als ungehörig und gar nicht mädchenhaft, wenn eine ein Liedlein pfiff. Kein Schwäbisch, aber oft gesagt Allgäu

Mahlzeit, wenn s au nix geit!

(Gesegnete) Mahlzeit, wenn es auch nichts gibt!

im Singsang vorzutragen – Persifliert den mittäglichen Arbeitswelt-Gruß.

Mai Muaddr hot emmr gsait:
»Vor einem weißen Haupte sollst du dein Knie beugen!«

Meine Mutter hat immer gesagt: …

Um der Feierlichkeit des Spruchs willen ist er im zweiten Teil auf Schriftdeutsch gehalten; soll zu Respekt vor dem Alter anhalten. Riß, Donau

Malagga!

Ist eigentlich ein griechisches Schimpfwort und könnte mit »du Depp!« oder so übersetzt werden. Wörtlich ist es noch viel derber, etwa »du durch häufiges Masturbieren kraftlos Gewordener«. Jedoch wird es von hiesigen Jugendlichen, die des Griechischen ja meist auch gar nicht mächtig sind, als allgemeiner Kraftausdruck verwendet, auch als Ausruf des Erstaunens, Verwunderns; 1990er-Jahre Donau

Mamma, was schdriggsch do? – A Handhebe an en Mäalsagg na.

Mama, was strickst du da? – *Einen Handgriff an einen Mehlsack hin.*

Pflegte die Mutter zu antworten. Es war in der Vorweihnachtszeit, und sie wollte der kleinen Tochter nicht verraten, woran sie arbeite – zum Beispiel an einem Puppenkleid. Allgäu

Mamma, was schdriggsch do? – A Schnälle an a Gausfiedla na.

Mama, was strickst du da? – *Ein »Schnälllein« [= kleine Schnalle] an einen Ganshintern hin.*

Pflegte die Mutter zu antworten. Sie wollte der kleinen Tochter nicht verraten, woran sie arbeite – es sollte wohl eine Überraschung werden. Donau

Manche hant au bloß zwoi Mäga ond koi Hiera!

Manche haben auch nur zwei Mägen und *(dafür)* kein Hirn!

scherz- oder boshaft zu Wohlbeleibten

Mir blanget s au!
Mir langt es auch!

Mir reicht es für heute auch.
Wenn man einen besonders anstrengenden oder beschwerlichen Arbeitstag hinter sich hat. Dahinter kann Trost gegenüber einem anderen in ähnlicher Lage, aber auch Zurückweisung stecken, wenn man ausdrücken will: Nun hab dich mal nicht so mit deinem Gejammer!

Mir Boura haltet zamma, bis dr Rettich fimf Mark koscht!
Wir Bauern halten zusammen, bis der Rettich fünf Mark kostet!

Der genannte Geldbetrag (5 Mark ≈ 2,5 Euro) ist seit den 1960er-Jahren von ursprünglich 1 Mark angehoben worden. Damals war eine Mark für einen einzigen Rettich noch ein utopisch hoher Preis. In den 1990ern waren es dann schon 5 Mark ... Der Spruch unterstellt Leuten – es müssen nicht Landwirte sein – im Hinblick auf noch unerreichbar fern scheinende Ziele eisern zusammenzuhalten, dickköpfig und stur, und sich durch nichts davon abbringen zu lassen. Dann gelange man auch an sein (evtl. durchaus egoistisches) Ziel.

Mir sind Fraind, oußr mir seiet in dr Not.
Wir sind Freunde, außer wir seien in der Not.

Freunde in der Not gehen Tausend auf ein Lot.
»Lot«: Es lag meist zwischen 14 g und 18 g.
                              (https://de.wikipedia.org/wiki/Lot_(Einheit))
Sinn: In Notsituationen hat man nur sehr wenige Freunde, die noch zu einem halten.

Mir waret in dr Schdadt beim Schwanza.
Wir waren in der Stadt beim Schwanzen.

»schwanza/schwanzen«: ohne festes Ziel und ohne feste Kaufabsichten auf dem Markt oder in der Einkaufszone bummeln (und dann meist doch etwas kaufen ...)
                                                                            Schussen

Mit de Dumme dreibt ma d Welt um!
Mit den Dummen treibt man die Welt um!

Die Klugen/Schlauen/Gerissenen benutzen die Gutmütigen/Arglosen für ihre Zwecke und machen dabei ihre Geschäfte. So sagen häufig selbstironisch die, die sich auf diese Art ausgenützt/ausgebeutet fühlen.

Mit de Leit ka ma schwätza,
mit de Oxa (im Schdall) schwätzd ma au.
Mit den Leuten kann man schwätzen *[= reden]*,
mit den Ochsen (im Stall) schwätzt man auch.

Man soll auf andere Menschen zugehen und das Gespräch mit ihnen suchen.

Mit dr Gabl isch s a Eahr,
mit ama Leffl vrdwischd ma meahr!

Mit der Gabel ist es eine Ehre,
mit dem Löffel erwischt man mehr.

Das »meahr« ist kein hasenreines Schwäbisch, aber es soll sich ja reimen. Der Spruch stammt sicher aus der Zeit, als alles noch gemeinsam aus einer Pfanne aß; noch um 1955 in manchem Bauernhaus. Das Essen mit Messer und Gabel konnte dann zwar als vornehmer gelten, doch wenn man mit dem Löffel in den Brei fuhr, bekam man einen größeren Teil des Essens ab. Dies war damals noch wichtig.

Mit Gwalt bringt ma d Goiß hintanumm.

Mit Gewalt bringt man *(sogar)* eine Geiß *[= Ziege]* hintenherum.
[= kann man sie drehen] – Mit Gewalt geht alles.

Mit Gwalt bringt ma en Ox d Schdiaga nouf.

Mit Gewalt bringt man *(sogar)* einen Ochsen die Stiege *[= Treppe]* hinauf.
Mit Gewalt geht alles.

Mit Gwalt ka ma au en Igl floa.

Mit Gewalt kann man auch einen Igel flohen. *[= von Flöhen befreien]*
Mit Gewalt geht alles.

Mit loutr »Lass-me-au-mit!«

Aus lauter »Lass-mich-auch-*(noch)*-mit!«

Sagt man von sich selbst, wenn man in der Hektik etwas versäumt oder falsch gemacht hat. Dazu gebraucht man das Bild des abfahrenden Verkehrsmittels (Postkutsche, Bahn, Bus …), dem man noch hinterhergerannt ist, hoffend, es doch noch zu erreichen, um dann in der Eile »die Hälfte« zu vergessen.

mit oim Seggeles-Geiles dua

Mit jemand grob/unfein/unfair umspringen; jemand zum Narren halten.

»Seggele«: kleiner dummer Kerl
»Geile / Gäullein«: kleiner Gaul; auch Steckenpferd
Mit jemand so willkürlich umspringen wie Kinder mit einem Steckenpferd.   Donau

Mit verzge werret d Schwoba gscheid – de andre it in Ewigkeit.

Mit 40 werden die Schwaben gescheit – die anderen nicht in Ewigkeit.

Spielt auf das sog. Schwabenalter an und ist wohl auch ein Versuch der Selbstverteidi-

gung gegen den jahrhundertealten Ruf als »Deppen der Nation«. Mehr zum »Schwabenalter« siehe https://de.wikipedia.org/wiki/Schwabenalter

Moi, deem isch s Lacha vrganga!
Mein *(Lieber)*, dem ist das Lachen vergangen!
Kann boshafte Zufriedenheit ausdrücken (»Dem hat man's gezeigt!«), aber auch mitleidig gemeint sein (»Das hat ihn schwer mitgenommen!«).

Morga fria isch d Nachd rom!
Morgen früh ist die Nacht rum *[= vorbei]*!
Aufforderung oder Seufzer, es sei Zeit zu Bett zu gehen.

Morgareaga und Altweiberweh
siehsch om naine neana meh.
Morgenregen und Altweiberweh *[= -schmerzen]*
siehst du um neun *(Uhr)* nirgends mehr.
»Mein Nachbar hat mir das mit Altweiberweh bezüglich Rheuma und Morgensteifigkeit erklärt.«   Riß

Morgareaga und Weibrweh
sind um naine nianameh!
Morgenregen und Weiberweh sind um neun *(Uhr)* nirgendsmehr.
Wenn es länger als bis 9 Uhr regnet, ist es ja kein Morgenregen mehr. Bei »Weiberweh« wird man sich insbesondere die Menstruationsbeschwerden vorstellen müssen. Dass diese ab 9 Uhr verschwunden seien, können wohl nur Männersprüche sein: Das Weibervolk sei weinerlich. Oder es sei der angebliche Schmerz schon nicht so schlimm gewesen. In Wirklichkeit weiß man, dass Frauen Schmerzen viel tapferer ertragen als Männer: Fragen Sie mal Ihren Zahnarzt!   Schussen

Narrete Kia hond au gschbinnete Kälbla.
Narrete Küha hant allaweil spinnete Kälbla. *(Ummendorf)*
Narrige *[= verrückte / durchgeknallte]* Kühe haben auch spinnige Kälber. *(2x)*
Wie der Herr, so das G'scherr. – Wie die Eltern, so die Kinder.
Sicher nicht nur auf Kühe und Kälber bezogen.   Schussen, Riß

Nix hau isch a riabige Sach, bloß a bitzle langweilig oms Moul rom.
Nichts *(zu)* haben ist eine ruhige *[= geruhsame]* Sache, nur ein bisschen langweilig ums Maul herum.
Man lobe oft die Armut – so deutet es mein Gewährsmann – die keine solchen Sorgen um das liebe Geld habe, im Gegensatz zu den Begüterten. Aber es muss einem, dem

Spruch zufolge, auch klar sein, dass echte Armut mit sich bringe, wenig oder gar nichts zu essen zu haben oder doch zumindestens weit weniger Abwechslung im Küchenzettel.

Nix hong isch ou a scheene Sach!
Nichts haben ist auch eine schöne Sache! *(Büchele I)*
Wohl sehr ironisch zu verstehen.   *Allgäu*

No daggle halt nomol numm!
Dann dackle *(ich)* halt nochmals hinum *[= hinüber]*!

»dackeln« (hier): jemandem oder einer Sache zuliebe einen Gang tun, obwohl man eigentlich keine Lust dazu hat oder schon herzhaft müde ist.
Dahinter steckt vielleicht auch, dass man für andere (ungern) »den Dackel macht«: sich für andere krummlegen ohne selber viel davon zu haben.
Es bedeutet hier so etwas wie »dann tu ich 's halt in Gottesnamen!«

No hosch Luuse!
Dann hast du »Luse« *[= Freizeit / Freiheit / sturmfreie Bude /...]*

Wenn jemand (vorübergehend) ohne Kontrolle oder Aufsicht ist und tun und lassen kann, was er will. So sagt man zum Beispiel scherzhaft:
a) Wenn der/die Ehepartner/in verreist ist.
b) Wenn die Eltern jugendlicher Kinder mal außer Haus sind.

No isch dr Katz glei gschdrait.
*(Da)*nach ist der Katze gleich gestreut!

Damit hat sich die Sache für mich erledigt (verärgert, zynisch).

No isch dr Kittl gflickt.
*(Da)*nach ist der Kittel *(wieder)* geflickt.

Damit ist die Sache erledigt/bereinigt/abgetan/abgegolten/...

No isch es Bruch!
Dann ist es Bruch!

Dann stehen unsere Chancen nicht gut. Dann haben wir schlechte Karten bei diesem Vorhaben. Dann steht es nicht gut um uns. ...

No isch Hailaif im Schuppa!
Dann ist Highlife im Schuppen!

»Schuppen« hier: Gaststätte, Disko, Veranstaltungslokal ...
Dann geht die Post ab! (Es steigt die Stimmung im Lokal).

No isch hotta!
Dann ist *(es-)*hat-ihn!

Dann ist alles vorbei. Es besteht keine Möglichkeit des Weitermachens oder Verbesserns mehr.

No isch scho gschdualet!
Dann ist schon *(auf- oder ab-)*gestuhlt!

Sagt man nur in übertragener Bedeutung:
a) Dann ist alles zufriedenstellend erledigt.
b) Kommentar, wenn man eine zugesagte Tätigkeit aus Ärger vorzeitig beendet.

No it hudla mit de Nudla, so lang s no Schbätzla geit!
Nur nicht hudeln mit den Nudeln, so lange es noch Spätzla gibt.

(Für Nicht-Schwaben: EIN einzelnes Spätzle, aber zwei und mehr: Spätzla)
»hudeln« hieß ursprünglich den heißen Backofen mit einem feuchten Tuch auswischen, bevor die (nächste) Ladung Brot »eingeschossen« [= eingeschoben] wurde; dies musste schnell gehen. Daher heißt »hudeln« übertragen: schnell, flüchtig, hastig, ungenau arbeiten.
»No it hudla« ermahnt also zu überlegtem, bedächtigem Tun. Die Nudeln im zweiten Teil dürften wohl eher um des Reimes willen angefügt worden sein. Und vielleicht, weil dem Schwaben oftmals die Spätzla wichtig sind. Und so lange es diese gibt, müsse man sich mit anderen Teigwaren nicht gar so beeilen.
Fazit: Eine Aufforderung zu sorgfältigem Arbeiten und zugleich eine Liebeserklärung an die einheimische Küche. Dieser Spruch fiel 1992 im Unterricht einer achten Hauptschulklasse durch einen Schüler.   Donau

No it hudla! *bzw.*
No it hudla, wenn s ans Schderba goht!
Nur nicht hudeln!
Nur nicht hudeln, wenn es ans Sterben geht.

Zu »hudeln« siehe den vorhergehenden Spruch.
Nur keine Hektik! Eile mit Weile!

No koi arma Red fahra lau, de arme Leit maa ma neana!
Nur keine arme Rede fahren lassen, die armen Leute mag man nirgends!

Nur nichts von eigener Bedürftigkeit erzählen!   Donau

No nix Narrets!
Nur nichts Aufgeregtes! [*= gelassen bleiben!*]

»narret« hat hier die Bedeutung von hektischem, aufgeregtem Tun. Der Spruch mahnt also zu ruhigem, überlegtem, gelassenem Vorgehen und Arbeiten. Er fand

sich bezeichnenderweise als Aufschrift auch schon auf kleineren betagten Autos und sollte dann wohl eine beschauliche Lebensphilosophie des Fahrers oder der Fahrerin verraten.

No schdohsch do mit daine aagsäagede Hosa im kuuza Hemmed!

(Da-)nach stehst du da mit deinen abgesägten Hosen (und) im kurzen Hemd.

Spielt auf Hemd und Hose an, die dem Träger inzwischen zu kurz geworden seien, weshalb er darin er eine entsprechend unglückliche Figur mache: Dann siehst du aber ganz schon alt aus, mein Lieber! – Dann bist du der Blamierte! – Dann wirst du ganz schön dumm dreinschauen!

Noo glachet, s Heila kommt vo alloi!

Nur gelacht, das Heulen kommt *(einem)* schon von allein!

Nützt frohe Stunden, die Alltagssorgen haben uns früh genug wieder.

Nous, wa koin Zais zahlt!

Hinaus, was keinen *(Miet-)*Zins zahlt!

Mietzins: Miete
Kommentar eines Betroffenen, als ihm in Anwesenheit anderer einer entwich.   Donau

Nütze den Tag – no brouchsch bei Nachd it soviel dua!

Nütze den Tag – dann brauchst du bei Nacht nicht so viel zu tun!

Der erste Teil ist als klassisches Zitat bewusst in Schriftdeutsch gehalten, dafür ist der zweite um so hintersinniger.

O je, i sieh ui alle scho amol mit em Millkännle loufa!

O je, ich sehe euch alle schon noch mit dem Milchkännchen laufen! *(Moosmann II)*

Ausruf des Käsereibesitzers und besorgten Vaters einer Tochter, die bald heiraten wollte. Wer wie der künftige Schwiegersohn selber kein Milchvieh hatte und also auch keine Milch erzeugte, musste diese kaufen, oder schlimmer noch, es wurde ihnen eine tägliche Armenration Milch zugesprochen. Drohte Armut?
Anm.: Der künftige Schwiegersohn war der Bürgermeister des Orts ...   Allgäu

Oh du liabs Herrgettle vo Biberach,
hoscht du kalte Fiaß.

Oh du liebes Herrgöttle von Biberach,
hast du kalte Füße!

Ausruf des Mitleids, gerne aber auch mit ironischem Unterton.
a) Die zweite Zeile kann auch entfallen.
b) Statt Biberach heißt es zuweilen auch Biberbach (Landkreis Augsburg)
c) Zur Geschichte des Herrgöttle von Biberach:

https://www.baden-wuerttemberg.de/de/unser-land/traditionen/sagen-und-legenden/das-herrgoettle-von-biberach/
d) Zur Geschichte des Herrgöttle von Biberbach:
https://de.wikipedia.org/wiki/Herrgöttle_von_Biberbach

Oh Haimatland!
Oh Heimatland!

Ausruf des Erstaunens über eine nicht allzu angenehme Überraschung – es kann auch Bedauern oder Mitleid gegenüber jemand mitschwingen, dem/der Unheil widerfahren ist, und man davon hinterher Kenntnis bekommt.

Oh Herr, schmeiß Hirn ra!
Oh Herr, wirf Hirn herab!

Im Stile eines frommen Stoßseufzers und daher die Sprache der Bibel einigermaßen schriftdeutsch nachahmend: es möge doch die gewünschte Erleuchtung, die Erkenntnis, der Geistesblitz kommen. Hier wurde ein Werkzeug gesucht, das man eben noch in der Hand gehabt hatte, und das jetzt doch unauffindbar schien. »Wo kann ich es bloß hingelegt haben?«

Oh jegerle, oh jegerle – wa sait au doo dr Hegerle?
Ach je, ach je – was sagt auch da der *(Herr)* Hegerle *(dazu)*?

»jegerle« ist ein verkürztes »Jesus«, mit einem verkleinernden -le versehen, was den angedeuteten Fluch wieder stark abmildert. Der fiktive Herr H. kam wohl nur um des Reimes willen dazu. Längerer, leiser Seufzer, eine kleinere Befürchtung ausdrückend. Kann auch eher scherzhaft gemeint sein.

Oh liabe Leit ond Heisr!
Oh liebe Leute und Häuser!

Ein abgrundtiefer Seufzer: »Was ist denn jetzt schon wieder los?«

Oh Ma Gottes in dr Hottschachtl!
Oh Mann Gottes in der Hutschachtel!

Mitleidsseufzer mit einem Ungeschickten.   *Schussen*

Oh, wenn deen noo da Blitz beim Scheißa dräffa dät!
Oh, wenn den doch nur der Blitz beim Scheißen treffen täte.
– Verwünschung
– halb scherzhafter Hinweis: Wenn du das und das nicht tust, was ich dir schon mehrmals geraten oder aufgetragen habe, dann bist du selbst schuld, wenn ein Schaden eintritt: Ich hab's dir ja gesagt. Dann soll dich der Blitz beim ...

Oi Ehr isch de andr wärt.
Eine Ehre ist die andere wert.

Wer mir einen Gefallen erweist (»eine Ehre antut«), ist es wert, dass ich mich ebenso verhalte.

Oin Bock alloi schdichd nia!
Ein Bock allein sticht nie!

*»sticht« (entweder im Kartenspiel: Gegner braucht auch die passenden Karten) oder: »stößt zu« (in der Natur). Zum Streiten gehören immer zwei. Das Sprichwort weiß: Eines Mannes Rede ist keines Mannes Rede,
man soll sie billig hören beede.*

Oin Dood mosch leida!
Einen Tod musst du (er)leiden!

Meist als Rat und Trost gedacht: Wenn jemand eigentlich überwiegend Positives erfährt/erlebt, so hat er doch wohl oder übel auch dessen negative Kehrseite in Kauf zu nehmen.

oin in Senkl schdella
einen in den Senkel stellen

*»Senkel«: Senklot/Senkblei
jemand in den Senkel stellen: jemand wieder ins richtige Lot bringen (Wax) zurechtweisen, zur Rede stellen, »zusammenstauchen«*

oine ouf da Seier griaga
eine auf den Seiher kriegen

*a) »Seiher«: Sieb für Flüssigkeiten (Duden)
b) »Seiher«: Mund, Gesicht (Wax)
  eine aufs Maul bekommen
  in übertragenem Sinne:
– stark gerügt werden
– Bemerkung, wenn etwas überhaupt nicht wie geplant verlief*

Om achte ins Bett mach de,
om naine ins Bett aine!
Mach dich um acht Uhr auf in Richtung Bett,
um neun Uhr legst du dich dann endgültig ins Bett.

Sagte man Kindern, als sie abends allmählich zu Bett gehen sollten.   *Riß*

**Om naina
goht jedr zua dr Saina.**

Um Neune geht jeder zu der Sein*(ig)*en.

Um 21 Uhr geht jeder Mann brav von der Wirtschaft heim zur Frau.   *Donau*

**Onser Geld wird gar nicht schimmlich,
denn wir brauchens's ziemlich.**

Unser Geld wird gar nicht schimmlig, …

Kein hasenreines Schwäbisch; soll jedoch von einem Handwerksmeister oftmals gebraucht worden sein. Vielleicht hat er's von der Walz mitgebracht. Denn anderswo gibt's auch gescheite Leute mit vernünftigen Ansichten!

Ouf a aschdendige <u>Froog</u> gheert au a aschdendige <u>And</u>wort.

Auf eine anständige Frage gehört *(sich)* auch eine anständige Antwort.

Ouf dr Alb doba, do isch es ällaweil drei Kiddl keltr als bei eis.

Auf der Alb droben, das ist es alleweil *[= immer]* drei Kittel kälter als bei uns.

»Alb«: Schwäbische Alb
»Die Schwäbische Alb … ist ein knapp 200 km langes Mittelgebirge in Süddeutschland. Die höchsten Erhebungen des Albkörpers reichen bis knapp über 1000 Meter.«(https://de.wikipedia.org/wiki/Schwäbische_Alb)
Und da droben sei es immer um so viel kälter, dass man drei Kittel [= Jacken] mehr drüberziehen müsse.   *Donau*

Oufreacht halt s Zuig mai ous.

Aufrecht hält das Zeug mehr aus.

Betrifft statische Eigenschaften von Holz; zugleich auch Anspielung auf erigierten Penis.

Ous ama Seggl kasch koi Nachdigall macha.

Aus einem Seckel kann man keine Nachtigall machen.

»Seggl«: einigermaßen derbes Schimpfwort für eine männliche Person. Sinn:
a) Der ist und bleibt ein Seggl (hoffnungsloser Fall).
b) Gib dir mit diesem »Seggl« keine Mühe mehr.

Ous ama vrzagta Fiedla kommt koin frehlicha Furz.

Aus einem verzagten Hintern kommt kein fröhlicher Furz.

Wo die Stimmung gedrückt ist, kommt keine Fröhlichkeit auf.

Ous Kindr wärret Leit!
Aus Kindern werden Leute!

Aus den einst so kleinen Kindern (anderer Leute), die man lange nicht mehr gesehen hat, sind mittlerweile Jugendliche oder gar junge Erwachsene geworden.
Der Ausruf drückt indes weniger Verwunderung über den natürlichen Vorgang des Wachstums aus als vielmehr Erstaunen darüber, wie lange man sich demnach schon nicht mehr gesehen habe.

Packe mers no, vor da Wald ousgoht?
Mir sind scho bei de letzschde drei Baim!
Packen wir's noch, bevor der Wald ausgeht *[= zu Ende ist]*?
Wir sind schon bei den letzten drei Bäumen *(angelangt)*!

Beginnen wir diese Tätigkeit noch? Lohnt es sich, dass wir heute noch damit anfangen? Soweit ist das eine ernsthafte Frage. Und dann wird sie scherzhaft weitergeführt, als ob ein Liebespaar im Wald spazierenginge und sich angesichts des nahen Waldrandes alsbald entscheiden müsse, was nun zu tun ihr Begehren sei ... denn wenn man aus dem Wald heraustritt, ist es mit der Heimlichkeit und Ungestörtheit vorbei.
In Wirklichkeit wird die Frage aber vor einer notwendigen Arbeit gestellt, die man nicht aufschieben will oder sollte. (Der zweite Satz kann auch entfallen.)

Pfiate Gott, scheene Gegend!
Behüt dich Gott, schöne Gegend!

Scherzhaft für »Also dann tschüß«, wenn es sich um keinen Abschied für längere Zeit handelt)

Pfui Deifl Scheiß Häring!
Pfui Teufel Scheiß Hering!

entsetzter Ausruf großen Ekels
Wirkt plastischer und drastischer als ein neumodisches langgezogenes »iiiiiiiiiiii...«

Raum au dia Mouklet ouf!
Räume auch den Unrat/das Unaufgeräumte auf!

»Mauklet«: heimlich angesammelter Vorrat von Obst, Nüssen und dgl. (Wax)

Raus, was koin Hauszeis zahlt!
und dabei schneuzt ma ins Allerweltstaschentuch.
Raus, was keinen Hauszins *[= Miete]* bezahlt ... *(Ummendorf)*

Kommentar zu einer Alltagsverrichtung.

Reiche Leit hond scheene Sacha!

Reiche Leute haben *[= besitzen]* schöne Sachen.

Individuell unterschiedliche Mischung aus Bewunderung und Neid.

Reim de odr i friss de!

Reim dich oder ich fress dich *(auf)*!

Sagt man zu Hobbydichtern (oder über sie), wenn die Reime gar zu holprig ausfallen.

Reim de odr i kei de d Schdäaga nab!

Reim dich oder ich schmeiß dich die Stiegen hinunter!

Sagt man zu Hobbydichtern (oder über sie), wenn die Reime gar zu holprig ausfallen.

Schussen

Reiß enera Grott a Hoor raus!

Reiß einer Kröte *(mal)* ein Haar raus!

Kröten sind bekanntlich unbehaart:
Wo nichts ist, hat auch der Kaiser sein Recht verloren.
Wenn die nötigen Finanzmittel fehlen, ist nichts zu machen.

S Alter soll ma ehra, abr itt schona.

Das Alter soll man ehren, aber nicht schonen.

Es sind wenigstens zwei Deutungen möglich:
Einerseits: man soll die Alten nicht abschreiben und sie durchaus um sich haben und ihren Rat einholen, sie also am Geschehen teilhaben lassen.
Oder: Auch wer alt ist, soll »ohne Rücksicht auf Verluste« bei der Arbeit hart herangenommen werden.

S Bees moess s Bees vrdreiba.

Das Böse muss das Böse vertreiben.

Auf einen groben Klotz gehört ein grober Keil.

S Bluet isch dickr wia s Wassr.

Das Blut ist dick*(flüssig)*er als das Wasser.

Man soll sich nicht in einen Streit unter Verwandten einmischen. Sonst halten diese plötzlich gegen den Außenstehenden zusammen.

S Dick hot s Geld koscht ... und it s Wassr!

Das Dicke *[= die festen Bestandteile]* waren es, die Geld gekostet haben, ... und nicht *(etwa)* das Wasser!

Heute ist Trinkwasser auch nicht mehr umsonst, aber die Redensart gilt weiter – übrigens auch oft ohne den zweiten Teil. Man sagt so, wenn zum Beispiel versehentlich etwas Kaffeesatz mit in die Tasse geriet.
Gemeint: Reg dich wegen so einer Lappalie nicht auf!

S Gäld kommt mit gloine Schritt ins Hous, abr nous goht s mit große.

Das Geld kommt mit kleinen Schritten ins Haus, aber hinaus geht's mit großen.

S geit bloß zwoi guade Weibr ouf dr Welt:
de oi isch gschorba, de andr fend ma nemme

Es gibt nur zwei gute Weiber auf der Welt:
die eine ist gestorben, die andere findet man nicht mehr.

Chauvi-Spruch (auch einer!), und dennoch nicht ganz ernst gemeint. Übrigens: »Weib« und »Weiber« ist hierzulande ursprünglich nicht abwertend gemeint.

S gibt nix, was it goht.

Es gibt nichts, was nicht *(irgendwie doch)* geht.

Kann Trost oder Aufforderung sein, etwas unmöglich Scheinendes doch zu versuchen.

S goht it gibt s it!

Es geht nicht, *(das)* gibt es nicht!

Es findet sich immer eine Lösung!

S heilet selta oinr, wo net a andrer lacht!

Es heult selten einer, wo nicht ein anderer lacht.

Des einen Leid – des andern Freud.   Donau

S hott immr no a baar, wo schräg im Schdall schdandet.

Es hat immer noch ein paar, die schräg im Stall stehen.

Es gibt immer welche, die nicht so tun, wie man von ihnen erwartet oder erhofft (hätte), und wenn man sich noch so sehr um sie bemüht (hat). In Anspielung auf widerspenstige Kühe im Stall.

S Hous vrliert nix!

Das Haus verliert nichts!

Im Haus (in der Wohnung) kann man zwar mal etwas verlegen und nicht gleich wiederfinden, aber letztlich taucht es immer irgendwann wieder auf.

S isch alles bloß a Weile nett!

Es ist alles bloß eine Weile nett!

»Weile«: für eine bestimmte kürzere Zeit. Auf die Dauer wird man vieler Dinge wieder überdrüssig, auch wenn sie zunächst willkommen oder angenehm waren.

S isch älles oi Bluadwuuschd!

Es ist alles eine Blutwurst!

Es ist alles eine (große) Verwandtschaft; das halbe Dorf ist miteinander versippt.

Donau

S isch glei andersch, wemma a Gnäachdle hott.

Es ist gleich anders [= besser], wenn man ein Knechtlein hat.

»Knechtlein«:
– allgemein: ein Kind, das kleine Handreichungen verrichtet und dafür gelobt wird
– hier: spaßhaft-ironisch zu einem schon erwachsen gewordenen jungen Mann,
    den man schon als Kind kannte

S isch hählenga schaddig.

Es ist hählingen [= heimlich/hinterrücks/stärker als vermutet] schattig.

Die Sonne trügt; es ist kühler, als es den Anschein hat – an sonnigen Winter- oder Vorfrühlingstagen.

S isch iebral Ebbes, wo da Himml heebt.

Es ist überall etwas, das den Himmel *(unerreichbar oben)* hält …

… so dass auf der Erde niemals himmlisch-sorgenlose Zustände herrschen.   *Donau*

S isch jo it wia bei de arme Leit, wo d Meebl an d Wand na gmoolet send.

Es ist ja nicht wie bei den armen Leuten, wo die Möbel an die Wand hinan gemalt sind.

»Wir haben's ja …«
Allerdings eher selbstironisch, wenn es in Wirklichkeit so hoch gar nicht hergeht.

S isch no nia nix gwää, wemma »Scho räacht« sait.

Es ist noch nie nichts gewesen, wenn man »Schon recht« sagt.

Wer auf die Frage nach seinem Befinden mit »Schon recht« antwortet, deutet damit an, dass es ihm keineswegs sonderlich gut gehe.

S kommt it oufs Oussäa aa, s kommt ouf Giate aa.

Es kommt nicht auf's Aussehen an, es kommt auf die Güte an.

Hier bezog sich der Spruch auf vielleicht etwas ungleichmäßig geschnittenes Brot; doch wird er auch anderweitig angebracht sein …

S menschelet halt bis in Taber<u>nakl</u> nai ...
wenn dr <u>Bfarrer</u> nailanget.
Es menschelt eben bis in den Tabernakel hinein ...
wenn der Pfarrer hineinlangt *[= hineingreift]*.

– »menscheln«: allzumenschliche Schwächen haben
– »Tabernakel«: in jeder katholischen Kirche tresorartiger Aufbewahrungsort für
  geweihte Hostien (»Leib Christi«), mit festverschlossener Tür und dem »Ewigen
  Licht« in der Nähe

Der Spruch wirkt in seinem Teil 1 in katholischen Ohren zuerst ketzerisch, weil er Göttlichem Boshaftes zu unterstellen scheint. Doch dann wird aufgezeigt, dass auch Pfarrer nur Menschen seien, obwohl der katholische Geistliche nach Lehre seiner Kirche durch die Priesterweihe etwas Besonderes sei, was ihn von gewöhnlichen Sterblichen unterscheide. Mit dem Spruch kommentierte eine Klosterfrau in leitender Funktion das einseitige Engagement eines katholischen Geistlichen in einem schmutzig geführten oberschwäbischen Bürgermeisterwahlkampf.

S muess halt (in <u>Gotz</u>nama) sai!
Es muss halt (in Gottesnamen) sein!

Damit fügt man sich in ein unabänderliches Schicksal und begibt sich zum Beispiel ins Krankenhaus, um eine längst fällige Operation an sich vornehmen zu lassen. Das in Klammern Gesetzte kann auch entfallen.

S Schdendle brengt s Kendle!
Das Stündchen bringt das Kindchen!

Wohl in Anspielung auf eine sich hinziehende Geburt:
a) Kommt Zeit, kommt Rat.
b) Wer langsam fährt, kommt auch ans Ziel. (auch ironisch zu Langsamen)
c) Eile mit Weile.   Donau

S soicht, wa <u>raa</u> kaa!
Es seicht, was runter kann!

Es gießt in Strömen!

S suacht koinr dr andr hintrem Ofa, wenn r it scho selbr dohinta ghogged isch.
Es sucht keiner den anderen hinter dem Ofen, wenn er nicht *(auch schon mal)* selbst *(aus Angst)* dahinter gehockt ist.

a) Nur wer selber schon mal die Erfahrung gemacht hat, weiß, wie es um einen steht,
   wenn man sich fürchtet. (Weisheit)
b) Spiel dich gegenüber einem andern, der sich vor etwas fürchtet, nicht so auf!
   Tu nicht so, als ob du noch nie Schiss gehabt hättest! (Warnung)

S wär grad schad, wenn s di it gäb!
Es wäre *(nach-)*gerade schade, wenn es dich nicht gäbe!
ein liebevoll-freundliches Kompliment, zum Beispiel zu einem Geburtstag

S Wettr isch heit it ganz rar.
Das Wetter ist heute nicht ganz rar.
»rar« (lateinisch: selten), also ist etwas Rares auch etwas Besonderes
Wenn das Wetter nicht rar ist, dann lässt es nichts besonders Schönes erwarten, obwohl es im Augenblick noch so aussehen mag. Noch herrscht zwar schönes Wetter, aber es ist zu erahnen, dass es nicht den ganzen Tag so anhält.

Sag nix, no kommsch in nix nai!
Sag nichts, dann kommst du in nichts hinein.
Wer zu allem schweigt, hat am wenigsten Schwierigkeiten zu erwarten. Aber: Ein ziemlich undemokratischer Ratschlag, wenn er immer befolgt werden soll.

Sai lau isch guat für's Beichta!
Sein lassen ist gut für's Beichten!
Was man/frau sein lässt, das heißt: unterlässt, ist allemal gut für das Seelenheil, weil das, was sonst nicht unterbliebe, ja doch nur »sündhaft« wäre ... Alles klar?   Allgäu

Schbäte Kälbla frässet s Hai.
Späte Kälblein *[= Kälbchen]* fressen das Heu.
Etwa: Nesthäkchen werden am meisten verwöhnt.
Oder: Auch Spätzünder können noch durchaus Erfolg haben.

Schbuel amol do numm und ...!
Spule mal da hinüber und ...!
von »Spule«, die sich geschwind dreht: Lauf mal geschwind da hinüber und ...!

Schdraiet de Leit au Bloama, so lang se läabet, ond it bloß de Daute!
Streut den Leuten auch Blumen, so lange sie leben, und nicht nur den Toten!
Dann haben sie auch was davon. Gemeint: Man soll jemand ab und zu mit Blumen Freude bereiten.
    Donau

Schee it, abr sälta!
Schön nicht, aber selten!
ironisches Lob

**Scheib hin, Scheib her,
Scheib rom, Scheib nom,
dia Scheib, di goht it grad, it kromm,
dia Scheib, dia gheert em …**

Scheibe hin, Scheibe her,
Scheibe herum, Scheibe hinum *[= hinüber]*,
die Scheibe, die geht nicht gerade, nicht krumm,
die Scheibe, die gehört dem …

Am Funkensonntag, dem Sonntag nach Fastnacht, entzünden die Buben den »Funken«, einen Haufen aus Reisig, Baumschnitt und (zuweilen) altem Hausrat. Der alte Winter soll damit vertrieben werden, die guten Feldgeister des Frühjahrs sollen geweckt werden. Dabei werden mit Stroh umwickelte brennende Scheiben einen Abhang hinabgerollt und dabei angestoßen. Beim diesem »Scheibenschlagen« ruft man den Spruch. (Kennzeichen BC)   Riß

Schei̱ßabach isch a̱u a Schdadt!

Scheißenbach ist auch eine Stadt!

Erweitert das übliche, kräftige »Scheiße!« und schwächt es damit zugleich ein wenig ab. Man kommentiert damit eine Enttäuschung. Einem Mitmenschen gegenüber kann es auch Schadenfreude ausdrücken.

Schenheit v̱rgoht – abr wiascht bleibt wiascht!

Schönheit vergeht – aber wüst bleibt wüst!

Macho-Spruch: Lieber eine hübsche Frau heiraten. Diese sei zwar auch nicht zeitlebens gleich hübsch, aber doch wenigstens eine gewisse Zeit lang, während eine weniger schöne Frau von Anfang an entsprechend sei.

Schiab amol en Schdrick ve̱rre – und zia goht a̱u it immr.

Schiebe mal einen Strick nach vorn – und ziehen geht auch nicht immer.

Manches geht auch beim besten Willen nicht.

**Schmiara und Salba
hilft allenthalba.
Hilft s it bei de Kärra,
no hilft s bei de Herra.**

Schmieren und Salben
hilft allenthalben *[= überall]*.
Hilft's nicht bei den Kärren *[= Fuhrwerken, Fahrzeugen]*,
so hilft es bei den Herren.

die »Herren« schmieren = sie bestechen
»Herren«: Mächtige, Herrschende, Vorgesetzte …

schnell an See nabhoiza
schnell an den See hinunterheizen

Mal schnell mit dem Auto an den Bodensee fahren (Spritztour); möglicherweise leichtsinnig schnell und damit gefährlich. Im südlichen Oberschwaben fährt man an den See »hinab«, im nördlicheren Oberschwaben hingegen fährt man an den See »hinauf«. Diese Sprachgrenze liegt etwa bei Bad Waldsee.   Schussen

scho narret – scho nemme fress
schon narrig [= erzürnt] – schon nicht mehr fressen *(wollen)*

Beschreibt leisen Ärger aus Enttäuschung; über sich selbst als Betroffener oder kommentierend über andere. Drückt aus, dass man nun auch nicht mehr wolle, die Geduld sei erschöpft. Der Spruch hat mit Essen (Mahlzeit) meist nichts zu tun.

Scho vrschmerzd!
Schon verschmerzt!

Eine eigentlich unnötige Geldausgabe oder kleinere Fehlinvestition ist ohne Langzeitfolgen nunmehr verkraftet. Etwa: »Nun will ich nicht länger darüber nachsinnieren, ob dies nötig war oder nicht.«

Scholla lacha
Schollen lachen

»der Schollen / die Scholle«: Erdklumpen, besonders beim Pflügen entstehend; laut und herzhaft lachen

Schulda wia d Scheitrbeiga
Schulden wie die Scheiterbeigen

»Scheiterbeige«: Holzstoß (ofenfertig gestapeltes Brennholz, gesägt und gespalten) Anm.: Der Duden behauptet, das Wort sei (nur) im Schweizerdeutschen bekannt.

Schwätz odr scheiß Buachschdaba, dass ma s läasa ka!
Sag was oder scheiß' Buchstaben, dass man es lesen kann!

Der zweite Teil kann auch entfallen. So sagt man ungeduldig zu Leuten, wenn sie nicht schnell genug auf eine Frage antworten.

schwätza wia Magischdr
(Daher-)reden wie ein Magister.

a) »schwätzen« hat im Schwäbischen keine grundsätzlich negative Bedeutung.
b) »Magister« (hier): »veraltet, noch scherzhaft oder abwertend: Lehrer, Schulmeister« (Duden)
Viel, gelehrt oder auch nur pseudo-gelehrt daherreden.
Kann also Anerkennung oder auch Kritik bedeuten.

Sei it so zeitle, in fuffzg Johr koscht dr Scheißdreck was da Buttr.
Sei nicht so zeitlich, in fünfzig Jahren kostet der Scheißdreck soviel wie die Butter.

Sei nicht so sehr Irdischem (»Zeitlichem, Vergänglichem«) verhaftet, in 50 Jahren ist eh alles ganz anders/teurer/auf den Kopf gestellt: Wozu solche Mühe und Sorgen?
Donau

Selbr fressa macht fett!
Zuagugga isch nett!
Selber fressen macht fett!
Zusehen ist nett!

Die zweite Zeile kann auch entfallen. Stammt gewiss aus hungrigen Zeiten, als »fett« noch als erstrebenswert, wenn auch unerreichbar galt. Dass Zusehen »nett« sei, meinte eher nur derjenige, der zu essen hatte oder schon satt war und nicht nur zusehen musste. Unterton: Hilf dir selbst, so hilft dir Gott!

So a Käppeleskirbe!
So eine Kapellenkirchweih!

Kirchweih-Fest = Kirchweih = Kirmes = Kirbe
An einem bestimmten Tag im Jahr feiert man – »pauschal« für alle lokalen kath. Gotteshäuser – den Jahrestag ihrer Einweihung. Die Kirbe war besonders im früheren bäuerlichen Arbeitsjahr ein wichtiges und vergleichsweise groß gefeiertes Fest, oft mit dem Erntedank verbunden. Es fanden Gottesdienst, Markt, Tanz und allerlei örtliche Bräuche statt. Es gab gut und viel zu essen und zu trinken. Die Kirbe war das Ereignis des Jahres. Eine Käppeleskirbe wäre demnach die fiktive Kirchweih einer kleinen, wenig bedeutenden Kapelle. Verächtlich für eine ärmliche, den Aufwand nicht lohnende Veranstaltung oder für Aufregung/Ärger aus nichtigem Anlass.

So a Lettagschwätz!
So ein dummes Gewäsch [= Gerede, Geschwätz]!

»Letten«: Lehmerde, Tonerde, Kot, Dreck (Wax)
ähnlich wie: »einen Dreck rausschwätzen«

So alt wird jo koi Kua! *bzw.*
So alt wird koi Kua, dia wird vorhär gmetzged.
So alt wird ja keine Kuh! *bzw.*
So alt wird keine Kuh, die wird vorher gemetzget [= geschlachtet].

Wird eine Kuh nicht vorzeitig geschlachtet, kann sie ein durchschnittliches Alter von 15 Jahren erreichen. Sagt man zu sich oder anderen, wenn man über das Teen-Alter hinaus ist. Klingt derb, ist aber im Freundeskreis durchaus gut zu sagen. Ggf. ausweichende Antwort auf die Frage, wie alt jemand sei.

So hott ma allaweil scho gsait.
So hat man immer schon gesagt.
So ist es seit jeher der Brauch.

So isch uff dr Wealt: Dr oi hot dr Beitl, dr andr koi Geald.
So ist es auf der Welt: Der eine hat den *(Geld-)*Beutel, der andere *(hat)* kein Geld.
Womöglich haben also beide nichts.

So ka ma naidabba!
So kann man hineintappen!
So kann es einem unversehens zustoßen ... dass man in einen Kuhfladen/Hundehaufen tritt. Meist als mitfühlende oder auch schadenfroh-spöttische Bemerkung: So kann man Pech haben! So kann es einem ergehen! (Natürlich nicht nur mit Hundehaufen ...)

So langsam gniagalets.
So langsam genügelet es.
– Allmählich werde ich der Sache überdrüssig. Wer so sagt, hält sich aus Höflichkeit etwas zurück, ist aber ziemlich sauer.
– Ich hab mich an einer Speise sattgegessen. Ich mag sie nicht mehr so wie früher.

So schbielt ma im Blaua Affa in Fenedig!
So spielt man im *(Gasthaus zum)* Blauen Affen in Venedig!
Zu sich selbst, aber hörbar für die anderen, wenn einem beim Kartenspiel gerade etwas Gutes gelungen ist. Etwa: Schaut her, ich zeig euch hiermit mal, wie man Karten spielt. Scherzhaft.

So, dondr melka?
So, gondr oufs Feld?
So, hand r en goeta Rot mitenandr?
So, tut ihr melken?
So, geht ihr aufs Feld *[= Acker]*?
So, habt ihr einen guten Rat miteinander?

Oft grüßt man im Vorübergehen, in dem man nicht einfach »en gota Daag« (einen guten Tag) wünscht oder »Grüßgott« sagt, oder auch »gotta Morga« (guten Morgen) bzw. »gotan-Obed« (guten Abend) usw. Sondern zuweilen grüßt man auch, indem man beschreibt, was die Gegrüßten augenscheinlich gerade tun. (In der 3. Zeile: »So, beratet ihr etwas miteinander?« Kann auch ironisch sein, wenn ein paar nur Belangloses tratschen.)

So, du Nacht-Rugeler!
So, du Nachtrugeler!

Ein »Rugeler« ist ein Stück Rundholz, evtl. schon auf Brennholzlänge gesägt, aber noch ungespalten.
a) Ein Nacht-Rugeler ist jemand, der in der vergangenen Nacht lange unterwegs statt zu Hause im Bett war.
b) Oder es ist ein Kind, das des Nachts halb im Schlaf durch's Haus »geistert«. Leise spöttelnd, aber nachsichtig zum jeweiligen Nachtschwärmer.

So, duent r hohschduba?
So, tut ihr hochstuben?

Hohstube: »Hofstube (vielleicht ursprünglich auch Hochstube = obere Stube), die große Stube, das Wohnzimmer des Hofes; weil man dort zur Unterhaltung periodisch oder gelegentlich für kurz oder einen ganzen Abend lang zusammenkam; ist die H. (nicht nur der Raum, sondern zugleich) auch die Unterhaltung, der Besuch, das gesellige Zusammensein lediglich zum Zweck der Unterhaltung.« (Wax)
»hoh'stuba« ist davon abgeleitet: sich zur Hohstube treffen
Als es noch keine digitalen Medien gab und auch keine Motorisierung, blieb auch die Jugend zumeist im Dorf. Man traf sich reihum zum Hohstuben. Natürlich verfielen die Teilnehmer auch auf erotische Gedanken, weshalb die Herren Pfarrer nicht immer von diesen Zusammenkünften begeistert waren und zuweilen versuchten, diese zu verhindern. Die jungen Leute hielten dagegen, man müsse schließlich Licht sparen (als es noch keine Elektrizität in den Häusern gab) und sprachen daher auch von der Lichtstube.
Auch 2016 wird das Hohstuba im ländlichen Umwelt noch immer ausgeübt, wenn auch weniger oft, und man stattet bei Nachbars ein Kaffee-B'siachle [= Besüchlein] ab. Freilich es ist weniger die heranwachsende Jugend. Diese geht andere Wege.

Solang ma no huaschdet, so lang lebd ma noo.
Solang oim s Greiz no wee duat, so lang lebd ma noo.
Solange man noch hustet, so lange lebt man *(immerhin)* noch.
Solange einem das Kreuz noch weh tut, so lange lebt man *(immerhin)* noch.

Ein kleiner Trost, zu sich oder zu einem anderen.

Sonsch hot ma a Kuahout am Hag odr a Leich im Hous.
Sonst hat man eine Kuhhaut am Zaun oder eine Leiche im Haus.

Kuhhaut am Gartenzaun (hängen): ein Tier ist eingegangen und ihm wurde das Fell abgezogen. Ungemach drohe (man beachte die Reihenfolge der Nennung!), wenn man in der Karwoche Wäsche wasche. (Büchele I)
Karwoche: die Woche vor Ostern; vgl. »Karfreitag«
Wäschewaschen war vor Einführung der elektrischen Waschmaschinen »Großkampf-

tag« für die Hausfrauen. Schwere Arbeit sollte in der Karwoche nach Möglichkeit unterbleiben. Um dies hervorzuheben, galten Redensarten wie diese. *Allgäu*

Sou emool zum Nochbr numm und richd em ebbes ous! Saischem …
Saue mal zum Nachbarn hinüber und richte ihm etwas aus! Sagts ihm …
»sauen«: schnell laufen
»ausrichten« jemand etwas bestellen, jemand eine Botschaft überbringen

Soubr und ganz gibt da Glanz!
Sauber und ganz gibt den Glanz!
Trost, auch ein noch so oft geflicktes Kleidungsstück sehe dann doch wieder ansehnlich aus, wenn es nur sauber gewaschen und überall da, wo es notwendig war, wieder repariert ist.

Veegl, wo morgens singet, hollet am Obed d Katz.
Vögel, die morgens singen, holt am Abend die Katze.
Man soll den Tag nicht vor dem Abend loben.

Vom Ins-kalt-Wassr-Keia alloi lernet koiner s Schwemma!
Vom Ins-kalte-Wasser-Werfen allein lernt keiner das Schwimmen!
Es bedarf schon noch der Unterweisung und Unterstützung; nicht nur beim Schwimmen *Riß, Donau*

Vom Vrdlaina wedd ma it reichr, abr uwäart.
Vom Ausleihen wird man nicht reicher, aber unwert *(bei den Leuten).*
Gemeint: Wenn man etwas bei anderen ausleiht.

Vorna langsam, hinta schloucht s!
Vorne langsam, *(denn)* hinten schlaucht es!
»schlauchen«: »(umgangssprachlich) bis zur Erschöpfung anstrengen« (Duden)
Ein nicht immer nur scherzhafter Rat bei Radfahrer- und Wandergruppen, die Vorauseilenden mögen aus Rücksicht auf die Langsameren am Ende der Gruppe nicht gar so voranstürmen.

Vrreggd isch wia vrfraura.
Verreckt ist wie erfroren.
Das ist gehupft wie gesprungen.

Vrschdunka isch no koinr, abr vrfroora!

Verstunken *[= am Gestank gestorben]* ist noch keiner, *(wohl)* aber *(sind schon welche)* erfroren!

Ironisch oder tröstlich, wenn es mieft und man dennoch nicht lüften kann oder will. Vermutung: Könnte der Soldatensprache beider Weltkriege entstammen.

Wäaga deem isch it schbäätr Weihnachta, wenn ihr etz scho hoimganget.

Wegen dem *[= deswegen]* ist nicht später Weihnachten, wenn ihr jetzt schon heimgeht.

Wenn man zu vorgerückter Stunde noch fröhlich beieinander sitzt und einige aufbrechen wollen, dann, so der Spruch, ändere sich der Lauf der Welt nicht, selbst wenn sie noch ein Weilchen blieben.

Wäaga dem bizzele Mill am Morga kauft ma koi Kua.

Wegen dem bisschen Milch am Morgen kauft man keine Kuh.

a) *Ist auch wörtlich zu verstehen: Die Milch für den täglichen Bedarf kann man auch kaufen. Diese Überlegung spielt eine große Rolle, wenn jemand gerade dabei ist, seine Landwirtschaft aufzugeben.*
b) *Übertragen: Man schießt nicht mit Kanonen auf Spatzen.*

Wäagam Denka
ka ma oin it henka.
Abr fir s Saga
s Moul vrschlaga.

Wegen des Denkens
kann man einen nicht henken,
aber für das Sagen *(kann man ihm)*
das Maul verschlagen *[= verhauen]*.

Etwa: Die Gedanken sind frei, und für diese kann einem nichts geschehen. Sie aber zu äußern, könne zu Schlägen führen. Anmerkung: Solche »Weisheiten« fördern natürlich engagiertes Bürgertum nicht gerade.

Wäar am Karfritig Linsa isst, dem got s ganz Johr s Gäld it us.

Wer am Karfreitag Linsen isst, dem geht das ganze Jahr das Geld nicht aus.
(Büchele I)

Der Karfreitag (althochdeutsch kara ‚Klage', ‚Kummer', ‚Trauer') ist der Freitag vor Ostern. Er folgt auf den Gründonnerstag und geht dem Karsamstag voraus. Christen gedenken an diesem Tag des Kreuzestodes Jesu Christi. ... In der katholischen Kirche ist er ein strenger Fast- und Abstinenztag. https://de.wikipedia.org/wiki/Karfreitag

Allgäu

Wär bäbberet, hott gschnätteret.
Wer zerst bäbberet, der hot au g'schnätteret. *(Ummendorf)*
Wer *(als erster scheinheilig davon)* spricht *(und den Anderen womöglich vorwurfsvoll ansieht)*, hat den Darmwind wohl selber entweichen lassen. *(2x)*

»bäbbera/bäbbern« ist abgeleitet von »babbeln« und reimt sich mit »schnäddera«. Dieses bedeutet »einigermaßen laut furzen« und ist vielleicht vom Geschnatter der Gänse abgeleitet. Der Spruch ist eine Variante des »Haltet den Dieb!«   *Riß*

Wär dui it kennt ond da Bussa it woißt, der isch vo weither.
Wer die*(se Frau)* nicht kennt und den Bussen nicht weiß, der ist von weit her.
– *»dui« bezieht sich immer auf eine Frau, hier wohl auf eine als böser Drache verschrien.*
– *»Bussen«: Der Bussen ist ein 767 Meter hoher Berg in Oberschwaben (...). Er ist einer der meistbesuchten Wallfahrtsorte Oberschwabens und ein hervorragender Aussichtsberg mit Blick bis zu den Alpen. Manchmal wird er als »Hausberg Ober schwabens« oder »Der Heilige Berg Oberschwabens« bezeichnet.*
https://de.wikipedia.org/wiki/Bussen
Wer also jene berühmt-berüchtigte Frau nicht kennt und noch nie etwas vom Bussen gehört hat, der muss in der Tat aus einer weit entfernten Gegend stammen.

Wär in Laupa kauft a Kua,
ond en Semmadenga s Fuadr drzua
ond heiret a Weib vo Rißdissa:
der isch mit älle drei bschissa.

Wer in Laupheim kauft eine Kuh,
und in *(Unter-/Ober-)*Sulmetingen das Futter dazu
und heiratet ein Weib von Rißtissen:
der ist mit allen dreien beschissen *(dran)*.

Die genannten Orte sind benachbart, in erster Linie handelt es sich also gewiss um übliche Ortsneckereien. Ihnen allen nahe ist auch Griesingen, in dem der Spruch ebenfalls geläufig ist/war. Es könnte aber zudem auch ein antisemitischer Zungenschlag drin enthalten sein, denn in Laupheim gab es bis in die Nazizeit hinein jüdische Viehhändler, die in der Region bekannt waren. Untersulmetingen hatte schlechtes Heu wegen nasser Wiesen. Es wird um des Reimes willen sein, dass schlussendlich die Gattin aus Rißtissen stammen müsse. Variante eines weitverbreiteten Spruchs:
Kua vo Laupa, s Hai vo Semmadenga, s Weib vo Dissa,
no bisch dreiml bschissa!   *Donau*

Wär it will, hot ghett!
Und wär ghett hott, broucht nix meh.
Und wenn s dr it basst, no schdegg dr an Schdägga drzua!

Wer nicht will, hat *(schon)* gehabt!

Und wer *(schon)* gehabt hat, braucht nichts mehr.
Und wenn es dir nicht passt, dann stecke dir einen Stecken dazu!

Zeile 2 und 3 können auch entfallen.
»Stecken« (hier): »Stock«; »... bekommst du noch eine Tracht Prügel dazu!«
Zum Beispiel gekränkte Reaktion einer kochenden Mama: Wenn jemand ein dargebotenes Essen nicht mag und es deshalb ablehnt.

Wart mool schnell. *bzw.* Wart amool gschwind.
Wart' mal schnell. *bzw.* Wart' einmal geschwind.

Warte mal einen kleinen Augenblick = Gedulde dich einen kurzen Moment.

Was guet isch, vrbiatet dr Doktr, und was schee isch, vrbiatet Kirch.
Was gut ist, verbietet der Doktor, und was schön ist, verbietet *(die)* Kirche.

Was i hergib, hon i nimme!
Was ich hergebe, habe ich *(danach)* nicht mehr!

Gar so schnell gibt man also etwas denn doch nicht her.

Was isch Geduld? – ??? – Wenn en ra Kua a Guotzle in Gosch nai schdeggsch und hinta so lang schleggesch, bis siaß rouskommt!
Was ist Geduld? – ??? – Wenn du einer Kuh ein Gutslein *[= Bonbon]* in die Gosch *[= Maul]* hinein steckst und hinten so lange schleckst, bis es süß rauskommt!

Was ma a'fangt, moss ma dreiba.
Was man anfängt, muss man *(dann auch richtig be-)*treiben.

Eine einmal begonnene Aufgabe soll man – wenn man sich denn schon dazu entschlossen hat – auch ordnungsgemäß weiterführen. Bezieht sich naturgemäß auf größere oder auf lange Zeit hin ausgelegte Vorhaben, auch im Ehrenamt oder im Hobbybereich.

Was ma gschenkd griat, isch nia z deier.
Was man geschenkt kriegt, ist nie zu teuer.

Was soll e doo schbaara? Bis in hondert Johr isch alls vrbrennt!
Was ich ich da sparen? Bis in 100 Jahren ist alles verbrannt!

Da gönne ich mir lieber mal etwas, solange ich lebe!

Was ziat ma do a? – *Halbschale!*
Was zieht man da an? – *Halbschale!*

Die Frage meint, was man zu diesem Anlass wohl am besten anziehe. Die Antwort ist eine scherzhafte Bildung zu »sich in Schale werfen«, also gute, festliche Kleidung anzulegen. »Halbschale« war die Formulierung älterer Jugendlicher und junger Erwachsener um 1970, wenn sie gemeinsam ausgehen wollten: Nicht gar zu alltäglich, aber auch nicht gar zu festlich.

Wäscha, it gretza!
Waschen, nicht kratzen!

»Gutgemeinter« Ratschlag, wenn sich jemand kratzt. Nicht böse gemeint!

weiß umgau
in Weiß *(her)*umgehen

die Anzugjacke ausziehen und »hemdsärmelig« gehen (Männer)

Weit vom Schuss git alte Griagr.
Weit vom Schuss gibt alte Krieger.

Wer sich in Gefahr begibt, kommt (möglicherweise) darin um.

Wem's Glick will,
dem geit dr Bock Mill.
Wem das Glück will,
dem gibt *(selbst)* der (Ziegen-)Bock Milch. *(Ummendorf)*

Wenn jemand das Glück hold ist, geschehen ihm die unglaublichsten (erfreulichen) Dinge.   *Riß*

Wemma alt werra will, moss ma gsond bleiba.
Wenn man alt werden will, muss man gesund bleiben.

... und etwas dafür tun.

Wemma di it hett ond s dägle Brood, no missd ma d Subba schlarba!
Wenn man dich nicht hätte und das tägliche Brot, dann müsste man die Suppe schlarben!

»schlarben«: schlürfen, Flüssigkeit laut einsaugen (Wax)
– Es muss sich ja jemand ums leibliche Wohl kümmern, das war (zumindest früher) in aller Regel die Gattin und Mutter.
– Die Bedeutung des »täglichen Brotes« ist einleuchtend: Hätte man es nicht, wäre man insgesamt sehr arm dran, und man könnte es auch nicht in die Suppe einbrocken oder eintunken. Dann wäre diese viel weniger nahrhaft.
a) Ohne dich wären wir arm dran! (Könnte Lob und Anerkennung sein.)

b) Überliefert ist der Spruch als ein kleines ironisches Späßchen, oft Kindern gegen über.
Dies vor allem, wenn sich der kleine Angesprochene in Verkennung der Tatsachen in seiner Bedeutsamkeit überschätzt hat.

Wemma it jedes Johr ins Wochabett käm, hett ma gar koin Urlaub!

Wenn man nicht jedes Jahr ins Wochenbett käme, hätte man gar keinen Urlaub! *(Moosmann I)*

— »Wochenbett«: Zeitraum von 6 bis 8 Wochen nach der Entbindung, in dem es zur Rückbildung der durch Schwangerschaft und Geburt am weiblichen Körper hervor gerufenen Veränderungen kommt. *(Duden)*
— In früheren Jahrzehnten (und Jahrhunderten) hatten die Frauen wohl kaum Gelegenheit, sich lange von einer Geburt zu erholen. Der Spruch wird sich also wohl eher auf einige wenige Tage nach der Geburt beziehen.
Und dies war dann ihr »Urlaub«, weil sie in dieser Zeit ein bisschen »entlastet« von der ganzjährigen Arbeit in Haus und Hof waren.
Der Spruch passt insoweit auf viele Frauen, die oft über zwei Jahrzehnte jährlich ein Kind zur Welt brachten. *Allgäu*

Wemma moit, s goht nimme weitr, noch goht doch immr wiedr a Dierle ouf.

Wenn man meint, es geht nicht mehr weiter, dann geht doch immer wieder ein Türlein auf.

Irgendwie geht es immer weiter. So sagt man gerne, wenn die Lage gerade nicht sehr aussichtsreich scheint.

Wemma no äll Dag gau ka!

Wenn man nur alle Tage gehen kann!

Wenn man nur jeden Tag beweglich ist und seinen alltäglichen Tätigkeiten nachgehen kann (und nicht wegen Krankheit oder Altersbeschwerden im Bett liegen bleiben muss)!
— Wunsch und Trost unter Älteren.
— Stand mal auf einem Aufkleber am Fahrzeugheck eines »Lebenskünstlers« (Citroën 2 CV – »Ente«). *Donau*

Wemma no all Dag oufschdau ka!

Wenn man nur alle Tage aufstehen kann!

Wenn man nur jeden Tag aufstehen und seinen alltäglichen Tätigkeiten nachgehen kann (und nicht wegen Krankheit oder Altersbeschwerden im Bett liegen bleiben muss)! Wunsch und Trost unter Älteren.

Wemma oin ouslachet, hot ma leicht d Lachr ouf sainr Seita.

Wenn man einen auslacht, hat man leicht die Lacher auf seiner Seite.

Wemma vom Deifl schwätzd, no kommt r.
Wenn man vom Teufel schwätzt [= redet], dann kommt er *(prompt daher)*.
a) scherzhaft (meist): Wenn jemand, von dem man eben sprach, unerwartet hinzukommt.
b) ernst/beschwörend (seltener): Man möge ein befürchtetes Unheil nicht herbeireden.

Wenn a Frau it jeden Daag a andera Granket hott, no isch se it gsond!
Wenn eine Frau nicht jeden Tag eine andere Krankheit hat, dann ist sie nicht gesund!
Ganz schön macho! Riß, Donau

Wenn alle Leit gleich wäret, no briechtet mr bloß fimf Tabletta.
Wenn alle Leute gleich wären, dann bräuchten wir bloß fünf*(erlei)* Tabletten.
Wäre es so, würden möglicherweise die Arzneimittelpreise sinken. Der Spruch war aber keineswegs so gemeint, sondern sollte gerade zum Ausdruck bringen, dass die Menschen zum Glück alle verschieden seien. Dies erst gestalte das Dasein bunt und abwechslungsreich.

Wenn bisch näht huikumma, sind r selbandr gsi?
Wann bist du *(gestern)* Nacht heimgekommen, wart ihr zu zweit? *(Moosmann I)*
Frage eines besorgten Vaters an seine Tochter im Teeny-Alter. Und er wollte damit indirekt zugleich wissen, ob die Begleitperson zugleich die Rolle eines Anstandswauwaus* übernommen hatte.
* »jemand, der durch seine Anwesenheit über Sitte und Anstand besonders eines jungen Mädchens wachen soll« (Duden) Allgäu

Wenn d Häge ond d Schulthes wüssten, was se fir a G'walt hänt, no dät ma da Häge it ohne Näsring und da Schulthes it ohne Schuiklappa rumlaufa lau. *(Ummendorf)*
Wenn die Stiere und die Schultheißen [= Bürgermeister] wüssten, was für eine Gewalt *(ungestüme Kraft bzw. ungeheure Einflussmöglichkeit)* sie hätten, dann täte man den Stier nicht ohne Nasenring und den Schultheiß nicht ohne Scheuklappen herumlaufen lassen.
Die »Justizia« (Göttin des Rechts und der Gerechtigkeit) wird bekanntlich u.a. mit verbundenen Augen dargestellt, so dass sie ohne Ansehen der Person gerecht gegen jedermann sein könne.

Wenn d Huur alt wird, no wird se fromm.
Wenn die Hure alt wird, dann wird sie fromm.
Die Person, Mutter, Hausfrau, Bäuerin, die den Spruch auf sich selbst bezog, wollte nur kommentieren, dass sie nunmehr ins Kloster ginge – Kunstpause, Augenzwinkern – freilich nur für einige Tage, um eine Jugendfreundin zu besuchen, die Nonne geworden war.

Wenn d Katz a Ross wär, no kennt man Bemm noufrita.
Wenn die Katze ein Ross wäre, dann könnte man *(die)* Bäume hinaufreiten.

Wenn das Wörtchen »wenn« nicht wär … *Allgäu*

Wenn d Mädla Hoor zwische de Fiaß griaget, no isch es letz!
Wenn die Mädchen Haare zwischen den Füßen *[= Beinen]* kriegen, dann ist es letz!

a) Im Schwäbischen gibt es keine »Beine«, sondern nur »Füße«, die aber dafür bis zur Hüfte hoch reichen.
b) »letz«: »verkehrt, verdreht, unrichtig, falsch …« (Wax)
Wenn Mädchen mal in die Pubertät kommen, dann ist der unschuldig-kindliche Umgang mit ihnen nicht mehr möglich und es ist zuweilen auch nicht mehr gut Kirschen mit ihnen essen.

Wenn da it schloofa kasch, no kommsch em a Zuig rom …
Wenn du nicht schlafen kannst, dann kommst du in einem Zeug herum … *(das ist unglaublich!)*

Dann gehen einem allerlei seltsame Gedanken durch den Kopf. Man spintisiert wunderliches Zeug zusammen und bildet sich zuletzt auch allerlei Falsches ein. *Donau*

Wenn da morgens oufschdohsch ond s doddr nix wai, no bisch dood!
Wenn du morgens aufstehst und es tut dir nichts weh, dann bist du tot!

Man müsse eben mit den alltäglichen kleineren und größeren Wehwehchen leben.
Donau

Wenn da wualesch, bisch mit fuffzga hee,
wenn da kuhl dosch, no kasch mit sibzge alt wäara.
Wenn du wühlst *[= arbeitest wie ein Verrückter]*, dann bist du mit fünfzig hin *[= tot]*, wenn du cool *[= bedächtig, nicht hastig]* tust, dann kannst du mit siebzig alt werden.

Wenn de dai Vrwandtschaft am Sonntigmittag mid dr Giaßkannta bsuacht, no isches z schbät.
Wenn dich deine Verwandtschaft am Sonntag*(nach)*mittag mit der Gießkanne *(auf dem Friedhof)* besucht, dann ist es zu spät.

Man muss die Feste feiern, wie sie fallen und soll sie nicht auf den Sankt-Nimmerleinstag verschieben.

Wenn dr Bettlr oufs Ross kommt, noch reitet r so lang, bis s Ross hee isch.
Wenn der Bettler *(schon einmal)* auf das Ross kommt, dann reitet er *(es)* so lange, bis das Ross hin *[= zuschanden geritten]* ist.

Heißt im Endefekt: Wer arm ist, soll es besser auch bleiben und sich nicht anmaßen, mehr sein oder haben zu wollen. Er könne mit Hab und Gut ja doch nicht richtig umgehen. Damit werden freilich auch bestehende Besitzverhältnisse zementiert und zugleich wird dem sozialen Aufsteiger nicht zugetraut, dazuzulernen.

Wenn no älle Katza Kia wuudet ond älle Hond Fikaar!

Wenn nur alle Katzen Kühe würden und alle Hunde Vikar!

»Vikar«: junger katholischer Geistlicher, noch ohne eigene Pfarrei
Wenn doch nur das eigentlich Unmögliche doch noch möglich werden könnte! Seufzer, wenn man einen Wunsch hat und weiß, dass er nicht in Erfüllung gehen wird. Aggressiver Unterton, kann auch eine Art verkappter Fluch sein.   Donau

Wenn s au renget, wenn s no oba ra hebt.

Wenn es auch regnet, wenn es nur *(von)* oben herab hält.

»von oben herab halten«: NICHT regnen
Logisch betrachtet ist der Spruch Unsinn. Die Bedeutung ist aber wohl so: Wegen ein wenig Regen lassen wir uns nicht verdrießen und begehen unser Fest dennoch wie geplant und vorbereitet.

Wenn s häl isch, isch guat falla.

Wenn es hähl ist, dann fällt es sich *(besonders)* gut [= leicht, schnell].

»hähl«: glatt, rutschig (bei Glatteis und Reif)
Auch ironisch: Wer sich in Gefahr begibt, kommt darin um.

Wenn s hinta weh duat, no moss ma vonna noolau.

Wenn es hinten weh tut, dann muss man vorne nachlassen.

»nachlassen« hier: langsamer tun, weniger hastig und hektisch handeln
Die Dame sprach (zunächst) von ihren schlimmen Kreuzschmerzen. Beim zweiten Satzteil aber sah sie ihren Gatten schelmisch an.
Honi soit qui mal y pense - ein Schuft, wer Böses dabei denkt!   Donau

Wenn s lang renget, no werret älle Beimla nass.

Wenn es *(nur)* lang *(genug)* regnet, dann werden *(zuletzt)* alle Bäumchen nass.

Groß und Klein, Arm und Reich ....:
– Wenn Gutes nur lange genug geschieht, haben zuletzt alle etwas davon. bzw.
– Wenn widrige Umstände nur lange genug anhalten, dann haben zuletzt alle
  darunter zu leiden.

Wenn zwoi Weibr zammakommet,
wird de dritt in d Hechel gnomma.

Wenn zwei Weiber zusammenkommen,
wird die dritte in die Hechel genommen.

»Hechel«: kammartiges Gerät, an dessen spitzen Metallstiften Flachs- und Hanffasern

gereinigt, geglättet und voneinander getrennt werden (Duden)
»jemand in die Hechel nehmen«: über jemand lästern

**Wer a schdoinigs Äckerle hot
und en schdumpfa Pfluag
und a beeses Weib drzua,
der isch gschdrofet gnua.**

Wer ein steiniges Äckerchen hat
und einen stumpfen Pflug
und ein böses Weib dazu,
der ist gestraft genug.

Anmerkung: In meiner ganzen Sammlung findet sich kaum ein Spruch, der je einmal zugunsten der Frauen ausgefallen wäre.

Wer koin Schbaß vrdrägd, soll s Moul halta.

Wer keinen Spaß verträgt, soll das Maul halten.

Es ist unfair, nur mit anderen seinen Scherz treiben zu wollen, wenn man selbst gleich eingeschnappt ist.

Wer lang froget, goht lang irr.

Wer lange fragt, geht lange irr.

Wer lange die Fachleute fragt, bekommt oft verschiedene und widersprüchliche Aussagen. Man weiß es als Mostmacher ebenso wie als Häuslebauer: Zuletzt muss man sich zwischen vielerlei »Patentrezepten« selbst entscheiden und weiß erst noch nicht, ob es nun das Richtige ist. Andererseits: Sich zu informieren muss wohl dennoch sein, sprich, gar zu wörtlich wird man den Ratschlag auch nicht nehmen dürfen.

Wer lang huaschtet, der leabt lang.

Wer lange hustet, der lebt lange.

Zum Trost, wenn jemand den Husten hat. Wer's zum erstenmal hört, stutzt. Dann kommt die Erkenntnis: Tote husten ja nicht mehr ...

Wer mit dreißge no koin Ranza hot, isch en Krippl.

Wer mit dreißig *(Jahren)* noch keinen Ranzen hat, ist ein Krüppel.

*a) »Ranzen« (hier): dicker Bauch
b) »Krüppel« (früher übliche Bezeichnung): Körperbehinderter
Sagen wohlbeleibte Männer gerne zueinander.*

Wer nix riskiert, kommt it ins Zuchthous!

Wer nichts riskiert, kommt nicht ins Zuchthaus *[= Gefängnis].*

No risk no fun! Frisch gewagt ist halb gewonnen. Sagt man aber nur, wenn es um nichts Ernsthaftes geht, zum Beispiel beim Kartenspiel.

Wer s glaubt, wird selig, und wer s it glaubt, kommt au in Himml.
Wer's glaubt, wird selig, und wer's nicht glaubt, kommt auch in den Himmel.
Heißt: Dies glaube, wer will. Oder: Dies kann man glauben oder auch nicht.

Wer viel froget, goht viel fähl.
Wer viel fragt, geht *(auch)* viel fehl *[= in die Irre]*.
Wer sich immer nur nach den Ratschlägen anderer richtet und sich zuwenig auf seine eigene Urteilskraft verlässt, findet nur schwerlich seinen eigenen Weg.

Wer viel froget, wird viel a‘gloga.
Wer viel fragt, wird viel angelogen.
Damit sollte man vor allem junge Leute aber nicht vom Fragen abhalten wollen!

Wia da Herr, so s Gscherr!
Wie der Herr, so das *(Pferde-)*Geschirr.
a) Qualis rex, talis grex. Wie der König, so die Herde. (lateinisch)
b) Wie der Herr, so der Knecht!
Taugt der Vorgesetzte etwas, taugen auch seine Mitarbeiter.
Anmerkung: Stimmt natürlich auch nicht immer!
Der Spruch wird fast nur gebraucht, wenn Kritik geübt wird.

Wia goht s au allaweil? – *Ma schimpft und leabt weitr!*
Wie geht es denn alleweil? *[= Wie geht es dir/Ihnen denn immer so?]* –
Man schimpft und lebt weiter!
a) Man schimpft zwar immer aus alter Gewohnheit über dies und jenes, aber eigentlich geht es einem ganz gut.
b) Man hat zwar Grund zum Klagen, aber man fügt sich in sein Schicksal und macht das Beste daraus.

Wia ma s machd, isch nix.
Wie *(immer)* man es macht, ist es nichts.
Man kann es drehen und wenden, wie man will, diese Sache gelingt nicht zufriedenstellend. Immer ist irgendwo ein Haken dabei oder der Wurm drin.

Wia ous em Schächdele!
Wie aus dem Schächtelchen!
Wie aus dem Ei gepellt! Gemeint: modische Kleidung und sonstiger Habitus einer (meist weiblichen) Person. Uneingeschränktes Kompliment, freilich zuweilen mit dem Unterton, dies habe man der betreffenden Person eher nicht zugetraut.

Wo duu mit daim Vattr no ieber Gaatazai gjuggd bisch,
haun i scho da Gsellabriaf gheet!

Wo *[= als]* du mit deinem Vater noch über Gartenzäune gejuckt *[= gesprungen]* bist, hab ich schon den Gesellenbrief gehabt.

Als du noch gar nicht gezeugt geschweige denn geboren warst und also noch gleichsam in den Keimdrüsen deines selbst noch jugendlichen Vater ruhtest, da hatte ich schon eine abgeschlossene Berufsausbildung: Du bist noch ein rechter Grünschnabel!

Donau

<u>Wo</u> isch dr Markt?
<u>Wo</u> ist der Markt?

»Markt« ist hier nicht wörtlich gemeint, sondern beschreibt den Ort des eigentlichen oder wichtigen Geschehens, zumindest in den Augen dessen, der dies ausruft. So könnten sich demnach besonders Eltern, Lehrkräfte oder berufliche Ausbilder ausdrücken:
– Wendet eure Aufmerksamkeit nicht sonstwohin, sondern passt gefälligst auf!
– Hier spielt die Musik!
– Alle mal herhören!
Gibt es auch als Ausruf: <u>Do</u> *isch dr Markt!*

Wo Mischd duss, isch au Krischdus!
Wo Mist draußen ist, ist auch Christus!

Wo der Bauer ein Feld (mit Mist) gedüngt und damit ordnungsgemäß bestellt hat, da ruht dann auch Gottes Segen darauf und die Früchte des Feldes werden gedeihen.
Hilf dir selbst, so hilft dir Gott!
Eine Variante zu: Do hilfd koi Betta, do gheert Mischd na! (siehe dort!)

Wo moss e nasitza? – Oufs Fiedla, wia de <u>reiche</u> Leit!
Wo muss ich *(mich)* hinsetzen? – Auf das Fiedla *[= Hintern]*,
wie die reichen Leute auch!

Eine liebenswürdige Oma war bei Nachbars zu Gast und wollte eigentlich wissen, auf welchem Stuhl sie denn Platz nehmen dürfe. Anstelle der Gastgeber antwortete die ebenfalls anwesende Tochter. Letztlich hieß die Antwort also: Frag nicht so lang und setz dich ungeniert dahin, wo es dir beliebt.

Woisch, warum de gloine Kind nagged ouf d Welt kommet? – ??? –
Ha, weil Gebärmoddr it schdrigga ka.

Weißt *(du)*, warum die kleinen Kinder nackt auf die Welt kommen? – ??? –
Ja nun, weil (die) Gebärmutter nicht stricken kann.

eine immer wieder beliebte Scherzfrage

Xundhait! - Dankschee! - Alls moss ma selbr saga!
Gesundheit! - Dankeschön! - Alles muss man selber sagen!

Ich weiß, Furzen und Niesen werden seit einiger Zeit von Benimm-Ratgebern gleichgesetzt. Wenn einem Mitmenschen das eine oder andere widerfahre, so möge man mit Diskretion darüber hinweggehen und im Falle des Niesens keineswegs mehr »Gesundheit!« wünschen. Es gibt aber noch viele Menschen, die einander im Falle des Falles dieses »Gesundheit!« wünschen, ja es sogar – wenigstens innerhalb von Familie und Freunden – auch so erwarten. Daraus erklärt sich der Spruch: Bleibt nach einem Niesen der Wunsch des Anderen »Gesundheit!« aus, so folgt der ironische Seuzfer, dass man sich dies zuletzt auch noch selber wünschen müsse. *Allgäu*

Zahla* macht Frieda*!

(* Das Schluss-a ist auch hier beidemal wie das englische »a« {Artikel: ein/eine} zu sprechen.)
Zahlen macht Frieden!

Das Bezahlen offener Rechnungen sorgt für Frieden im Umgang.

zenna wia en hilzena Fuks

zennen wie ein hölzerner Fuchs

»zännen/zennen«: den Mund verziehen aus Neid, Leid; boshaft lachen, heulen, weinen, die Zähne blecken, das Gesicht verzerren, verhöhnen (Wax)
Was der hölzerne Fuchs dabei für eine Rolle spielt, kann ich nur vermuten: Bestünde der Fuchs aus einer Holzfigur mit bleckenden Zähnen, so würde er diesen Gesichtsausdruck logischerweise dauerhaft behalten.

Zum Glick gibt s koi Liaga-Briggle, sonschd wärescht scho lang nabgfloga!

Zum Glück gibt es kein Lügenbrücklein, sonst wärst du schon lange hinuntergeflogen [= -gefallen]!

Bildhaft dafür, dass, wer sich auf's Schwindeln einlässt, einen gefährlichen Weg beschreitet, auf dem er unweigerlich früher oder später zu Fall kommt.
War im konkreten Fall als Mahnung an ein schwindelndes Kind gerichtet.

Liebe, Erotik, Partnerschaft

und oft damit verbundene menschliche Schwächen,
manchmal zärtlich, manchmal derb – und reichlich Männerfantasien

A<u>ha</u>, Schbatz!, hott d Schbätze gsait.

Aha, Spatz! hat die Spätzin gesagt.

Nun bin ich dir doch noch auf die Schliche gekommen!
Spatz ist nicht nur ein Vogel (Sperling), sondern auch zärtliche Anrede zu Kindern
sowie unter Verliebten, hier jedoch ironisch und gar nicht so liebevoll gemeint.

Also hat Gott die Welt geliebt!, und dr Bfarrer sain Housgnäacht,
und där hott Marie ghoißa.

Also hat Gott die Welt geliebt!, und der Pfarrer seinen Hausknecht,
und der hat Marie geheißen.

Spielt unter Einbeziehung eines biblisch klingenden Zitats darauf an, dass ein ja
zu Keuschheit und Ehelosigkeit verpflichteter katholischer Geistlicher auch nur ein
Mensch sei und daher ein Verhältnis mit seiner Haushälterin habe.

De <u>a</u>lde Kia sind de <u>be</u>schte!, hot dr sell Bouer gsait,
wo sai Bua allaweil noch de junge Mädla gugget hott.

»Die alten Kühe sind die besten!« hat selbiger Bauer gesagt,
als sein Bub immer nach den jungen Mädels geguckt hat.

Bedeutet wohl: Jugend und Schönheit seien vergänglich und also bei der Brautschau
weniger wichtig, während Erfahrung und Reife blieben, ja wüchsen.

»Etz siehsch grad selbr, dass e a Brilla brouch« hot dr sell Bouer gsait, wo n er
an dr Magd rumgmachd hot und d Beiere drzua komma isch.

»Jetzt siehst du grad selber, dass ich eine Brille brauche«, hat jener Bauer gesagt, als
er an der Magd herumgemacht hat und die Bäuerin dazugekommen ist.

»Oimool, und noch schderba«, hot de sell alt Jungfr gsait.

»Einmal, und dann sterben«, hat jene alte Jungfer gesagt.

Anspielung an »Florenz sehen und dann sterben.«
Einmal nur einen Höhepunkt erleben ...
Zu diesem Spruch berichtete jemand ergänzend: »... fiel mir eine Erzählung aus Rot an
der Rot ein: Wenn dort eine alte Jungfer starb, die irgendwann mal ›Gschpusi‹ ge-
habt hat, nähten Freundinnen ihr auf das Leichenkleid einen kleinen roten Stern ... ;-).«

»So sind dia Gäng«, hot dr sell Millr gsait,
und där hot en gotziga ghett, und där isch zor Magd ganga.

»So sind die Gänge«, hat selbiger Müller gesagt, und der hat nur einen einzigen gehabt, und der ist zur Magd gegangen.

Ursprünglich wohl »So sind dia Gäng«: So sind die Gänge der Welt/die Weltläufte Scherzhafte Weiterführung: Anspielung auf verschiedene Arbeitsgänge bzw. Gänge [= Wege, Flure] in einer Mühle. Hier aber gebe es nur einen, nämlich den, der zur Kammer der Magd führe.

**»Vom Wai,
do schlupfd r nai.
Vom Bier
vrreggd r schier!«
hott sell Weib gsait.**

»Vom Wein,
da schlüpft er hinein.
Vom Bier
verreckt er schier!«
hat selbiges Weib gesagt.

Wein soll demnach die Libido steigern, wohingegen Bier, das Alltagsgetränk der Männer, diese nur müde/impotent mache. Spruch der Männer (!) beim spätabendlichen Aufbruch vom Stammtisch in der Gastwirtschaft. Es war ausschließlich Bier getrunken worden ...

A alta Goiß schlegget au no gäära Salz!

Eine alte Geiß *(sch)*leckt auch noch gerne Salz.

Geißen (Ziegen) und andere Tiere lecken gerne Salz. Sie brauchen es zu ihrer Verdauung. Der Tierhalter muss es ihnen in geeigneter Form zur Verfügung stellen. Sinn: Auch im Alter hat der Mensch noch Sehnsucht nach Zärtlichkeit und Liebe.

A altr Schbecht glopft au it schlecht!

Ein alter Specht klopft auch nicht schlecht!

Auch Ältere können in der Erotik noch recht fit sein.

a Bierlatt hon

eine Bierlatte haben

einen erigierten Penis haben, der auf Biergenuss zurückzuführen ist und möglicherweise wiederum Phantasien beflügelt haben mag   *Schussen*

A Scheene frissd au it meh wia a Wiaschde!
Eine Schöne frisst auch nicht mehr wie eine Wüste *[= Hässliche]*!

Macho-Spruch, wohl bestimmtem Umfeld zuzuschreiben, wo man das Heiraten und Verheiratet-Sein oft auch als Kostenfaktor betrachtete.

Abbeditt däsch dr hola, abr gessa wird fai drhoim!
Appetit darfst du dir holen, aber gegessen wird fein *[= gefälligst]* daheim!

Sollen manche Ehefrauen zu ihren Männern sagen, wenn diese gerne hübschen Mädchen nachgucken.

An Dota schberrt ma it ai.
Einen Toten sperrt man nicht ein.

Sagte ein alter Herr in den Achtzigern, als man ihn dezent darauf hinwies, sein Hosentürchen sei versehentlich offengeblieben. Er schloss es aber dann doch ...

an Schdendr griaga
einen Ständer kriegen

einen erigierten Penis bekommen

Baddischd, holl Bschiddschapfa raa, dr Vaddr will maschdurbiera!
Baptist, hol den Jaucheschöpfer herunter, der Vater will masturbieren.

»Bschitte« (von »beschütten«): Jauche, Gülle (Allgäu)
»Schapfe« (von »schöpfen«): Behältnis zum Umfüllen von Flüssigkeiten
»Bschiddschapfa« Jaucheschöpfer, eimerartiges Gefäß an sehr langem stabilem Stiel
Der Reiz bestand in der zungenbrecherischen Anhäufung von sch-Lauten und im nachgeahmten bäuerlichen Sprechen mit rollenden R-s.   *Allgäu*

Bei dem isch au d Glocka lenger wias Soil!
Bei dem ist auch die Glocke länger als das Seil!

»Vermutet man böswillig bei alten Männern, dass der Hodensack weiter runter hängt als der Penis.«   *Schussen*

Bei uns herrschd Ordnung in dr Familie – do hot jeds Kind an oigena Vaddr.
Bei uns herrscht Ordnung in der Familie – da hat jedes Kind einen eigenen Vater.

Unnötig zu sagen, dass dies nur andere pharisäerhaft den Betroffenen unterschieben.

Blond ond schwaaz geit rote Kend.
Blond und schwarz gibt rote Kinder.

Wenn ein Elternteil blond und der andere schwarzhaarig sei, entstünden aus dieser Verbindung besonders gern rothaarige Kinder. Und dies sei nicht wünschenswert:

Rothaarig zu sein war noch bis weit ins 20. Jahrhundert hinein Anlass zu Spott, Misstrauen, gar Niedertracht den Betroffenen gegenüber. Rothaarige Männer galten oft als listig, verschlagen und heimtückisch, als ob sie nicht erst durch die Vorurteile dazu gemacht worden wären, wenn es denn überhaupt stimmte. Rothaarige Frauen wurden als nuttenhaft verschrien. Nicht zufällig wurden sie in der Zeit der Hexenprozesse häufig der Buhlschaft mit dem Teufel bezichtigt, entsprechend gefoltert und hingerichtet.

Dant a Handschmalz na, dass r vool naiwaxa ka.
Tut ein Handschmalz [= wie auch immer gearteten Schmierstoff] hinan, dass er vollends hineinwachsen [= hineinschlüpfen] kann. Donau

Där bussiert mit dr Näere.
Der poussiert mit der Näherin.

»poussieren« (franz.): ein Verhältnis/eine Liebschaft mit jemand haben
Wenn ein Mannsbild einen Faden an Hemd oder Hose haften hatte, sagte man ihm scherzhaft nach, er habe mit der dörflichen Näherin [= Damenschneiderin] ein Liebesverhältnis.

Där packt älles, wa Schenkl hott!
Der packt alles, was Schenkel hat!

Der ist ein rechter Schürzenjäger und sucht überall das sexuelle Abenteuer!

Dätschela isch koi E-ebruch!
Tätscheln ist kein Ehebruch!

sei also erlaubt

Deem druggds jo de ganz Arbet nai.
Dem drückt es ja die ganze Arbeit hinein.

»Arbet / Arbeit« hier: Umschreibung für das (männliche) Gemächt. Spöttisch-mitleidige Bemerkung angesichts eines Fahnenträgers bei einer Prozession oder einem Umzug, dem der Tragegurt mit der darin steckenden Fahnenstange zwischen den Beinen baumelt und er schwer daran zu tragen hat, zumal bei Wind. Schussen

Deesch en halba Gschlechtsvrkehr!
Das ist ein halber Geschlechtsverkehr!

Pubertierende Jünglinge beim gemeinsamen Pinkeln im Pissoir der Gaststätte, wobei es einen zuletzt wohlig erschüttert und das Wasserlassen nach etlichen Glas Bier ohnehin eine Erleichterung darstellt. Es kann getrost davon ausgegangen werden, dass die Beteiligten damals noch keine intimen Erfahrungen hatten.

Den will i itt, und wenn r a goldigs Fiedla hott und an silberna Glonker!
Den will ich nicht, und wenn er einen goldenen Po hat und einen silbernen Schwengel (Penis)! Heftige Ablehnung eines Bewerbers durch die Angebetete. Sie wolle ihn trotz allen Reichtums nicht heiraten.

Der hot au noit meh päckt wia Fauschts Marie.
Der hat auch noch nicht mehr gepackt als Fausts Marie.

»Der hatte noch nie was mit einer Frau, der päckt [= vögelt] nur seine Faust [= onaniert].«
Schussen

Des werd mit dr Zeit abr ganz sche <u>dei</u>er!
Das wird mit der Zeit aber ganz schön teuer!

Spontane Erkenntnis einer Siebenjährigen, als ihr der Einmalgebrauch und Verwendungszweck von Kondomen klar wurde.

Desch oifach zum Finda: glei, wenn da naikommsch links – *Kunstpause* – wia beim Blinddarm ...
Das ist einfach zu finden: gleich, wenn du reinkommst links – ... – wie beim Blinddarm.

Tja, damit kann man(n) sich zumindest endlich merken, wo der Blinddarm zu finden ist ... Der Reiz besteht darin, dass eine ursprünglich harmlos klingende Wegbeschreibung unversehens eine erotische Wendung nimmt.

Deschd a <u>Wieb</u> – dia hot en Rock a, do sieht ma a schteifs Knia <u>it</u>!
Das ist ein Weib – die hat einen Rock an, da sieht man ein steifes Knie nicht!

»Trost« des Arztes nach nicht so gut gelungener Knie-Operation. Allerdings schon einige Jahrzehnte her – doch die damalige Patientin, die im Alter mehr und mehr darunter leidet, hat es selbst erzählt.
Allgäu

Dia goht näabanous wia s Fimferziegle.
Die geht neben hinaus wie das Fünf-Uhr-Züglein!

»neben hinausgehen«: Seitensprünge machen
Das Fünf-Uhr-Züglein nahm die Arbeiter mit und hielt dementsprechend an jeder noch so kleinen Haltestelle. Redensart über die (angeblichen) erotischen Taten einer Frau, die alles »mitnahm«, was sich ihr »längs des Weges« so anbot. Früher verkehrte ein Schmalspurbähnchen zwischen Bad Schussenried und Bad Buchau.
Riß

Dia hot en Brota im Rohr.
Die hat einen Braten im Rohr [= Backofen].

Die ist schwanger.

Dia hott heit Buabawinkr.
Die hat heute Bubenwinker.
Wenn bei einem Mädchen aus der Frisur ein kleines Haarbüschel widerspenstig hervorsteht.

Dia hot Votzalappa wia Rhabarberbletter, in dr siebta Falta a <u>Wep</u>sanescht.
Die hat Votzenlappen wie Rhababerblätter, in der siebten Falte ein Wespennest.
»böswillige Vermutung bei alten und/oder dicken Frauen«   *Schussen*

Dia isch <u>nix</u>!
Dia <u>isch</u> nix!
Die ist nichts*(nutzig)*!
Die ist, ich betone es hiermit nachdrücklich *(nochmals)*, zu gar <u>nichts</u> zu gebrauchen.
Vernichtendes Urteil über eine Bauernmagd, die als Folge einer Liebschaft ein »uneheliches« Kind gebar. (Die unterschiedliche Betonung beachten!)

Dia ka ma it verkaufa, weil s koine halbe Pfennig gibt.
Die kann man nicht verkaufen, weil es keine halben Pfennige gibt.
Ein Pfennig entsprach 1/100 einer Mark. 0,01 DM ca. 0,005 €uro.
Auch eine Art »Liebeserklärung« ...

Dia kommet zum <u>Go</u>ba. *(offenes »oo« sprechen)*
Die kommen zum *(Überbringen von)* Gaben.
Wenn Hochzeitsgäste (bevorzugt abends) kommen und ihre Geschenke persönlich überreichen.

Dia schaffet ouf em Liegaschaftsamt. – *???* **– Hajo, do, wo ma im <u>Lie</u>ga schaffet ...**
Die schafft *[= arbeitet]* auf dem Liegenschaftsamt. – *???* – Naja, klar, da, wo man im Liegen schafft ...
Entweder ist dies als die übliche Beamtenbeleidigung (»Faulenzer«) gemeint, oder, derber, die Dame übe ihre Berufstätigkeit liegend aus, sie gehe also der käuflichen Liebe nach.   *Schussen*

Dia waret im Wald beim Dennela zella.
Die waren im Wald beim Tännlein *[= Tannenbäumchen]* zählen.
über ein vom Waldspaziergang heimkehrendes Liebespärchen

Dia wird ma bald vr<u>gan</u>ta!
Die wird man bald verganten! *(Büchele I)*
»verganten«: zwangsversteigern

So konnten klatschsüchtige Frauen »prophezeien«, wenn die Aussteuer einer Braut ihrer Meinung nach zu umfangreich oder zu luxuriös war. Dies stellten sie fest, als sie, altem Brauch gemäß, am Tag der Hochzeit im Haus der Brautleute den neuen Hausrat gründlich inspizierten.   *Allgäu*

Dia wohnt am scharfa Eck.
Die wohnt am scharfen Eck.

»das Eck«: die Ecke
»ein scharfes Eck«: eine mindestens rechtwinklige Straßenabbiegung. Hier hat »scharf« zusätzlich bewusst einen erotisch gemeinten Unterton. Boshafter Dorftratsch über eine Frau, die angeblich öfters Männerbesuch empfängt.   *Donau*

Die Liebe endet nie
Wir vermissen dich so sehr
Dein Weible
(es folgen Namen von Angehörigen)

Aus einer Todesanzeige im Juni 2016; Ulmer Alb. Dass »Weib« und erst recht »Weible« keinesfalls despektierlich gemeint sein müssen, steht anderswo im Buch. Und hier wird es in anrührendem Umfeld bestätigt. Man kann sich gut vorstellen, dass der Verstorbene seine Ehefrau gerne und häufig liebevoll als sein »Weible« ansprach oder auch so von ihr redete.   *Donau*

Do dät e au gern amool s Bodabläch wägschrouba!
Da täte ich auch gerne einmal das Bodenblech wegschrauben!

Bei alten VW-Transportern (»Bully«, mit Heckmotor) konnte man unter dem Fahrerhaus ein schützendes Stück Bodenblech wegschrauben. Dieses hatte der junge Mann eben getan und saß nun mit Arbeitskollegen beim Bier. Da wurde das gerade erwachsene Töchterlein des Chefs am Nebentisch ausgemacht. Schon fiel der Spruch. Wieherndes Gelächter und Gepruste, doch das besagte weibliche Wesen ahnte zum Glück nichts von diesem heimlichen »Wunsch«.

Do gooht s abr nootig zua!
Da geht es aber notig zu! (Büchele I)

»notig«: es sieht sehr nach Not (Armseligkeit) aus
So konnten klatschsüchtige Frauen »prophezeien«, wenn die Aussteuer einer Braut ihrer Meinung nach zu ärmlich war. Dies stellten sie fest, als sie, altem Brauch gemäß, am Tag der Hochzeit im Haus der Brautleute den neuen Hausrat gründlich inspizierten.   *Allgäu*

Do hott au oinr a Beiere gsuacht: »Deesch gleich, wenn se au a Biggele hott, Hauptsach, d Äckr sand eba.«
Da hat auch einer eine Bäuerin gesucht: »Das ist gleich [= egal], wenn sie auch ein

Bückelchen *[= kleinen Buckel]* hat, Hauptsache, die Äcker sind eben.«

Körperliche Unzulänglichkeiten seien einem heiratswilligen Landwirt bei der Umschau nach einer Braut weniger wichtig, wenn nur die Mitgift stimme.   Donau

Do isch da Glaschd au afanga ab.

Da ist der Glast auch allmählich ab.

»Glascht/Glast« bedeutet Glanz, glänzende Oberfläche, Politur, ironisch auch Make Up – und die vergängliche Schönheit der Jugend. Die Wendung wird vor allem in menschenbezogenen Wendungen verwendet: Da lasse bei jemand die einstige jugendliche Schönheit und Frische inzwischen auch erkennbar stark nach. Dabei schwingt Bedauern oder auch mal Schadenfreude mit.

Do kommt s Lisele
mit m netta Bisele.

Da kommt das Liesele
mit dem netten ...

»Liesele«: Verkleinerungsform von »Elisabeth«
(das) »Biesele«: abgeleitet von »bisela« (pieseln); Harnausgang, aber hier natürlich vor allem auch Vagina. Das Adjektiv »nett« enthält in diesem Zusammenhang eine eindeutig erotische Note.

Do wird s schea dottera!

Da wird es *(wohl)* schön dottern!

»dottera« (u.a.): »zittern vor ... einem sich erschließenden Geheimnis« (Wax)
Scherzhafte Vermutung, wenn ein Mann zur Frau in die Heia steigt.

Do, hosch a rots Nachdhemmed, no sieht de dain Ma' bessr!

Da, *(hier)* hast du ein rotes Nachthemd, dann sieht dich dein Mann besser!

die schenkende Schwiegermutter augenzwinkernd zur Schwiegertochter

Dr fimfte Zipfl im Himmelbett
macht an jeda Fähler wett.

Der fünfte Zipfel im Himmelbett
macht einen jeden Fehler wett.

Es wurde fastnächtlich-männer-»feindlich« vorgetragen.

Du hettsch au no nia a Fotz gsäa, wenn d Kia Undrhosa draga dätet.

Du hättest auch noch nie eine Votze *[= Vagina]* gesehen, wenn die Kühe Unterhosen tragen würden.

Im ländlichen Raum derber Hinweis an männliche Jugendliche: Weibliche Geschlechts-

teile hätten sie bisher allenfalls bei Kühen zu sehen bekommen. Also: »Junge, du bist noch recht grün hinter den Ohren!« oder so.

Eisr Magd hoißt Gretl,
was se duat, isch räat.
Se schdellt da Kiebl näaba d Kua
und goppet mit em Kneacht.
Und wia se grad so goppet,
do scheißt ra d Kua in d Mill,
botzdousend, liabe Gretl,
jetztd hosch a dicke Mill!

Unsere Magd heißt Gretel,
was sie tut, ist *(schon)* recht.
Sie stellt den Kübel *[= Eimer]* neben die Kuh
und fingert mit dem Knecht.
Und wie sie gerade so fingern,
da scheißt ihr die Kuh in die Milch.
Potztausend, liebe Gretel,
jetzt hast du eine dicke Milch *[= Dickmilch]*.

»goppa (gopen)«: »im Scherz sich balgen« (Wax)
Junge Kätzchen »gopet« gern miteinander. Und hier offenbar auch Magd und Knecht.

Enderle – machd a Schdenderle – bingggg!

Enderle *[= häufiger Familienname]* – macht ein Ständerchen – bingggg!

Ein Ständer(le) ist ein erigierter Penis. Die ihren Mitschüler mit seinem Familiennamen foppenden Burschen deuteten natürlich auch gleich noch eine passende »Handbewegung« an ...

Donau

Er schtieg von der Lehrerin ...

Er stieg von der Lehrerin ...

Versprecher eines 15jährigen Neuntklässlers beim Lesen, statt richtig »Er stieg von der Leiter«. Anmerkung: Die anwesende Lehrperson war ein Mann!

Etz kaa se dees saga – vor dreißg Joor hot se nix gsait!

Jetzt kann sie das sagen – vor dreißig Jahren hat sie nichts gesagt!

Jetzt, im nicht mehr so jungen Alter, da kann sie das ja ruhig sagen, aber vor dreißig Jahren hat sie nichts darüber gesagt. Harmloser Spott über ein gemeinsam alt gewordenes Ehepaar, bei dem die Frau um einige Jahre älter ist als der Mann. In jungen Jahren habe sie es nicht gestört, die ältere zu sein angesichts des jüngeren Mannes. Heute aber schütze sie das im Vergleich höhere Alter, um unbehelligt zu bleiben ...

Feran̲n̲da vor dr Hitte bzw. **Holz vor dr Hitte**
Veranda vor der Hütte bzw. Holz vor der Hütte
zu einer größeren weiblichen Oberweite

Fickfack isch dr Abbarat,
wo em a Weib en Ma vrschpart.
Ans Elektrische agschlossa,
vegled der Fickfack uvrdrossa.
Muass dr Alt zum Militer,
holled de Alt dr Fickfack her.
Ob Oma oder Badenix
Fickfack basst an jede Bix.

Fickfack ist der Apparat,
der dem Weib einen Mann erspart.
Ans Elektrische angeschlossen
vögelt der Fickfack unverdrossen.
Muss der Alte zum Militär,
holt die Alte den Fickfack her.
Ob Oma oder Badenixe,
Fickfack passt an jede Büchse.

Unser Gewährsmann: »Den Fickfack[-Spruch] ... kenn ich ... aus meiner Jugendzeit, so Mitte der 1970er-Jahre.«   Schussen

Gang weg vo maim Hemdle,
gang weg von maim Bett,
du kennsch ebbes macha,
wo Hend und Fiaß hett.

Geh weg von meinem Hemdlein,
geh weg von meinem Bett,
du könntest etwas machen,
das Hände und Füße hätte.
zur Abwehr eines Stürmischen

Glick druggd s Herz, Gnepfla da Maga.
Glück drückt das Herz, Knöpfle *[= Spätzla]* den Magen.

Gneedl-Schoopa
Knödel-Schopen

»Knödel«: Kloß/Klöße
»Schopen«: auch »Schaupen«, aus arabisch »dschubba«
(Obergewand mit langen Ärmeln); daraus wird dann Juppe, Joppe, Schopen ….:
Jacke, Wams, Überrock, Weiberjacke (Wax)

Das Kleidungsstück für die »Knödel« ist dann folgerichtig der Büstenhalter.

Goet Naachd, breng en guet nai … *[kleine Kunstpause]* da Fueß ens Bett.
Gute Nacht, bring ihn gut hinein … den Fuß ins Bett.

Derb-herzlicher Gute-Nacht-Gruß unter männlichen Stammtischgästen beim Heimgehen.
Ein Schelm, wer vor der Kunstpause bei »hineinbringen« an etwas anderes gedacht hat.

Gohsch ge Dilldabba suacha?
Gehst du, um Dilldappen zu suchen?

»Dilldabba« sind Sagengestalten, die in Wald und Wiese hausen sollen.
Mit wissendem Augenzwinkern gesagt: Gehst du mit deinem Mädchen in aller Einsamkeit auf einen Spaziergang in die Natur?   Donau

Gretl sitzd am Fenschdrloch ond fliggt en alda Schua.
No kommt des Nochbers Hansele ond gugged dr Gretl zua.
»Gretl, willsch du heirota? Heirotesch mi!
I han en großa Dalr, der langd fr mi ond di.
Ond wemmar no vrheirat' send, no hamma no koi Hous,
no schlupf' ma en an Henklkorb ond gugget oba rous.«

Gretel sitzt am Fenster*(loch)* und flickt einen alten Schuh.
Da kommt des Nachbars Hansele und schaut der Gretel zu.
»Gretel, willst du heiraten? Heirate mich!
Ich hab' einen großen Taler, der reicht für mich und dich.
Und wenn wir dann verheiratet sind, dann haben wir noch kein Haus,
dann kuscheln wir uns in einen Henkelkorb und gucken oben raus.«

»Taler«: Geldstück   Donau

Groutschdampfr
Krautstampfer

Traditionell wurde Weißkraut in ein irdenes Gefäß (»Krautstande«) eingelegt, gesalzen, gewürzt und mit Hilfe eines hölzernen Krautstampfers (Stößel) oder mit den bloßen Füßen verdichtet.
In übertragenem und sehr boshaftem Sinne werden damit auch kräftige Frauenbeine charakterisiert. (Also ein Macho-Spruch!)

Guet Nacht beisaamen.
Gute Nacht beisa*(m)*men.

In absichtlich gestelztem »Hochdeutsch« (Honoratiorenschwäbisch), das Wort »beisaamen« allerdings stark gedehnt – augenzwinkernd: Gruß beim Heimgehen nach dem Stammtisch.

**Gugg, Bua, dass da koine Schbeisa griagsch, hot's afangs ghoißa.
Heit isch alles untr Butz.**
Sieh zu, Bub, dass du keine Splitter kriegst [= einziehst], hat es anfangs geheißen.
Heute ist alles unter Putz.
*»Schbeisa / Schpreißa /Schpleißa« – je nach Gegend:
in der Haut steckender Holzsplitter
Eine langjährige liebende Ehefrau wehmütig darauf anspielend, dass sie »früher«
rank und schlank gewesen und heute doch etwas füllliger geworden sei.*

Hosafalla-Ripser
Hosentürchenreiber
langsamer Tanz, bei dem die Partner eng aneinandergeschmiegt sind; z. B. Stehblues

I gang, wenn r alle Hoilige um sich versammlet hott.
Ich gehe, wenn er alle Heiligen um sich versammelt hat.
*Wer sich bei der (Heimwerker-)Arbeit kräftig auf die Finger haut, flucht schon mal
»alle Heiligen vom Himmel herab«. Die liebende Ehefrau helfe ihrem heimwerkenden
Mann gerne, lasse ihn aber vorübergehend lieber allein, sagte sie, wenn er ungedul-
dig und aufgeregt würde. Sie könne seine Flucherei und Schimpferei nicht ertragen.*
Donau

I glaub kaum, dass mai Ma karessiert, där ma jo mi it amol!
Ich glaube kaum, dass mein Mann karessiert, der mag ja mich nicht mal!
»karessieren«: mit jemandem ein erotisches Verhältnis haben   *Allgäu*

I gäb mai Frau it her – it om viel Geld. – *Kunstpause* **– I dät se bloß vrschenka ...**
Ich gäbe meine Frau nicht her – nicht um viel Geld. ... Ich tät sie bloß verschenken ...

I woiß scho, sai Zenz isch scho a alts Weib, abr do hilft koina gäara ous.
Ich weiß schon, seine Zenz ist schon ein altes Weib,
aber da hilft *(deswegen)* keine gerne aus.
*»Zenz«: Kurzform für Kreszenzia
Kommentar einer Frau zu der Tatsache, dass ein Nachbar ihr gegenüber zudringlich
wurde, was ihr aber unangenehm war. (Name geändert!)*   *Donau*

**Im Bierzelt, do senget se »mai Dingeling, dai Dingeling« – Wemma abr am andera
Dag en dr Schual sait, »des Deng hoißt Penis«, no sand se hell entsetzt ond säet de
ganz Kultur ond s chrischdlich Abendland ontrgau.**
Im Bierzelt, da singen sie »mein Dingeling, dein Dingeling« – wenn man aber am anderen Tag in der Schule sagen würde, »das Ding heißt Penis«, dann wären sie hell entsetzt und sähen die ganze Kultur und das christliche Abendland untergehen. (1970er)

Und ein Lehrer, der »so etwas« gewagt hätte, hätte echt nichts zu lachen gehabt!
Sieht da jemand Parallelen zu 2015/16? Rechtsextreme und sich christlich nennende
Religionsfundamentalisten demonstrieren wütend gegen angebliche Versexualisierung in den Schulen. Dabei haben sie keine Ahnung von der Schulwirklichkeit und den
Bildungsplänen. Sie meinen bloß, sie hätten ...   Donau

**Isch Kaddrina haiß,
broucht der Bouer Schwaiß.**

Ist Katrina heiß,
braucht der Bauer Schweiß.

*Katharina (und Namensvarianten) waren ein häufiger weiblicher Vorname.
Ja, es könnte auch eine Wetterregel sein ...*

Kaum d Hos an Bettlad ghengt, scho war se schwanger.

Kaum die Hose an die Bettlade [= Bettgestell] gehängt, schon war sie schwanger.

*Da haben's unser Berichterstatter – der von sich selbst erzählte – und dessen Frau
damals in der Hochzeitsnacht wohl richtig eilig gehabt ;-))*

Lass en no nomol ois drenka, sonsch isch er katzagräg, wenn r hoikommt.

(Zur Partnerin des Zechers, die zum Aufbruch drängte:) Lass ihn nur noch eins trinken,
sonst ist er katzenmäßig schlecht gelaunt, wenn er heimkommt.

*Unausgesprochen augenzwinkernd: Und dann läuft heut Abend mit Liebe nix mehr!
Aufforderung in fröhlicher Zecherrunde*   Donau

Liabr a Blotr an de Fiaß wia a Blotr am Hals!

Lieber eine Blase an den Füßen als eine Blase am Hals.

*»Blotr am Hals«, Blater: »ein dämliches Frauenzimmer, Wichtigtuerin« (Wax)
Eine solche will niemand am Hals haben. Dafür nimmt man vergleichsweise gerne
eine Blase an den Füßen in Kauf.
Spielt mit der doppelten Bedeutung von »Blotr/Blase«.*

**Liabr koine Fengr
als oin vo Allmadenga.**

Lieber keine Finger
als einen von Allmendingen.

*Ortsneckerei: Lieber nehme das Mädchen einen Freund/Partner/Bräutigam/Ehemann
mit körperlichem Handicap in Kauf, wenn er nur nicht aus dem Nachbarort Allmendingen sei.*   Donau

Liabr kuuz ond zaggig als lang ond schlabbig!
Lieber kurz und zackig als lang und schlabberig!

Anspielung auf ein »Klein, aber oho!«
Oh Männerfantasien ...

Liabr zwoi mit fimfazwanzge wia oine mit fuchzge!
Lieber zwei mit fünfundzwanzig wie (= als) eine mit fünfzig!

Gemeint: Ehefrauen, Freundinnen, Geliebte
Chauvi-Spruch; passt auch ins Kapitel »Wortspiele und Sprachspielereien«.

Macht hoch die Tür ... I komm noch glei.
Macht hoch die Tür ... Ich komme dann gleich.

Mit diesem Begleitspruch hielt ein freundlicher Herr jemand die Tür auf. Was wie ein kirchliches Adventslied anfängt, könnte zuletzt, wenn auch scherzhaft, einem anderen Kapitel zuzuordnen sein. Das Augenzwinkern war danach ... Donau

Ma kaa sai Hous au mit em Schwanz boua.
Man kann sein Haus auch mit dem Schwanz bauen.

Man kann seinen Hausbau auch durch hohe Kinderzahl, entsprechende steuerliche Vergünstigungen und das Kindergeld finanzieren. Neidvolle Behauptung

Mai Weib moess a Magagschwier hon, dass se nix frissd, und Hend wia a Kohlaschoufl, dass se räat schaffa ka.
Mein (künftiges Ehe-)Weib muss ein Magengeschwür haben, damit sie nichts* frisst, und Hände wie eine Kohlenschaufel, dass sie recht schaffen [= arbeiten] kann.
*»nichts« heißt hier: möglichst wenig

Megla fechte, dass dr Wack sackled, d Schlotz vlottered und d Zettlab bittered.
Vögeln möchte *(ich)*, dass der Sack wackelt, die Votze schlottert und die Bettlade zittert.

Wortspielerisch mit vertauschten Anfangsbuchstaben. Unser Gewährsmann sagt 2016 dazu: »War in der Generation meines Vaters geläufig und da recht anrüchig. Stammtischgeschwätz, bevor einer nach Hause ging.« Schussen

Mir lassets zeemakomma.
Wir lassen es zusammenkommen.

Einer augenzwinkernd auf die Frage, ob es denn in der Ehe mit dem Sex noch so klappe. »zeemakomma lassa / zusammenkommen lassen«: »es« für besondere Anlässe sozusagen ansparen (also selten bis nie).

Liebe, Erotik, Partnerschaft 149

Mir sind im Dädsch-Altr.
Wir sind im Tätest-*(du-)*Alter.

Ironisch, und es kann auch auf andere bezogen sein: Ein (Ehe-)Paar sei, aus den allerersten Jahren blinder oder stürmischer Liebe hinausgewachsen, nüchterner geworden. Man wende sich dem Partner jeweils hauptsächlich dann zu, wenn es gelte, einen Arbeitsauftrag um Haus und Hof zu erteilen: »Tätest du (mir bitte) ...!« Das »dätsch« lässt zunächst auch an »Tätscheln« denken ...
Stellt die mildere Stufe vor dem »Mir sind im Durau-Altr.« dar. (Siehe anschließend)

Mir sind im Duurau-Altr.
Wir sind im Tu-*(mir-)*auch-Alter.

Ironisch, und es kann auch auf andere bezogen sein: Ein (Ehe-)Paar sei, aus den allerersten Jahren blinder oder stürmischer Liebe hinausgewachsen, nüchterner geworden. Man wende sich dem Partner jeweils hauptsächlich dann zu, wenn es gelte, einen Arbeitsauftrag um Haus und Hof zu erteilen: »Tu du (mir bitte) ...!«
(Statt »tu« kann natürlich auch direkt das entsprechende Verb/Tunwort stehen.) Stellt die strengere Stufe nach dem »Mir sind im Däädsch-Altr.« dar. (Siehe dort)

Mit ama Wampa isch guet gampa.
Mit einem Wampen ist gut gampen *[= schaukeln]*.

der »Wampen«: die Wampe
»gampen«: »wippen, schaukeln«; hier: Liebe machen   Donau

Mit em Schbrit isch wia mit m Heirota ...
Mit dem Sprit *[= Benzin]* ist es wie mit dem Heiraten.

Spritverbrauch/Tankuhr im Auto: mal hoch, mal nieder – auf und ab.
Es ist anzunehmen, dass hier unter »Heiraten« eher »Liebe machen« gemeint ist.

Mit era Wiaschda bisch schnellr vrheiret wia mit era Scheana.
Mit einer Wüsten bist du schneller verheiratet als wie mit einer Schönen!

»wüst«: wenig schön, hässlich. – Auch mal wieder frauenfeindlich!

Noi, noi, i gang scho alloi hoi!
I woiß scho, was dia Buabe wellet:
Kindla macha und it zahla wella!
Nein, nein, ich gehe schon allein heim!
Ich weiß schon, was die Buben *(Kerle)* wollen:
Kinderlein machen und nicht zahlen wollen!

Leidvolle weibliche Erfahrung?

Nooch-Schmeggr

Nach-Schmecker

»Schmecken« heißt auch »riechen«.
Wenn der Vergleich nicht geschmacklos (!) wäre, müsste man sagen: Die Nooch-Schmeggr sind junge Kerle, die ähnlich einem Tier der Fährte schnüffelnd folgen und den Mädchen »nachsteigen«. Der Dichter sagt es feiner: »Errötend folgt er ihren Spuren ...« Aber da ist es schon »ernster« und individueller gemeint, während die Nooch-Schmeggr noch eher grüppchenweise auftreten.

Nui, nui, i gang scho allui hui!
Und wenn s it gloubsch, kasch jo komma und mitgong!

Nein, nein, ich geh schon allein heim!
Und wenn du es nicht glaubst, kannst du ja kommen und mitgehen!

– ironisch über ein erfundenes naives Mädchen vom Lande
– wird auch spaßhaft über sich selber gesagt (unter Mädels)
Ahmt ländliches Niederalemannisch nach. *Allgäu*

Om naina
goht jedr zo dr Saina.
Wär koina hott, nemmt Katz en Arm,
dia geit au warm.

Um neun Uhr *(abends)*
geht jeder *(Mann)* zu der seinigen *(Frau)*.
Wer keine hat, nimmt die Katze in den Arm,
die gibt auch warm.

beim Aufbruch der Männer-Stammtischrunde *Donau*

ouf d Karess ganga

auf die Karess gehen

»Karess«: eine Liebschaft haben (aus dem Italienischen und/oder Französischen) (Wax)
Den Mädchen nachstreichen oder schon eine noch nicht offiziell bekannte Liebschaft haben.

Ouf de alte Geil lernet ma s Reita.

Auf den alten Gäulen lernt man das Reiten.

preist die Vorzüge der Erfahrenen ...

Ouf de alte Räder lernet ma s Fahra.

Auf den alten *[Fahr-]*Rädern lernt man das Fahren.

»Bei älteren, erfahrenen Frauen lernt man den Sex. Da kann man auch nichts kaputtmachen.«
Schussen

Ouf s Silbr tritt i,
den hailigen Andreas bitt i,
er wolle mir lassen erschainen
den liebschten Mainen.

Auf's Silber trete ich,
den heiligen Andreas bitte ich,
er wolle mir lassen erscheinen
den liebsten Meinen. *(Büchele I)*

Der Sankt-Andreas-Tag (30.11.) liegt zeitlich nahe beim ersten Adventssonntag, mit dem das Kirchenjahr beginnt. Also war der Andreas-Tag ein beliebter Termin für versuchte Blicke in die Zukunft. In diesem Fall trat wohl das Mädchen im heiratsfähigen und -willigen Alter vor dem Zubettgehen auf eine Silbermünze und sagte obigen Spruch auf. Und weil's ein bisschen feierlich zuging, ist der Spruch in nicht ganz hasenreinem Schwäbisch.

Ous isch s Liadle,
nix isch dra,
Mädle, nimm koin Zimmerma,
heirot liabr en Bouraknächt,
där vrschlaggd dr s Fiedla rächt!

Aus ist s Liedchen,
nichts ist dran,
Mädchen, nimm keinen Zimmermann,
heirate lieber einen Bauernknecht,
der verschlägt *(verhaut)* dir den Po recht *(kräftig)*.

<u>Auch</u> ein Rat!

Ouswärts muess glappa; drhoim ka ma au Kopfweh hau.

Auswärts muss es klappen; daheim kann man auch *(mal)* Kopfweh haben.

über den Seitensprung ...
Riß

rai – rous – nouf – Kissle – nab – rai – rous – nouf – Kissle ...

rein – raus – hinauf – Küsschen – runter – rein – raus – hinauf – Küsschen...

Wenn 's Äffle und die Giraffe (Zeichentrickfiguren im Werbefernsehen des SWR) Liebe machen würden. (Mehrfach schnell hintereinander zu sagen!)

S Bärle frissd <u>meh</u>.

Das Pärchen frisst mehr.

Zu zweit und glücklich verliebt schmeckt's einem besser, als wenn man allein ist.

S Gummimaale juggd wiedr.
Das Gummimännlein juckt wieder.

»Gummimaale« wurde von seinen (ausschließlich männlichen) Mitschülern jeweils ein bestimmter Junge genannt, der in seiner Grundschul- und wohl auch noch zu Anfang seiner Gymnasialzeit die Angewohnheit hatte, öfters beide Hände in den Schoß zu drücken, immer stärker auf und ab zu wippen (immer auf der Schulbank sitzend), geistig abwesend zu sein, um zuletzt einen hochroten Kopf und glasige Augen zu bekommen. Alsdann war er wieder »normal«.
Heute ist klar: Es handelte sich um eine vorpubertäre »trockene« Masturbation, von ihm ganz selbstverständlich öffentlich im Klassenzimmer ausgeübt. Die Mitschüler ahnten höchstens ungefähr, worum es in etwa ging. Die Lehrkräfte bemerkten es nicht oder taten jedenfalls so. Tolerant hieß es allgemein nur »s Gummimaale juggd wiedr«.
Um 1956/57, irgendwo im Schussental

S isch leichter a Wanna voll Flöh hüata, als a vrliebts Pärle. *(Ummendorf)*
Es ist leichter eine Wanne voller Flöhe zu hüten wie [= als] ein verliebtes Pärchen.
Den jungen Leuten hängt ja auch der Himmel voller Bassgeigen ...

Sait s Weib: »Mir dott da Hentera wai vom Sitza!«
Sait dr Maa: »Mir dott dr Voordere wai vom Schdau!«
Sagt das Weib: »Mir tut das Hinterteil weh vom Sitzen!«
Sagt der Mann: »Mir tut das Vorderteil weh vom Stehen!« Donau

Sait sell Mädle: »Bua, danzet mr amool?
No kaasch mir noochet au an Bronz nalanga.«
Sagt jenes Mädchen: »Bub, tanzen wir mal *(zusammen)*?
Dann kannst du mir nachher auch an die Muschi hinlangen.«
die »Bronz«, von brunzen [= Pipi machen]: da, wo ich brunze

Schdorch, Schdorch, du guetr,
breng mr halt en Bruadr.
Schdorch, Schorch, du beschtr,
breng mr halt a Schweschtr.
Storch, Storch, du guter,
bring mir halt einen Bruder.
Storch, Storch, du bester,
bring mir halt eine Schwester.

Das zweifache »halt« verstärkt jeweils die Dringlichkeit der Bitte. Es wird hier zwar wohl mehr um des Reimes willen sein, dass hier einmal die Frauen ein bisschen besser wegkommen als sonst: »beschtr« <-> »Schweschtr«.
Aber es sei hiermit gleichwohl vermerkt.

**Schmiera und Salba
hilft allenthalba.
Hilft s it bei de Rädla,
no hilfts bei de Mädla.**
Schmieren und Salben
hilft allenthalben *[= überall]*.
Hilft's nicht bei den Rädchen,
dann hilft's bei den Mädchen.
Kleine Geschenke erhalten die Freundschaft und Liebe.

So a Frau isch wohl deier, abr ma hott lang draa.
So eine Frau *(sich zuzulegen)* ist wohl teuer, aber man*(n)* hat *(dann auch)* lange dran.
Die »Investition« lohne sich.

**So was Dummes:
vor dr Hochzeit no was Junges!**
So was Dummes:
vor der Hochzeit noch was Junges!
Wohl Anspielung auf eine schwangere Braut, und das »gehörte sich gar nicht«.

So, hosch noch au mit era käbselat?
So, hast du dann mit ihr auch geschlafen?
»käpsela«: beischlafen, vögeln, ficken, abgeleitet von »Kebse«: Konkubine (Wax)

So, schdellsch dain Mädeleswinkr nous?
So, stellst du deinen Mädchen-*(herbei-)*Winker hinaus?
Wenn ein Mann oder Bursche noch ungekämmt ist oder ihm ein Büschel Kopfhaar widerspenstig absteht.

Solang ma no orglet, isch Kirch it ous.
Solange man noch orgelt *[= die Orgel gespielt wird]*,
ist die Kirche *[= Gottesdienst]* nicht aus.
*»orgeln« ist auch eines der Wörter für »Sex haben«.
Auch Ältere haben noch Freude an der körperlichen Liebe.*   Donau

Solang s Wieb d Hochzittsschua it vrrissa hott, griagt se vum Ma koine Schläg.
Solange das Weib die Hochzeitssschuhe nicht verrissen *[= zerrissen]* hat, kriegt sie vom Mann keine Schläge. *(Büchele I)*
Grund, die Brautschuhe nie mehr anzuziehen und sie gut aufzubewahren …   Allgäu

Soo kaa s ganga, hot dr sell Bouer gsait, wo n er d Magd schdatt dr Beiere in dr Hand ghett hott!
So kann es gehen, hat selbiger Bauer gesagt, als er die Magd statt der Bäuerin in der Hand gehabt hat.

– »soo kaas ganga!« ist eigentlich ein leicht schadenfroher Kommentar, wenn etwas schief ging: Siehst du! Ich hab's dir ja gleich gesagt! Hättest du doch nur auf mich gehört! Das »soo kaas ganga!« wird hier ironisch weitergespielt: Nicht jeder Missgriff sei ein reines Versehen, oder, wenn doch, dann nachträglich nicht immer ganz unwillkommen.

Koiner hot se mechda, i hau se glei ghett!
Keiner hat sie gewollt, ich habe sie *(hingegen)* gleich gehabt [= bekommen].
Veräppelt den, der dies angeblich von sich gesagt hat.

Verkäufer: »Wo isch dr Sackkarra? Moss i da Sack wiedr säll draa?«
Verkäuferin: »Dees bizzle Sack wersch au alloi draaga kenna!«
…: »Wo ist der Sackkarren? Muss ich den Sack wieder selber tragen?«
…: »Das bisschen Sack wirst du auch allein tragen können!«
Soll eine wahre Begebenheit aus einem Fachgeschäft sein. 1992

Vo mir ous – und vo dr Magd ous ka dr Gnächd heirota.
Von mir aus – und von der Magd aus kann der Knecht heiraten.

Verlängert die etwas unwillig gegebene Einwilligung »vo mir ous / von mir aus« durch den Zusatz. Damit wird das inbegriffene »Zähneknirschen« abgemildert. Der Zusatz spielt darauf an, dass der Bauer (vermeintlich traditionell) ein Verhältnis mit der Magd habe, weswegen es dem Knecht zustehe, auch zu heiraten. Und wen? Nun, die Bäuerin natürlich!

Vo mir ous – und vo dr Magd ous ka dr Knächd bei dr Beiere schlofa.
Von mir aus – und von der Magd aus kann der Knecht bei der Bäuerin schlafen.

»vo mir ous« (von mir aus) bedeutet eine ungern gegebene Einwilligung. Die Redensart führt dies scherzhaft weiter und unterstellt, dass der Bauer ein Verhältnis mit der Magd habe. Und dann, so die zu seiner Gewissensentlastung gegebene Einwilligung des Bauern, könne der Knecht halt auch eins mit der Bäuerin haben. (Ähnlich wie der vorige Spruch.)

Vorna glatt und hinta eba!
Bua, wo witt de do dra heba?
Vorne glatt und hinten eben!
Bub, wo willst du dich da *(wohl)* festhalten?

Sagt man (hinterrücks), wenn einer Freundin oder Braut mit wenig Oberweite und flachem Po mitbringt. (Verrät natürlich ein bestimmtes männliches Wunschbild bezüglich der weiblichen Figur.)

Liebe, Erotik, Partnerschaft

Vum ehregeachtete Hochzittr (N.N.) und de ehregeachtete Brutt (N.N.) sind r iglada zur Hosteg uff de nächste Zistag uf Christazhofa numm, zr Morgesuppe im Hus, i d Kirche, zu de Bruttdänz und nochet is Mol.

Vom ehrengeachteten Hochzeiter [= Bräutigam] (N.N.) und der ehrengeachteten Braut (N.N.) seid ihr eingeladen zur Hochzeit auf den nächsten Dienstag nach Christazhofen hinüber, zur Morgensuppe [= Frühstück] im Haus, in die Kirche [= Gottesdienst], zu den Brauttänzen und danach zum (festlichen) Mahl. (Büchele I)

So sagte es der Hochzeitslader, der im Auftrag der Brautleute und ihrer Eltern zu allen ins Haus ging, die zur Hochzeit eingeladen werden sollten.   *Allgäu*

Wa isch dees? Hot da Sack ouf em Buggl ond d Schella in dr Hand?

Was ist das? Hat den Sack auf dem Buckel [= Rücken] und die Schelle in der Hand?

Erraten? – Es ist der Weihnachtsmann, irreführend oft auch »Nikolaus« genannt. Der »echte« Nikolaus tritt hier aber als Bischof auf. Rupfensack und Glocke trägt dessen Begleiter, der Knecht Ruprecht. Freilich, wenn man so gefragt wird, wird erwartet, dass man zunächst an etwas ganz Anderes denkt ...

Wär schloofd, sindigt it. ... Jo scho, abr wer zerschd sindigd, der schloofd nochher bessr.

Wer schläft, sündigt nicht ... Ja schon, aber wer zuerst sündigt, der schläft nachher *(umso)* besser.

Der erste Satz ist Allgemeingut. Der zweite stellt eine nicht allzu häufige scherzhafte oder hintersinnige Ergänzung dar.

Warsch geschdern in dr Kirch? – *Noi, warum?* – Ha, du siehsch heit so verorglet ous ...

Warst *(du)* gestern in der Kirche [= Gottesdienst]? – Nein, warum? – Naja, du siehst heute so verorgelt aus ...

»Orgeln« ist eines der vielen Wörter für »Liebe machen«, halbwegs zwischen salonfähig und ordinär gelegen.

Was guggsch du so? Willscht du mi heirota? Gohsch zua maim Vattr ond froogeschd um mi, vielleichd gibt r mi dir. No kaschd mi da ganze Dag agucka.

Was guckst du so? Willst du mich heiraten? Gehst *(du)* zu meinem Vater und fragst um mich, vielleicht gibt er mich dir. Dann kannst *(du)* mich den ganzen Tag angucken.

Vermutlich voller Ironie, wenn sich jemand durch Anstarren belästigt fühlt.

**Weibrsterba
kui Vrderba.
Viehvrrecka
großr Schrecka.**

Weibersterben
kein Verderben.
Viehverrecken
großer Schrecken.

*Der Spruch »stammt aus einer Zeit, als ein Witwer eine ‚neue' (Ehe-)Frau praktisch
‚umsonst' bekam. Vielleicht sogar noch mit einer Mitgift. Wenn dagegen ein Pferd
oder eine Kuh verendet ist, war der Schrecken groß, da dies ein herber finanzieller
Verlust war.« (Sägmüller)* Schussen

Wemma an dia naloinet, geits au koine Beila.
Wenn man an die hinlehnt, gibt es auch keine Beulen.
Die Dame habe eine wohlgepolsterte Figur.

Wenn d Kuche nimme rauchd, wird d Liabe bald kalt.
Wenn die Küche nicht mehr raucht, wird die Liebe bald kalt.
*Liebe geht durch den Magen. Wenn ein (Ehe-)Partner aufhört, für den anderen zu
kochen, geht die Partnerschaft wohl bald zu Ende.*
*In früheren Zeiten kochte man meist auf dem Herd, in dem ein Holz- oder Torffeuer
brannte. Entsprechend stieg auch Rauch auf und war rundum sichtbar, auch für die
Nachbarn.*

**Wenn da an dia naloinesch, no griasch loutr blaue Flägga –
so dirr isch dia!**
Wenn du dich an die *(da)* hinlehnst, dann kriegst du lauter blaue Flecken –
so dürr ist die!
Wenn jemand sehr schlank bzw. mager ist.

Wenn da mi it hettesch ... und mai vrschbarets Geld!
Wenn du mich nicht hättest ... und mein erspartes Geld!
Die erste Hälfte reicht ja üblicherweise schon. Der zweite Satzteil ist das möglicherweise entlarvende, vielleicht auch nur liebevoll-ironische »i-Dipfele« [= i-Tüpfelchen].

Wenn dain Vaddr gwixt hett, no gäbs di gar it!
Wenn dein Vater gewichst *[= masturbiert]* hätte, dann gäbe es dich gar nicht!
*Ziemlich »lockeres« Geschwätz unter Siebtklässlern – zum stillen Entsetzen der Fachlehrerin, die es dem Klassenlehrer berichtete, auf dass dieser erzieherisch Einfluss
nehme ... Es sei ja nicht böse gemeint, argumentierten die 12-14-Jährigen. Und: »So
redet doch jeder ...«*

Wenn s no voll nousheebd.
Wenn es nur vollends (bis) hinaus hebt *[= hält]*.
Einer schon vor vielen Jahren über seine Ehe, die nicht immer ganz harmonisch verläuft.

Wer bei deem it bis drei ouf de Baim isch …
Wer bei dem nicht bis *(auf)* drei auf den Bäumen ist …
… der (bzw. die) hat bei diesem Schürzenjäger schon verloren.

Wer globt wärra will, sott schderba, wer gschempfd wärra will, sott heira.
Wer gelobt werden will, sollte sterben, wer geschimpft werden will, sollte heiraten.
Anspielung auf Grabreden und auf (manche!) Eheerfahrungen

Wer sich jong hengt, wird it alt ond wiaschd!
Wer sich jung *(auf)*hängt, wird nicht alt und wüst!

Willsch mol richdig mousa,
lass en dorch d Fengr sousa!
Willst du mal richtig mausen,
lass »ihn« durch die Finger sausen.
»mausen«: Geschlechtsverkehr »machen«; hier: Lob der Masturbation　　　　　*Donau*

Wo a Hoor isch, do isch a Fraid!
Wo ein Haar ist, da ist eine Freude!
In Zeiten rasierter Bikinizonen verliert der Spruch an Aktualität.

Wo ain Wille isch, do isch au ain Gebisch!
Wo ein Wille ist, das ist auch ein Gebüsch!
In Anlehnung an das Sprichwort »Wo ein Wille ist, da ist auch ein Weg« in halb nachgeahmtem Schriftdeutsch. Ansonsten muss man es nicht erklären, oder?

Wo s it brennt, do soll ma au it schbritza!
Wo es nicht brennt, da soll man auch nicht spritzen.
Man könnte das eine oder andere hineingeheimnissen.
Oder soll man den Spruch eher der Feuerwehr zuordnen?

Woisch noch schau, wenn e nix mai sag, kommsch noch no rai en mai Kemerle.
(Du) weißt dann schon, wenn ich nichts mehr sage, kommst du dann nur rein in mein Kämmerchen *[= Zimmer]*.
zum Liebhaber (m/w)　　　　　*Donau*

zom Buuschda gau
zum Buschten gehen

a) »buschten«: sich dort »ausgelassen (trinken, essen u. dgl.) benehmen« (Wax)
b) »eventuell zu ›bürsten‹« (Wax); womit möglicherweise das obige »u. dgl.«
   hinreichend angedeutet wäre ...   Donau

Zwoi Fuffzjährige iebr d Liebe. »Also, i setz mainr Frau immr a Douchrbrilla ouf.« – «Worum noch dees, um Gotts Willa?!« – »Also erschdens sieht se noch besser ous, zwoitens halt se noch s Moul drbei, und drittens, wenns se noch go so weit isch, no heb era da Schnorchl zua – noch zabblet se wia a Zwanzgjährige!«

Zwei Fünfzigjährige über die Liebe. »Also, ich setze meiner Frau immer eine Taucherbrille auf.« – »*Warum denn das, um Gottes Willen?!«* – »Also erstens sieht sie dann besser aus, zweitens hält sie dann das Maul dabei, und drittens, wenn es dann demnächst so weit ist, dann halte ich ihr den Schnorchel zu – dann zappelt sie wie eine Zwanzigjährige!«

Kommentar einer Frau: »Typisch Mann – erst zugeben, der Witz sei frauenfeindlich, und dann doch darüber lachen.« Sie hat Recht ...

Fasnet
(Fastnacht)

Sprüche, Begriffe und Redensarten rund um die närrische Jahreszeit
Die landauf landab üblichen Narrenrufe der Zünfte und Narrenvereine sind entweder bekannt oder sie werden jeweils auf Handzetteln entlang der Fasnetsumzüge verteilt. Sie sind hier nicht aufgeführt.

bromiga Fritig / bromiga Freitig
… Freitag

Freitag in der Fastnachtszeit [= Freitag vor Aschermittwoch] von »beramen«: rußig machen (Wax). »Immer wieder schleichen an diesem Tag junge Leute umher, spähend, wem sie die rußig gemachten Hände ins Gesicht drücken könnten.« (Wax). Der Brauch wird von mehreren Orten berichtet, auch dort, wo es traditionell keine »offizielle« Fasnet gab. Anm.: Eine aus Russland stammende Acht- und dann Neuntklässlerin hatte in den Jahren 2002-04 die größte Freude daran, mir als ihrem Klassenlehrer bei der Schulfasnet mit einem Filzstift jedesmal einen Punkt auf Nase und Stirn zu malen. Sie hatte mich aber tags zuvor immer gefragt. In der zehnten Klasse hat sie es dann nicht mehr gemacht. Grad schad drum …

Brot her, Burneggr kommet! *oder:*
Brot weg, Burnegger kommet!

Brot her *oder:* Brot weg, die Bodnegger kommen!

Es ist nicht nur ein Fasnetsruf, sondern in der Umgebung bis Wangen und bis ins Schussental hinab bekannt. Er kommt in verschiedenen Varianten vor und wird scherzhaft ganzjährig gebraucht. Die Bodnegger Narrenzunft erklärt es so: »Wenn man der mündlichen Überlieferung Glauben schenkt, so haben die »Burnegger« [= Bodnegger] nach getaner Arbeit, vor allem beim Brot , kräftig zugelangt. Arbeit bedeutete damals unter anderem die Teilnahme an den Kreuzgängen, in der Woche vor Christi Himmelfahrt, zu den umliegenden Nachbargemeinden. Die Leute nahmen die Mühsal langer, staubiger, schweißtreibender Bittprozessionen in Kauf, um sich dann in den Gasthäusern der jeweiligen Endstationen dem leiblichen Wohl zu widmen. Dabei wurden die Brotkörbe in kürzester Zeit geleert, so dass des öfteren der Spruch zu hören war: »Brot her - d' Burnegger sind do.« (http://www.alemannischer-narrenring.de/pages/Allgemeines/Mitglieder/detail.php?verein=Bodnegg)
Es gibt auch eine andere Deutung, die wohl unter Ortsneckerei einzuordnen ist. Demnach hätten die Bodnegger die Angewohnheit gehabt, in Gasthäusern selten etwas zu essen zu bestellen. Sie hätten sich mit den ausliegenden Brezgen, Wecken und Bierstängeln begnügt, weil es so viel billiger kam, satt zu werden. Je nachdem, wie der Wirt dazu stand, erscholl der Schreckensruf »Brot her …!«, damit die Vorräte nicht ausgingen, oder eben auch: »Brot weg …!. Dann räumte man die Körbchen weg und hoffte, auch die Bodnegger Gäste würden dann nach der Speisekarte fragen.

Anmerkung: Wie andere auch machen sich die Bodnegger den ursprünglichen Spott der Nachbarn zu eigen. Sie haben ihn zu ihrem eigenen Fasnetsmotto gemacht.

Allgäu, Schussen

D Narra dont d Mädla feschd vrnudla.

Die Narren tun die Mädchen fest vernudeln.

»Narren« (hier): Umzugsteilnehmer bei der schwäbisch-alemannischen Fastnacht
»Mädchen« (hier): jugendliche Zuschauerinnen bei den Umzügen
»vernudeln«: »eine Person liebkosend herumdrücken« (Wax)
Einverständnis vorausgesetzt!

Deesch en Älfr!

Das ist ein Elfer!

Das ist ein Elferrat. In Anspielung auf die närrische Zahl »elf« nannten sich in den Nachkriegsjahren nach 1945 die Verantwortlichen oberschwäbischer Narrenzünfte noch nicht »Zunfträte« wie heute meist, sondern »Elfer« oder »Elferräte«. In diesen Jahren waren rheinischer Karneval und schwäbisch-alemannische Fastnacht in Auftritt und Bezeichnungen einander oft näher als heute. Man beging den 11.11. um 11 Uhr 11 noch lange als Fasnetsbeginn. Heute ist das tabu, und Dreikönig (6. Jan.) wird als solcher begangen. Im offiziellen Narrenmarsch der Baienfurter Narrenzunft ist aber noch bis heute (2016) vom »Prinz Karneval« die Rede. Und dies, obwohl sie Mitglied der Vereinigung schwäbisch-alemannischer Narrenzünfte ist, dem sich selbst so empfindenden »Hochadel« der hiesigen traditionellen Narretei. Dass Fastnacht und Karneval sehr viel mehr als vermutet gemeinsam haben, hat Prof. Werner Mezger, den viele von den Fernsehübertragungen der Narrentreffen im SWR kennen, in seinen entsprechenden Büchern nachgewiesen.

glombiga Dooschdig, Glombigr, am Glombiga

glumpiger Donnerstag, Gelumpiger, am Gelumpigen

»lumpen«: auf den Putz hauen, einen drauf machen,
Beginn der schwäbisch-alemannischen Straßenfastnacht (Im Rheinland: Weiberfastnacht u.a.); Donnerstag vor Aschermittwoch
Anmerkung: Ursprünglich sagte man auch an der Donau »gumpiger Donnerstag«. Längere Zeit wurden beide Begriffe parallel verwendet. Erst etwa im letzten Drittel des 20. Jahrhunderts setzte sich hier der »Glombige« endgültig durch. Nachweis und Quelle: »Ludwig Dorner, 100 Jahre SPD-Ortsverein Ehingen 1914-2014« (auch online nachzulesen unter www.spd-ehingen.de)

Donau

gumpiga Donnschdig/Dunnschdig; am Gumpiga Donnschdig/Dunnschdig

gumpiger Donnerstag; am gumpigen Donnerstag

»gumpen«: hüpfen, springen, tanzen (vgl. engl. »jump«)
Beginn der schwäbisch-alemannischen Straßenfastnacht (Im Rheinland: Weiberfastnacht u.a.); Donnerstag vor Aschermittwoch

Schussen

Henk en rous!
Häng ihn raus!

Hänge den Penis zum Hosentürchen raus! (Wenn's jemand in der Öffentlichkeit wirklich täte ...) Verballhornung des eigentlichen Narrenrufs »Henkerhaus« von Baienfurt, der auf den früheren Wohnsitz des Scharfrichters des Klosters Weingarten hinweist.

Schussen

I be a armer Schweizer, gebt mir au en Kreizer.
Ich bin ein armer Schweizer, gebt mir auch einen Kreuzer.

a) »Schweizer«: Stallknecht, für's Milchvieh zuständig
b) »Kreuzer«: kleine frühere Münze
Mehr dazu siehe unter »S fluicht a Vegale ibers Feld ...«

Donau

I be a arms Mäschkerle und nag am a Boi.
Ach, gib mir doch a Kreizerle, noch gang i wiedr hoi.
Ich bin ein armes Närrchen* und nage an einem Bein *[= Knochen]*.
Ach, gib mir doch ein Kreuzerlein, dann gehe ich wieder heim.

*»Mäschkerle« (von »Maske«): fastnächtlich verkleidetes Kind
»Kreizerle / Kreuzerlein«: frühere Münze; in der Symbolik wohl etwa einem 10-Eurocent-Stück entsprechend (2016).
Variante eines Heischespruchs: An Fastnacht zogen die Kinder von Haus zu Haus und erbettelten altem Brauch gemäß eine kleine Gabe an Geld oder Essbarem.
Es gibt auch die Version mit »Boile« (Beinlein: kleiner Knochen), worauf sich dann scherzhaft reimt: »hoile« (heimlein: heim)

Donau

I ben a arms Mäschgerle, i ben a armer Bär,
ond wia me Gott erschaffa hot, so drapp i au drhär.
Ich bin ein armes Närrchen*, ich bin ein armer Bär,
und wie mich Gott erschaffen hat, so t(r)appe ich auch daher.

*maskiertes und fastnächtlich verkleidetes Kind
Ein Heischespruch, wie es zur Fasnetszeit viele gibt: närrisch kostümierte Kinder ziehen/zogen von Haus zu Haus und forderten mit einem gewissen, im Brauchtum verankerten Recht, Gaben an Naturalien oder auch kleinen Geldbeträgen ein.
Südlicher Bereich des Alb-Donau-Kreises – (Alb-Donau-Kreis)

I gang it ouf d Fasnet, i be scho narret gnua!
Ich gehe nicht auf die Fastnachtsveranstaltung, ich bin schon »narret« genug!

»narret sein« hat mehrere Bedeutungen:
– erzürnt, wütend sein
– gekränkt, beleidigt sein
– geistig behindert sein (veraltet)

– ein Narr sein: ein komischer Vogel/Spaßvogel/eine Art Till Eulenspiegel sein *(selten)*
– einer sein, der gerne Fastnacht feiert
Der Spruch kokettiert mit der Vieldeutigkeit. Er kann auf diese Art Kummer und Sorgen andeuten, die einem die Freude an der Fastnacht verderben.

I will amol en <u>Pankr</u> macha ond me <u>wuz</u>käl so <u>a</u>-zia!

Ich will mal einen Punker machen und mich ungeniert *(genau)* so anziehen!

Dies gestand mal ein kreuzbraver Schulbub (8. Klasse) seinem Klassenlehrer. Zur Klassenfasnet erfüllte er sich seinen Traum, kam in Lederklamotten und mit Ketten behängt.
Donau

<u>Lum</u>paladie
Das erste »a« ist wie auf Englisch »a book« zu sprechen.

Anspielung auf »zerlumptes« fahrendes Volk oder auf »Lump, liederlicher Mensch« (Wax)? Bei Fastnachtsumzügen meinte man damit die freien, nicht an eine Narrenzunft gebundenen Narrengruppen, die mit einem eigenen Motiv und eigengestalteter Kostümierung am Ende des Umzugs eingereiht wurden. Und – man muss es sagen – in den 1960ern wurden sie nicht ganz für »ernst« genommen – von den »Offiziellen« der Narrenzünfte.
Schussen

Luschdig isch dia Fasenacht,
wenn mai Muattr Kiachla bacht.
Wenn se abr koine bacht,
– denn frait mich kaine Fasenacht! *oder:*
– denn pfeif i ouf dia Fasenacht! *oder:*
– denn scheiß i ouf dia Fasenacht! *oder:*
– denn isch fer mi koi Fasenacht!

Lustig ist die Fastnacht,
wenn meine Mutter Küchlein backt.
Wenn sie aber keine backt,
– dann freut mich keine Fastnacht! *oder:*
– dann pfeif ich auf die Fastnacht! *oder:*
– dann scheiß ich auf die Fastnacht! *oder:*
– dann ist für mich keine Fastnacht.

Anmerkung: Statt »Fasenacht« kann es im Sprüchlein auch »Fastnacht« heißen. »Küchlein«: in schwimmendem Fett herausgebackene Krapfen (süßes Hefegebäck) u.ä. Die Varianten desselben Spruches, und es gibt bestimmt noch mehr, weisen auf die einst wichtige Rolle des Schmalzgebackenen an Fastnacht hin. Der Spruch stammt gewiss aus mageren oder hungrigen Zeiten. Und: vor Beginn der Fastenzeit (Aschermittwoch bis Ostern) wurde noch einmal geschlachtet. Es gab zu essen, zu trinken, reichlich Schmalz, und es kam zu Tanz und Lustbarkeiten. Die Fasnet brach aus ...

Mäschgerle, Mäschgerle, duu bisch nix!
Du bisch däär, wo Lompa frissd!
Fastnachts-Närrlein, *(2x)*, du bist nichts *(wert)*!
Du bist derjenige, der *(nur)* Lumpen frisst!

Wurde in Fischbach den närrisch kostümierten anderen Kindern im Singsang nachgerufen; im Kreis Biberach war die schwäbisch-alemannische Fasnet ursprünglich nicht zu Hause gewesen; sie feiert dort erst seit wenigen Jahrzehnten fröhliche Urständ; dennoch hat es lange vor Auftreten organisierter Fasnet verkleidete Kinder gegeben, die sich am bromigen Freitag (Freitag vor Aschermittwoch) im Gesicht gegenseitig mit Ruß zu beschmieren versuchten; auch Fastnachtsküchlein – Schmalzgebäck – waren dort seit jeher bekannt.   *Riß*

Oooofalechle!
Ofenlöchlein!

In Weingarten grüßen sich Narren untereinander und oft auch Narren und Umzugszuschauer mit einem »Breisgau!«, und dann folgt als Gegengruß »Ofaloch!«. Sind sich zwei einander gut freundschaftlich verbunden, und es geht eher leise zu, dann wird aus dem Gegengruß auch mal ein herzliches »Oooofalechle!«

S fluicht a Vegale ibers Feld,
gebt mer au a Fasnetsgeld!
Es fliegt ein Vöglein übers Feld,
gebt mir auch ein Fastnachtsgeld! *(Huber)*

Auch ein Heischespruch (ähnlich wie »I be a armer Schweizer, gebt mir au en Kreizer.«) Zur Fasnet in Kirchbierlingen heißt es u.a.: Im Gegensatz zu anderen oberschwäbischen Orten verläuft hier die Fastnacht verhältnismäßig ruhig. Nur einen Tag lang (am Fastnachtsdienstag) ist man »narrig«. Morgens richten die Ledigen [= unverheiratete junge Burschen] den Festwagen und ziehen nachmittags mit Musik und Hallo in den benachbarten Dörfern und in Kirchbierlingen umher. Speziell örtliche Narrengestalten gibt es nicht; jeder kleidet sich nach eigenem Geschmack. Abends trifft sich Alt und Jung auf dem Tanzboden bei närrischer Unterhaltung. Besonders ulkige und spaßige Vorkommnisse des Jahres werden hier in komischen Versen ans Tageslicht gebracht. Die Kinder gehen an Fastnacht »maschkera«. Sie ziehen sich eine selbstgemachte, bemalte »Larve« [= Maske] übers Gesicht und bekleiden sich möglichst bunt und verkehrt. Mit einer Geldbörse und einem Stock bewaffnet ziehen nun diese »Maschkerer« von Haus zu Haus und sagen ihre kleinen Sprüche. ... Es ist ihnen dann nicht sehr lieb, wenn ihnen die Hausfrau statt der Münze ein »Fasnetküchle« zusteckt, das an diesem Tag in keinem Hause fehlt. Mitte 1950er-Jahre – (Huber)
Anton Huber vergleicht hier seinen Heimatort Kirchbierlingen mit einigen wenigen oberschwäbischen Städten, die damals schon organisierte Narrenzünfte hatten. Was er aber über sein Dorf schreibt, ist sicherlich auf viele andere oberschwäbische (katho-

lisch geprägte) Gemeinden in jener Zeit übertragbar. Aus dem nicht weit entfernten Griesingen ist zum Beispiel ganz Ähnliches in Wort und Bild belegt. (Gemeindebuch Griesingen) Donau

S goht drgega!
Es geht dagegen!
Es geht der nächsten Fasnet entgegen! Diesen Spruch (Trost und Hoffnung für leidenschaftliche Narren) kann man ab Aschermittwoch sagen und sich leise schon wieder auf die nächste Fasnet freuen. Nach der Fasnet ist vor der Fasnet!

Schbrenget ond soufet wia d Kelbr!
Springt und sauft wie die Kälber!
Eine in meinen Augen auch zur Fasnet nicht ganz unbedenkliche Aufforderung! Donau

Schultes, gib da Schlissl rous, bis Aschermittwoch hosch s vrschissa!
Schultheiß [= Bürgermeister], gib den Schlüssel raus, bis Aschermittwoch hast du's (bei uns) verschissen.
Es mit jemand verschissen zu haben, bedeutet, dass das Verhältnis nachhaltig gestört ist. Hier allerdings gehört der Spruch zum Ritual der fastnächtlichen (scheinbaren) Übergabe des Rathausschlüssels an die Narren am Gumpigen/Glombigen Donnerstag.

Wia schreiet dia?
Wie schreien die?
In der Fasnet hat jede Narrengruppe oder Narrenzunft ihren eigenen Ruf. Dieser wird bei fastnächtlichen Veranstaltungen, vor allem aber auch bei närrischen Umzügen im Wechsel zwischen Umzugsteilnehmern und Zuschauenden gerufen. Beispiele für Ruf und Gegenruf:
Schelle Schelle – Schell au! (Wangen / Region Allgäu)
Breisgau – Ofaloch! bzw. Blätz am Fiedla! (Weingarten / Region Schussen)
Ohu – Ohu (Ochsenhausen / Region Riß)
Kiegele – Hoi! (Ehingen / Region Donau)
Die Frage stellen sich Zuschauende, die sich nach dem Narrenruf der soeben vorbeiziehenden Gruppe erkundigen. Variante, als Frage an einen der Maskierten: »Wia schreiet ihr?« [= »Wie schreit ihr ? = Wie ruft ihr? = Wie lautet euer Narrenruf?«]

Wenn dees nemme sai deff, no kennt ma d Fasnet glei vrgessa!
Wenn das nicht mehr sein darf, dann könnte man die Fasnet gleich vergessen!
Eine wahre Begebenheit: In Baienfurt im Schussental trug viele Jahre bei den Fasnets-Umzügen ein offensichtlich geistig behinderter Mann als Clown gekleidet die Fahne der örtlichen Narrenzunft mit kindlicher Freude und ebensolchem Stolz voran. Er freue sich das ganze Jahr auf dieses Ehrenamt, versicherte mir »Mecki«, damals einer der

obersten Baienfurter Narren. Und er fuhr fort: Wenn so viel Toleranz nicht mehr sein könne, dass auch ein Behinderter in unschuldiger Freude Fasnet feiern dürfe, könne man diese glatt vergessen.

Schöner kann man den eigentlichen Sinn der Fasnet sicher kaum beschreiben!

Die Plätzler aus Weingarten beim Umzug in Wangen.

Kinderreime, Auszählverse, Zungenbrecher

Sie werden/wurden oft in der schulüblichen Schriftsprache und/oder im Singsang gerufen. (Manche gäben heutzutage Anlass zu erzieherischem Eingreifen.)

»Waschmaschine – Waschmaschine …«

… viertelstundenweise im rhythmischen Kindersingsang zu mehreren gerufen. Ich selbst hörte es vom nahen Kinderspielplatz her tönen.
Kinder rufen gerne Rhythmisches oder Gereimtes, und der Sinn ist ihnen oft völlig unklar oder schlicht gleichgültig. Sie versetzen sich mit solche Rufen gelegentlich in eine Art kollektiver und als lustvoll empfundener Trance.
In anderen Fällen steckt aber auch zuweilen böser Spott oder Ausgrenzen-Wollen eines (vermeintlichen) Außenseiters dahinter.

1 – 2 – 3:
du bisch frei!

… du bist frei!

Auszählvers

Ain Ss-tudent mit Ss-tulpen-Sstiefeln
ss-tand auf ainem ss-pitzen Ss-tain
und ss-tudierte ss-tundenlang
ss-till den Ss-tand der Ss-ternelain.

Ein Student mit Stulpen-Stiefeln
stand auf einem spitzen Stein
und studierte stundenlang
still den Stand der Sternelein.

Kein Schwäbisch, wie so viele Kinderreime und Zungenbrecher, aber seit jeher (auch) hierzulande ge-ss-prochen: Hierbei wird das norddeutsch-hanseatisch scharf gesprochene »S« an Wort- und Silbenanfängen ss-pielerisch nachgeahmt.   *Riß*

Aine klaine Kaffeebohne raiste nach Amerika.
Amerika war zugeschlossen und der Schlissl abgebrochen!
Was sagsch du? (Der Gefragte sagt eine Zahl.)

Eine kleine Kaffeebohne reiste nach Amerika.
Amerika war zugeschlossen und der Schlüssel abgebrochen!
Was sagst du?

Auszählvers, wie meist nicht in hasenreinem Schwäbisch. Dabei wird bis zur genannten Zahl ausgezählt.

**Ains, zwai, drei
und du bisch frei!**

Eins, zwei, drei
und du bist frei!

kein hasenreines Schwäbisch; Auszählvers

**Ains, zwai, drei,
wer isch wassrschei?
Wer auf drei it dunta isch,
der isch wassrschei.
Ains, zwai, ...
nicke-nacke-
nicke-nacke -
und di letschde Zahl haißt nicke-nacke drei!**

Eins, zwei, drei,
wer ist wasserscheu?
Wer auf drei nicht drunten ist,
der ist wasserscheu.
Eins, zwei ...
und die letzte Zahl heißt ... drei!

Im Freibad, rhythmisch gerufen. Eine Gruppe Kinder fasst sich an den Händen. Auf das letzte, durch ein »nicke-nacke« nochmals hinausgezögertes »Drei« tauchen alle mit dem Kopf unter die Wasseroberfläche. Der gemeinsame Spruch erleichterte die Mutprobe sehr. (Woher ich's weiß?)   *Schussen*

**Alta Vattr, däffe mr ouf Gass?
– Noi!! –
De andre Kindr sind au ouf dr Gass!
– Dia sind au fleißig und brav! –
Mir au!
– No will ich zerscht eire Housoufgaba säa! –
Do ...**

Alter Vater, dürfen wir auf die Gasse *[= Straße runter]*?
– Nein! –
Die anderen Kinder sind auch auf der Gasse!
– Die sind auch fleißig und brav! –
Wir auch!
– Dann will ich zuerst eure Hausaufgaben sehen! –
Da ... *[= Hier, sieh mal!]**

Kinderspiel: eines spielte den gestrengen »alten« Vater, alle anderen dessen Kinder.

Singsang. *Als Hausaufgabe wurde dann irgendetwas vorgezeigt: ein Blatt, ein Stöckchen, ein Steinchen … Bei jedem Durchgang durften einige Kinder »auf die Gasse«, die anderen wiederholten das Spiel so lange, bis sie auch »auf die Gasse« durften. »Gass'« hier im Gegensatz zu »in der Wohnung«.
Das Spiel wurde aber immer im Freien gespielt! 1950er-Jahre.   *Allgäu, Schussen*

Amtscheller Brobäller
scheißt ouf da Däller!

Amtzeller Propeller
scheißt auf den Teller!

Mit diesem schiergar surrealistischen Vers spotteten Pfärricher Schulkinder über die »Rivalen« von Amtzell.

Annele, Susannele, was mached daine Gens?
Se pfluderet und pflääderet und wäschet ihre Schwenz.

Annele, Susannele, was machen deine Gänse?
Sie »pfludern« und »pflädern« *[= flattern mit den Flügeln und planschen im Wasser herum]* und waschen ihre Schwänze.

der Gänsemagd bzw. dem mit dem Gänsehüten betrauten Kind nachgerufen

Annele-Susannele, wia macht ma denn da Käs?
Ma duet en in a Kiebele
und druggd en mit em Fiedele:
Drum isch da Käs so räs.

Annele-Susannele, wie macht man denn den Käse?
Man tut ihn in ein Eimerchen
und drückt ihn mit dem Po:
Darum ist der Käse so herzhaft würzig.

Aus der Schweiz gibt es die Variante:
Appazällr Maitali,
wia machsch denn du da Chäs?
I dur en in as Chübeli
und druck ihn mit em Fidali,
drum isch da Chäs so räs.
Und andersherum geht's bei den Nachbarn auch:

Zällr-Appa Maiteli,
wia chäsesch du di Mach?
I chüblen in a Dureli
und fiedlen mit em Druckcherli,
drum isch dr Räs so chäs.

**Au de gloine Nachdigalla
lasset ihre Firze gnalla.
Moinsch du denn, des schdolze Ross,
dieses hett am Aarsch a Schloss?**

Auch die kleinen Nachtigallen
lassen ihre Fürze knallen.
Meinst du denn, das stolze Ross,
dieses hätt' am Arsch ein Schloss?

Auszählvers, nicht in ganz hasenreinem Schwäbisch, aber mit Hintergrund: Auch die »hohen Damen und Herren« sind – bei Lichte betrachtet – Menschen, die menschliche oder gar allzu menschliche Dinge tun (oder lassen ...)

**Auf dr blaua <u>Doo</u>na schwimmt a Groga<u>dil</u>,
d Mottr will es fanga mit am <u>Bää</u>saschdiel.
Dr Bäasaschdiel isch z <u>kurz</u>
und d Mottr losst en <u>Furz</u>.**

Auf der blauen Donau schwimmt ein Krokodil,
die Mutter will es fangen mit einem Besenstiel.
Der Besenstiel ist zu kurz
und die Mutter lässt einen Furz.

Auszählvers

**Bah' frei,
Kardofflbrei!**

Bahn frei,
Kartoffelbrei!

*Singsang-Ruf beim Schlittenfahren, die anderen mögen die Piste räumen.
Im Singsang gerufen, zum Beispiel am Sontheimer-Hang in Weingarten*   Schussen

**Benediggd
hot s Baimle zwiggd,
hot s niamed zwiggd
als Benediggd.**

Benedikt
hat das Bäumlein gezwickt,
hat es niemand *(anders)* gezwickt
als Benedikt.

*»zwicken«: ein bisschen kneifen
Wurde Trägern dieses Namens zuweilen nachgerufen.*

Blärhäge! *oder:*
Blärhäge – ousgelacht!
Hott heit Nachd ins Beddle gmachd!

Plärr-Häge – ausgelacht!
Hat heute Nacht ins Bettchen gemacht!

Ein »Häge« ist ein Stier. (Nicht überall in Oberschwaben sagt man so!)
In übertreibender Anlehnung an einen brüllenden Stier: Verspottung eines Kindes, das
heftig und vielleicht auch viel heult und angeblich auch noch ins Bett genässt hat -
wahr oder nicht!

Schussen

Blaugrout bleibt Blaugrout
und Broutglaid bleibt Broutglaid.
Blaukraut bleibt Blaukraut
und Brautkleid bleibt Brautkleid.

Blaukraut: anderswo sagt man Rotkraut oder Rotkohl. Zungenbrecher

D Nana vo Grana hott d Hennaschua a:
henda vrschlissa
ond vonna vrschissa,
zuits koinr aa.

Die Ahne von Granheim hat die Hühner*(stall)*schuhe an:
hinten verschlissen
und vorne verschissen *[= voller Hühnerkot]*,
(so) zieht sie keiner an.

– »Ahne«: Großmutter, aber evtl. auch dorfbekannte alte Frau
– »Grana/Granheim«: Dorf, Teilort von Ehingen, auf der Schwäbischen Alb
Vielleicht einstmals böser Spott über eine Frau, die in bitterer Armut leben musste.

Där isch ens Wassr gfalla,
där hott en rouszoga,
där hot en hoimdraga,
där hott en ens Bett naiglait,
ond dr gloine Schdompr hots dr Mamma gsait.

Der ist ins Wasser gefallen,
der hat ihn herausgezogen,
der hat ihn heimgetragen,
der hat ihn ins Bett hineingelegt,
und der kleine Stumpen hat's der Mama gesagt.

Spiel mit den fünf Fingern einer Hand, mit einem Kind   Riß, Donau

Dees isch dr Dauma,
där schiddlet Pflauma,
där hebt's ouf,
där drait's hoi,
ond där gloine Schbatz
frissd se ganz alloi!

Das ist der Daumen,
der schüttelt Pflaumen,
der hebt [= liest] sie auf,
der trägt sie heim,
und der kleine Spatz
frisst sie ganz allein!

Spiel mit den fünf Fingern einer Hand. Der »kleine Spatz« ist insofern doppeldeutig, als auch das Kind damit gemeint sein kann.

Der Kaiser schiggd saine Diener ous. *Oder:*
Der Kaiser schiggd saine Soldaten ous.

Der Kaiser schickt seine Diener/Soldaten aus. *(Büchele I)*

Im Singsang zu rufen. Ein Kinderspiel von Kaiser und Gegenkaiser, Kampfansage, Kampf und siegreichem Durchbruch. Es erinnert an die hin- und hertobenden Schlachten des Mittelalters, bei denen nicht nur Kaiser, Ritter (und Soldaten), sondern auch das Volk in Mitleidenschaft gezogen wurde. (Büchele I)   *Allgäu*

Der Mond scheint schien schan schon schön.

Kein Schwäbisch, und auch nicht völlig verständliches Wortspiel:

beliebter Zungenbrecher seit jeher   *Riß*

Der Mondschein schien schon schön!

Kein Schwäbisch, aber beliebter Zungenbrecher

Do doba schdandet Franzosa, lautr Offizier,
dr Hauptma hot in d Hosa gschissa:
Babier! Babier! Babier!

Da droben stehen Franzosen, lauter Offiziere,
der Hauptmann hat in die Hosen geschissen:
Papier! Papier! Papier!

Erinnerung an napoleonische Truppen? Auszählvers?

**Dr Petr ond dr Paul,
dia hebet anand am Aur.
Se ziaget anandr d Schdiaga naa.
Dr Paule schreit: »Mai Aur isch aa!«
Dr Petr hollet s Schbätzlabrätt
ond haut em Paul no d Nasa wäg!**

Der Peter und der Paul,
die halten einander am Ohr *(fest)*.
Sie ziehen einander die Stiege *[= Treppe]* hinab.
Der Paul schreit: »Mein Ohr ist ab!«
Der Peter holt das Spätzlesbrett
und haut dem Paul noch die Nase weg!

»Spätzlesbrett«: von diesem wird (bei dieser Zubereitungsart) der Spätzles-Teig ins kochende Wasser geschabt. Donau

**Drei Bolizischda
schdeiget in a Kischda** *bzw.* **hogged in dr Kischda,
schdeiget wiedr ous
und du bisch drous.**

Drei Polizisten
steigen in eine Kiste *bzw.* hocken in einer Kiste,
steigen wieder aus
und du bist draus!

Auszählvers Schussen

**Eia popeia, schlag s Gickerle dot.
S legt mir koine Oier ond s frissd mir mai Brot.**

… schlag den Gockel*(hahn)* tot.
Er legt mir keine Eier und er frisst mir mein Brot *(weg)*.

**Eigele, Eigele, <u>Rutsch</u>bartie!
Butz da Aarsch mit <u>Glas</u>babier!**

Eugenle, Eugenle, Rutschpartie!
Putz den Arsch mit Glaspapier!

*Wurde Trägern dieses Namens spotteshalber nachgerufen.
Bei großzügiger Auslegung kann man darin eine Art Reim erahnen.* Donau

Emmi ond Glemmi gand in Gaata naa.
D Emmi kommt wiedr rouf.
Wär isch noch no donda? –
D Glemmi!

Emmi und Glemmi gehen in den Garten hinab.
Die Emmi kommt wieder herauf.
Wer ist dann noch drunten? –
Die Glemmi!

Der weibliche Vorname »Emmi« ist von Emma, Emilie, Emerenz u.ä. abgeleitet.
»Glemmi« ist frei erfunden und von »klemmen« (zwicken, kneifen: »Klemm-mich«) abgelei-
tet. Bei der erwarteten Antwort (letzte Zeile) wird das Kind spielerisch in den Arm gezwickt.

En Mondrkenga en dr Renna,
do danzet dr Gockeler mit de Henna!

In Munderkingen in der *(Straßen-)*Rinne,
da tanzt der Gockel mit den Hennen!

Der Spottvers scheint auf die bäuerlich geprägte Struktur des Städtchens abzuheben.
Außerdem eignet er sich auch als Auszählvers. Im Städtle selbst oder mehr in der Umgebung?

Donau

En Mondrkenga ouf dr Brugg,
do hot dr Ma sei Weib vrdruggd.
En Mondrkenga en dr Schdadt,
do hanget no dr Kuttlasack.
Ond wenn där Kuttlasack it wär,
no wär ganz Mondrkenga lär.

In Munderkingen auf der Brücke,
da hat der Mann sein Weib erdrückt.
In Munderkingen in der Stadt,
da hängt noch der Kuttelsack.
Und wenn der Kuttelsack nicht wär',
dann wär' ganz Munderkingen leer.

a) Munderkingen liegt an der Donau, und es gibt auch eine Donaubrücke
b) Kuttelsack, hier: Eingeweide (was beim Schlachten entnommen wird)
Der Spottvers scheint auf die kleine Bevölkerungszahl abzuheben.

Donau

En Schnellr hot es dong!
En Pfuuzger hot es glong!
En Bollaruuch isch ufagschdiega,
und uus isch es gsing!

Einen Knall hat es getan!
Ein pfeifend-zischendes Geräusch hat es von sich gegeben!
Sehr viel Rauch ist aufgestiegen,
und aus ist es gewesen!

*Könnte die kindliche Beschreibung eines Feuerwerks sein, im schönsten Bodensee-
Niederalemannisch.* *Schussen*

**Enne, denne, dutz,
dr Deifl loot en Fuz,
er doet en a Schächdele
ond brengt en dr Frau Butz.
D Frau Butz machd ouf,
dr Fuz juggd rous
ond du bisch drous.**

... der Teufel lässt einen Furz *(fahren)*,
er tut ihn in ein Schächtelchen
und bringt ihn der Frau Butz.
Die Frau Butz macht auf,
der Furz juckt heraus
und du bist draußen.
Auszählvers

**Enzerle, zenzerle zizerle zäh,
aichele baichele Gneedl!**
Auszählvers *Schussen*

**Enzerle, zenzerle zizerle zäh,
aichele baichele Knell!**
Auszählvers *Allgäu*

**Erschtglässler – Bobbele,
drinket no a Schobbele!**

Erstklässler – kleiner Kerl,
trinken noch einen Schoppen!

*»Schoppen« hier: Baby-, Nuckelfläschchen
Spottvers-Singsang älterer Schulkinder gegenüber den neu Eingeschulten*

**Es räagelet, es dropfelet,
de alte Weiber hopfelet.
Se hopflet en dr Schduba rom
ond keiet älla Häfa om.**

Es regnet leicht, es tröpfelt,
die alten Weiber hopsen *(ein wenig)*.
Sie hopsen in der Stube herum
und werfen alle Häfen um.

»Häfen« hier: Töpfe, Blumentöpfe

Könnte ein Spiel sein: Das kleine Kind sitzt auf den Knien des Erwachsen und wird im Rhythmus des Reims geschaukelt. Bei der letzten Zeile erfolgt dann der gespielte »Absturz«, vom Kind zugleich erwartet und gefürchtet. Donau

Es schneielet und beielet
und goht en kähla Wind
und fliagt a schneeweiß Veegele
oufs Kepfle jedem Kind.

Es schneit leicht, es schneit in leichten Flocken,
und es geht ein unangenehmer Wind
und fliegt ein schneeweißes Vögelein
auf's Köpflein jedem Kind.

zu Wintersbeginn

Es schneielet,
es beielet,
es goht a kiahler Wend,
s kommet dia Frau Basela
mit ihre lange Nasela
ond saget, s sei a Send.

Es schneit leicht,
es es schneit in dünnen Flocken,
es geht ein kühler Wind,
es kommen die Frauen Basen
mit ihren langen Naselein [= Näschen]
und sagen, es sei eine Sünde.

a) »schneiela«: leicht schneien (Verkleinerungsform im Verb!)
b) »beiela«: leicht (in dünnen, kleinen Flocken) schneien
Erklärung zum Spiel: Das kleine Kind sitzt auf den Knien des Vaters. Bei »schneielet« und »beielet« berühren die Fingerspitzen des Vaters rhythmisch das Kind. Bei »kialer Wend« wird dem Kind auf Rücken und Genick geblasen. Bei »lange Nasela« wird mit beiden Händen und ausgestreckten Fingern eine lange Nase gebildet. Alsdann – die Informantin erinnerte sich nicht mehr genau – erfolgt eine symbolische Strafe für das eigentlich unbotmäßige Lange-Nase-machen, vielleicht durch scheinbares Fallenlassen zwischen den Knien. Donau

Es schneielet, es beielet,
und s goht an kiala Wind.
Buaba ziaget <u>Hendscha</u> a,
und d Mädla laufed gschwind.

Es schneit leicht, es es schneit in dünnen Flocken, und es geht ein kühler Wind.
(Die) Buben ziehen Handschuhe an, und die Mädchen laufen geschwind.

a) »schneiela«: leicht schneien (Verkleinerungsform im Verb!)
b) »beiela«: leicht (in dünnen, kleinen Flocken) schneien

Es war einmal ein Mann,
der hatte eine Schtang,
die Schdang war ihm zu kurz,
da ließ er einen Furz.
Der Furz war ihm zu nass,
da ging er ouf die Gass.
Die Gass war ihm zu kalt,
da ging er in den Wald.
Da kamen zwei Franzosen
und schossen ihm in die Hosen.

(Vielleicht auch: ... da schiss er in die Hosen.)
Es war einmal ein Mann,
der hatte eine Stange,
die Stange war ihm zu kurz,
da ließ er einen Furz.
Der Furz war ihm zu nass,
da ging er auf die Gass.
Die Gass war ihm zu kalt,
da ging er in den Wald.
Da kamen zwei Franzosen
und schossen ihm in die Hosen.

Franz, Franz, Hemmedschwanz,
drei Mool acht isch vierazwanzg!

Franz, Franz, Hemdschwanz,
drei Mal acht ist vierundzwanzig!

Wurde Trägern dieses Namens im Singsang nachgerufen. Ein Hemdschwanz wird genannt, wenn am Rücken ein Hemdzipfel aus dem Hosenbund ragt.   Schussen

Franzoosa
midd de roote Hoosa,
midd de blaue Kiddl,
sind alles Dibbl.

Franzosen
mit den roten Hosen,
mit den blauen Kitteln
sind alles Dummköpfe.

Singsang-Kinderreim im französisch besetzten Nachkriegs-Friedrichshafen.
»Rote Hosen« und »blaue Kittel« bezog sich natürlich nicht auf französische Militär-
uniformen von 1945/46. Es geht auf die »Franzosenkriege« früherer Jahrhunderte zurück.
»Dibbl/Dippel«: Schafkrankheit – Geschwulst im Gehirn – Schwindelanfälle – übertra-
gen auf Menschen: »nicht ganz bei Trost«
Näheres und sehr Lesenswertes zu »Dibbl/Dippel« siehe bei Wax.

Gäabaad! – Butz da Baard! – Moon isch Suumargd!
Gebhard! – Putz *(dir)* den Bart! – Morgen ist Saumarkt!

So riefen und verspotteten sie den Träger dieses Namens. (Ob nur diesen, oder ob andere »Gebharde« auch, ist nicht überliefert.) *Allgäu, Schussen*

Gabilain,
hat Dregg am Bain,
hat's abgeschleckt,
hat gut geschmeckt.

Gabilein,
hat Dreck am Bein,
hat's abgeschleckt,
hat gut geschmeckt.

Statt »Gabi-« wurde der jeweils passende Name eingesetzt. Kein hasenreines Schwäbisch. Beliebter Spottvers im Kindersingsang. 1950er-Jahre *Schussen*

Gigampfa, wassrschdampfa, mora kommt dai Bäsle;
hott a langa Wuuschd em Sack ond a zuggrigs Häsle.

Hin und her schaukeln, im Wasser herumstampfen, morgen kommt dein Bäslein
[= *Cousinchen*];
hat eine lange Wurst im Sack [= *Jacken-, Mantel-, Schürzentasche*]
und ein Zuckerhäschen.

»gigampfa«: sich immer und unruhig auf dem Stuhl hin- und herbewegen (Wax)
In hungrigen Zeiten war Besuch, der etwas zu essen mitbrachte, besonders willkommen und wurde ungeduldig erwartet. Süßes Naschwerk geht obendrein immer …
(Alb-Donau-Kreis) *Donau*

Gigges Gagges, Oiermus
Geis gand barfus
barfus gand se
koine Schuhla hand se
Hendrem Ofa sitzet se
ond vor em Ofa schwitzet se

S'Kälble zuit am Rehma
em Oberland isch nemed
em Onderland schtoat a gotzigs Haus
do guggat a alts Schemmele raus
Ja Schemmele leabst du au no?
Morom soll i nemme leaba?

Mei Vadder isch a Weber
mei Muuder sitzt em Taubahaus
ond reißt de Tauba d'Schwenzla raus.

Moisch des Schwenzle?
Katz hoats gfressa!

Moisch dui Katz?
Ens Fuier gschpronga!

Moisch des Fuier?
S'Wässerle hot's glescht!

Moisch des Wässerle?
Dr Ochs hot's gsoffa!

Moisch der Ochs?
Dr Metzger hot a gmetzget!

Moisch der Metzger?
Dr Metzger isch en Mendelhoim,
kommt seiner Lebtag nemme hoim.

Oiermus: Eiermus – Gais: Gänse – gand: gehen – Schuhla: Schühlein [= Schühchen] – hand se: haben sie – zuit: zieht – am Rehma: am Riemen – isch nemed: ist niemand – schtoat: steht – a gotzigs Haus: ein einziges Haus – do gugget: da guckt – Schemmele: Schimmelchen (Pferd) – morom: warum – moisch: wo ist? – dui Katz: die(se) Katze – ens Fuier gschbronga: ins Feuer gesprungen – glescht: gelöscht – hot a gmetzget: hat ihn gemetzget [= geschlachtet] – Mendelhoim: (Stadt) Mindelheim

»Ich möchte Ihnen für Ihre Sammlung einen Kinderreim zusenden, den meine Großmutter Paula S. (Jahrgang 1894) allen ihren Enkeln beigebracht hat und auch von mir an meine Kinder weitergegeben wurde.« Die als Quelle benannte Großmutter hatte einen Teil ihrer Kindheit in Mindelheim (Bayrisch Schwaben) verbracht, daher wohl auch mundartliche Anklänge ans dortige Schwäbisch. Der Gewährsmann wuchs in Ehingen auf. Der Spruch wurde sicher von einem Erwachsenen kleinen Kindern vorgesagt. Er greift ja deren natürliche Eigenart auf, immer weiter nachzufragen. Eine an sich surreale Situation wird spielerisch immer weiter getrieben in einer gedanklichen Kette: Taubenschwänzle-Katze-Feuer-Wasser-Ochse-Metzger-Mindelheim-kommt nicht mehr heim.   *Donau*

Gitzegäbele – ousgelachd!
Hott heit Nachd ens Bett gemachd!

… – ausgelacht!
Hat heute Nacht ins Bett gemacht!

Kein hasenreines Schwäbisch. Ins Bett machen: einnässen, einkoten. Beliebter Spottvers kleiner Kinder noch kleineren gegenüber.

Glei bei Blaubeira leit a Gletzle Blei.
S leit a Gletzle Blei glei bei Blaubeira.

Gleich [= nahe] bei Blaubeuren liegt ein Klötzchen Blei.
Es liegt ein Klötzchen Blei gleich bei Blaubeuren.

Zungenbrecher, der auf Eduard Mörike zurückgeht. »Klötzle Blei« heißt ein Fels in Blaubeuren. Daran ist als Sinnbild ein kleines Würfelchen (vermutlich) aus Blei befestigt.

Gohsch mit mr in Wald? – *Joo!* **– Draisch mr s Kerble? –** *Joo!* **– Firchdsch da Wolf? –**
Noi! **– – – Firchdschen ääba <u>doch</u>!**
Gehst *(du)* mit mir in *(den)* Wald? – *Ja!* – Trägst *(du)* mir das Körblein? – *Ja!* – Fürchtest *(du)* den Wolf? – *Nein!* – – – *(Du)* fürchtest ihn eben <u>doch</u>!*

Ein Spiel unter Schulkindern. Bei der Frage nach der Furcht vor dem Wolf wedelt man dem »Mutigen« mit der Hand vor den Augen herum, bis dieser blinzelt.
**Die Feststellung zum Schluss wurde nur sinngemäß mitgeteilt und von mir entsprechend formuliert. Sie könnte also auch twas anders lauten oder mit entsprechenden Gesten und Lautäußerungen ausgedrückt werden.*

**Hab Sonne im Herzen und Zwiebeln im Bouch,
dann kannst du gut stinken und riechen tut's auch.**

Kann auch ein Auszählvers sein.

**Haile, haile Sääga,
drei Dag Rääga,
drei Dag Schnee:
etz dots <u>nem</u>me weh!**

Heile, heile Segen,
drei Tage Regen,
drei Tage Schnee:
jetzt tut es nicht mehr weh!

Wenn ein Kind durch Sturz oder Anschlagen usw. einen Schmerz erlitt, wird dies von einem Erwachsenen im Singsang gesagt, wobei nach jeder der drei ersten Zeilen auf die schmerzende Stelle gepustet wird. Die vierte Zeile wird dann «dramatisch-beschwörend» mit steigender Stimme gesagt.   Schussen

**Hal<u>li</u> – hal<u>lo</u> –
mi <u>beißt</u> en <u>Floh</u> –
i <u>woiß</u> it <u>wo</u> –
am <u>Hintrabob</u>boo!**

... – mich beißt ein Floh –
ich weiß nicht wo –
am *(Hintern-)*Popo!

im Kindersingsang aufzusagen   Schussen

**Hansjerg vo Schenabürg
hot sai Weib im Bett vrwirgt.**
Hansjörg von Schöneburg
hat sein Weib im Bett *(v-)*erwürgt.

»Schönebürg« ist ein Ortsteil der Gemeinde Schwendi. Ob dem Kinderreim ein wahrer Vorgang zugrundeliegt?

**Hansjerg vo Weschderflaa
keit sai Weib beim Laada na.**

Hansjörg von Westerflach
wirft sein Weib *(durch eine)* Fensterluke hinunter.

»Westerflach« ist ein Ortsteil der Stadt Laupheim. Ob auch diesem Kinderreim ein wahrer Vorgang zugrundeliegt?

**Hänsl ond Greetl gand iebr da Bach,
Hänsl hot gschissa, ond Grettl hot glacht.**

Hänsel und Gretel gehen über den Bach,
Hänsel hat geschissen, und Gretel hat gelacht.

Eignet sich zur Not auch als Auszählvers.

**Heil a bissle, lach a bissle,
moora kommt dai Bäs,
hot a langa Wuuschd em Sagg
ond en Breggl Käs.**

Heul ein bisschen, lach ein bisschen,
morgen kommt deine Base *[= Cousine]*,
hat eine lange Wurst in der Tasche
und einen Bröckel *[= größere Portion, von »Brocken«]* Käse.

Trost für weinendes Kind   *Donau*

**Heil a bizzle, lach a bizzle,
morga kommt dai Bäsle,
hot a langa Wurschd im Sagg
und a zuggrigs Hääsle.**

Heul ein bisschen, lach ein bisschen,
morgen kommt dein Bäslein *[= Cousinchen]*,
hat eine lange Wurst in der Tasche
und ein zuckriges Häschen *[= Zuckerhäschen]*.

Trost für weinendes Kind   *Schussen*

**Hein au, lach au,
morga kommt dai Bäsle,
hot a langa Wurschd im Sagg
und a zuggrigs Häsle.**

Weine nur, lache nur,
morgen kommt dein Bäschen *[= Base, Cousine]*,
hat eine lange Wurst in der Tasche
und ein zuckriges Häschen *[= Zuckerhäschen]*.

Trost für weinendes Kind

**Hendr Herra Hecka Hansa Hasahous
hanget hondrt huirige Hasa rous.
Hondrt huirige Hasa hanget rous
hendr Herre Hecka Hansa Hasahous.**

Hinter Herren Hecken Hans' Hasenhaus
hängen hundert heurige *[= diesjährige]* Hasen heraus.
Hundert heurige Hasen hängen heraus
hinter Herren Hecken Hans' Hasenhaus.

Zungenbrecher, vielleicht in Anspielung auf den Schlachttag, als die schlachtreif gewordenen Stallhasen des laufenden Jahres geschlachtet wurden.   Riß

**Henterm Hannes sainem Hous
gugged hondert Hasa rous.
Hondert Hasa gugged rous
henterm Hannes sainem Haus.**

Hinter Hannes seinem Haus
gucken hundert Hasen heraus.
Hundert Hasen gucken heraus
hinter Hannes seinem Haus.

Zungenbrecher

**Hentrem Ofa leit a Schlouch,
dai Vaddr hot en Gummibouch.
Hentrem Ofa schdohd a Schdiale,
dai Vaddr goht ens Kendrschiale.**

Hinterm Ofen liegt ein Schlauch,
dein Vater hat einen Gummibauch.
Hinterm Ofen steht ein Stühllein *[= Stühlchen]*,
dein Vater geht ins Kinderschüllein *[= schülchen]*.

»Kinderschule« (noch um 1950) wurde später zum Kindergarten und inzwischen teils auch zur Kita. Hier eine vierzeilige Fassung aus dem nördlichen Oberschwaben. Sie könnte auch ein Auszählvers sein.   Donau

**Herr Hagen,
darf ich fragen,
welchen Kragen
Sie getragen,
als Sie lagen
krank am Magen
auf dem Weg nach Kopenhagen?**

Kinderreim, vielleicht auch Auszählvers

**Herr Maier kam geflogen
ouf ainem Bollen Dräck,
da schossen ihm die Franzosen
die Unterhosen weg.**

Herr Maier kam geflogen
auf einem Erdklumpen,
da schossen ihm die Franzosen
die Unterhosen weg.

**Herr Maier kam nach House,
bei Näbel und bei Nacht,
da hat er ous Versehen
die Schdalltür oufgemacht.
Er maint, er sei im Bette
bei sainer lieben Frau,
und küsste um die Wette
das Hinterteil der Sou!**

Das habe ich zur Abwechslung mal nicht in die Schriftsprache übertragen.

Hexabolla hot s Fiedla vrschnolla!

Hexenbollen hat den Po *(wie einen Luftballon)* zerrissen/explodiert.

Spottvers, riefen Kinder in rhythmischem Singsang jemand nach. (Erinnerung an Hexenverfolgung?) (eigentlich hier unübersetzbar: »-bollen«: Kugel/Klumpen) Schussen

**Hidl – hadl – Holderstock,
wiaviel Herner schdreggd dr Bock?
Ains - zwai - drei ...
ond du bisch frei!**

Hidl – hadl – Holunderstrauch,
Wieviele Hörner streckt der Bock?
Eins - zwei - drei ...
und du bist frei!

Auszählvers Donau

**Hildegard
hot Fresch im Sagg,
schreiet alle kwak-kwak-kwak!**

Hildegard hat Frösche im Sack [= Jacken-, Mantel-, Schürzentasche],
(und diese) schreien alle quak-quak-quak.

Spottvers zu Trägerinnen des Namens; im Kindersingsang; 1950er-Jahre

**Hintrem Oofa liegt en Schlouch,
dain Vaddr hott en Gummibouch.**

Hinterm Ofen liegt ein Schlauch,
dein Vater hat einen Gummibauch.

Könnte auch ein Auszählvers sein. Schussen

**Hoch soll er leben, hoch soll er leben, drei-maal Hoch!
Dick soll er werden, dick soll er werden, kuuugelrund!
Kinder soll er kriegen, Kinder soll er kriegen, drei-maal neun!
Hundert soll er werden, hundert soll er werden ... ???**

Kindergarten um 1950; vielleicht gab es noch mehr Strophen; das Ende der vierten ist mir nicht mehr erinnerlich. Schussen

Hoigau – voolhau – de leere Leit it mit eis lau – Beero – Beero!

Heimgehen – *(die Körbe)* voll haben – die leeren Leute *[= die mit leeren Körben]* nicht mit uns *(gehen)* lassen – ...

Rhythmischer Singsang vor der Heimkehr vom Beerenpflücken im Wald; damit wurden die verstreut Pflückenden zusammengerufen. um 1930, Ummendorf-Fischbach

**Hol a Päckle »Hau-me-blau« und a Gickle »I-be-dumm«,
und wenn du abr oone kommsch, haue di em Viereck rum!**

Hol ein Päckchen »Hau-mich-blau« und ein Tütchen »Ich-bin-dumm«,
und wenn du aber ohne kommst, so haue ich dich im Viereck herum.

Aufforderung an Kinder am 1. April, besagte »Waren« beim Kaufmann zu besorgen. Die »Drohung« sollte das Kind wohl nur zur Eile anspornen, bevor es durch Nachdenken draufgekommen wäre, dass es dies alles gar nicht zu haben gibt. Was wie eine böse Drohung aussieht, ist natürlich ein Scherz. Ähnliches geschah auch mit dem angeblichen Bedarf an einem »Tapetahobl«, dem »Feierobedhobl« oder dem »gläserna Holzschlegl«.

**Holz häär zom Facklafuir
odr a Buschl Schdrau,
odr ma henged d Läda ous,
des duats au!**

Holz her zum Fackelfeuer *(Feuer am Funkensonntag)*
oder ein Büschel Stroh,
oder wir hängen die *(Fenster-)*Läden aus *(und verbrennen diese)*,
dies täte es auch *[= dies würde uns »zur Not« auch genügen]*!

So riefen die Holzsammler für das Feuer am Funkensonntag (Sonntag nach Fastnacht), um einen möglichst großen Holzstoß errichten zu können. Riß

Hoppe, hoppe Reiter,
wenn r fällt, no schreit r.
Fällt är in den Graben,
dann fressen ihn die Raben,
fällt er in den Sumpf,
dann macht es einen Plumps!
Kind wird auf den Knien geschaukelt und bei der letzten Zeile scheinbar fallengelassen

Hosch mr a Mässr? – *Jo!* **– Hosch mr a Gaabl? –** *Jo!* **– Hosch mr an Leffl? –** *Gugg amool do nouf!*
Hast du mir ein Messer? – *Ja!* – Hast du mir eine Gabel? – *Ja!* – Hast du mir einen Löffel? – *Schau mal da hinauf!*

Kinderspiel. Das kleine Kind sitzt auf dem Schoß oder den im Liegen hochgestellten Knien des Erwachsenen. Frage und Antwort im Singsang. Bei der Aufforderung ans Kind, nach oben zu schauen, lässt man das Kind scheinbar vom Schoß oder von den Knien abstürzen.

Hugo,
schdinksch du so?

Hugo,
stinkst du so?

wurde Trägern dieses Namens im Singsang nachgerufen

Huit isch Sankt-Johannis-Dag, keit mr a Scheit vum Lada ra! *oder:*
Huit isch Sankt-Johannis-Dag, werft mr au a Scheitle ra!

Heut ist Sankt-Johannis-Tag, werft mir ein Scheit vom Laden *[= Fensterluke]* herab! *oder:* ... werft mir auch ein kleines Scheit herab!

»Scheit«: ofenfertig aufbereitetes Stück Brennholz; »Scheitle«: kleineres Scheit
»Auch um das Sommersonnwendfest ranken sich viele Vorstellungen«. (Büchele II)Der Verfasser berichtet von der christlichen Umdeutung zum Johannesfest und von den ursprünglich vorchristlichen Bräuchen. Zum Entzünden entsprechender (Johannis-) Feuer wurde mit den obigen Rufen Holz erbettelt. *Allgäu*

I gib ous
und du mosch nous!
Ich gebe aus und du musst hinaus!
Auszählvers *Schussen*

In Ulm, um Ulm, und um Ulm rum. *oder:*
In Ulm, um Ulm, und um Ulm herum.
Zungenbrecher

**Isak, Jakob, Benjamin,
hocket im a Wägele dinn.
Oiner ziat, oiner schiabt.
Wiaviel hocket noch no dinna?**

Isak, Jakob, Benjamin,
hocken in einem Wägelchen drin.
Einer zieht, einer schiebt.
Wieviele hocken dann noch drin?

Einer oder keiner! Je nachdem, ob »Isak« als »Isaak« (Vorname) oder als »I sag« (»Ich sage«) gedeutet werden soll.

**I waisch dr Glick zom Namesdag,
em Henna- ond em Entaschlag,
d Schdiaga rouf ond d Schdiaga na,
i kennt dr grad da Grend verschla.**

Ich wünsch dir Glück zum Namenstag,
im Hennen- und im Entenschlag,
die Stiegen herauf und die Stiegen herab,
ich könnte dir gerade den Kopf verschlagen.

Namenstag: »Festtag eines Heiligen, der von dem Namensträger in manchen Gegenden statt des eigenen Geburtstags oder wie dieser gefeiert wird« (Duden)
»-schlag«: Stall
»Stiegen«: Treppen
»verschlagen«: verhauen
Brauch und Gratulation zum Namenstag sind inzwischen wenigstens hierzulande weitgehend ausgestorben. Der Vers stammt aus Zeiten, als es noch üblich war und man als Kind Erwachsenen in der Familie und Nachbarschaft zum Namenstag gratulierte und dafür wohl auch ein kleines Geschenk erwartete. Die letzte Zeile wurde vielleicht um des Reimes willen angefügt und war sicher nicht ernst gemeint.   Donau

**Josafee,
Dreschmaschee,
gang mit mir zum Danza!
Nemm a Schdiggle Wuusch en Sagg,
gib's de Musikanta!**

Josefine,
Dreschmaschine,
geh mit mir zum Tanzen!
Nimm ein Stückchen Wurst in der Tasche mit,
gib's den Musikanten!

Wurde Mädchen mit dem früher recht häufigen Vornamen Josefine spotteshalber nachgerufen. Es gibt auch eine südoberschwäbische Variante:
Josefine - Dreschmaschine ...
Nimm a Schdiggle Wurschd in Sack, ...   Riß, Donau bzw. Allgäu, Schussen

Josefee,
hot s Hemmed hee:
vorna isch s vrrissa,
henta isch s vrschissa!

Josefine
hat ihr Hemd kaputt:
vorne ist es zerrissen,
hinten ist es verschissen *[= mit Kot beschmiert]*!

Wurde Trägerinnen dieses Namens nachgerufen.   Riß

Kaiser, wie viel Schritte schenkst du mir?

Kein Schwäbisch. Im Singsang zu rufen. Kinderspiel. Es erinnert an die Zeiten, als das Volk den Kaiser um dessen Gunst bat, selbst wenn es hier beim Spiel nur um »Hennadäpperla« (»Hühnertäpperchen«: kleinste Schritte) oder um »Riesenschritte« geht. »Kaiser« und »Volk« achten sehr darauf, dass die »Etikette« eingehalten wird. Wer mogelt, wird vom »Kaiser« entsprechend weit wieder zurückgeschickt. (Büchele I)   Allgäu

Kaiser, wieviel Schritte darf ich reisen? – *Fimf Hennadäbbr!* **–**
Darf ich? – *Ja!* **bzw.** *Nein!* **–** **Danke!**

... Fünf Hühner*(trippel)*schritte!

Wie oft bei Kinderreimen kein hasenreines Schwäbisch. Kinderspiel im Dialog zwischen dem »Kaiser« und den übrigen. Bei einem »Ja!« rückte man die entsprechende Schrittzahl vor (im Beispiel: fünf). Bei »kaiserlichem Nein« musste man stehenbleiben, ebenso, wenn man nach erteilter Erlaubnis das »Danke« vergessen hatte.

Kamifeagr kreideweiß
hot a Säckle volla Leis,
ka s it vrtraga,
keits auf da Waga;
wenn da Waga bricht,
keit r s ouf da Mischd!

Kaminfeger kreideweiß
hat ein Säcklein voller Läuse *(bei sich)*,
kann es nicht *(länger)* tragen,
wirft es auf den Wagen;
wenn der Wagen bricht,
wirft er es auf den Mist*(haufen)*!
Könnte ein Auszählvers sein.

**Karlema hot Hosa a,
henta ond vonna Gleckla da!**
Karlemann hat Hosen an, hinten und vorne Glöcklein dran.
Wurde Trägern des früher häufigen Vornamens Karl spotteshalber nachgerufen.

**Kaschper, Kaschper, Geigaboga,
was du sagsch, des isch vrloga!**
Kaspar, K., Geigenbogen*,
was du sagst, das ist erlogen!
In früheren Jahrzehnten konnte nahezu jeder Lehrer Geige spielen, um den Schulgesang zu begleiten. Der Geigenbogen war den Kindern also ein vertrauter Gegenstand. Sinn: vermutlich im Singsang, wenn man jemand nicht glaubte.

**Kennt ihr die Geschichte
von der Wasserflut,
die der Seestadt Leipzig
großen Schaden tut?**
Kein Schwäbisch, aber hierzulande einst gebräuchlich, und ein Vers, um andere hereinzulegen: Denn seit wann wäre Leipzig eine Stadt an der See?

Kepfle – Beichle – Feierwehrschleichle!
Köpflein – Bäuchlein – Feuerwehrschläuchlein!
Ein schon aus anatomischen Gründen nur unter Buben in Kindergarten und Grundschule beliebtes Spiel: Mit obigen, rhythmisch gesprochenen Worten wird nacheinander (von oben nach unten) auf die entsprechenden Körperpartien gedeutet oder diese gar (über der Kleidung) angetippt. Wenn sich dann der damit Überraschte in einer reflexhaften Bewegung kurz zusammenkrümmte, freilich ohne irgend einen Schmerz verspürt zu haben, so freute dies den anderen. Schussen

**Kindrschialer – Subbadrialer!
Großschialer, Fratza – griaget alle Datza!**
Kinderschüler, Suppensabberer!
Großschüler, Fratzen – kriegen alle Tatzen!

»Kinderschüler«: Kindergartenkinder; noch in den 1950ern gingen sie in die sog.»Kinderschule«. Großschüler«: diejenigen Kinder, die – kaum älter – bereits in die Grundschule gingen.
»Tatzen«: Früher übliche Schläge des Lehrers mit einem Stöckchen auf die ausgestreckte Kinderhand. (https://de.wikipedia.org/wiki/Tatze_(Strafe))
Gegenseitige Neckrufe, im Singsang.

Kindrschialer, Subbadrialer!
Nimmt da Leffl mit schbaziera!

Kinderschüler, Suppensabberer!
Nimmt den Löffel mit spazieren!

»Kinderschüler«: Kindergartenkinder; noch in den 1950ern gingen sie in die sog. »Kinderschule«. Gegenseitige Neckrufe, im Singsang.

Kloos, Kloos, Dickrfiedla,
loss mr au en Epfl liega.
Mir oin, dir oin, bloß em besa ... koin!

Sankt Nikolaus, du Dicker-Po [= dicker Mann],
lass mir auch einen Apfel liegen.
Mir einen, dir einen, bloß dem bösen ... keinen.

Das erwünschte Geschenk des Nikolaus: ein Apfel! War wohl eher kein wirklicher Wunsch an den Nikolaus, denn so etwas hätte man sich nie getraut, sondern einer der vielen Spottverse von Kindern untereinander. Aus Wangen wird berichtet: Die Buben riefen es dem Nikolaus nach und rannten dann schnell weg, wenn er sich umdrehte.

Königs-Kaisers-Töchterlein

Kein Schwäbisch. Im Singsang zu rufen. Kinderspiel.
Dabei sitzt eine »Kaiserstochter« auf einem hohen Stein. Das »Volk« umschreitet den Stein, wälzt den Stein um, und die »Kaiserstochter« fällt zu Boden. Sie stellt möglicherweise die germanische Göttin »Holda« dar, die während der Wintermonate gefangen gehalten und im Frühjahr befreit wird. (Büchele I)

Lirum larum Leffelschdiel,
gloine Kendr griaget viel.
De grauße loot ma laufa,
dia sollet sich was kaufa.

... Löffelstiel,
kleine Kinder kriegen viel.
Die großen lässt man laufen,
die sollen sich was kaufen.

Es bleibt offen, ob die »grauße« größere Kinder oder die »Großen« (Erwachsenen) sind. Rhythmisch oder im Singsang zu sprechen.   Donau

**Lirum larum Leffelschdiel,
wer dees it ka, der ka it viel!**
... Löffelstiel,
wer das nicht kann, der kann nicht viel!

**Ludwiglain – Stachelschwain,
oufgeblasen wie ein Schwain!**
Auch kein hasenreines Schwäbisch! – Wurde Trägern dieses Namens zum Spott nachgerufen; die Namen waren austauschbar.

**Ludwiglein – dick und fein,
aufgeblasen wie ein Schwein!**
Im Singsang. Der Name ist beliebig austauschbar.

Machet ouf das Tor! *(2x)*
**Es kommt ein gold'ner Wagen.
Was will er – will er denn?** *(2x)*
**Er will die Schönste haben.
Engale draaga, niemand saaga,
Mamma saaga, Babba saaga,
hooch ins Himmele,
nab in d Hell!
Was rumpelt und pumpelt in meiner Kammer herum?
Es ist der Teufel – Hinaus mit ihm!**

...
(Das) Engelchen tragen, niemand sagen,
(der) Mama sagen, *(dem)* Papa sagen,
hoch in das Himmellein [= *Himmelchen*],
hinab in die Hölle.

Teils kein Schwäbisch. Im Singsang zu rufen. Kinderspiel. Statt »die Schönste« kann auch ein Name eingesetzt werden. Die Verse (Teil 2) wurden im Anschluss an den gesungenen Teil 1 gesagt: Zwei Kinder bildeten das Tor, das während des Singens alle anderen passieren mussten. Bei »will die Schönste haben« wird das im »Tor« befindliche Kind festgehalten und gefragt, hinter welchen der beiden »Tormacher« es sich stellen will. Diese haben zuvor verabredet, wer von ihnen »Engela« (Engelchen) und »Deifela« (Teufelchen) ist. Die hinter dem »Engele« Stehenden wurden unter Absingen der Strophe »Engale draaga ...« auf die Handschaukel gesetzt. Die »Deifela« wurden innerhalb des »Tores« hin- und hergeschuckt [= gestoßen], wobei »Was rumpelt ...« gesungen wurde. Auch diesem Spiel liegen mythische Vorstellungen von Himmel, Hölle, Engel, Teufel zugrunde. Es bezieht sich vermutlich auf den Ritt der Toten über die goldene Totenbrücke zur Totenwohnstätte, ins Reich der germanischen Göttin Hel. (Büchele I) Nach meiner eigenen Erinnerung konnte es auch nur der erste Vers sein.

**Maikäfer, fliag,
dain Vatter isch im Kriag,
dai Muoddr isch im Grankahous,
und henkt da Aarsch zum Fenschdr rous.**
Maikäfer, flieg,
dein Vater ist im Krieg,
deine Mutter ist im Krankenhaus,
hängt den Arsch zum Fenster hinaus.

eine nichtoffizielle Variante des bekannten Kinderlieds aus der Kindergartenzeit, um 1950

**Meine Mu-, meine Mu-, meine Mutter schickt mich her,
ob der Ku-, ob der Ku-, ob der Kuchen fertig wär.
Wenn er no-, wenn er no-, wenn er noch nicht fertig wär,
käm ich mo-, käm ich mo-, käm ich morgen wieder her.**

Kein Schwäbisch, aber weitbekannt. Info: Früher (auch um die 1950-er noch) war es in Stadt und Land üblich, fertig vorbereitete Kuchen zum Bäcker zu bringen, damit er sie backe.

**Metzger, wetz mai Metzgermessr,
Metzger, wetz mr s guat.
Morga moss dr Metzger metzga,
wetz mr s Messr guat.**

Metzger, wetze mein Metzgermesser,
Metzger, wetze es mir gut.
Morgen muss der Metzger metzgen *[= schlachten]*,
wetz mir das Messer gut.

Metzger: Schlachter/Fleischer. Zungenbrecher

**Michele-Mächele
brunzd ins Kächele.
S Kächele <u>rinnt</u>
und s Michele <u>stingt</u>.**

… uriniert ins Kächele *[= Töpfchen]*.
Das Kächele rinnt *[= wird undicht]*
und das Michele stinkt.

Wurde Trägern des Namens Michael nachgerufen oder diente als Auszählvers.

**Michele-Mächele
soicht ens Kächele.
S Kächele gracht
ond s Michele lacht.**

... uriniert ins Kächele *[= Töpfchen]*.
Das Kächele kracht *[= zerbricht]*
und das Michele lacht.

Statt »soicht« (seichen) gibt es auch die Variante mit »brunzt« (brunzen).
Wurde Trägern des Namens Michael nachgerufen oder diente als Auszählvers.

Ois, zwoi, drei,
nicke nacke nei,
nicke nacke nuss
ond du bisch duss!

Eins, zwei, drei ... und du bist draußen!

Auszählvers

Ond i ben von Ennabeira – vo dr hendrschda Alb.
Ond i lass mr was gfalla – abr au it gar alls!

Und ich bin von Ennabeuren – von der hintersten Alb.
Und ich lass mir *(schon)* was gefallen – aber auch nicht gar alles!

Ennabeuren ist ein Albdorf, das zu Heroldstatt gehört. Hier steht es wohl für »Hinter-
pfuiteufel«.
                                                                                          Donau

Onser Katz hott Jonge gheet, siebne an dr Zahl:
seks drvo send Zentrum ond oina National.

Unsere Katze hat Junge gehabt, sieben an der Zahl:
sechs davon sind Zentrum und eine National.

Weist klar auf die Weimarer Republik und auf die im hiesigen Raum besonders häufig
gewählte Zentrumspartei. Ob unter »National« die »Deutschnationalen« oder die
»Nationalsozialisten« gemeint waren, muss offenbleiben.
Kinderreim, Auszählvers   *Donau*

Ouf dem Berge Sinaï
wohnt der Schneider Kikriki.
Seine Frau, die Grete,
saß auf dem Balkon und nähte.
Fiel herab, fiel herab,
und das linke Bein war ab.

Kam der Doktor angerannt
Mit der Nadel in der Hand.
Näht es an, näht es an,
dass sie wieder laufen kann.

»Sinaï«: das »ï« am Wortende ist getrennt vom »a« zu sprechen: »Sina-i«.
Kein Schwäbisch. Wurde im Kinder-Singsang aufgesagt. Um 1950.
Der zweite Vers wurde oft weggelassen.

**Ouf dr griena Wiesa sitzd a Weib ond scheißt,
do kommt drher sell Biable ond nemmt en Schdoi ond schmeißd.
»Oh Bua, lass doch dai Schmeißa,
du siehsch, i moss grad scheißa.«
Der Bua, der schmeißt halt doch
ond driffd se grad oufs Loch.**

Auf der grünen Wiese sitzt ein Weib und scheißt,
da kommt daher jenes Büblein und nimmt einen Stein und schmeißt.
»Oh Bub, lass doch dein Schmeißen,
du siehst, ich muss grad scheißen.«
Der Bub, der schmeißt halt doch
und trifft sie geradewegs aufs Loch.

Könnte auch als Auszählvers dienen.

**Ouf em Bergele schohd a Wirtshous,
gugget a Weib rous,
dees hoißd Greet.
Hot en Rollakopf ond an Bollakopf
ond a Naas wia a Drombeet.**

Auf dem Berglein steht ein Wirtshaus,
(es) guckt ein Weib raus,
dieses heißt Grete.
Hat einen Lockenkopf und einen großen runden Kopf
und eine Nase wie eine Tompete.

»Bolla/Bollen«: *rundliches, dickes Gebilde, Klumpen, Knollen (Duden)*
»Den Vers hat mein Vater gesungen, meist, bis ich geweint hab, weil ich immer meinte, mit der Gret (Margret) meine er mich. War auch pure Absicht.«   Donau

**Ouf em Dirmle
sitzd a Wirmle,
hot a Schirmle en dr Hend.
Kommt a Schdirmle,
nemmt em Wirmle
s Schirmle ous dr Hend.**

Auf dem Türmchen
sitzt ein Würmchen,
hat ein Schirmchen in der Hand.
Kommt ein Stürmchen,
nimmt dem Würmchen
das Schirmchen aus der Hand.   Donau

Ous dr Baa!
Aus der Bahn!
Ruf beim Schlittenfahren, die anderen mögen die Piste räumen. Zum Beispiel am schulischen »Sporttag im Winter«, Ehingen, am sog. »Schdeila Hang« (Albstraße).
Donau

Ox am Berg!!!
Ochs' am Berg!
Einer steht vor einer Wand und dreht den Mitspielern den Rücken zu. Dabei ruft er, mal gedehnt, mal ganz schnell, mal teils schnell und teils langsam, den Ruf. Vor »Berg« wird meist eine mehr oder weniger lange Kunstpause eingelegt. Und manchmal auch nicht, um den Überraschungseffekt zu erhöhen. Nur solange er ruft, dürfen die anderen einen oder mehrere Schritte vorwärts tun, bis sie zuletzt an der Wand anschlagen können. Sobald aber der Rufer mit seinem Spruch fertig ist, dreht er sich blitzschnell um. Wer dann noch nicht wieder stillsteht, muss zurück. Wer als erster anschlägt, ist der nächste Rufer.

Paule, Paule, pupp pupp pupp,
koch mr aine Wassrsupp!
Wurde vermutlich Trägern dieses Namens nachgerufen.

Petr hot an Garta kauft
om sieba Doused Gulda.
Im Garta schdoht a Baimle,
am Baimle hanged a Epfele,
im Epfele isch a Kernle,
im Kernle isch a Zettele,
auf dem Zettele schdoht
1 – 2 – 3,
und du bisch frei!

Peter hat einen Garten gekauft
um sieben Tausend Gulden.
Im Garten steht ein Bäumchen,
am Bäumchen hängt ein Äpfelchen,
im Äpfelchen ist ein Kernchen,
im Kernchen ist ein Zettelchen,
auf dem Zettelchen steht
1 – 2 – 3
und du bist frei!

Auszählvers

Petersilie, Suppenkrout,
wächst in unserm Garten.
Gretel ist die schönste Brout,
kann nicht länger warten.

Bis hierher in schönem Singsang. Ab jetzt in stakkato-ähnlichem Sprechgesang:
Hinter einem Tannenbusch
gab sie ihrem Schatz ein Kuss.
Und was dann? Und was dann?
Hansi war ihr Bräutigam.

Kindergartensingspiel. Die Namen sind austauschbar.

Pfääre, Pfääre git it luck,
bis Amdschell im Dräck dinn huckt.

Pfärrich, Pfärrich gibt nicht nach,
bis Amtzell im Dreck drin hockt.

So sollen die Pfärricher früher aus alter Ortsrivalität über die Amtzeller gespottet haben.

Pfääre,
wenn i di sieh, no bläre!

Pfärrich,
wenn ich dich sehe, dann plärr ich!

Auch so sollen die Amtzeller früher aus alter Ortsrivalität über die Pfärricher gespottet haben.

Reisbrei ond Riebeles-Subba,
eisr Katz hott sieba Dupfa:
vonna drei ond henda vier –
heidanei, isch dees a Dier!

Reisbrei und Riebeles-Suppe,
unsere Katze hat sieben Tupfen:
vorne drei und hinten vier:
ei potzblitz, ist das ein Tier!

»Riebela«: Suppeneinlage aus feingeriebenem Nudelteig. Wer eine Riebelessuppe selber zubereiten will: http://www.mamas-rezepte.de/rezept_Schwaeb_Riebelesuppe-12-1277.html. Man kann im Supermarkt auch fertige Riebela kaufen.
»Dupfa / Tupfen« hier: andersfarbige Flecken im Fell

Rengel, rengel, Rosa,
d Buaba draget Hosa,
d Mädla draget Regg,
falled en da Drägg.

Ringel, ringel, Rosen,
die Buben tragen Hosen,
die Mädchen tragen Röcke,
fallen in den *(Straßen)*dreck.

Seinerzeit waren die Straßen meist unbefestigt, man konnte also leicht dreckig werden. Vielleicht ist es ein Auszählvers.

Rennfahrer Bibele
soicht in a Kiebele,
leert s wiedr ous
und du bisch drous!

… macht Pipi in ein Kübelein [= *Eimerchen*],
leert's wieder aus
und du bist draus!

Auszählvers *Allgäu*

Rennfahrer Kächele,
brunzt in a Kächele.

… macht Pipi in ein Töpfchen.

Vielleicht das Fragment eines weitergehenden Spruchs, doch der Informant ist sich sicher, es in seiner Kindheit (1950-1960) immer nur so gehört und selber gesagt zu haben.

Schussen

Ressle, Ressle bschlaaga,
moss bis ouf Ulm na faara.
Schdoot a Schmiedle näh drbei:
Ach Schmied, bschlag doch mai Ressle glei!
Isch a Nägele zweit naiganga,
muass mrs rousziah mit dr Zanga.

Rösslein, Rösslein beschlagen,
muss bis nach Ulm hinunter fahren.
Steht ein Schmied*(lein)* nahe dabei:
Ach Schmied, beschlag mein Rösslein doch gleich!
Ist ein Nägelein zu weit hineingegangen,
muss man es herausziehen mit der Zange.

Ri ra rutsch,
mir fahret mit dr Kutsch,
mir fahret mit dr Schneckaboscht,
wo es kainen Pfennig koscht.
Ri ra rutsch,
mir fahret mit dr Kutsch.

Ri ra rutsch,
wir fahren mit der Kutsch',
wir fahren mit der Schneckenpost,
wo es keinen Pfennig kost'.
Ri ra rutsch,
wir fahren mit der Kutsch'.

Kann auch gesungen werden.

Ringa, Ringa, Raila,
d Hüehner leget Aila,
se sitzed onterm Holderbusch
und machet alle husch-husch-husch!

… die Hühner legen Eilein,
sie sitzen unterm Holunderbusch
und machen alle husch-husch-husch.

Ringa, ringa, Rosa,
schene Aprikosa,
Veilchen ond Vergissmeinnicht,
alle Kindr setzen sich,
ade Mamma, ade Pappa,
ringele, ringele, hoppsassa!

R., r., Rosen, schöne Aprikosen, …

Im Kindergarten; vielleicht um die Helikopter-Eltern höflich vor die Tür zu schicken?

Ringele, ringele Raia,
d Mädla gond in d Maia,
d Buaba gond in d Haslbusch,
schreiet alle husch – husch – husch!

Ringele, ringele Reihen,
die Mädchen gehen in die Maien,
die Buben gehen in den Haselbusch,
schreien alle …

»in die Maien gehen«:
– auf Liebespirsch gehen (in dieser Altersklasse eher unwahrscheinlich …)
– ins frische Frühlingsgrün hinausgehen und Blumen pflücken
Im Kindergarten mussten die Mädchen dann zur einen Seite vom Weg weg und die Buben zur anderen Seite. Beim abschließenden Husch … kamen dann alle wieder hervor.

Schussen

Ringlain, Ringlain, du muscht wandern,
von der ainen Hand zur andern,
Oh wie, oh wie, oh wie schön
muss das Ringlein weitergeh'n.

Im Sitzkreis wird ein Gegenstand (»Ringlein«) hinter dem Rücken verborgen von Hand zu Hand weitergegeben und dabei das Liedlein gesungen. Es gibt unterschiedliche Melodien, zu denen der Reim gesungen wird. Eine Text- und Spielvariante findet sich unter »Liedern«.

S goht a Miggle
ibers Briggle,
kommd en Floh,
ond där machd so ...
S Miggle lachd,
s Briggle grachd,
blomps, do liegt es dronda.
Es geht ein Mücklein
übers Brücklein,
kommt ein Floh,
und der macht so ...
Das Mücklein lacht,
das Brücklein kracht *(zusammen)*,
plumps, da liegt es drunten.

Sicher ein Reim, bei dem man kleine Kinder auf den Knien sitzen und zuletzt scheinbar hinunterfallen lässt, wobei mit »Miggle / Mücklein« das Kind selbst gemeint sein könnte. Donau

S rengelet und schneielet und s goht en kiala Wind.
Und wenn dr Guggugg Buaba holt, no isch es au koi Sind!

Es regnet leicht und schneit leicht, und es geht ein kühler Wind.
Und wenn der Kuckuck Buben holt, dann ist es auch keine Sünd'.

Spottvers gegen Jungen - Etwas ganz Seltenes!

S rengelet und schneielet,
und d Boura fihret Mischt.
Se hocket auf da Waga nouf
ond schreiet »hott« und »wüscht«!

Es nieselt und schneit leicht,
und die Bauern führen Mist *(auf's Feld)*.
Sie hocken *[= sitzen]* auf den Wagen hinauf
und schreien »hott« und »wüscht«!

»Hott« hieß für die Zugtiere »rechts abbiegen«. »Wüscht« hieß für die Zugtiere »links abbiegen«. Riß

Sankta Kloos, du Kläpprfiedla,
lass mir einen Epfl liega.

Sankt Nikolaus, du Klapper-Po [= klapperdürres Gestell],
lass mir einen Apfel liegen.

Der Nikolaus wird selbst als ärmlich erkannt. Das erwünschte Geschenk: ein Apfel! Riß

Schella wia Wella
ond Nudla wia d Feischt!

Schellen wie Wellen
und Nudeln wie Fäuste!

Bei Wax ist nachzulesen, was unter »Schelle« alles gemeint sein kann. Nichts davon indes ist in Beziehung zu »Welle« zu bringen, außer dass es sich damit reimt. »Nudeln« ist mehr als man heutzutage meist darunter versteht. Es sind auch durchaus faustgroße Hefeteig-Gebilde damit gemeint. Riß

Schellet se it an sellera Schella!
Selle Schella schellet it.
Schellet se an sellera Schella!
Selle Schella schellet.

Schellen Sie nicht an dieser Schelle!
Diese Schelle schellt nicht.
Schellen Sie an jener Schelle!
Jene Schelle schellt.

Zungenbrecher

Schenke, schenke, wiederholen – isch geschtohlen!

Schenken, schenken, wieder holen – ist gestohlen!

Kein hasenreines Schwäbisch. Was man einmal verschenkt hat, soll man nicht zurückfordern. Singsang.

Schenke-schenke-<u>nim</u>me-häär!

Schenke-schenke-nicht-mehr-her!

Was einem jemand geschenkt hat, gibt man nicht mehr her! Geschenkt ist geschenkt!
Schussen

Schimpfa, schimpfa duet it weh,
und wer mi schimpfd, hot Leis und Fleh!

Schimpfen, schimpfen tut nicht weh,
und wer mich schimpft, hat Läuse und Flöhe!

Wurde wahrscheinlich aus sicherem Versteck schimpfenden und drohenden Erwachsenen nachgerufen, wenn man als Schulkind etwas ausgefressen hatte.

**Schlof wohl,
mach s Bett it vool!**
Schlafe wohl,
mach das Bett nicht voll!

… und mach' nicht ins Bett! Singsang von Kindern beim Zubettgehen   Riß

**Schneck – Schneck – komm bloß rous,
odr i hau dr a Loch ens Hous!**
Schnecke – Schnecke – komm nur *(sogleich)* heraus,
oder ich haue dir ein Loch ins Haus.

**Schneiderschere, schneide scharf!
Scharf schneide, Schneiderschere!**
Kein Schwäbisch, aber beliebter Zungenbrecher

**Schri schraa Schraddafueß,
Gais gand barfueß!**
… die Gänse gehen barfuß

**Seggs mal seggs isch 36
und där Lehrer noch so fleißig
und die Schüler noch so foul
wie ain alter Karrengoul!**
Sechs mal sechs ist 36
und der Lehrer noch so fleißig
und die Schüler noch so faul
wie ein alter Karrengaul.

»Karrengoul/-gaul«: Zugpferd

Selzle, Schnelzle, Ellaboga – batsch, batsch, batsch!
Mit kleinen Kindern, rhythmisch: Erst wird die Handfläche gestreichelt, dann wird der Ellenbogen auf die Handfläche aufgestoßen, und zuletzt wird auf die Handfläche geklatscht. Ähnlich wie »Heile, heile Segen …«.

**Sepp, Kalepp,
scheiß ins Bett,
henk da Dreck zum Lada nous,
dass ma moit, s sei a Schdaarahous.**
Sepp, K. *(?)*, …,
hänge den Dreck zum *(Fenster-)*Laden hinaus,
damit man meine, es sei ein Starenhaus [= Starenkasten].

»Seppr«: Abwandlung von »Sepp« (Josef).

»Kaleppr«: Dieser Begriff taucht in Verbindung mit Seppr (nicht nur) im Munderkinger Raum öfters auf. Die Bedeutung konnte nicht festgestellt werden. Möglich wäre eine Ableitung von Kaleb, ein jüdischer Vorname. Rief man Trägern des Namens Josef in Fischbach spotteshalber nach.   *Riß*

Seppr, Kaleppr, hol s Nudlabritt rai,
d Henna hand gschissa, abr d Nudla sand fai.

Josef, K., hol das Nudelbrett rein,
die Hennen haben geschissen, aber die Nudeln sind fein.

»Seppr«: Abwandlung von »Sepp« (Josef).
»Kaleppr«: siehe voriger Kinderreim. »Nudelbrett«: ein etwa 1/2 Quadratmeter großes Brett mit einseitig hochstehendem Rand, das zum Kneten und Auswellen (Ausrollen) des Nudelteigs verwendet wird. Die Verbindung zwischen Hühnerschiss, Hühnerei und Nudelteig und das damit verbundene leichte (?) Gruseln mag heutigen Konsumenten kaum nachvollziehbar erscheinen, da sie ihre Eier und Nudeln meist im Supermarkt kaufen, ohne Anwesenheit lebendiger Hühner.   *Donau*

Sieba Bolizischda
scheißet in a Kischda,
schläggets wiedr ouf
ond du bisch drous.

Sieben Polizisten
scheißen in eine Kiste,
*(sch)*lecken es wieder auf
und du bist draus!

Auszählvers   *Donau*

Storch, Storch, Schnibel-Schnabel,
mit dr langa Haigabel,
fliag ibers Bäckahous,
khei mr au drei Wecka rous!

… mit der langen Heugabel,
flieg übers Bäckerhaus,
wirf mir auch drei Wecken *[= Brötchen]* heraus!

Singsang. Die beiden letzten Zeilen können auch entfallen.

Taler, Taler, du muscht wandern,
von dem ainen Ort zum andern.
nicke nacke nei
und du bisch frei!
Nicke nacke nuss
und du bisch duss!

Taler, T., du musst wandern, von dem einen Ort zum andern.
N., und du bist frei!
N., und du bist draußen!
Auszählvers

Wärs glaubd, wird seelig,
ond wär in Mäahlsagg schlupfd, wird mäahlig.

Wer's glaubt, wird selig,
und wer in den Mehlsack schlüpft, wird mehlig.

Drückt aus, dass man eher nicht glaubt, was da jemand behauptet.

Wärs glaubt, wird seelig,
beim Bäckr wird ma mäahlig,
beim Kamifäagr wird ma schwarz
ond in dr Schual griagd ma a Datz!

Wer's glaubt, wird selig,
beim Bäcker wird man mehlig,
beim Kaminfeger wird man schwarz
und in der Schule kriegt man eine Tatze.

Drückt Unglauben gegenüber Gesagtem aus. Oder es war einfach ein Reim ... Eine »Tatze« war noch um 1950 herum eine häufige körperliche Strafe in der Schule. Mit einem Stöckchen, dem »Datzaschdägga/Tatzenstecken« hieb der Lehrer dem Kind über die nach vorne ausgestreckte Innenhand; schmerzhafter war es noch, wenn er auf die nach oben gekehrten Fingerspitzen schlug.

Was humpelt und pumpelt in mainem Bouch?
Der Teufel, der Teufel zum Tore hinous!

... in meinem Bauch?
... zum Tore hinaus!

Kein Schwäbisch, aber bekannt (gewesen).
1: Kommt auch als Ergänzung zu »Machet auf das Tor ...Engale draaga« vor.
2: Im Märchen heißt es »Was rumpelt und pumpelt in meinem Bauch?«

Wenn dr Aff zum Scheißa goht, no goht r hentrs Hous.
Ond wenn r koi Babierle hot, no butzt r s mit dr Fouschd.

Wenn der Affe zum Scheißen geht, dann geht er hinter's Haus.
Und wenn er kein Papierchen hat, dann putzt er's mit der Faust.

vielleicht ein Auszählvers

Wenn es dunkl wird bei Nacht
und der Busenhalter kracht
und der Bouch exblodiert
und das Bäby wegmarschiert.

Wenn es dunkel wird bei Nacht
und der Busenhalter *[= BH]* kracht
und der Bauch explodiert
und das Baby wegmarschiert.

Dies laut und unablässig rhythmisch rufend zogen vor Jahren zwei muntere Nachbarsknaben vom Kindergarten (!) heim. (Natürlich sehr zu des einen Mamas Entsetzen).

Wer hat Angschd vor dem schwarzen Mann? *oder:*
Fürchtet ihr den schwarzen Mann nicht?

... Angst ...

Spiel, im Singsang gerufen. Ein Kind muss als »schwarzer Mann« möglichst viele abschlagen, die ihm alle entgegenlaufen und die gegenüberliegende Wand erreichen wollen. Wer abgeschlagen wird, gehört ab nun zum »schwarzen Mann« und hilft ihm beim Abschlagen. Das Spiel dauert, bis alle abgeschlagen sind. Zu Beginn jeder neuen Runde wird der Ruf wiederholt. »Das Spiel lässt sich auf mittelalterliche Pest- und Totentänze zurückführen. Solche Tänze waren damals sehr verbreitet, und der schwarze Mann ist niemand anders als der Tod.« (Büchele I)
Beliebtes Spiel in der gleichen Weise, im Grundschul-Turnunterricht:
Das »Niemand« rufen im Chor alle die, die dem schwarzen Mann entgegenlaufen und von ihm nicht abgeschlagen werden wollen. Gegenfrage: »Soll er kommen?« Antwort aller im Chor in lautem Singsang: »Ja-aa!« Und alles stürmt los.

Wia hoischd?
– Hans Goischd!
Wia weiter?
– Hans Geiter!
Wia no?
– Hans Floh!
Wia nemme?
– Hans It-Glemme!

Wie heißt *(du)*?
– Hans Geist!
Wie weiter?
– Hans Ge-Euter!
Wie noch?
– Hans Floh!
Wie nicht mehr *(weiter)*?
– Hans Klemm-mich-nicht!

Geeuter: Euter (der Kuh); (Sammelbegriff, vgl. Gesäuge, Gelege, Geäder, Gebirge, Gesang ...) Spielerisches Zwiegespräch. Wer Bescheid wusste, fiel dem anderen ins Wort, fügte bei der letzten Zeile ein verneinendes »it«ein und versuchte, dem drohenden Klemmen (Zwicken) des anderen zu entkommen.

Wia schbät isch es? – Dreiviertl ouf <u>a</u>lle Glogga.
Wenn dr Hund scheißt, griagsch <u>au</u> en Brogga.

Wie spät ist es? – Dreiviertel *[= Viertel vor]* auf allen Glocken.
Wenn der Hund scheißt, kriegst *(du)* auch einen Brocken.

Eigentlich soll die Frage nicht beantwortet werden. Anspielung auf die Kirchturmglocken, die zu jeder Viertel-, halben und vollen Stunde die Zeit verkünden.   Donau

Wir reiten, wir reiten – durch die goldene Bruck!
Wer will sie denn bezahlen
mit Hellern und mit Talern?

Kein Schwäbisch, aber bekannt (gewesen). Könnte eine Anspielung auf ein Stadttor oder Ähnliches sein, reich mit Ornamenten versehen, wo Zollgebühren erhoben wurden. Heller« und »Taler« waren früher geläufige Münzen.

Wumpedipump, wumpedibump,
der Küfer kommt
mit seinen langen Hosen,
der schneid't de Mädla s Hemmed a
und macht de Buaba Hosen!
...

der schneidet den Mädchen das Hemd ab
und macht *(daraus)* den Buben Hosen.

Kinderreigen

Z <u>B</u>ällamont
<u>bell</u>et d Hond.
Z <u>F</u>ieramoos
do <u>loot</u> mas los.
Z Dieta<u>we</u>nga
loot mas <u>schb</u>renga.

Zu *[= in]* Bellamont
bellen die Hunde.
Zu Füramoos
da lässt man sie los.
Zu Dietenwengen
lässt man sie springen.

Dorfneckerei   *Riß*

**Zigarettchen
lag im Bettchen,
hat sich selber krank gemacht.
Kam der Doktor
an sein Bettchen
und verschrieb ihm: Feuer!**

Beim Seilspringen, wenn zwei das Seil schwingen und eines oder mehrere Kinder hüpfen. Der Spruch gab Rhythmus und Tempo vor. Bei »Feuer!« wurde als krönender Abschluss das Seil immer schneller geschwungen, bis jemand einen Hüpffehler machte. Wie viele Kinderreime nicht in Mundart, aber hierzulande gebräuchlich.

**Zipfel-zapfel-Zaiaschtock!
Wiaviel Hoora hat dr Bock?
– Vier?
Hettescht du no Dreie grota,
wäresch du it brieglet wora!
Root, wiaviel schdoht!?
– Drei?
Hettescht du no Fimfe grota ...** <usw.>

... Wie viele Hörner hat der Bock? ...
Hättest du nur Drei geraten,
(dann) wärst du nicht geprügelt worden!
Rate, wie viel steht*?
...
Hättest du nur Fünf geraten ...

*Das »Opfer« sollte jeweils die Zahl der verborgen ausgestreckten Finger erraten. War das Ergebnis falsch, gab es einen Klaps. *Die Zahlen waren natürlich änderbar.*

**Zora-Igele,
beißt ins Ziegele.
Mora kommt dai Bäsle,
brengt a zuckrigs Häsle.**

Zorn-Igelchen *[= Du kleine/r Zornige/r]*,
(du) beißt in das Zügelchen*.
Morgen kommt dein Bäschen *[= Cousine]*,
bringt ein Zuckerhäschen *(mit)*.

*Sollte wohl ein zorniges Kind ablenken.
»Zügelchen«: Teil des Leder-Geschirrs, mit dem man kleine Kinder im Kinderwagen usw. vor dem Hinausstürzen bewahrt

Wortspiele und Sprachspielereien

Hier darf sich der Volkswitz mit Hilfe der Sprache so richtig austoben.
Manches wirkt gar philosophisch. Anderes ist boshaft.

»Etz gange hoim und koch!«, sagte der Zwischendurch-Hausmann – »Jo, gang no, sonsch kommed bloß Händl ouf da Disch.« – »Jo, wenn s noch wenigschdens Broothendl wäret …«, seufzte der Hausmann.

»Jetzt gehe *(ich)* heim und koche!« … »Ja, geh nur, sonst kommen nur Händel auf den Tisch.« … »Ja, wenn's dann wenigstens Brathendl wären …« …

Wortspiel zwischen »Händel« und »Hendl«:
– »Händel« steht für Streit, Ärger, Ungelegenheiten
– was hingegen ein »Brathendl« ist, weiß man gewiss ohne weitere Erklärung. Man nimmt hier die bairische Sprachvariante in Kauf. Denn sonst müsste man ja »Geggale/Göckelchen« [= Brat- oder Grillhähnchen] sagen.

Aaschbagga-Käafr

Arschbacken-Käfer

»der Backa« = die Backe. VW-Käfer um die 1950er-Jahre mit Steg im ovalen Heckfenster; manche sagen auch Brezelkäfer zu diesem Automodell (https://de.wikipedia.org/wiki/Brezelkäfer)

Schussen

a Baar Blogete

ein Paar Geplagte

Scherzhaft für »Geschlagene«, eine Art Weiß- oder Bratwürste, doch ohne Wursthülle, daher auch »Naggede« (Nackte) und anderswo auch »Oberländer« genannt.

a Bärle Naggede

ein Pärchen Nackte

Ein Paar Bratwürste. Und zwar die ohne Haut; man nennt sie auch »G'schlagene« und zuweilen »Oberländer«.

A guats Gschäffd hot ällaweil offa.

Ein gutes Geschäft hat immer offen.

Anspielung, wenn einer seinen Hosenladen [= Hosenschlitz] offen hat.

A Läaba lang Hoor ouf de Zäh isch no lang koin Dreitagesbart!

Ein Leben lang Haare auf den Zähnen ist noch lange kein Dreitagebart.

Haare auf den Zähnen zu haben wird machohaft manchen Frauen mit bösem Mundwerk nachgesagt, die zu Hause »die Hosen anhaben« sollen. Ein männlicher Dreitage(s)bart ist zur Zeit hingegen in weiten Kreisen »in«.

A ma Himbeergsälz issd ma da ganza Dag.
An einem Himbeergesälz isst man den ganzen Tag.

An (einem Brot mit) Himbeermarmelade hat man einen ganzen Tag zu essen, weil einem die Körnchen so lange zwischen den Zähnen oder unter der Zahn-Prothese hängen bleiben.

A schees Gsichd brouchd Blatz.
Ein schönes Gesicht braucht Platz.

Trost für Glatzköpfige, auch selbstironisch.

Abfenz-Outo
Himmlfahrds-Outo
Advents-Auto
Himmelfahrts-Auto

Bezogen auf den Kleinwagen Messerschmitt-Kabinenroller, dessen »Tür« zum Einsteigen nach oben aufging. Entsprechend mussten Fahrer und Mitfahrer von oben ein- und nach oben aussteigen. Und damit lag die Anspielung auf das kirchliche Adventslied »Macht hoch die Tür!« bzw. auf »Himmelfahrt« nahe. 1950er- und 1960er-Jahre.

Adam begleitet Cäcilia durch einen finstern Gang. Hans ist ja krank, leidet manche Not. Operqua ruft Schwester Theresia. Ursula versucht weichgesottene XY-Zapfen.

Es handelt sich um Biertischblödeleien und -sprachspielereien. Wenn man auf die Anfangsbuchstaben achtet, ergibt sich das ganze Alphabet. Was es allerdings mit »Operqua«* auf sich habe, konnte trotz Nachfragens nicht ermittelt werden. Das geheimnisvolle Wort deckt ja auch gleich die drei Buchstaben O – P – Q auf einmal ab. Wie meist in solchen Dingen: kein Schwäbisch, aber hierzulande lebendig.
* Vielleicht ursprünglich drei jetzt verunstaltete Wörter; wie etwa: »Oh, Pater Quirin, …«

Aha, duesch also <u>oufroma</u>!
Aha, tust du demnach aufROMen!

»Oufrauma/oufroma« ist mundartlich für »aufräumen«. Hier jedoch Anspielung auf das Computerzubehör »CD-ROM« [= optisches Laufwerk], das der Kollege einzubauen beabsichtigte. Darauf ergab sich dann gleich ein kurzer lustiger Wortwechsel mit »ROM-en«:
– No kasch dain Gruscht abROMa / Dann kannst du dein Gerümpel wegräumen.
– Noch kasch ROMsoua/… hin- und hersauen [= -rennen bzw. auch rumschweinigeln]
– ROM-Dreibr! / Rumtreiber
– ROM-doktera / rumdoktern
– ROMmacha / (dran) rummachen
Anmerkung: Sprache lebt und »spielt« auch mit neuzeitlichen Begriffen.

Aibildung isch au a Bildung!
Einbildung ist auch *(eine Art von)* Bildung!
über einen Eingebildeten = über einen, der allzu sehr von sich überzeugt ist

Alle Himml-Herrgotz-Jesus-Hailands-Kruzifix-Greiz-und-Fahnadrägr sollet komma, s goht weitr.
Alle Himmel-Herrgotts-Jesus-Heilands-Kruzifix-Kreuz-und-Fahnenträger sollen kommen, es geht weiter.
Fronleichnamsprozession, vermutlich 1910-1920 oder so. Die Prozession dauerte lange, und die zum Vorantragen des genannten Prozessionszubehörs bestellten Männer wurden durstig. Wenn die Gebete und liturgischen Handlungen an einem der vier Prozessionsaltäre gar zu lange dauerten, verschwanden sie schon mal schnell auf ein Bier. Ging die Prozession dann demnächst weiter, wurden sie schleunigst per obiger Flüsterparole von Ministranten wieder zur frommen Tat gerufen. Das Reizvolle daran war natürlich, dass Wörter, die in dieser Aufreihung sonst zu wüsten und verbotenen Flüchen gebraucht wurden, hier sozusagen zu frommem Zwecke ausgesprochen werden durften, ja nachgerade mussten ... Möglich, dass der Berichterstatter den Spruch nachträglich noch ein wenig ausgedehnt hat ...

Als sie den Stern sahen, freuten sie sich sehr.
Hier sind nicht die biblischen drei Weisen gemeint, wie es die Schriftsprache vermuten ließe, sondern die Bauern auf dem Weg vom und zum Riedlinger Markt, wenn sie in Daugendorf an der Gaststätte »Stern« vorbei-, oder, besser gesagt: NICHT vorbeikommen. Das Lokal soll immer gut voll sein.

Also »Broscht!« – des kenn e ...
Also »Prost!« – das kenne ich ...
Doch mit dem eigentlich gemeinten Begriff »Propst« schien die Person nichts anfangen zu können. Ein Propst ist ein »höherer« katholischer Geistlicher. Nach einem solchen ist in der Akademie für Lehrerbildung in Obermarchtal ein Saal benannt.

Also, wenn e it mee griag, noch roichd dees guet.
Also, wenn ich nicht mehr bekomme, dann reicht das gut.
Ironischer Kommentar, wenn man für seine Arbeit nur einen schäbigen Lohn erhält und dann noch scheinheilig gefragt wird, ob es denn genug (der Gaben) sei.

An Huudlr ka me vrhudla wia en Droodlr vrdroodla.
Ein Hudler kann mehr verhudeln als ein Trödler vertrödeln.
der »Hudel«: Lumpen, Lappen; der Backofen wurde nach der Feuerung sauber ausgewischt mit dem Hudelwisch (Wax)
»hudeln«: schlecht, weil übereilt (das Auswischen des Backofens mit dem Hudel war wegen der Hitze eine Tempoangelegenheit), vorgehen und handeln (Wax)

»Hudler«: einer, der beim Arbeiten hudelt
»trödeln«: (umgangssprachlich, oft abwertend) beim Arbeiten, Tätigsein, Gehen langsam sein, nicht zügig vorankommen, die Zeit verschwenden (Duden)
»Droodler/Trödler«: einer, der beim Arbeiten trödelt (NICHT: Händler!)
Wer allzu hastig und hektisch arbeitet, kann mehr Schaden anrichten als einer, der bei der Arbeit langsam ist. Sinn: Eile mit Weile!

Arbeitgäabr von 30 000 Aarschlechr *oder* Arbeitgäabr von 30 000 Haimarbaitr

Arbeitgeber von 30 000 Arschlöchern *oder* Arbeitgeber von 30 000 Heimarbeitern

Scherzhaft über einen stadtbekannten Unternehmer, der damals unter anderem auch die weit verbreiteten Hauskläranlagen leerte. Damit sind die genannten Arschlöcher sozusagen rein biologisch und »produktions«-technisch zu verstehen.
Hauskläranlage: Direkt am Wohnhaus flossen Abwässer und Fäkalien in eine betonierte unterirdische Grube, die meist in drei Kammern aufgeteilt war. Die eingeleiteten Feststoffe setzten sich ab, die Flüssigkeiten überliefen in die jeweils nächste Kammer und zuletzt in die Kanalisation. Die verbliebenen Feststoffe mussten dann 1-2 mal im Jahr abgesaugt und weggeführt werden. Sie wurden entweder auf landwirtschaftlichen Feldern als Dünger ausgebracht oder in eine kommunale Kläranlage zur weiteren Behandlung gefahren.

Arm dra isch bessr wia koin Arm dra.

Arm dran ist besser als kein Arm dran.

Wortspiel zwischen »arm« im Gegensatz zu »reich« und »Arm« als Gliedmaße; schwäbische Variante zum Sponti-Spruch: »Lieber Arm dran als Arm ab.«

Äss-Äss-Bouer

SS-Bauer

(S)amstags- und (S)onntags-Bauer, scherzhaft für Nebenerwerbslandwirt

Bass ouf, do kommd a Ladäääääääääng ...

Pass auf, da kommt eine Latern...

Sprach die Spatzenmama zum hinterherfliegenden Nachwuchs, und schon war sie gegen den Laternenmast geprallt.

Be-Em-We-Figur

BMW-Figur

Klingt erst vielversprechend, heißt aber »(B)rett-(m)it-(W)arzen-Figur«: Machospruch über eine Frau mit kleinem Busen. Um 1960

Bei dir glabbt au gar nix!

Bei dir klappt auch gar nichts!

Scherzhafter Kommentar des Ehemanns, als seine Frau eine faltbare Transport-Plas-

tikkiste wieder im Kofferraum verstauen wollte und das Ding sich nicht gleich wie
gewünscht zusammenklappen ließ.

Bisch go grichd? Sonsch richd i di!
Bist Du jetzt dann gerichtet? Sonst richte ich dich!

*Der weggehbereite Ehemann zur Frau, die mal wieder »endlos« braucht, bis sie ganz
»gerichtet« ist (fertig angekleidet, die letzten Handgriffe im Haushalt erledigt, schnell
noch 's Kätzle gefüttert und so weiter), währenddessen der Mann ungeduldig hin
und her läuft. Seine (natürlich nicht ernstgemeinte) Drohung, sonst richte er die Frau,
bezieht ihren Witz aus der Doppeldeutigkeit von »richten«:*
– sich zum Ausgehen herrichten
– jemand richten, hier: zur Schnecke machen

Bisch im Bi-Vi-Altr?
Bist du im Bi-Vi-Alter?

»Bi-Vi«: »bis Vierzig«; bist du noch im Alter von unter vierzig?
Befee, gesprochen Bi-Vi, war auch eine vor allem bei Jugendlichen beliebte kleine Vespersalami-Marke. Die Frage konnte also doppeldeutig das Lebensalter oder die Liebe zu dieser Salami ansprechen.

Bisch im Uhu-Altr?
Bist du im Uhu-Alter?

»Uhu« steht hier für »unter hundert« (Jahre alt)
*Scherzhaft, wenn man fragen oder hinreiben will, dass jemand so langsam keine
zwanzig, keine dreißig, keine vierzig und vielleicht auch schon keine fünfzig Jahre
mehr alt ist, sondern schon in noch höherem Alter steht, aber immerhin die Hundert
noch nicht überschritten hat. Das Uhu-Alter sei die letzte Hürde, Hoffnung oder
Perspektive, die so eine(r) noch habe ...*

Bitte zwai Pollen Ais!
Bitte zwei Bollen [= Kugeln] Eis.

Ein Schwabe, der »vornehm hochdeutsch« tun wollte.

Bluatwai
Blutweh

*Blutweh habe sie, sagte einmal die kleine Marion, als sie beschreiben sollte, was ihr
gerade ein bisschen weh tat. Das richtige Wort war ihr wohl gerade nicht eingefallen.*

Boiner-Karle
(Ge)bein-Karl

scherzhaft, Schülersprache: Modell eines menschlichen Skeletts

Café Belzle
Café Bölzle

Ehinger Volksmund zum (mittlerweile längst abgebrochenen) städtischen Gefängnis, dessen Oberaufseher einmal Bölzle geheißen hat. (Heute: »Buck's Höfle«).

D Drägr bleibat ou allet lang. I gloub, die feiret glei d Ouferschdehung!
Die *(Leichen-)*Träger bleiben auch recht lang *(bei Freibier und Vesper sitzen)*.
Ich glaube, die feiern gleich die Auferstehung *(des Verstorbenen mit)*!
Leise Klage der Trauerfamilie, dass das lange Verweilen der Sargträger ins Geld laufe.

D Flichtling hond alles – bloß koi Hoimweh.
Die Flüchtlinge haben alles – nur kein Heimweh.
Böse, neidvolle Aussage der Einheimischen in den ersten Nachkriegsjahren nach dem Zweiten Weltkrieg, als man den Flüchtlingen teils sehr neidete, dass sie angeblich alles vom Staat geschenkt bekämen.
a) Hat hier jemand etwas von ganz aktuell klingenden Gerüchten gesagt?
   (fragte ich 1992)
b) Hat hier jemand etwas von ganz aktuell klingenden Gerüchten gesagt?
   (frage ich auch 2016 immer noch)

d Lele-Oma
die Le-Le-Oma

Die dreizehnjährige Sabine über eine liebe Nachbarin, die ihre kleinen Enkelkinder mit lauter verniedlichenden schwäbischen »-le« anspricht: »Jo, kommele, Schdefanle, nomms Dreirädle, no gamma ens Gaadele nai ond dand Bloamala giaßala.« oder so ähnlich. (In der Übersetzung ins Schriftdeutsche können die Verkleinerungsformen nicht alle wiedergegeben werden!) »Ja, komm..., Stefanlein, nimm das Dreirädlein, dann gehen wir ins Gärtlein hinein und tun Blümelein gießelein...« Es geht halt nichts über die Zuneigung einer Oma!

D Muusiggr machet Musigg,
und d Musiggr mached Musigg.
(a) Die Musiker machen Musik,
(b) und die Musiker machen Musik.

Auf den Betonungswechsel achten. Dann tritt die Unterscheidung zwischen E- und U-Musik zutage, wie immer man darüber denken mag.
(a) Blasmusikanten aus Stadt und Land und ihre Humtata-Musik
   Damit tut man ihnen übrigens grob Unrecht, denn sie können weitaus mehr!
(b) Musik Ausübende, die sogenannte »ernste« (klassische) Musik spielen
   Sie schauen zuweilen recht herablassend auf die der (a)-Gruppe.

D Sonna schaint iebr uns ins Bett.

Die Sonne scheint über uns ins Bett.

So sagt zum Beispiel die Mutter zum Kind. Dieses wird dann aufgefordert, den Spruch zu wiederholen, und nochmals, ein wenig schneller, und nochmals und wieder schneller usw. Zuletzt klingt es dann wie »Die Sonne scheint, i brunz ins Bett.« (Die Sonne scheint, ich brunze [= pinkle] ins Bett.)

D Sou isch fätt gnuag!

Die Sau ist fett genug!

Danke, noch mehr Schlagrahm [= Sahne] möchte ich bitte nicht!

Dai Uhr goht noch dr Rafaschburger Schdadtmouer, und dia goht it ganz rum!

Deine Uhr geht nach der Ravensburger Stadtmauer, und die geht nicht ganz (he)rum. Deine Uhr geht falsch. »Ravensburg« ist austauschbar.

Damma Verschlubferles schbiela?

Tun wir Verschlupferles spielen?

verschlupfen = sich verstecken
http://umgangssprache_de.deacademic.com/27748/verschlupfen
Aufforderung an andere Kinder zum gemeinsamen Versteckspiel.

Danke, dass de me it gfressa hosch. – *Danke, dass da mr it naigschbrunga bisch!* – Woisch, Rindfloisch iss e bloß breggalesweis.

Danke, dass du mich nicht gefressen hast! – *Danke, dass du mir nicht hineingesprungen bist!* – Weißt du, Rindfleisch esse ich nur bröckelesweise [= in kleineren Brocken].

scherzhafter Dialog, wenn einer herzhaft gegähnt hat

Där hot koin Ton gsait, it amol Anton.

Der hat keinen Ton gesagt, nicht einmal Anton.

Wortspiel mit dem männlichen Vornamen. Dient zur Bekräftigung, wie wenig jemand doch gesagt habe.

Där hott au Buachdruggerei und Vrlag drhoim!

Der hat auch Buchdruckerei und Verlag daheim!

»Buchdruckerei und Verlag« war eine häufige Bezeichnung für grafische Betriebe, die auch Bücher herausgaben. »Verlag« hat aber auch die gänzlich andere Bedeutung im Schwäbischen, dass jemand sein Zimmer, Büro usw. gar nicht aufgeräumt habe, dass alles unordentlich herumliege. Mit dem scheinbar ehrenhaft klingenden Ausdruck wurde also jemand wegen seiner Schlamperei kritisiert.

Där hott da Reißmatteis.
Der hat den Reiß-Mattheis.
»Matteis«: Matthias oder Matthäus scherzhaft für: der hat Rheumatismus. Kann auch scherzhaft für eine harmlosere und vorübergehende Form von Gliederschmerzen gebraucht werden.

Där Hund folget saim Herrle oufs Wort.
Wenn r schreit »Gohsch her odr itt!?«, no goht r her odr itt.
Der Hund folgt seinem Herrchen aufs Wort.
Wenn er schreit *[= ruft]* »Gehst du her oder *(etwa)* nicht!?«,
dann geht er her oder *(auch)* nicht.
So spottet man über Herrle (oder Fraule) und Hund.

Där isch bis unta-naa voll.
Der ist bis untenhin voll.
In grimmigem Scherz angesichts eines völlig leeren Treibstofftanks, als das Auto plötzlich stehenblieb.

Där isch soo schdärrig, dem kasch s Ave Maria durch d Rippa pfeifa.
Der ist so »stärrig« *[= klapperdürr]*, dem kannst du das Ave Maria durch die Rippen pfeifen.
Besteht beinahe nur noch aus Haut und Knochen.

Dass dr Gene vo Rafaschburg isch, isch it grad direkt a Sind,
abr bereia derf ma scho!
Dass der Gene *[= Eugen]* von Ravensburg ist, ist nicht gerade direkt eine Sünde,
aber bereuen darf man (sowas) schon!
In Weingarten gibt es den nur einmal jährlich am Fasnetsmontag tagenden Mostclub mit seinem langgezogenen »LLLLLLLLLLLLLL« als Schlachtruf. Dort trifft sich, was Rang und Namen hat, darunter einst auch besagter Gene aus Ravensburg, Unternehmer und Stadtrat, nicht auf den Mund gefallen. Zwischen den beiden Nachbarstädten wird eine gewisse Rivalität gepflegt, wie meist in solchen Fällen. Die Fastnachtsnarren waren seit jeher und in schlimmeren Zeiten lange die ersten und einzigen, die sich darüber hinwegsetzten und Feundschaftsbande pflegten. Das hindert sie aber nicht, bei gegenseitigen Besuchen, zum Beispiel im Mostclub, sich auch auf lustige Art zu kabbeln. Dass es zwar nicht direkt eine Sünde sei, ein Ravensburger zu sein, aber gleichwohl bereut werden sollte, spielt auf das Ritual der katholischen Beichte an.

De beschd Granket isch nix!
(Selbst) die beste Krankheit ist nichts!
… taugt nichts: Krank zu sein ist immer besch...

De gloine merke it und de große vrhebe it.
Die kleinen merke ich nicht und die großen kann ich nicht zurückhalten.
über die eigenen Blähungen

De oine ässat a belegds Brod,
und de andere nemmet ab und hond drfiar en belegda Hals.
Die einen essen ein belegtes Brot, und die anderen nehmen ab
und haben dafür einen belegten Hals.
Einer, der gerade am Abspecken war und ein bisschen kränkelte. Der blanke Neid!

Deen Monet brennet Brennnessla it.
Diesen Monat brennen die Brennnesseln nicht.
Als ob es am Monat läge ... Den Monat brennen sie natürlich wirklich nicht, wohl aber den, der sie anfasst. Damit soll jemand zu leichtgläubigem Hinfassen verlockt werden.

Deesch au en Mitsischubi!
Das ist auch ein Mitsi-Schubi!
Absichtliche Verdrehung von »Mitsubishi«, als mal ein Auto dieser Marke wegen einer Panne geschoben werden musste.

Deesch en Dibbl-Insch.
Das ist ein Dipl.-Ing(enieur).
Die Abkürzung »Dibbl-« für »Diplom-« spielt auf »Dibbl« für einen geistig sehr wenig regen Menschen an. Die Redewendung wird scherzhaft für Leute mit der erworbenen Berufsbezeichnung »Diplom-Ing.« verwendet.

Der machd a Fernschdudium.
Der macht ein Fernstudium.
Aber nicht per Telekolleg, sondern weil er am Heimatort eine Liebschaft hat und deswegen öfters hier als am Studienort verweilt.

Der moss it viel mitnemma, der hot amol en leichta Dot!
Der muss nicht viel mitnehmen, der hat *(dereinst)* mal einen leichten Tod.
Ursprünglich wohl materiell gemeint, aber pikant-scherzhaft auch auf einen angeblich »Dummen« gemünzt: Er habe nicht viel Verstand mitzunehmen.
Anmerkung: Hier wird »vergessen«, dass das letzte Hemd eh keine Taschen habe.

Des geit noch au so a Sou, wo d Kachl beldr woich wird wia s Floisch.
Das ergibt dann auch so eine Sau, wo die Kachl *[= Bratentopf]* bälder *[= eher]* weich wird als das Fleisch.
So alt und zäh im Fleisch sei das Tier.

Des hoißt Zieh-garette und it Bloos-garette!
Das heißt Zi(eh)-garette und nicht Blas-garette!

Ratschlag für einen Anfänger im Rauchen, der mehr pafft und Rauch ausbläst als daran zieht.

Des hott koin Zwiggr!
Das hat keinen Zwicker!

»Zwicker«: Kneifer, Brille ohne Bügel, die auf die Nase geklemmt wird (Duden)
Gemeint: Das hat keinen Zweck! Das ist sinnlos!

Des machd alles dr Rucksagg-Häge.
Das macht alles der Rucksack-Bulle.

Heutzutage werden Kühe und Schweine meist künstlich besamt; dies übernimmt oft der Tierarzt oder ein Besamungstechniker. Er hat eine Auswahl an tiefgekühltem Sperma dabei. Ländliche Tierärzte sind gelegentlich derbere Naturen (müssen sie auch sein) und kommen gerne auch im rustikaleren Outfit daher. Insoweit ist die Metapher vom Rucksack-Häge nicht allzu weit hergeholt.

Des schmeggd noch Maier!
Das schmeckt nach mehr!

Wortspiel mit »mai« [= »mehr« im Oberschwäbischen nahe der Donau], dessen scherzhafter Steigerung zu »maier« [= mehr als mehr] und der Gleichheit mit dem Familiennamen »Maier«.

Donau

Desch ääba dees, wa dr Bfarrer so betoont!
Das ist eben das, was der Pfarrer so betont!

Meist leicht ironischer Unterton: »Hast du es nun auch begriffen?«
Hat mit einem Pfarrer nichts zu tun.

Desch meh en Es-lahm-so!
Das ist mehr ein Es-lahm-so!

Wenn Zubereitung / Servieren eines Espressos zu lange dauert. (»lahm = langsam«). »Espresso« klingt auf Deutsch wie Express-Kaffee, also einer, der schnell zubereitet und serviert wird. Dauert es jedoch, kann scherzhaft ein »Es-Lahm-Kaffee« daraus werden ... In Wirklichkeit heißt Espresso, dass er ausdrücklich (vgl. »expressis verbis«) bestellt werden muss und nicht »automatisch« nach dem Essen gereicht wird.

Di schla-e ugschbitzd in Boda nai!
Dich schlag ich ungespitzt in (den) Boden hinein!

Trotz der »dezenten« Anspielung auf Pfahl und großen Hammer ist die Drohung längst nicht so ernst gemeint.

Dia denkt au an alles, bloß it ans Schderba!
Die denkt auch an alles, bloß nicht ans Sterben.

Wenn eine Hochbetagte rüstig und unternehmenslustig ist.
Oder böse: Wenn sich die Erbtante guter Gesundheit erfreut.

Dia isch gschdorba – drei Daag vor dr Beerdigung …
Die ist gestorben – drei Tage vor der Beerdigung …

Erweckt »scherzhaft« den ersten Eindruck, jemand sei kurz vor einem wichtigen Ereignis verstorben. Bei näherem Hinsehen nach dem ersten Schreck erkennt man den Scherz, dass die Beerdigung ja eine Folge des Todes ist.
Dies sagt man, wenn man jemand hereinlegen will, etwa mit der Ankündigung: »Stell dir vor, was passiert ist …«

Dia Leicha wäret schon räachd, abr ma deff halt nemme mit hoi.
Die Leichenfeiern *(Beerdigung mit anschließendem Totenmahl)* wären schon recht, aber man darf halt nicht mehr mit heim.

Weisheit besonders unter Leichenträgern, für die – wenn es kein enger Angehöriger war – eine Leich' [= Beerdigung] etwas Einträgliches war. Manchmal erst spät abends kehrte man heim, an Essen und Trinken auf Kosten der Leidtragenden nicht mehr nüchtern. So mag sich manchem dieser Heimkehrenden der erleichterte Seufzer entrungen haben: Solange ich nicht selber der Tote bin …

Dia Regl-Beurtailung nitzt bei dir sowieso nix …
Die Regel-Beurteilung nützt bei dir sowieso nichts …

… weil du ja schließlich ein Mann bist und gar keine »Regel« bekommst. In Wirklichkeit war damit natürlich die so bezeichnete Dienstbeurteilung baden-württembergischer Beamter gemeint, die bis zum 50. Lebensjahr der Betroffenen regelmäßig stattzufinden hat.

Dia schdragged doo wia a Huur am Roi!
Die liegt da wie eine Hure am Wegrain *[= Böschung am Wegesrand]*!

Gemeint war: gemütlich, entspannt, nichts Böses denkend
Anm.: »Hur« hat mehrere Bedeutungen
– Sexarbeiterin
– derb über eine Frau (ohne zu unterstellen, sie sei im Erotikgewerbe tätig)
– Maschine oder Gerätschaft, wenn sie nicht funktioniert   Donau

Dia sind mitnandr vrhoor-reitet.
Die sind miteinander verhaar-reitet.

Absichtliche Verdrehung von »verheiratet«; aufkommende Assoziationen mit »Haar« und »reiten« sind beabsichtigt; »reiten« ist eines der umschreibenden Wörter für Geschlechtsverkehr.

DiKurannte bis sifiel in die Vertiefung!
Die Kuh rannte, bis sie fiel in die Vertiefung!
Stark rhythmisch sprechen, die Betonung unbedingt beachten:
Dann wird der Text bis ins Unverständliche entstellt. (Mutter-Kind-Wortspiel)

Do lamma sexe graad ond sieba gromm sai!
Da lassen wir sechse gerade und sieben krumm sein!
Variante des bekannten Spruchs, dass man fünfe gerade sein lassen wolle, was bedeutet, man wolle nicht kleinlich oder nicht päpstlicher als der Papst sein.   Donau

Dr Bfarrer däff iebr alles brediga, bloß it iebr a Virdlschdund. *bzw.*
Da Bfarr däff iebr älles brediga, bloß it iebr a Viedlschdond.
Der Pfarrer darf über alles predigen, bloß nicht über eine Viertelstunde. *(2x)*
Wortspiel zwischen Thematik und Zeitdauer   Schussen, Donau

Dr Duuschd kommt mit em Soufa nemme noch.
Der Durst kommt mit dem Saufen nicht mehr nach.
Wenn jemand über den Durst trinkt.   Riß, Donau

Dr Gette isch bei dr Gotta.
Der Götte [= *Taufpate*] bzw. der Goethe [= *Dichter*] ist bei der Gotte [= *Taufpatin*].
Als die Rede auf den Dichter kam, wo er (respektive eines seiner Bücher) stehe, da fiel obige Antwort. Dahinter steckt, dass man Goethe eher dem Namen als seinen Werken nach kenne und daher das Gespräch schnell auf vertrauteres Gelände umleiten wollte. »Götte« und »Gotta« ist schließlich in fast ganz Oberschwaben geläufig. Dazu kommt noch hintersinniger Humor, denn die Taufpaten eines Kindes sind in aller Regel keineswegs miteinander verheirat. Wenn also der Götte bei der Gotte ist, dann ...

Dr Ha' isch bei de Henna!
Der Ha(hn) ist bei den Hennen!
Wortspiel zwischen »Ha?« [= wie bitte?] und »Hahn« (verkürzt ausgesprochen). Damit wird dem Nachfragenden derb klargemacht, dass es sich nicht gehöre, »Ha?« statt »Wie bitte?« zu sagen.

Dr kurze Schlof hot nix ousgmacht, abr dees schnelle Schloofa, dees schlouchd!
Der kurze Schlaf hat nichts ausgemacht, aber das schnelle Schlafen, das schlaucht!
Die kurze Zeit, die ich zum Schlafen vergangene Nacht zur Verfügung hatte, hat mir nichts ausgemacht. Aber dass ich deswegen viel schneller schlafen musste, das hat mich sehr mitgenommen. Spiel mit der Redensart, man müsse eben schneller schlafen, wenn man erst so spät ins Bett komme.

Drink voll leer!
Trinke voll leer!

»voll« heißt hier: »vollends«: Trinke (das Glas) vollends aus.

Du arms Douerle, du drepflesch me grad!
Du armes Dauerle, du tröpfelst mich geradezu!

Scherzhafte Umkehrung, wenn der Trost eher ironisch gemeint ist, weil der Anlass in den Augen der Anderen keinen Grund zum Jammern hergibt: Du armes Tröpfle, du dauerst mich! (So würde es normalerweise heißen.)

Du bisch da schenschde ... von de wiaschde!
Du bist der schönste ... von den wüsten!

Dieser Spruch stellt wohl keine Übertragung der Weisheit dar, dass unter den Blinden der Einäugige König sei. Er ist vielmehr eine harmlose Neckerei, vor allem, wenn man sich nach »Schönste« noch eine kleine Kunstpause dazudenkt.

Du deffsch au in d Sonna, dass a aweng schmilzschd.
Du darfst *(dich ruhig)* auch in die Sonne *(legen/stellen)*, damit du ein wenig schmilzt.

Wie ein Schneemann. Zu einem Wohlbeleibten.

Du hosch koi Ahnung vom a Dampfschiff mit era Deixl.
Du hast keine Ahnung von einem Dampfschiff mit einer Deichsel.

Derjenige/diejenige habe überhaupt keine Ahnung von etwas. Weil es aber ja nun gar keine Dampfschiffe mit Deichsel gibt, wird der scheinbar strenge Tadel alsbald wieder gemildert.

Eeengele – Deiiiiiiiiiifele – fliiiiiiiiiiiiag!
Engelchen – Teufelchen – flieg!

Zwei Große halten ein kleines Kind an den Händen, so dass sie dieses beim Gehen vor- und zurückschwingen können. Nach mehrfachem Rufen »Eeengele – Deiiiiiiiiiifele –« kommt dann als lustvoll erwartetes Finale das laut gerufene »fliiiiiiiiiiiiag!«, bei dem es dann besonders hoch hinaufgeht.

Ein Schumacher-Geselle saß am offenen Fenester
und schaute in die Morgenröte und sprach:
Ost'rben, Ost'rben, ohne Glauben st'rben
ist des Menschen Verd'rben.

...
oh sterben, oh sterben, ohne Glauben sterben
ist des Menschen Verderben.

Wie viele solcher Sprüche: kein Schwäbisch. Beim Aufsagen unbedingt die Betonung beachten. Der Wortwitz besteht genau darin, und der Text wird dann nahezu unverständlich.

Anmerkung: »Fenester« für »Fenster« erinnert sehr an die lateinische Herkunft des Wortes: Unsere Vorfahren haben von den Römern das Fenster und das dazugehörige Wort »fenestra« gleich mit dazu übernommen. Ähnliches gilt für »murus/Mauer«, »tectum/Dach«, »porta/Pforte« und »tegula/Ziegel« – Zuvor hatten die Germanen nur ein Loch in der Wand, durch das der Wind pfiff. Im Englischen heißt es bis heute »window«, was ursprünglich »Wind-Auge« bedeutet. (Oxford)

Eisebahner-Kia

Eisenbahner-Kühe

Geißen [= Ziegen]; Anspielung auf das ärmliche Leben früherer Bahnwärter, die sich allenfalls Geißen als Milch- und Fleischlieferanten leisten konnten. Kühe kosten viel mehr in der Anschaffung, brauchen mehr Futter (auch Vorräte samt entsprechendem Lagerraum für den Winter) und größere Ställe. Ziegen konnten außerdem gut auch an Bahndämmen klettern und sich dort ihr Futter suchen.

Elefanta-Rollschua

Elefanten-Rollschuh

zu einem Kleinwagen (Auto), zum Beispiel Fiat Bambino

elfanainzg

elfundneunzig

Der Lehrer fragte im Rechenunterricht, wie groß denn die Obstleitern seien, die man so zu Hause habe. »35« sagte der eine. Dies sei noch gar nichts, meinte der nächste. Ihre habe siebzig Sprossen. Da meldet sich zuletzt einer und meint, er könne alle übertrumpfen. Schließlich habe seines Vaters Leiter »elfaneinzg« Sprossen. Ich bin nicht sicher, ob dies nun ein Witzle war, oder ob sich die Geschichte in der Schulzeit des Altenheimbewohners wirklich einmal so zugetragen hat. Ich neige zur zweiten Annahme.

Em Riebl gheert au dr Riebl!

Dem Riebel gehört auch der Riebel!

Wortspiel mit der Doppelbedeutung von »Riebel«:
a) Kerl, Lausbub
b) Anschnitt oder Reststück eines Brotlaibs
Dem Bub steht der Brotanschnitt bzw. das Reststück zu (wenn er es denn schon haben will). Das in Klammern Gesetzte kann auch entfallen. Dann bedeutet der Spruch eher: Der Anschnitt wird ihm, dem Lausbub, hiermit einfach zugeteilt.

En Ondrleibsschaabr fiar d Mottr!
Einen Unterleibsschaber für die Mutter!

... verlangte der Junge im Eisenwarenfachgeschäft. Erst allmählich kam man drauf, dass er eine (Schrauben-)Mutter samt Unterlagsscheibe gemeint hatte.

en verzea Dag odr dreizea Wocha
in 14 Tagen oder 13 Wochen

... irgendwann oder auch nie

Etz guck doch oiner zwoimol do na, wia dia drei Weibr viermol in da Lada ganget ond füer fimf Cent seks Guatsla kaufet ond siebamol saget: »Gib acht, dass da em Nailaufa* it da Zeah** aschtoscht.«

Jetzt guck doch einer zweimal dahin, wie die drei Weiber *[= Frauen]* viermal in den *(Einkaufs-)*Laden gehen und für fünf Cent sechs Gutslein *[= Bonbons]* kaufen und siebenmal sagen: »Gib acht, dass du im *(Hi-)*neinlaufen* nicht den Zehen** anstößt.«

Es sind alle Zahlen von 1-10 enthalten.
* »-nein« entspricht »Neun«
** »Zeah / Zehe« entspricht »Zehn«
  der Zeah = die Zehe

Etz hogge na zua maine miade Fiaß.
Jetzt hocke ich *(mich)* hin zu meinen müden Füßen.

Als ob diese aus lauter Müdigkeit schon mal vorausgegangen wären.

Etz hosch du Schlagseita!
Jetzt hast du Schlagseite!

Kleine süße Rache dem Nachbarn gegenüber, weil dieser jetzt selber am Stock gehe, was die Sprechende beinahe zeitlebens tun musste. Dabei musste sie immer wieder den gutmütigen(?) Spott des Nachbars mit eben diesen Worten ertragen.

Etz kommt noch wiedr dia Zeit, wo Brilla schnellr aloufet wia d Outo.
Jetzt kommt dann wieder die Zeit, wo die Brillen schneller anlaufen als die Autos.

kalte Jahreszeit; anlaufen bei den Autos: anspringen

Flichdlingsporsche
Flüchtlingsporsche

Gemeint waren die Kleinautomobile der Jahre nach 1945, wie zum Beispiel der Lloyd Alexander, Messerschmitt-Kabinenroller, Goggomobil u.a. Zum Spott gehörte der Neid über »die Flüchtlinge«, die, eben noch mittellos, sich angeblich als die ersten ein Auto leisten konnten, »dank« angeblicher immenser staatlicher Zuwendungen.

a) Anm. 1992: Gibt es Parallelen zur Gegenwart? (Ludwig Michael Dorner I)
b) Anm. 2016: Gibt es Parallelen zur Gegenwart?

Fox – Tönende Gnochenschau
Fox – Tönende Knochenschau
Eigentlich: FOX - Tönende Wochenschau
Als das Fernsehen noch nicht erfunden oder noch kaum verbreitet war, gab es im Kino nebst dem Hauptfilm und einem »Kultur-Vorfilm« immer auch eine filmische Zusammenfassung der Ereignisse der vergangenen Wochen. Ihre Inhalte bestanden auch damals schon oft aus der Darstellung von Kriegen, Katastrophen oder schweren Unfällen. Kein Wunder, dass Pubertierende, verstärkt durch die altersgemäß vorhandene Lust am Makabren, aber auch durchaus erkennend, dass hier auch voyeuristische Neugier befriedigt wurde, daraus eben die »Tönende Knochenschau« machten.

Fürschteberg-Schboiler
Fürstenberg-Spoiler
Bierbauch infolge häufigen Genusses der Produkte einer Donaueschinger Brauerei. (Wahrscheinlich auch auf andere Marken übertragbar.)

Gastgeberin: »Maagsch no ebbes?« –
Gast: »Noi, dankschee, itt amool, wenn s guet wär!«
…: »Magst du noch was?«
…: »Nein, dankeschön, nicht mal, wenn es gut wäre!«
Klingt unverschämt und kann so auch nur unter guten Freunden gesagt werden, ist aber nur ein herzhafter Scherz und soll sagen, man sei leider schon satt.

Geh-Hilfe
Über Kleinwagen, wie z. B. den Smart. Er sei demzufolge gar kein richtiges Auto.

Gibs no mir, damit mir s it so goht wia dir!
Gib es ruhig mir, damit mir es nicht so geht wie dir!
Recht hintersinnig!

Gnocha-Tscharli *oder* Gnocha-Karle
Knochen-Charly *oder* Knochen-Karl
scherzhaft, Schülersprache: Modell eines menschlichen Skeletts

Gnouza-Wegga
Knauzenwecken

»Knauzen(wecken)«: in Oberschwaben, vor allem in Biberach, bekanntes Kleinbrot, größer als ein normaler Wecken, kleiner als ein Laib Brot. Fotos/Rezepte im Internet.
»Wecken« (Not-Übersetzungen): große »Brötchen«, »Weckle«. Wecken und Knauzenwecken so zu nennnen, käme fast einer Kränkung gleich. ;-)))
Hier ist aber kein Gebäck gemeint, sondern der (damalige) Kleinwagen BMW Isetta ob seiner kugeligen Gestalt.

Goscha-Nudla

Gosch-Nudeln

»Gosch«: Mund. Damit sind (vor allem handgeschabte) Spätzla gemeint.

Grabemer en Graba, voor mr voll vool send.

Graben wir einen Graben, *(be)*vor wir voll*(ends)* voll sind.

Man beachte die unterschiedliche Länge (und damit auch Bedeutung) der beiden Wörter für »voll«. Scherzhafter, selbstironischer Bauarbeiter-Spruch, etwa des Sinns: »Also los, auf geht's!«, zum Beispiel nach der Vesper- oder Mittagspause.

Griaß de! Wia goht's? – Sott scho noo ganga!

Grüß dich! Wie geht's? – *(Es) sollte schon noch gehen!*

Also: so alt/krank/müde/... bin ich nun auch wieder nicht, als dass »es« nicht noch ginge. Wobei man sich unter dem »es« natürlich selbst denken soll, was man mag ...

Guad Nait,
hott me gfrait.

Good night,
hat mich gefreut.

englisch-schwäbischer humorvoller Gute-Nacht-Gruß

Guet nacket – untrem Hemmed!

Gut nackt – unter dem Hemd!

Augenzwinkerndes Verfremden von »Gut' Nacht«, und dann, »schamhaft«, wie man ist, auch noch ergänzt durch den Zusatz »unter dem Hemd«. Wobei unter dem Nachthemd ja sowieso jedermann/frau »nackt« ist. Also noch ein Wortspiel ...   Allgäu

Häbbi Kaddavr

Happy Kadaver

Fronleichnam, allerdings etwas »verbogen«, denn es heißt ja »Fron-« und nicht »Froh-«, auch wenn im Dialekt das »-n« entfallen kann. Außerdem: »Fron« heißt »Herr«. Und »Leichnam« hieß zu alten Zeiten Körper, nicht toter Körper. »Fronleichnam« heißt also eigentlich »Herrenleib«. Die Scherzübersetzung liegt rein sprachlich etwas daneben, wenn sie einen frohen Feiertag wünschen will ...

Hajo, von weitem siehts ganz entfernt ous.
Nun ja, von weitem sieht es ganz entfernt aus.

Eigentlich wurde von dem, der dies sagte, erwartet oder erhofft, dass er etwas lobe, etwa, es sei schön, gut gelungen, dekorativ … Doch es schien ihm gar nicht zu gefallen. Vielleicht ging ihm schnell durch den Kopf ein »Naja, wenn man nicht so genau hinschaut, dann geht's ja noch.« Aber auch dies schien ihm noch zuviel des Lobes zu sein, so dass die skurrile Aussage daraus wurde.

Hallo, wia goht's? – *Woiß itt, i war scho lang nemme beim Doggdr.*
Hallo, wie geht's? – *(Ich) weiß nicht, ich war schon lang nicht mehr beim Doktor.*

Spielt mit der Befürchtung, man brauche bloß zum Arzt zu gehen, und schon finde der gewiss eine Krankheit an einem, von der man bisher nichts gewusst und gespürt habe.

Hand iar dia henna? – Mir hand dia dussa!
Habt ihr die herinnen? – *Wir haben die draußen!*

Das Wortspiel ergibt erst einen Sinn, wenn man weiß, dass »henna« im hiesigen Dialekt »herin« oder »drinnen« (im Haus/Stall) bedeutet. Wenn man es aber mit großem Anfangsbuchstaben »H« schreibt, sind es »Hennen« (Hühner). Es wird also mit der Doppeldeutigkeit gespielt.   *Donau*

Hand ihr drhoim a feichta Wohnong? – *Noi, warum?* – Wäaga de schemmlige Hoor …
Habt ihr daheim eine feuchte Wohnung? – *Nein, warum?* – Wegen der schimmligen Haare …

Scherzhaft zu jemand, dessen Kopfhaar mittlerweile ergraut ist.   *Donau*

Händi koi Schnur?
Haben die keine Schnur?

Es muss auf Schwäbisch mit englischem »Touch« gesagt werden: »Händy …«. Eine oberschwäbische Narrengruppe karikierte bei einem Narrensprung mit Spruch und Maskerade die Handy-Besitzer, die mit dem schnurlosen Telefon am Ohr wichtigtuerisch einhergehen oder umherfahren. 1990er, als die ersten Handys aufkamen.

Heb d Hand nous und gugg, ob s scho dunkl isch.
Halte die Hand *(zur Tür oder zum Fenster)* hinaus und gucke, ob es schon dunkel ist.

Scherzhaft, denn eigentlich hält man ja die Hand hinaus, um festzustellen, ob es anfängt zu regnen.

Heit renget s bloß oiml – abr dees da ganza Daag.
Heute regnet es nur einmal – aber dies den ganzen Tag.

Sagt man an einem Tag mit Dauerregen.
Der zweite Teil kann auch weggelassen werden.

Hitza häb se, sait se, hett se.
Schwitza miaßd se, sait se, däb se.
Kialong briechd se, sait se, wedd se.

Hitzen habe sie, sagt sie, hätte sie.
Schwitzen müsse sie, sagt sie, täte sie.
Kühlung brauche sie, sagt sie, wolle sie.

»Hitza / Hitzen«: Hitzewallungen
Hier geht es wohl weniger um unterschwellige erotische Anzüglichkeiten oder Anspielungen auf eine Frau als um die Freude am Wortspiel.

Hock au na! – I ben aischt 14 Daag ghocket.

Hock dich auch hin! – Ich bin erst 14 Tage gehockt.

Einem Gast wird angeboten, doch bitte Platz zu nehmen. – Er kokettiert damit, es eile damit keineswegs. Schließlich sei er erst neulich für zwei Wochen im Gefängnis gewesen. Er habe »gesessen«. Wobei der erste Teil der Behauptung stimmt: Er müsse nicht dringend sofort Platz nehmen: Die Gastgeber mögen doch keinen Aufwand betreiben. Der zweite Teil, die vorgebliche »Haft«, soll nur die gespielte Bescheidenheit noch verstärken.

Donau

Holpertshaus

Satirische Veränderung des Ortsnamens Molpertshaus in einem Leserbrief, in dem die Entfernung eines vor wenigen Jahren eingebauten Straßenpflasters wegen Holpergeräuschen, verursacht durch Fahrzeuge, gefordert wird. Die Leserzuschrift war damals so böse, dass ich vermute, die humorvolle Wortschöpfung stamme nicht vom Schreiber selbst.

Hondr au alles gessa und drunka, was r zahlt hond?

Habt ihr auch alles gegessen und getrunken, was ihr bezahlt habt?

scherzhafte Umkehrung beim Aufbruch aus einer Gaststätte   *Schussen*

Hopfa-Tee

Hopfentee

scherzhaft für »Bier«

Hosalada-Outo – ??? – Wemma Diir oufmachd, kommt en Seggl rous.

Hosenladen-Auto – ??? – Wenn man die Tür aufmacht, kommt ein Seckel heraus.

»Hosenladen«: Hosenfalle, Hosentürchen
»Seckel«: a) Penis, b) blöder Kerl

Über Autos 1950/60: BMW Isetta, Zündapp Janus, Heinckel Kabinenroller u.ä. mit nach vorn bzw. auch nach hinten öffnenden Türen

Hosch a <u>Schtanduur</u>?
Hast du eine Standuhr?

»schdanda / stehen«
hier: eine Armbanduhr, die nicht geht, und keineswegs eine raumhohe richtige
Standuhr   Schussen

Hosch daine heene Henna henna?
Hast du deine hin*(igen)* Hennen herinnen?

Hast du deine toten Hennen (im Haus) herinnen?
(Hier geht's rein ums Wortspielerische.)   Donau

Hoschd <u>ou</u> im Koufhous en groubloua <u>Schdoub</u>sougr koufd?
Hast du auch im Kaufhaus einen graublauen Staubsauger gekauft?

Inhaltlich unsinnig; es geht um die vielen »au«, die alle wie »ou« ausgesprochen werden. Spöttische Nachahmung des Niederalemannischen am württembergischen Bodenseeufer und im benachbarten Baden.
Im übrigen Oberschwaben werden die vielen »au/ou«unterschiedlich ausgesprochen:
»Hoschd au im Kaufhous en graublaua Schdaubsougr kaufd?«
Und im Hochalemannischen hieße es so:
»Heschd au im Koufhus en groubloua Schdubsugr koufd?«
Die Begründung für alle Varianten liegt im Mittelhochdeutschen (und zuvor) und ist sprachgeschichtlich in allen Fällen völlig »legitim«.
Nur falls jemand meint, diese seien nur kuriose oder gar falsche Abweichungen vom »richtigen Deutsch« …

Hot s gschmeggd? – *I hau it lang gschmeggd, i hau glei gessa!*
Hat's geschmeckt? – *Ich habe nicht lange (daran herum-)geschmeckt,*
ich hab gleich gegessen!

Wortspiel mit der Doppeldeutigkeit von »schmecken«:
a) an etwas riechen (beschnuppern)
b) wie in der Schriftsprache: munden (Speise)

Hot s gschmeggd? – *Wenn s scho schmegga dät, dät es nemme essa!*
Hat's geschmeckt? – *Wenn es schon schmecken würde, täte ich es nicht mehr essen!*

Wortspiel mit der Doppeldeutigkeit von »schmecken«:
a) riechen (Duft verströmen), auch unangenehm, weil verdorben, faul …
b) wie in der Schriftsprache: munden (Speise)

Hot's dia Katz – hot's dia Katz – des isch en rechta Fratz, dia Katz.
Hat es die Katze, ..., das ist ein rechter Fratz, die Katze.

»Die Katze hat es« heißt eigentlich: Die Katze ist hinübergeschnappt, sie ist irre geworden. Statt von einer Katze kann man das – wenig feinfühlig – von jedem Lebewesen sagen. So sagte immer einer beim Tabakschnupfen zu sich selbst. Es ging ihm also um die vielen tz-Laute beim Niesen ...

Hrrgott, Marrgott!
Hosch du en warrrma Darrrm – und derarrrt grrriffig!
Herrgott, Margot! Hast du einen warmen Darm – und derart griffig!

Mit übertrieben deutlich rollenden Rs zu sprechen. (Diese sind im südlichen Oberschwaben sonst eigentlich nicht üblich.) Die erste Zeile kann auch allein stehen. Sie fängt einen aufkommenden Fluch gerade noch ab.
Den zweiten Teil sollte man nicht so sehr erotisch auffassen. Er hat auch nichts mit einer Frau dieses Namens zu tun. Er soll wie abebbender Gewitterdonner den Fluch helfen abbremsen und ihm seine Schärfe nehmen, ja den ganzen Ärger schon wieder beinahe ausgleichen. Der eigentliche Reiz besteht in der derb anmutenden Häufung von Rs.   Schussen

I bin en schlächda Kalendr-Mesmer.
Ich bin ein schlechter Kalender-Mesmer.

Mesmer/Mesner/Küster sehen in Kirche und Gottesdienst nach dem Rechten. Hier war gemeint, dass die Person (keinesfalls Mesmer!) von sich selber sagte, ihre Wandkalender seit jeher nicht allzu sorgfältig, also termingerecht, abzureißen.

I bin etzd a InSÄGGDizid.
Ich bin jetzt ein InSEKTizid ...

... und vernichte [= trinke] aus gegebenem Anlass einen Sekt. Wortspiel zwischen Sekt und Insektizid [= Insektenvernichtungsmittel].

I bin schwär grank, mr ka mer nemme helfa ... – Ja, was hosch denn? – I hon Pech am Fidla.
Ich bin schwer krank, man kann mir nicht mehr helfen ... – Ja, was hast (du) denn? – Ich habe Pech am Po.

So sprach die Schwägerin, als sie auf Besuch einmal viel länger als vorgesehen verweilte. Pech ist einmal »Unglück«, zum anderen eine teerähnliche klebende Masse. War dieses Pech am Po, so wollte sie ausdrücken, sozusagen am Stuhl der Gastgeber kleben geblieben zu sein. Also wars nichts als ein Lob der Gastfreundschaft!

I gang hinta links lahm wia a Goul.
Ich gehe hinten links lahm wie ein Gaul.

Ich hinke auf dem linken Bein.

I her ouf mit Essa, gnuag griag i sowiesoo it.
Ich höre auf zu essen, genug bekomme ich sowieso nicht.

»Zuviel kann man wohl trinken, doch nie trinkt man genug!« (Etwa) so steht es bei Lessing zu lesen. Dies genau hat nun unser Gewährsmann ebenso mit dem Essen ausdrücken wollen, weil es ihm sichtlich schmeckte.

I hon a ledigs Kind drhoim!
Ich habe ein lediges Kind daheim!

Wortspiel mit der Doppeldeutigkeit:
a) lediges Kind = Kind einer unverheirateten Frau; uneheliches Kind
   Das wurde vor noch nicht allzulanger Zeit als Schande für Mutter und Kind betrachtet.
b) kleines Kind, das natürlich noch nicht verheiratet ist
Hier war die Lösung (b) gemeint, auch wenn mancher zunächst an (a) gedacht haben mag.

Schussen

I hon denkt, i ruaf amol a, vor von Eich wiedr so en Hirtabriaf kommt.
Ich habe gedacht, ich rufe mal an, bevor von Euch wieder so ein Hirtenbrief kommt.

Ein Hirtenbrief ist normalerweise das Schreiben eines katholischen Bischofs an alle Gottesdienstbesucher in seiner Diözese, das an einem bestimmten Sonntag von der Kanzel herab verlesen wird, also »etwas ganz Besonderes«.
In Abwandlung dessen nennt ein Allgäuer Lehrerkollegium die schriftlichen und per Aushang bekanntgemachten Mitteilungen seines Rektors auch (halb scherzhaft, halb grimmig) »Hirtenbriefe«.
Ein hiervon Betroffener übertrug das Wort auf zu erwartende private Neujahrspost, die ihm über Tun und Lassen das Jahr über Aufschluss geben sollte. Vergangenes Jahr hatte er nämlich den Rückruf oder eine schriftliche Antwort versäumt, wie er zerknirscht gestand. Und so wurde ein gleichwohl erneut erhoffter Gruß zum neuen Jahr zur »Ehre« eines »Hirtenbriefs« erhoben ...

I hons bloß vrbrochd rouskeerd! *oder:*
I hons bloß vrbroota rouskeerd!
Ich habe es nur verbracht herausgekehrt!
Ich habe es nur verbraten herausgekehrt!

Absichtliche Verdrehung, um einen eigenen vorhergegangenen Versprecher zu erklären: also eigentlich: »Ich habe es verkehrt herausgebracht!«   *Schussen/ Allgäu*

I ka essa und drinka, wa n e will: Mir schmeggd oifach koi Arbet.
Ich kann essen und trinken, was ich will: Mir schmeckt einfach keine Arbeit.

»schmecken«:
a) munden (Essen und Trinken)
b) Gefallen daran haben (Arbeit)
Sagte jemand selbstironisch, der sein Leben lang hart und unermüdlich gearbeitet hat.

I komm no bald gnuag z schbät!
Ich komme noch bald genug zu spät!

Eile mit Weile! Das (mehr oder weniger) Unangenehme, das auf mich wartet, darf ruhig noch ein wenig hinausgeschoben werden …

I mecht it so viel Morga, liabr mai Obed.
Ich möchte nicht so viele Morgen, lieber mehr Abend(e).

»Morgen«: (veraltend) Feldmaß (mit dem je nach Landschaft unterschiedlich große Flächen bezeichnet werden) (Duden). »Abend« (hier gemeint): Feierabend. Sinn: Ich möchte lieber weniger zu bewirtschaftende Fläche und damit weniger Arbeit und dafür früher und öfter Feierabend haben.
Donau

I sag nix! – Abr was i denk, isch furchdbar!
Ich sage nichts! Aber was ich denke, ist furchtbar!

scherzhaftes Gefrozzel
Ich kann mir in diesem Zusammenhang den alten Witz nicht verkneifen: Nach langem Streit wollen sich zwei versöhnen. Sagt der eine: »Komm, vrdraget mer uns wieder. I winsch dr dees, was du mir au winschst!« Knurrt der andere: »Fangsch scho wiedr a!«

I suach en Geldbeitl, oin wo s Geld hebbt.
Ich suche einen Geldbeutel, einen, der das Geld *(zusammen-)*hält.

Zunächst wörtlich gemeint, weil beim alten der Druckknopf nicht mehr hielt und die Münzen herausfielen, aber unterm Reden wurde der Sprecherin die Doppeldeutigkeit bewusst, und sie wiederholte augenzwinkernd.

I war im Englamt!
Ich war im Engelamt!

Am weihnachtlichen Heiligabend werden in der katholischen Kirche traditionellerweise drei feierliche Messen abgehalten. Eine davon trägt den Namen »Engelamt«. Hier war aber gemeint, dass der Sprecher im Gasthaus zum Engel war, wie es zum Beispiel in Ravensburg eines gibt. (In Weingarten gab es übrigens auch mal eins.)
Schussen

I war lengr am Gymnasium wia du – ond ka wellawäag it so guet schwätza.
Ich war länger am Gymnasium wie *[= als]* du – und kann trotz alledem nicht so gut schwätzen.

Damit wollte ein pensionierter Hausmeister sagen, dass er sich leider nicht so gut ausdrücken könne.

I wers ihn schbiera lassa, ohne dass ers merkt.
Ich werds ihn spüren lassen, ohne dass er es merkt.

Wie das wohl geht? – über eine ganz kleine »Rache«

I will koin Ton me hera, it amool Anton.
Ich will keinen Ton mehr hören, nicht einmal Anton.

Wortspiel mit dem männlichen Vornamen. Dient zur halbwegs ernsten Bekräftigung, wenn zum Beispiel ein Kind zum Schweigen aufgefordert wird, weil es schlafen soll.

I-ed ond oul!
*(m)*üd' und *(f)*aul

Das Weglassen der Anfangsbuchstaben soll genau diesen Zustand ausdrücken: Man sei sehr müde und »faul«, das heißt, derzeit zu jeder weiteren Tätigkeit unfähig.

Ihr sottet meh Esso tanka, noch droggnet dr ARALsee ist so bald ous!
Ihr solltet mehr Esso tanken, dann trocknet der ARALsee nicht so bald aus!

Esso und Aral sind bekanntlich Kraftstoffmarken. Der Aralsee hingegen liegt in Russland, ist stark von Verlandung und Austrocknung bedroht und hat natürlich mit dem Sprit zufällig gleichen Namens nichts zu tun.

Im Greiz isch Hail!
Im Kreuz ist Heil!

Klingt ja zunächst sehr fromm. So sagen aber ironisch die Zwiefaltendorfer zur Gaststätte »Kreuz« im Nachbarort Obermarchtal.

In allem isch Bschiss, bloß in dr Mill isch Wassr.
In allem ist Beschiss [= Betrug], nur in der Milch ist Wasser.

Spielt darauf an, dass (früher) manche Bauern unerlaubterweise und in betrügerischer Absicht ihre Milch mit Wasser zuweilen verdünnt haben sollen.

In dem Altr sind se oifach no drollig!
In diesem Alter sind sie einfach noch niedlich!

Üblicherweise sagt man das über kleine Kinder. Hier war das aber anlässlich des Geburtstags eines Erwachsenen. Da wirkte der Spruch selbst erfrischend »drollig«.

In Gnollagraaba werret Kiachla bloß ouf oiner Seita bacha!
In Knollengraben werden die Küchlein nur auf einer Seite gebacken.

Warum etz dees? Werden sie dort etwa halb teigig verzehrt? – Mitnichten! Knollengraben ist ein Ravensburger Teilort, der sich eben nur auf einer Seite der Wangener Straße (B 32) entlangzieht ...

Isch heit Fallentin?
Ist heute Valentin*(stag)*?

Man spricht es mit deutlichem F (statt wie ein W). Anspielung auf »fallen«. Wenn einem heute, womöglich zum wiederholten Mal, etwas heruntergefallen ist.

Ischt bei Ihnen ein schlächter Mouser?
Ist bei Ihnen ein schlechter Mauser?

Ein Metzgerbetrieb beschäftigte einst einen Gesellen namens Mauser. Sein Mädchen aus dessen pfälzischer Heimat wollte ihn einmal besuchen. Sie betrat den Laden und fragte in ihrer heimischen Mundart nach einem Schlächter Mauser – in aller Unschuld. Nun verstand man in Ehingen Schlächter nicht als Beruf, sondern als das Eigenschaftswort »schlecht(er)«. Ein Mauser ist hingegen nicht nur Familienname, sondern auch ein landwirtschaftlicher Nebenberuf, Mäusejäger, außerdem bedeutet »Mauser« auch: ein sexuell sehr aktiver Mensch. Und diese letztere Bedeutung, zumal in Verbindung mit »schlechter« (statt »Schlächter«), an die natürlich alles dachte, führte dann zum allseits belachten Missverständnis. Die Geschichte soll wahr sein!

Iss, wirsch ebbes, nix bisch scho lang gnuag!
Iss, wirst du was, nichts bist du schon lang genug!

Iss, damit etwas (Rechtes) aus dir werde ...
»nichts sein«:
a) dauerhaft kränklich, schwächlich sein
b) noch schwach sein, sich von einer Krankheit erholend
c) zu nichts taugen [= ein Taugenichts sein]
Der erste Satzteil ist eigentlich eine Aufmunterung an einen Kranken, damit er wieder zu Kräften komme. Der Zusatz aber verrät, dass es sich um eine scherzhafte Aufforderung an einen durchaus Gesunden handelt. Dies geht aber natürlich nur im Freundeskreis, wo es nicht als kränkend empfunden wird.

It's kalt, man!

Also, das war so. 1995 lief im Fernsehen ein Werbespot, der den Begriff »cool« aus der aktuellen Jugendsprache aufgriff und ihn sozusagen sprachlich wieder in sein Herkunftsgebiet (England/USA) zurückverfrachtete. Der Werbeslogan hieß »It's cool, man!« Man könnte dies übersetzen mit »Das ist ... (turbogeil/wuzkäl/super/...)«. Ein zwölfjähriger Schüler nun verfremdete seinerseits den Werbespruch, deutschte ihn halb zurück und meinte damit das geöffnete Klassenzimmerfenster. Da es Winterszeit war, meinte er das »cool« (kühl/kalt) also nicht mehr übertragen und positiv, sondern ganz wörtlich. Es sei saukalt!   Donau

Je langsamer dain Druckr isch, deschto eher gibt s dr s Gfihl, du hosch en schnälla Rechner.
Je langsamer dein Drucker ist, desto eher gibt dies dir das Gefühl,
du habest einen schnellen Rechner.

Es ist eben alles relativ! Die treffende Bemerkung im Gespräch unter fachsimpelnden Lehrerkollegen über ihre PCs drückt diese alte Weisheit auf neue Art aus.

Jo jo, friehjer waremer no <u>jung</u> und <u>schee</u>. Heit simmer bloß no »und«.
Ja ja, früher waren wir noch jung und schön. Heute sind wir bloß noch »und«.
*Ironischer Seufzer, wenn der Glanz der Jugendjahre schon etwas verblasst ist:
Von den drei Wörtern »jung – und – schön« sei jetzt nur noch das mittlere, also »und«
übriggeblieben.* *Schussen*

Jedem das <u>Sai</u>ne – und <u>mir</u> am maischda.
Jedem das Seine – und mir am meisten.
Karikiert die Weisheit und Bescheidenheit des ersten Teils und dreht sie scherzhaft um.

Kascht it älles meega, was da gära frischd!
(Du) kannst nicht alles mögen, was du *(eigentlich)* gerne frisst!
*Weil nicht jedermann/frau dein Lieblingsgericht auch wirklich so kocht, wie du es
gerne hättest.* *Riß, Donau*

Kaufsch mer a Handhebe an a Dirschnalla na.
Kauf mir einen Handgriff an eine Türschnalle *(-klinke)* hin.
Scherzantwort auf die Frage, was man denn gerne als Geschenk bekäme.

Kennsch dia drei »Burger«? – *???* **– Hajo, deesch doch oifach: da Hamburger isch
zum Essa, da Meersburger isch zum Drinka, und da Ravaschburger isch zum Kotza!**
Kennst du die drei »Burger«? – *???* – Aber klar, das ist doch einfach: der Hamburger
ist zum Essen, der Meersburger *(Bodenseewein)* ist zum Trinken, und der Ravensburger *(Typ Mensch)* ist zum Kotzen!
Vorsichtshalber sei dazugesagt, dass es sich wieder einmal um die altbekannte Frozzelei zweier Nachbarstädte handelt. Solange es nicht böse gemeint ist … *Schussen*

Kia mit Rischtong
Kühe mit Rüstung
*Scherzhaft zu Vieh, das vor allem an Hinterleib und -beinen über und über mit kleinen
angetrockneten Kotplättchen bedeckt ist. Grund: ungeeigneter Stall, falsches Futter
und/oder mangelnde Pflege.*

koin Lout
kein Laut
scherzhafte Einzahlbildung zu »Leute«, also: niemand

Komm mr ouf <u>Kir</u>be!
Komm mir auf die Kirchweih!
*Kirchweih-Fest = Kirchweih = Kirmes = Kirbe
An einem bestimmten Tag im Jahr feiert man – »pauschal« für alle lokalen kath. Gottes-*

häuser – den Jahrestag ihrer Einweihung. Die Kirbe war besonders im früheren bäuerlichen Arbeitsjahr ein wichtiges und vergleichsweise groß gefeiertes Fest, oft mit dem Erntedank verbunden. Es fanden Gottesdienst, Markt, Tanz und allerlei örtliche Bräuche statt. Es gab gut und viel zu essen und zu trinken. Die Kirbe war das Ereignis des Jahres. In dieser Form jemand zur Kirbe zu laden, war aber gar nicht freundlich gemeint:
– Rutsch mir den Buckel runter!
– Du kannst mich mal ...!
– Mach doch, was du willst!
Die Ehinger haben genau daraus für längere Jahre ihren augenzwinkernden Werbespruch gemacht, als sie 1976 ihr Altstadtfest erstmals begingen und es fortan »Kirbe« nannten. Auch auf Autoaufklebern stand zu lesen: *Komm mr ouf Kirbe!*

Komm, gang hoim!
Komm, geh heim!

»Komm« als allgemeine Aufforderung und insofern zwar als wortspielerische Komponente, aber nicht als Widerspruch zum nachfolgenden »gang!« (gehe!). Sinn: Gib Deine Bemühungen auf, sie sind eh für die Katz! (ein ziemlich vernichtendes Urteil)

Komm, gang mer bloß awägg!
Komm, geh mir bloß weg!

»Komm« als allgemeine Aufforderung und insofern zwar als wortspielerische Komponente, aber nicht als Widerspruch zum nachfolgenden »gang!« (gehe!). Spar Dir Deine Argumente, sie können mich eh nicht überzeugen. (Ziemlich grob).

KonDomkapitular
*Wortspiel zwischen »Kondom« und »Domkapitular« (höherer kath. Geistlicher)
Ironisch über einen Papst wegen seiner ablehnenden Stellung zur Empfängnisregelung*

Koppa kennet dia Kerle, abr koin Furz vrheeba!
Koppen können die Kerle *(ja schon)*, aber *(noch)* keinen Furz zurückhalten!

»koppen«: laut rülpsen. Eigentlich soll man ja beides nicht tun; der Witz besteht darin, dass man hier beides vergleicht und als erstrebenswerte Fähigkeit darstellt. Kommentiert unreifes pubertäres Gehabe.

Lassahussa!
Lass ihn heraußen!

Wörtlich so wie geschrieben sprechen, Betonung wie angezeigt. Damit klingt es recht geheimnisvoll und sei die sicherste Methode der Empfängnisverhütung. Als Schwabe/Schwäbin versteht man das Pseudo-Hochdeutsch, das beinahe fremdländisch klingt, aber meist nach kurzer Schrecksekunde: Lass ihn heraußen ...   *Donau*

Leichd hott mes it, abr leicht hot s oin.
Leicht hat man es nicht, aber leicht hat es einen.

Zum zweiten Teil:
a) »leicht (hier): ganz schnell, unverhofft; unerwartet
b) »es hat einen«: es erwischt einen; es geschieht einem Unerwartetes, Unwillkommenes;
c) »es hat einen«: man dreht durch, man »spinnt« ...
Spielt mit der mehrfachen Bedeutung von »leicht«, was den Reiz ausmacht.
Ist meist auf sich selbst bezogen oder unter guten Freunden gebräuchlich.

Leit, land d Leit nai, dass au gnua rous kennet.
Leute, lasst die Leute rein, dass auch *(wiederum)* genügend raus können.

Humorvoll verdreht bei Gedränge in Wirtshaus/Bierzelt; eigentlich ist natürlich gemeint: Nun sollen mal ein paar gehen, damit wir Ankommenden Platz haben. Vermutlich aber nicht mal ernst gemeint, sondern nur als Kommentar, während man in Wirklichkeit eben dichter zusammenrückt.

Leukoplaschd-Bombr
Leukoplast®-Bomber

Spott über die Nachkriegsautos (1950er-Jahre) der Marke »Lloyd«, deren Karrosserie anfangs aus Holzlatten und Kunststoffbespannung bestand. »Leukoplast®« ist eine Heftpflaster-Marke.

Liabr a Konjäckle wia a Bettjäckle!
Lieber ein Cognäc-lein wie ein Bettjäcklein!

Lieber einen (kleinen) Cognac als eine (kleine) Bettjacke. Ersterer wärme im Zweifelsfalle nachhaltiger. (Rat bei leichter Erkältung.)

Liabr guat und viel wia schlechd und wenig!
Lieber gut und viel wie [= als] schlecht und wenig!

Essen und Trinken: Deutet die ursprüngliche Aussage »Lieber ausreichend viel als sonderlich gut zu essen haben«, wohl aus hungrigeren Zeiten stammend, humorvoll (oder auch sarkastisch) um.

Liabr guet koppet wia en Furz vrhooba!
Lieber gut gekoppt wie einen Furz zurückgehalten.

»koppen«: laut rülpsen. Eigentlich soll man ja beides nicht tun. Der Witz besteht darin, dass man hier beides vergleicht und scheinbar legalisiert. Ist aber eher ein Kommentar, wenn einem eines davon unterlaufen ist.

Liabr reich und gsund wia arm und grank!
Lieber reich und gesund wie [= als] arm und krank!

Deutet die ursprüngliche Aussage »(Notfalls) lieber arm, aber gesund sein als reich, aber krank« humorvoll um.

Liabr zviel gässa wia zwenig drunka!
Lieber zu viel gegessen wie [= als] zu wenig getrunken!

Am liebsten also beides. Solche Sprüche stammen natürlich aus den Zeiten, als Schmalhans weitum Küchenmeister war.

Literfranz
Doppeltes Wortspiel: Da Liederkranz-Sänger nach der Chorprobe gerne noch im Wirtshaus einkehren, wird die Bezeichnung scherzhaft gerne in »Literkranz« umgewandelt. In Ehingen-Kirchen fügte es sich nun, dass der Vorstand Franz hieß, weshalb er zu seinem liebgemeinten Spitznamen kam.

luschdig und ven<u>diel</u>
lustig und »ventil«

*»ventil«: scherzhafte Verdrehung von »fidel«.
So sei es auf der Veranstaltung gewesen.*

M Bfarrer sai Boda hott a Loch.
Dem Pfarrer sein Boden hat ein Loch.

Der Dachboden (Vorratsspeicher) des Pfarrers hat ein Loch. Man kann noch so viel Geld oder Waren spenden, es ist ihm nie genug. Pfarrer und Kirche sind in ihren Geldforderungen wie ein Fass ohne Boden. Seufzer über unendliche »Bettelei« beim sonntäglichen Kirchgang.
Donau

Ma bringt d Fingr ganz schnell in ebbes nai. Dees goht schnellr, als ma denkt. Es moss abr it immr dr längschde sai …
Man bringt den Finger ganz schnell in etwas hinein. Das geht schneller, als man denkt. Es muss aber nicht immer der längste sein …

Da wurden augenzwinkernd Finger und Penis etwas durcheinandergebracht.

Machet koin Flurschada!
Macht [= verursacht] keinen Flurschaden.

»Flurschaden«: »durch Wild, Truppenübungen, Straßenbau o. Ä. entstandener Schaden an Feldern und Feldfrüchten« (Duden). In fröhlicher Runde (Geburtstagsfeier) kamen Geburtstagskind (60) und Kegelschwester auch einmal nebeneinander zu sitzen, und es gab ein harmloses Küssle. Sofort erscholl der obige Ruf – wobei mit »Flurschaden« auf ein ungewollt zu zeugendes Kind angespielt wurde.

Mach-heeniker
Mach-hiniker

»hinmachen« hier: kaputt machen, »zu Tode reparieren«. Scherzhafte Verdrehung von »Mechaniker«, vor allem für dilettantische Hobbybastler

Mai Frau ischt reich, dia hott vier Heisr! – *Was, vier!?* – Ha jo, wo se butza duat!
Meine Frau ist reich, die hat vier Häuser! – *Was, vier!?* – Na klar, wo sie putzen tut!

Main Kassetta-Rekoodr moschded d Kassetta bloß no.
Mein Kassettenrekorder mostet die Kassetten nur noch.

a) Kassettenrecorder: ein Musikaufnahme- und abspielgerät; eingeführt um 1970
b) Kassetten: zugehörige Datenträger (mit Magnetspur auf einem Kunststoffband)
  Bei Betrieb wurde das in der Kassette befindliche Band von einer Spule ab- und auf der anderen aufgewickelt; dabei wurde es an einem Magnet-Lesekopf vorbeigeführt. Wenn die Mechanik nicht mehr richtig funktionierte, wurde das Band unzulänglich auf- oder abgewickelt, es gab »Bandsalat«.
»mosten« (hier): kleinmahlen, zerkleinern (Mostobst wird vor der Saftpressung gemahlen.) Sinn: Mein Kassettenrekorder spielt keine Musik mehr ab und beschädigt auch noch die Kassetten (Datenträger).

Mamma, hosch mai Golf-Hemmed scho gwäscha? – *???* – Hajo, dees mit de 18 Lechr ... von Seire-Schbritzr.
Mama, hast du mein Golf-Hemd schon gewaschen? – *???* – Naja, das mit den 18 Löchern ... von Säure-Spritzern.

Dies fragte ein im Labor der Papierfabrik jobbender Student seine Mama.

Manchmol sind de Gscheide de Dumme!
Manchmal sind die Gescheiten die Dummen!

a) Auch gescheiten Leuten geschieht es zuweilen, dass sie betrogen werden.
b) Spott über einen Neunmalklugen.

Mein Hosenladen ist ab jetzt täglich geöffnet *(Zeitungsanzeige)*

Eine wahre Geschichte. Zwar auf Schriftdeutsch, aber dennoch sehr oberschwäbisch. Sie zeigt die sprachliche Vielfalt, die zuweilen auch zu lustigen Missverständnissen führen kann. Es geht um den Begriff »Hosenladen«. Dieser bedeutet je nachdem ...
a) Geschäft für Herrenmoden (nördliches Oberschwaben)
b) Hosenschlitz (südliches Oberschwaben)
Es kam, wie es kommen musste: Ein Ulmer Textilhändler hatte in Ravensburg eine Filiale eröffnet und wohl bald so gute Geschäfte gemacht, dass er die Öffnungszeiten ausdehnte. Er machte es mit obigen Worten per Zeitungsanzeige bekannt. Der Arme wusste natürlich nicht, dass man im Schussental unter Hosenladen in erster Linie etwas verstand,

dessen tägliche Öffnung man nicht unbedingt per Zeitung bekannt geben wollte (und sollte). Und so war die Schadenfreude in der Bevölkerung recht groß ...

Mensch, hon i en Hungr!
I hon jo au da ganza Daag no koi Middagessa ghett!

Mensch, hab ich einen Hunger!
Ich hab ja auch den ganzen Tag noch kein Mittagessen gehabt!

Der Wortwitz bestand darin, dass der Spruch spontan entstand, als es eben kurz vor 12 Uhr war und das Essen sozusagen schon auf dem Tisch stand.

Messa mosch it, abr däffa desch!

Müssen musst du nicht, aber dürfen darfst du!

Hinweis, gerade auch an dieser Stelle: Die »a«, »e« und »ä« geben die jeweils richtige oberschwäbische Aussprache nur sehr unvollkommen wieder.
Kann eine allgemeine Betrachtung oder auch eine dezente Aufforderung sein, etwas zu tun: »Ich will dich ja nicht zwingen, aber es wäre mir schon arg recht, wenn du ...«

Mir brouchet koine Fahna, mir flagget im Bett.

Wir brauchen keine Fahnen *(aufzuhängen)*, wir flaggen im Bett.

Spiel mit der Doppeldeutigkeit von »flaggen«:
a) »flaggen«, wie Schriftdeutsch »Fahnen aufziehen« (bewusst nachgeahmtes Schriftdeutsch)
b) »flaggen« (oder »flacken«): (faul) daliegen, faulenzen (Wax)

Mir hand d Henna henna.

Wir haben die Hühner herinnen.

Wortspiel mit den beiden gleichklingenden Lauten.

Mir hand heit a Hennasupp ghet. – *Jo, deesch bessr wia a Dussasupp.*

Wir haben heute eine Hennensuppe gehabt. – Ja, das ist besser wie [= als] eine Draußensuppe.

»Henna«:
a) Hennen [= Hühner]
b) herinnen (also nicht im Freien)
Eine »Hennasupp« kann also eine Hühnersuppe sein, oder – scherzhaft – eine, die man nicht im Freien isst, sondern eben »henna« [= herinnen]. Und diese schmecke besser als eine »Draußensuppe«, die es in Wirklichkeit ja auch gar nicht gibt. Donau

Mir schbaaret scho an dr zwoita Million! – *Warum??? –*
Weil ous dr erschda nix worra isch!

Wir sparen schon an der zweiten Million! – ...
Weil aus der ersten nichts geworden ist!

Moina däff ma (scho), bloß it moina, ma däff.
Meinen darf man (schon), bloß nicht meinen, man dürfe.
Könnte man auch so übersetzen: »Die Gedanken sind frei …«

Moina däff ma scho, bloß it moina, ma dieft.
Moina, ma dieft, däff ma au, bloß it moina, ma häb scho.
Meinen darf man schon, nur nicht meinen, man dürfe.
Meinen, man dürfe, darf man auch, bloß nicht meinen, man habe schon.
Über diese fast philosophisch anmutende Aussage darf länger nachgegrübelt werden.

Moisch, masch Moschd, odr moisch, maasch mi?
Woischd, Moschd mosch meega.
Meinst du, *(du)* magst Most, oder meinst du, du magst mich?
Weißt du, Most muss man mögen.
»Most«: vergorener Apfelwein
Zungenbrecher ohne großen Sinn, aber mit Freude an den vielen »sch-«Lauten.

Mol amol a Male!
Mal einmal ein Männlein!
Ein beliebtes zungenbrecherisches Wortspiel, das man vor allem Leute aufsagen lässt, die des Schwäbischen nicht so mächtig sind. Wenn es Einheimische sagen, so lässt die jeweilige Aussprache des letzten Wortes »Male« [= Männlein] Rückschlüsse auf die sprachliche Herkunft zu. Im südlichen Oberschwaben gibt es keine Nasale, dann klingt das »a« hell; ab etwa Bad Waldsee in Richtung Norden nimmt der nasale Anteil in dem »a« immer mehr zu. Auf der Alb wird es dann zu »Moole« (langes offenes oo).

Mosch zia, it bloß nahanga!
(Du) musst ziehen, *(dich)* nicht bloß hinhängen!
Ein guter Rat beim sportlichen Tauziehen oder beim Ziehen eines Gefährts.

Nemme mr den solang!
Nehmen wir *(eben)* diesen da solange [= *einstweilen*]!
Der Wortwitz besteht darin, dass damit nicht unbedingt ausgedrückt werden soll, dass man anstelle des eigentlich benötigten Utensils sich mit einem Ersatz begnüge, sondern vielmehr, dass man nach kurzer Suche das benötigte Ding gefunden habe. So kann auch ein Meister zum Lehrbuben sagen, wenn dieser vor lauter Vielfalt an Materialstücken und Werkzeugen das Gesuchte nicht entdeckt, obwohl es greifbar nahe liegt: »No nimmsch halt so lang dees!« (»Dann nimm eben einstweilen dieses!«) Und er zeigt und meint das Gesuchte.

Nemmet Se Blatz. Sonschd kennet Se nix nemma bei uns, ond vo demm hamma gnua.

Nehmen Sie Platz. Sonst können Sie *(eh)* nichts nehmen bei uns, und von dem *[= Platz]* haben wir genug.

Freundliche Einladung an einen Zögerlichen, sich zur Tischrunde herzusetzen. Im konkreten Fall handelte es sich um ein mäßig besuchtes Festle eines kleinstädtischen SPD-Ortsvereins. Eine gewisse Bitterkeit mag mitgeschwungen haben: »Wenn doch wenigstens die eigenen Mitglieder zahlreicher gekommen wären. Und viel Geld durch Mitgliederbeiträge und Spenden hat unser Ortsverein hier in der CDU-beherrschten Diaspora ja nun auch nicht gerade ...«
Donau

Nimm en du, i hon en sichr!

Nimm ihn du, ich hab ihn sicher!

Scherzhaft über sich oder einen anderen. Man will eines anderen Wesens habhaft werden, doch dieses entwischt ihm immer wieder. In der Not ruft man dann dem anderen zu, er möge denjenigen einfangen. Dass man ihn selbst schon sicher habe, ist natürlich eine krasse Verdrehung der Wirklichkeit.

No hots me doch jesesmäßig ouf d Wält na gschlaa!

Dann hat es mich doch »jesusmäßig« auf die Welt hingeschlagen!

Dann hat es mich mit aller Wucht auf den Erdboden hingehauen [= ich bin »kräftig« gestürzt/hingefallen]. (Das »jesses-« dient hier einfach als Verstärkung. Rein sprachlich und nicht theologisch betrachtet könnte es ebensogut »saumäßig« heißen.)

Nobl hanget dr Vattr am Galga!

Nobel hängt der Vater am Galgen!

Scherzhafter Kommentar, wenn jemand für irgendetwas »bewundert« werden möchte. Zum Beispiel als scherzhafte Ausdehnung eines »nobel nobel (siehst du aus!)« angesichts eines neuen Anzugs.

Oh du Seelabeck!

Oh du Seelenbäcker!

»Seele«: typisch oberschwäbisches brotähnliches Gebäck - hmmmmmmmm! Ein »Seelabeck« ist also ein Bäcker, der Seelen backt. In Wirklichkeit backt er natürlich nicht immer nur Seelen. Das lang gedehnte »eeee« lockt freilich erst auf eine ganz andere Fährte und klingt, als ob es heißen sollte »Oh du Seggl!«. Dieses ist ein derbes Schimpfwort, ausschließlich gegen Männer verwendet. Und, Pointe! Genau das hat sich der, der den Spruch losließ, auch nur gerade noch verkniffen, indem er in ein »Seelenbeck« auswich. Gar so bös wollte er dann doch nicht sein.

Oh du seelagottr Mensch!

Oh du seelenguter Mensch!

»seelengut«: herzensgut, gütig, hilfsbereit ... Das lang gedehnte »ee« lockt freilich erst auf eine ganz andere Fährte und klingt, als ob es heißen sollte »Oh du Seggl!«. Der Rest wird genau im Spruch oberhalb erklärt.

oh verReck!
»Oh verreck!« heißt derb etwa »Oh Schreck, lass nach!«

Der Witz besteht hier im doppelten Sinne von »Reck«, denn es war im Schulsport gerade Reckturnen angesagt, welches sich meist nicht übertrieben großer Beliebtheit in Schülerkreisen erfreut: Daher der laute Seufzer in der Turnhalle ...

Ohne Loch ka ma koin fahra lassa.
Ohne Loch kann man keinen fahren lassen.

Früher stanzten Zugschaffner (Fahrkartenkontrolleure/Zugbegleiter) in die Fahrkarten [= Tickets], die aus bräunlichem Karton waren, mit einer speziellen Knipszange ein Löchlein, wodurch sie entwertet wurde. Damit war man legal unterwegs. In Museumszügen kann man das auch heute (2016) noch erleben. Dass man hingegen mithilfe eines anderen Löchleins auch einen fahren lassen kann, hat alle Technik noch nicht zu verhindern gewusst. Und diese Doppeldeutigkeit macht hier den Witz aus.

Om mi kommt koiner so schnell rum, den Weag moss er zerscht laufa!
Um mich kommt keiner so schnell herum, diesen Weg muss er erst *(einmal)* laufen.

Ein Wohlbeleibter in einem Anfall von (Galgen-)Humor über sich selbst.

Ouf Baim – se kommet!
Auf die Bäume, sie kommen!

Scherzhaft: »Jetzt ist der angekündigte Besuch in Sicht [= gleich da].« Man versetzt sich absichtlich in den Urmenschen-Zustand zurück, oder so, wie man ihn sich vorstellt: Bei nahenden anderen Leuten affenartige Flucht ins Geäst ...

Raima duat s zwar it, abr dichta!
(Sich) reimen tut es zwar nicht, aber dichten.

Spielt mit der doppelten Bedeutung von »dichten«:
a) Gedichte verfassen
b) Wasserleitung u.ä. am Tropfen hindern
Selbstironisch: Ich bin zwar nur ein Hand- oder Heimwerker und kein »G'studierter«, aber das, was ich machte, ist mir immerhin gelungen: der Wasserhahn leckt nicht mehr.

S dät mr greizwäags loid dua, wemm mr s Bräschdlingsgsälzhäfelesdeggale d Schdiaga rahagla dät.
Es tät mir kreuzwegs leid tun, wenn mir das Erdbeermarmeladetöpfchendeckelchen die Treppe runterhageln würde.

Kreuzweg: »Als Kreuzweg (Weg des Kreuzes …) bezeichnet man einen der Via Dolorosa (,schmerzensreiche Straße') in Jerusalem, dem Leidensweg Jesu Christi nach gebildeten Wallfahrtsweg wie auch eine Andachtsübung der römisch-katholischen Kirche, bei der der Beter den einzelnen Stationen dieses Weges folgt.« (https://de.wikipedia.org/wiki/Kreuzweg)
»kreuzwegs«: nach Art einer Kreuzwegprozession täte es einem so leid, dass man es bereuen und büßen müsse
»Bräschdling/Brästling«: Erdbeere(n)
»Häfele«: kleiner Hafen = kleiner Topf = Töpfchen (auch, aber <u>hier</u> nicht!): Nachttopf
»rahagla«: herabhageln = herunterfallen
Der Spruch wurde jeweils von einer Studentin vorgetragen, die ihren nichtschwäbischen KommilitonInnen damit ihr heimisches Idiom sozusagen in geballter Form vorführte.

S geit koine seks wia mir faif, weil mir vier zu dritt de zwoi oizige send.

Es gibt keine Sechs wie wir Fünf, weil wir Vier zu Dritt die zwei Einzigen sind.

Stammtisch-Blödelei *Donau*

S goht <u>nem</u>me so …

Es geht nicht mehr so …

… wie früher, wie »einst im Mai«. Zu närrischer Zeit trat auf einem der unzähligen Maskenbälle eine Herrengruppe unter diesem Motto auf. Wahrscheinlich die AH eines Sportvereins. Sie nahm in humorvoll übertreibender Weise die abnehmenden Fertigkeiten und Kräfte jeglicher Art auf die Schippe.

s goldene Aarschloch

das goldene Arschloch

Eine wahre Geschichte: Als einer 1966 Abitur machte, war in Französisch auch ein Diktat zu absolvieren. Aufgrund der auch damals schon blühenden Städtepartnerschaft zwischen seiner oberschwäbischen und einer französischen Stadt war der Abiturient schon etliche Male in Frankreich gewesen und konnte für schulische Verhältnisse recht ordentlich Französisch. Eigentlich hatte er also im »Franz-Abi«, auch im Diktat, ganz im Gegensatz zu Mathe, wenig zu befürchten. Und dann der Hammer: Der Französischlehrer las den Text einmal vor, und die Überschrift »le condor« klang (auf Deutsch übersetzt) genau wie »das goldene Arschloch / le con d'or«. Der Prüfling erschrak zu Tode. Denn diese Art Wortschatz steht natürlich in keinem Schulbuch und ziert auch gewiss nicht die Überschrift im Abitur-Diktat. Soviel war ihm klar. Er konnte sowas »Niveauloses« ja auch nur von seinen französischen Kumpeln gelernt haben. Nur – was an Abiturkonformem damit gemeint sein konnte … Er kam lange nicht drauf und schwitzte Blut und Wasser. Erst beim Schreiben der ersten Sätze kam er drauf, dass es ganz unschuldig hieß: »Der Kondor« (Vogel). Dieses Wort klingt leider exakt gleich wie

das wüste obengenannte, nur schreiben tut man es natürlich völlig anders.
Nebenbei: eigentlich ist es mit »A...« noch recht manierlich übersetzt!

S hellt sich <u>ouf</u> ... zum a <u>Wo</u>lkabruch!
Es hellt sich auf ... zu einem Wolkenbruch!

Ironisch, wenn jemand das Nachlassen des Regens zu bemerken glaubt, die anderen hingegen diese eher von Zweckoptimismus geprägte Ansicht nicht so recht teilen wollen. Man übernimmt zunächst die Behauptung, der Himmel klare auf, um sie dann ironisierend ins Gegenteil zu verkehren und die ursprüngliche Aussage als reines Wunschdenken zu kennzeichnen.

S isch it so, dass i <u>will</u>. Abr wenn i däff, no bin i <u>au</u> drbei.
Es ist nicht so, dass ich will. Aber wenn ich darf, bin ich auch dabei.

Wie sagte Karl Valentin: Mög'n hätt i scho woll'n, nur dürf'n hab i mi net traut.

S kommt alles voor, bloß s Hemmed it!
Es kommt alles vor, nur das Hemd nicht!

Spielt mit der Mehrdeutigkeit von »vorkommen«:
a) sich ereignen
b) aus dem Hintergrund (Verborgenen, Dunkelheit ...) zutage treten
c) nach vorne treten
Das Hemd (zumal Unterhemd) bleibe immer in der Hose oder unter der Jacke usw. verborgen.
Anmerkung: Als der Spruch entstand, gab es wohl noch keine T-Shirts, die ja ursprünglich zur nicht öffentlich gezeigten Unterwäsche gehörten.

S kommt älles vor, bloß da Aarsch it!
Es kommt alles vor, nur der Arsch nicht!

Man muss immer mit allem rechnen.
Spielt mit der Doppeldeutigkeit von »vorkommen«: (mehr dazu im vorigen Spruch)
Der Po bleibt immer hinten ...   Riß, Donau

s <u>Nää</u>abadoil
das Nebenteil

Dieses tue ihr weh, sagte die kleine Marion und zeigte auf ihren Bauch, dessen richtige Bezeichnung ihr wohl gerade entfallen war. Da ihr Papa Autos reparierte, hatte sie vielleicht schon öfters etwas von Ersatzteilen gehört ...

S schlecht Säa goht <u>scho</u> no, bloß s got <u>Hee</u>ra nemme.
Das Schlecht-Sehen geht schon noch, bloß das Gut-Hören nicht mehr.

Den Spruch muss man sich auf der Zunge zergehen lassen! Auf diese ironische Art erweckte eine alte Dame zunächst den ersten Eindruck, dass es bei ihr mit Sehen und

Hören gar nicht so schlecht bestellt sei. In Wirklichkeit aber stand es mit Beidem überhaupt nicht mehr gut, wie einem nach kurzem Nachdenken aufging.

S waar a scheene Gartaparty: Jedr hott ebbes mitbrochd. De oine a Floisch, de andere ihre Kindr.
Es war eine schöne Gartenparty: Jeder hat etwas mitgebracht. Die einen *(ein)* Fleisch, die anderen ihre Kinder.
Wahrscheinlich kommt der Spruch ursprünglich von einem Witz.

**Sagd s Klärle: »Zwoi Seela wohnet, ach in mainer Bruscht …«
Sagt dr Ludwig: »No isch halt oine drvo …«**
Sagt die Klara: »Zwei Seelen wohnen, ach, in meiner Brust …«
Sagt der Ludwig: »Dann iss halt eine davon …«
Eine wahre Begebenheit, die sich 1992 ganz spontan in der Tat so zugetragen hat. Spielt mit der doppelten Bedeutung von »Seele«, einerseits die Psyche (usw.), andererseits ein vor allem im südlichen Oberschwaben und Allgäu anzutreffendes vorzügliches Gebäck, mit Kümmel und Salz bestreut und so was von reeeesch … [= knusprig]. Ach, wenn man seine Seelenqualen doch auch einfach wegessen könnte …

Sagsch en Gruaß an Bert. – *An was fir en Bert?* **– An Camma-Bert!**
Sag einen Gruß an Bert. – An was für einen Bert? – An *(den)* Camem-Bert!
[= Camembert-Käse]
Bei einem Abschied von jemand, den man bald wieder sieht, und wenn man nicht wirklich einen Gruß an jemand anderen bestellen lassen will.

Sagsch en Gruaß an dia Vier! – *An welle Vier???* **– An Beddzipfl!**
Sag einen Gruß an die Vier! – An welche Vier??? – An die Bettzipfel!
Scherzhaft für: Gute Nacht!

Schatzele, i <u>mag</u> di! – I mi <u>au</u>!
Schätzle, ich mag dich! – Ich (mag) mich auch!
Kleines Späßchen unter Verliebten, auch wenn sie schon lange miteinander verheiratetet sind. Und dann wird meist dazugesetzt: »Di abr <u>au</u>!« (»Dich aber auch!«)

Schbass muess sai, ond wenns bei dr Großmuettr im Bett isch!
Spaß muss sein, und wenn es bei der Großmutter im Bett ist!
Wo man »so etwas« offenbar wohl weniger erwarten würde …

Schbäthaimkeerer
Spätheimkehrer
a) Menschen, die erst nach langjähriger Kriegsgefangenschaft nach Hause entlassen

wurden (In den Jahren nach dem 2. Weltkrieg)
b) hier scherzhaft zu Leuten, die am Vorabend erst recht spät vom Kneipenbesuch heimkamen

Schbixikon
Spicksikon

Ableitung aus »Lexikon« und »spicken« [= bei Klassenarbeiten usw. abschreiben]. Wörterbuch zum Abspicken (in der Schule)

Schdand ins Eggle und schemm de! – I hon mi oimool gschemmd, no hotts niemand gsäa, und jetzt bin e scho ousgschemmt.
Steh ins Eck und schäm dich! – Ich hab mich einmal geschämt, dann hat's niemand gesehen, und jetzt bin ich schon ausgeschämt.

»Ausgeschämt« ist hier bewusst doppeldeutig. Scheinbar heißt es hier einfach »fertig« mit schämen. Außerdem jedoch bedeutet es »rücksichtslos«, »unverschämt«, charakterlich »schamlos«, »durchtrieben«, »hinterlistig« – aber nur über Andere.

Schdier-Bengl
Stier-Bengel

»Bengel« (hier): (kurzes) Holzstück, Knüppel (Duden); gemeint aber hier wohl: Penis (Stier). Scherzhafte Verdrehung zu »Bierstängel« (stangenförmiges, mit grobem Salz und Kümmel bestreutes Gebäck, Duden). Bierstängel passen hervorragend zu Wein und Bier und sind vor allem im südlichen Oberschwaben zu Hause. In manchen Lokalen stehen sie, einzeln verpackt, in einem dafür zweckentfremdeten Bierkrug mitten auf dem Wirtshaustisch zur gefälligen Bedienung. (Wird zuletzt natürlich abgerechnet.) Schussen

Schee grumm isch au it wiaschd!
Schön krumm ist auch nicht wüst.

»wüst« heißt unansehnlich, unschön.
»schön« kann auch zur Steigerung dienen: zum Beispiel wie in »[ganz] schön teuer«.
»schön krumm« bedeutet also »besonders krumm«, aber im Wortspiel blitzt dennoch (Galgen-)Humor durch: »Obwohl etwas krumm geraten, ist es dennoch auch ein bisschen schön«. Karikiert fremdes oder eigenes unzulängliches Heimwerken, wenn es nicht ganz so professionell gelungen ist.

Schee singa kane it, aabr wiaschd pfeifa.
Schön singen kann ich nicht, aber wüst pfeifen.

Was sich wie ein Gegensatz anhört, läuft darauf hinaus, dass die betreffende Person in Wirklichkeit beides nicht kann.

Schloss Neuschwainschtein
Schloss Neuschweinstein

Volksmund über die recht großartig gewordene neue Villa eines oberschwäbischen Metzgermeisters, die mit allerlei Erkern, Türmchen und Mauervorsprüngen reich garniert ist. Anspielung auf Schloss Neuschwanstein. *Schussen*

Schnell no s Rundschreiba läasa, dass mrs drimmlig werd.
Schnell noch das Rundschreiben lesen, dass es mir schwindlig werde.
*gedankliche Verbindung: Rundschreiben, rund, rundherum, Karussell, schwindlig
Seufzer eines Lehrers. Zu den Pflichten gehört natürlich auch die »Kenntnisnahme« der schriftlichen Äußerungen der vorgesetzten Schulaufsichtsbehörden.*

Schweschdr Rennatia
Schwester R.
Der Ordensname ist der beim Eintritt in eine religiöse Gemeinschaft (Ordensgemeinschaft) angenommene Name, der im Orden an die Stelle des bürgerlichen Namens tritt. ... Gewählt wurde meist ein Heiligenname, wobei der namensgebende Heilige dann auch als persönlicher Schutzpatron angerufen wurde. (https://de.wikipedia.org/wiki/Ordensname). Scherzhafte Bezeichnung für eine Ordensschwester in einem Altersheim im Raum Wangen; sie wurde von den Heimbewohnern wegen ihrer ewigen Eile so genannt (»rennende Schwester«). In Wirklichkeit hieß sie natürlich ganz anders.

Sei schdill! Loos amool! Heersch nix? – *Noi, i heer nix!* **– –** **»Där Berg ruft.«**
Sei still! Horch mal! Hörst du nichts? – *Nein, ich hör nichts!* – – »Der Berg ruft.«
Scherz-Zwiegespräch bei Frühstück und Zeitungslektüre wegen einer entsprechenden Überschrift zu einem Zeitungsartikel. Erleichterung, weil das Horchen nach verdächtigen Störgeräuschen im Haus zum Glück erfolglos war.

Setzed eich, d Schdial kommet glei ...
Setzt euch *(inzwischen mal schon)*, die *(eigentlich noch fehlenden)* Stühle kommen gleich ...
Späßchen, als die Bestuhlung nicht ausreichte

sie, beinahe ergriffen: **S isch scho wohr, dass s Aug mit-isst–**
er, furztrocken: **Jo, vor allem bei de Zwiebla!**
Es ist schon wahr, dass das Auge mit-isst. – Ja, vor allem bei den Zwiebeln!
Er dachte wohl ans Zwiebelschneiden. Dialog im Gasthaus angesichts voller und schön dekorierter Schüsseln feinen Essens.

So gschdärk ond aischd achzga!
So »ge-starrig« und *(doch)* erst achtzig!
»gschdärk/ge-starrig« = altersbedingt steife Gelenke, daraus folgende Unbeweglich-

keit. Als ob eine gewisse Gliederstarre in diesem Alter noch völlig ungewöhnlich sei. Wird gerne von Leuten etwa dieses Alters gesagt, wenn die Beweglichkeit, vor allem auch nach langem Sitzen in froher Gesellschaft, mindestens vorübergehend spürbar nachgelassen hat.
Donau

So lang gwaxa ond aischd z kuuz!
So lange gewachsen und erst *(noch)* zu kurz *(geraten)*.

a) lange gewachsen = lange Jahre gewachsen (Zeit)
b) lange gewachsen = groß geworden (Größe)
Aus dem Doppelsinn wird das Wortspiel hergeleitet.
Donau

So lang oiner no en gschdandena Maa isch, isch es guet.
Wenn r abr abgschdanda isch, no isch es nemme guet.
Solange einer ein »gestandener« Mann ist, ist es gut.
Wenn er aber »abgestanden« ist, dann ist es nicht mehr gut.

Ein Schulmann, als er anlässlich seiner Zurruhesetzung in Reden gelobt wurde.

So lot isch ma.
So »lässt-man-nach-seiend« ist man.

Eine verdrehte Anwendung der Redensart »ma wird alt und loht«: man wird alt und lässt (in allem) nach. Das Wörtchen »loht« (»lässt«) wird scherzhaft zu einem Adjektiv (Eigenschaftswort) umfunktioniert.

So zwoi wia mir drei geits koine vier, weil mir drei de zwoi oizige send!
So zwei wie wir drei gibt's keine vier, weil wir drei die zwei einzigen sind!

Scherzhaft-ironisch: Wir sind eben einmalig!

So, hosch ou an dr Unidääd a baar Silveschdr Maddig schdiert?
So, hast du auch an der Unität ein paar Silvester Mathik stiert?
[= So, hast du auch an der Universität ein paar Semester Mathematik studiert?]

War mal in Abiturientenkreisen arroganterweise üblich und sollte sich über das »ungebildete Volk« lustig machen, das nicht einmal die Begriffe richtig sagen könne. An der Aussprache »ou« (auch) wird zudem deutlich, dass das Niederalemannisch des ländlichen Umlands veräppelt wurde. Mitte der 1960er-Jahre.
Schussen

So, maine Herrschafda, Ordschafda und Landschafda!
So, meine Herrschaften, Ortschaften und Landschaften!

Scherzhafte Anrede in der Familie oder unter Freunden; humorvoller »Missbrauch« der Endung »-schaft«.

Solang i d Haubdroll it schbiel, schbielts koi Roll!
Solange ich die Hauptrolle nicht spiele, spielt es keine Rolle.

Solange ich nicht selbst der Tote bin, macht mir eine Beerdigung nichts aus.
Spruch unter Sargträgern.

Soll dr am Kindrsäaga wiedr raikomma: It schee, abr viel!
Es soll dir am Kindersegen wieder hereinkommen: Nicht schöne, aber viele!

Vor allem der zweite Teil, der aber oft auch entfällt, zeigt durch seine unerwartete Wendung, dass es sich um eine humorvolle Art von Dankabstattung handeln muss: Es möge dir wieder vergolten werden, was du für mich aufgewandt/ausgegeben ... hast. Wobei der Ausgleich natürlich dann auch nicht wirklich in Form von vielen, aber hässlichen Kindern erfolgen müsste ...

Souergrout-Saft isch gsund – wenn oim nix fehld.
Sauerkraut-Saft ist gesund – wenn einem nichts fehlt.

Karikiert die angebliche Wirkung von Hausmittelchen.

Telekommunischda
Telekom*(m)*unisten

Als die Post noch staatlich war, sprach man von der »gelben« Post, die für Briefe, Päckchen und Pakete zuständig war, sowie von der »grauen Post«, den »Telefonern«. Als dann die Telekom begründet wurde, entstand unter Insidern die neue abgrenzende Bezeichnung mit den »Teleko(m)munisten«, gerade in den Jahren, als die ehemalige DDR und der gesamte kommunistische Block in Osteuropa zerfiel. Allen war deshalb noch geläufig, dass – wenngleich hier scherzhaft gebraucht – »Kommunist« in Westdeutschland ein garstiges Schimpfwort geworden war, ganz anders als in sonstigen westeuropäischen Demokratien.

Tennisarm? – *Noi, tennisreich! Wia dr Boris Becker.*
Wortspiel mit der nicht nur durch Tennissport hervorgerufenen schmerzhaften Krankheit einerseits und dem mutmaßlichen angesammelten Vermögen des Tennisspielers, Olympia- und vielfachen Turniersiegers der 1980er-, 1990er-Jahre andererseits: Der Arm tue ebenso weh wie Boris Becker reich sei.

Ulm ist eine schöne Stadt, hat es aber nicht. In Biberach kann man es finden. Weiber haben es hinten und die Jungfrauen in der Mitte. Der Knecht und die Magd haben es nicht.
Sprachrätsel. Nicht auf Schwäbisch, aber hierzulande bei fröhlicher Feierabendthekenrunde vorgebracht. Na – rausgefunden? – Tipp: ein bestimmter Buchstabe ...

Ummasonschd isch da Dood, und där koschd s Lääba.
Umsonst ist der Tod, und der kostet das Leben.
Es gibt nichts gratis.

Vonna denna isch scho räacht, abr henda denna isch es lätz!
Vorne drin ist es schon recht, aber hinten drin ist es letz!

»letz«: verkehrt, falsch (Duden) – oder: »Sch...«
Im Leichenwagen vorne drin zu sein ist schon in Ordnung, aber hinten drin - au weia!
Spruch unter Sargträgern

Waa – kenned dia oin au scho!?
Was – kennen die einen [= uns] auch schon!?

Soll der erstaunte Ausruf einer Familie gewesen sein, als sie am Pariser Gare de l'Est ankamen und eine Lautsprecherdurchsage etwas von »Bagage« sagte. Dazu muss man wissen, was »Bagage« (sprich: bagasch) alles bedeutet:
– Auf Französisch heißt es »(Reise-)Gepäck«.
– Auf Schwäbisch heißt es »Gesindel«, »Lumpenpack«.
Der Spruch geht zwar redensartlich um, ist aber sicher ursprünglich als Witz einzuordnen.

Waisch au dees? – A Mäalschbeis zum Umhenka!
Was ist auch das? – *Eine Mehlspeise zum Umhängen.*

Scherzantwort auf eine neugierige Frage

Während es in Biberach schon ganz ordentlich »schützelet« und in Ravensburg allmählich »ruatelet«, »welfelet's« in Weingarten jetzt richtig.
»schützela« (»schützelen«): das Biberacher Schützenfest naht und liegt gleichsam in der Luft. »ruatela« (»rutelen«): das Ravensburger Rutenfest naht und liegt ebenso gleichsam in der Luft. »welfela« (»welfeln«): das Weingärtler Welfenfest naht und ...

Es beschreibt die aufkommende Feststimmung in Ravensburg, je näher es dem örtlichen Rutenfest zugeht. Den Biberachern ist das Schützenfest ihr Heiligstes, und es kann geschehen, dass die Gäste einer Biberacher Gaststätte stehend, die Hand auf dem Herzen, das Biberacher Schützenfestlied singen, wie die US-Amerikaner ihre Nationalhymne. Und nun reihe sich Weingarten würdig ein, wenn die Schwäbische Zeitung am 6. Juli 2016 wörtlich (wie oben) berichtet, es welfele. Die Vorfreude, die Vorbereitungen, die Atmosphäre im Städtle, alles laufe auf das örtliche Welfenfest zu, das bis vor wenigen Jahren schlicht Kinder- und Heimatfest und noch viel früher und noch schlichter »Schulertag« (Schülertag) genannt wurde. Am 9. 7. 2016 nimmt die Ausgabe Ravensburg der Schwäbischen Zeitung, die auch für Weingarten zuständig ist, für sich in Anspruch, das Wort »welfela« selbst in die Welt gesetzt zu haben.

Wäre no gschdorba blieba!
Wäre ich nur gestorben geblieben!
Ein Seufzer, wenn man sich gerade nicht gut fühlt.

Warum fahred Mitsubishi-Fahrer immr barfueß rum? – *???* – Mit-Schua-bisch-hi ...
Warum fahren Mitsubishi-Fahrer immer barfuß herum? – *???* – Mit-Schuh-bist-du-hin ...
als die Marke erst allmählich hierzulande bekannt wurde

Was dai isch, isch au mai!
Und was mai isch ... goht di nix aa!
Was dein ist, ist auch mein!
Und was mein ist ... geht dich nichts an!
ironische Verdrehung des traditionellen biblischen Zitats

Was e it in de Hend honn, kane it heba.
Was ich nicht in den Händen habe, kann ich nicht *(fest-)*halten.
zum Beispiel einen Furz

Was isch ain »betagter Karton«? – *???* – Ha, a alte Schachtl!
Was ist ein »betagter Karton«? – *???* – Nun ja, eben eine alte Schachtel!
Mit »alte Schachtel« werden wieder mal die Frauen durch den Kakao gezogen, oder diskriminiert. Pikanterweise fiel der Spruch in einer Frauenrunde ...

Was isch los? – Alles, was it abunda isch!
Was ist los? – *Alles, was nicht angebunden ist!*
»Los sein« kann »Action« (Äktschn) bedeuten oder eben auch freilaufende Hunde o.ä. Wenn man auf eine Frage, was hier denn so abgehe, nicht wirklich antworten mag.

Was isch middla in Ulm? – *s Minschtr?* – Noi, s »L«!
Was ist mitten in Ulm? – *Das Münster?* – Nein, das »L«!

Was machd dr Zuckr? – *Geschtern hot r no zucket!*
Was macht der Zucker? – *Gestern hat er noch (ge)zuckt!*
Wird Diabetikern als Gruß unterstellt ...

Was schwätzsch so hendlsichdig drher?
Was schwätzt du so händelsüchtig daher?
»Händel«: Streit Auseinandersetzung. Suchst du Streit? (Meist nicht sehr ernsthaft gemeint.)

Waxa dore nemme, hegschdens en de falsch Richdong.
Wachsen [= größer werden] tu ich nicht mehr, höchstens in die falsche Richtung.
nämlich in die Breite

Wegga mane scho, bloß it oufschdau!
Wecken mag ich schon, nur nicht aufstehen!
Der Spruch spielt mit der Doppeldeutigkeit von »Wecken«:
a) jemand aus dem Schlaf holen (wie im Schriftdeutschen)
b) (schwäbische Art von) Brötchen
Wer das sagt, meint also, dass ihm die Variante (b) lieb ist, aber die (a) keineswegs.

Weles send de drei große Goißla vo dr Menschheit?
Erschdens Malaria, zwoidens Kolera, drittens vo dr Alb ra.
Welches sind die drei großen Geißeln *(von)* der Menschheit?
Erstens Malaria, zweitens Cholera, drittens *(die)* von der Alb herab.
Scherzhafte Anspielung auf die Leute, die von den Dörfern auf den Höhen der Schwäbischen Alb ins Städtle kommen. Donau

Wemma glai isch, no hot ma it so weit zum Oufschdanda.
Wenn man klein *(von Gestalt)* ist, dann hat man *(wenigstens)* nicht so weit *(hinauf)*, um aufzustehen.
Trost oder Spott ...

Wenn alle naiganget, no ganget it alle nai.
Wenn abr it alle naiganget, no ganget alle nai! *bzw.*
Wenn alle naigingdet, no gingdet it alle nai.
Wenn abr it alle naigingdet, no gingdet alle nai!
Wenn alle hineingehen, dann gehen nicht alle hinein.
Wenn aber nicht alle hiningehen, dann gehen alle hinein. *bzw.*
Wenn alle hineingingen [= gehen würden], dann gingen nicht alle hinein.
Wenn aber nicht alle hineingingen, dann gingen alle hinein.
Spielt mit der Doppeldeutigkeit von »hineingehen«:
a) betreten (Versammlungsraum, Kirche ...)
b) hineinpassen (von der Anzahl der Leute her)
Erklärendes Beispiel gefällig?
Ein Verein hat 500 Mitglieder. Sie werden zur Jahreshauptversammlung alle eingeladen. Der vorgesehene Saal fasst 100 Leute. Wenn nun alle Eingeladenen tatsächlich kämen, dann hätten Wirt und Vorstand ein Riesenproblem, denn die Mitglieder würden ja bei weitem nicht hineingehen (-passen). Gehen aber nicht alle in den Saal, weil sie gar nicht erscheinen, dann gehen alle, die gekommen sind, auch locker rein ...
Logisch, gell!

Wenn da schnell machsch, no brouchsch it brässiera!
Wenn du schnell machst, dann brauchst du nicht zu pressieren.

»pressieren«: sich beeilen
a) Man beachte die »Logik« der Aussage: »schnell machen« und »pressieren« ist ja beides ungefähr dasselbe.
b) Eine andere Deutung: Wenn du möglichst gleich damit anfängst, dann gibt es gegen Ende keinen Zeitdruck.

Wenn da so ouf d Fluchd gohsch ... –
Där will doch gar it ouf d Fluchd, där will doch dobleiba.
Wenn du so auf die Flucht gehst ... –
Der will doch gar nicht auf die Flucht, der will doch dableiben.

Wortspiel, Gegenrede zwischen Zimmermann und Nachbarn des Bauherrn. »Auf die Flucht gehen« heißt in der Fachsprache natürlich nicht »abhauen«, sondern »Balken und Pfosten genau ausrichten«.
Donau

Wenn du noo au so a Kerle wäresch wia i ... sai sott!
Wenn du nur auch so ein Kerl wärest wie ich ... sein sollte!

Die Kunstpause (...) zeigt, dass der Sprecher sich nicht selber überschätzt, wenn er vom anderen scheinbar etwas einfordert.

Wenn e dir noa baarml zuagugg, no kanes au so!
Wenn ich dir noch ein paarmal zugucke, dann kann ich es auch so *(wie du).*

Vom Zusehen lernen? Das wäre nichts Besonderes. Aber: Der Wortwitz bestand darin, dass so die Oma zum kleinen Enkele sprach, der sich – bei der Gartenarbeit helfen wollend – noch herzlich ungeschickt anstellte. Der Spruch der Oma war eine Mischung zwischen Seufzer und Tadel.
Donau

Wenn i komm, no isch Sense!
Wenn ich komme, dann ist Sense!

... dann ist es aus! So sprach der personifizierte Tod (Sensenmann!) im Bauerntheater.

Wenn r scho it in Kirch goht, no moss r wenigschdens em Gaata omanand-gnuila.
Wenn er schon nicht in die Kirche *[= Sonntagsmesse]* geht, dann muss er wenigstens im Garten umeinander-knien.

»gnuila / knien« ist ja eigentlich ein Ruhezustand, wenn auch unbequem
Im katholischen Gottesdienst wird immer wieder gemäß dem Ritual gekniet. Durch das davorgesetzte »omanand- / umeinander« wird daraus scheinbar eine Bewegung, was von der Logik her aber gar nicht geht. Denn, um erst hier und dann dort zu knien, muss man zwischendurch aufstehen oder sich auf den Knien rutschend fortbewegen. Das Knien muss auf jeden Fall unterbrochen werden. Spöttischer Kommentar, als der befreundete Nachbar sonntagmorgens im Garten Kräutchen zupfte. Dabei kniete er sich mal hier, mal dort nieder.

**Wer isch s Male und wer isch s Weible? – *???* –
Ha, där woo d Rätscha doba isch, där isch s Weible!**
Wer ist das Männlein und wer ist das Weiblein? – *???* –
Nun, der, bei dem die Rätsche *(oben)* droben ist, der ist das Weiblein!

Scherzfrage über die Zwillingstürme der Bad Waldseer katholischen Stadtpfarrkirche. Eine »Rätsche« ist erstens ein Lärminstrument. Es wird/wurde in kleinerer Ausführung in Weinbergen zum Verscheuchen von Vögeln verwendet und findet heutzutage besonders bei Fasnetsumzügen vielfache Verwendung. Im katholischen Brauchtum schweigen von Gründonnerstag-Abend bis zur Feier der Osternacht die Kirchenglocken. Um dennoch zum Gottesdienst laden zu können, verwendet/e man größere Rätschen, die auf einem hölzernen Resonanzkasten angebracht und in weitem Umkreis zu hören sind/waren. Für die Ministranten war es immer ein besonderes Erlebnis, wenn sie hoch droben auf dem Kirchturm die Rätschen drehen durften. Auch im Gottesdienst selbst finden/fanden dann Handrätschen statt der Läuteglöckchen Verwendung. Zweitens ist eine Rätsch(e) aber auch eine boshaft-schwatzhafte Weibsperson. (Vgl. die »Rätsch«, eine Aulendorfer Fasnetsfigur.) Mal wieder eine frauenfeindliche Redensart: Der Kirchturm mit der Karfreitags-Rätsche oben drin sei demnach der weibliche ...

Wer it weit <u>her</u> isch, hot it weit <u>hoim</u>!
Wer nicht weit her ist, hat *(es)* nicht weit *(bis)* heim!
»Nicht weit her« kann einerseits die räumliche Entfernung vom Zuhause sein, aber auch besagen, dass jemand nicht gerade der/die *(geistig)* Hellste sei.

Der Spruch fiel beim Aufbruch nach einem Jahres-Abschluss-Essen in einem SPD-Kreisverband, als jeder in eine andere Richtung aufbrach und man sich gegenseitig fragte, wie weit man bis nach Hause zu fahren habe.

**Wer schloft, sindigt it. Und wer it sindigt, kommt in Himml.
Also: Wer schloft, kommt in Himml!**
Wer schläft, sündigt nicht. Und wer nicht sündigt, kommt in den Himmel.
Also: wer schläft, kommt in den Himmel!

Na dann, gute Nacht!

Werd Zeit, dass da gohsch, sonsch hau dr nemlich ... <u>koi</u>na nai!
(Es) wird Zeit, dass du gehst, sonst haue *(ich)* dir nämlich ... keine hinein!

Ohne das hier hinzugefügte »koina / keine« wäre es eine handfeste Androhung von Schlägen. Ein Mann nach einem kleinen Schwätzle zu einem weiblichen Wesen, das er nicht ungern getroffen zu haben schien, weshalb er ihm ja auch KEINE hineinhauen wollte ...

We-Zätt!
W-Z! *(wie buchstabiert, und »zackig« aussprechen)*

Scherzhafte Abkürzung für »wia Zou« (»wie die Sau!«) = »in besonderem Maße« Anwendungsbeispiel: »Hots dr gschmeggd?« – »W-Z!« (Lob, zuweilen auch ironisch!)

Wia got s au? – *Ha, woisch jo, schlechde Leid gots immr goet.*
Wie geht's auch? – *Na ja, du weißt ja, schlechten Leuten geht's immer gut.*

Fröhliche Antwort auf die entsprechende Frage, die damit zugleich gar nicht wirklich beantwortet wird.

Wia hoißt aigendlich d Frau voma Uhu? – *??? – Ha, Uhuline!*
Wia hoißt aigendlich d Frau vom Kaiser Pippin? – *??? – Ha, Pipeline!*
Wia hoißt aigendlich d Frau voma chinesischa Beamta? – *??? – Ha, Mandarine!*
Wie heißt eigentlich die Frau von einem Uhu? – ??? – Na, ist doch klar, Uhuline!
Wie heißt eigentlich die Frau vom Kaiser Pipin? – ??? – Na, ...
Wie heißt eigentlich die Frau von einem chinesischen Beamten? – ??? – ...

Uhuline ist eine Wäschestärke und kein Vogel.
Eine Pipeline ist keineswegs die Frau eines mittelalterlichen Kaisers namens Pippin.
Und eine Mandarine ist bekanntlich eine Zitrusfrucht.

Wia hoißt Dschiens-Hos ouf Kinesisch? – *??? – A-weng-zeng!*
Wie heißt Jeanshose auf Chinesisch? – ??? – Ein-wenig-zu-eng!

Man trug zuweilen die Jeans möglichst »ein wenig zu eng«: Und schon klingt's »chinesisch«.
Allgäu, Schussen

Wisset Sia, was en Schittlscheck isch? – *??? – Wenn da mit deem ouf Bank kommsch, no schittlet der am Schaltr bloß da Kopf ...*
Wissen Sie, was ein Schüttelscheck ist? – ??? – Wenn du mit dem auf die Bank kommst, dann schüttelt der am Schalter nur den Kopf ...

Wo isch dai Frau? – *Schuabendl biegla!*
Wo ist deine Frau? – *Schuhbändel [= Schnürsenkel] bügeln!*

Entweder ist es eine Verlegenheitsantwort statt eines »ich weiß es nicht«. Oder aber: »Das geht dich nichts an!« – oder einfach ein Scherz!

Woisch, do kas au sai, do kommt no amol a Zeit, wo da lang anera Mark hosch.
Weißt *(du)*, da kann es sein, da kommt noch *(irgendwann)* mal eine Zeit, wo du lange an einer Mark hast.

Nämlich, wenn du tot bist. (»Mark«: Deutsche Währung vor dem Euro)
Kommentar am Stammtisch, als es um Geld, Einkommen und Renten ging.
Letztlich: Nimm diese irdischen Dinge nicht so wichtig!
Oder, lyrischer: Das letzte Hemd hat keine Taschen.

Woisch, i muess it allaweil vom Beschta hau!
Weißt du, ich muss nicht immer vom Besten haben ...

... meinte verschmitzt die Frau Nachbarin, eben fleißig beim Hausputz, auf unsere Einladung, doch anschließend bei uns gleich damit weiter zu machen.

Wolfurt isch a schene Schdadd, »Ganzfurt« no viel scheenr.
Wolfurt ist eine schöne Stadt, »Ganzfurt« noch viel schöner.

– »Wolfurt«: Marktgemeinde bei Bregenz im österreichischen Bundesland Vorarlberg
– »Ganzfurt«: ein um des Wortspiels frei erfundener Ortsname
Wenn jemand »wohl furt« ist, dann heißt das, dass es einem lieb und recht ist, dass derjenige wieder fort ist: »Där isch mir wol furt!« (»Der ist mir wohl fort!«) Sinngemäß: Mir ist wohl dabei, wenn dieser (wieder) fort ist. Daraus wird »gefolgert«, dass »Wolfurt« einem eine ganz angenehme »Stadt« sei. Zur Steigerung erfindet man dann noch ein »Ganzfurt«, also dass der damit Bedachte nun auch gewiss ganz weit fort sei und bleiben möge. Sagt man hinter einem unwillkommenen Gast her.   Allgäu

Xundhait – Wohr isch!
Gesundheit – wahr ist *[es, dass ich es dir wünsche]*!

Wenn jemand niest, wünscht man ihm/ihr häufig »Gesundheit«. Zudem wird bekräftigt, der Wunsch sei »wahr«.

Xundhait! Xafer! Xälzbroot!
Xilophoon und Xangverai!
Xangbuach! Xellabriaf!
Gesundheit! Xaver! Gesälzbrot!
Xylophon und Gesangverein!
Gesangbuch! Gesellenbrief!

»G'sälzbrot«: Marmeladebrot
Die zweite Zeile und erst recht die dritte sind weniger bekannt. Der Spruch wird gerufen, wenn jemand herzhaft geniest hat. Dabei nimmt man die schwäbische Aussprache des »Ges-«, das wie »X« klingt, selbstironisch auf die Schippe, und das echte »X« von Xylophon wird großzügig in den Kreis aufgenommen.

Z Schduaget odr wo
hand se oin verschdocha odr wa
mit em Mässr odr was woiß i !?
In Stuttgart oder wo
haben sie einen erstochen oder was
mit einem Messer oder was weiß ich!?

Persifliert einen, der etwas zu wissen vorgibt und doch nichts Genaues; auch, um das Entstehen und Verbreiten von Gerüchten zu kommentieren

Zimmrherr – Zimmrfrailain
Zimmerherr – Zimmerfräulein

Ein »Zimmerherr« ist – sollte es diese Spezies noch geben – der in der Regel noch unverheiratete Berufsanfänger, der bei anderen Leuten meist mit etwas Familienanschluss ein möbliertes Zimmer als »Untermieter« bewohnt. Scherzhaft sagt(e) man auch oft, er sei ein »möblierter Herr«. 1950-60 waren das auch durchaus Leute mit Universitäts- und Hochschulabschluss. Auch meine Frau und ich und viele unserer Kolleginnen und Kollegen haben als junge Lehrerinnen und Lehrer so angefangen (1970). Ein »Zimmerfräulein« hingegen ist das Dienstmädchen bei betuchten Leuten. Auch dies wird es nicht mehr sehr häufig geben.

Zum oimol Essa duat s scho!

Zum einmal Essen tut es schon!

*Um es einmal zu essen, tut es schon!
a) hinterrücks über recht mäßig gutes Essen (eher selten)
b) verkapptes Lob, das zuerst mit dem Schrecken des Gastgebers spielt, bis diesem klar wird, dass ja nie etwas zweimal gegessen wird ...*

Lieder, neu, abgewandelt oder ergänzt

und meist nur in geselliger Runde »erlaubt«
(Nicht immer »geschmackvoll« oder ganz jugendfrei)

Mehr, Gescheites und Grundsätzliches zum Thema »Lieder aus Oberschwaben« (Berthold Büchele): www.oberschwaben-portal.de (65 sehr lesenswerte Seiten; PDF)

**A bizzle bockela, a bizzle schdinka,
a bizzle soichela, dees dot dr Schwob.**

Ein bisschen *(streng)* nach *(Ziegen-)*Bock riechen, ein bisschen stinken,
ein bisschen seicheln *[= nach Urin stinken]*, das tut der Schwabe.

Selbstironisch in froher Runde. Kann beliebig oft wiederholt werden ...   Schussen

**Alle meine Entchen
schwimmen im Klosett,
drückt man auf das Knöpfchen,
sind sie alle weg!**

Kein Schwäbisch, aber als Persiflage des bekannten Kinderlieds verbreitet.

**Alles nei machd dr Mai:
schberrd sai Weib in Kaschda nai.
Lot se rous, schberrd se ai,
lot se wiedr rous.**

Alles neu macht der Mai:
sperrt sein Weib in den Kasten *[= Kleiderschrank]* hinein.
Lässt sie raus, sperrt sie ein,
lässt sie wieder raus.

*Verhohnepiepelung des bekannten Frühlingslieds.
Machohaft, aber immerhin ein Happy End ...*

**Babba, lua, do leit a alte Kibba,
Babba lua, doo hebt se oiner ouf.** *(2x)*

Papa, lug *[= schau]* mal, da liegt eine alte *(Zigaretten-)*Kippe,
..., da hebt sie einer auf.

Im langsamen und schwermütigen heiseren Stil eines amerikanischen Blues zu singen.
                                                                    Schussen

**Bouer, bind dain Pudl aa,
dass r mi it beiße ka.
Beißt mir mi,
klag i di,
tousend Taler kost es di.**

Bauer, binde deinen Pudel(hund) an, dass er mich nicht beißen kann. Beißt er mich, verklag ich dich. Tausend Taler kostet es dich (dann). (Büchele I) Text zu einem »Siebenschritt«, einem Tanz, der im ganzen alpenländischen Raum bekannt war.   *Allgäu*

d Bodnegger Kirch schtoht ouf em Berg,
de oi Hälft hoißt Haine, de ander hoißt Schterk ...

Die Bodnegger Kirche steht auf dem Berg,
die eine Hälfte *(der Einwohnerschaft)* heißt Heine, die andere heißt Stärk. *(Moosmann)*

Nimmt aufs Korn, dass die Alteingesessenen der Gemeinde fast alle irgendwie miteinander verwandt oder versippt sind. Refrain vermutlich: Holladi-hi- holladi-ho ...   *Allgäu*

Dees scheene Liad, dees neie Liad
von dem vrsoffna Naglschmied.
Und wer des Liad it weiter ka,
der fangd halt wiedr von vorna a.

Das schöne Lied, das neue Lied
von dem versoffenen Nagelschmied.
Und wer das Lied nicht weiter kann,
der fängt halt wieder von vorne an.

»Nagelschmied«: ein ehemaliger Handwerksberuf, der sich mit der Herstellung von Eisennägeln beschäftigt (https://de.wikipedia.org/wiki/Nagelschmied) »versoffen«: gewohnheitsmäßig (viel) Alkohol trinkend (Duden) »endlos« zu singen Melodie nach dem Weihnachtslied »Oh Tannenbaum«.

Do doba oufm Berg,
do schdoht a Kabell**,**
do leitet dr Mesmr mit dr oigena Schell.
Holladihi holladiho,
holladihopsassa, s isch halt aso**.**

Da droben auf dem Berg,
da steht eine Kapelle,
da läutet der Mesmer mit der eigenen Schelle.
... es ist halt halt *(nun mal)* so.

Do dooba ouf dr Roua Alb – juppheidi, juppheida –
wia machet s doo dia ...
– Schrainer all?– juppheidi, juppheida –
Dia frässet Schbä und scheißet Brättr,
s goht wia s hailig Donnrwättr!

Refrain:
>   Juppheidi und juppheida,
>   Schnaps isch guet fir Kolera.
>   Juppheidi und juppheida ...
>   Jugg mr it droufrom!

- Flaschner all?– juppheidi, juppheida –
  Do a Blechle, dett a Blechle
  geit scho wiedr a Scheißhousdächle! *(Refrain: Juppheidi ...)*
- Gerber all?– juppheidi, juppheida –
  Wenn der will sai Leadr aiwoicha,
  moss em s Weib in Kiebl soicha! *(Refrain: Juppheidi ...)*
- Kiefer all?– juppheidi, juppheida –
  Will der in sai Fass naischlubfa
  moss em s Weib da Beitl lubfa! *(Refrain: Juppheidi ...)*
- Gipser all?– juppheidi, juppheida –
  Do en Schbritzer, det en Schbritzer,
  git scho wiedr en junga Gipser! *(Refrain: Juppheidi ...)*
- Lehrer all? – juppheidi, juppheida –
  Dia Lehrer dia sind digg und fett
  und fresset de Kinder s Veschber aweg! *(Refrain: Juppheidi ...)*

Da droben auf der Rauen Alb ...
Wie machen's da die ... *(immer)*?

Refrain:
... Cholera ...

Jucke [= hüpfe] mir nicht darauf herum. *(worauf auch immer ...)*

Schreiner – Späne – heilige(s) Donnerwetter [= sehr schnell]

Flaschner – kleines Blechstück – Klohäuschendach

Gerber – Leder einweichen – Kübel [= Eimer] seichen

Küfer – hineinschlüpfen – den Beutel hochheben

Gipser – da ein Spritzer ... – gibt schon wieder einen jungen Gipser

Lehrer – fressen ... Vesper*(brot)* ... weg

Rauhe Alb: höchster Teil der Schwäbischen Alb, zwischen der Geislinger Steige (Fils-Tal) im Nordosten und dem Lauchert-Tal im Südwesten (http://www.wissen.de/lexikon/rauhe-alb)
Zum Refrain:
Statt »Schnaps isch guet fir Kolera.« singt man in Ehingen gerne auch
>   »dr Häge souet d Viehwoid na,
>   donda schlaits a na.«

>   »Der Häge [= Bulle/Stier] rennt die Viehweide hinab,
>   unten (angekommen) schlägt's ihn hin.«

Dr Schdammdisch goht zum Bisela, zum Bisela, zum Bisela ...

Der Stammtisch geht zum Bieseln ...

Wird gesungen, wenn man in bierseliger Runde gleich zu mehreren den Gang aufs (Herren-)WC antritt.

Franz frissd en Schweizerkäs ohne Gebiss.
Obr abr iebrem Untrkiefr kaut
odr abr untrem Obrkiefer kaut
odr abr ieberhaupt it kaut,
sell isch it gwieß.

Franz frisst einen Schweizerkäs ohne Gebiss.
Ob er aber überm Unterkiefer kaut
oder aber unterm Oberkiefer kaut
oder aber überhaupt nicht kaut,
selbiges ist nicht gewiss.

»Schweizerkäs'«: Emmentaler Käse
Das Schöne an dem Lied ist das Zungenbrecherische daran.

Halli – halloo –
Mir gond in Puff noch Barzelona.
Halli – halloo – *(2x)*

Lesbisch, lesbisch und a bizzle schwul *(2x)*,
Jaaa! Dousend naggde Weibr und die Männer sind so rar!

Wir gehen in den *[= das]* Puff nach Barcelona.
Lesbisch .. und ein bisschen schwul,
Ja! Tausend nackte Weiber und die Männer sind so rar *[= selten]*.

Typische Männerfantasien – gesungen/gegrölt in bierseliger Runde – nach einer bekannten Operettenmelodie Schussen

Heida bobbeia Wiagaschdroh –
wenn s Butzele schloft, sand älle froh.

... Wiegenstroh –
wenn das Butzelein *[= der Säugling]* schläft, sind alle froh.

War ein Wiegenlied, das man so lange sang, bis der Säugling in der Wiege eingeschlafen war. Donau

I bin fidel – fidel – fidel – mi leggschd am Aarsch,
bis dass dr Deifl holt mai arme Seel.

... mich leckst am Arsch,
bis dass der Teufel holt meine arme Seele.

Wird in bierseliger Runde so lange gesungen, bis man fidel genug ist. ;-))

Wahrscheinlich ist das Lied ein Import aus Bayern. Sprachbegabte schwäbische Sänger/-innen versuchen zuweilen sogar das Nachempfinden des bairischen Tonfalls.

**In dem Derfle Mochawanga – Mochawanga – Mochawanga –
sieht ma no dia Gnocha hanga
vom Baddischd sainer Kua.**

Refrain:

> **Joo, singet zua, singet zua
> vom Baddischd sainer alta Kua.
> Singet zua, singet zua
> vom Baddisch sainer Kua.**

**An Ooschdra war se dick und fett, dick und fett, dick und fett,
an Pfingschda bloß a hies Skelett
vom Baddisch dia schee Kua.** *(Refrain: Joo, singet zua ...)*

**Dr Bua vom Baddischd isch Soldat, isch Soldat, isch Soldat,
griat en Oxamoulsalat
vom Baddisch sainer Kua.** *(Refrain: Joo, singet zua ...)*

**Dr Bfarrer, där soll au it bruttla, au it bruttla, au it bruttla,
issd drei Deller soure Kuttla
vom Baddischd sainer Kua.** *(Refrain: Joo, singet zua ...)*

**Und au dr Mesmer griat sai Doil, griat sai Doil, griat sai Doil,
der griat da Schwanz als Gloggasoil
vom Baddischd sainer Kua.** *(Refrain: Joo, singet zua ...)*

**D Mochwanger Bloskapell, Bloskapell, Bloskapell
griat a neies Drommelfell
vom Baddischd sainer Kua.** *(Refrain: Joo, singet zua ...)*

**Dr Karle hot en Waga zoga, Waga zoga, Waga zoga,
etz isch r in en Pfläddr gfloga
vom Baddischd sainer Kua.** *(Refrain: Joo, singet zua ...)*

**Da Lehrer moss dia Kind vrhaua, Kind vrhaua, Kind vrhaua,
drum wett r halt da Schwanz gern glaua
vom Baddischd sainer Kua.** *(Refrain: Joo, singet zua ...)*

»Derfle Mochawanga«: Dörflein Mochenwangen *(Gemeinde Wolpertswende)*

»Gnocha hanga vom Baddisch sainer Kua«: Knochen hängen vom Baptist seiner Kuh [= von Baptists Kuh]
Ostern – Pfingsten – schöne Kuh
Bub von Baptist – Ochsenmaulsalat (Salat aus dünnen Scheiben oder Streifen von gepökeltem, gekochtem Ochsenmaul) (Duden – hierzulande oft erhältlich)
»brutteln«: »nörgeln, brummen, mauken« (Wax) – drei Teller (voll) – »soure Kuttla«: »Saure Kutteln sind ein in Baden-Württemberg beliebtes Innereien-Gericht. ... Es war früher ein typisches Arme-Leute-Essen. ... »Mesmer« (Kirchendiener) – sein Teil [=

seinen Anteil) – Glockenseil Blaskapelle – Trommelfell ... Wagen gezogen – »Pfläddr«: (frischer) Kuhfladen – geflogen ... Kinder verhauen – »drum wett r halt da Schwanz gern glaua«: Darum [= daher/deshalb] wollte [=würde] er den (Kuh-)Schwanz gerne klauen. Es gibt eine plattdeutsche Version ähnlicher Machart.   *Schussen*

Isch des it dr Scherzabacher?
Jo, des isch dr Scherzabachr!
Isch des it en Hoggabacher?
Jo, des isch en Hoggabacher!

Refrain:
> **Oh du schene Hobl-Hobl-Bank,**
> **gschdern hommer gsoffa, heite simmer blank!**

Ist das nicht der Scherzenbacher?
Ja, das ist der Scherzenbacher!
Ist das nicht ein Hockenbacher?
Ja, das ist ein Hockenbacher!

Refrain:
> Oh du schöne Hobel-Hobel-Bank,
> gestern haben wir gesoffen, heute sind wir blank!

Der Name »Scherzenbacher« ist hier verändert, aber die zweite Worthälfte »-bacher« stimmt mit dem Original überein. Ein »Hockenbacher« ist einer, der gerne lange im Wirtshaus hockt, wie wenn er am Stuhl festgebacken wäre. Wird zeilenweise im Wechsel zwischen Vorsänger und allen gesungen und bei Bedarf »endlos« wiederholt. Das Originallied hat mehrere Strophen und könnte aus dem Bairischen zu uns gekommen sein. Die hier aufgeführte Strophe entstand einmal spontan an der Fasnet »zu Ehren« eines Handwerksmeisters und aktiven Narren. Er hatte wie viele andere auch an einer langen Ballnacht teilgenommen und war erst zu später [= frühmorgendlicher] Stunde nach Hause gekommen. Anderntags drängte sich dann der gereimte Liedvers mit dem Familiennamen »...bacher« und »Hockenbacher« gleichsam auf.   *Schussen*

Karle, drag du da Schirm, *(3x)*
mi friert s an d Fiaß.

Mir gont no lang it hoim *(3x)*
mir bleibet do.

Karl(e), trag du den Schirm,
mich friert es an die Füße.

Wir gehen noch lange nicht heim,
wir bleiben da.

Scherzlied mit zwei Strophen unter Verwendung einer bekannten Melodie, die u.a.

auch der britischen Nationalhymne zugrundeliegt. Scherz im Scherzlied: Den Sänger friert es nicht etwa an die Hände, weswegen er den Schirm nicht tragen kann, sondern an die Füße. Zu singen in froher Runde, wobei man auch noch keineswegs ans Heimgehen denkt.
Schussen

Lägg mr am Aarsch, lägg mr am Aarsch, unsr Katz isch scheener:
Dia hott hinta Hoor am Aarsch grad wia en Italiener.

Leck mich am Arsch ..., unsere Katze ist schöner:
die hat hinten Haare am Arsch grad wie ein Italiener.

Ist Italienern gegenüber nicht böse gemeint; spielt auf die bei Männern des mediterranen Typs oft ausgeprägte Körperbehaarung an.
Melodie: Denkste denn, denkste denn, du Berliner (P)flanze ...

Lommr mai Rua, lommr mai Bier,
weitr will i nix – will i nix – von di-hi-r! *(2x)*

Lass mir meine Ruhe, lass mir mein Bier,
weiter will ich nichts ... von di-hi-r!

ein Pennäler-Bierzelt-Song, der exakt so oft gesungen wurde, bis man mit beidem ausreichend ausgestattet war

Ludwig, wenn da Brot witt, *oder:* **Ludwig, wenn en Käs witt,**
en dr Tischlad leit en A'schnitt.

Ludwig, wenn du Brot *oder:* einen Käse willst,
in der Tisch*(schub)*lade liegt ein Anschnitt.

Wurde auf einen alten Militärmarsch gesungen. (Der Name ist austauschbar.)   Riß

Meine Oma fährt im Hühnerstall Motorrad, Motorrad, Motorrad *(2x)*
... ohne Bremse, ohne Licht,
und der Schutzmann an der Ecke sieht die alte Schachtel nicht.

Meine Oma hat 'n e Glatze mit Geländer, mit Geländer, mit Geländer ...
meine Oma ist 'ne ganz moderne Frau – wau wau!

Meine Oma hat 'ne Glatze mit Beleuchtung, mit Beleuchtung, mit Bel. ...
meine Oma ist 'ne ganz moderne Frau – wau wau!

Zu singen (ungefähr) nach der Melodie »Wir versaufen unsrer Oma ihr klein Häuschen ... und die erste und die zweite Hypothek – wenn's geht.« Es gibt vermutlich noch mehr »geistreiche« Strophen. Ich kann mich erinnern, sie selbst im Kindesalter (1950er) auch mit Begeisterung gesungen zu haben.

**Mir hond drhoim en alta Reisbrei,
vu demm da Vaddr sait, er gher in Guss nai.**
Variante: er gher de Sei nai.
**Und Mueddr sait, den momma bhalta,
den Reisbrei, den alta.**

**Des war dia erschde* Schdroof vom alta Reisbrei,
vu demm da Vaddr sait, er gher in Guss nai.**
Variante: er gher de Sei nai.
**Und Mueddr sait, den momma bhalta,
den Reisbrei, den alta.**

*zwoite, dritte … Schdroof

Wir haben daheim einen alten Reisbrei,
von dem der Vater sagt, er gehöre in den *(Aus-)*Guss *[= Spülbecken]* hinein.
   Variante:er gehöre den Säuen (in den Futtertrog) hinein(gegeben).
Die Mutter sagt, den müssen wir behalten,
den Reisbrei, den alten.

Das war die erste/zweite/dritte/… Strophe vom alten Reisbrei …
von dem der Vater sagt, er gehöre in den Guss hinein. …

nach Belieben endlos zu singen   *Schussen*

**Mir sind mit em Fahrrad do …
Mir sind mit em Dreirad do …
Mir sind mit em Bulldogg do …
Mir sind mit em Schlouchboot do …**

Mir sind mit em *(nach Belieben und Fantasie)* **do …
Mir sind iebr**haupt **it do …**

Wir sind mit dem Fahrrad da. *(…)*
Wir sind überhaupt nicht da.

*Ein Lied, dessen zumindest erste Strophe aus dem Bayrischen importiert wurde:
»Jo, mia san mit em Radl do.« Der Text jeder Strophe wird dreimal gesungen, wonach
es nahtlos zur nächsten Strophe geht.*

**Oh du lieber Auguschdin, Auguschdin, Auguschdin –
oh du lieber Auguschdin, alles ischt hin.
S Geld isch versoffa
und s Weib isch vrdloffa.
Oh du lieber Auguschdin, alles ischt hin.**

… lieber Augustin
das Geld ist versoffen *[= vertrunken]*
das *(Ehe-)*Weib ist entlaufen.

Schwäbische Variante des bekannten Kinderlieds.

Oh Mammale, Mammale, Mammale, oh Maläär:
Mir waxet Hoor am Bouch, i glaub i werr en Bär.
Oh Mamilein ... oh Malheur:
Mir wachsen Haare am Bauch, ich glaub, ich werde ein Bär.

Onsr Katz hott Jonge gheet, Jonge gheet ...
... seks, siebne an dr Zahl *(2x)*
Des ledsche isch a Hondle gwea, moi, des war en Schkandal. *(2x)*
Juheeeee!
... seks, siebne, achde, nai *(2x)*
Des ledschde hot koi Schwenzle gheet, no schuibt ma s wiedr nai.
Juheeeee! *(2x)* **Juheeeee!**
... Junge gehabt *[= bekommen]*
sechs, sieben ...
Das letzte ist ein Hündchen gewesen, du meine Güte, das war ein Skandal.
sechs, sieben, acht(e), neun
Das letzte hat kein Schwänzchen gehabt, dann schiebt man's wieder hinein.

Nicht-offizielle Strophen des in Munderkingen, besonders zur Fasnetszeit, bekannten
Liedes, das wohl an die napoleonischen Kriege erinnert:
»Ouf, ihr Birger, schdand ens Gwehr, d Franzosa rugget a ...«:
»Auf, ihr Bürger, steht ans Gewehr, die Franzosen rücken an ...« Donau

Ouf in den Kampf, die Schwiegermutter naht;
siegesgewiss
klappert das Gebiss.
Zwar auch kein Schwäbisch, aber hierzulande übliche oder üblich gewesene scherzhaft
gemeinte jedoch frauenfeindliche Verfremdung einer berühmten Opernmelodie.

Ringlain, Ringlain, du muscht wandern
von dem ainen Ort zum anderen.
Oh wie, oh wie, oh wie scheen
muss das Ringlain weitergehn.
Kein hasenreines Schwäbisch, aber dennoch ein altes Kinderlied. Dabei hielt ein Kind
– man saß oder stand im Kreis – den Ring verborgen in seinen Händen. Im Vorbeige-
hen streifte es durch die halb geöffneten Hände eines jeden Kindes und ließ den Ring
irgendwann dort zurück – möglichst unauffällig. Ein Kind musste zuletzt raten, wo
er sich gerade befand. (Aus Wangen und Weingarten sind jeweils unterschiedliche
Melodien überliefert.)

Rossbollamarsch

Rossbollenmarsch *[= Rossäpfelmarsch = Pferdeäpfelmarsch]*
Manchmal scherzhafte, manchmal auch etwas boshafte Bezeichnung für den cha-
rakteristischen Marsch (Musikstück), der zur Tradition des Weingärtler Blutritts am

»Blutfreitag« gehört. Schwäb. Zeitung, Ausg. RV am 4. 5. 2016: »Mit Märschen durch die Rossbollen«.

Schatzele – Mousele, schlupf a me na.
Schatzele – Mousele, hopsassassa.
Goht au so manches drnäaba,
mai Gott, so isch's halt im Läaba.
Schatzele – Mousele, dorr it so dumm,
Schatzele – Mousele, nimm's it so grumm!
Hommers doch gern, trallalala,
drumm sing mit mir: hopsassassaaaaaaaaaaaaa ...!

Schätzchen – Mäuschen, rück dicht an mich ran. ... Geht auch so manches daneben, mein Gott, so ist's halt im Leben. ... nimm's nicht so krumm. ... tu nicht so dumm [= hab dich nicht so]. (Schließlich) haben wir's es (so) gern, ... drum sing mit mir ...

einst ein Schunkellied aus der Ravensburger Saalfasnet

Schdueget, Ulm und Biberach –
i schdeig ous und lauf mai Sach.

Stuttgart, Ulm und Biberach – ich steige aus und laufe meine Sache [= gehe zu Fuß, wohin ich zu gehen habe].

Verballhornung zum Lied »Auf de schwäb'sche Eisebahne«, dessen Refrain im Original ja lautet: Schdueget, Ulm und Biberach, (Stuttgart, ...), Meggabeira, Durlesbach (Meckenbeuren, Durlesbach)
Vielleicht, weil's Zügle gar zu langsam ist?
Oder weil die Vielzahl an Strophen auf den Geist geht,
– also gleichsam zur Abkürzung?

So ganz langsam, so ganz langsam
griaget mir en schena Dampf zamm.

... kriegen wir einen schönen Dampf zusammen.

»Dampf« (hier): Schwips, Rausch
Das Lied könnte ein Bayernimport sein.
Es kann so lange gesungen werden, bis der Dampf beisammen ist ...

Wenn heit dr Hans hoimkommt, goht r zur Lies.
Obr abr iebr Obrammrgau
odr abr iebr Untrammergau
odr abr iebrhaupt it kommt,
sell isch it gwieß!

Wenn heut' der Hans heimkommt, geht er zur Lis *[= Lisbeth, Elisabeth]*
Ob er aber über Oberammergau
oder aber über Unterammergau
oder aber überhaupt nicht kommt,
selbiges ist nicht gewiss!

Gesungener Zungenbrecher; Melodie wie bei »Franz frisst den Schweizerkäs ...«
Hierzulande beliebt, obwohl die beiden genannten Orte in Oberbayern liegen.

Wenn i obends von dr Boiz hoimgeh, ...
1) duat mir main Zaia so weh.
    Ond main Zaia dot mer wai,
    wenn i obends von dr Boiz hoimgeh.
Ooooo-jeeeeeee ....
2) ... duat mir main Wada so weh.
    Ond main Wada hot en Schada
    ond main Zaia dot mer wai ...
3) ... duat mir mai Gnui so weh,
    Ond mai Gnui isch nemme nui
    ond mai Zaia dot mer wai
    ond main Wada hot en Schada ...

(und so fort, die vorigen Strophen werden jeweils mit eingebunden)

4) .... duat mir main Schenkl weh,
    Ond main Schenkl schtoht em Wenkl ...
5) ... duat mir main Zibbl-Zabbl weh,
    Ond main Zibbl-Zabbl-Zibbl mit em Nibbl-Schnabbl-Nibbl ...
6) ... duat mir main Bouch so weh,
    Ond main Bouch isch voller Rauch ...
7) ... duat mir mai Bruscht so weh,
    Ond mai Bruscht isch voller Luscht ...
8) ... duat mir mai Herz so weh,
    Ond mai Herz isch voller Schmerz ...
9) ... duat mir main Hals so weh,
    Ond main Hals isch voola Schmalz ...
10) ... duat mir main Kopf so weh,
    Ond main Kopf isch voller Loch ...

Ein Lied, in bierseliger geselliger Stimmung zu singen. Mit eingebauten scheinbar traurig-gedehnten Ohh-jees. Meist löst sich der Gesang vorzeitig in Gelächter auf: die je-

weilige Wiederholung aller vorangegangenen Kehrreime (Körperpartien) führt natürlich zu Versprechern und zu allgemeinem Durcheinander, zumal der immer länger werdende Kehrreim auch immer schneller gesungen werden muss. Kein hasenreines Schwäbisch, aber wohl weitum bekannt. Allerdings war ein genauer Wortlaut gar nicht so leicht aufzutreiben. Hier half die Narrenzunft Oberdischingen freundlicherweise mit.   Donau

**Wo n i hau ins Dischduach gschniza,
hott mau Muettr grousig dau:
»Kerle, hosch denn gar koin A'schdand,
kasch da Rotz it hanga lau!?«**

Als ich ins Tischtuch geschneuzt habe,
hat meine Mutter grausig getan *[= furchtbar geschimpft]*:
»Kerl, hast du denn gar keinen Anstand,
kannst du den Rotz nicht *(einfach)* hängen lassen!?«

*Diese Strophe hat noch in der Sammlung gefehlt, aber viele andere Strophen zum Lied »Auf am Wasa graset Hasa« finden sich hier:
http://www.historisches-wuerttemberg.de/kultur/kompon/sonstige/aewghasa.htm
Anmerkung: Das bekannte Lied bezieht sich eindeutig auf den Stuttgarter Raum, wird aber auch im Oberschwäbischen gesungen.*

Männliche Vornamen

Über viele Jahre war jetzt schon ein Phänomen zu beobachten: An nahezu jeden Vornamen von Kindern und Jugendlichen (und Erwachsenen) wurde anstelle der eigentlich richtigen Endung ein Schluss-I (-i) oder etwas Ähnliches angefügt. Oder der Name wird verkürzt. Dies galt bei Buben und Mädchen, ob sie hier geboren oder aus aller Herren Länder zu uns gekommen waren. Damit wird auch zugleich ein großes Stück Integrationskraft und -wille sichtbar.

Die nachfolgende Sammlung ist sicher nicht lückenlos, aber nichts ist daran erfunden.

Äbe, Äbi
Eberhard

Adi
Adalbert, Adolf, Adlan *(türkisch)*

Andi
Andreas

Bane, Bene
Benedikt

Baschdi, Sebi
Sebastian *(u.a. polnisch)*

Beni
Benjamin

Dani, Dany
Daniel

Dimmi
Dimitrios *(griechisch)*

Done, Doni
Anton

Eddi, Edi
Eduard *(u.a. slowen.)*

Emi
Emrach *(türk.)*, Emanuel

Ferdi
Ferdinand

Fone, Fonse
Alfons

Achi
Achileas *(griechisch)*

Alex
u.a. Aleksandr *(russ., kroatisch)*

Apo
Apostolos *(griechisch)*

Bane
Branislaw *(kroatisch)*

Bebbo
Petros *(griechisch)*

Berni
Bernhard

Didi
Dietmar

Dolfi
Adolf

Dure
Arthur

Egge
Eckehard

Fabi
Fabian, Fabio *(italienisch)*

Flori, Flo
Florian

Fränki
Frank

Freddi, Fred	**Frentschi**
Alfred	Franz
Gäabes	**Gätse**
Gebhard	Gaetano *(italienisch)*
Gegge, Gere	**Gipi**
Gerhard	Guy-Pascal *(französisch)*
Glousi	**Grischdi**
Klaus	Christian
Guitz	**Hansi**
Guido	Hans, Johann*(es)*
Hardi	**Harry**
Eberhard	Harald
Hebbe	**Helmi**
Herbert	Helmut
Hubba, Hubi	**Huck**
Hubert	Hugo
Hüsi	**Ianni**
Houssein *(türkisch)*	Ioannis *(griechisch)* = Johann*(es)*
Joggl *bzw. auch* **Jockl**	**Josef** *(eingedeutscht)*
Jürgen, Jakob	Josip *(kroatisch)*
Juli	**Jusuf** *(inzwischen längst: Josef)*
Julius	Giousouf *(türkisch)*
Klausi	**Konne**
Klaus	Konrad
Kosta	**Krissi**
Konstantinos *(griechisch)*	Christian
Lugge, Lude	**Lütfi**
Ludwig	Lütfü *(türkisch)*
	»*Eigentlich hoiß i Lütfü, abr i sag halt Lütfi.*«
Maddeis	**Manne**
Matthäus, Matthias	Manfred
Marze	**Maate**
Marcello *(italienisch)*	Martin
Matze	**Meli**
Matthias	Meletios *(griechisch)*

Migu
Michael

Mirni
Mirnes *(bosnisch)*

Musa
Muzaffer *(türkisch)*

Musti
Mustafa *(türkisch)*

Nedi
Nedeljiko *(kroatisch)*

Nene*
Nenad *(kroatisch)*

*So wird aus dem anfangs kroatischen Nene ein sehr schwäbisch klingender.

Nicki, Niki
Nicolas, Nikolaus *(russ., poln.)*

Nobbi, Nobbe
Norbert

Oli
Oliver

Ötschi
Öczan *(kurdisch)*

Paddi
Patrick

Peri
Periza *(bosnisch)*

Pete, Pezge
Peter

Ralfi
Ralf

Robi, Robbi
Robert

Rolle, Roole
Roland

Rudi
Rudolf

Saschi
Sascha *(Kurzform von Alexander)*

Schdeff
Stefan

Schdipi
Stjepan *(kroatisch)*

Schorschi, Schorsch; Girgl
Georg

Sebbr, Seppr, Sepp, Seppi
Josef *(alle)*

Swonni
Zvonimir *(kroatisch)*

Theo
Theofilos *(griechisch)*

Tobi
Tobias

Tommy
Thomas

Toni
Anton

Uli, Ulle, Ull
Ulrich *(alle)*

Umbe
Umberto *(italienisch)*

Walle
Walter

Wif
Wilfried, Winfried

Willi, Willy
Wilhelm

Wise
Alois

Wolfe, Wolfi
Wolfgang, Wolfram

Wusch	**Zeli**
Wolfgang	Zeljiko *(kroatisch)*

Mir send drhoim zwelf Buaba, ond alle hoißet Karle, oußr dr Franz, der hoißt Sepp.
Wir sind daheim zwölf Buben, und alle heißen Karl, außer der Franz, der heißt Sepp.
Karikiert die früher übliche kleine Auswahl an Vornamen. Riß

Papi, Opi, Uropi
Auch hier gibt es längst die Endung mit dem -i.

Sonderfall Pensis:
So nennen sich intern und nur im E-Mail-Verkehr in organisatorischen Dingen die Lehrer-Pensionäre (m/w) einer Schule. Sie treffen sich halbwegs regelmäßig zu Wanderungen und zur Einkehr. Wenn im eingehenden Mail »xxx-Pensis« in der Betreffzeile steht, wissen alle, dass es um den nächsten Treff geht. Das »xxx« steht hier ersatzweise für das Kürzel der Schule.

Weibliche Vornamen

Siehe die Vorbemerkung zu den männlichen Vornamen.

Aleka
Alexandra *(griechisch)*
Angi, *sprich Andschi*
Angela*
   **lange vor der Bundeskanzlerin Angela Merkel*
Babs, Babsi, Baben
Barbara *(3x)*
Bibi
Bianca *(italienisch)*, Bianka
Bine
Sabine
Cilli
Cäcilia
Daggi, Dagi
Dagmar
Drudl, Trudl
Gertrud
Ella, Ela, Elli, Eli
Elisabeth, Manuela
Fanni, Fanny
Franziska
Gabi, Gaby
Gabriele
Geli
Angelika
Gerti
Gertrud
Gitte, Gitti
Brigitte
Gretl
Margarete, Kreszentia*(!)*
Hanne

Andi
Andrea
Atta
Athanasia *(griechisch)*

Berti
Berthild
Bigi, Biggi
Birgit, Brigitte
Burgl, Wally
Walburga
Conni, Conny
Cornelia, Constanze; Kornelia, Konstanze
Doro
Dorothea
Edl
Edelgard
Evi
Eva, Evelyn*(e)*, Paraskewie *(griechisch)*
Friedl
Frieda, Elfriede, Friederike
Gathe
Agathe
Gerli
Gerlinde
Gisi
Giusleren *(türkisch)*
Greta, Magi
Margarete
Gwen
Gwendolina *(kroatisch)*
Hanni

Johanna	Hannelore
Heidi	**Hilde**
Adelheid, ...	Hildegard
Inge	**Josl**
Ingeborg	Josefine
Karlene, Karo	**Katti, Kati**
Karoline	Kathrin, Katharina
Kättr	**Kauz**
Katharina	Carmen
Klärle, Klärli	**Kloudi**
Klara	Claudia, Klaudia
Koro	**Kresenz**
Corinna	Kreszentia, Kreszenzia
Lela	**Lena**
Manuela	Magdalena
Lisabeth, Lis, Lisl	**Luisle**
Elisabeth	Louise, Luise
Lule	**Maade**
Luljeta *(albanisch)*	Martha *(auch zu Martin)*
Maggi	**Manu**
Magdalena	Manuela
<u>**Marie**</u>	**Mäxe**
Maria	Maximiliane
Meli	**Mena**
Melanie	Philomena, Wilhelmine
Micha, Michi, Miki	**Mimi, Miri**
Michaela	Miriam
Mina	**Moni**
Wilhelmine	Monika
Muna, Muni	**Nate**
Munawere *(kosovo-albanisch)*	Renate
Nazi *(in aller Unschuld!)*	**Neddi, Netti**
Nazinet *(eriträisch)*	Annette
Niki	**Niki**
Nicole	Antroniki *(griechisch)*

Oddil
Ottilia, Ottilie

Odi
Audray *(französisch)*

Paile
Paula

Patti, Paddy
Patrizia

Pezl
Petra

Res, Rese, Resi, Thea
Theresia, Therese

Runi
Siegrun, Sigrun

Sandra
Melisandra *(serbisch)*

Sanne, Suse, Susi
Susanne, Sandra

Schdine
Christine, Ernestine

Seff, Seffa, Seffe
Josefine

Semi
Semika *(türkisch)*

»du Seffa!« ist auch ein Schimpfwort, etwa »du Ungeschickte«

Sevi
Sevinc *(türkisch)*

Silvi
Silvia, Sylvia

Sneschi
Snjezana *(kroatisch)*

Steffi, Stephi
Stefanie, Stephanie

Stefi
Stefica *(bosnisch)*

Susi
Susanne

Timi
Timea *(ungarisch)*

Tina, Tini
Christina, Martina *(je beide)*

Toni
Antonie

Uli
Ulrike

Ulla, Ursel, Uschi
Ursula

Vroni
Veronika

Wally
Walburga, Waltraud

Willi
Wilfriede *(auch zu Wilhelm)*

Mami, Omi, Uri

Mama *(Mutter)*, Oma *(Großmutter)*, Uroma *(Urgroßmutter)*

Auch hier gibt es längst die Endung mit dem -i.

Ortsnamen

wie sie in der örtlichen Mundart bzw. in der Umgebung ausgesprochen werden. Die Sammlung ist sicher unvollständig. Sie beruht auf einer schriftlichen Umfrage (1990er) bei allen (!) oberschwäbischen Städten und Gemeinden, soweit diese antworteten, und auf eigenem Wissen und Erfahren.

(Wenn etwas nur in der Fastnacht gebraucht wird, ist dies angegeben.)

Äasahousa	Esenhausen	*zu Wilhelmsdorf*
Aidenga, Erdenga	Ertingen	
Aisenga	Ersingen	*zu Erbach*
Aldschhousa	Altshausen	
Allmachdsdenga	Allmendingen	

Soll an den Seufzer »oh du Allmächtiger« erinnern, wenn man nur daran denke. Sagt man logischerweise nur in Allmendingens Umgebung, ist aber nicht böse gemeint.

Alta	Altheim	*zu Allmendingen*
Am<u>zäll</u>	Amtzell	

man geht ins Amzäll, man ist im Amzäll. Man hört in der Mundart also noch heraus, dass es einmal »das Amt Zell« geheißen haben muss.

Ankar<u>ei</u>te, Anka<u>ritte</u>	Ober-, Unterankenreute	*zu Schlier*
Ankar<u>ei</u>te	Ankenreute	*zu Bad Waldsee*
A<u>n</u>nada	E<u>n</u>netach	*zu Mengen*
Arna	Arnach	*zu Bad Wurzach*
Bacha	Edenbachen	
Bäraschacha	Bärenschachen	*zu Rot an der Rot*
Baraboi	<u>B</u>arabein	*zu Warthausen*
Beira	Beuren	*zu Mengen*
Bergetri<u>tte</u>, Bergetr<u>ei</u>te	Bergat<u>reu</u>te	

1) erste Form: (früher ortsübliche) niederalemannische Sprechweise
2) In beiden Fällen wird »-reute« betont.

Berka	Berkheim	
Berka	Berkach	*zu Ehingen*
Bfar<u>rei</u>	Pfar<u>rei</u>	*zu Ehingen*

Sammelname (kommunalpolitisch) für Teilorte von Ehingen, die kirchlich zur kath. Pfarrgemeinde Kirchbierlingen gehören: Kirchbierlingen, Volkersheim, Sontheim, Weisel, Bockighofen, Schaiblishausen, Altbierlingen und Berg.

Blöar<u>ia</u>d	Blön<u>ried</u>	*zu Aulendorf*

Deichlriad	Deuchelried	*zu Wangen/Allgäu*
Immariad	Immenried	*zu Kißlegg*
Schussariad	Bad Schussenried	

Die Betonung der oben genannten Orte mit der Endung »-ried« liegt immer auf -ried.

Bockhofa	Bockighofen	*zu Ehingen*
Bockland	Eintürnen	*zu Bad Wurzach*

Gilt nur zur Fasnetszeit. Der Neckname geht auf eine Begebenheit zurück, die sich 1867 abgespielt haben soll. Einige Eintürner nahmen einem jungen Burschen aus dem Nachbarort den Ziegenbock ab, den dieser mit sich führte. Sie schlachteten und vergruben ihn, ohne davon etwas zu essen. Seitdem, so heißt es, geht der Ziegenbock als Geist umher. Die örtliche Narrenzuft weiß mehr dazu: www.nz-bockland.de/geschichte.html

Boiafurt / Boiafurt	Baienfurt	

Betonung beachten; es gibt beide Varianten

Brial	Briel	*zu Ehingen*

man wohnt im Brial, man geht in den Brial

Buacha	Bad Buchau	
Buaschorra	Buschhorn	*zu Ummendorf*
Burnegg	Bodnegg	
Dättinga	Dettingen	*zu Ehingen*
Daibrschdedda, Daiberstetten	Ertingen	

Daiberschdedda (Daiberstetten) gilt für die Fasnetszeit.

Dala	Talheim	*zu Lauterach*
Dischenga	Oberdischingen	
Dissa	Rißtissen	*zu Ehingen*
Dräerz	Treherz	*zu Aitrach*
Drischdlez	Tristolz	*zu Rot an der Rot*
Druilez	Truilz	*zu Bad Wurzach*

Eenahofa, Algershofa, Walpertschhofa, Fronhofa, Adrazhofa, Christazhofa, Enkenhofa, Gebrezhofa, Goschbledshofa, Dautahofa, Willerazhofa, Zaisahofa …

Ennahofen, Algershofen, Walpertshofen, Fronhofen, Adrazhofen, Christazhofen, Enkenhofen, Gebrazhofen, Gospoldshofen, Tautenhofen, Willerazhofen, Zaisenhofen …

Bei allen Ortsnamen auf -hofen wird die erste Silbe betont.

Egna	Ehingen (Donau)	
Elmerschweilr	Ellmannsweiler	*zu Maselheim*
Engldenga	Ingoldingen	
Engrkenga	Ingerkingen	*zu Schemmerhofen*
Epfenga	Äpfingen	*zu Maselheim*

Epfenga	Öpfingen	
Fischba	Fischbach	*zu Ummendorf*
Friedrichshafa, Ludwigshafa	Friedrichshafen, (Bodman-)Ludwigshafen	

Die Betonung liegt auf Friedrichs- und Ludwigs-, nicht auf -hafen.

Futla<u>boi</u>	Baienfurt	*zur Fasnetszeit*
Gois<u>beira</u>	Gais<u>beu</u>ren	*zu Bad Waldsee*
Goschbledshofa	<u>Gos</u>poldshofen	*zu Bad Wurzach*
Gra<u>a</u>na	<u>Gran</u>heim	*zu Ehingen*

Das »an« ist nasal zu sprechen.

Griakrut*, Gringraut	Grünkraut

(*früher ortsübliche) niederalemannische Sprechweise

Gronza	Grundsheim
Großmous<u>ri</u>ad	Großmaus<u>ri</u>ed	*zu Argenbühl*

scherzhaft, [= Ratzenried]

Gulla bei Lacha, Gullen bei Lachen	*zu Grünkraut*

Gullen ist ein Ortsteil von Grünkraut. Der Ortsname »Lacha/Lachen« ist hier erfunden. Bei Mindelheim (Bayern) und im Kanton Schwyz (Schweiz) gibt es Orte dieses Namens. »Gullen« erinnert an »Gülle« (Mistbrühe, Jauche), »Lache« ebenso: »Lacha fiara« (Lache führen): Gülle auf Felder und Wiesen ausbringen. Also veräppelt die erfundene Kombination den Ortsnamen »Gullen«.

Häfler XXL-Cheeseburger	»Häfler«:	*Friedrichshafener*

*Speiseangebot eines Lokals an der Friedrichshafener Uferpromenade (Juni 2016)
Im Schussental und in Friedrichshafen selbst sind »Hafen« und »Häfler« (Nomen und Adjektiv) geläufig und gelebter Alltag, selbst in amtlichen Mitteilungen und fast täglich in der Lokalpresse: Der Häfler xxx-Ortsverein hat einen neuen Vorstand. SZ (22.4.2016): »Häfler Rathaus, Gemeinderat« ...*   *Schussen*

Hafa	Friedrichshafen

man wohnt/arbeitet im Hafen, man fährt in den Hafen, scherzhaft, vielleicht wegen der heimlichen Assoziation mit dem früher alltäglichen Nachthafen [= Nachttopf].

Hagnou	Hagnau

Man beachte das niederalemannische »-ou«.

Hasla	Haslach	*zu Rot an der Rot*
Hebba	Heggbach	*zu Maselheim*
Heising	Häusern	*zu Ummendorf*
Hidissa	Hüttisheim	
H<u>oi</u>dga	H<u>ai</u>dgau	*zu Bad Wurzach*

Das »g« wird nur angedeutet.

H<u>oi</u>ldenga	H<u>ai</u>ltingen	*zu Dürmentingen*

Hoischtr-Kir	Haisterkirch	**zu Bad Waldsee**
Housa	Schaiblishausen	**zu Ehingen**
Isna	Isny	
Jurda	Jordanbad	**zu Biberach**

man geht in den Jurda, man arbeitet/badet/kurt im Jurda (wird heute wohl kaum mehr so gesagt)

Käala	Kehlen	*zu Meckenbeuren*
Kanza	Kanzach	

https://de.wikipedia.org/wiki/Kanzach: »Kanzach wurde 1169 erstmals urkundlich erwähnt als ›Canca‹«. – Und genau so sagt man es auf Schwäbisch bis heute.

Katza	Katzheim	*zu Schlier*
Kiegeleshousa	Kügeleshausen	*= Ehingen (Donau)*

zur Fasnetszeit, Kügela sind ein Ehinger Fasnetsgebäck (Weizenbrötchen)

Klain-Paris	Klein-Paris	

zur Fasnetszeit: Baienfurt, Oberdischingen, und sicher noch manch andere Möchtegern-Weltstadt auch noch ….

Kofled	Kofeld	*zu Bodnegg*

Man beachte hier die unterschiedlichen Akzente zwischen Schwäbisch und Schriftsprache.

Koredsweilr	Konradsweiler	*zu Rot an der Rot-Spindelwag*
Kropfaburg	Kropfenburg	

»Das ist Langenargen. Unsere Bewohner hatten früher die größten Kröpfe am See. Noch zu meiner Schulzeit bekamen alle Kinder regelmäßig Jodtabletten, um der Hyperthyreose vorzubeugen.« (Anm.: Jodtabletten in der Schule wurden natürlich auch anderswo verabreicht.) »Burg« dürfte eine Anspielung auf das Schlösschen Montfort am dortigen Seeufer sein.   *Schussen*

Landlschweilr	Landoltsweiler	*zu Rot an der Rot-Spindelwag*
Lauba	Laubach	*zu Ochsenhausen*
Laupa	Laupheim	
Loimna	Laimnau	*zu Tettnang*
Loutera	Lauterach	
Maria Moschtgaata	Maria Mostgarten	*Weingarten (Württ.)*

scherzhaft, spöttisch. Erinnert daran, dass das (ehem.) Kloster Weingarten auch ein Marienwallfahrtsort war.

Meckabiera, Mecka	Meckenbeuren (2x)	

– (früher ortsübliche) niederalemannische Sprechweise
– umgangssprachlich im Schussental durchaus und seit Jahrzehnten geläufig
   (in freundlicher Anspielung auf die Wallfahrtsstätte des Islam)

Meerenga	Möhringen	*zu Unlingen*

Michlwiniga, Winiga; Michlwenenga	Michelwinnaden (3x)	*zu Bad Waldsee*

Die ersten beiden Aussprachevarianten sind die örtlichen; man hört hier das Niederalemannische heraus. Ziemlich genau hier verläuft ja auch die Sprachgrenze zwischen Niederalemannisch und oberschwäbischem Schwäbisch. Die dritte Aussprachevariante stammt aus Ummendorf-Fischbach, wenige Kilometer weiter nördlich.

Middlbibera	Mittelbiberach	
Mittlurba	*Mittelurbach*	*zu Bad Waldsee*
Moddrschweilr	Muttensweiler	*zu Ingoldingen*
Monnenga	Mundingen	*zu Ehingen*
Muasba	Musbach	*zu Ebersbach-Musbach*
Murrwanga	Murrwangen	*zu Rot an der Rot*
Narrazell	Eberhardzell	*zur Fasnetszeit*
Niadrabiaga, Niadrbiaga	Niederbiegen	*zu Baienfurt*
Nuifra	Neufra	*zu Riedlingen*
Nuikill	Neukirch	*zu Tettnang*
	»nui«: neu; »Kill«: Kirche (alemannisch)	
Obrlätz	Oberzell	*zu Ravensburg*

zur Fasnetszeit: fastnächtliche Verdrehung: wenn etwas »lätz/letz« ist, dann ist sozusagen Hopfen und Malz verloren

Obrmittlariad	Obermittelried	*zu Rot an der Rot*
Obrurba	Oberurbach	*zu Bad Waldsee*
Ogglschbeira	Oggelsbeuren	*zu Attenweiler*
Ogglschhousa	Oggelshausen	
Oicha	Eichen	*zu Ochsenhausen*
Oichschdäaga	Eichstegen	
Oitra	Aitrach	
Olenga	Unlingen	
Ondrmittlariad	Untermittelried	*zu Rot an der Rot*
Ox	Ochsenhausen	

vor allem von der Einwohnerschaft gebraucht

Pfääre	Pfärrich	*zu Amtzell*

man wohnt in der Pfääre, »in Pfääre ganga«: in die Pfääre gehen, (wenigstens noch vor wenigen Jahrzehnten)

Raavaschburg, Raafaschburg, Raaf	Ravensburg	

Die Kurzform ist vor allem unter den dort und in Weingarten Studierenden verbreitet.

Rairwanga, Reerwanga	Röhrwangen (2x)	*zu Warthausen*
Ramsa	Ramsenbühl	*zu Oberteuringen*

Renga	Ringingen	*zu Erbach (Württ.)*
Riada	a) Burgrieden	
	b) Donaurieden	*zu Erbach (Württ.)*
Rootzahuus	Ratzenhaus	*zu Amtzell*
Rot	Rot an der Rot	
Ruelfenga (u-e getrennt sprechen)	Rulfingen	*zu Mengen*
Schdäa	Ober- bzw. Unterstadion	
Schdeeda	Stetten	*zu Ehingen*
Schdoi, dr Schdoi	Rechtenstein (2x)	

man wohnt/arbeitet im Schdoi, man fährt in den Schdoi

Schdoihousa Steinhausen

a) Steinhausen, zu Bad Schussenried (»schönste Dorfkirche der Welt«)
b) Steinhausen an der Rottum
c) Steinhausen, zu Wolpertswende

Scheißaloh *zu Rot an der Rot*

Unsere Gewährsfrau: »Do holed ma s'Hai fier d'Küah.« [= Da holt man das Heu für die Kühe.] »Loh« ist ein Flurname, der auf Wald oder Gehölz hinweist. Es könnte sich um einen Scherz- oder Fantasieflurnamen im Raum Rot an der Rot handeln. Aber: Vielleicht liegt das besagte Grundstück in Waldnähe. Die erste Worthälfte lautete vielleicht ursprünglich ganz anders und wurde im Laufe der Zeit umgedeutet, weil das Wissen um die Wortherkunft und -bedeutung verloren ging. Flurnamen zu deuten ist oft schwierig.

Schemmra	Schemmern	*zu Schemmerhofen*

Die Gemeinde Schemmerhofen gibt es seit der Kreisreform 1972. Zu ihr gehören u.a. die Teilorte Langenschemmern und Schemmerberg.

Schnoibba	Schnaitbach	*zu Maselheim*
Schwaaza	Ober- bzw. Unterschwarzach	

beide zu Bad Wurzach

Schwiberg	Schweinberg	*zu Wangen-Karsee*
Semmadenga	Ober- bzw. Untersulmetingen	

beide zu Laupheim

Siebretsrite, Siebretsreite	Sieberatsreute	*zu Waldburg*
Sonda	Sontheim	*zu Ehingen*

Das »on« ist mit deutlichem Nasal zu sprechen.

Spendlwog	Spindelwag	*zu Rot an der Rot*
Sulga	Bad Saulgau	
Uidirna	Eintürnen	*zu Bad Wurzach*

Niederalemannisch!

Undrurba	Unterurbach	*zu Bad Waldsee*

Volgrscha	**V**olkersheim	*zu Ehingen*
Vorsa	Vorsee	*zu Wolpertswende*
Vrenahof	Verenahof	*zu Rot an der Rot*
Wallsee	Bad Waldsee	
Wäschdrfla	Westerflach	*zu Laupheim*
Wen**ega**	Wennedach	*zu Ochsenhausen*
Wenga	Dietenwengen	*zu Eberhardzell*
Wenkl	Winkel	

Sammelbegriff für drei Gemeinden um Munderkingen, nämlich die »Winkelgemeinden« Grundsheim, Unter- und Oberstadion

Woi	Wain
Wolbrtschwende	Wolpertswende
Wuselenga / Wuselingen	Munderkingen (2x)

nur zur Fasnetszeit, Wusela sind kleine Wecken (Brötchen). Es gibt sie nur zur Fasnetszeit, und nur dort.

Wuuza	(Bad) Wurzach	
Zell	Eberhardzell	
Zuschdorf	Zußdorf	*zu Wilhelmsdorf*

Kussgässele	Kussgässlein

Ein »Ortsname« der besonderen Art. Schmales innerstädtisches Wegle, sichtgeschützt zwischen Mauern und Gärten, und gleich neben einer Berufsschule in Ehingen – der Name ist Programm ...

Soichgässele	Seichgässlein

Auch ein »Ortsname« der besonderen Art. In Wangen/Allgäu verbindet ein ganz schmales Gässchen zwei innerstädtische Straßen. Dieses soll von Leuten, die abends spät vom Wirtshaus heimziehen, häufig dergestalt benutzt werden, dass der inoffizielle Name daraus entstanden ist ...

Zitronagässele	Zitronengässlein

Und zum Dritten noch so ein »Ortsname« der besonderen Art. Die Begründung ist dieselbe wie beim Soichgässele. Die Farbe des Urins gab den Ausschlag. Und so kommt es, dass ein und dasselbe Ehinger Gässlein Zeuge von Küssen und nächtlichem Pinkeln wurde und somit zu seinem Doppelnamen kam.

Ruhebänkle am Bussen.

Spontan Entstandenes, Aufgeschnapptes und Erlauschtes

Manches könnte gut auch zum Kapitel »Wortspiele« passen.
Und zuweilen macht es nachdenklich ...

a Meh-so-<u>nett</u>-Wohnung
eine Mehr-so-nett-Wohnung

*ganz spontaner Kommentar angesichts einer Maisonette-Wohnung,
also eines gewissen Hauchs von Luxusbleibe*

Aabr <u>joo</u> it soua!
Aber <u>ja</u> nicht sauen *[= schnell rennen]*!

dringende Achtklässlerbitte an den Sportlehrer an einem heißen Tag

Abr wa ne no <u>sa</u> will: En Paris kennet älle gloine Kendr scho Franz<u>e</u>sisch.
Aber was ich noch sagen will: In Paris können alle kleinen Kinder schon Französisch.

Dies wusste der Ulmer Obermeister der Spengler-Innung 1980 anlässlich eines Parisbesuchs zu erzählen. Welche Erkenntnis ...

Also <u>Si</u>a kennet schwätza! Dees hett i <u>ni</u>a denkt, dass a Frau soviel woiß!
Also Sie können schwätzen *[= sich beredt ausdrücken]*! Das hätte ich nie gedacht, dass eine Frau soviel weiß.

*So der Wirt zur SPD-Landtagskandidatin nach einem politischen Frühschoppen in seinem Lokal. (Es war einen Tag nach dem Internationalen Tag der Frau 1996.) Er lobt also sprachliche Ausdrucksfähigkeit und Sachkompetenz der Kandidatin.
Noch eine Anmerkung für Nichtschwäbinnen und -schwaben: »schwätzen« kann je nach Zusammenhang sehr wohl auch die oben übersetzte anerkennende Bedeutung haben: und so war es diesmal auch eindeutig gemeint. Der Gute wollte zuletzt der Dame sogar empfehlen, sich doch gleich für den Bonner Bundestag zu bewerben und sich sozusagen nicht erst lange mit dem Landtag »aufzuhalten«.*

Also, mir hond schier in d Hosa gsoicht vor Lacha bei a bar so Schbrich.
Also wir haben schier *[= beinahe]* in die Hosen gepinkelt vor Lachen bei ein paar solcher Sprüche.

Jemand über mein erstes Buch mit oberschwäbischen Sprüchen (1992).

Alte Brunzkatz!
Alte Brunzkatze!

»brunzen«: Pipi machen [= urinieren] Fraule und Herrle waren mit ihrem Kätzle beim Tierarzt, nichts Schlimmes. Aber die verängstigte Mieze ließ ein kräftiges Angstwäs-

serchen ab, das ihr Herrle voll traf. Er trug's mit Fassung und kommentierte wie oben
(in Anlehnung an die geläufige Redewendung »alte Brunzkachel!«)

Är 'at gesagt: »Är 'at wieder einen Furz gemacht.«
(mit französischem Akzent zu lesen)

Übersetzt muss es nicht werden, wohl aber erklärt. Als Weingarten seine Partnerschaft mit der französischen Stadt Bron (Rhône) eben begonnen hatte (frühe 1960er-Jahre), kam es auch schon zu den ersten Begegnungen und Freundschaften zwischen Jugendlichen beider Städte. Ein junger Weingärtler nahm seinen Broner Kumpel mal mit in den Französischunterricht am Gymnasium. Dieser saß brav dabei und wunderte sich wohl, wie sehr sich sein deutscher Partner und dessen Klassenkameraden mit der französischen Aussprache und Grammatik abmühten. Plötzlich aber wäre er vor Lachen beinahe explodiert. Was war geschehen? Sein einheimischer Kumpel sah ihn fragend an, denn ihm war nichts Besonderes aufgefallen. Flüsternd klärte sich das Geheimnis. Dem Französischlehrer war ein kleiner Lapsus unterlaufen. Er hatte sagen wollen und sollen »je répète [repät]/ich wiederhole«, stattdessen sagte er »je repète [röpät]/ich lass nochmals einen fahren«. Das für deutsche Ohren nahezu gleich klingende Falsche verursachte dann den Lachanfall.

Bfiadene Gott und bleibet gsund,
finda wärret ihrs halba dund!

Behüt euch Gott und bleibt gesund,
finden werdet ihr's halb drunten!

Ein Hirtenbüblein, das wider seinen Willen zum Krautstampfen angestellt war, soll einmal während des Stampfens ins Kraut »gemacht« [= seine Notdurft verrichtet] haben. Beim Abschied soll er den noch nichts ahnenden Bauersleuten dann den vielsagenden Spruch aufgetischt haben.(Büchele I)   *Allgäu*

Bodybuilding isch an Scheißdrägg drgega!

Bodybuilding ist ein Scheißdreck dagegen!

Der von ihm selbst betriebene Sport im Vergleich mit artistischer Leistung; voll Anerkennung geäußert von einem etwa vierzehnjährigen Zirkusbesucher zu seinem Klassenlehrer, 1991.

D Affa schdeiget ... – Ond d Kamel gugget von onta rouf!

Die Affen steigen ... – Und die Kamele schauen von unten herauf!

Riefen sich zwei frohgelaunt zu, als der eine denjenigen foppen will, der gerade auf einer Leiter stehend arbeitet. Doch dieser rief dann spontan die zweite Hälfte zurück. Fortführung des geläufigen Spruchs: »(Wenn) d Affa schdeiget, wird s schee Wettr!« »(Wenn) die Affen steigen, wird es schönes Wetter!«   *Donau*

Där hett au diefda ebbes vo dr Beiere hau.

Der hätte auch etwas von der Bäuerin haben dürfen.

Spöttischer Kommentar eines Landwirts, als er bei einem Berufskollegen ein Geißböcklein kaufte und dieses im Vergleich zur Frau des Kollegen, die ein wenig füllig war, als etwas mager einstufte.

Där hoot a Gsichd wia a vrdruggde Soichschapfa.
Der hat ein Gesicht wie ein verdrückter Jaucheschöpfer. (faltig, zerknittert)

Där isch in CDU raikomma wia a Gwittr.
Där hot s Hai aigfahra, dass em koiner meh naisoicha ka.
Der ist in die CDU reingekommen wie ein Gewitter.
Der hat das Heu eingefahren, dass ihm keiner mehr reinseichen kann.

Anspielung auf die Landwirtschaft:
– plötzlich aufkommendes Gewitter (während der Ernte)
– Wenn es dabei ins Heu »saicht« [= regnet], ist der Schaden groß.
– Klug, wenn es einem also gelingt, das Heu eben noch rechtzeitig einzufahren
Aussage eines ortsprominenten Ehinger CDU-Mannes: Der seinerzeitige parteilose Oberbürgermeisterkandidat war mit dem Versprechen zur Wahl angetreten, unabhängig bleiben zu wollen. Als er in Amt und Würden war, trat er nach einer gewissen Schamfrist doch einer Partei, der CDU, bei. Bevor man den Stab völlig über ihn bricht, muss man indes wissen, dass die Ehinger CDU im Stadtrat eine seit jeher* völlig ungefährdete absolute Mehrheit besitzt und auch die Verwaltung entsprechend weitgehend gepolt ist. Hinterrücks soll der neue OB so sabotiert und geschnitten worden sein, dass er wohl sein Heil in der Flucht zur CDU sah. Dort aber waren längst nicht alle über seinen von ortsprominenter Parteihand heimlich eingefädelten Schritt entzückt.
* Das galt lange vor den 1980ern, galt in diesen und gilt 2016 immer noch.

Där kennt sai oiges Outo au bloß, wenn s vor dr Dier schdoht.
Der kennt sein eigenes Auto auch nur, wenn es vor der Tür steht.

Beschreibt einen Menschen, dem das Auto nicht so wichtig ist. Vielleicht hat er es auch schon einmal verwechselt. Spott!

Där und en Zimmrma!? Nia im Läaba!
Där isch hegschdens amol anera Säaga vrbeigloffa!
Der und ein Zimmermann!? Nie im Leben!
Der ist höchstens mal an einer Säge vorbeigelaufen!

Sagte ein Zimmermeister über einen, den er probehalber eingestellt und bald darauf wieder entlassen hatte.

Dass es it gwietschd beim Gugga.
Dass es nicht quietscht beim Gucken.

scherzhafte Begründung für das Einträufeln von Augentropfen

De Nixigschd von uns alle läbt zletscht no am längschta.
Die Nichtigste von uns allen lebt am Ende gar noch am längsten.

»nixig, nixiger, am nixigsten«, »nichts-ig sein«: kränklich, (körper-)behindert
Sagte eine zeitlebens körperlich ziemlich behinderte alte Dame über sich selbst, als man
ihren 93-jährigen Bruder zu Grabe trug und sie zusammen mit einer Schwester nunmehr
zu den einzigen Überlebenden von insgesamt einmal 17 (!) Geschwistern gehörte.   Allgäu

Deen vrloit e it!
Den verleite ich nicht *[= den vermag ich nicht zu leiten]*!

»Leiten« heißt führen, lenken, steuern. Die Vorsilbe »ver-« bedeutet hier soviel wie
»die Lenkung kräftemäßig beherrschen«. So meinte der Zweieinhalbjährige, als ihn
der Onkel auf Nachbars Wiese auf dessen Oldtimer-Schlepper setzte. Schließlich
verfügte der 14-PS-Bautz-Bulldogg natürlich noch über keine Servolenkung. Auf des
Onkels Knien und von dessen starker Hand »unterstützt« ging es dann gleich besser
mit dem »Loita / Leiten«.   Donau

Dees koschd 72 Mark fuffzg! (Verkäufer) – Do kaane nix drfiar! (Kunde)
Das kostet 72,50 DM! – Da kann *(doch)* ich nichts dafür!

Halb im Scherz, als ein Kunde etwas nicht Alltägliches kaufen wollte und der Verkäufer
ihm gleichsam schonend den hohen Preis beibringen wollte. Der Kunde wollte damit
ausdrücken, dass er es brauche, egal, was es koste. Und wohl auch: Er sei für den Preis
ja nicht zuständig.   Donau

Dees sind de räachde Schwoba, wo sich s Niasa vrglemmet, ous loutr Geiz, dass se nochher it no »dankschee« saga messet, wenn oiner »Gsundhait« sait.
Das sind die richtigen Schwaben, die sich das Niesen verkneifen, aus lauter Geiz, dass sie nachher nicht noch »dankschön« sagen müssen, wenn einer »Gesundheit« sagt.

Übrigens, dass die Schwaben geizig seien, wird zwar überall erzählt. Wer aber die
Oberamtsbeschreibungen* des 19. Jahrhunderts liest, erfährt, dass Geiz (besser:
Sparsamkeit aus Not) viel mehr im schwäbischen Unterland zuhause war. Den damals
neuen württembergischen Herren kamen die Leute in Oberschwaben hingegen ver-
gleichsweise ausgesprochen genießerisch und verschwenderisch vor. Dies bezog sich
auf Essen und Trinken, auf die Kleidung und auf die Fuhrwerke, die man auch dort be-
nutze, wo man noch zu Fuß hingehen könne, zum Beispiel auf den Markt. Und außer-
dem – Gipfel der Verweichlichung – hätten sie Regendächer [= Schirme] in Gebrauch!
*Oberamtsbeschreibungen: Als Oberschwaben württembergisch geworden war, ließ
der neue Landesherr, der Herzog, später König, in Stuttgart auch die ihm nunmehr
zugefallenen Oberämter [= Vorläufer der heutigen Landkreise] in möglichst vielen De-
tails erfassen. Statistik pur: Wirtschaftskraft in allen Details. Aber auch zu Sitten und
Gebräuchen sowie zu den »Charaktereigenschaften« der jeweiligen Einwohner steht
allerhand darin zu lesen. Mehr dazu:
(https://de.wikisource.org/wiki/Württembergische_Oberamtsbeschreibungen)

Der isch s Opfr von sainr oigena Werkschtatt worra.
Der ist das Opfer von seiner eigenen Werkstatt geworden.

Arbeitnehmerspott, als der Chef einer Kfz-Werkstatt den eigenen Rasenmäher trotz Auswechselns der Zündkerze nicht wieder zum Laufen brachte. *Donau*

Des A'zogene sind d Leit.
Das Angezogene sind die Leute.

»angezogen«: bekleidet
Scherzantwort anlässlich einer Fotopräsentation auf die Frage, was denn auf diesem Bild eigentlich zu sehen sei.

Des duat jo, wia wemmr drhoim koi Eel an d Dier dau hettet.
Das tut ja, wie wenn wir daheim kein Öl an die Tür (hin-)getan hätten.

Eine Mutter, deren Sohn schon drei Monate allein zu Hause das Kontrabassspiel übte. (Ehingen)

Des send deire femfazwanzg Mark!
Das sind teure 25 Mark [= ca. 12,50 €]!

Schon etwas abgeschliffenes städtisches Schwäbisch. Ganz »urig« hätte es heißen müssen: Des sand deire faifazwanzg Mark! Kommentar auf höchst unbequemer Sitzbank in gastierendem Zirkus angesichts der Eintrittspreise. *Donau*

Desch jo ächt brudaal. Wenn da des beim Mittagessa liesch, vrgoht dr dr Abbeditt – a Diätbuach!
Das ist ja echt brutal. Wenn du das beim Mittagessen liest, vergeht dir der Appetit – ein Diätbuch!

Völlig spontane Äußerung eines Hauptschulsiebtklässlers, als er beim Schmökern in der Schülerbücherei an ein Wilhelm-Busch-Buch geriet. Er hatte mit seiner ernstgemeinten Feststellung so recht, dass er Mitschüler davon überzeugte, die den Sachverhalt auch ihrerseits dem Lehrer vortrugen. Der war ganz leise ein bisschen stolz, dass seine Erziehungsbemühungen zu Frieden und Toleranz und Sensibilität gegenüber Gewalt doch ihre Früchte zu tragen schienen. *Donau*

Dia hand denn samt ihrer Granket na no gässa wia d Scheck.
Die haben dann zusamt ihrer Krankheit hin noch gegessen wie die Schecken.

»Schecken« sind (hier) große gefleckte Pferde oder Rinder, evtl. auch Stallhasen. »Essen wie die Schecken«: mit gutem Appetit regelmäßig größere Portionen verspeisen. Aus einem Bericht über mehrere nervenkranke erwachsene Geschwister, die vom elterlichen Hof mitversorgt werden mussten. Die Aussage war nicht böse oder neidisch gemeint, sondern eher voller Bewunderung für die Bäuerin wegen der zusätzlichen Belastung.

Dia Herdeggs-Siacha gond ge Wallfahrta und bindet sich s Räagadächle ouf da Buggl, dass se boid Hend zum Schdäala frei hond.

Diese (Oberspitzbuben) gehen zum Wallfahren und binden sich das Regendächlein [= Schirm] auf den Buckel [= Rücken], dass sie beide Hände zum Stehlen frei haben. *(Büchele I)*

Damit kritisierte ein Bürger allerhand Unsitten, die zu den Begleiterscheinungen der früher häufigen Wallfahrten gehörten, nebst Trinkereien und Diebereien gab es Schlägereien, Vernachlässigung der Familie sowie von Haus und Hof, heimliche Kontakte zum anderen Geschlecht und so weiter.   *Allgäu*

Dia Kia hand au bloß a Glogga danna, dass se beim Frässa it aischloofet.

Die(se) Kühe haben auch bloß Glocken dran, dass sie beim Fressen nicht einschlafen.

Bemerkung bei abendlichem fernem Kuhglockengeläute

Dia Leit kennet ihra oigene Schbroch it.

Die(se) Leute kennen ihre eigene Sprache nicht.

Mit dieser saloppen Bemerkung kaschierten reisende Jünglinge ihre eigenen noch sehr bescheidenen Fremdsprachenkenntnisse. Radtour zwischen Basel und Dijon, um 1965. Die Verständigung mit den Einheimischen gestaltete sich noch recht mühsam, was aber natürlich nicht an den Französischkenntnissen der Franzosen lag ...

Dia mag au a warms Oobedessa.

Die mag (eben) auch ein warmes Abendessen.

Als die Katze abends noch eine Maus anbrachte.   *Donau*

dia mit ihrer Soufabrik hentadaana

die mit ihrer Sau-Fabrik hintendran

Über häufig durchs Dorf donnernde große Lastzüge mit Anhänger, die mehrstöckig Schweine befördern und von Radfahrern als große Gefahr beim Vorüberdonnern empfunden werden; im Wort »Sau« steckt also sicher nebst Beschreibung des tierischen Ladeguts gleichzeitig eine abfällige Bewertung mit drin; für Nicht-Schwaben und Laien, was Schweine betrifft: »Sau« ist nicht nur das Muttertier, sondern umgangssprachlich jede Art von »Schwein« jeglichen Geschlechts und Alters.   *Donau*

Dia moss a Herz hon wia a Gillapumpa.

Die muss ein Herz haben wie eine Güllepumpe.

ein kräftiges Herz, das viel aushält

Dia siaht ous wia en umkeert aighenkta Kanabee-Fuaß.

Die sieht aus wie ein umgekehrt eingehängter Kanapee-Fuß.

»Kanapee«: »... ist im Hochdeutschen weitgehend durch das »Sofa« und die »Liege«

verdrängt worden; in der Mundart ist das Kanapee nach wie vor beliebt und mit hohem Emotionalwert belegt als wohlverdiente Stätte des Ausruhens von ehrbarer Arbeit« (Wax) Es handelt sich um eine sehr ungalante Bemerkung über das Aussehen einer Frau; übrigens von Frauen geäußert.

Dippele, fall it!
(kleiner) Tolpatsch, fall nicht!

Zum Kind, das eben die ersten Gehversuche macht. Ein »Dippel« ist eigentlich ein ungeschickter, geistig und daher auch körperlich ungeschickter, unbeholfener Mensch. Die verkleinernde Endung »-le« (»-lein«) drückt tiefes Verständnis für die noch wackligen Beinchen aus.
Schussen

Do diefd ma s Räppl-Eise nomma!
Da dürfte [= sollte] man das Räppel-Eisen nehmen.

«Räppeleisen/Räppler«: Werkzeug zum Abschälen der Baumrinde entlang des frisch gefällten Stammes. Beißender Spott eines Landwirts, als er der mit angetrocknetem Kot verschmutzen Kühe eines Berufskollegen ansichtig wurde.
Donau

Do duat dr da Aarsch weh!
Da tut dir der Arsch weh!

Der spontan gefallene Ausruf fände hier keinen Niederschlag, wenn nicht die Umstände besondere gewesen wären: Jährlich findet am Freitag nach Christi Himmelfahrt (»Vatertag«) in Weingarten eine Prozession zu Pferde statt. (https://de.wikipedia.org/wiki/Blutritt). Am »Blutritt« des Jahres 1992 beteiligten sich nahezu 2800 Reiter aus 99 Städten und Gemeinden. Gegen Ende des mehrstündigen Umritts rief obigen Spruch ein Pfarrer, hoch zu Ross, der aus dem Wangener Raum stammte, mitten aus der Prozession heraus einem ihm offensichtlich Bekannten lauthals zu. Er war in vollem priesterlichem Ornat (Chorrock und Stola), wie es sich für mitreitende Geistliche gehört. Und da entbehrte nun der derbe, aber nachzuvollziehende Ausruf nicht einer gewissen Pikanterie oder Komik.

Do fellt au koina om, bei deene Glattera!
Da fällt auch keine um, bei diesen Glattern!

»Glattern/Klattern«: »Kotklumpen insbesondere an der Hinterhand der Tiere« (Wax) Dies war hier gemeint. Sonst könnten »Glattern/Klattern« auch festgebackene Klumpen von Schlamm, Schnee, Eis usw. sein. Beißender Spott eines Landwirts, als er der mit angetrocknetem Kot verschmutzten Kühe eines Berufskollegen ansichtig wurde. Die plattenhaft anhaftende Verunreinigung halte die Tiere gleichsam wie ein Stützkorsett auch bei einem Schwächeanfall noch aufrecht.

Do geits koine Diafgarasche me, do geits bloß no Fahrrad-Schdendr.
Da gibt es keine Tiefgaragen mehr, da gibt es nur noch Fahrradständer.
Befürchtete einer 1996 bei einem politischen Frühschoppen, wenn die GRÜNEN maßgeblich an die Regierung kämen. (Der Mann schaffte auf dem Bau.) Donau

Do hette kenna lacha, ond wenn r hee gwäa wär.
Da hätte ich können lachen, und wenn er hin gewesen wäre.
Soll eine wahre Begebenheit gewesen sein: Ein Knecht wurde Zeuge, wie sein Bauer durch das Heu-Abwurfloch auf die Tenne stürzte. Der Anblick habe ihn so gelächert, dass er spontan den Ausspruch tat, obwohl solche Stürze meist sehr gefährlich und häufig tödlich sind. Donau

Do hosch en Bolla Zeitung!
Da hast du einen Packen Zeitung(en)!
»Bolla« (im nördlichen Oberschwaben: »Boll«): »Rundes, Kugeliges, Klumpenhaftes« (Wax) Hier spontan scherzhaft für eine größere, aber gewiss nicht kugelförmige Anzahl Zeitungen.

Do hott ma wäh dau, wemma zom Fodografiera isch.
Da hat man wäh getan, wenn man zum Fotografieren ist.
»wäh«: schön, zierlich, schmuck, aufgeputzt, eitel« (Wax)
»wäh tun«: sich besonders festlich ankleiden, frisieren usw.
Vor Einführung der digitalen Fotografie wurde sehr viel seltener ein Bild gemacht. In den meisten Häusern gab es keine Fotoapparate. Nur zu ganz seltenen Ereignissen bemühte man einen Berufsfotografen. Man ging zu ihm ins Atelier (Studio) oder, noch seltener, ließ ihn zu sich kommen, wenn es zum Beispiel um Familie und ggf. Gesinde, Haus, Hof, Tiere ging. Kommentar beim Betrachten des Familienalbums mit Bildern aus den Jahren 1930/1940. Riß

Do isch sogar en Rasierabbarat no bessr ...
Da ist sogar ein Rasierapparat noch besser ...
Sagte ein netter Verkäufer zu einem Kunden, der sich für einen stabilen Gartenhäcksler interessierte und darüber klagte, dass sein bisheriger kleiner Häcksler wegen Überlastung kaputtgegangen sei. Der Verkäufer machte die obige Bemerkung und empfahl dann natürlich ein Gerät aus seinem Gartenmarkt, das deutlich stabiler sei.

Dont it so schbringa, dass r s no vrbremset!
Tut nicht so springen, dass ihr es noch verbremsen könnt.
»Springen« bedeutet hier »rennen«. Es »verbremsen« heißt, noch rechtzeitig wieder anhalten zu können, zum Beispiel Fuhrwerke im Gefälle. Diesmal war es ein augenzwinkernder Rat im Altersheim an eine Mitbewohnerin, die sich nur mühsam auf zwei

Stöcke gestützt fortbewegen konnte. Der Satz enthielt keinerlei Spott, sondern eher
Trost, etwa des Sinnes: »Lasst euch ruhig Zeit, damit ihr nicht fallt.«
Die ländliche Anrede »ihr« gegenüber einer Einzelperson ist auch hier noch lebendiger
Sprachgebrauch. Es ist eine Form zwischen dem städtisch-distanzierten »Sie« und dem
vertraulichen »du«. *Schussen*

Dr Eismann kommt! *(Firmenname schriftsprachlich)*
Der Eismann kommt!

Spontaner Ausruf in Anspielung auf eine Firma dieses Namens, die Tiefkühlkost von Haus zu Haus vertreibt. Hier aber galt der Spruch dem eigenen Ehemann, als dieser nach stundenlanger winterlicher Fahrt auf dem neu erworbenen Oldtimer-Traktor endlich zu Hause angetuckert kam: recht durchgefroren, Haare, Bart und Augenbrauen dicht mit Schnee und Eis bedeckt.

Dr Gerhard* dohinta brobelleret heit scho wiedr umanand und machd d Leit schalu!
(Der) Gerhard dahinten propellert heute schon wieder umeinander
und macht die Leute verrückt.

- Wenn er es nicht hörte, wurde der Vorgesetzte im Betrieb mit seinem Vornamen bezeichnet.
- »propellern«: total aufgedreht, höchst aufgeregt/nervös sein
- »schalu« (französisch: jaloux: eifersüchtig): »aufgeregt, aus dem Häuschen, verwirrt, ratlos, rappelig« (Wax). *Name geändert *Schussen*

Dr Opa hot immr a Gschdäldle aghett.
(Der) Opa hat immer ein Gestältlein angehabt.

»Gestältlein«: ein Einsatz unter der Jacke, der einen ganzen Pullover vortäuscht.

Du bisch mit Kendrzella au bald ferdig!
Du bist mit *(dem)* Kinderzählen auch bald fertig!

Zu einem, der kein oder höchstens ein Kind hat. Machte Sinn in Zeiten, als in vielen vor allem bäuerlichen Familien die Zahl der Kinder oft ein Dutzend und mehr betrug.

Du Dropfbier-Latsche!
Du Tropfbier-Latsche

»Tropfbierlatsche«: einer, der so armselig dran ist, dass er sich kein Bier leisten kann und zufrieden sein muss mit den schalen Überresten vom Zapfhahn abtropfenden Bieres, die ihm der Wirt gutmütig überlässt.
»Latsche«: »einfältiger, plumper, ungeschickter Mensch« (Wax)
Was wie eine ganz böse Beschimpfung klingen mag, war nur eine spaßhafte Bemerkung unter Kumpeln, vorgetragen in einem Sketch.

Du hosch digge Bäggla – mosch gugga, dass se dr it zuawaxet.

Du hast dicke Bäckchen – *(du)* musst gucken *[= zusehen]*,
dass sie dir nicht zuwachsen.

Gutmütiger Spott unter zwei Arbeitskollegen, die sich nach längerer Krankheit des einen zufällig auf der Straße trafen. Der Spruch sollte ausdrücken: Du siehst inzwischen wieder gut erholt aus. Nebenbei: Der Angesprochene war offensichtlich ein türkischstämmiger Kollege. So freundlich sollte es unter Kollegen immer zugehen, gleich welcher Staatsangehörigkeit!

Dui kaa doch etz it schderba, wenn s ganz Dorf offa isch!

Die kann doch jetzt nicht sterben, wenn *[= solange]* das ganze Dorf offen ist.

Erschreckter Ausruf einer nahen Angehörigen, als eine Tante im Sterben lag und die Dorfstraße wegen Kanalisationsarbeiten in voller Länge aufgerissen war. Für den damals noch üblichen Leichenzug vom Trauerhaus zum Friedhof wäre also kaum ein Durchkommen gewesen. – PS.: Die Tante nahm keine Rücksicht.

Ebbes Hendrafiers isch glei bassiert.

Etwas »Hinterschefüres« ist schnell passiert.

»Hinterschefür« heißt wörtlich, dass das Hinterste nach vorn gebracht wird. Übertragen also:
– »in anderer/falscher/unerwarteteter/unerwünschter« Richtung
– »verdrehte/verrückte/paradoxe« Welt
Wenn etwas Hinterschefürs passiert, dann geschieht ein unerwartetes, unerwünschtes Ereignis; ein Unglücksfall, eine Pechsträhne. Der Gewährsmann beschrieb mit obigen Worten die letztliche Unzuverlässigkeit, Fehlerhaftigkeit aller Technik. Er als Landwirt schien dies zu wissen.

Eisere Henna leget etz grad wia d Alamoisa.

Unsere Hennen legen jetzt gerade *[= derzeit]* wie die Ameisen.

»Alameise«: »die Ameise wird umgestaltet zu (frk. [= fränkisch]) Emes (...), wird volksetymologisch umgedeutet zu Alamois« (Wax). Die Hennen legen derzeit gut.   *Donau*

Esset no! Was do henna isch, isch scho zahlt!

Esst nur! Was da herinnen ist, ist schon *(be)*zahlt!

Langt nur richtig zu! Was hier an Speisen aufgetragen wurde, ist im Preis alles inbegriffen. Der Spruch fiel, als eine Omnibusreisegesellschaft einem vorbestellten gemeinschaftlichen Essen in einem Gasthaus erwartungsvoll entgegensah, angesichts überreichlich voller Platten und Schüsseln.   *Donau*

Etz kennet ihr zwoi wiedr mitanand ouf a Loitr schdanda!

Jetzt könnt ihr zwei wieder miteinander auf eine Leiter stehen!

spontanes Kompliment an ein Ehepaar nach dessen kräftigem Abspecken   *Donau*

Etz woiße, was ouf Idalienisch »ouf Wiedrsäa« hoißd: »Bfiade!«
Jetzt weiß ich, was auf Italienisch »auf Wiedersehen« heißt: »Bfiat-de!«

»Bfiat-de« (schwäbisch-bayrisch-österreichisch-südtirolerisch): »Behüt-dich [Gott]!« Diesen Einblick in die vermeintlich italienische Sprachwelt hatte ein kleines Mädele anlässlich eines Familienurlaubs in Südtirol gewonnen.

Firre, wer Bascha no kissa will – ka ma den Kerle kalta!
Vorwärts, wer *(die Statue des heiligen)* Sebastian noch küssen will – kann man den Kerl *(endlich wieder)* wegräumen!

»kalta« (gehalten): »aufbewahren, aufräumen, an den Platz stellen« (Wax) So rief in Siggen der Mesner, als die Schar der Gläubigen beim Gottesdienst zum Kirchenpatrozinium* gar nicht mehr enden wollte, als es dem Brauch gemäß darum ging, die Statue zu küssen, auch, um einen »vollkommenen Ablass«** zu gewinnen. (Büchele I)

*»Als Patrozinium wird die Schutzherrschaft eines Patrons oder einer Patronin bezeichnet, der eine Einrichtung (Kirche, Spital, Schule) unterstellt wird. Das Wort wird auch für das Hochfest gebraucht, an dem der Heilige gefeiert wird, dem die Kirche geweiht ist (Patronatsfest).« (https://de.wikipedia.org/wiki/Patrozinium)
**vollkommener Ablass: »Ablass (…) ist ein Begriff aus der römisch-katholischen Theologie und bezeichnet einen von der Kirche geregelten Gnadenakt, durch den nach kirchlicher Lehre zeitliche Sündenstrafen erlassen (nicht dagegen die Sünden selbst vergeben) werden. Es gibt Teilablässe oder vollkommene Ablässe, die die Gläubigen unter von der Kirche bestimmten Bedingungen erlangen können. (https://de.wikipedia.org/wiki/Ablass) *Allgäu*

franzesischs Jagdglo
französisches Jagdklo

Gemeint: Die in Frankreich und vielen anderen Ländern verbreiteten Steh-Klosetts: Ein duschwannen-ähnliches Becken, in den Boden eingelassen, mit Abflussloch in der Mitte, mit darin befindlichen etwas erhöhten Trittflächen. Wenn man die Wasserspülung betätigt, glaubt man als Tourist, fluchtartig davon<u>jagen</u> zu müssen, um nicht mit Schuhen und Socken samt heruntergelassener Kleidung in der Brühe zu stehen. In Wirklichkeit seien die Toiletten, wenn sie sauber gehalten sind, letztlich hygienischer, weil man sich auf nichts draufsetzen muss, und schlicht Gewohnheitssache.

Fraua haltet <u>viel</u> ous!
Frauen halten viel aus!

Eine langjährige Runde von Ehefrauen beschloss, einmal gemeinsam für einige Tage nach Spanien aufzubrechen. Doch je näher der Termin rückte, desto mehr überkam sie ein Unbehagen und Angst vor der eigenen »Courage«: sooo weit weg, und ganz ohne die Männer … Doch dann fiel einer – sicher unbewusst – ein, dass Frauen ja oft genug eigentlich mutiger seien – Zahnärzte sollen es angeblich auch bestätigen. Und

*so sprang sie mit dem trocken und schier bierernst vorgetragenen Spruch über den
eigenen Schatten. Daraufhin sahen alle der geplanten Unternehmung wieder erheblich zuversichtlicher entgegen, und sie taten es dann auch wie geplant.*   Donau

Gessa hott ma jo, no ka ma etz au gau.
Gegessen hat man ja *(genug/alles, was aufgetragen war)*,
dann kann man jetzt auch gehen.
Sagten Gäste beim Aufbruch. Ein fröhliches Wort!

Grachdappr
Krachtapper
spontane Aussage eines kleinen Kindes angesichts gefrorener Pfützen: es kracht so schön, wenn man hineintappt

Hand alle da Aischbrung?
Haben *(etwa)* alle *(gleichzeitig)* den Eisprung?
Spontaner Kommentar eines Lehrers, um einen Kollegen zu trösten, der eben aus dem Unterricht mit einer heute besonders »aufgedrehten« Klasse (beiderlei Geschlechts) kam. Anmerkung: Was dem einen der sprichwörtliche Laubfrosch im Einmachglas und dem anderen die Stärke der Gliederschmerzen, das sind Lehrern die Schulklassen: Sie zeigen durch besonders aufgekratztes und »verrücktes« Verhalten einen bevorstehenden Wetterumschwung ziemlich zuverlässig an. Schdimmt fai wirglich!   Donau

Herr, lass Gras waxa, die Tiere vrmehret sich.
… wachsen, die Tiere vermehren sich.
Nachgeahmtes Bibeldeutsch; ironischer Spott, weil sich die Nachbarn immer noch weitere Haustiere zulegen, darunter durchaus auch solche, die sich nicht von Gras ernähren, zum Beispiel eine Katze …

Holz-Hupa
Holz-Hupe
Sagte die Dreijährige, deren Papa Kfz.-Mechaniker war, als ihr das Wort »Klavier« gerade nicht einfiel oder noch unbekannt war, sie aber wohl wusste, dass man dem Ding Töne entlocken konnte.

Hosch da Aarsch zum Bett nousghenkt? Du sollsch doch da Aarsch ersch zom Bett noushenka, wenn d Gurka waxet!
Hast du den Arsch zum Bett hinausgehängt? Du sollst doch den Arsch erst zum Bett hinaushängen, wenn die Gurken wachsen!
War der derb-freundliche Rat eines Wirts, als ein weiblicher Gast – zum ersten Mal hier einkehrend! – bekundete, arg erkältet zu sein: Bestellung einer heißen Zitrone.

Ob mit wachsenden Gurken wirklich nur Gartenfrüchte gemeint waren, ist nicht ganz sicher. Diese allerdings sprießen in der Tat erst, wenn das Wetter sommerlich warm ist, und dann kann man sich im Schlaf ja auch unbedenklich aufdecken.

Hosch heit 'butsdag?
Hast du heute »'butstag«?

Rief einer seiner Nachbarin fröhlich zu, wissend, diese habe heute Geburtstag. Weil deren kleine Kinder auch um den Weg waren, ahmte er Kleinkindersprache nach wie beschrieben. Prompt verstand ihn die Nachbarin falsch und hörte »Putztag« statt »Geburtstag«. Das verneinte sie heftig und zugleich verlegen, denn sie hatte doch aus bekanntem Anlass eben noch Kaffeebesuch gehabt.

Hosch nommool so a Baar?
Hast du nochmals so ein Paar?

Scherzfrage, wenn einer versehentlich zweierlei Socken trägt

I bee selbr soo schwaaz, dass e no em donkla Källr en Schatta wirf, abr waa da Mayer-Vorfeldr mit eis dau hot ...
Ich bin selber so schwarz, dass ich noch im dunklen Keller einen Schatten werfe, aber was der Mayer-Vorfelder mit uns getan hat ...

Sagte ein Lehrer, aus Hauerz, dem schwäbisch-sprachigen Teil des württembergischen Vorallgäus stammend. »Schwarz« (hier): überzeugter CDU-Anhänger
Gerhard Mayer-Vorfelder (CDU): bis 1991 baden-württembergischer Kultusminister; innerhalb der Lehrerschaft sehr wenig beliebt. Riß

I hau s Bourabläddle au bloß wäaga de Azoiga.
Do kaasch älles kaufa, vo dr Beire bis ...
Ich habe das Bauernblättle auch nur wegen der Anzeigen *(abonniert)*.
Da kannst *(du)* alles kaufen, von der Bäuerin bis ...

»Bauernblättle« (regionale Zeitschrift für Landwirte, umgangssprachlich).
Anspielung auf Heiratsgesuche, die sich darin auch finden.
Anmerkung: »Bauer sucht Frau« ist nicht nur eine Fernsehserie, über deren Niveau man durchaus geteilter Meinung sein kann. Es ist auch in der Tat für viele Landwirte sehr schwierig, eine Partnerin zu finden, die in eine Landwirtschaft einheiraten will.

I honns schdillschweigend mit Bewunderung zor Kenndnis gnomma.
Ich habe es stillschweigend mit Bewunderung zu Kenntnis genommen.

Bewusst in Beinahe-Schriftdeutsch. Spontane Reaktion eines Mannes, als er wieder einmal nicht bemerkt hatte, was Frau und Schwiegertochter im Hause Schönes zustandegebracht hatten, wofür sie eigentlich ein Lob oder Kompliment erwartet hätten. Als ein solches ausgeblieben war, machten sie ihn auf sein Versäumnis aufmerksam, worauf er, in der Klemme sitzend, obigen Spruch spontan vom Stapel ließ. Jeder wusste Bescheid, aber böse konnte ihm niemand mehr sein. Der Spruch ist seitdem ein familien-internes, bei ähnlichen Anlässen immer wieder gerne zitiertes Bonmot geworden.

I kauf koin Gruuschd!
Ich kaufe keinen »Gruschd«.

»Gruschd« (ursprünglich zu »rüsten«; Schmuck, Schatz, Ausrüstung):
»wertloses Zeug, Gerümpel, Kram« (Wax) So sprach eine Ehefrau zu ihrem Gatten
(und damit natürlich auch zu sich selbst, um nicht doch der Versuchung zu erliegen)
beim Betreten eines regionalen Möbelhauses, wo sich gleich nahe des Eingangs zwar
keine Möbel befinden, aber tausend Accessoires der Wohnkultur ...
»Gruschd« bedeutet also auch so etwas wie »eigentlich unnötige, aber durchaus verlockende kleinere Dinge«, die auch nicht billig sind. Man kann sie auch verniedlichend
»Grieschdla« (»Gerüstlein«) nennen, in denen man gerne mal »gruschdlet« (»gerüstelt«/kramt) wie in der Rumpelkammer oder in alten Schubladen. Nur dass es eben
ein Ladengeschäft ist, an dessen Ausgang die Kasse wartet ...

I kenn d Epflbaim au bloß, wenn d Epfl danna hanget.
Ich (er)kenne Apfelbäume auch bloß, wenn die Äpfel dran hängen.

Beschreibt diesbezüglich mangelnde Kenntnisse und räumt stillschweigend ein,
eigentlich mehr wissen zu müssen, aber »leider« ...

I mach jedes Johr a Voglfiehrung mit, und zum Schluss kenne halt da Guggugg – am Gschroi.
Ich mache jedes Jahr eine Vogelführung mit, und zum Schluss kenne ich halt den Kuckuck – am Geschrei!

So schlecht kann man sich merken, was man dabei alles erfährt. Selbstironisch über
schlechtes Merkvermögen.

I setz die etz ouf a Bank, vielleichd bringsch Gäld.
Ich setz dich jetzt auf eine Bank, vielleicht bringst du Geld *(ein)*.

Wortspiel mit Bank als Geldinstitut bzw. Sitzgelegenheit.

Ihr kennet scho afanga, d Katz hot se gfressa.
Ihr könnt schon anfangen, die Katze hat sie gefressen.

Das Pfingstwunder wurde mit einer sinnfälligen Zeremonie nachgestaltet: In Siggen
war es Brauch, während des Pfingstgottesdienstes eine lebendige Taube fliegen zu
lassen; der Start der Taube war gleichzeitig der Einsatz für das Heilig-Geist-Lied des
Kirchenchores. Als nun in jenem Jahr der Dirigent vergeblich auf das Startzeichen
wartete, kam der Mesner aus der Sakristei und rief (siehe oben). (Büchele I)   Allgäu

Isch blau und megig und hot sai messa.
Ist blau und mögig und hat sein müssen.

»Mögig« sein heißt, man MÜSSE dies mögen [= gern haben]; kann sich auf Leute oder auch Sachen beziehen. »Hat sein müssen«: Es musste einfach sein. Der ganze Spruch bezog sich auf den Kauf einer Handtasche. Sie gefiel der Dame so gut, dass der Kauf »sein musste«, auch wenn er, objektiv betrachtet, natürlich nicht zwingend notwendig war. Die Begründung lässt dies alles »zwischen den Zeilen« erkennen.   Donau

Isch där, wo do vorna so viel schwätzd, aigentlich dr Birgermoischter?
Ist der, der da vorne so viel redet, eigentlich der Bürgermeister?

Ein Ferienjobber und angehender Journalist machte seine ersten Erfahrungen als Lokal-Presse-Berichterstatter, und nach einer mehrstündigen Oberdischinger Gemeinderatssitzung wollte er vom Kollegen, der fürs Konkurrenzblatt schrieb, erfahren, ob er mit seiner Vermutung recht habe ...   Donau

Isch s it gnuag, wemmas vrschbrocha hand, messames au no halta?
Ist es nicht genug, wenn wir es versprochen haben,
müssen wir es *(jetzt)* auch noch halten?

War scherzhaft gemeint, enthält im Hintergrund aber vielleicht schon das Körnchen Reue, etwas doch zu voreilig versprochen zu haben, oder, es läge ja schon sooo lange zurück ...   Donau

Iss no a Brot, sonsch bisch nochhär grätig wia a Filzlous!
Iss noch ein *(Stück)* Brot, sonst bist du nachher »grätig« wie eine Filzlaus!

»grätig«: »widerwärtig, schlecht gelaunt, gereizt«, abgeleitet von Grat, eigentlich etwas spitz und hart Hervorstehendes, ... im Sinn von fischgrätig, dornig, stachelig« (Wax) »Filzlaus« (Duden):
– Laus, die sich vor allem in der Schambehaarung des Menschen festsetzt
– (salopp abwertend) Mensch, der lästig fällt, Ärger bereitet
Also ein guter Rat: sieh zu, dass du satt bist. Es hebt die Stimmung.

Jo, werd ma do soubr?
Ja, wird man da sauber?

Als junger (noch lediger) Lehrer suchte ich eine Einzimmerwohnung mit Kochnische und Dusche. Die Dame am Anzeigenschalter der Lokalzeitung sah mich daraufhin äußerst misstrauisch an, als ob ich nicht ganz richtig im Kopf wäre. Erstens, meinte sie, seien Lehrer als Mieter eh nicht geschätzt, weil sie so oft zu Hause seien und damit die Tapeten in der Mietwohnung überdurchschnittlich abnützten. Und wenn dann noch einer daherkäme und statt nach einer soliden Badewanne nur nach einer Dusche frage, also nein ... so ebbes! (Es fand sich aber dann doch eine passende Behausung.)
   Donau

Karle, komm amol gschwend rouf,
do isch a Frau, dära sollsch a Kend macha!
Karl, komm mal geschwind rauf,
da ist eine Frau, der sollst du ein Kind machen!

Es geschah in einem Fotogeschäft. Nach einem kurzen Kundengespräch rief die Angestellte den Chef übers Haustelefon mit obigen Worten aus dem Labor herauf. Gemeint war natürlich, er solle von einem Kind ein (Portrait-)Foto machen. (Ehingen)   Donau

Kasch mer au om fuchzg Pfennig a <u>Mark</u> wäxla?
Kannst du mir auch um 50 Pfennig eine Mark wechseln?

– 50 Pfennig = 1/2 Mark = 0,50 DM (ca. 0,25 €)
– 1 Mark = ca. 0,50 €
Biertheken-Jux, der den anderen verwirren soll und dazu verlocken, eine Mark gegen 50 Pfennig irrtümlich »zu wechseln«.   Donau

Mamma, ganget mer nomol zo deane Klettr-Fisch?
Mama, gehen wir nochmals zu den Kletterfischen?

... drängelte die dreijährige Sabine in der Wilhelma (Stuttgarter Zoo), als sie nochmals zu den schon zuvor bestaunten Walrossen zurückkehren wollte.

Mamma, i moss <u>soicha</u>!!!
Mama, ich muss seichen!!!

Die Mama – hell entsetzt, dass ihr kleiner Stefan so wüscht rausschwätze – belehrte ihn sogleich, worauf sich der Kleine ins Klo verzog, recht breitbeinig hinstand und ziemlich laut zu sich selber sagte: »Und i moss DOCH soicha!!!«   Donau

Meis send iebraal, bloß it em Geldbeitl: Do hots Ratta.
Mäuse sind überall, bloß nicht im Geldbeutel: Da hat es Ratten.

Doppeltes Wortspiel!
»Meis/Mäuse«: Nagetierchen und zugleich Bezeichnung für Geld
»Ratten«: In der Redensart »da hat es Ratten«: »Da fehlt es gewaltig an ...«
(kann, aber muss nicht betreffs Geld sein, im Geldbeutel aber natürlich schon ...)

Mensch, där Kardofflsalat isch jo <u>furzdrogga</u>! –
Wäresch beldr hoimkomma, do war r no soich<u>nass</u>!
Mensch, der Kartoffelsalat ist ja furztrocken! –
Wärst du halt bälder heimgekommen, da war er noch seichnass!

Bäckermeister Ludwig S. kam einmal etwas spät vom sonntäglichen Frühschoppen heim. Das Mittagessen stand schon längere Zeit bereit. Kein Wunder, dass der Kartoffelsalat darunter litt. Aber seine Frau konterte schlagfertig: Anfangs sei er sehr wohl so feucht gewesen, wie es sich gehöre. Wäre der Gemahl nur eher heimgekommen ...   Schussen

Mensch, send ihr alt woora!
Mensch, seid ihr alt geworden!

So lautete spontan der entsetzte Ausruf eines frisch an den Augen operierten Dreiundachtzigjährigen, der einige Jahre lang Frau und Tochter kaum mehr hatte erkennen können. Er hatte am Star gelitten. *Donau*

Mir brouchet it so viel Kohlaseire, mir sind wäagm Kohl souer gnuag!
Wir brauchen nicht so viel Kohlensäure, wir sind wegen dem Kohl sauer genug!

Spontane Antwort im Jahr 1991 auf die Frage, ob es ein Mineralwasser mit mehr oder weniger Kohlensäure sein sollte. Bezogen auf die Regierungszeit von Bundeskanzler Helmut Kohl, 1982 bis 1998 der sechste Bundeskanzler der Bundesrepublik Deutschland. *Allgäu*

Mir lond nix iebrig, sogar d Salatsoß hommr ousgsoffa.
Wir lassen nichts übrig, sogar die Salatsoße haben wir ausgesoffen.

Auf Diät gesetzte Kurgäste aus dem Allgäu oder aus Südoberschwaben im Jordanbad. *Allgäu, Schussen*

Mit 79 Kilo kasch koi Jeans kaufa, do mosch a Zelt kaufa.
Mit 79 Kilo kannst du keine Jeans kaufen, da musst du ein Zelt kaufen.

Sagte ein langer Dürrer!

Moss denn dees mit dem Seegraas do hanna sai!?
Muss denn das mit dem Seegras hier sein!?

Seegras bedeutet hier soviel wie »stinkiges Kraut«: zu einem Tischgenossen, der in der Gaststätte das Rauchen nicht lassen wollte, als es gesetzlich noch erlaubt war. *Donau*

Noo kennet se bessr ziela.
Dann können sie besser zielen *(beim Trinken an der Katzenmama).*

Über Nachbars Kätzchen, die, einige Tage alt, gerade anfingen, aus einem Auge zu blinzeln (wer es nicht weiß: neugeborene Kätzchen sind anfangs blind, weil die Augen noch verschlossen sind) – der Spruch verbarg die Rührung, weil die Kleinen gar so niedlich aussahen. *Donau*

Obachd, s kommt en bräschthafte Ma!
Obacht, es kommt ein bresthafter Mann!

»Obacht!«: Vorsicht! – Achtung! – Platz machen, bitte!
»bresthaft«: verkrüppelt – gebrechlich – stark gehbehindert
Ging unter zahlreichem zum Empfang der Kommunion anstehenden Volk als Flüsterparole durch, damit man einem Gehbehinderten Platz mache. In der Basilika zu Weingarten. *Schussen*

Oma, du schlofsch lout!
Oma, du schläfst *(aber)* laut!
Sagte die Enkelin, als sie bei der schnarchenden Oma hatte übernachten dürfen.

Rondgrois-Rasa-Mäer
Rundkreis-Rasenmäher
angepflockte Ziege

S gibt bloß no gsunde und doote Leit.
Es gibt nur noch *(entweder)* gesunde oder *(aber)* tote Leute.
Sarkastischer Kommentar im Zusammenhang mit dem Hickhack um die Einführung der Pflegeversicherung und der damit verbundenen Arbeitszeitverlängerungen und Nettolohnkürzungen.

S isch scho a Wundr!
Es ist schon ein Wunder!
Basilika Weingarten
Weingarten, um 1965. Eine Delegation aus der französischen Partnerstadt wurde auch in die Barockbasilika geführt und ihr zu Ehren die Gablerorgel gespielt. Neben mir saß Stadtrat Norbert B. Plötzlich erklang lupenrein ein wunderschönes, zartes und doch raumfüllendes Violinensolo. Norbert und ich sahen uns an, und flüsternd waren wir uns einig: Bei allem, was wir als Einheimische von der Orgel ja schon wussten, so echt, wie hier der Klang einer Geige kunstgerecht nachgeahmt wurde – das hatten wir noch nie gehört. Ein wahres Wunderwerk, diese Gabler-Orgel! Ergriffen lauschten wir. Erst als wir zuletzt alle zum Ausgang strebten, sahen wir den Mann mit dem Geigenkasten eben die Treppe herabsteigen ... Es ist eben immer wieder gut, wenn Besuch kommt, dann lernt man die eigene Heimat samt ihren Schätzen erst so richtig (und nicht nur vom Hörensagen) kennen, Irrtümer inbegriffen.   *Schussen*

S moss jo it ubedingt en Kammabär sai, zor Not roicht au en Schdubabär.
Es muss ja nicht unbedingt ein Kammerbär *(Camembert)* sein,
zur Not reicht auch ein Stubenbär.
Wortspiel mit der Aussprache »-bär« und den Räumen »Kammer« bzw. »Stube«. (»Kammer«: kleinerer Raum, Zimmer in einer Wohnung; »Stube«: Wohnzimmer) Ins leicht Groteske gesteigert: Demjenigen würde »zur Not« die ja größere Räumlichkeit genügen, also die größere Stube statt der kleineren Kammer.

S oizige, wo da bei dem bizzle Gladdeis brächa kasch, isch s Middagessa.
Das einzige, was du bei dem bisschen Glatteis brechen kannst, ist das Mittagessen.
Soll die Sturzgefahr verharmlosen; spielt mit dem Doppelsinn von »brechen« und »(er)brechen«.   *Allgäu*

Saischd en Gruaß – noi, saischt viele Griaß, dia koschtet au it meh!
Sag(st) einen Gruß (an ...) – nein, sag(st) viele Grüße, die kosten auch nicht mehr (als einer). Donau

Schdiel-Bieschda-Haltr
Stielbürstenhalter *bzw.* Stillbüstenhalter

Wieder eine wahre Geschichte: Im schwäbisch-sprachigen Teil Oberschwabens (ab etwa Bad Waldsee nördlich, »Riß/Donau«) meint man, wenn man »Bieschta« sagt, eine Bürste. So ein Nord-Oberschwabe kam in Weingarten (Süd-Oberschwaben, »Schussen«) in ein Haushaltswarengeschäft und verlangte obigen Artikel, einen »Schdiel-Bieschda-Haltr«, also den Halter für eine Stiel- oder Steckenbürste. Man verstand ihn aber nicht richtig, weil man sich unter »Bieschda« nicht recht etwas vorstellen konnte, außer ... Also schickte man ihn in ein Miederwarengeschäft, wo er sicher den gewünschten Artikel bekommen könne, einen Still-Büstenhalter. Sehr verwundert, was es nicht alles wo zu kaufen gäbe, begab sich der Mann dahin und erst, als er erneut im Haushaltswarengeschäft auftauchte, konnte das Missverständnis geklärt werden.

So a Glomp hott ma au it!
So ein Gelumpe [= *nichtsnutziges Zeug]* hat man *(eben)* auch nicht!

Kommentar eines Umzugshelfers, als durch seine Unachtsamkeit etwas beschädigt wurde.

So en goeta Tee hosch no nia gmachd!
So einen guten Tee hast du noch nie gemacht!

Eine wahre Geschichte: Ein Landwirt trank gerne alle möglichen Tees (außer Schwarztee), weil sie ihm gut taten. Nur mit ihrem Geschmack war er selten richtig zufrieden. Frau und Tochter mochten als Kräutlein alles mögliche versuchen, nie war es ihm recht. Bis die Tochter eines Tages in ihrer Not auf den Heuboden ging, eine Handvoll Heu samt etwas Staub und so weiter zusammenscharrte und davon einen Tee kochte. Das Wunder geschah. Mit obigem Ausspruch wurde sie gelobt (um 1939).

So, bisch heit unsre Frittöösen-Mieze!?
So, bist du heute unsere Fritteusen-Mieze!?

In Anspielung auf die Figur »Plörösen-Mieze« (»Der Hauptmann von Köpenick«; Zuckmayer) der küchlesbackenden* Mutter und Ehefrau gegenüber.
*Kiachla / Küchla / Küchlein«: »ein insbesondere in Bayerisch-Schwaben, Altbayern, Franken, Westösterreich und Thüringen weit verbreitetes Schmalzgebäck«** (https://de.wikipedia.org/wiki/Knieküchle) **... und in Oberschwaben auch!

So, goht ma <u>daun</u>schtärs da Mooschd holla?
So geht man downstairs, um den Most zu holen?

»downstairs«: (englisch) die Treppe runter; (nach) unten
»Most« (hier): Apfelwein, der im Keller in einem Fässle ruht
Bewusste Mischung zwischen Englisch einerseits und grottenbreitem Schwäbisch
andererseits. »grottenbreit«:
– abgeleitet von einer breitbeinig dasitzenden Kröte
– unverfälscht und ungeniert pures Schwäbisch (sprechen)

Solang d Weiber sich it <u>selb</u>r wählat ...
Solange sich die Weiber nicht <u>sel</u>ber wählen ...

... sind sie auch selber schuld, wenn sie so wenig in den parlamentarischen Gremien
vertreten sind. Dies murmelte ein oberschwäbischer CDU-Stadtrat vor sich hin, als eine en-
gagierte SPD-Frau wieder einmal entsprechend klagte. Habt ihr's vernommen, ihr Frauen?

Wär isch etz dr Räat bei dr SPD z Egna?
Wer ist jetzt der Rechte bei der SPD in Ehingen?

»dr Räat sai / der Rechte sein«:
– der Vorsitzende/Vorstand sein
– der sein, der (womöglich im Hintergrund) das Sagen hat; »graue Eminenz«
Dies fragte ein Zeitungsleser just die Frau, die in der örtlichen Presse als die wieder-
gewählte Ortsvereinsvorsitzende genannt worden war. Er wusste es also eigentlich
wohl, doch ging es offenbar etwas über seinen Horizont, dass diese Funktion eine Frau
wahrnehmen sollte. Da müsste es doch, so ließ seine Frage vermuten, in Wirklichkeit
noch einen (verborgenen männlichen) Ober-Guru geben.

Was wellet ihr denn do no ver<u>hee</u>ba, ganget doch hoim!
Där Kriag isch doch verl<u>o</u>ra!
Was wollt ihr denn da noch aufhalten, geht doch heim! Der Krieg ist doch verloren!

Soll laut Schwäbischer Zeitung, Ausgabe Ravensburg vom 20. April 1995, der Käse-
reiarbeiter Josef Schenk aus Kofeld (Gmd. Bodnegg) am 24. April 1945 zu deutschen
Wehrmachtssoldaten gesagt haben. Eine Nachbarin am Mord-Ort (Sieberatsreute,
Gemeinde Waldburg), damals neun Jahre alt, wurde aus kindlicher Neugier Augen-
zeugin. »Die Soldaten haben ihn unter einem Apfelbaum auf einen Holzbock gestellt,
einen Strick um den Hals gelegt und dann aufgehängt.« Zuvor habe der Mann immer
wieder verzweifelt um Verschonung gefleht. Ein weiterer Zeuge will einen deutschen
Leutnant gehört haben: »Warum sich solche Arbeit machen? Es wäre einfacher
gewesen, ihm den Schädel mit dem Spaten zu spalten.« Da halfen auch die Hinweise
des Vaters des Ermordeten nicht, sein Sohn habe als Folge des ersten Weltkriegs eine
Kugel im Kopf und »isch it zurechnungsfähig, des woiß hier jeder!« Selbst in den aller-
letzten Tagen des 2. Weltkriegs konnte das Aussprechen der Wahrheit wegen »Wehr-
kraftzersetzung« oder »Defätismus« tödlich sein ...   *Allgäu*

Was, du rauchsch Zigaretta ohne Filtr? – Jo, du ziasch doch au koine Gummischdiefl a zum Duscha!

Was, du rauchst Zigaretten ohne Filter? – Ja, du ziehst doch auch keine Gummistiefel an zum Duschen!

Wenn schon rauchen, dann aber »richtig«.   *Donau*

Wemma äll Daag a Pfond Schenkawuschd issd ond a Fläscha Wai, no wuud ma nä an de Honderta na.

Wenn man alle Tage ein Pfund Schinkenwurst isst und eine Flasche Wein, dann wird man nahe an die Hundert heran*(kommen)*.

Antwort eines verschmitzten, über 80 Jahre alten ehemaligen Landwirts und gelernten Metzgers auf die Frage, wie es ihm denn so gehe. Man muss dies natürlich nicht wörtlich nehmen. Nur: Der Mann hat seinen Hundertsten in der Tat noch erleben dürfen ...   *Donau*

Wemma da ganza Dag ghogget isch, no sitzd ma obends gern griabig naa.

Wenn man den ganzen Tag *(auf einem Bürostuhl)* gehockt ist, dann sitzt man abends gerne gemütlich hin.

Verfremdung eines ähnlichen Spruches. Glossiert, dass auch Büromenschen nach Feierabend müde sind und es sich gemütlich machen wollen. Kann auch selbst-ironisch sein: Der Büromensch sollte doch lieber noch etwas Sport betreiben, als sich nur in den Sessel sinken zu lassen.   *Schussen*

Wemma in däara Wirtschaft so guet isst, bringe mai Vrwandtschaft au no mit.

Wenn man in dieser Wirtschaft *[= Gaststätte]* so gut isst, *(dann)* bringe ich meine Verwandtschaft auch noch mit.

Die »Wirtschaft« war hier kein Gasthaus, sondern ein Privathaushalt. »Gut essen« heißt hier scherzhaft auch »kostenlos essen«. Auf etwas verdeckte Art ein Lob für die Gastfreundschaft.

Wenn e it scho en Sozi wär, däte grad rot werra.

Wenn ich nicht schon ein Sozi*(aldemokrat)* wäre, täte ich gerade*(wegs)* rot werden.

Spontane Äußerung angesichts eines unvermuteten Lobs. Der Spruch kokettiert mit der Doppelbedeutung von »rot« als traditioneller Farbe der Sozialdemokratie (längst, bevor sich der Kommunismus ihrer ebenfalls bemächtigte) und »rot« als Gesichtsfarbe, wenn es eine innere Erregung anzeigt.

Zmool bin i selbr a Pfeifa.

Zumal *[= plötzlich]* bin ich selber eine Pfeife.

Spontaner Kommentar am 16. September 2016, als im Fernsehen die neue Orgel im Hamburger Elbphilharmonie-Neubau vorgestellt wurde. Das Besondere an der Orgel sei, dass viele ihrer Pfeifen mitten in den Zuschauerrängen platziert seien. So entstand die scherzhafte Vermutung, dass man selber als Gast unversehens zur »Pfeife« umgewidmet werden könnte.

Blumen, Bäume und andere Pflanzen und teils auch deren Früchte

Altweibrfuuz
Altweiberfurz

vertrockneter, alter Bovist (Pilz), der beim Drauftreten staubt　　　　　　*Donau*

Badengala, Bagenga
Schlüsselblumen　　　　　　*Riß, Donau*

Benedikt macht Zwiebla dick.
Wenn man die Zwiebeln um den Tag des Hl. Benedikt (21. März) stupft*, geraten sie.
*stupfen (hier): Saatzwiebeln einzeln ins Beet ausbringen.　　　　　　*Allgäu*

Bettsoichr, Bettsoichrla
Bettseicher, Bettseicherlein

Wiesenschaumkraut – Anemonen – Löwenzahn (vgl. franz. piss-en-lit)
　　　　　　Allgäu – Riß – Donau

Birra, Biera: *(Moschd)*-Birra, -Birna / *(Mooschd)*-Biera
Birnen, (Most)-Birnen*

*als Speiseobst weniger geeignet, es sei denn, man habe nichts anderes
　　　　　　Allgäu, Schussen / Riß, Donau

Birrabomm / Bieraboom
Birnbaum *(2x)*

(unterschiedliche Länge der Vokale beachten!)　　*Allgäu, Schussen / Riß, Donau*

Blaugrout
Blaukraut

Rotkohl, -kraut

Bodabirra, Grommbirra – Grombiera – Aideepfl
Bodenbirnen, Grundbirnen – Grundbirnen – Erdäpfel

Kartoffeln　　　　　　*Schussen (2x) – Riß – Donau*

Bourabiabla
Bauernbüblein

Traubenhyazinthe　　　　　　*Donau*

Bräschtling / Bräschdleng
Bräschdlings-Gsälz
Erdbeere*(n) (2x)*

Erdbeer-Marmelade

»Die Etymologie des Wortes ist nicht eindeutig geklärt« (Wax). Wax widmet diesem Wort gut eine halbe Seite. »Das ‚Gesälz' in seiner ursprünglichen Bedeutung als etwas Salzartiges' ist ausgestorben. ... Später wird die Bezeichnung auch auf durch Zucker haltbar Gemachtes übertragen.« (Wax) *Allgäu, Schussen / Riß, Donau*

Brätschela
Erbsen

Sie müssen »gebrätschelt« [= enthülst] werden. *Allgäu*

Broggela
Erbsen

Sie müssen »gebrockt« [= gepflückt] werden. *Riß*

Buggeler
Ampfer *(Knöterichgewächs)* *Donau*

Dag- und Nachdbliemla / Dag-ond-Naachderla
Tag- und Nachtblümlein / Tag-und-Nachterlein

Stiefmütterchen *Schussen / Donau*

Där alte Schdorra moss rous!
Der alte Storren muss raus!

»Storren«: alter, krummer, teils schon hohler Baumstamm, vor allem in Streuobstbestand. Es sei an der Zeit, den alten Baum zu fällen.

Dooraschlaia
Dornschlehen

Schlehdorn *Donau*

en Schtockhafa, en Blumahafa
ein Stockhafen, ein Blumenhafen

ein – bepflanzter – Blumentopf

Fäasa
Fesen

Dinkel (auch: Spelz, Spelt, Vesen oder Schwabenkorn genannt: Getreide)

Forr, Forra; Forrazapfa
Föhre, Föhren; Föhrenzapfen (auch: Forche, Forchen; Forchenzapfen)
Kiefer, Kiefern; Kiefernzapfen

Gäal-Feiela
Gelbveilchen
Goldlack *Riß*

gelbe Riaba / gäale Riaba
gelbe Rüben *(2x)*
Möhren (auch: Karotten, Mohrrüben) *Allgäu, Schussen / Riß, Donau*

Gensebliemla, Gausbleamla
Gänseblümchen *(2x)* *Allgäu, Schussen / Donau*

Gnoofl
Knoblauch

Greiznägala, Buschnägela
Kreuznägelein, Buschnägelein
Bartnelken *Allgäu, Donau*

Griasa / Kirscha / Kiescha
Kirschen* *(3x)*
*von lateinisch »cerasum« = Kirsche (sieht man der Bodenseevariante noch gut an)
Bodenseehinterland / Schussen / Donau

Grottabluma
Krötenblumen *(nicht mit den gleichnamigen »echten« Krötenblumen zu verwechseln)*
Löwenzahn / Sumpfdotterblume *Schussen / Allgäu*

Guggigai, Habrmalz, Habrmauch
Wiesenbocksbart *(3x)* *- / Riß / Donau*

Hagabutza
Hagebutten

Hatschiblumele, Hatzabommele
Hatschi-Blümlein *(2x)*
Erwachsenensprache gegenüber Kindern; wenn man an der Blume rieche, müsse man niesen *Schussen*

Häxasoil(r)
Hexenseil(e)
Waldrebe; von Lausbuben zuweilen als Zigarettenersatz ge(b)raucht   *Schussen*

Hengala, Humbr
Himbeeren (2x)   *Donau, Riß*

Hengschdpflomma
*Hengstpflaumen
eine besonders große Pflaumensorte*   *Riß (Ingerkingen)*

Herrgottsdagsgleggla
Herrgottstags-Glöcklein

Blutströpfchen. Blühen um Fronleichnam (»Herrgottstag«), außerdem erinnert die Blütenform an rundliche Laternen, wie sie bei der Fronleichnamsprozession mitgetragen werden.   *Riß*

Himmlschlissl
Himmelschlüssel
Schlüsselblume

Hoidlbeera / Hoidla
Heidelbeeren   *Schussen / Donau*

Holdr
Holder
Holunder (auch Holler, Fliederbeere u.a.)

Hornveigela
Hornveilchen
kleine Stiefmütterchen

Huafala
Huflattich   *Donau*

Hundsveigela
Hundsveilchen   *Schussen*

Joggala
Kloräpfel; sie reifen um Jakobi (»Jockel«, 25. Juli) bis etwa Klara (Mitte August)

Jörganägela
Jörgennägelein

»Jörg«: Georg; kurzstieliger Enzian *Donau*

Judafiez
Judenfürze

trocken gewordene Boviste (Pilze) – antisemitisch?
Anderswo waren »Judenfürze« kleine harmlose Silvestersprengkörper, die nicht knallten, sondern nur »pfffffft« machten. *Donau*

Judakirscha
Judenkirschen

Lampionblume(n); gehört zu den Blasenkirschen (Physalis) *Riß*

Judaschdrigg
Waldrebe; von Lausbuben zuweilen als Zigarettenersatz ge(b)raucht *Schussen*

Kasch<u>dan</u>
Kastanie

Baum und Frucht

Katzamiesele
Katzen-Miezchen

Palmkätzchen
Das »s« statt »z« verniedlicht noch mehr und versinnbildlicht das Weiche, das zum Streicheln einlädt. *Schussen*

Keenigskeeza moss ma <u>wuuz</u> aschneida.
Königskerzen muss man völlig abschneiden.

»wuuz« (Steigerung): sehr, sehr stark, saumäßig stark, total ...
völlig zurückschneiden, wenn sie verblüht sind *Donau*

Kindsbliamle
Kindsblümlein

Maßliebchen (veredeltes Gänseblümchen)

Kohl<u>räb</u>la
Kohlräblein

Kohlrabi

Milldischdl, Millschdogg
Milchdistel, Milchstock

Löwenzahnpflanze *Riß, Donau*

Naachdschadda
Nachtschatten

zur heimischen »Liane« (Waldrebe), die von den Lausbuben zum heimlichen Rauchen benutzt wurde *Donau (Zwiefaltendorf)*

Nasaglemmr, Nasazwiggr
Nasenklemmer, Nasenzwicker

geflügelte Früchte des Ahorns (2x)

oi Buachale, zwoi Buachala
ein Buchelein, zwei Buchelein

Buchecker(n) [= Früchte der Buche]

oi Dannamoggl, zwoi Dannamoggla
ein Tannenzapfen, zwei Tannenzapfen

für Tannen und Fichten

oi Lärchameggale, zwoi Lärchameggala
ein Lärchenzäpflein, zwei Lärchenzäpflein

oi Oichale, zwoi Oichala
ein Eichelein, zwei Eichelein

Eicheln [= Eichelfrüchte]

Oma-Resle
Oma-Röslein

Dieser Name findet sich in keinem botanischen Fachbuch. Es handelt sich um einen uralten Rosenstrauch, der schon mehrere Umzüge gut überstanden hat. Er dürfte geschätzt über hundert Jahre alt sein und blüht jedes Jahr wieder überreich. Seine Blüten sind ziemlich klein. Sein familieninterner Name rührt daher, dass ihn die jetzigen Besitzer schon vor einigen Jahrzehnten von der (Ur)-Oma übernommen haben. Sie halten ihn in Ehren.

Pensela
Stiefmütterchen (frz. pensèe)

Das erste »a« ist nasal zu sprechen. Das Wort dürfte vom französischen Verb »penser« [= denken, denken an] stammen; dann müsste die Blume so etwas wie »Denk-an-mich« heißen und dem Vergissmeinnicht in dieser Funktion entsprechen.

Petrling
Peterling
Petersilie

Rehling
Pfifferling *(Pilz)*

Ribisla / rote, weiße, schwarze Dreibla / raute, weiße, schwaaze Dreibla
»Ribisle«: »Ribitzelein; … nach dem lat. Namen der Johannisbeere ›ribes‹« *(Wax)*
»Dreibla«: Träublein
Johannisbeeren (3x); rote, weiße, schwarze J.　　　　　　*Allgäu / Schussen / Donau*

Ringlotta
Reineclauden

Rollabloama
Rollenblumen
Trollblumen　　　　　　*Donau*

Rote Riaba / Randich
Rote Rüben
Rote Bete　　　　　　*Schussen / Donau*

Schäddele *(ois)*, Schäddela *(zwoi odr en Houfa)*
Schättelein
Giersch (eine Pflanze); Giersche (zwei oder viele)　　　　　　*Donau*

Schberraigla *(Mehrzahl)*
Sperräuglein
Stiefmütterchen

schdinkige Hoffard
stinkige Hoffart, stinkende Hoffart
Tagetes, Studentenblume

**Schdubfsch me im Abril,
komme, wenn e will.
Schdubfdsch me im Moi,
komme glei.**

Stupfst du mich im April,
(dann) komme ich, wann ich will.
Stupfst du mich im Mai,
komme ich gleich.

… im April Kartoffeln, Zwiebeln, Bohnen usw. zu stupfen (in die Erde zu stecken), ist riskant. Sicherer geht die Saat auf, wenn ich bis Mai warte. Allgäu

Schliggerla
wilde Zwetschgen *(auch als Strauch)* Donau

Schnattera
Zwiebelröhrchen Donau

Sonnaguggerle
Sonnenguckerlein

Portulak-Röschen

Tee-Madengala
Tee-Schlüsselblume

Unsere Gewährsfrau besteht auf dem »Mad…«. »schaftlose Schlüsselblume«: https://books.google.de/books?id=GT0jAAAAQBAJ&pg=RA1-PA66&lpg=RA1-PA66&dq=-Teeschlüsselblume&source=bl&ots=8WqzdwbcSi&sig=gLNygjTUJzc-ceGbEFuP-VHW3zwg&hl=de&sa=X&ved=0ahUKEwi88uiw2IHMAhWCliwKHUFGBj8Q6AEIMTAC#v=onepage&q=Teeschlüsselblume&f=false

Veigela, Veiela
Veilchen *(2x)*

Blume (nicht blaues Auge!)

Wäggerler
Wacholderstrauch Donau

Zibeeba
getrocknete Weinbeeren; Korinthen u.ä.

»aus dem arabischen ›zabiba‹, Rosine« (Wax)

Zitterle/Zipperle *(ois)*, Zitterla/Zipperla *(zwoi und en Houfa)*
Zitterlein/Zipperlein

Zittergras (eins); Zittergäser (zwei und ein Haufen [= eine ganze Menge])

Zwiefl
Zwiebel

Tierisches

In Oberschwaben gebrauchte Bezeichnungen und allerlei rund um Tiere

Barg
kastrierter Eber   Donau

Bibbela / Biebela / Bibberla
Hühnerküken   Allgäu / Schussen / Donau

Boole oder **Katzaboole / Rälle, Rälleng**
Kater *(Hauskatze) (4x)*   Allgäu, Schussen / Donau

Deesch so a ganz <u>kuud</u>redda Katz.
Das ist so eine ganz »k.« Katze.
kudrig: »kauderig: durcheinander, verwirrt, zerzaust« (Wax)
eine Katze mit auffallend buschigem, evtl. auch verwirbelten Fell   Donau

Doucherle
Taucherlein
Blässhuhn

Dräggeler
Dreckeler
Enterich; (Entenhalter wissen warum …)   Donau

Ent, Enteler
Ente, Enterich

Gaus, Gauseler
Gans, Gänserich   Donau

Goiß, Goißbock
Geiß, Geißbock [= Ziege, Ziegenbock]

Goul
Pferd
ist nicht abwertend und kommt in diesem Buch an vielen Stellen vor

Hääge, Häägl – Häägele
Stier (2x) – Jungstier

Halbwäxleng
Halbwächsling

jüngere Ratte *Donau*

Hasa
Hasen

Bezieht sich auch auf die Gasthäuser dieses Namens: Zum Hasen. Ma goht in Hasa. [= Man geht in den Hasen.], Ma isch gern im Hasa. [= Man ist gern im Hasen.]

Hirscha / Hiisch
Hirsch(en) (2x)

Bezieht sich auf die Gasthäuser dieses Namens: Zum Hirsch(en). Ma goht in Hirscha / Hiisch. [= Man geht in den Hirschen.] Ma isch gern im Hirscha / Hiisch. [= Man ist gern im Hirschen.] *Schussen / Donau*

Hoddigoul
Hotti-Gaul

wenn manche Erwachsene zu kleinen Kindern sprechen: Pferd

Hutzale
Schweinchen (ein echtes!)

Kamifäagr, Millr, Kaisr
Kaminfeger [= *Schornsteinfeger*], Müller, Kaiser

Varianten des Maikäfers

Laibr, Laiberer
Zecke *Donau (Zwiefaltendorf)*

Laibrleng
Zecke *Donau*

Lea / Lewa
Löwe *(2x)*

Bezieht sich auf die Gasthäuser dieses Namens: Zum Löwen. Ma goht in Lea / Lewa. [= Man geht in den Löwen.] Ma isch gern im Lea / Lewa. [= Man ist gern im Löwen.] *Donau / Schussen*

Loos / Laus
Mutterschwein   Schussen / Donau

Moggale *oder* Kua-Moggale
wenn manche Erwachsene zu kleinen Kindern sprechen: Kuh, Rind   *Schussen*

Moiagägge / Moiagääzaler, Moiagääzge
Maikäfer *(3x)*   Schussen / Donau (2x)

Molle
Ochse (kastrierter Stier; früher meist als kräftige gutmütige Zugtiere eingesetzt)

Mugga
Mücken
aber auch: Fliegen!   *Donau*

Oorawuusaler / Oorawuuzaler
Ohrwurm   Schussen / Donau

Ouwärdr
Auwärter
Maulwurf   *Donau*

Ressle
Rösslein
Bezieht sich auf die Gasthäuser dieses Namens: (Zum) Ressle. Ma goht ins Ressle. [= Man geht ins Rössle.] Ma isch gern im Ressle. [= Man ist gern im Rössle.]

Schbitzäabr
Spitzeber
»halb verschnittener Eber«, also unvollständig kastriert, vielleicht, weil er durch eine Laune der Natur drei Hoden hatte (Fischer)   Donau (Zwiefaltendorf)

Schdorcha
Storchen
Bezieht sich auf die Gasthäuser dieses Namens: Zum Storchen. Ma goht in Schdorcha. [= Man geht in den Storchen.] Ma isch gern im Schdorcha. [= Man ist gern im Storchen.] D Griasengr hand gäara z Egna em Schdorcha aikairt, solang s a no gäa hott. (Die Griesinger haben gern in Ehingen im Storchen eingekehrt, solange es ihn noch gegeben hat.)

Schdromerle
Stromerlein

gestromerte = gestreifte Katze (»Tigerle«)

Schneidr
Schneider

Kohlschnake (nicht stechend)   *Allgäu, Schussen*

Schumpa / Beschla, Boscha
Jungrinder, dem Kälberalter entwachsen, aber noch nicht gekalbt habend
Allgäu / Donau (2x)

Schwana
Schwanen

Bezieht sich auf die Gasthäuser dieses Namens: Zum Schwanen. Ma goht in Schwana. [= Man geht in den Schwanen.] Ma isch gern im Schwana. [= Man ist gern im Schwanen.]

Waggela, Entawaggala
Wackelchen, Entenwackelchen

Enten, (Kindersprache bzw. Erwachsene zu Kindern oder zu den eigenen Enten)

Ziefr
Ziefer

Federvieh auf dem traditionellen Bauernhof: Hühner, evtl. auch Enten und Gänse

Zwigg
Zwick

Mittelding zwischen Henne und Hahn (Zwitter); komme gar nicht so selten vor; sei nicht fortpflanzungsfähig, krähe nur selten und lege auch keine Eier: für den Kochtopf geeignet

Charakterisierungen

Meinungen über andere Leute, Ereignisse und Sachen, manchmal wahr und manchmal unfair. Manches könnte auch gut zu einem der anderen Kapitel passen.

An mi na ruit mi nix!
An mich hinan reut mich nichts!

Für mich selbst ist mir nur das Beste gut genug. Ich vermute, dass der Spruch häufiger ironisch als ernst gemeint ist. Zitat aus: Schwäbische Zeitung Ravensburg – Weingarten vom 23. 2. 1998 Schussen

Angschdschwoiß schdenkt, drom schdenket dia so.
Angstschweiß stinkt, darum stinken die so.

Kann lustiger Spott unter Arbeitskollegen oder aber auch böse Häme sein. Donau

Bäalinn jeweesen! – Koffr schtoh loo! – Orangsche jejessen! – dass mr Bria am Läädsch nabgloffa isch.
(Ich bin) in Berlin gewesen! – *(Habe den)* Koffer stehen gelassen! – *(Habe eine)* Orange gegessen! – dass mir die Brühe am Maul hinabgelaufen ist.

Verspottet den, der in der Fremde war, angeblich dortiges Idiom annahm, weil's vornehm klang, und doch alsbald in den heimischen Slang verfällt.
Unterton: Und wenn du doch noch so bemühst, du bist auch nur einer von uns (vermeintlichen!) Bauerntrampeln und Provinzdeppen, für die uns andere zumindest halten. Und du wirst auch kaum etwas anderes werden!

Badische und Symbadische
Badische und Sympathische

Den Autoaufkleber »'s gibt Badische und Unsymbadische« sieht man im Badnerland nicht selten. Das Wortspiel will natürlich besagen, dass die Badener die sympathischen Zeitgenossen seien. Gar mancher Badener mag – wenn denn überhaupt ein tieferer Sinn vermutet werden soll – die Vereinigung zum Südweststaat Baden-Württemberg von 1952 immer noch nicht recht verkraftet haben. In der Fasnet 1995 übertrug das Fernsehen eine Narrensitzung aus Konstanz. Diese bezog einen erheblichen Teil ihrer humoristischen Beiträge aus Spott über die »Schwaben«. Je nach Temperament der Betroffenen konnte man es noch als Neckerei oder aber schon beinahe als Volksverhetzung auffassen. Eine Glosse der Schwäbischen Zeitung in Ravensburg hierüber rief dann einen ergänzenden Leserbrief hervor, in dem das Autoaufkleber-Wortspiel der Badener wie oben verfremdet wurde und auf die Konstanzer Narren (oder Narreten) zurückfallen sollte. Schussen

Bei denne schaffed au bloß da Moschd im Kellr.
Bei denen schafft auch nur der Most im Keller.

»schaffen« (arbeiten; hier): gären
»Moschd / Most«: vergorener (bzw. gerade gärender) Apfelwein
Wortspiel zwischen »schaffen« (gären) und »schaffen« (fleißig arbeiten):
Das einzige, was bei denen arbeitet, ist der Most im Keller; sonst sei man in diesem
Hauswesen ausgesprochen faul.

Bin ich in Schduddgart gewääsen, bin ich ouf dem Droddwaar gelaufen, und ouf oiml bin e näaba-naa-gschnabbed.
Bin ich in Stuttgart gewesen, bin ich auf dem Trottoir gelaufen,
und auf einmal bin ich nebenhinan [= daneben] geschnappt [= getappt].

Bezieht seinen Reiz daher: Jemand vom Land sei einmal in der Großstadt gewesen, habe sich dort alsbald an »vornehmeres« städtisches Leben und Sprechen gewöhnt, habe es scheinbar auch angenommen; doch schon im dritten Satz bricht das heimische dörfliche Idiom aus ihm (oder ihr) heraus. Erkenntnis: Man könne seine Heimat und Herkunft eben doch nicht so einfach abstreifen. Wer dennoch versuche, sie zu verleugnen, verrate sich alsbald und ist des Spottes sicher. Entsprechend sind die ersten beiden Satzteile in bewusst pseudo-vornehmem Honoratioren-Schwäbisch gehalten, während der letzte Satzteil in betont breiten heimischen Dialekt umschwenkt. (Variante 1)

Bin ich in Schduddgart gewääsen, hab ich Hoochdeitsch geschbrochen, dass is nimme lau ka.
Bin ich in Stuttgart gewesen, hab ich Hochdeutsch gesprochen,
dass ich es nicht mehr lassen kann.

(Variante 2) Zur Erklärung siehe den vorigen Spruch.

Bis där »Wuuschd« sait, hott se dr andr scho gfrässa.
Bis der *(nur)* »Wurst« sagt, hat sie der andere schon gefressen.

über einen Langsamen oder Schwerfälligen

Bisch a arma Ratzmous!
(Du) bist *(auch nur)* eine arme Ratzemaus!

»Du armer Tropf!« Allerdings nicht so ganz ernst und nur bei harmlosem Bedauern zu verwenden. Der Zusatz »Maus« mildert stark die eigentlich negative Bedeutung des Worts »Ratz-« [= Ratte], welches keineswegs harmloser Trost wäre.

Bisch doch it so endressierd ...
Bist doch nicht so e. ...

»endressierd«: »eigennützig, knigged, geizig, knauserig, vorteilhäftig, berechnend«

(Wax). »knigged« *(knickig): nach Art eines Geizkragens.* »voordlhäfdig / vorteilhäftig«*: sehr auf den eigenen Vorteil bedacht*
Sinn: Dann will ich mal lieber nicht so geizig sein ... (zu sich selbst)

Bisch doch it so <u>kähl</u> ...

Bist doch nicht so kähl. ...

»kähl« (hier): hässlich (im Benehmen), widerwärtig, eklig, garstig, geizig
Sinn: Dann will ich mal lieber nicht so geizig (oder kleinlich) sein ... (zu sich selbst)

Bisch du behinderd!?

Bist du behindert!?

Jugendsprache 1992/93. Der Sinn des damals weit verbreiteten Schimpfworts war seiner Herkunft so weit entfremdet, dass es nicht auf körperlich oder geistig Behinderte angewandt wurde, sondern die alten Beschimpfungen wie »Du Depp!«*,* »Du Spinner!« *usw. abgelöst bzw. ergänzt hat. In Jahren und Jahrzehnten davor war man in der Bezeichnung von Behinderten wenig einfühlsam und sprach von* »Krüppeln« *oder* »Deppen«*, letzteres im Schwäbischen zuweilen etwas abgemildert zu* »Deppale / Depplein«*. Irgendwann waren Eltern, Lehrer und Erzieher zur Einsicht gelangt, dass man künftig diese hässlichen und diskriminierenden Begriffe nicht mehr verwenden solle, auch nicht als Schimpfwort. In der Tat setzte sich bald der gutgemeinte Begriff* »behindert« *allgemein durch. Und wurde beklagenswerterweise alsbald seinerseits zum (neuen) Schimpfwort. Allem pädagogischen Bemühen zum Trotz ...*

Bisch du dr Wundrfitz per<u>sen</u>lich?

Bist du der Wunderfitz persönlich?

Bist du die Neugier in Person?
ironische Zurückweisung eines/einer besonders Neugierigen

bocka-diefa

bocken-diefen

mit zornigem Unterton eingeschnappt sein, mehr als nur schmollen
(»diefa /diefen« schmollen, eingeschnappt sein)   Riß

D Fremde macht Leit.

Die Fremde macht die Leute.

Reisen, auswärts leben und arbeiten, das bildet.

Bua, worum tuast du in der Stuba die <u>Kap</u>pe it ra?
Moist deine Läus tätet da <u>Hus</u>ta kriaga?

Bub *[= Junge]*, warum tust du in der Stube die Kappe *[= Mütze]* nicht herunter?
Meinst du, deine Läuse täten den Husten bekommen?

Erzieherischer Hinweis, in der Wohnung anderer Leute gehöre es sich, die Kopfbedeckung abzunehmen; wohl gerichtet an einen, der dies bisher noch nicht zu beherzigen pflegte.

D Fremde macht Leit – hott dr sell Vatter gsait, wo Tochter agfanga hot, sich mit Kerle zum Treffa.

Die Fremde macht die Leute – hat jener Vater gesagt, als die Tochter angefangen hat, sich mit Kerlen [= jungen Burschen] zu treffen.

Der väterliche Zusatz drückt mit »Leute machen« natürlich ganz andere Gefühle, besser: Ängste, aus, und es ging ihm mitnichten um Bildung …

D Mercedes hont a aiboute Vorfahrd.

Die Mercedes haben eine eingebaute Vorfahrt.

Beschreibt die angebliche Denk-, Verhaltens- und Fahrweise der Fahrer dicker Wagen dieser Marke: »Platz da, jetzt komm ich!!!«

Där broucht koin Sonntigsa'zug vor loutr Schaffa.

Der braucht keinen Sonntagsanzug vor lauter Schaffen [= Arbeiten].

Über einen, der auch nach Feierabend und am Wochenende lieber im Schaffhäs [= Arbeitsgewand] herumläuft und in Haus, Hof oder Hobbywerkstatt immer genug zu tun findet.

Där dot au gäära Mugga melka!

Der tut auch gerne Mücken melken!

über einen Geizkragen oder Kleinlichkeitskrämer

Där goht au liabr in d Sangt-Näabeskirch!

Der geht auch lieber in die Sankt-Neben(-der-)Kirche!

… also ins Wirtshaus, das im Dorf meist zunächst der Kirche gelegen ist. Über einen, der sonntags lieber zum Frühschoppen statt in die Kirche geht.

Där goht au liabr in de Elf-Halbe-Kirch!

Der geht auch lieber in die Elf-Halbe-Kirche!

a) »eine Halbe«: 0,5 Liter Bier
b) »Kirche« (hier): Sonntagsgottesdienst
Über einen, der lieber ins Wirtshaus statt in die Kirche geht.
Wortspiel mit »elf Halbe« trinken und »Halb-Elfe-Kirch«: Gottesdienst, der um 10.30 Uhr beginnt.

Där goht au liabr in dia Kirch, wo se mit de Halbe-Gläsr zammaleitet!

Der geht auch lieber in die Kirche, wo sie mit den Halbe-Gläsern zusammenläuten!

In vielen Kirchengemeinden ist es üblich, dass mindestens zweimal mit den Kirchenglocken zum Gottesdienst gerufen wird. Beim letzten Mal wird mit vielen oder allen Glocken geläutet, das sog. Zusammenläuten. Wenn die Zecher im Wirtshaus mit den Gläsern anstoßen, ertönt auch ein klingendes Geräusch. Das Gläser-Klingen wird mit dem Geläut der Kirchenglocken scherzhaft verglichen. Über einen, der lieber ins Wirtshaus statt in die Kirche geht.

Där halt se halt au gar it!

Der hält sich eben auch gar nicht!

Der tut im Hinblick auf seine Gesundheit eben gar zu gerne genau dies, was er eigentlich nicht sollte.   Donau

Där hot au untrem Disch dabeziert ...

Der hat auch unter dem Tisch [= *auf der Tisch-Unterseite]* tapeziert ...

Weil er einen solchen Drachen von Frau daheimhabe und/oder ein solcher Pantoffelheld sei, dass er sich gerne aus Furcht unter dem Tisch verkrieche. Da dies angeblich öfters vorkomme, habe er es sich dortselbst ein wenig gemütlich eingerichtet. Über einen, der keine glückliche Ehe führt.   Schussen

Där hot denn so a Moode, där! *Oder*
Där hot denn so a Sou-Mode, där! *Oder*
Där hot denn so Sou-Modena, där!

Der hat dann so eine Mode, der!
Der hat dann so eine Sau-Mode, der!
Der hat dann so Sau-Moden, der!

Sehr kritisch, dass jemand eine bestimmte Art oder Eigenschaft an sich habe, die man garnicht schätze. Im zweiten und dritten Fall durch »Sau-« bzw. Plural noch verstärkt.

Där hot en Dachschada!

Der hat einen Dachschaden!

Der spinnt. Der hat eine Meise. Der ist nicht ganz bei Trost.
(Kann natürlich auch eine »sie« sein.)

Där hott en goeta Zug an sich – und deen im Hals.

Der hat einen guten Zug an sich – und *(zwar)* den im Hals.

Man hätte natürlich einen positiven Charakterzug erwartet, doch dann stellt es sich heraus, dass der Gemeinte wohl mehr oder weniger alkoholabhängig sei.

Där hott en Magga!

Der hat einen Macken [= *eine Macke]*!

Der hat einen Tick! – Der tickt nicht richtig! – Der hat 'ne Meise!

Där hott mit saine bald drei Johr noo en Schnullr im Moul! bzw.
Där hott mit saine bald drei Johr noo en Zabfa im Moul!
Der hat mit seinen bald drei Jahren *(immer)* noch einen Schnuller im Maul! *bzw.*
Der hat mit seinen bald drei Jahren *(immer)* noch einen Zapfen im Maul!

»Zabfa / Zapfen« (hier): Schnuller
Erstaunen über ein nicht mehr gar so kleines Kleinkind

Där hott Nerfa wia broite Nudla!
Der hat Nerven wie breite Nudeln!

»breite Nudeln«: Bandnudeln.
Der hat Nerven wie Drahtseile!

Där isch au bloß in Baumschuel ganga.
Der ist auch bloß in die Baumschule gegangen.

eher scherzhaft, denn in der Baumschule wachsen ja junge Bäumchen heran; kann aber auch heißen: So ein Dummkopf!

Där isch au liabr ousheisig!
Der ist auch lieber aushäusig!

lieber auswärts, zum Beispiel im Wirtshaus, als zu Hause

Där isch doo wia en Bfohl!
Der ist da wie ein Pfahl!

über einen stets gutwilligen, eifrigen, einsatzbereiten freiwilligen Helfer

Där isch hählenga gscheit.
Der ist heimlich [= *unvermutet*] gescheit.

Man hätte ihm diese Klugheit / Gewitztheit gar nicht ohne weiteres zugetraut.

Där isch halt no a Bettsoicherle.
Der ist halt noch ein Bettseicherlein.

nachsichtig über ein kleines Kind, das noch Bettnässer ist

Där isch heit grätig wia a alte Holzkatz!
Der ist heute missgelaunt wie eine alte Holzkatze!

»grätig«: (umgangssprachlich) übellaunig, reizbar
Ob die »Holzkatze« gemeint war, die im einstigen Bauernhaus im aufgeschichteten Brennholz/Reisig halbwild lebte und gegen Menschen scheu bis aggressiv war, vor allem, wenn sie gerade Junge hatte?

Där isch heit miad wia a alte Holzkatz!

Der ist heute müde wie eine alte Holzkatze!

Ob die »Holzkatze« gemeint war, die im einstigen Bauernhaus im aufgeschichteten Brennholz/Reisig halbwild lebte und nach Katzenart sehr häufig schlief?

Där isch minder wia s vrwitteret Hai!

Der ist minder wie das verwitterte Heu!

»mind«: zu wenig nütze (vgl. »minderwertig«)
»verwittertes Heu«: Heu, in das es während der Trocknungsphase hineingeregnet hat; es nimmt eine graue Farbe an und wird vom Vieh weit weniger gern gefressen, weil der Wohlgeschmack leidet. Über einen Nichtsnutz / Tagedieb / Taugenichts

Där isch ou it vu Gebrezhofa.

Der ist auch nicht von Gebrazhofen.

»Gebrazhofen«: Teilgemeinde der Großen Kreisstadt Leutkirch im Allgäu
Wortspiel mit »geben«:
Der gibt nicht gern was her. Das ist ein Geizkragen.
(Hat mit der Gemeinde Gebrazhofen nichts zu tun.)

Där isch ou it vu Schaffhousa.

Der ist auch nicht von Schaffhausen.

»Schaffhausen«: Kantonshauptstadt des gleichnamigen Schweizer Kantons
Wortspiel mit »schaffen« [= arbeiten]:
Der arbeitet nicht gern. Das ist ein Faulpelz.
(Hat mit der Stadt am Rheinfall nichts zu tun.)

Där isch scho räacht – koin Seggl und gar nix ...

Der ist schon recht – kein Seckel und gar nichts ...

Der ist schon in Ordnung – und er ist kein Seckel und auch sonst nichts Schlimmes. Ein allerdings etwas zweideutiges Lob, das mal so und mal anders aufgefasst werden kann. Richtig böse ist es aber nie. Schussen

Där isch so schnell, dem frässed d Schnegga d Schuabendel ondrem Laufa aa.

Der ist so schnell, dem fressen die Schnecken die Schuhbändel [= Schnürsenkel] unterm Laufen [= Gehen] ab.

über einen Langsamen Donau

Där isch so schwaaz, deem rieslet da Ruaß unta zue de Hosa nous.

Der ist so schwarz, dem rieselt der Ruß unten zu den Hosen hinaus.

über einen ganz überzeugten CDU-Anhänger

Där ka au mit em Fiedla a Nuss oufbeißa!
Der kann auch mit dem Po eine Nuss aufbeißen!
wenn ein Kleinkind so richtig zornt und sich dabei verkrampft

Där ka scho ganz sche zornela!
Der kann schon ganz schön zornen!

Schwäbisch kann - das hat es meines Wissens mit dem Hebräischen gemeinsam - auch bei Tätigkeitswörtern (Verben) verschiedene Grade von Intensität ausdrücken. »Zornele« kommt von »zornen«, ist aber durch die Verkleinerungssilbe »-le« zu »zornelein» abgemildert: ein »bisschen zornen«, hier aus Erwachsenensicht. So beschreibt man das »Zornen« kleiner Trotzköpfchen, aber meist, wenn man nicht selbst davon betroffen ist. Darin steckt dann sogar eine Spur Anerkennung: »Respekt, der Kleine macht sich!«

Där kommt au ouf de Felga drher!
Der kommt auch auf den Felgen daher!
Anspielung auf einen defekten Reifen. Wenn jemand körperlich oder seelisch k.o. ist.

Där kutt ou allat herb drher! *bzw.* Där kommd ou allet herb drher!
Der kommt auch allmählich herb daher. *(2x)*

infolge Alters oder Krankheit zunehmend gehbehindert werden
Teil 1: »ursprüngliches« Allgäuerisch bzw.
Teil 2: etwas verstädtertes Allgäuerisch *Allgäu*

Där lechet!
I bin ganz ousglechnet!
a) Der *(ver)*lechnet!
b) Ich bin ganz ausgelechnet!

»lechen / verlechnen«: »austrocknen, vor Trockenheit Risse bekommen« (Wax)
a) Über einen Stuhl, der neben der Heizung steht, und der deswegen »aus dem Leim geht« (die verleimten Holzverbindungen halten nicht mehr fest). Er wackelt folglich.
b) Ich bin am Verdursten!

Där liagd sich au faif Mark en da Sagg!
Der lügt sich auch fünf Mark in den Sack *[= in die Hosentasche]*!
Der macht sich da was vor! *Donau*

Där liagd wia druggd!
Der lügt wie gedruckt!
Der sagt ständig nur die Unwahrheit. Der verkohlt einen!

Där liagd, wenn r s Moul oufmachd!
Der lügt, wenn er das Maul aufmacht!

Der sagt ständig nur die Unwahrheit. Der verkohlt einen!

Där schwätzt it viel, abr u'gschickt.
Der schwätzt [= spricht] nicht viel, aber *(das Wenige ist dazuhin auch noch)* ungeschickt [= unpassend, unzutreffend].

Eine harmlose Neckerei in fröhlicher Runde. Donau

Där Waidag, där schladdaurig!
der Weh-Tag [= Mistkerl], der schlatt-ohrige!

Lange nicht so böse, wie es klingt: »Waidag« [= Wehetag] ist ein Schimpfwort wie »Siech« und »Plage« (Wax). Und es kann zudem auch mal heimliche Anerkennung bedeuten wie »Schlitzohr«. »schlattohrig« (einer mit Segelohren): Sinnbild für einen dümmlichen, allenfalls bauernschlau-gerissenen Menschen. Tadel und leise Anerkennung zugleich! Im konkreten Fall war die wagemutige Jungkatze gemeint, als sie sich weiter in Richtung Straße entfernte, als ihr Fraule für gut befand. Donau

Där war ganz oba dussa!
Der war ganz oben draußen!

je nach Lage der Dinge:
a) ganz außer sich vor Freude
b) außer sich vor Entsetzen oder Zorn

De Denne kennet fressa, was se wellet ond werret it digg.
Abr i hau no koin Digga gsea, wo it frisst.
Die Dünnen können fressen, was sie wollen, und werden dabei doch nicht dick. Aber ich hab noch keinen Dicken gesehen, der nicht frisst. Donau

De letschte Dag war r no massig.
Die letzten Tage war er noch *(äußerst)* missgelaunt.

Mit nachträglichem Verständnis über einen Hochbetagten, der bald darauf verstarb.
Allgäu (Amtzell)

De Oigene send wia Leis im Maga, dia beißet, ond du kaasch it gratza.
Die Eigenen sind wie Läuse im Magen, die(se) beißen [= verursachen Juckreiz], und du kannst nicht (einmal) kratzen. Über Verwandtschaft. Donau

Deem sott ma au da Dibbl bohra!
Dem sollte man auch den Dippel bohren!

»Dippel«:
– Drehkrankheit bei Schafen und Ziegen, verursacht durch eine Bandwurmlarve
– »Verrücktheit« bei Menschen

Man versuchte früher der Krankheit dadurch beizukommen, indem man den Tierschädel öffnete und den Schädling und die von ihm verursachten Wucherungen möglichst entfernte. (nach Wax). Dieses Wissen wird nun bildlich auf einen Menschen übertragen, der eine Behandlung seiner für den anderen unverständlichen Gedankenwelt nötig habe.

Dees isch so a Grischdkindle!
Das ist so ein Christkindlein!

Über einen allzu Gutgläubigen, Naiven, der anderen alles glaubt und niemand Böses zutraut.
Allgäu, Schussen

Dees käst me a!
Das käst mich an!

Das ist mir zuwider - davor graut mir - das passt mir nicht.
Nicht uninteressant, dass der Spruch aus Wangen stammt, wo man viel Käse erzeugt(e) und auch viel verspeist, mehr und in mutigeren Kombinationen als zum Beispiel an der Donau. Da hat(te) Käse oft den Beigeschmack von etwas Minderwertigem, Billigem – etwas für arme Leute. In Wangen mögen viele Leute zum Beispiel sogar Birnenbrot (Hutzelbrot), mit Backsteinkäse belegt. Man muss es versuchen: hervorragend! (Schließlich isst ja alle Welt auch Käse mit Ananas als »Hawaiitoast«).
Allgäu

Dees sind a baar ganz Wullene!
Das sind ein paar ganz Wollene!

»wullen«: »übel gelaunt, der alle Mahnungen in den Wind schlägt, ... heimtückischer, unverbesserlicher, wortkarger Mensch« (Wax)
unzugänglich, unwirsch, unfreundlich, raubauzig, hinterwäldlerisch

Dees sind a baar so Kittrlechr.
Das sind ein paar so Kitterlöcher.

Nachsichtig über eine Gruppe Mädchen (viel seltener Jungs) im Teeny-Alter, die zuweilen unvermittelt und anhaltend in grundloses Kichern und Prusten verfallen und damit nicht so schnell wieder aufhören können. Welche Lehrperson, die diese Altersgruppe unterrichtet, wüsste das nicht? So sind se halt ...

Dees sind so boolige Weibr!
Das sind so *(stets missgelaunte)* Weiber! *(ungehobeltes Verhalten)*

Über das (ausschließlich weibliche) Verkaufspersonal in einem Ladengeschäft. »Boolig« ist abgeleitet von »Boole« [= Kater]. Wenn man einen Menschen als Boole bezeichnet, meint man damit, er sei ewig griesgrämig und misstrauisch.
Allgäu

Dees vrschdand i it, woisch, i hau bloß oin Vaddr ghett!
Das verstehe ich nicht, weißt du, ich habe *(nämlich)* nur einen Vater gehabt.

Kokettiert mit angeblicher eigener Unwissenheit. Möglicher Unterton bei allem Spaß: Man komme aus »normalen« familiären Verhältnissen und sei daher weniger gerissen als (angeblich) Leute aus Patchworkfamilien.   *Donau*

Dees war au so en Herrabouer.
Das war auch so ein Herrenbauer.

Einer, der lieber ins Wirtshaus ging oder Märkte besuchte und daheim die Arbeit von der Ehefrau erledigen ließ.   *Donau*

Deesch a Fässle!
Das ist ein Fässchen!

Schülersprache anerkennend für einen Spitzenschüler.
Allgemein anerkennend für einen Könner

Deesch a Gnäachdle!
Das ist ein Knechtlein!

über ein kleines Bübchen, das schon nach Kräften mithilft, sich dabei aber zuweilen auch noch ungeschickt verhält

Deesch a Rehrle!
Das ist ein Röhrlein [= Röhrchen]!

Schülersprache anerkennend (lt. Wax) für einen Spitzenschüler. Oder ironisch (auch lt. Wax) und mindestens in einem Fall so verbürgt als Lehrersprache: Du kannst nichts (»innen hohl«).   *Donau/Riß*

Deesch an Kolterer!
Das ist ein Jähzorniger!

»koltera«:
a) aus den tiefsten Tiefes des Halses hörbar Rotz und Spucke heraufziehen und alsdann kräftig ausspucken – gut sichtbare Spuren auf der Straße inbegriffen ...
b) häufig aufbrausen, jähzornig sein   *Schussen*

Deesch au oine(r), wo bloß ouf de Schdoggzäh lachet.
Das ist auch eine(r), der/die bloß auf den Stockzähnen lacht.

Also ein (angeblich) völlig humorloser Mensch, der zum Lachen in den Keller gehe. Stockzähne sind Backenzähne.

Deesch au so a Nescht mit drei Heisr ond vier Zigainer.
Das ist auch so ein Nest mit drei Häusern und vier Zigeunern.

verächtlich für »Kaff« unter böser Diskriminierung von Zigeunern

Deesch au so en Sonndigs-Blätzlr!
Das ist auch so ein Sonntags-Plätzler!

Abgeleitet vom »Sonntags-Christ«, der zwar aus alter Gewohnheit oder um der Leute willen sonntags zum Gottesdienst gehe, aber sonst eigentlich ein recht lauer Gläubiger sei. Analog dazu gibt es den »Sonntagsfahrer«, der nur in der Freizeit und bei Schönwetter sein Auto benütze, ganz wenig Erfahrung habe und daher nur den Verkehr aufhalte. »Plätzler« heißt die Hauptfigur der Weingärtler Narrenzunft. »Sonntags-Plätzler« gehen allenfalls sporadisch, also wenn Lust, Laune und Wetter mitspielen, zu einer Fasnetsveranstaltung oder zu einem Umzug mit. Oder sie wohnen und arbeiten auswärts und kommen deshalb nur selten dazu. Wenn es um die alltägliche und/oder ganzjährige Vereinsmitarbeit geht, sieht man sie wenig. Sie kennen auch nicht die vereinbarten oder verlautbarten Regeln und scheren sich vielleicht auch nicht sonderlich darum. Ungern gesehene Leute also. Nur aus reiner und persönlicher Lust an der Narretei dabei. Also so Ebbes!
Schussen

Deesch dr Himbeer-Sepp von dr Erdbeer-Räntsch!
Das ist der Himbeer-Sepp von der Erdbeer-Ranch!

Persiflage auf Westernserien um 1960-75

Deesch en Kerle wia Davidsohn, där hoot da Fengr beim Scheißa brocha.
Das ist ein Kerl [= Bursche] wie Davidssohn (Davids Sohn?), der hat sich den Finger beim Scheißen gebrochen.

Das ist ein ungeschickter, tölpelhafter Kerl! Antisemitisch? »Der Titel Davidsohn gehört zu den bedeutendsten Hoheitstiteln Jesu im Neuen Testament der Bibel.« (https://de.wikipedia.org/wiki/Davidsohn)

Deesch halt au so a vrdirbds Biable.
Das ist halt auch so ein verdorbenes Büblein.

»vrdirbd / verdirbt / verdorben«: verwöhnt, verweichlicht, verzärtelt
Die damals junge Ehefrau über ihren Mann: Er sei der jüngste in seiner Familie gewesen und daher entsprechend zu wohlwollend erzogen worden. Er, Kriegsheimkehrer nach 1945, hat lieber im Haushalt gearbeitet, während seine Frau bei den Kühen war.
Donau

Deesch immer so: dia, wo kommandieret, dia kommet mit soubere Klamotta ond dia ganget mit soubere Klamotta!
Das ist immer so: die, die kommandieren [= die das Sagen haben], die kommen mit sauberen Klamotten und die gehen mit sauberen Klamotten!

Diese Lebensweisheit entfuhr einem 15jährigen Hauptschüler, als er im Geschichte-Unterricht hörte, wie sich in den letzten Kriegstagen 1945 allerlei Nazi-Maulhelden, als es infolge alliierten Vorrückens brenzlig wurde, klammheimlich davonmachten. Auf

entsprechendes Befragen, woher er diese Weisheit habe, gab er spontan an, sie sei ihm gerade eingefallen.
Donau

Deesch mr zviel Omdrieb – i feire liabr midd de Oigane!

Das ist mir zuviel Umtrieb – ich feiere lieber mit den Eigenen!

»Omdrieb / Umtrieb« (hier): Trubel, Betriebsamkeit, Hektik (Stress)
»de Oigane / die Eigenen« (hier): der engste Familienkreis
Eine alte Dame, eine geplante, gutgemeinte große Geburtstagfeier mit vielen Gösten für sich ablehnend.
Donau

Deesch ossi!

Das ist ossi!

1989: Die DDR schließt sich der Bundesrepublik an. Wiedervereinigung Deutschlands. Die Mauer in den Köpfen besteht weiter. Wie lange noch? Ein »Ossi« ist einer vom (ehemaligen) Osten, ein Alt-BRDler ist ein »Wessi« (vom »Westen«). In für manche (viele??) typischer Arroganz finden sich die einen den jeweils anderen unter- oder überlegen. Es soll hier nicht weiter vertieft werden. Ein etwa zwölfjähriger Schüler gab seinerzeit obigen Kommentar ab und wollte damit irgendeine Sache negativ bewerten, die absolut nichts mit der Ex-DDR zu tun hatte. Die Formulierung hat sich also sozusagen selbstständig gemacht und ist zum allgemein angewandten Ausdruck geworden; zudem vom Hauptwort zum Eigenschaftswort geworden. Sie scheint zum Glück aber wieder verschwunden zu sein. Der Begriff »Ossi« taucht aber auch 2016 noch auf, im Zusammenhang damit auch »Wessi« und zuletzt auch noch »Woschi«, jemand, der nach 1990 vom Westen in den Osten zog.

Deesch noch so en Hurgler, dees!

Das ist dann so ein »Hurgler«, dieses da!

»Hurgler«: »schlampiger, unfähiger Mensch (dem nichts ‚rund' läuft, da ‚hurgeln' auch unausgewuchtetes, langsames Sich-wälzen bedeutet)« (Wax) Das am Spruchende angefügte »dees« kann eigentlich nicht übersetzt werden; es dient zur Verstärkung und ist vom Geschlecht des »Hurglers« bzw. der »Hurglerin« unabhängig.

Deesch so a Beemulle / Bämull!

»bähen« hinterm Ofen hocken und sich wärmen
»Mull(e)«: Katze
Davon auf einen Mensch übertragen:
– wehleidig, ständig jammernd, verweichlicht
– ewig unentschlossen, nie zu etwas Lust habend
Riß / Donau

Deesch so a Hadlawar!

Das ist so eine »Hadelwar(e)«!

Hadelwar bzw. Hudelwar: »... gelinder Ausdruck für Gesindel« (Wax)
Riß

Deesch so a Huddl!
Das ist so eine »Huddel«!

Huddl/Huddel/Hudel/Huttel (verschiedene Formen desselben Sinns):
a) »zerrissenes Stück, Zeug, Lumpen, Lappen« (Wax)
b) »altes, blödes, verschlamptes Weib« (Wax)
Hier bezogen auf ein Huhn, das zum Verdruss der Bäuerin immer wieder ausbüxt.
(Frage: Ob das Wort »Huddl« nicht zugleich auch Ersatz für das Schimpfwort
»Huren-...« ist, das man sich anstandshalber lieber verkneift?)   *Donau*

Deesch so a Lumpadier!
Das ist so ein Lumpentier!

Über ein weibliches Wesen, das es faustdick hinter den Ohren hat. Kann Kritik, aber auch heimliches Lob bedeuten.   *Schussen*

Deesch so en richdiga Bengelesgoischt!
Das ist so ein richtiger Stöckchen-Geist.

Ein Bengele ist ein dünnes Stöckchen. Und mit Geist ist hier mehr eine dünne oder (scheinbar) durchsichtige Erscheinung gemeint. Zugleich ist ein Bengel natürlich auch ein Lausbub; ein Bengele ist ein kleiner Lausbub. Mitleidvoll zum Beispiel über ein durch eine Krankheit schwächlich wirkendes Kind.

Deesch so en dootalosa Siach, dees!
Das ist so ein tatenloser Kerl, der!

über einen antriebsarmen Menschen, sehr zum Ärgernis der anderen

Deesch so en Sou-Ramml! *oder:* Deesch halt so en Sou-Ramml!
Das ist so ein Sau-Rammel! *oder:* Das ist halt so ein Sau-Rammel!

über einen ungehobelten, dickköpfigen, sturen, uneinsichtigen Menschen
In der Version der zweiten Zeile mit einem Hauch von Nachsicht: Der ist nun mal so gestrickt. Der kann eben nicht anders ...   *Donau*

Deesch vooglwild!
Das ist vogelwild!

Das ist ....
– mega-turbo-»geil«!
– unglaublich!   *Donau*

Deeschd au koi Seggl, abr s geit oine ...
Das ist auch kein Seckel, aber es gibt welche ...

»Seggl / Seckel«: einigermaßen derbes Schimpfwort für eine männliche Person

Sinn laut Gewährsfrau: Man spreche über einen Abwesenden; man wolle ihn zwar nicht direkt einen Seckel nennen, deute aber an, dass es sehr wohl welche gebe – und der also Gemeinte nichts anders als auch einer sei.   Riß, Donau

Deeschd en Dribulieriga!
Das ist ein Tribulieriger!

»tribulieren«: »durch beständige Fragen oder Bitten quälen, drängen, ... herumkommandieren, drängeln« (Wax). Hier über einen, der gerade ein Haus baut und die ganze Familie mit einspannt.   Donau

Dem kommts au amol domm vor, wenn r gscheit wird.
Dem kommt *(sein jetziges Verhalten)* auch *(dann)* einmal dumm vor, wenn er *(irgendwann)* gescheit wird.

Jeder wird irgendwann vernünftiger. Kann aber auch ironisch sein und das Gegenteil andeuten: Der wird NIE vernünftig!   Donau

Den hamma mega wia s Zahwai.
Den haben wir mögen wie das Zahnweh.

über einen ganz und gar nicht geschätzten (früheren) Chef

Dear alt Siach hot a G'schwätz, dass ma kotza könnt.
Dieser alte S. hat ein Geschwätz, das man kotzen könnte. *(Ummendorf)*

Siach, Siech: »Scheltwort für Männer, Jungen« (Wax)
ein Geschwätz haben: dumm daherreden

Der fendig Winter war scho huramäßig kalt. *(Ummendorf)*
Der vergangene Winter war schon hurenmäßig kalt.

fendig, ferndig: »letztes Jahr, im vorigen Jahr« u.a. (Wax)
hurenmäßig = saumäßig = sehr, sehr

Der moss doch immer zvordrschd danna sai!
Der muss doch immer zuvorderst dran sein!

über einen, der sich immer vordrängelt bzw. der seine Nase in alle Angelegenheiten steckt

Der scheißd it ohne Voordl.
Der scheißt nicht ohne Vorteil.

Der tut nichts, ohne auf seinen Vorteil [= Gewinn] zu achten; sozusagen sogar bei ganz alltäglichen Dingen wie dem Stuhlgang will er noch möglichst etwas für sich herausschlagen. Ist bildhaft zu verstehen.

Der Xari lacht wia a Esel, schreit und schnaufet wie a Helbastier.
Der Xari *(Xaver)* lacht wie ein Esel, schreit und schnauft wie ein Helbenstier.

Helben: Spreu von allerlei Fruchtarten; Abfälle beim Reinigen der Frucht.
Die Vermutung liegt nahe, dass ein Helbenstier einer war, der beim Dreschen des Getreides eingesetzt wurde und dem dabei entstehenden Staub (wehrlos) ausgesetzt war. Was Wunder, dass er dabei schwer atmet.
Vielleicht litt der im Spruch genannte Xari sehr unter Asthma.

Derra schdoht s Hochdeitsch wia amma Goißbock a Brilla.
Der steht das Hochdeutsch wie einem Geißbock eine Brille. *(Ummendorf)*

Sprechen nach der Schrift passe überhaupt nicht zu dieser Person. (Es wird zuweilen als arrogant empfunden.)

Des dotts guat fer da Wärfdig.
Das tut es gut für den Werktag.

Mehr Aufwand oder Güte (an woran auch immer) braucht es nicht ...

Des hane glei gsäa, dass där koin Zendnr Salz bei uns frissd.
Das habe ich gleich gesehen, dass der keinen Zentner Salz bei uns frisst.

Über einen Stellenbewerber, der keinen besonders guten ersten Eindruck hinterließ und also gleich gar nicht eingestellt wurde.

Des hot scho no so saine Mugga!
Das hat schon noch so seine Mucken!

»Mucken« (hier): »Grillen, Launen, Mödele(in), Schwierigkeiten« (Wax)
Über »Kinderkrankheiten«, Anfangsschwierigkeiten: Macken/Tücken. Die Redensart drückt auch aus, dass man zunächst noch skeptisch gesonnen ist, doch die Neuerung nicht jetzt schon für alle Ewigkeit abtun will: man wartet die künftige Entwicklung zum Besseren noch etwas ab.

Des isch oinr, wo »schbrichd«.
Das ist einer, wo [= der] »spricht«.

Das letzte Wort wird bewusst an die Schriftsprache angelehnt. Damit wird jemand karikiert, der sich (scheinbar oder wirklich) als etwas Besseres vorkommt und »vornehm tut«.

Desch a Kommeede! bzw. Desch a Sou-Kommeede!
Das ist eine Komödie! *bzw.* Das ist eine Sau-Komödie!

Getue / Aufhebens / Hektik
mit »Sou-« verstärkt: wenn es besonders ärgerlich ist

Desch a Mägdle!
Das ist ein Mägdlein!

über ein kleines Mädchen, das schon nach Kräften mithilft, sich dabei aber zuweilen auch noch ungeschickt verhält

Desch ächd assi!
Das ist echt assi!

Ob von »asozial« oder von »Asyl-« bleibt offen, beides macht es nicht besser! Das ist echt langweilig, bescheuert ... Jugendsprache 1994

Desch au so a Kirchalichd!
Das ist auch so ein Kirchenlicht!

Der ist keine Leuchte! [= Der ist auch nur von mäßigen Geistesgaben!] (Tran-/Öl-Lampen in Kirchen verbreiten kein weitum strahlend helles Licht, sondern wirken meist schummrig.)

Schussen

Desch au so en Bsiecho-Hendscha, des!
Das ist auch so ein Psycho-Handschuh, das!

»Hendscha / Handschuh« (hier): schmächtiger, zerbrechlich wirkender Mensch. Mit dem Zusatz »Psycho-« will man dann ausdrücken, es handle sich um einen Mensch mit labilem seelischem Gleichgewicht. Der Spruch ist nicht böse gemeint, allenfalls leicht spöttisch bis mitleidig.

Desch en ganz Voordlhäfdiga!
Das ist ein ganz Vorteilhaftiger!

»voordlhäfdig / vorteilhaftig«: jemand, der unentwegt auf seinen eigenen Vorteil aus ist; jemand, der die Gutmütigkeit, Geduld anderer Leute gerne ausnützt; recht abschätzig

Desch en räada Grifflschbitzr!
Das ist ein rechter Griffelspitzer!

Bürokrat, Pedant, Übergenauer, Kleinlichkeitskrämer

Desch grottawiaschd!
Das ist krötenwüst!

sehr hässlich; können auch Kunst oder Bauwerke sein

Desch zum Hennamelka!
Das ist zum Hennenmelken!

Das ist zum Davonlaufen!

Dia Diskussiona ganget immr do naa, wo dr Hag am niederschta isch!
Die Diskussionen gehen immer dahin, wo der Zaun am niedersten ist.

Bei Diskussionen (um Sparmaßnahmen) läuft es immer darauf hinaus, dass da gekürzt wird, wo am wenigsten Widerstand zu erwarten ist. *Schussen*

Dia Geng sind a weng oiga.
Die Gänge sind ein wenig eigen.

Schaltung und Getriebe des Autos haben ihre Tücken. (Moosmann I) Anmerkung: »A weng oiga / ein wenig eigen« können auch Menschen sein! *Allgäu*

Dia hand Rupfa an dr Dier!
Die haben Rupfen an der Tür.

Rupfen sind Rupfen- oder Jutesäcke. Vielleicht gab es arme Leute, die gar kein Türblatt hatten oder es so dünn und luftdurchlässig war, dass im Winter zusätzlich Rupfensäcke an der Tür als Wärmeschutz angebracht wurden. Heute wird die Redensart gebraucht, um jemand zu tadeln, der eine Tür nicht oder nicht »ordentlich« schließe. Man unterstellt ihm scheinbar, aus so armen oder auch schlampigen Verhältnissen zu stammen, wo man ordentliches Türschließen mangels Masse gar nicht habe erlernen können. Ist aber meist nicht wirklich so bös gemeint.

Dia hand vrgessa, wo de warm Luft härkommt.
Die haben vergessen, wo die warme Luft herkommt.

Sagte jemand über die ursprüngliche typische SPD-Wählerschaft. Es gehe ihr derzeit zu gut, und sie wüssten nicht mehr, wem sie ihre sozialen Errungenschaften zu verdanken haben. Wer es sagte, ist und war meines Wissens nie in der SPD.

Dia hont denn allaweil a Fescht mitanand!
Die haben denn *(vielleicht)* immer ein Fest miteinander!

Missbilligend-neidischer Kommentar über andere, die, wenn sie sich zufällig irgendwo treffen, jedesmal in eine freudige Begrüßung ausbrechen, mit lautem Sprechen, Scherzen, Lachen.

Dia hot jeda Mous hera schreia.
Die hat jede Maus hören schreien.

Über eine Wunderfitzige [= Neugierige], der nichts im Dorf entging und die es dann auch überall rumerzählte. *Donau*

Dia hott a Gosch wia a Schärrmessr!
Die hat eine Gosch *[= Mundwerk]* wie ein Scharrmesser *[= Rasiermesser]*!

loses Mundwerk, scharfzüngig, boshaft

Dia hott a Gosch, dia schneidt henna ond denna!

Die hat eine Gosch *[= Mundwerk]*, die schneidet hüben und drüben!

also besonders scharfzüngig, boshaft Riß

Dia hott au koi Riabigs.

Die hat auch kein Geruhiges.

»Riabigs / Geruhiges«: von »ruhig, gelassen, langsam« (Dies und Näheres dazu bei Wax) Die(se Frau) ist rastlos und unermüdlich tätig. Lob und Anerkennung, gepaart mit etwas Mitleid.

Dia hott denn fai en scheena Grattl!

Die hat dann fein *[= ich sag's euch!]* einen schönen Stolz!

der »Grattel / Graddel«: Stolz, von sich eingenommen sein, eingebildet sein ...

Dia hott s Moul au it im Sagg!

Die hat das Maul auch nicht im Sack *[= Kleidertasche]*!

Die ist nicht auf den Mund gefallen. Die weiß sich zu wehren!

Dia hott scho so a Breißa-Gosch.

Die hat schon so eine Preußen-Gosche.

»Breißa/Preuße(n)«: pauschal für Norddeutsche (eigentlich natürlich unkorrekt)
»Gosch« (hier): scharfzüngiges Mundwerk; Kommando-Ton
»Breißa-Gosch«: Sprechweise mit norddeutschem Zungenschlag, die zuweilen als zu schnell, als hochnäsig und anmaßend empfunden wird und vor der man (eigentlich ungewollt und zuweilen zu des Oberschwaben eigenen Verdrusses) kuscht

Dia isch au it irbrnumm fleißig.

Die ist auch nicht *(gerade)* übermäßig fleißig!

i(r)bernum: »übernum: ... Vor allem in negativen Wendungen; ... das irdische Maß übersteigend« (Wax)

Dia isch blemblem!

Die ist plemplem!

Die spinnt. Die hat eine Meise. Kann natürlich auch ein »er« sein.

Dia isch s Gmoidsbläddle in Perso!

Die ist das Gemeindeblättchen in Person!

Sagt man von ortsbekannten Klatschbasen.

Dia isch weit nai wulle!
Die ist weit *(in sich hinein)* wulle!

»wulle«: garstig, widerborstig, kratzbürstig, derb, unfein, uncharmant ...
Die Person sei also nicht nur oberflächlich rau à la »raue Schale, weicher Kern«.

Dia kennet it bis Drei zella, abr ab Vier schwätzed se mit.
Die können nicht bis Drei zählen, aber ab Vier reden sie mit.

über Dummschwätzer

Dia kommet immr fuirig hintranandr.
Die kommen immer feurig hintereinander.

Die streiten sich immer so, dass (wörtlich oder übertragen) die Fetzen fliegen. Oder: Eltern gehen »kräftig drein«, (was immer das bedeuten mag), wenn ihre Kinder etwas ausgefressen haben.

Dia liest Zeitung – dia moss es wissa.
Die liest Zeitung – die muss es wissen.

Wohl eher ironisch über jemand, dessen Behauptungen nicht so ganz glaubhaft scheinen: Es sei jemand Siebengescheites.   *Schussen*

Dia machet soo Vrbeigonga vor dr Schdadt,
dass se schier d Nees ouf da Boda schlaget.
Die machen solche Verbeugungen vor der Stadt*(verwaltung)*,
dass sie schier die Nase auf den Boden schlagen.

Die Große Kreisstadt Ehingen hat 27 eingemeindete Teilorte (mit allen zugehörigen Weilern und Wohnplätzen). Ortschaftsräte und Ortsvorsteher haben – so heißt es – praktisch keinerlei Entscheidungsbefugnis und müssen sich mit jeder Kleinigkeit an die (teils über 20 km entfernte) Stadtverwaltung wenden, die dann wegen eines auszutauschenden Türschlosses mit drei Mann vom städtischen Bauhof anrücke. Doch diese »Entmündigung« sei nicht zu ändern, weil sich die Ortschaften in ihren Wünschen und Bedürfnissen selbst nicht einig würden. Ja, es gebe Ortsvorsteher, die vor OB und Verwaltung mächtig katzbuckeln würden. Dies berichtete ein Ortsvorsteher bei einem politischen Abend in seiner Teilgemeinde. Anm.: Es soll sich aber unter einem neuen OB zwischenzeitlich geändert haben.   *Donau*

Dia ruaft doch wäaga jedem Hennafurz a!
Die ruft doch wegen jedem Hühnerfurz an!

wegen jeder Kleinigkeit   *Schussen*

Dia sait it Muh und it Mäh.
Die sagt nicht »Muh« und nicht »Mäh«.

*»Muh« wie Rinder; »Mäh« wie Schafe. Kritik an einer allzu Wortkargen (Maulfaulen).
Wer beides nicht sagt, äußert sich nicht, sagt seine Meinung nicht, lässt seine Absicht
nicht erkennen und wird deswegen kritisiert.*

Dia sait it Scheiß und it Soich.

Die sagt nicht »Scheiß*(e)*« und nicht »Seich*(e)*«.

Kritik an einer allzu Wortkargen (Maulfaulen).

Dia sind it grad so schbeziell mitanand.

Die sind nicht gerade so speziell miteinander!

Sie sind nicht eben befreundet. Sie kommen nicht sonderlich gut miteinander aus.

Dia war ganz maaßloidig.

Die war ganz maßleidig.

Die war ganz niedergeschlagen/in gedrückter Stimmung.   *Donau*

Die Schwaben und die Preußen haben sich nie gut vertragen. Der Preuße hält den Schwaben für dumm, der Schwabe den Preußen für großmaulig. Spöttisch neckte ein Preuße und sagte zum Schwaben: Nich wahr, es jibt doch sieben verschiedene Schwaben, Blitzschwaben, Spiegelschwaben, Seehasen, Jelbfüßler, Nestlesschwaben, Knöpfleschwaben und Allgäuer? Jo, jo sait der Schwabe, und da Bauchschwabe hoscht vergessa! Was, Bauchschwabe? Noch nie davon jehört. Was sind das für Kerls? Der Schwabe antwortet verschmitzt: D' Bouchschwoba lieget uff em Bauch, dass die Preußen sie alle am A… schlecka kennet. (Ummendorf)

So wird die Reihe der sprichwörtlichen Sieben Schwaben um einen erweitert.

Do bisch gschrähld ond bieschded!

Da bist du gestrählt *[= gekämmt]* und gebürstet!

*Die Verdopplung der scheinbaren Haarpflege dient als Verstärkung: Unter diesen
Umständen befinde man sich in einer sehr blöden Situation.*   *Donau*

Do bisch mr du mit em Aarsch em Gsichd no liabr wia de andere!

Da bist du mir *(selbst)* mit dem Arsch in meinem Gesicht lieber als andere *[von Angesicht zu Angesicht]*.

Eine grobe – aber durchaus mögliche Form von Liebes- oder doch wenigstens Sympathie-Erklärung – im letzteren Falle auch Kumpeln oder Arbeitskameraden gegenüber.
           Donau

Do hinta rumm läabet au so Hagabiachane!

Da hintenrum leben auch so Hagebüchene!

»hinta rumm / hintenrum« (hier): an selbst für ländliche Gegenden wie hier noch besonders abgelegenen Wohnplätzen (Streusiedlungen im Allgäu!)
»Hagabiachane / Hagebüchene« (von Hagbuche, Hainbuche, Weißbuche): besonders zäher, eigenbrötlerischer, sonderlicher Menschenschlag

Do isch r hoch wia HaBee-Mennle.

Da ist er hoch*(gegangen)* wie ein HB-Männchen.

Zu den Zeiten, als im Fernsehen noch Werbung für Tabakwaren üblich und erlaubt war, gab es für die Zigarettenmarke HB eine lange laufende Comic-Werbe-Serie. Ein knollennasiges Männchen verwickelte sich durch Ungeschick oder unglückliche Umstände jeweils schnell in eine ärgerliche Lage und ging (in diesem Fall wörtlich) »in die Luft«. Dann setzte der Werbespruch ein: hätte er doch rechtzeitig zur Beruhigungszigarette gegriffen, dann wäre ihm das nicht passiert. Der Slogan »Halt, mein Freund, wer wird denn gleich in die Luft gehen, greife lieber zur HB, dann geht alles wie von selbst« wurde (in Abwandlungen) jahrelang auch zum geflügelten Wort. Also beschreibt unser Spruch, dass jemand vor Zorn fast explodiert wäre.

Do kennt e buudlnarret werra. *Oder:* **Do kennt e fuksdeiflsnarret werra.**

Da könnte ich pudelnarrig werden. *Oder:* Da könnte ich fuchsteufelsnarrig werden.

Warnung, dass etwas droht, das einen (ggf. jedesmal) recht zornig macht. Schussen

Do kommt wieder dr Beierle mit saim Hennafiedles-Gschwätz.

Da kommt wieder der *(Herr)* Bäuerle mit seinem Hennenpopo-Geschwätz.

Über einen, den man nicht so mag, weil er einen volllabert. »Hennafiedla« ist auch ein Schimpfwort für einen Ungeschickten. Riß

Do kummet se und frässed meh wäg as wia se bringet.

Da kommen sie und fressen mehr weg als wie sie bringen.

So sollen »notige« ([aus Not?] geizige) Gastgeberinnen gesagt haben, wenn sie Besuch bekommen hatten. Wohl habe der Besuch eine Gabe mitgebracht, aber ... Zum Beispiel, wenn Frauen zum »Wiesa / Weisen« kamen: traditioneller Besuch bei einer Wöchnerin (Büchele I) Allgäu

Do schaffesch ond schaffesch, ond zledschd schnabbd dr s Aarschloch zua.

Da schaffst [= arbeitest] und schaffst du *(unermüdlich)*,
und zuletzt schnappt dir das Arschloch zu.

... und du hast nichts vom Leben gehabt! Selbstkritische Frage eines bei der Arbeit und zu Hause Unermüdlichen. Bei ihm war es zuletzt tragischerweise in der Tat so. Er lag morgens tot im Bett und war doch noch lange nicht im »entsprechenden« Alter.

Dr H. hott halt itt genn schaffa miga. Nochat isch ar Hoschtiglader wore. An Zilinder mit ema große Moie hott ar kett, an Hoschtigschtrus uff m langa Fracke, wiese Schtrimpf und Schnallaschue, a kurze Ledarhos mit ama Hosalada, ou en langa Schteacka mit viele Bendel dana, an Schmeckar hintr m Ohr und a dr Näs a Schnupfartrepfle. Vo Hus zu Hus ischt ar ganga und hott si Sprichle gseit.

Der H. hat halt nie gerne schaffen *[= arbeiten]* mögen. Daher ist er Hochzeitlader geworden. Einen Zylinder mit einem großen Strauß hat er gehabt, einen Hochzeitsstrauß auf der langen Jacke, weiße Strümpfe und Schnallenschuhe, eine kurze Lederhose mit einem Hosenlatz, auch einen langen Stecken *[= Stock)* mit vielen Bändern dran, einen Schmecker* *[= kleinen wohlriechenden Strauß]* hinter dem Ohr und an der Nase ein Schnupftabakströpflein. Von Haus zu Haus ist er gegangen und hat sein Sprüchlein gesagt. *(Büchele I)*

* »schmecken« (schwäbisch): riechen, Duft verströmen
So beschreibt der damalige Pfarrer von Christazhofen eines seiner Pfarrgemeindemitglieder. Ein Dokument des leider wohl aussterbenden allgäuerischen Alemannisch.

Dr Moiner isch a Daggl!

Der Meiner ist ein Dackel *[= Depp!]*

Wer Misslungenes dadurch zu rechtfertigen sucht, er habe ja bloß gemeint oder geglaubt ..., sei ein Dummkopf. Ein etwas hartes Urteil!
Es heißt freilich auch: Gut gemeint ist nicht immer gut gemacht! Donau

Dr Schwoob wird erschd mid <u>Verz</u>ge gschgeit,
de andre it in <u>E</u>wigkait!

Der Schwabe wird erst mit Vierzig gescheit,
die anderen nicht in Ewigkeit!

Die zweite Zeile kann auch entfallen. »Mit dem Schwabenalter werden die Lebensjahre ab dem vierzigsten Geburtstag eines Schwaben bezeichnet. Es heißt, dass der Schwabe erst mit 40 Jahren g'scheit, also weise wird. Den Schwaben wird damit unterschwellig unterstellt, Spätzünder zu sein. Es ist in Baden-Württemberg und Bayerisch-Schwaben ein gebräuchliches Ritual, beim vierzigsten Geburtstag eines Schwaben auf das Schwabenalter und die bei ihm damit schlagartig einsetzende Klugheit und Weisheit anzuspielen. Der 40. Geburtstag wird daher auch meist auf besondere Weise gefeiert. ... Johannes Böhm, genannt Bohemus (~1485–1533/1535), einer der ersten deutschen Volkskundler und Ethnografen, schrieb in seiner 1521 erschienenen Beschreibung der Sitten und Gebräuche aller Stämme (Omnium gentium mores et ritus) über die Schwaben: Sero respiscunt – frei übersetzt: ›Sie kapieren spät‹ und begründete damit dieses Vorurteil, das sich hartnäckig über die Jahrhunderte hielt. ... Die regelmäßige Anspielung auf die Beschränktheit der Schwaben und auf das Schwabenalter ›A Schwôb wird erschd mit vierzich gscheid‹ wird von den Schwaben mit einem Zusatz versehen und in einen Ausdruck des Selbstbewusstseins umformuliert: ›Mir Schwôbâ wer'n mit vierzich gscheid, diâ andrâ ned en Ewichkait.« (hier kein

Oberschwäbisch!) »Bemerkenswert ist hier, dass ähnlich wie bei Ortsneckereien der ursprüngliche Spott über die Ortsansässigen von diesen positiv aufgenommen und umbewertet wird. Aus den Spottnamen und -figuren wurden – wie beim Schwabenstreich oder der Erzählung ›Die sieben Schwaben‹ – schwäbische Identifikationssymbole.« https://de.wikipedia.org/wiki/Schwabenalter

Dräggsou, kaasch da Rotz et hanga lao!?
(Du) Drecksau, kannst du den Rotz nicht *(einfach)* hängen lassen!? ...

... statt ihn immer wieder hörbar hochzuziehen. Das kann so nicht ernst gemeint sein. Es ist also wohl eine derbe Aufforderung, gefälligst zu schneuzen, gerichtet an einen, der sich nicht an die entsprechende Benimmregel hält.

Dreierloi Moschd: Saft, Moschd, Kunde-Moscht
Dreierlei Most: Saft, Most, Kunde*(n)*-Most

»Most«: vergorener Apfelwein
»Saft« (hier): unverdünnt, höherer Alkoholgehalt, für sonntags
»Most« (hier in dieser Aufzählung): etwas mit Wasser gestrecktes Alltagsgetränk
»Kunde« (hier): wandernde Handwerksgesellen, auch: Bettler
»Kunde-Most«: Most für diese, stark verdünnt, oder der kräftig ausgepresste Trester wurde mit Wasser angesetzt und vergoren, so gut das eben ging ...
Anmerkung: Wohl gibt es auch 2016 durchaus noch Most-Feinschmecker, aber Kundemoscht macht niemand mehr. Wohl aber füllt mancher sein Mostkrüglein mit süßem oder saurem Sprudel auf und verdünnt ihn somit.

du abgschlagena Siach, du!
du abgeschlagener »Siech«, du!

Dies kann – wie so oft – böse Kritik oder heimliches Lob und Anerkennung sein. Im negativen Sinn heißt es »falsch«, »hinterhältig«, »hinterrieben« mit dem Unterton: So etwas Übles hätt' ich dir eigentlich trotz allem nicht zugetraut! Positiv bedeutet das etwa: »Na, du Schlitzohr, hast du (dies) trotz allem noch hingekriegt. Toll – hätte ich dir eigentlich nicht zugetraut!«
»Siach/Siech(er)« ist eigentlich der (ursprünglich Aussätzige), Kranke, Behinderte. Menschliche Leiden werden hier eben auch wieder einmal als Beschimpfung benutzt.

Du alte Rouschkugel!
Du alte Rauschkugel!

Sagt man zu einem Kumpel, den man am Tag nach einer feuchtfröhlichen Feier wiedertrifft; ist insoweit nicht ernst gemeint. Sagt man jedoch von einem Dritten, er sei eine solche, dann redet man von Alkoholabhängigkeit.

Du bisch denn so a Joomr-Fiedla!
Du bist *(mir)* dann so ein Jammerhintern!

Du bist so ein Jammerlappen! Klageruf einer Mutter gegenüber ihrem fünfzehnjährigen Sohn, der bei jeder ihm aufgetragenen Arbeit erst noch dieses und jenes auszusetzen hatte, statt sich »frisch und froh« sogleich ans Werk zu machen.

Du bisch en Halb-Seggl!
Du bist ein Halb-Seckel!

»Seggl / Seckel« (von [Hoden-]Säckel):
– meist derbe Beschimpfung / Charakterisierung eines Mannes
– manchmal heimliche Anerkennung (ohne »Halb-«)
Ein Ehinger Handwerksmeister soll in den 1950ern seinen Gesellen als »Halbseggl« beschimpft haben. Dieser klagte vor Gericht, und der Meister wurde zu einer Geldstrafe wegen Beleidigung von 20 Mark (ca. 10 Euro) verurteilt. Das war damals ziemlich viel Geld! Er zog die Geldbörse und zahlte kommentarlos 40 Mark ...

Du bisch en komische Hoiliga, und bettet de niemed a!
Du bist ein komischer Heiliger, und *(es)* betet dich niemand an!

ironisch zu einem, der sich offenbar eigenartig verhält   Schussen
Anm.: Nach kath. Lehre werden, anders als viele meinen, Heilige nicht angebetet. Es wird zu ihnen gebetet im Sinne der Bitte um Fürsprache bei Gott.

Du bisch mir am Asch liabr wia där im Gsichd.
Du bist mir am Arsch lieber wie *[= als]* der im Gesicht.

Du bist mir deutlich sympathischer als der Andere. (Variante eines ähnliches Spruchs.)

Du bisch mr so a Marke, du!
Du bist mir so eine Marke, du!

Eigentlich despektierlich gemeint, aber gegenüber Kindern gebraucht, denen man in diesem Falle nicht böse sein kann, nur liebevoll-tadelnd bis anerkennend: Du bist ein wahres Schlitzohr!

Du bisch mr so a Muschderle, du!
Du bist mir so ein Musterlein, du!

augenzwinkernd liebevoll zu einem kleinen oder auch größeren weiblichen Wesen, wenn es den Opa, Papa oder Ehemann (je nachdem) schalkhaft und erfolgreich um den Finger gewickelt hat

Du dauba Jordan!
Du tauber Jordan!

»taub« (hier): nicht gehörlos, sondern dumm, dämlich, »hohl« (vgl. »taube = hohle Nuss«). »Jordan« (Vorname): Die Rolle in dieser Redensart konnte nicht geklärt werden. War es die Nähe zum Jordanbad?
Du blöder Kerl! (wütend)   Riß

Du dauba Neele!
Du tauber Nele!

»taub« (hier): siehe beim vorigen Spruch
»Nele«: (»Nehne, Ahn(e)): Großvater, alter Mann
Du blöder Kerl! (wütend)
Anmerkung: Obwohl »Nele« im Oberschwäbischen vorkommt, hat man dort, wo es als Beschimpfung herstammt, sonst die Variante »Nene« für Opa verwendet.   Riß

Du hoggesch do wia Schibba Sieba!
Du hockst da wie Schippe Sieben!

»Schibba Sieba / Schippe Sieben«: Kartenblatt Schippe (Pik) Sieben
belämmert, wie ein begossener Pudel

Du hosch abr au koi Ahnung von Aggrzuchd und Viehbou!
Du hast aber auch keine Ahnung von Ackerzucht und Viehbau!

Du hast (sowas von) keine Ahnung!
Die bewusste Verdrehung vom ursprünglichen »Ackerbau und Viehzucht« zeigt, dass die Beurteilung nicht sehr ernst gemeint sein kann.

Du hosch da Kobf doch it bloß zum Huat-Oufsetza!
Du hast den Kopf doch nicht bloß zum Hut-Aufsetzen!

... sondern gefälligst auch zum Denken!

Du hosch da Kobf zum Denka und it bloß, dass der s itt in Hals rengat!
Du hast den Kopf zum Denken und nicht bloß, dass es dir nicht in den Hals regnet!

Dann denk gefälligst nach, bevor du ...!

Du hosch jo en Voogl!
Du hast ja einen Vogel!

Du bist wohl nicht recht bei Trost!?

Du Lackl!
Du Lackel!

Beschimpfung. »Ein volkstümlicher Begriff für einen groben, manchmal auch ungehobelten, jungen Menschen oder großen, ungeschlachten Mann.« (Dies und mehr dazu: https://de.wikipedia.org/wiki/Lackel)

Du schwäzscht jo g'scheid wia Schulza Bäbe, dia sieht's der Kua
am Geuter a, was in Paris der Butter koschtet. *(Ummendorf)*
Du schwätzt *(redest)* ja gescheit wie Schulzes Bärbel, die sieht's der Kuh

am *(Ge-)*Euter an, was in Paris der *(= die)* Butter kostet.
Zu einer Neunmalklugen

Du schwätzsch meh wia a alte Kua schwanzlet!
Du schwätzt mehr wie eine alte Kuh schwanzelt!
Zu jemand, der/die mehr redet, als eine Kuh mit dem Schwanz wedelt.   Schussen

Du warschd scho domols en Schiake.
Du warst schon damals ein Sch.

»Schiake«: krumm, verkrüppelt daherkommend bzw. geistig ungeschickt
Eine Mutter übergab ihrem längst erwachsenen Sohn dessen erste Schühchen mit obiger Bemerkung. Er sei wohl schon von Anfang an einer gewesen, der seine Schuhe schief abläuft.

Dui hot s Lacha ond s Heila en oim Säggle.
Die hat das Lachen und das Heulen in einem Säcklein *(beieinander)*.
Die lacht schnell und heult auch schnell.   Donau

Dui isch so zennig wia dr alt Fux ouf de Gähwinda.
Die ist so z.* wie der alte Fuchs auf den (vom Wind verursachten) Schneeverwehungen. *»zennig / zännig«: »boshaft, reizbar, bissig, mürrisch, beleidigt« (Wax)
Missgelaunt sein wie ein hungriger alter Fuchs im strengen Winter.   Donau

Dui ka bees sai wia a Herbschtfux.
Die kann böse sein wie ein Herbstfuchs.

Sind Füchse im Herbst besonders »böse«? Im Herbst machen sich die erwachsen gewordenen Jungfüchse auf die Suche nach einem eigenen Revier. Das ist für sie gefährlich: Straßenverkehr. Nur knapp die Hälfte überlebt. Sind sie besonders misstrauisch, d. h. »böse«?   Donau

Dummhoit frissd, Intelligenz soufd, und Schenie dott boides!
Dummheit frisst, Intelligenz säuft, und Genie tut beides!
meist selbstironisch in froher Runde, aber man zählt sich doch gerne zu den Genies …

Duu Baraber!
Du Baraber!

Als Baraber werden im bairischen Sprachraum ungelernte Bauarbeiter bezeichnet. Das Wort kommt aus dem Tschechischen; poroba bedeutet ‚Knechtschaft', porobiti ‚unterjochen'. In Österreich* und Bayern* wird diese Bezeichnung auch als Schimpfwort verwendet. (https://de.wikipedia.org/wiki/Baraber)
*Und in Oberschwaben offensichtlich auch …

Duu bisch so hohl wia zea Giaßkannta!
Du bist so hohl wie zehn Gießkannen!
»hohl« (vgl. »Hohlkopf«): dumm

Duu däädsch glatt noo dr Grind vrgässa, wenn r it agwaxa wär!
Du tätest glatt [= doch in der Tat] noch den Kopf vergessen,
wenn er nicht angewachsen wäre!
zu einem Vergesslichen oder Zerstreuten

Duu Drallawatsche!
Du Drallewatsch!
»Drallewatsch: täppischer, grober, ungeschlachter Mensch mit mangelnder Entschlusskraft; Kretin, Simpel, ungeschlachter, plumper Mensch« (Wax)
Ist hier meist nicht sehr böse gemeint!

Duu Drialer!
Du »Trieler«!
trielen = sabbern
Du Langsamer, du Einfaltspinsel, du wenig Motivierter ...

Duu Haiboole!
Du Heu-Kater!
ein männnliches Tier, das Heu frisst: du Ochse!
nicht sehr böse gemeint

Duu Haigeiga!
Du Heugeige!
»Heugeige« (ursprünglich): Holzgestell zur Heutrocknung
Du klapperdürres Gestell!
Sagte eine Mutter zu ihrer Tochter – mitleidig bis tadelnd.

Duu Hennafiedla!
Du Hennenhintern!
ein nicht sehr derber Tadel für einen Ungeschickten

Duu Hennaseggl!
Du Hühnersäckel!
»Seggl / Seckel / Säckel« (von Sack)
Du saudummer Kerl!
recht grobe Beschimpfung

Duu Hillare!
Du Hilare!

»dummer, einfältiger Mensch, ... Einfaltspinsel; ... Gekürzt aus dem Heiligen- und katholischen Taufnamen ›Hilarius‹« (Wax)
zu einem, der sich ungeschickt anstellt

Duu hosch s wia s Buabaseggale:
Dees werd äll Dag graißr, ond du wersch äll Daag demmr!

Du hast es wie das Bubenpimmelchen:
Dieses wird alle Tage größer, und du wirst alle Tage dümmer!
So nimmt alles auf seine Art zu ...   Donau

Duu hosch schindiger wia Brout am Samstig!
Du hast es schindiger wie eine Braut am Samstag!

»Es schindig haben« ist abgeleitet von »sich schinden«, sich abmühen. Da die Hochzeitsfeiern üblicherweise am Samstag sind, haben es die Bräute an diesem Tag besonders stressig. OK, stressig vielleicht, aber arbeiten müssen sie an diesem Tag ja nicht. Könnte also auch ironisches Mitleid mit einem Jammernden sein: Du hast eigentlich gar nicht viel zu tun, und doch beklagst du dich.

Duu mosch doch immr da Feschdgette macha!
Du musst doch immer den Festgötte machen!

»Götte«: (Tauf-/Firmpate). »Festgötte«: ein Vereinsvorstandsmitglied, der (in guter Absicht) glaubt, bei jeder Vereinsveranstaltung in seinen Vorstandsfunktionen mit von der Partie sein zu müssen. Die Frau Gemahlin will ihn mit ihrer Mahnung ein wenig bremsen darin. Sie möchte, dass er abends weniger außer Haus ist und, dass er sich nicht immer noch mehr Ehrenämter aufhalsen lässt.

Duu Schladdoore!
Du Schlappohr!

Wer Segelohren hatte, galt als geistig behindert. Mehr oder weniger derbes Schimpfwort für einen, der sich ungeschickt anstellte.

Duu Schlangafangr!
Du Schlangenfänger!

Schimpfwort für einen Nichtsnutz, Schlawiner ... Kann auch augenzwinkern-liebevoll zu einem Kind sein, das den Vater/Opa usw. um den Finger wickelte und seinen Wunsch alsdann erfüllt bekam.

Duu schnaadaresch wia d Enta!
Du schnatterst wie die Enten!

zu einem unaufhörlich Plappernden

Duu Schoofmelkr!
Du Schafmelker!
»Schaf-« soll vor allem durch das langgedehnte offene »oo« wohl noch verstärkend wirken. Zugleich gelten diese Tiere in der Redensart als dumm. Dies wird auf deren Melker übertragen. Es könnte auch (zusätzlich und ursprünglich) den Kleinbauern treffen, der nur Schafe und keine Kühe zum Melken hat.

duu Schoofseggl!
du Schafseckel!
»Seckel / Säckel«, von »Sack«, auch Penis: »blöder Hund!«, »Arschloch!« usw.
»Schaf-« soll vor allem durch das langgedehnte offene »oo« wohl noch verstärkend wirken.

Duu schwätzschd au en Bibberleskäs (rous)!
Du schwätzest auch einen Kükenkäse (heraus)!
Du redest allerlei Unsinn daher! »Bibberla« oder »Bibela« sind Hühnerküken. Diese wurden früher mit Frischkäse (Quark) gefüttert. Im übrigen ist hier in Mochenwangen schon die inner-oberschwäbische Sprachgrenze hörbar. Im südlichen (ursprünglich alemannisch-sprachigen) Teil Oberschwabens sagte man einst »Luggela« zu den Küken, und entsprechend hieß es auch »Luggeleskäs«. Doch diese Begriffe sind inzwischen wohl beide weitgehend ausgestorben. Schussen

Duu Seggl!
Du Seckel!
»Seckel / Säckel«, von »Sack«, auch Penis: »blöder Hund!«, »Arschloch!« usw.

Duu Soichdäsch!
Du Seichtasche!
derbes Schimpfwort

Duu Soichr! – Duu Soichere!
Du Seicher! – Du Seicherin!
derbe Beschimpfungen, im Zorn gesprochen

Duu Tschoole!
Du T.!
»Tschoole«: erkennbar geistig Behinderter, etwa:
– »du Schlafmütze!«
– »du unhöflicher Mensch, der nicht weiß, was sich gehört!« usw.

Duu Waidag!
Du Wehtag!

»Waidag« [= Wehetag] ist ein Schimpfwort wie »Siech« und »Plage« (Wax) Und es kann zudem auch mal heimliche Anerkennung bedeuten wie »Schlitzohr«. Ist auch Neckname für die Bewohner mancher Städte und Dörfer, zum Beispiel Laupheim und (unabhängig davon) Griesingen.

Duu wärescht scho räachtd, wenn da it so soichela dätesch!
Du wärest alles in allem schon in Ordnung, wenn du nicht so nach Seich [= Urin] riechen würdest! - herzhaft-derb-humorvoll, keineswegs böse gemeint

En »Schpiegelschwob« isch oiner, wo da Rotz an Ermel nabutzet, dass r sich drin schbiagla ka.
En »Spiegelschwab« ist einer, wo [= der] den Rotz an (den) Ärmel hinputzt, dass er sich drin spiegeln kann.

Spott der badischen Nachbarn über die Württemberger, von diesen aber weitererzählt. (Der »richtige« Spiegelschwab ist einer der Sieben Schwaben.)

Erschdens kennt es it, und wenn es kennt, no dät es it!
Erstens könnte ich es nicht, und (selbst) wenn ich es könnte, dann täte ich es nicht! Einer über seine eigene Fertigkeit und (fehlende) Hilfsbereitschaft

Etz komm dr Schdefan mit sainr Amtsmiene!
Jetzt kommt der Stefan mit seiner Amtsmiene!

Damit wollte eine Oma beschreiben, dass ihr kleiner Enkelsohn immer so ernst dreinschaue.

foulmiad wia d Schduagrdr
faulmüde wie die Stuttgarter

eine Oberschwäbin, die in Stuttgart lange als Dienstmädchen tätig war

Gell, du hosch au no a Schweschdr? – Jo. – Joo, dees honn i mir doch glei denkt, dass du alloi it so bleed sai kasch.
Gell, du hast auch noch eine Schwester? – *Ja.* – Ja, das hab ich mir doch gleich gedacht, dass du allein nicht so blöd sein kannst.

ein »Scherzchen«   *Allgäu*

Gloi, aabr deiflhäfdig!
Klein, aber teufelhaft!

Zwar klein von Statur, aber boshaft/zickig/gehässig/... von Charakter.
a) über Erwachsene
b) über Kinder (dann nicht so böse gemeint)

Gsund und gfräß
und gern im Sonndigshäs!
Gesund und gefräßig, und *(dann auch noch)* gern im Sonntagsgewand!

Über jemand, der es sich gerne gut gehen lässt und die Arbeit *(angeblich)* scheut.

Schussen

harmlos, abr nett
harmlos, aber nett

So sei zum Beispiel der gestrige Abend verlaufen, als die Mutter und Oma mal ausgegangen war. Man solle nicht einmal entfernt auf den Gedanken kommen, es sei irgendetwas Anrüchiges welcher Art auch immer vorgekommen. Das hatte übrigens niemand je unterstellt! Gleichwohl: Sie beschrieb damit hinterher nahezu jeden ihrer Ausgänge. Es wurde in der Familie zum geflügelten und gern zitierten Wort.

Heit be i fai äard!
Heute bin ich fein *[= Merk dir das!]* »äard«!

Ich mache dich aufmerksam: heute ist nicht mein Tag (schlecht gelaunt)! Riß

Heit hot se wiedr en Nascht.
Heute hat sie wieder *(mal)* einen Nast.

»Nascht / Nast«: Ast (Näheres bei Wax); »astig / nastig«: »rau, klobig« (Wax)
Heute ist sie wieder mal schlecht gelaunt. Donau

Hoorfiaß und Gralla!
Haarfüße und Krallen!

»Füße«: im Schwäbischen vom Po bis zu den Zehenspitzen
Haarige Beine und lange Zehennägel: scherzhafte Bezeichnung für Männerbeine

I be it hählenga ouf d Welt komma, bei mainr Daif hott ma glitta.
Ich bin nicht heimlich zur Welt gekommen, bei meiner Taufe hat man geläutet.

»glitta / geläutet«: mit den Kirchenglocken geläutet
Mutmaßliche und evtl. zusammenhängende Deutungen:
a) Ich bin jemand, ich bin kein »Nichts«!
b) Ich war kein uneheliches Kind und trage nicht diese »Schande« in mir.
Anm.: Unehelich geboren zu sein galt über Jahrhunderte zeitlebens als Schande für Mutter und Kind. Taufen wurden dann wohl ohne Glockengeläut und sonstige Festlichkeiten und in aller Stille vollzogen. Donau

I be scho a Mägdle!
Ich bin schon *(so)* ein Mägdlein!

»Mägdle / Mägdlein«: ein kleines Mädchen, das schon nach Kräften mithilft, sich dabei aber zuweilen auch noch ungeschickt anstellt

Den Spruch sagte die 16-jährige (!) Simone über sich selbst, als ihr ein kleines Missgeschick unterlief, das eigentlich hätte vermieden werden können. Der Spruch entfuhr ihr ganz spontan, als sie den Fehler entdeckte. Damit entschuldigte sie sich indirekt auch.
Donau

I bea it sch<u>e</u>a-mäal-schwätzig.

Ich bin nicht schön-mehl-schwätzig.

»Ich tue den Leuten nicht schön; ich schmiere ihnen keinen Honig um's Maul.« »Schönes Mehl« wurde meines Wissens früher das Weißmehl [= Weizenmehl] genannt, das man nur zu besonderen Anlässen zum Brotbacken benutzte; entsprechend galt Weißbrot als »Luxus« (noch zu meiner Kindheit, 1950-er und 1960-er Jahre).

I bee en Kolterer.

Ich bin ein Mensch, der weiß, dass er schnell aufbraust *(und sich nachher auch wieder schnell beruhigt)*.

»koltera«:
a) aus den tiefsten Tiefes des Halses hörbar Rotz und Spucke heraufziehen und alsdann kräftig ausspucken – gut sichtbare Spuren auf der Straße inbegriffen …
b) häufig aufbrausen, jähzornig sein
Hier: einer über sich selbst, gleichsam als Entschuldigung *Donau*

I hann emma <u>Gog</u>geler no <u>ni</u>a a Hoor rouszoga. *Oder*
I hann emma <u>Gog</u>geler no <u>ni</u>a a Fäadr rouszoga.

Ich habe einem Gockeler *[= Hahn]* noch nie ein Haar herausgezogen.
Ich habe einem Gockeler *[= Hahn]* noch nie eine Feder herausgezogen.

Das wäre beim ersten Spruch in der Tat garantiert nicht gelogen.
In der zweiten Zeile ist es immerhin von Natur aus denkbar. Für beide Sätze gilt: Was bin ich doch für ein gutmütiger Kerl!

I lauf am liabschda schdrumpfsogget.

Ich laufe am liebsten strumpfsockig.

Ich gehe (zuhause) am liebsten nur in Strümpfen oder Socken, also ohne Schuhe.

I mach doch it da Daggl fer <u>an</u>der Leit!

Ich mache doch nicht den Dackel für andere Leute!

»Den Dackel machen«: anderen aus Gefälligkeit eine wenig anerkannte Arbeit tun und sich dabei ausgenützt vorkommen.

I sags neamed, bloß de Kirchaleit.

Ich sag's niemand, bloß *[= nur]* den Kirchenleuten.

»Kirchenleute«: Besucher des Sonntagsgottesdienstes. Da nach Lehre der kath. Kirche *der Besuch der Sonntagsmesse eiserne Pflicht war und dessen Einhaltung der Kontrolle durch Pfarrer und Dorfgemeinschaft unterlag, waren nahezu alle Gläubigen sonntags in der Kirche. Im Anschluss daran stand man noch ein Weilchen zusammen und tauschte die Neuigkeiten aus. Wenn nun jemand Verschwiegenheit gelobte »I sags neamed« und dies anschließend einschränkte, es »bloß de Kirchaleit« anzuvertrauen, so hieß das nichts anderes, als dass man dafür sorge, das vermeintliche »Geheimnis« möglichst schnell unter die Leute zu bringen. Kann scherzhafter Kommentar über sich selbst sein oder ironisch über örtliche Klatschbasen.*   *Donau*

I schwädds wiedr rous wia a alds Weib – ond dees beene gwieß scho!
Ich schwätze wieder heraus [= *rede wieder daher*] wie ein altes Weib – und das bin ich gewiss *(auch)* schon!

hintersinniger Humor einer über Achtzigjährigen   *Donau*

iebergscheit und oinawääg aweng en Boole
übergescheit und dennoch ein wenig ein »Boole«

Ein »Boole« ist ein Kater. Ein Mensch, als solcher bezeichnet, gilt als ungeschickt im Umgang mit Anderen, als taktlos, wenig feinfühlig, sich ungehörig benehmend. Auch ein »studierter« Mensch kann ein eher unangenehmer Typ sein. Diese Erkenntnis stammt aus dem älteren ländlichen Menschenbild, wonach »studierte« Personen sonst eigentlich »automatisch« von feiner und vornehmer Wesensart sein müssten. Anmerkung: Einser-Juristen (-Lehrer usw.) sind auch nicht immer die Sympathischsten oder Einfühlsamsten ...   *Allgäu*

Isch dees a nädds Bäärle!
Ist das ein nettes Bärchen/Pärchen!

Die doppelte Übersetzung verrät das Problem des kleinen Bübchens, wenn es zusammen mit seiner jüngeren Schwester als »nädds Bäärle« bezeichnet wurde. Er sei doch kein Bär! Was dieser ist, wusste das Büblein immerhin schon von seinem Teddybären. Dass die lieben Erwachsenen damit aber »ein nettes (Geschwister-)Pärchen« meinten, ging dem Büblein erst später auf.

It alles, was zwoi Backa hott, isch a Gsicht.
Nicht alles, was zwei Backen hat, ist ein Gesicht.

über einen, den man gerne als »Arsch« charakterisieren möchte

Jedes Ämtle hot sai Schlämble.
Jedes Ämtlein hat sein Schlämp*(er)*lein.

In jedem Amt gibt es einen, der schlampig arbeitet.   *Riß*

Jedr hot soo saine Uu'firm!
Jeder hat so seine Unfirmen!

»firm«: fest sein, fit (in etwas) sein (körperlich, geistig; beruflich ...) Vgl. »Firmung« (kath.) und »Konfirmation« (evang.).
Unfirmen sind schlechte Gewohnheiten, kleine Alltags-«Laster«, Schwächen. Weil gerade die Rede von einem war, der trotz Lungenkrebs das Rauchen nicht sein lassen wollte (oder konnte). Die berichtende Person wollte mit der Redensart Nachsicht ausdrücken. Schließlich esse sie selbst gar zu gerne Süßes. Jaja, wir sind eben alle kleine Sünderlein ...

Jörg, du daurest mir, deim G'schwätz no host du en Leibschada onderem Huat.

Jörg, du dauerst mich, deinem Geschwätz nach hast du einen Leibschaden unterm Hut. *(Ummendorf)*
Sinn: Du bist wohl nicht ganz bei Trost, so wie du daherredest!

Komboschdi, Grufti

(angebliche) Jugendsprache über »Ältere«, abgeleitet von »Kompost« und »Gruft«

Liabr en Ratz in dr Schduba wia en Rafaschburgr im Kellr!

Lieber eine Ratte in der Stube *[= Wohnzimmer]* wie ein Ravensburger im Keller!
Dies könnte bitterböse sei, gehört jedoch eher zu den derben, aber nicht ganz ernsthaften (und austauschbaren) Neckereien von Ort zu Ort. Hier zwischen Ravensburgern und Weingärtlern. Schussen

Ma kennd grad moina, där däds oim zum Bossa!

Man könnte gerade meinen, der täte es einem zum Possen!
»(zum) Bossen, Possen ... galloromanisch ... ›Scherzfiguren an öffentlichen Brunnen‹, dann ... getriebener Unfug« (Wax)
um einen zu ärgern oder zu piesacken

Ma sott de Große bloß von weitem bewundara ...

Man sollte die Großen nur von weitem bewundern ...
»Große«: Prominente (Politik, Sport, Medien ...) Kennt man sie aus der Nähe oder erfährt man mehr über sie, finden sich allerlei menschliche Fehler und Schwächen, die den Glanz deutlich schwächen könnten ...

Mai Liabr, dia hot a Gosch!

Mein Lieber, die hat eine Gosch!
»Gosch«: Mund; Mundwerk. Hier steckt eindeutig Anerkennung drin: »Die kann reden. Die kann ihre Ansichten überzeugend rüberbringen. Was die (Frau) sagt, hat Hand und Fuß.« Sagt man so nur über Frauen. Dahinter mag stecken, dass man ihnen »eigentlich« kluges Reden und Argumentieren gar nicht recht zutrauen mochte.

**Mai Vattr isch en Schlampr, mai Mottr schlampret mit,
und i bin Schlampers Dechterle, no schlampremer zu dritt!**

Mein Vater ist ein Schlamper, meine Mutter schlampt mit,
und ich bin Schlampers Töchterlein, dann schlampern wir zu dritt!

»Schlamper«: nachlässiger, unordentlicher Mensch
Den Spruch sagt jemand gewöhnlich über sich selber, wenn er/sie sich mal wieder
selbst bei einer kleinen Unordentlichkeit ertappt hatte. Es sei sozusagen angeboren
oder anerzogen. Anmerkung: Das hässliche Wort »Schlampe« Frauen gegenüber ist in
unserer Mundart unbekannt!   Schussen

Mai, dia hott heit morga denn en Gox dooba ghett!

Mein (lieber Schwan), die hat denn heute Morgen einen (total aufgedonnerten) Hut
drobengehabt!

»Gox / Gocks«: »verächtlich für jede Art von Herren- oder Frauenhut« (Wax)

Main lieber Scholli!

Mein lieber Scholli!

– Anrede zu »mittel-ernsthafter« Ermahnung, Standpauke
– Kann auch großes Erstaunen, Verwunderung oder Anerkennung ausdrücken.

**Mir hebet zamma wia zwoi Aarschbagga,
ond die ganget wäaga jedem Scheißdrägg ousanand!**

Wir heben [= halten] zusammen wie zwei Arschbacken,
und die gehen wegen jedem Scheißdreck auseinander!

… und kommen aber auch immer wieder zusammen! Wenn zwei so etwas scherzhaft
über sich sagen, so ist das wahrscheinlich sehr fest und dauerhaft.

Mir sind au it grad ouf dr Brennsubba drhergschwomma!

Wir sind auch nicht gerade auf der Brennsuppe dahergeschwommen!

auf der »Brennsubba / Brennsuppe« geschwommen kommen: »von etwas keine
Ahnung haben; keine Erfahrung besitzen; ein beschränkter / unbedeutender Mensch
sein« (http://www.redensarten-index.de): Sooo doof sind wir auch wieder nicht!

Mir sind schenannt!

Wir sind »genant«!

genant: Partizip Präsens von franz. gêner, eine Situation als unangenehm und peinlich emp-
findend und sich entsprechend gehemmt und verschämt zeigen (Duden)
Wir genieren uns: Wir würden schon gerne (dies oder jenes tun), aber wir trauen uns nicht.

Nix war vor dir sicher, koi Schbinnawäbb und koin Muggaschiss!

Nichts war vor dir sicher, keine Spinnwebe und kein Mückenschiss!

Zu einem »Putzteufel«; vielleicht auch scherzhaft bei Verabschiedung einer Reinemachefrau

No will e hald grad ou emol hässle si!
Dann will ich halt gerade *(zum Trotz)* auch einmal hässlich *(im Benehmen)* sein.

Jemand fühlte sich von Verwandten »schofel« [= unfair] behandelt und hat nun als kleine Rache auch einmal »it drglicha dong« (nicht dergleichen getan = nicht getan, was sich normalerweise gehört), also sich auch einmal abweisend und verschlossen gezeigt.   *Allgäu*

Normal isch dia it von Gäabhousa!
Normalerweise ist die nicht von Gebhausen!

Es gibt keinen Ort dieses Namens. Über eine Geizige, die nicht gern »gibt«.   *Schussen*

Oh ihr Scheiß-Ladriner!
Oh, ihr Scheiß-Latriner!

»Latrine«: »in Lagern o.Ä. behelfsmäßig erbauter Abort, der von mehreren Personen gleichzeitig benutzt werden kann« (Duden)
Oh, ihr Scheiß-Lateiner! (Wortspiel!) Über alle, die irgendwann an der Schule Latein gelernt hatten, vorgebracht von jenen, die nicht darunter waren.

Oh, Andi ...!
Oh, Andreas!

Was bin ich doch für ein ungeschickter Kerl! Ein 15-jähriger Hauptschüler immer wieder halblaut mit »eingebautem« Seufzer zu sich selber, wenn ihm etwas nicht gleich gelingen wollte.

Oh, i be a Schoofseggl!
Oh, ich bin ein Schafseckel!

Ein »Seggl / Seckel« ist, abgeleitet von »Hodensack«, im beleidigenden Sinne gebraucht: ein unangenehmer Mensch, ein Spinner, ein Idiot ... Das vorangesetzte »Schaf-« verstärkt das Schimpfwort; aber: hier halb so schlimm: Was bin ich doch für ein ungeschickter Kerl! Ein 15-jähriger Hauptschüler halblaut zu sich selber, als ihm etwas misslang.   *Donau*

Pilla-Paule
Pillen-Paul

boshafte Bezeichnung für drei neuzeitliche Päpste namens »Paul ...«, insoweit und weil diese sich vehement gegen »die Pille« (zur Empfängnisverhütung) ausgesprochen hatten

Raim amool des Zuiga dahanna wäg, dees scheniert me.

Räume mal das Zeug hier weg, es geniert mich.

genieren: belästigen, stören, hinderlich sein; »veraltend« (Duden)
Was einen geniert, ist einem hinderlich oder im Weg.

Rosskipperer

Pferdehändler

»Kipperer« zu »kippen, kipperen, kiberen: ... mit Profit einkaufen, wuchern, Handel treiben« (Wax). Mit diesem Begriff wurde diejenigen Männer verspottet, die erst am Gründonnerstag (vor Ostern) zur (kirchlich vorgeschriebenen) Osterbeichte gingen – also in der letzten Minute. Die echten Rosskipperer gingen offenbar grundsätzlich erst »kurz vor knapp« zur Beichte. Anmerkung: Vielleicht steckt auch die Unterstellung dahinter, sie schöben die Beichte möglichst lange hinaus, weil sie gar so viel zu gestehen hätten ...

**S isch alles bloß a <u>Wei</u>le nett, hott dr sell Mesmr gsait
und hott s Gribbale an Schdeffesdaag wiedr abgmachd.**

Es ist alles bloß eine Weile nett, hat selbiger Mesmer gesagt,
und hat das Kripplein am Stefanstag wieder abgemacht.

»eine Weile« (hier): nur eine bestimmte kurze Zeit (lang)
»Mesmer«: Mesner, Küster, Kirchendiener (kath.; auf Dörfern oft ehrenamtlich)
»Gribbale / Kripplein«: Weihnachtskrippe (Stall mit Figuren; hier: in der Kirche
  aufgestellt)
»Schdeffesdaag / Stefanstag«: 2. Weihnachtsfeiertag, Tag des Hl. Stefan
»abgmachd / abgemacht« (hier): abgebaut
Erweitert die Standard-Redensart, dass alles »bloß eine Weile nett« sei. Macht sich über Menschen lustig, die einer Sache zu schnell überdrüssig werden.

S Schdreichholz goht a, wenn grad zuafällig a Reibong kommt.

Das Streichholz geht an, wenn gerade zufällig eine Reibung kommt.

Beschreibt das Spannungsverhältnis zwischen zwei Menschen, die noch nie richtig miteinander »konnten«, obwohl sich ihre Wege und auch Interessen immer wieder kreuzten. Doch bei jedem Zusammentreffen entlädt sich dann wieder die Spannung, auch aus eigentlich nichtigem Anlass.

S Schendschd an Rafaschburg isch d Schdroß noch Waigarta.

Das Schönste an Ravensburg ist die Straße nach Weingarten.

Dies könnte bitterböse sein, gehört jedoch auch zu den derben, aber nicht ganz ernsthaften (und austauschbaren) Neckereien von Ort zu Ort. Hier zwischen Ravensburgern und Weingärtlern. (Vgl.: Das Schönste an Augsburg sei der Abendzug nach München.)

Schussen

Salem aleikom,
zahla duere, wenn e verbeikomm!
Salem aleikum – ich zahle, wenn ich *(bei Gelegenheit mal wieder)* vorbeikomme.

Sagt man von jemand, der gerne Schulden macht/anschreiben lässt, und es dann mit dem Bezahlen gar nicht eilig hat. Es enthält den arabischen Friedensgruß natürlich auch um des Reimes willen, aber gewiss auch aus dem bösen Vorurteil heraus, Araber/Bewohner südlicher Länder/Ausländer überhaupt seien allesamt irgendwie so …

Schaffa, schaffa, Heisle boua – <u>na</u>liega, v<u>rre</u>gga.
Schaffen, schaffen, Häuslein bauen – hinliegen, verrecken.

Der zweite Teil kann auch entfallen. Der Spruch beschreibt die (angebliche) Lebensphilosophie der Schwaben: unermüdlich arbeiten, sich ein Haus leisten, sich alsdann zum Sterben hinlegen. Von Lebensfreude und den schönen Dingen findet sich nichts. Ob hier die traditionelle pietistische Lebenseinstellung aus Teilen Nordwürttembergs herüberschwappt?

Schdille Leit sind ruig.
Stille Leute sind ruhig.

Wer von Natur aus ruhig ist, redet auch in Gesellschaft nicht viel.
a) Leicht ironisch über Leute, die zurückhaltend sind.
b) Möglicher Hintersinn: Stille Wasser gründen tief.

Sepp, it für unguat, aber du schwäzscht so saudumm, dass es mir da Maga lupft, so kuig, dass em Großnäne s'Kindsmuas wieder koppa könnt. *(Ummendorf)*
Sepp *[= Josef]*, nichts für ungut *[= nimm's mir nicht übel]*, aber du schwätzt so saudumm daher, dass es mir den Magen hochhebt, so kuig *[= »heiß, dürr, schwül; dunstig« (Wax)]**, dass dem Urgroßvater das Kindsmus *(seine damalige Babynahrung)* wieder aufstoßen könnte.

Da muss der also getadelte Sepp schon einen ziemlichen Unsinn verzapft haben.
* Ob zu den Deutungen zu »kuig« von H. Wax hier noch eine weitere zutrifft, etwa wie »Galle aufstoßen« oder »Sodbrennen haben«?

Sepp, woisch, du host a bsondere Gnod bei Gott: Du bischt dumm und woischt it und wenn ma's diar sait, no glaubsch it. *(Ummendorf)*
Sepp *[= Josef]*, weißt *(du)*, du hast eine besondere Gnade bei Gott: Du bist dumm und weißt es nicht und wenn man's dir sagt, dann glaubst du es nicht.

Muss nicht zynisch oder tadelnd sein, kann auch eher mitleidig gemeint sein.

So a Gsichd gheerd au in d Hos!
So ein Gesicht gehört auch in die Hose!

Es gleiche mehr einem Arsch als einem Antlitz: Arschgesicht.
Mögliche Bedeutung: Du bist bescheuert bzw. Der ist bescheuert!

So a Gwäggsilberle!
So ein Quecksilberlein!

So ein hellwaches, lebhaftes, putzmunteres Kind!
Kommentar des überaus stolzen Vater über seine kleine Tochter.

So a Haadla-Waar!
So eine Hadelware!

»Hadel«: »zerrissenes Zeug, Lumpen, Fetzen, (davon abgeleitet): Lumpengesindel«
(Wax) So ein Lumpengesindel! So ein Pack! (eher verächtlich als bitterböse)

So a Riaschdr!
So ein Riester!

derb über eine Frau, sie sei bösartig, gemein, intrigant

So a Zusl!
So eine Zusel [= Susanne]!

– tadelnd und womöglich zugleich anerkennend für ein Mädchen
– auch: so ein ungeschicktes oder sich naiv verhaltendes Mädchen

So an Dorsa!
So ein Krautstrunk!

schmächtiges, »mickrig« geratenes Kind

So an Lohle! *(offenes gedehntes »o«)*
So ein Lohle!

böse, verärgert: So ein geistig langsamer Mensch; einer, der schwer von Begriff oder willensschwach ist.

So an Schbruchbeitl!
So ein Spruchbeutel!

böse, verärgert: So ein Angeber, Aufschneider, Sprücheklopfer!

So an Siach!
So ein Siech!

böse, verärgert: So ein Siecher! »Zugrunde liegt der ›Sieche‹ – der ›Aussätzige‹; ... wird ein Krankheitszustand zum (beleidigenden) Schimpfwort« (Wax)
Es kann aber auch Lob und Anerkennung bedeuten.

So an Sidian!
böse, verärgert: So ein durchtriebener Kerl!

Mehr zu »Sidian« (von franz. citoyen) siehe bei Wax. Anmerkung: Es ist bemerkenswert oder vielleicht auch bezeichnend, dass die ursprünglich höchst ehrenhafte Bezeichnung »citoyen« [= aufgeklärter, engagierter Bürger im Gegensatz zum »Untertan«] hierzulande zum Schimpfwort mutierte.

So en junga Soicher! *bzw.*
Duu Soicher, du frächa!

So ein junger Seicher!
Du Seicher, du frecher!

Derb und verärgert, einen jungen Burschen meinend, dessen Verhalten oder Reden man als vorlaut, aufmüpfig, frech empfindet.

Soo a alta Scheesa!
Soo a vrruggde Scheesa!

So eine alte Chaise!
So eine verrückte Chaise!

»Chaise«: von Pferden gezogener offener Bauernwagen, um zu Markte oder zur Kirche zu fahren. Verächtlich für »alte Frau«, die modisch noch etwas auf sich hält, was als übertrieben oder unangemessen empfunden wird.

Wägdua ka ma immer, abr nadua ka ma nix.

Wegtun kann man immer, aber hinantun kann man nichts.

Wenn ein Kind besonders lebhaft ist, sei das durchaus positiv. Das eine oder andere daran könne man ihm später auch noch abgewöhnen. Wenn eines hingegen »a Dootele« [= ein uninteressiertes, antriebsarmes Kind] sei, könne man meist nicht viel daran ändern und also nichts dazutun.   Allgäu

Warum hoißt ma eis Rengemer Hoba? – ??? – Wenn's druff akommt, noch semmer drnoch!

Warum heißt [= nennt] man uns Ringinger Hoba? – ??? – Wenn's drauf ankommt, dann sind wir *(auch)* danach.

»Hoba/Hoopa«: Messer zum Reisigschneiden (Mittelding zwischen Messer und Axt). In anderen Teilen Oberschwabens sagt man »Buschlamessr« dazu, weil man damit Reisigbüschel macht. Die Bewohner Ringingens werden so genannt, weil sie von etwas gröberem Naturell seien. Sie haben sich, wie es oft geschieht, die Neckerei der Nachbargemeinden selbst zu eigen gemacht und sogar das Innere eines Kreisverkehrs mit einem Riesen-Hoba geschmückt.   Donau

Was dia Mädla allaweil zum Kittera hont!

Was die Mädchen alleweil [= andauernd] zum Kittern haben!

»kittera«: »kitteren, leise in sich hineinlachen, ... heimlich, halblaut, unterdrückt

lachen« (Wax). Leicht genervt, aber letztlich verständnisvoll, wenn Mädchen im Teeny-Alter gerne und ohne erkennbaren äußeren Anlass immer wieder in Kichern ausbrechen und gar nicht mehr damit aufhören können. Selbst wenn sie wollten, so prusten sie doch immer wieder aufs Neue los. Hörten sie endlich beinahe auf, so fängt eine von ihnen gewiss wieder damit an. *Schussen*

Wenn d Leit schbinnet, fangt's im Kopf aa!
Wenn die Leute spinnen, fängt's im Kopfe an!
belustigt – ratlos – fassungslos – verärgert

Wenn där da Goischt oufgeit, no broucht r it viel oufgäa.
Wenn der *(einmal)* den Geist aufgibt, dann braucht er nicht viel aufzugeben.
Es sei ein Dummer …

Wenn der so groß wär wia dumm, noch kennt r em Mond a Ahle gäaba.
Nazi, wenn du so groß wärest, wie dumm, noch könntest du dem Mau a Aale gea. *(Ummendorf)*
Wenn der so groß wäre wie dumm, dann könnte er dem Mond ein »Ahle« geben.
Nazi, wenn du so groß wärest wie dumm, dann könntest du dem Mond ein »Ahle« geben.
»Ahle«: liebkosendes gegenseitiges Berühren der Wangen: Wange an Wange.
  Nicht mit oberflächlichem Schickeria-Bussi-Bussi zu verwechseln.
Nazi: Ignaz, Ignatius (männl. Vorname)

Wenn dir dai Bleedhait weh dät, dät ganz Mochawanga mit Schdebsl in de Ohra rumlaufa, weil se dai Gschroi nemme vrdraga kennded.
Wenn dir deine Blödheit weh täte, täte ganz Mochenwangen mit Stöpseln in den Ohren herumlaufen, weil sie dein Geschrei nicht mehr *(v)*ertragen könnten.
(Der Ort ist sicher austauschbar.) Rau, aber herzlich!? *Schussen*

Wenn dr Jud uff'm Stockzahn lacht, dann isch's lätz.
Der Jud und der Schmuser g'höret zäma, wie's F… und stinka! *(Ummendorf)*
Wenn der Jude auf dem Stockzahn lacht, dann ist es letz.
Der Jude und der Schmuser gehören zusammen wie der Hintern und stinken!
Stockzahn = Backenzahn; es ist letz = dann sieht die Sache nicht gut aus
Schmuser = widerlicher Schmeichler (Duden)
Ich habe lange überlegt, ob ich diese wüst antisemitischen Sprüche, von einem kath. Pfarrer im Jahr 1954, also kurz nach dem Holocaust, kommentarlos so mitgeteilt, aufnehmen soll. Es ist von mir ausdrücklich nur als Zeitzeugnis und nicht zur Nachahmung gedacht! Pfarrer Angele stellt dieses Kapitel seines Buches (siehe Quellen unter Ummendorf) unter die Überschrift »Von feiner Beobachtung und tiefer Seelenkunde

zeugen manche Sprichwörter und drollige Redensarten, welche oft ernste Weisheit in derbe Worte kleiden.« Darunter finden sich dann die beiden obigen hässlichen und etliche andere wirklich »glatte« Sprüche, auf die dann die zitierte Einschätzung des Pfarrers und Ehrenbürgers seiner Heimatgemeinde schon eher zutreffen.

Wenn du no au so en Kerle wärescht, wia i <Kunstpause> sai sott!
Wenn nua älle Leut wäret, wia i sei sott, no wär's halt schöa uff d'glumpata Wealt.
(Ummendorf)

a) Wenn du nur auch so ein Kerl wärest, wie ich <K.> einer sein sollte ...
   ... aber eben nicht bin! Humorvoll / tolerant.
b) Wenn nur alle Leute so wären, wie ich sein sollte, dann wär's halt schön auf dieser nichtsnutzigen Welt.

Wenn i di it hett – und de gloine Kardoffla, no missd e de große essa.

Wenn ich dich nicht hätte – und die kleinen Kartoffeln, dann müsste ich *(doch glatt)* die großen essen.
Die Kunstpause schwächt das anfängliche Lob augenzwinkernd wieder ab.

Wer lang frooget, gitt it gern.

Wer lange fragt, gibt nicht gern.

Wer als Gastgeber (zu) oft fragt, ob die Gäste nochmals etwas zu essen oder zu trinken begehrten, der sei in Wirklichkeit einer, der nicht so großzügig sei. Kann aber auch scherzhaft gemeint sein: »Frag nicht lang, schenk einfach nochmals ein!«   Schussen

Wer Reval rauchd, der frissd au gloine Kindr.

Wer Reval raucht, der frisst auch kleine Kinder.

Wer die (filterlosen und als besonders kräftig geltenden) Zigaretten der Marke Reval rauche, sei ein besonders »Wilder«, der sozusagen zu allen Schandtaten fähig sei. Freilich, das sagten augenzwinkernd die, die selber die ebenfalls filterlosen französischen Gauloises oder gar die ebenfalls französischen und noch härteren filterlosen Gîtanes Maïs rauchten, um sich von den Reval-Rauchern abzugrenzen. Die Fans der französischen Marken kamen sich dabei intellektueller vor als die in ihren Augen »ordinären« Revalraucher, von denen man freilich gar keinen persönlich kannte. Spätpubertäres Macho-Gehabe der 1970er/80er ...   Schussen

Wiaschtglaibige

Wüstgläubige

So bezeichnete man im (ursprünglich rein) katholischen Oberdischingen die benachbarten (ursprünglich rein) evangelischen Ersinger. Ersingen war einst ulmischer Besitz und daher reformiert, mitten im katholischen Umland. Da war ökumenisches Denken noch weit, aber sicher nicht nur dort ...

Wir können es nicht fassen, ... deine ...-Mädla.
»Mädla« / »Mädlein«: Mädchen
Aus einem Nachruf auf eine plötzlich Verstorbene. Diese »Mädla« sind gewiss erwachsen. Mit »Mädla« wird gerne ein eingespieltes weibliches Team bezeichnet, von sich selbst und von Anderen; im Beruf oder zum Beispiel in einer Sportgruppe. Und eine der ihren war soeben verstorben.   Donau

Wundrfitzig bin i it, wenn i alles woiß.
Wunderfitzig bin ich nicht, wenn ich alles weiß.
wunderfitzig: »neugierig, naseweis« (Wax)
Wenn man/frau schon gerne mal wieder etwas in Erfahrung brächte ...

Sprüche aus Handwerks- und anderen Berufen

Siehe unter anderem auch im Kapitel »Landwirtschaft«
und auch bei »Kinderreimen«

a baar Täxla naihaua

ein paar Täxlein hineinhauen [= hineinnageln]
Täxlein: »Dechslein«, zu »Dechsnagel« *(Wax)*

kleine, oft an Schaft und Kopf eckige Eisen- oder auch Holznägel; ursprünglich für Schuhmacher Schussen

A jedr schaffed noch saim oigana Dapp.

Ein jeder arbeitet auf seine Weise.

*»Tapp/Dapp: ... Fußstapfe« (Wax); hier wohl: Schritt, Tritt, Art zu gehen
eine Feststellung, keine Kritik*

a Souschwenzle noufwärts laufa lau

ein Sauschwänzlein aufwärts laufen lassen

*Ein Sauschwänzle ist bekanntlich geringelt, also nicht kerzengerade.
»Wenn ein Stoß von Dachlatten oder Verschalungsbrettern nicht exakt in einer Reihe nach oben verläuft« (Zimmermannssprache)* Donau

Abhook-Seggl

Ab-Hak-Seckel

Sehr verächtlich für Verwaltungsbeamte und -angestellte, weil diese den Tag damit verbrächten, auf endlosen Listen irgendwelche Dinge abzuhaken. »Seckel« (eigentlich »Säckel« von Hodensack) ist ein häufig gebrauchtes, nicht immer gleich kräftig gemeintes Schimpfwort. (Es tut den Betroffenen natürlich Unrecht!)

A'gschbroacha!

Angesprochen!

So kurz und bündig ist es unter Steinmetzen üblich, die Hilfe eines Kollegen anzufordern.

älles Wellaform!

alles Wellaform!

Sagen Karosseriebauer, wenn nach einer Unfallreparatur das Autoblech noch nicht wieder so glatt ist wie gewünscht, sondern noch etwas gewellt; Anspielung auf eine in Friseurkreisen bekannte Marke.

Also Mugga mälka, dees dommr fai it!
Also Mücken melken, das tun wir fein *[= in der Tat]* nicht!

Sooo genau wollen wir es nun auch nicht nehmen!
Wir wollen nicht päpstlicher sein als der Papst!

Am beschta am Sonntig noch dr Fria-Mess.
Am besten am Sonntag nach der Früh-Messe.

Zwar nicht ganz ernst gemeinter Vorschlag eines Achtklässlers, als eine geplante Arbeitsgemeinschaft (AG) aus mehreren Klassen zunächst partout keinen gemeinsamen Termin finden konnte – aber das Problem plagte ihn und alle anderen schon mächtig, weil sie unbedingt wollten, dass die AG aus lauter Freiwilligen zustandekam. Anmerkung eines Lehrers: Ja, so etwas gibt es durchaus auch ...   *Donau*

Bei de Herra ond de Boura
hot dr Wäbr nix vrlaura.
Bei den Herren und den Bauern
hat der Weber nichts verloren.

Zwar stammt der Spruch von der Schwäbischen Alb, da es aber in früheren Jahrhunderten auch in Oberschwaben Weber gab, soll der Spruch deutlich machen, wie weit unten im Ansehen der Weberberuf angesiedelt war. Sogar die Bauern dünkten sich ihm noch überlegen, und gerade diese hatten auf der Alb infolge der Erbteilung nach dem dort geltenden altwürttembergischen Recht doch selbst nur kleine, sehr kleine Anwesen ...

Bei denne hoißt s au: faif Guck ond oi Schaff!
Bei denen heißt es auch: Fünf Gucker *[= die zusehen]* und ein Schaffer *[= der die Arbeit macht]*!

ironisch über die (vermeintliche) Arbeitsmoral einer Arbeitskolonne

Beim Ässa voor – beim Drinka zruck – beim Schaffa ouf d Seita!
Beim Essen vor*(nüberbeugen)* – beim Trinken zurück*(lehnen)* –
beim Schaffen *[= Arbeiten]* zur Seite!

eine wohl eher ironische Aufforderung zur Lebensgestaltung ;-))

Birro
Büro

Betonung auf der ersten Silbe »Bü...«, während man in weiter nördlich gelegenen Sprachregionen gerne »Büro« sagt, also mit Betonung auf der zweiten Silbe »...rooo«.

Bis um achde sieht ma viel!
Bis um acht Uhr sieht man viel!

Bis dahin hat sich viel getan. Bis dahin sind wir wesentlich weiter gekommen.
Trost bei einer Arbeit, die gar kein Ende nehmen will. (Es kann natürlich auch jede andere Uhrzeit sein.)

Bloß wer schaffed, machd Fehlr!
Bloß wer schafft [= arbeitet], macht (auch mal einen) Fehler!
Trost zu sich oder einem anderen

Bloß, wenn s noch koi Handduach geit – a vrnümfdigs –
ond bloß en Butzlompa, noo …
Bloß, wenn es dann kein Handtuch gibt – ein vernünftiges –
und bloß einen Putzlumpen [= -lappen], dann …

Sagte einer skeptisch, als er an einem neuen Arbeitsplatz anfing und mit dem bildhaften Ausdruck die Hoffnung beschrieb, es möge mit seiner neuen beruflichen Orientierung auch genügend verdient sein.   Donau

Brengs her, dia senget scho!
Brings her, die singen schon!

Anspielung auf das Ende eines Gottesdiensts, auch außerhalb der Kirche am Gesang der Gläubigen erkennbar: Gleich werden die Leute herausströmen, und dann heißt es bereit sein. Ist hier aber ironisch und soll den anderen zu schnellerem Arbeiten antreiben: »Beeil dich. Es ist höchste Zeit!«   Donau

D Arbet alloi wär it so schwer,
wenn no der Allmachds-Duuschd it wär!
Die Arbeit allein wäre nicht so schwer,
wenn nur der Allmachts-Durst nicht wär!

»Allmachds-Duuschd / Allmachts-Durst«: Riesendurst

*Dieser Text steht neben dem Brennofen des ehemaligen Kalkwerks bei Obermarchtal, das heute als technisches Museum liebevoll eingerichtet ist. In harter Knochenarbeit wurden Kalksteine im dabei befindlichen kleinen Steinbruch gebrochen, zerkleinert, transportiert, im Brennofen zusammen mit Koks (Kohle) aufgeschichtet und gebrannt, mit Wasser abgelöscht und zuletzt abgesackt (verpackt).
Schwere Handarbeit, Hitze und Staub machen den Spruch verständlich.
Obermarchtal, an der B 311*   Donau

d Frau Lädele
die Frau Lädchen

»Lädele«: kleiner Kaufladen. Schon 1957 und offenbar auch heute noch gibt es ganz in der Nähe der allgemeinbildenden Ravensburger Gymnasien jenes Lädele, in und vor dem sich die halbe Schülerschaft in Pausen und Hohlstunden trifft. »Agora«, Markt-

platz, Kommunikations und Kontaktzentrum, was immer man will: das Lädele ist alles. Zu meiner Zeit sprach man auch von der damaligen Besitzerin nur von der »Frau Lädele«, obwohl ihr Name, Paula Nachbauer, Modistin, gut auf einem Schild zu erkennen war. Und erst ihre unsterblichen »Säftla«, irgend so ein limonadenähnliches Gesöff, aus Sirup und Wasser hergestellt, das Gläschen zu auch seinerzeit schon unschlagbar preiswerten 5 Pfennigen. Frau Lädele hatte eine Schwester, die beim Verkauf mithalf. Der Einfachheit halber hieß sie auch Frau Lädele. Man unterschied nicht.   Schussen

d Jäger, Fischer und Lumpa
wachsen all uff oim Stumpa.

Die Jäger, Fischer und Lumpen *(Taugenichtse)*
wachsen alle auf einem Baumstumpf *(heraus). (Ummendorf)*

Ob da wohl der Gedanke an Jagd- und Fischwilderei dahinter steckt?

Da Scheff-Handlanger woißts!

Der Chef-Handlanger weiß es.

Fachmann auf dem Bau leicht spöttisch, als einer der zwei Hilfsarbeiter auch einmal etwas wusste.

Där hott en Rousch wia en Fäagsand-Bua!

Der hat einen Rausch wie ein Fegsand-Bub *[= Bursche]*!

Landstreicher (Obdachlose) früherer Jahrzehnte kratzten in Sandgruben Fegsand (Scheuersand) zusammen und verkauften ihn gegen ein Geringes (Essen, Trinken, Bargeld) an die Bäuerinnen, die ihn zum Ausfegen der Stuben benötigten. Bier oder Most auf (fast) leeren Magen – und das mehrfach hintereinander – das hatte natürlich einen baldigen und recht kräftigen Rausch zur Folge.

Där schaffed etz im Schdallbou!

Der schafft *[= arbeitet]* jetzt im Stallbau!

»Stahlbau«: eine große Abteilung im Ehinger Liebherr-Werk, in der viele beschäftigt sind; auch in der Bevölkerung ein Begriff. Hier scherzhaft über einen, der gerade in Nachbarschaftshilfe Kuhstalleinrichtungen zusammenschweißte; absichtliche Verdrehung des Begriffs Stahlbau in Stallbau.

Där schaffet wia a Brunnabutzr! *bzw.* Do mosch schaffa wia a Brunnabutzr!

Der schafft *[= arbeitet]* wie ein Brunnenputzer! *bzw.*
Da musst du schaffen *[= arbeiten]* wie ein Brunnenputzer!

Eine harte/schwere/unangenehme Arbeit werde mit großem Fleiß ausgeführt. (Anerkennung) bzw.: Vermutlich war das Ausputzen von Brunnenschächten eine Arbeit, die schwierig und unter großem Zeitdruck zu bewältigen war.

Där suachd no da geschdriga Dag!
Der sucht noch den gestrigen Tag!
Ironischer Kommentar zu einem, der – als Handlanger auf einer Baustelle tätig – etwas besorgen sollte, aber eher verträumt als konkret danach Ausschau hielt.

Dees sand de Räate, wo morgens om Naina scho schwitzed vor loutr Angschd vor dr kommenda Arbet.
Das sind die Richtigen, die morgens um Neun schon schwitzen vor lauter Angst vor der kommenden [= bevorstehenden] Arbeit.
Kann lustiger Spott unter Arbeitskollegen oder aber auch Häme sein.   Donau

Deesch Gschmaggsach, wenn oiner da Hosalada hinta danna hot.
Das ist Geschmackssache, wenn einer den Hosenlatz hinten dran hat.
Verspottet das Ungeschick entweder des Trägers der Hose oder gar des Schneidermeisters und bezeichnet als dem individuellen Geschmacke unterworfen und also in das Belieben des Einzelnen gestellt, was doch in Wirklichkeit aufgrund anatomischer Gegebenheiten so nicht sein kann und darf.

Deesch au so en Ruggsaggschrainr, dees!
Das ist auch so ein Rucksackschreiner, der da!
Das ist so ein kleiner Krauterer, der nicht einmal eine richtige Werkstatt besitzt, sondern sein bisschen Werkzeug im Rucksack bei sich tragen kann bzw. muss. Verächtlich für einen »kleinen Handwerker«; hier Schreiner [= Tischler].
»Als Krauter oder Krauterer bezeichnet man einen kleinen Handwerksbetrieb und kleine Unternehmen, die mit der technischen und wirtschaftlichen Entwicklung nicht Schritt halten. Der Begriff kommt aus dem Idiom der fahrenden Gesellen und bezeichnete den Handwerksmeister, bei dem sie in Kost und Arbeit standen.«
https://de.wikipedia.org/wiki/Krauter

Deesch au so en Schopfwangr, dees!
Das ist auch so ein Schopfwagner, der da!
»Schopf«: landwirtschaftliches Nebengebäude
»Wanger / Wagner«: »Die Stellmacherei (auch Wagnerei) ist die Werkstatt eines Stellmacher genannten Handwerkers, der Räder, Wagen und andere landwirtschaftliche Geräte aus Holz herstellt. Die Bezeichnung des Berufs ist regional unterschiedlich, wobei Stellmacher eher im Norden verwendet wird, im Süden und in der Schweiz dagegen Wagner.« https://de.wikipedia.org/wiki/Stellmacherei
Das ist so ein kleiner Handwerker, der nicht einmal eine richtige Werkstatt besitzt, sondern sich mit einem schlecht ausgestatteten und zugigen Bretterverschlag behelfen muss. Verächtlich für einen »kleinen Handwerker«; hier Wagner

Dem sai Oi hott zwoi Dottr!

Dem sein Ei hat zwei Dotter!

Der hat unentwegt unverdientes Glück!

Der moss do hinta umscheiba.

Der muss da hinten umscheiben [= umkehren, wenden].

Die Redewendung ist von Schienenfahrzeugen abgeleitet (Rollwagen, Loren, Lokomotiven), wo man über Drehscheiben die Fahrtrichtung änderte. Dieses Bild wird gewohnheitsmäßig oder halb scherzhaft gelegentlich auch für LKWs oder andere Straßenfahrzeuge verwendet.

Des heddesch säa solla, wia dia nochhär älle oufräachd ontrm Soichfass nousgloffa send.

Das hättest du sehen sollen, wie die nachher alle aufrecht unter dem Jauchefass hinausgelaufen sind.

Kommentar eines Gasts bei einer politischen Partei-Veranstaltung (CDU) in einem Bierzelt in Ehingen-Kirchen. Festredner war der damalige Kultusminister des Landes. Dieser zog mit Hohn und Spott über »seine« Lehrer her, zum großen Gaudium des übrigen Publikums. Der Dienstherr machte seine »Untergebenen« regelrecht nieder. Kein Wunder, dass diese so »klein« wurden, dass sie ohne sich zu bücken sozusagen unter dem Jauchewagen hindurch nach Hause gehen konnten. Der Abstand zwischen Jauchefass und Erdboden ist eher kleiner als ein Meter.
Anmerkung: Es gab auch Meinungen von Nicht-Lehrern, dass IHR Arbeitgeber mit IHNEN so nicht hätte umspringen dürfen.

Des moss a andrs Korn sai, hot dr sell Millr gsait, wia n er ouf a Mousboll bissa hott.

Das muss ein anderes *(Getreide-)*Korn sein, hat jener Müller gesagt, als er auf eine Maus*(kot)*kugel gebissen hat.

Dia Blatta laufet grad ond gromm wia Sousoich.

Die Platten verlaufen gerade und krumm wie Schweine-Seich.

Kommentar des Kapos, als Dachplatten nicht schön genug ausgerichtet waren und ihre Stöße etwas im Zickzack verliefen.   *Donau*

Dia Woch goht au gar it rum!

Diese Woche geht auch gar nicht vorüber!

Seufzer am Montagmorgen gegen 7 Uhr.

Do fuxets!

Da fuchst es.

Da läuft eine Arbeit oder ein Vorgang überhaupt nicht so, wie es eigentlich sollte.

Do glemmts hinta und vorna!
Da klemmt es hinten und vorne!
Da läuft eine Arbeit oder ein Vorgang überhaupt nicht so, wie es eigentlich sollte.

Do isch a Igl-Neaschd.
Da ist ein Igelnest.
Zimmermannsgalgenhumor über mehrere krumme halb eingeschlagene Nägel nebeneinander am Balken in luftiger Höhe.   *Donau*

Do isch au viel Schbenglergold danna!
Da ist auch viel Spenglergold dran!
Viele Geräte wurden offensichtlich schon mehrfach durch Löten wieder zusammengeflickt. Nicht einmal böse gemeinter »Wessi-«Kommentar auf einer Fahrt durch »Ossi-«Land.
– «Wessi«: Bürger der Bundesrepublik vor der deutschen Wiedervereinigung; den Begriff gibt es aber erst seit diesem Zeitpunkt (1990)
– »Ossi«: Bewohner der ehemaligen DDR; »Ossi-Land« scherzhaft für ehem. DDR   *Donau*

Do isch Kolba-Rickhool-Fäadr hie!
Da ist die Kolbenrückholfeder hin.
Es klingt zwar beeindruckend, doch gibt es dies gar nicht. Damit versucht mancher Kfz-Mechatroniker, autotechnisch Unbedarfte hereinzulegen.   *Donau*

Do kasch na wia dr Bua zom Bätta.
Da kannst du *(eben so problemlos)* hingelangen wie der Bub zum Beten.
Zimmermannshumor, wenn es eher um halsbrecherisches Herumklettern auf Dachstühlen geht.   *Donau*

Do wersch fai kadoolisch ...
Da wirst du fein *[= dessen kannst du gewiss sein]* katholisch ...
Wenn eine Arbeit mühsam aussieht oder ist. In Anspielung auf das in der katholischen Kirche häufig übliche und beschwerliche Knien.

Do woisch zum Schluss it, bisch Male odr Weible.
Da weißt du zum Schluss nicht, bist du Männlein oder Weiblein.
nach einem überaus stressigen Arbeitstag

Doo isch bei uns dr Deggl scho z näh do gwäa, als dass mr no weiter nouf kenntet.
Da war bei uns der Deckel schon zu nahe da, als dass wir noch weiter hinauf könnten [= gekonnt hätten].

Ein Schulmann, als er anlässlich seiner Zurruhesetzung in Reden gelobt wurde und dabei meinte, die Obrigkeit hätte jeweils rechtzeitig dafür gesorgt, dass einer den Kopf nicht zu weit nach oben strecke, sonst hätte man alsbald eins auf denselben bekommen.   *Donau*

Doo mosch d Hubraumbeleichdung aischalta!
Da musst du die Hubraumbeleuchtung einschalten!

Es klingt zwar beeindruckend, doch gibt es dies gar nicht. Damit versucht mancher Kfz-Mechatroniker, autotechnisch Unbedarfte hereinzulegen.   *Donau*

Dr Boddybildr hott Muskla, und dr Zimmrma hot Kraft.
Der Bodybuilder hat Muskeln, und der Zimmermann hat Kraft.

Berufsstolz: es kommt nicht auf den Anschein an ... Diese Weisheit brachten Zimmerer einem Achtklässler schon an den ersten Tagen seines zweiwöchigen Betriebspraktikums bei.

Dr Boschdle hott mr heit scho a Päckle brocht.
Der Postler hat mir heute schon ein Päcklein gebracht.

»Boschdle«: Brief- und Paketzusteller der Post
»Päcklein«: Päckchen (kleines Paket)   *Schussen*

Dr Deifl drou em Abodeekr!
Der Teufel traue dem Apotheker!

Zu ergänzen: »Ich jedenfalls trau ihm nicht!« Drückt vielleicht fehlenden Glauben an die Wirksamkeit von Pillen und Salben aus.

Dr Opa hocket it bloß ouf em Kannabee, är schäffelet scho no so rumm.
Der Opa hockt nicht nur auf dem Kanapee, er schäffelt schon noch so herum.

»Kanapee«: Sofa
»schäffeln«: da und dort zur Hand gehen, leichtere Arbeiten verrichten
Verkleinerungsform von »schaffen« [= arbeiten]

Dr sell hot heit zue saim Weib unterem Rafalla gschria: »Brouchsch heit nix kocha, i iss im Grankahous!«
Der *(selbige)* hat heute zu seinem Weib, als er eben herunterfiel, gerufen: »Du brauchst heute nichts zu kochen, ich esse im Krankenhaus.«

Damit verdrängen Leute vom Bau die Angst vor dem Herabfallen von Gerüsten und Dächern.

Dr Zentimetr isch koi Mooß! (langes offenes »oo« sprechen)
Der Zentimeter ist kein Maß!

Wir messen nicht auf den Zentimeter genau: Bei uns (bzw. »bei denen«) nimmt man es mit der Präzision beim Arbeiten nicht so genau.

Dr Zwischagaas-Behältr isch läär!
Der Zwischengasbehälter ist leer!

Es klingt zwar beeindruckend, doch gibt es dies gar nicht. Damit versucht mancher Kfz-Mechatroniker, autotechnisch Unbedarfte hereinzulegen. Donau

ebbes naabroota *bzw.*
ebbes naabrutzla *bzw.*
ebbes zeemabroota
etwas hinbraten
etwas hinbrutzeln
etwas zusammenbraten

etwas (dr)anschweißen, etwas hinschweißen (an etwas anderes), etwas zusammenschweißen: Untertreibt scherzhaft, dass Schweißen gekonnt sein muss, wenn's halten soll. »Braten« und »brutzeln« erinnern an die dabei entstehenden Geräusche, wie sie auch beim Grillen zu vernehmen sind. Donau

En guate Lehrer isch, wenn saine Kindr klüger werret, ohne dass se s Lacha verlernet.
Ein guter Lehrer ist, wenn seine Kinder klüger werden, ohne das Lachen zu verlernen.

Ich gestehe: Diese Weisheit habe ich im »benachbarten« Schweizer Fernsehen aufgeschnappt, ins Schwäbische übersetzt und möglichst selber auch beherzigt.

En scheena Urlaub! – *Jojo, s Fiedla voola Arbet!*
Einen schönen Urlaub! – Ja ja, den Hintern voller Arbeit!

Und schon wird es nichts mit süßem Nichtstun – trotz arbeitsfreier Tage. Es gibt in Haus, Hof und Garten genug zu tun.

Entwedr isch ma en goeta Lehrer odr en goeta Beamta!
Entweder ist man ein guter Lehrer (Erzieher, Pädagoge) oder ein guter Beamter (Verwaltungshengst, Paragraphenreiter). Verzweiflungsruf eines Junglehrers angesichts erster Erfahrungen mit der Kultusbürokratie

Etz haune drei Dag gschaffed – deesch braggdisch s Gleiche wia de ganz Woch im Birro hogga.
Jetzt habe ich drei Tage geschafft *[= gearbeitet]* – das ist praktisch das Gleiche wie die ganze Woche im Büro hocken.

Geht von dem unausrottbaren Vorurteil aus, einen Meter Holz zu sägen sei weitaus mehr geleistet als zum Beispiel eine Doktorarbeit (selber ;-))!) zu schreiben.

Etz komm, mach anandr<u>no</u>che, <u>Laa</u>maasche!
Jetzt kommt, mach einandernach, Lahmarsch!

Zu einem, der bei der Arbeit recht trödelt: Mach deine Arbeit schneller! »anandrnoche / einandernach« (etwa): zügig eins nach dem andern »Laamaasche«: Mithilfe des Schluss -e wirkt es im Schwäbischen deutlich weniger derb als die schriftdeutsche Übersetzung.

Etz machemer den Schbickbroota wiedr <u>wäg</u>!
Jetzt machen wir den Spickbraten wieder weg!

... sagte die medizinische Fachangestellte (»Arzthelferin«), als sie die Akupunkturnadeln wieder entfernte.

Etz schroubsch amol an en Dällr an Deixl na ...
Jetzt schraub doch mal an einen Teller an *(die)* Deichsel hin ...

Das sieht zunächst ganz leicht und einfach aus und erweist sich bei näherem Besehen doch als völlig undurchführbar.

Etza fanget mr aa,
sait s Weib zum Maa.
Jetzt fangen wir an,
sagt das Weib zum Mann.

*Auf geht's! Ran an die Arbeit!
Wer mag, kann einen erotischen Unterton heraushören ...*

Feierobed odr meh Loa!
Feierabend oder mehr Lohn!

Aufforderung, die Arbeit für heute einzustellen. Es sei Zeit dafür. Man könnte auch die leise Resignation heraushören, dass mit einer spontanen Lohnerhöhung eh nicht zu rechnen sei.

Flaschner mit Porsche
Zahnarzt

Flaschner mit Porsche (Fetzer, zitiert in Wax), »Flaschner« (andernorts: Klempner); »Porsche« (hier): sinnbildlich für Luxusauto und Reichtum. Ein Zahnarzt sei - so der Spruch - auch nichts wesentlich anderes als ein Flaschner, nur dass er weitaus mehr verdiene.

<u>fuh</u>rwerka, <u>rum</u>fuhrwerka
fuhrwerken, herumfuhrwerken

sich bei der Arbeit abmühen, die nicht so recht vorangehen will; werkeln

Gand au demm an Revolfr, kaan r d Schnegga vrschiaßa,
wo n em am Schouflschdiel noufgreiset.

Gebt auch dem einen Revolver, kann er die Schnecken erschießen,
die ihm am Schaufelstiel hinaufkriechen.

Ursprünglich Spott über einen, der langsam arbeitet. Der Spruch fiel einem fleißigen Maurerkapo plötzlich wieder ein, und er musste spontan hellauf lachen: Über Nacht hatte sich eine Schnecke am Schaufelstiel hochgearbeitet. Er kannte den Spruch aus seiner Lehrzeit.

Gell, deesch ebbes andersch wia kalt Wassr soufa!

Gell, das ist etwas anderes als *(nur)* kaltes Wasser zu saufen!

Vergleicht harte körperliche Arbeit mit der Tätigkeit des Trinkens. Ich habe den Spruch als jobbender Schüler im Holzhandel oft genug gehört, als es schwere Spanplatten zu heben galt. Hinter dem Spruch steckte »Nun zeig mal, Bürschchen, was Du kannst!«

grousig im Gschind sai

grausig im Geschinde sein

»Gschind / Geschinde« (verwandt mit »sich schinden«): sehr viel zu tun haben, eine Mordshektik haben.   *Donau*

Gugg, dass da it glei wiedr en Dolka naimachsch!

Guck, dass du nicht gleich wieder einen Dolken reinmachst!

*Sieh zu, dass du nicht gleich wieder einen Tintenklecks (ins Heft) reinmachst!
Könnte der Lehrer zum Schüler sagen.*

Haa-Enn-Oo-Wuuzaler

HNO-Ohrwurm

*»Oora-Wuuzaler« (nördl. Oberschwaben),
»Oora-Wuusaler« (südliches Oberschwaben):
Ohrwurm (Fluginsekt; https://de.wikipedia.org/wiki/Ohrwürmer)
derb-scherzhaft für »Hals-Nase-Ohren-Arzt«*   *Donau*

Hand Sia zuagnomma?

Haben Sie zugenommen?

Fragte die Podologin den Patienten, der innerlich ziemlich erschrak. Der Behandlungsstuhl fahre nicht mehr hoch. Dabei war nur etwas daran verstellt ...

Hebd s achd Daag, hebd s verzea Daag,
ond wenn s verzea Daag hebd, no heebd s emmr.

Hebt [= hält] es acht Tage, hebt es *(auch)* vierzehn Tage,
und wenn es vierzehn Tage hebt, dann hebt es immer.

Schreinerweisheit beim Leimen

hintanumm macha, hintanumm macha
hintenhinüber machen *(zwei unterschiedliche Betonungen möglich)*
bei einem Geschäft oder Handel letztlich draufzahlen　　　　　　　　*Schussen*

Holl au a vierazwanzger Schbriaß!
Hol auch ein vierundzwanziger Sprieß!

»Schbriaß« (Sprieß): Stütze, Strebe (Bauhandwerk). Es gibt natürlich Sprieße in verschiedenen Ausführungen und Längen. Das mit dem 24-er Maß aber ist ein ganz besonderes: Es ist die Bierflasche.

Holl au en vierazwanzger Schlissl!
Hol auch einen vierundzwanziger Schlüssel!

»Schlissl« (Schlüssel; hier): Ring- oder Gabelschlüssel usw. (Bauhandwerk). Es gibt natürlich Schlüssel in verschiedenen Ausführungen und Längen. Der mit dem 24-er Maß aber ist ein ganz besonderer: Es ist die Bierflasche (oder auch der zugehörige Flaschenöffner).

Hosch allamool mee Arbet wia d Brout am Samstig.
(Du) hast jedesmal mehr Arbeit wie die Braut am Samstag.

*Vermutlich Anspielung auf den Samstag als Putztag aufs Wochenende hin. Zu jemand, der nicht ganz glaubhaft vorgibt, unentwegt viel Arbeit und viele Termine zu haben und sich deswegen zum Beispiel im Verein nicht recht engagieren zu können.
Als ob Bräute am Samstag besonders viel zu tun hätten …*

Hosch Blinkflissigkait noochgfillt?
Hast du die Blinkflüssigkeit nachgefüllt?

Es klingt zwar beeindruckend, doch gibt es dies gar nicht. Damit versucht mancher Kfz-Mechatroniker, autotechnisch Unbedarfte hereinzulegen.　　　　*Donau*

Hosch noo en Gang?
Hast du noch einen Gang?

Scherzhafte oder leicht besorgte Frage von Mitfahrern, wenn ein Bus oder LKW eine arg steile Steigung hinauffährt und sich der Motor im Drehzahlkeller bewegt, so dass der Fahrer (oder das Automatikgetriebe) demnächst in den – soweit noch verfügbaren – nächstniedrigeren Gang herunterschalten muss. Angesichts heutiger kw-starker Motoren und Automatikgetrieben mit daran gekoppeltem vorausschauendem Navigationssystem muss man sich diese Frage heutzutage kaum mehr stellen.

Hosch ouf dia Glässe **gschanz**ed?
Hast du auf die Klassenarbeit geschanzt?

»Klassenarbeit«: benotete Arbeit in der Schule
»schanzen« (Schülersprache): büffeln, fleißig lernen *Schussen*

Ho**tt** a jeeds sain **Bei**schläfr?
Hat ein jedes seinen Beischläfer?

Einer der Sprüche im Reisebus, wenn es nach einer Rast weitergeht und Busfahrer oder Reiseleiter feststellen wollen, ob wieder alle an Bord sind. Bei solcherlei Sprüchen ist dann die Stimmung im Bus meist schon höher als noch bei Reisebeginn.

I **heb** s ond ihr zwoi land it **fahra**!
Ich hebe es *[= halte es fest]* und ihr zwei lasst nicht fahren *[= lasst nicht los]*!

Alle sollen fest anpacken, wenn es Schweres anzuheben oder festzuhalten gilt.

I hon immr da groß Umdrieb und s klai Aikomma.
Ich habe immer den großen Umtrieb *[= Aufwand, Hektik]* und das kleine Einkommen.

Schussen

I lass mi doch it am **Bart** gratza!
Ich lass mich doch nicht am Bart kratzen!

Jeder wusste, dass es nichts mehr zu diskutieren gab, auch wenn der Meister, der es gesagt hatte, vielleicht mal im Unrecht war.

I schwitz **edds** scho wia Magischdr!
Ich schwitze jetzt schon wie ein Magister.

»Magischdr / Magister« (hier): Lehrer, »Schulmeister«
Räumt die Redensart ein, dass auch der Lehrerberuf anstrengend sein kann?

I woiß it, was dia Leit allaweil **hont**: Etz bin e scho an fuffzeah Schdockwerk verbeikomma, und bis etz isch amol no **nix** bassiert!
Ich weiß nicht, was die Leute immer so haben: Jetzt bin ich schon an fünfzehn Stockwerken vorbeigekommen, und bis jetzt ist jedenfalls noch nichts passiert!

Soll der Maurer beim Herabfallen vor sich hingedacht haben! Damit verdrängen Leute vom Bau die Angst vor dem Herabfallen von Gerüsten und Dächern. *Schussen*

im Sommr Lehrer und im Wintr Mourer
im Sommer Lehrer und im Winter Maurer

So möchte man es haben: Lehrer haben Sommer- und Maurer haben Winterferien. Die Wirklichkeit sieht in beiden Fällen deutlich anders aus ...
(Wer ernsthaft mehr dazu wissen will: LMD.EU@t-online.de)

In d Hend schbucka ... ond noch ouf d Arbet scheißa.
In die Hände spucken ... und dann auf die Arbeit scheißen.
Eine Vorläufer-Variante des Sponti-Spruchs »Erst schwach anfangen, aber dann unheimlich stark nachlassen ...«
Donau

In dr Baumschuel sitzd se oba dinna.
In der Baumschule sitzt sie oben drin. [= Also an der Spitze]
Ein Blick hinter verschlossene Türen: Schule, Lehrerkonferenz. Es geht um Zeugnisse. Klar, dass über gute Schüler hier nur kurz und lobend gesprochen wird, während einen die Sorgenkinder natürlich länger beschäftigen. So entwand sich einem Lehrer nach mehrstündigen Beratungen, als das nächste versetzungsgefährdete Kind an die Reihe kam, der sorgenvolle Seufzer. Schwaben verstehen ihn. Für andere Leute mag erklärt werden, dass man über einen »Schwachbegabten« landläufig sage, er habe allenfalls eine Baumschule besucht. (Die heiße zwar »Schule«, aber man könne darin ja nichts lernen.) Wenn nun ein Kind schon arg schwach ist, so mag es ein kleiner ironischer Trost sein, dass es wenigstens in der Baumschule zur Spitzengruppe zählen würde ... Da ich selbst oft genug bei solchen Beratungen dabei sein musste, erlaube ich mir vorsichtshalber den Hinweis, dass ernsthaft und nach bestem Wissen und Gewissen versucht wird, zum Wohle des Kindes oder Jugendlichen zu entscheiden. Es herrschte – soweit ich das über Jahrzehnte selbst erlebte – niemals Hohn und Zynismus.

Isch dees em Pfarr sai Housere? – Jo, deesch Pfarrhousere.
Ist das dem Pfarrer seine Hauserin? – Ja, das ist die Pfarrhauserin.
»Housere / Pfarrhousere«: Haushälterin, Pfarrhaushälterin
Kath. Geistliche dürfen ja i.d.R. nicht verheiratet sein; zur Besorgung des Haushalts hatten/haben sie eine Angestellte, die »Pfarr-/Haushälterin«. Diese war (vor allem früher) oft die leibliche Schwester des Pfarrers. Vor allem diese legten zuweilen auf die Anrede »Fräulein« auch dann noch Wert, als diese immer mehr im Verschwinden begriffen war. Sie wollten damit vermeiden, dass sie bei Namensgleichheit als Ehefrau des Pfarrers betrachtet würden. Also legten sie zum Beispiel Wert auf die Anrede »Fräulein Sauter«, auch im durchaus höheren Alter. Auch, dass sie mit »Fräulein« und dem Vornamen angesprochen werden wollten, gab es, zum Beispiel »Fraila Agnes« [= Fräulein Agnes].

It falla lassa wia de gloine Kendr!
Nicht *(einfach)* fallen lassen wie die kleinen Kinder!
Als ein Verkäufer mit einer Kollegin zusammen ein Bund [= Bündel] Kälberstrickla zerlegte, erstens um die Länge zu messen, und zweitens, um dem Kunden die gewünschte Anzahl zu übergeben, verließ sich jeder auf den anderen, er werde schon nicht

loslassen, also fiel natürlich alles zu Boden. Worauf dann prompt der Spruch folgte.
Übrigens typischerweise (?) vom Mann gegenüber der etwas älteren Kollegin.   Donau

Jedr Bou moess waggla, wenn r it wagglet, no hanget r.
Jeder Bau muss wackeln, wenn er nicht wackelt, dann hängt er *(schief)*.

Zimmermannshumor, wenn er auf etwas unsicherem Gebälk steht. Der ernsthafte Hintergrund sei der, dass nur Bauten leicht schwanken würden, die »im Wasser« stehen, also senkrecht sind. Und wenn sie mal nicht mehr wackeln sollten, dann sind sie umgefallen oder eingestürzt.

Jedr Kramr lobt sai War.
Jeder Kramer lobt seine Ware.

»Kramer / Krämer« (hier): Händler, Hausierer und jeder andere, der etwas an den Mann oder an die Frau bringen will – Waren oder Dienstleistungen.

Kantum mit dr alta Maiere!
Kantum mit der alten *(Frau)* Maier*(in)*!

Zimmerleute haben verschiedene Begriffe, um klar auszudrücken, wie und um welche Achse ein ja meist schweres Holzstück zu drehen sei. Natürlich denken die Männer bei »umkanten« gelegentlich auch in erotischen Dimensionen, deswegen der scherzhafte Zusatz mit Frau Maier. Da diese »alt« sei, wirkt der Spruch noch skurriler.
Übrigens: In der Mundart gibt es noch weibliche Endungen bei Familiennamen. So ist die Frau Maier eben »d Maiere«, die Maierin. Slawische Sprachen und zum Beispiel auch Neugriechisch führen derartige weibliche Endungen sogar hochsprachlich und offiziell in amtlichen Papieren. In unserem Raum war dies bis ins 19. Jahrhundert die übliche Schreibung in Pfarrbüchern.   Donau

Kantum mit dr Mottr!
Kantum mit der Mutter!

Im Holzhandel Tätige usw. Siehe die vorige Erklärung. Statt der »Frau Maier« muss »die Mutter« (Ehefrau) herhalten.   Schussen

Kindr, bettet, dr Vattr laimet!
Kinder, betet, der Vater leimt!

Scherzhaft, wenn der Hausvater wieder einmal Möbel durch Leimen zu reparieren versuchte. Früher waren die Leime nicht sehr haftend. Und vielleicht auch im übertragenen Sinn, wenn ein Heimwerker zwei linke Hände hat ...

Komm guet hoim!
Komm gut heim!

Ist ein allgemeiner Wunsch, wenn Gäste heimkehren (natürlich auch in der Mehrzahl:

»Kommet guet hoim« (Kommt gut heim). Zugleich steht der Wunsch seit vielen Jahren gut sichtbar auf den Windabweisern der Fahrerhäuser einer oberschwäbischen Spedition. Damit wird auch der Wunsch ausgesprochen, unfallfrei über die Runden zu kommen.

Kundschäftla bzw. Kundschaft drinka
Kundschafteln bzw. Kundschaft trinken

Zur Pflege geschäftlicher Beziehungen essen und trinken gehen. Zum Beispiel: Eine ehemalige Brauerei hatte einen Angestellten, dessen Hauptaufgabe es war, reihum alle Gastwirtschaften zur Einkehr zu besuchen, die ihr Bier von dieser Brauerei bezogen. (Der Mann war ständig »beruflich« betrunken ...) Oder: Eine Gärtnermeistersfamilie geht in einem Gasthaus essen, dessen Wirt von ihr regelmäßig den Tischblumenschmuck bezieht.

Lange Zieg wia beim Soufa ...!
Lange Züge wie beim Saufen ...!

Zimmermann: wie man mit der Handsäge umgeht   *Donau*

Lass nia en Domma fleißig wära!
Lass nie einen Dummen fleißig werden!

Dumm sein allein ist schon schlimm genug, wenn dann so einer aber auch noch viel tut, richtet er um so mehr Unheil an.   *Donau*

liabr da ganza Dag gschaffet wia soo ebbes ...
lieber den ganzen Tag geschafft *[= gearbeitet]* als so etwas ...

So ist es schon mehrfach biederen Handwerkern entfahren, als sie eines Büros mit Schreibtischen, Computern, Aktenschränken usw. ansichtig wurden und nahezu voller Mitleid mit demjenigen schienen, der mit solcher Art Arbeit seinen Lebensunterhalt verdienen muss. Pikanterweise meinten sie mit »schaffen« natürlich ihr eigenes Tun, während das Hocken am Schreibtisch wohl eher etwas Geheimnisumwittertes ist, gewisslich aber nix rechts G'schafftes. Dies sollte aber auch ehrfürchtig empfundenes leises Gruseln vor dem Tun eines Büromenschen ausdrücken. Heutzutage verbringen auch Handwerker sehr viel Zeit im Büro und am PC.

Liabr en Ranza vom Soufa wia en Buggl vom Schaffa!
Lieber einen Ranzen *[= gutgemästeten Bauch]* vom Trinken als einen Buckel *[= krummen Rücken]* vom Schaffen *[= Arbeiten]*!

Lehrbude
Schatzabude
Zackabude
Gummibude

Ausbildungsbetrieb *(damaliger A. des Gewährsmanns, Rentner; er sagte so im April 2016)*

Schatzenbude: Maschinenfabrik Heinrich Schatz *(früherer Name; heute Schuler-Pressen GmbH, Werk Weingarten)*

Zackenbude: ZF *(Zahnradfabrik Friedrichshafen; im Juli 2016 so gebraucht, neutral, nicht despektierlich)*

Gummiwerk *(VEB-Gummiwerke »Werner Lamberz«, Tabarz, Thüringen, zu DDR-Zeiten)*

In Arbeiterkreisen nannte man früher (und teils bis heute) seinen eigenen Betrieb gerne »Bude«, oft mit einem beschreibenden Zusatz versehen. Und weil das nicht nur in Oberschwaben so war, steht hier als »Gast« auch das Thüringer Beispiel, in dem Freunde von uns arbeiteten.

Lumpa, Alteise, Babier!

Lumpen, Alteisen, Papier!

Singsang fahrender Altmaterialhändler, als sie noch durch die Straßen zogen und man ihnen bringen konnte, was entsprechender Abfall im Haushalt war. Viel war es natürlich nicht. Dafür gab es dann ein paar wenige Pfennige. (1 Pfennig war 0,01 DM und entspricht also etwa 0,005 Euro-Cent.)   Schussen

Lupf, no griagsch en Langa … *oder* Lupf no, no griagsch en langa Seggl!

Lupfe [= hebe kräftig mit an], dann kriegst du einen Langen …
Lupfe [= hebe nur kräftig mit an], dann kriegst du einen langen Seckel [hier: Pimmel]!
So sagt(e) man …
– in Steinmetzwerkstätten, wenn die Lehrlinge bis an ihre körperlichen Grenzen schwere Lasten heben mussten.
– im Holzhandel zu jugendlichen Ferienarbeitern (-jobbern)
»Pflege des Männlichkeitswahns, neudeutsch Macho« kommentierte der Gewährsmann.

Ma däff all Dag froh sai, wemma da Goul obends wiedr in Schdall schdella ka.

Man darf alle Tage froh sein, wenn man den Gaul abends wieder in den Stall stellen kann.

Sagen nicht nur Fuhrleute – wo gib's denn diese noch? – sondern auch Berufs-LKW-Fahrer, die sich des Risikos in ihrem Beruf durchaus bewusst sind. Dass sie das Bild vom Pferd (und Fuhrwerk) verwenden, liegt daran, dass viele Menschen noch von Vorerfahrungen aus der Landwirtschaft geprägt sind.

Ma muess bloß so gsond sai, dass ma dr Arbet ous em Wääg gau ka.

Man muss nur gerade so gesund sein, dass man der Arbeit aus dem Weg gehen kann.

Donau

Mach anandrnoche!
Mach einandernach!
Beeile dich! Schaff' schneller!

**Millr, Mäahlr,
Roggaschdäahlr,
Koorabeißr,
Zwieblscheißr!**
Müller, Mehler [= der mit Mehl zu tun hat],
Roggenstehler,
Kornbeißer,
Zwiebelscheißer!

Spottvers; passt auch zu den Kinderreimen. Müller galten früher oft als unheimliche Gestalten, denen man allerlei zutraute. Sie arbeiteten in einem hohen Gebäude, in dem es unentwegt polterte. Zudem war es in der Mühle halbdunkel. Das Misstrauen der Bauern war groß, auch wirklich ihr eigenes Getreide in vollem Umfang und unverfälscht als Mehl wieder zu erhalten. Außerdem bestand zu Zeiten der Leibeigenschaft oft der Zwang, sein Getreide bei einem bestimmten Müller mahlen zu lassen, so wie es der Grundherr verfügte. Rundum Misstrauen ...

**Mit Kunschd ond Fleiß wird's ousgfierd,
ond was net basst, wird mit Kitt naagschmierd.**
Mit Kunst und Fleiß wird es ausgeführt,
und was nicht passt, wird mit Kitt hingeschmiert.

Der Gewährsmann – ein erfahrener Steinbildhauermeister – berichtete von diesem Vers auch, dass er je nach Umständen auf Schwäbisch oder in der Schriftsprache vorgetragen wurde. Es steckt allerhand Selbstironie dahinter.

Moischdr – i bin ferdig! Wo solle e s Schdiggle nakeia?
Meister – ich bin fertig! Wo soll ich das *(Werk-)*Stücklein hinschmeißen?

Nimmt auf den Arm, dass angeblich so manches Werkstück, vom Auszubildenden mühevoll, geduldig und fleißig hergestellt, letztlich nicht verwendet würde und im Schrott lande.

Mosch au ans Aabrächa denka!
(Du) musst auch ans *(Wieder-)*Abbrechen denken!

Weisheit unter Bauhandwerkern, man solle etwas so planen und errichten, dass ein späteres Zurückbauen nicht unnötig erschwert würde. Hier: scherzhaft-ironisch zu einem, der gerade ein sehr (!) stabiles Gehege zur Rinderhaltung zusammenschweißte, das auch Elefanten oder Nashörner aushielte.

Nagnuila kennte ond fluacha, bis dr Dachschduahl aikeit.
Hinknien könnte ich und fluchen, bis der Dachstuhl einstürzt.
Soll ein Rißtissener Müller wegen völliger Arbeitsüberlastung ausgerufen haben.
Donau

Neie Bäasa kehret guat, abr de alte kennet d Winkl besser.
Nuie Beasa kehren guat, aber die alte findet d'Winkel. *(Ummendorf)*
Neue Besen kehren gut, aber die alten kennen die Winkel besser.
... finden die Winkel

Wenn jemand eine Stelle neu antritt oder eine neue Aufgabe übernimmt, ist er oft besonders eifrig in seinem Tun. Es fehlt ihm jedoch die Erfahrung: Er übersieht leicht Fallen, »Sümpfe« und dunkle Ecken, in die er unversehens hineingeraten könnte.   Donau, Riß

No it luck long! *bzw.* **No it luck lassa!** *bzw.* **No it luck lau!**
Nur nicht nachlassen! Nicht loslassen! Dranbleiben! *(3x)*
Aufruf bei der Arbeit, wenn die Kräfte schwinden wollen.
Allgäu (links), Schussen (Mitte), Riß/Donau (rechts)

No lout gschria, dass ma moit, mr schaffed!
Nur laut geschrien, dass man meint, wie schaffen *[= arbeiten]*!

Nur laut »Hau-Ruck!« gerufen, damit die Vorgesetzten auch mitbekommen (sollen), wie fleißig und hart wir arbeiten! Es waren keine Drückeberger, die diese Parole ausgaben. Es wurde wirklich körperlich schwer gearbeitet. Ich weiß es, ich war dabei.

Noo koin Domma an Deixl!
Nur *(ja)* keinen Dummen an die Deichsel!

Wenn man bei Fuhrwerken die Auswahl hatte, welches Tier die Leitfunktion an der Zugdeichsel übernehmen sollte, so tat man sich leichter, wenn man ein klügeres und erfahrenes einspannen konnte. Diese alte bäuerliche Weisheit bedeutet, dass es auch bei den Menschen allemal besser sei, wenn ein kluger Kopf die Arbeit anleite.

Oblischiert und bedankt!
Obligiert und bedankt!

»obligiert« (lateinisch/französisch): zu Dank verpflichtet. So sagen Steinmetze nach getaner Arbeit zum Kollegen, der helfend eingesprungen war.

Oh Jordanbad, du edles Gai,
wenn e de sieh, no dusch mr wai.
Oh Jordanbad, du edles Gäu, wenn ich dich sehe,
dann tust *(du)* mir weh.

»Gai / Gäu« (nicht: Gau!): Gebiet, Gegend
Kein hasenreines Schwäbisch; wohl so gewollt. Seufzer einer Frau, die im Kurbad als Putzhilfe beschäftigt war. Obwohl in Haushalten durchaus schon bekannt, gab es um 1930 dort noch keine elektrischen Staubsauger. Entsprechend mühselig war die Arbeit.

Ouf dära Bouschdell z Ebfenga war da Lehm so zäh,
do hosch gmoit, do hausch ouf a Belzkabba.

Auf dieser Baustelle in Öpfingen war der Lehm so zäh,
da hast du gemeint, da haust du auf eine Pelzkappe.

Alle maurer-üblichen Werkzeuge beim Ausheben der Fundamentgräben federten zurück.

Ouf zu Gott – en himmlischa Johrmarkd!

Auf zu Gott – in den himmlischen Jahrmarkt!

Ermutigung des Zimmermanns oder Maurers, die Leiter hoch zum Gerüst zu besteigen. Donau

oufbassa wia a Hächlesmacher

aufpassen wie ein H...

besonders genau aufpassen, sehr sorgfältig arbeiten
»Hechelemacher ..., Verfertiger von Hecheln (Kämme für Flachsanbau). ..., die Augen aufreißen, aufpassen« u.a. (Fischer); vgl. »Oufbassa wia a Heftlesmacher«. Donau

Rettich

Stadtbekannter, nicht böse gemeinter Neckname für einen angesehenen Gärtnermeister.

S Aug schaffet mit.

Das Auge schafft *[= arbeitet]* mit.

Bedeutung des Augenmaßes – der Hände Arbeit allein genügt nicht.

S Fichdaholz schwäddsd.

Das Fichtenholz schwätzt.

Es gibt unter starker Belastung, bevor es bricht, Geräusche von sich; im Gegensatz zu anderen Hölzern. Fachwissen der Leute vom Bau.

S goht glei leichtr, wenn s Hemmad weg isch.

Es geht gleich leichter, wenn das Hemd *(schon mal)* weg ist.

Kommentar des Kapos auf dem Bau, als sich ein Hobby-Bauhelfer zuletzt nicht mehr ganz so ungeschickt anstellte und aus lauter Eifer und Hitze das Hemd ausgezogen hatte. Der Spruch fiel natürlich unter deutlicher Anspielung auf Erotisches, das hier freilich keine Rolle spielte.

S isch no nia koin Glehrte vom Himml gfalla als en Maurer, und där isch lahm gfalla.

Es ist noch nie ein Gelehrter vom Himmel gefallen als ein Maurer, und der zog sich beim Sturz eine Lähmung zu.

Als Trost gedacht: Es sei noch kein Meister vom Himmel gefallen.

S nägschml werre Heebamm …

Das nächste Mal werde ich Hebamme …

… sprach seufzend der Kfz.-Werkstattmeister. Wenn das Kind auf der Welt sei, hätte er damit anschließend nichts mehr zu tun. Bei den Autos hingegen fingen die Probleme erst an, je länger sie schon auf »der Welt« seien. Donau

s Schdiropor schwätzt.

Das Styropor® schwätzt.

Der Baustoff Styropor® gibt bei Temperaturschwankungen Geräusche von sich. (Maurerwissen). Übrigens: »Schdiropor saget d Schdadtleit« wusste um 1984 ein Achtklässler, der in einer Landgemeinde wohnte. Sie auf dem Land würden einen anderen Begriff verwenden, der mir aber inzwischen leider entfallen ist.

s vrschdellbare Augamooß

das verstellbare Augenmaß

ironisch, wenn es bei handwerklichem Tun nicht ganz hundertprozentig genau hergeht

S Ziegl-Hai wird s scho drugga!

Das Ziegel-Heu wird es schon *(nieder)*drücken!

Zimmermannsspott. Wenn ein neu aufgerichtetes Gebälk an einem Schuppen nicht eben verläuft, sondern sich da und dort etwas aufwirft, dann hofft man, dass das Gewicht der Dachziegel es schon »niederdrücken« würde. Wenn nun aber so ein Schuppen nur mit leichtem Abdeckmaterial bedacht wird, drücken keine Ziegel. Dann drückt nur das vergleichsweise leichte Gewicht des später eingelagerten Heus, allerdings natürlich nicht auf die Dachplatten. Kurz gesagt also und Sinn des Spotts: Krumm bleibt krumm. Donau

Schaffa isch a Arbet, und dees mosch dua meega.

Schaffen ist eine Arbeit, und das muss man tun mögen.

Sagt einer, wenn er nicht gerade Lust auf (seine) Arbeit hat. Oder es ist eine Aufforderung zum Anpacken. Der zweite Teil entfällt oft.

Schdegga, hot sell Mädle gsait!

Stecken *(oder: steck ihn {rein})*, hat jenes Mädchen gesagt!

Zimmermannssprache: Aufforderung, den Zapfen eines Pfostens in die entsprechende Aussparung im Balken einzuführen. Und, naja, die Gedanken sind frei … Donau

Schdeggelesma

Stöckchenmann

Der Kirchenschweizer: Ein Aufsichtführender, der genau aufpasste, dass während der Messe ja keiner Unfug trieb. Der alte Eisele, so hieß er, hatte ein steifes Bein und benutzte deshalb einen Gehstock mit Gummikappe. Er setzte seinen Stock jedoch auch zur Bestrafung ein. Falls einer sich getraute, während der Messe zu reden, fuhr ihm mit vehementer Gewalt der Stock vom Schdeggelesma ins Kreuz. (Baindt)   Schussen

Scheff isch Scheff und i bin i!

Chef ist Chef und ich bin ich!

Der Chef kann sagen, was er will – ich handle dennoch nach meinem eigenen Willen! Anmerkung: Ob's mutiger klang, als es hernach ausgeführt wurde?

Schmeggsch s Siaßholz?

Schmeckst [= riechst] du das Süßholz?

»Siaßholz / Süßholz«: Am bekanntesten ist das Echte Süßholz als die aus der Pflanze gewonnene Süßigkeit Lakritze. https://de.wikipedia.org/wiki/Echtes_Süßholz. Mit diesen Worten hob zuweilen Konrektor S. in einer Weingärtler Grundschule seinen Erstklässlern den Meerrohr-Zeigestock quer unter die Nase. Die kleinen Buben konnten zwar nichts wirklich süß Riechendes daran erkennen, redeten es sich jedoch wohl ein, wahrscheinlich um zu verdrängen, dass damit eigentlich Schläge angedroht, jedoch nach Erinnerung des Gewährsmanns nie ausgeteilt wurden. 1952. »Meerrohr« (»Spanisches Rohr«): Dünne Rattanstäbe (zwischen 4 mm und 12 mm Durchmesser) sind dagegen sehr flexibel und werden als Züchtigungsinstrumente verwendet. https://de.wikipedia.org/wiki/Rohrstock

Scholla-Bockeler

Schollen-B.

»Bockeler« von »bockla / bockeln«: einer, der über die Felder stolpert (Wax) scherzhaft für Geometer; Feldvermesser

Schuamächerle, mach Schua,
mach s guat, mach s fai,
schlag Negl nai,
ziah d Fäda rous –
hu – s Schiale brichd!

Schuhmacherlein, mach Schuhe,
mach sie gut, mach sie fein,
schlage Nägel hinein,
zieh die Fäden heraus –
ups – das Schühlein bricht!

Könnte auch ein Spiel sein, bei dem am Ende das Kind scheinbar fallen gelassen wird.

Schuamächerle, mo kommschd her?
– *Vom Hemmale raa.*
Ja, wa hosch do doba dau?
– *Schua gmachd!*
Ja, was koschded noch dia Schua?
– *Fimf Mark!*
Dia send abr billig! Kasch mr au oine macha?
– *Jo!*
Ja, ond wenn noch s Loischdle bricht, wa isch noch?
– *Des siehsch glei!*
Schuamächerle zuit s Loischtle ous … pschschtpschtttttttttt …
Schuamächerle zuit s Loischtle ous …
s Loischtle isch brocha!

Schuhmacherlein, wo kommst du her? – Vom Himmelchen herab. – Ja, was hast Du dort droben getan? – Schuhe gemacht. – Ja, was kosten dann diese Schuhe? – Fünf Mark. – Die sind aber billig! Kannst du mir auch welche machen? – Ja! – Ja, und wenn dann das Leistchen bricht? Was ist dann? – Das siehst du gleich! – *(Das)* Schuhmacherlein zieht das Leistchen aus … – Das Leistchen ist gebrochen!

»Leisten bezeichnet einen aus Holz oder Metall nachgebildeten Fuß für die Schusterarbeit.« (Duden)
Der Spruch ist sicherlich auch ein Kinderspiel bzw. Spiel mit Kindern gewesen. Er muss entstanden sein, als die Kinder den örtlichen Handwerkern noch bei der Arbeit zusehen konnten. Beim letzten Satz wird das Kind vermutlich scheinbar fallengelassen.

Seegras-Karle
Nicht böse oder abschätzig gemeinter Neckname für einen früheren Polsterermeister mit Vornamen Karl, der nebst vielen anderen Materialien auch Seegras (Binsen, Schilf) verarbeitete.

Selbscht dr Dimmschd und dr Feilscht findt oin, wo no dimmr und no bleeder isch und glaubt, dass an allem da Lehrer schuldig isch!

Selbst der Dümmste und der Faulste findet einen, der noch dümmer und noch blöder ist und *(ihm)* glaubt, dass an allem nur der Lehrer schuldig ist …

… wenn er schwach begabt, unmotiviert oder »verhaltensoriginell« ist!
Seufzer eines Schulmeisters

Sind des d Schdromer, wo do hanna schaffet?

Sind das die Stromer, die hier arbeiten?

»Stromer« sind eigentlich Herumstrolchende, Landstreicher. Hier wird der Begriff augenzwinkernd umgemünzt auf Fachkräfte, die mit Strom umgehen, vor allem jene, die Freileitungen montieren und reparieren.

Sind des Telefoner?
Sind das *(die)* Telefoner?

Bis 1994 gab es die Deutsche Bundespost, die für Briefe und Pakete ebenso wie für Telefondienste zuständig war. Die erste Gruppe war die »Gelbe Post«, die zweite (die »Telefoner«) nannte man die graue Post. Die Farben zeigten sich an Teilen der Dienstkleidung, an Beschriftungen und an den jeweiligen Fahrzeugen. Jede Gruppe hatte ihr eigenes berufliches und betriebliches Selbstbewusstsein entwickelt. Die »Grauen« ließen sich lieber »Telefoner« als »Postler« nennen, obwohl sie alle Bedienstete, meist Beamte, der damaligen Deutschen Bundespost waren.

So a Aug sott it schderba!
So ein Auge sollte nicht sterben!

Sagte ein kurz vor dem Ruhestand stehender Handwerksmeister (»Pfläschderer / Pflasterer, Steinsetzer«) ganz ohne Überheblichkeit, aber doch mit dem sicheren Wissen, sich im Laufe eines langen Berufslebens das nötige Know-how, den »Blick« für sein Tun angeeignet zu haben. Dass das ganze Wissen künftig brach liegen und letztlich vergehen müsse, sei doch jammerschade. Es schwang zudem die traurige Erkenntnis mit, Wissen und Erfahrung aus Mangel an geeignetem Nachwuchs auch nicht weitergeben zu können.

So lang s no wagglet …
So lange es noch wackelt …

… ist es auf jeden Fall noch nicht umgestürzt. Gemeint: hohe und zuweilen gefährlich wackelnde Holzstapel im Holzhandel Schussen

So wia där schaffet, mecht i main Urlaub vrbringa.
So wie der schafft *[= arbeitet]*, möchte ich meinen Urlaub verbringen.

Wetten, dass da ein sogenannter Beamtenwitz dahintersteckt!

So, hosch s Oot naa bellet?
So, hast du das Ort hinab gebellt?

Ein Metzger scherzhaft zu seinem Kollegen, der wegen eines Hustenanfalls aus der Wurstküche hinaus ins Freie getreten und danach wieder zurückgekommen war. »Bellen« wird öfters als Beschreibung heftigen und vor allem trockenen Hustens verwendet. Übrigens: »das« Ort, nicht »der«. Donau

Soll e naihuaschda?
Soll ich hineinhusten?

Scherzfrage eines Reifenmonteurs, als er ein kleines Schubkarrenrädchen aufpumpen sollte.

Vielleichd, vielleichd isch s Holz vrkauft – vielleichd, vielleichd au it!
Vielleicht, vielleicht ist's Holz verkauft – vielleicht, vielleicht auch nicht!
Rhythmisch zu sprechen; Betonung beachten! Nichts Gewisses weiß man nicht. Vielleicht traut man einem, der von Verkaufserfolgen spricht, nicht so ganz.   Allgäu

Wär nix glernet hott, ka au nix vrgessa.
Wer nichts gelernt hat, kann auch nichts vergessen.

Wär nix schaffed, machd au koine Fählr.
Wer nichts schafft *[= arbeitet]*, macht auch keine Fehler.

Warsch du heit au scho mit em Aarsch an dr Degge?
Warst du heute auch schon mit dem Arsch an der Decke?
*Wo hast du dich denn heute schon überall herumgetrieben?
(Meister zum Gesellen nach dessen längerer Abwesenheit)*

Was goht bei dir schnell? – ??? – Du wirsch schnell miad!
Was geht bei dir schnell? – ??? – Du wirst schnell müde!
Spott des Kapos auf dem Bau, als die mithelfende Bauherrschaft mangels Übung alsbald ins Schwitzen geriet.   Donau

Weitrmacha!, sait dr Beichtvattr zum Bua.
»Weitermachen!«, sagt der Beichtvater zum Bub.
Verdecktes Lob des »Kapos« auf dem Bau, wenn es die Untergebenen (wider Erwarten, aber zur um so größeren Freude) richtig gemacht haben.   Donau

Wemma miad isch, moss ma schlofa.
Wenn man müde ist, muss man schlafen.
Diese Binsenweisheit erhält ihren Reiz erst dann, wenn sie von Handwerkern am frühen Morgen gerufen wird, um sich selbst oder andere vollends wachzubekommen.

Wemma nix sieht, isch gleich, wo ma nagugget.
Wenn man nichts sieht, ist es gleich, wo man hinguckt.
Spott, als der Zimmermann seine Brille vergessen und beim genauen Peilen Schwierigkeiten bekommen hatte.

Wemma scho nix duat, machd ma sich wenigschdens drägged!
Wenn man schon nichts *(Rechtes)* tut, macht man sich (doch) wenigstens dreckig.
Wenn man nicht ganz so sauber aussieht, so erweckt man wenigstens vor anderen

Leuten den Eindruck, man arbeite ... Oder: Eigentlich wollte man nicht wirklich etwas arbeiten, aber plötzlich war man trotz ungeeigneter Kleidung mittendrin. Zwar hat man bald wieder aufgehört, weil zum Beispiel Feiertag ist, aber die Kleidung ist doch versaut.

Wemma zviel rudschet, gitts Lechr in d Hosa.
Wenn man zuviel rutscht, gibt es Löcher in die Hosen.
Es ist nicht gut, wenn man zu oft seine Arbeitsstelle wechselt. *Allgäu*

Wenn da vom Dach raafallsch, no mosch bloß en halba Meetr iberem Boda wiedr in d Hee-e jugga – no bassiert nix. Bloß däsch halt deen Pungt it vrbassa!
Wenn du vom Dach herabfällst, dann musst du bloß einen halben Meter über dem Boden wieder in die Höhe jucken *[= hochspringen]*– dann passiert *[= geschieht dir]* nichts. Bloß darfst du halt diesen Punkt nicht verpassen!
Zimmermanns- und Dachdecker-»Weisheit«. So tröstete ein wagemutig auf dem Dach herumkletternder Zimmermann eine besorgte Nachbarin, die das nicht mit ansehen konnte.

Wenn där näabdr dr hogget, där nimmt dr d Sonna!
Wenn der neben dir hockt, der nimmt dir die Sonne!
Ein Busfahrer über einen beleibten Reiseleiter, der mal neben ihm saß. *Donau*

Wenn dia älle ousschlaget, noch hamma näxsch Johr Neegl gnua.
Wenn die alle ausschlagen *[= keimen]*, dann haben *(wir)* nächstes Jahr Nägel genug.
Kommentar, als wieder einmal ein Nagel vom Baugerüst gefallen war. *Donau*

Wenn dr Schua s Loch hinta hott, setzd ma da Blädds au it vorna nai!
Wenn der Schuh das Loch hinten hat, *(dann)* setzt man den Flicken auch nicht vorne ein!
Man reagiert jeweils (am besten) adäquat auf eine Situation! *Donau*

Wenn e raafall, no hebsch da Schuuz ouf, no schbreng e doo nai!
Wenn ich runterfalle, dann hältst du die Schürze auf, dann springe ich da rein!
So tröstete ein wagemutig auf dem Dach herumkletternder Zimmermann eine besorgte Nachbarin, die das nicht mit ansehen konnte. Übrigens: der Schurz *Donau*

Wenn no äll Däg Sonndig wär, no briecht ma gar nemme schaffa!
Wenn nur alle Tage Sonntag wäre, dann bräuchte man gar nicht mehr zu arbeiten. *Donau*

Wenn oiner femf Litr Denta gsoffa hot, ischt r nemme räacht em Grend!
Wenn einer *(infolge eines langen Berufslebens)* fünf Liter Tinte gesoffen *(verschluckt/*

eingeatmet) hat, ist er nicht mehr *(ganz)* recht im Kopf!

Richtet sich wohl gegen Büroberufe. *Donau*

Wenn s huuret, noch huurets!
Wenn es hurt, dann hurt es!

»huren«: überhaupt nicht rund laufen, dauernd Störungen haben (Arbeitsabläufe)
Sinn: Wenn mal der Wurm drin ist, dann kommt eines zum anderen:
Nichts läuft dann mehr richtig rund. Dann klemmt es überall. *Donau*

Wenn s no heebd bis ma futt sand. bzw. Wenn s no hebbd, bis mr futt sind.
Wenn es nur hebt *[= hält]*, bis wir fort sind. *(2x)*

Stille Hoffnung oder kleiner Scherz der Handwerker beim Verlassen der Baustelle.
Donau / Schussen

Wenn s schbannt: s goht no ai!
Wenn s Luft hott: s wext noo!
Wenn es spannt: es geht noch ein!
Wenn es Luft hat: es wächst noch!

»spannen« (hier): klemmen, weil etwas zu groß
»eingehen« (hier): einlaufen (wie Wäsche)
»Luft haben» (hier): zu klein sein, Spalten offen lassen
»wachsen« (hier): nachträglich noch etwas größer werden
Ein Schreiner- und Glasermeister wanderte einst von Ehingen (Donau) nach Münsingen (25 km), um dort Fenster auszumessen. Auf der Baustelle merkte er, dass er den Meterstab [= Zollstock] vergessen hatte, also wanderte er ins heimische Ehingen zurück, um ihn zu holen. Einige Zeit später brachte er dann die neuen Fenster auf die Alb. Nun waren manche etwas zu groß geraten, andere etwas zu klein. Er »tröstete« dann die Bauherrschaft jeweils mit einem der beiden Sprüche. Die Geschichte soll sich zwar schon vor langem zugetragen haben, aber sie soll wahr sein. *Donau*

Wo n i bee, isch nix, abr i ka jo it iebraal sai!
Wo ich bin, ist nichts *(in Ordnung)*, aber ich kann ja nicht überall sein!

Sollen Schreinergesellen ihren Meistern unterstellen.
Aber es wird wohl ein weitverbreiteter Kalauer sein ... *Donau*

Zerschd kommd d Schuel und noch nommol d Schuel – und noch kommt lang nix meh, und noch kommt vielleicht amol d Familie.
Zuerst kommt die Schule und dann nochmals die Schule – und dann kommt lange nichts mehr, und dann kommt vielleicht die Familie.

Berufsauffassung eines Schulleiters. »Seine« Junglehrer wussten letztlich nicht, sollten sie diese mehr bewundern oder eher fürchten ... *Donau*

Zia da linke Socka ous, glemm dr en Binsl zwischa Zea und schreib mit em Fuaß!

Zieh den linken Socken aus, klemm dir einen Pinsel zwischen *(die)* Zehen und schreib mit dem Fuß!

Ein Lehrer gefrustet zu einer Lehrerkollegin. Diese wollte partout an keiner Fortbildung zum Schreiben am Computer teilnehmen, obwohl der Kurs freiwillig, kostenlos und quasi privat angeboten wurde. Unterton: Die soll mir ja nicht später daherkommen und es dann doch noch gezeigt bekommen wollen!
Anm.: im süddeutschen Sprachraum heißt es »der Socken«, auch in Österreich und in der Schweiz, sagt der Duden.

Donau

Zom Glick bisch raa- und it noufgfalla,
sonschd hett ma a Loitr broucht, zom de wiedr raaholla.

Zum Glück bist du herunter- und nicht hinaufgefallen,
sonst hätte man eine Leiter gebraucht, um dich wieder herunterzuholen.

In der Ironie steckte die Erleichterung, dass ein Sturz nochmals glimpflich ausgegangen war.

Donau

Zwicke, zwacke, zwäckele,
i pack di glei am Bäckele.

… ich pack dich gleich am Bäckchen *[= an der Wange]*.

Soll ein Lehrer jeweils gesagt haben, wenn er mit Zeige- und Mittelfinger die Wange eines Schülers derart einklemmte, dass dieser ihm »willig« quer durchs Klassenzimmer folgte. Auf Tatzen (Stockhiebe auf die ausgestreckte Hand) soll der Schulmeister dafür verzichtet haben. Wenigstens das …

Donau

Aus der Landwirtschaft und bäuerlichem Tun

(oder was sich hochnäsige Stadtleute zuweilen darunter vorstellen)
Erfahrung, Weisheit, Arbeitswelt, zuweilen Spott, manchmal Humorvolles

a Budele, zwoi Budela drenka
a Beschle, zwoi Beschla drenka

ein Pudelchen, zwei Pudelchen tränken *(2x)*

einem (Kuh-)Kälbchen (zu saufen geben) oben: *Allgäu, Schussen, Riß / unten: Donau*

A Gnäachd isch beim Schaffa hoilig und beim Zahla selig.

Ein Knecht ist bei der Arbeit heilig und beim Zahlen selig.

Heilig: wertvolle Hilfe? Selig: wenn er seinen Lohn erhält? *Riß*

Aischd amol iebrzwäär fahra *oder*: an A'wandr macha

Erst einmal überzwerch fahren. *oder:* einen Anwander machen

»Anwander« Schmalseite, Ende eines Ackers; Vorgewende(-Fläche)
Beim Bearbeiten einer Wiese oder eines Feldes erst einmal quer zur Längsrichtung
fahren, also am schmaleren Grundstücksanfang eine Möglichkeit zum späteren Wen-
den schaffen, wenn man dann in Längsrichtung fährt. *Donau (2x)*

Alewise
duet nia wia diese!

Aloys tut nie wie diese!

Aloysius tut nie wie die anderen: An Aloysius (21.6.) ändert sich das Wetter.
(Büchele I) (Sommeranfang) *Allgäu*

Am Karfritig soll ma d Salva-Schdeck schneida, dass e besser waxet.

Am Karfreitag soll man die Salbeistöcke schneiden, dass sie besser wachsen.
(Büchele I) *Allgäu*

Am Karfritigobed soll ma d Bämm schittla,
dass ma im Herbscht gnua Obschd griat.

Am Karfreitagabend soll man die Bäume schütteln,
dass man im Herbst genug Obst kriegt. *(Büchele I)* *Allgäu*

An Magdalena-Daag
reift s Korn Naachd ond Daag.

Am Magdalenentag *(22.7.)*
reift das Korn Nacht und Tag.

Gegen Ende des Monats Juli reift das Getreide vollends schnell heran.
»Korn« wird häufig das am meisten angebaute Getreide einer Region genannt:
Hierzulande ist es Weizen, anderswo im deutschsprachigen Raum ist es Roggen (vgl.
»corn«: in England: Weizen, in Schottland: Hafer, in den USA und in Australien: Mais)

Donau

An Mariä Geburt fliaget die Schwalben furt.

An Mariä Geburt fliegen die Schwalben fort.

Um den 8. September brechen die Schwalben Richtung Süden auf. Es wird Herbst.

An Sangt Mang sät ma da erschde Schdrang.

An Sankt Magnus sät man den ersten Strang.

Am 6. 9. beginnt die Aussaat der Winterfrucht [= Wintergetreide]. (Büchele I)

Allgäu

An Sattlgoul und an Sommergnäat isch schläet griaga.

Ein Sattelgaul und ein Sommerknecht ist schlecht zu kriegen. (Büchele I)
Der »Sattelgaul« war das links eingespannte Pferd vor dem Fuhrwerk. Es lenkte das Gespann, nach Bedarf von einem Reiter dazu angehalten (Sattel!). So ein Pferd musste gut geschult und erfahren sein; entsprechend selten war es zu bekommen.
»Sommerknecht«: Über den Sommer waren Arbeitskräfte gesucht und auf dem Arbeitsmarkt schlecht zu finden.

Allgäu

Asa Kend haune messa <u>Me</u>ne dreiba.

Als Kind habe ich müssen Mene treiben.

»Mene«, »Gespann von Zugtieren, Ochsen, Pferden« ... (Wax)
die Mene treiben: das Gespann führen (sinngemäß) (Wax)

Donau

Äss-Äss-Bouer

SS-Bauer

(S)amstags- und (S)onntags-Bauer
Scherzhaft für Nebenerwerbslandwirt; Anspielung auf die NS-Zeit

<u>Bart</u>lamai lait s <u>Ehmd</u> oufs Hai.

Bartholo<u>mä</u>*(us)* legt das Öhmd auf das Heu.

Um die Tage des Bartholomäus (24. August) war die zweite Ernte des Gras-Schnittes. (Öhmd genannt); dieses kam im Heustock logischerweise zuoberst zu liegen

Riß

Beim Augschda dott ma d Fruchd rai. *bzw.* En d Ähret dot ma d Fruuchd rai.

Beim »Augusten« tut man die Frucht rein. *bzw.*
In der Ernte*(zeit)* tut man die Frucht rein.

»Augschda / Augusten«: bäuerliche Arbeit im August = Zeit der Getreideernte bzw.
»Ähret / Ernte(zeit): Zeit der Getreideernte
»Fruchd / Fruuchd / Frucht«: Getreide   *Riß bzw. Donau*

Boura hand s halt allaweil schindig.
Die Bauern haben es eben allezeit schindig.

Sie müssen sich eben immer abplagen (»sich schinden«). Allerdings, wer so sagt, will dies eher ironisch verstanden wissen, etwa des Sinnes, die Bauern beklagten (zu Recht oder nicht) allezeit ihr hartes Los. Im konkreten Fall meinte mich der Nachbar bei meiner abendlichen Hobbystallarbeit (Mutterkuhhaltung), und es war diesmal weniger Spott als die Feststellung, es gebe eben immer etwas zu tun, selbst wenn man nur eine »Mini-Landwirtschaft« betreibe.

Boura-Feitig
Bauernfeiertag

Noch bis um 1950 galt der Johannistag (27.12.) als einer von vielen Bauernfeiertagen, an denen nur das Nötigste gearbeitet wurde. Neben den Sonntagen gab es im Jahr etwa 40 weitere, weitgehend arbeitsfreie, kirchlich gebotene Feiertage, davon 29 Heiligenfeste. (Büchele I)   *Allgäu*

Boura-Schniaz
Bauern-Schneuzer

ganz ohne Taschentuch – Nasenloch zuhalten – und dann gib ihm ... Nase frei!!!
Sprach und machte es aber gleich darauf ein Nicht-Landwirt!   *Riß*

Bschitte, Bschittefass, Bschittekarra – bschitta
Gilla, Gillafass, Gillakarra – Gilla fiehra
Lacha, Lachafass, Lachakarra – Lacha fiehra
Soich, Soichfass, Soichkarra – Soich fiehra

B(e)schütte, B(e)schüttefass, B(e)schüttekarren – b(e)schütten
Gülle, Güllenfass, Güllenkarren – Gülle führen
Lache, Lachenfass, Lachenkarren – Lache führen
Seich, Seichfass, Seichkarren – Seich führen

»Bschitte / Beschütte«: Jauche; Jauchefass, Jauchekarren – Jauche auf Wiesen und
    Felder ausbringen
»Gilla / Gülle«: Jauche ...
»Lache / Lacha« (hier): Jauche ...
»Soich / Seich« (hier): Jauche ...
Alle vier Gruppen von Bezeichnungen sind in der jeweiligen Gegend völlig normal und gebräuchlich für Flüssigdünger tierischen Ursprungs .   *Allgäu, Schussen, Riß, Donau*

Brell amool em Häge! bzw. Här amool de Kia!
Rufe mal den Häge *[= Stier]* herbei! *bzw.* Rufe mal den Kühen!
im Falle der Kühe zum Beispiel, um sie von der Weide in den Stall zum Melken zu locken (»eintreiben«)   *Allgäu*

Bua, do mosch halt räata!
Bub, dann musst du eben *(ein Sieb benützen).*
Ein Landwirt reklamierte beim Futtermittelvertreter, es sei zuviel zu feines Futtermehl in der letzten Lieferung enthalten gewesen. Da riet ihm die Altbäuerin zum Gebrauch eines Siebs.   *Riß*

D Gäarschda loufd so legg-me-am-aschig na.
Die Gerste läuft so leck-mich-am-arschig hinunter.
Anspielung auf eine Leck-mich-am-Arsch-Haltung:
  gleichgültig, desinteressiert, langsam, zögerlich
Gerste rieselt nur langsam und zögerlich in der Schrotmühle nach. (Gerste und anderes Getreide wird als Viehfutter grob gemahlen)   *Riß*

d Haisoichere
die Heuseicherin
An Kreszentia (15.6.) regnet es gern ins zum Dörren ausgebreitete Heu. (Büchele I)
                    Allgäu

d Henna aidua
die Hennen eintun *(in den Stall treiben)*
eintun: »das Vieh heimtreiben, [in] Eh[ingen] = eintreiben« (Fischer)   *Donau*

D Sou wird vom viela Wiega au it fettr.
Die Sau wird vom vielen Wiegen auch nicht fetter.
Häufiges Nachwiegen und -messen allein bringt kein besseres Ergebnis.

D Viecher kennet anand!
Die *(Rind-)*Viecher kennen sich untereinander!
scherzhafter Zuruf des Nachbars, wenn einer von seiner Kuh mit lautem freudigem Muhen begrüßt wird

Da Näpomugg hoggd ouf dr Brugg
und gibd em no da letschde Drugg.
Der Nepomuk *(16.5.)* hockt auf der Brücke
und gibt ihm *[= dem Wetter]* noch den letzten Druck.

»Nepomuk«, der sog. Brückenheilige, findet sich als Statue an oder auf vielen Brücken. Er ist der letzte der Eisheiligen, bringt nochmals so richtig nasskaltes Wetter und beendet damit aber auch die Schlechtwetterphase. *Allgäu*

Da Rogga soll d'Sonna in da Boda neibrenna, aber d'Vesa soll s'Weatter neischwemma. *(Ummendorf)*

Den Roggen soll die Sonne in den Boden hineinbrennen,
aber den Vesen *(Dinkel)* soll das Wetter hineinschwemmen.

Unterschiedliche Getreidesorten verlangen unterschiedliche Witterung, um zu gedeihen. Roggen: viel Sonne; Dinkel: viel Regen

Där duet ganz rappa-naatig!

Der tut ganz wild / ungebärdig.

über einen Bullen, der an seinen Ketten zerrt *Riß*

Där isch räat zeemanommig!

Der ist recht zusammen-nehmig!

Er hält sein Sach' zusammen: (sehr) sparsam oder gar geizig *Donau*

de Geil naigää
em Vieh naigää

den Gäulen hineingeben

dem Vieh hineingeben

Den Pferden (dem Vieh oder anderen landwirtschaftlich gehaltenen Tieren) das Futter in der Raufe oder im Futtergang vorlegen.

Deem Goul hott ma gleibet.

Diesem Gaul wurde «geleibt».

Wollte man ein älteres Pferd im Gespann schonen oder ein junges Pferd einschulen, verwendete man die sogenannte Leibwaage, bei der das Waagscheit auf der Seite des entsprechenden Pferdes weiter nach innen versetzt wurde, um es so weniger zu belasten. (Büchele I) *Allgäu*

Deen Goul nommt ma zum Kippera.

Deesch en Kippergoul.

Diesen Gaul nimmt man zum Holzstrecken. Das ist ein auf Holzstrecken geschultes Pferd. Schwere Kaltblüter, die gefällte Baumstämme bis dahin schleppen, wo sie der Langholz-LKW laden kann. *Donau (Winkelgemeinden, Raum Munderkingen)*

Dees Johr hot ma Fruuchd grad raischdäala miassa.
Dieses Jahr hat man die Frucht [= Getreide] geradezu reinstehlen müssen.

Die Witterung war dieses Jahr so ungünstig, dass man die Ernte sozusagen wie ein Dieb nur mit Schwierigkeiten und mit aller Hast und Eile, zur Not auch bei Nacht und Nebel, hat heimbringen können. Donau

Deesch drugga wia a Käafers Fiedla!
Das ist trocken wie ein Käferhintern!

In den 1920ern war es teilweise unter der Bauernjugend üblich, Käfern, vor allem Maikäfern, die Köpfe abzubeißen. Damit wollten die Buben den Mädchen imponieren. Vielleicht rührt daher das Wissen, dass ein Käferpo trocken schmecke. Riß

Der mit sainr Deixlgläpperei!
Der mit seiner Deichselkläpperei!

Deichselkläpperer: »Spottname für einen Halbbauern, der nur zwei Pferde hat. Ehingen/Öpfingen« (Fischer) Donau

Dia dott flaißa.
Die tut flaißen.

»flaißen«, von »flößen« (Wax) Auf Gehweg/Stallgasse usw. mit einem kräftigen Guss Wasser aus dem Eimer alten, festgebackenen Schmutz oder Mist wegspülen

Dia hond gar koine richdige Kuaglogga, bloß so Schäddera!
Die haben keine richtigen Kuhglocken, bloß so Sch.*!

*»Schäddere«: zu »schättern«: etwas, das »einen unreinen, blechernen Ton hervorbringt« (Wax). Hier gemeint: Kuhschelle (bauchige Form) im Gegensatz zur Kuhglocke, die die Form einer kleinen Kirchenglocke hat und einen reinen Ton erzeugt. Riß

Dia hott dett a glois Sächle ghett.
Die hat dort ein kleines Sächlein gehabt.

»Sächle«, Verkleinerungsform von »Sach« [= Sache]: kleines landwirtschaftlich zu nutzendes Anwesen

Dia Huara-Sou hott scho wiedr da Liadrling hochdau!
Diese Huren-Sau hat schon wieder den Liederling hochgetan.

»Hure-« als Verstärkung des Ärgers. »Liederling«: (auch) »Liegerling: ... Bodenbalken im Saustall« (Wax). An beiden Enden abgeflachte Holzstange, die in Reihe mit anderen als Untergrund im Schweinestall diente. Schweine wühlten nach ihrer Art darin, bis es ihnen gelegentlich gelang, eine der Stangen aus ihrer Verankerung zu lösen. Und die galt es dann im Mist wieder zurechtzurücken.

Dia Sou hot a Jungs vrflagget!

Die Sau [= Mutterschwein] hat ein Junges [= Ferkel] durch Sich-Darauf-Legen oder Sich-Darauf-Fallen-Lassen unwillentlich erdrückt. »flagga / flacken«: liegen

Dia wohnet etz im Ustragshiesle.

Die wohnen jetzt im Austragshäuslein.

»... Austragshaus ...: kleineres Gebäude, das für die Altbauern (Altenteiler) errichtet wurde und nach der Übergabe des Hofes an die Erben jenen als Wohnstätte dient.« (wikipedia) *Allgäu*

Dia wohnet etz im Pfreadnerhous.

Die wohnen jetzt im Pfründnerhaus.

Das kleine Häuschen, das von Altbauer und Altbäuerin bewohnt wird. Sie beziehen in der Regel eine Pfründe [= Einkommen aus Geld und Sachleistungen], wie es bei der Hofübergabe vereinbart und notariell beglaubigt wird. Im Übrigen: siehe vorigen Spruch. *Riß*

Do hanget des Eitr na, so schlaff wia a alta Zeitong.

Da hängt das Euter hinunter, so schlaff wie eine alte Zeitung.

Das Euter einer Kuh, die »trockensteht«, das heißt, zur Zeit keine Milch gibt. Für Nichtlandwirte: eine Kuh muss erst ein Kalb geboren haben, bevor sie zum ersten Mal Milch gibt. Kuhmilch ist tierische Muttermilch! Der Mensch nimmt ihr dann in der Regel das Kalb weg, ernährt dieses mit Ersatz und »klaut« der Mutterkuh indes die Milch. Nach einigen Monaten – wenn das Kalb aus dem Milchalter heraus wäre – lässt denn auch die Milchleistung nach und versiegt letztlich ganz. Die Kuh muss mittlerweile wieder gedeckt und trächtig geworden sein, das nächste Kalb zur Welt bringen, und dann geht der Milch-Gewinnungs-Kreislauf erneut los. *Donau*

Do hanne gschnätteret wia d Soubuaba.

Da habe ich *(vor Kälte)* geschnattert wie die Saububen [= Schweinehirten].

»schnättera«: vor Kälte bibbern
Saubube sein war wohl Aufgabe der Kinder ärmerer Leute. Und früher ging man die meiste Zeit des Jahres barfuß. *Donau*

Do kaasch koi <u>Goiß</u> zum Degga brenga ...

Da kannst du keine Geiß zum Decken bringen ...

Geißen (Ziegen) galten als die Kuh des kleinen Mannes, also der ärmeren Leute. Das Deckenlassen durch einen Ziegenbock kostete eine kleine Gebühr. Selbst diese aufzubringen fiel manchmal schwer. Sinn: Die Zeiten sind so teuer, dass man nicht einmal mehr Geld für kleine Dinge übrig hat. War aber nicht immer so richtig ernst und wörtlich gemeint ...

Do kommet d Meis mit vrheilete Auga d Schdiaga ra.
Da kommen die Mäuse mit verheulten Augen die Stiegen herab.

»Schdiaga / Stiegen«: Treppen(stufen). Früher wurden in Bauernhäusern die Getreide- und Mehlvorräte im Obergeschoss (zuweilen »Schitte / Schütte« genannt) gelagert. Wenn dort die allgegenwärtigen Mäuse nichts mehr fanden, muss große Not im Haus geherrscht haben. Oder es war eher scherzhaft in gespielter Armut gemeint ...

Doo hoot ma zeemagalled. *bzw.* **Doo hoot ma noochegalled.**
Da hat man »zusammengegallt«. *bzw.* Da hat man »nachgegallt«.

Gefallenes Obst nach dem Tag des Hl. Gallus (16. Oktober), also nach der eigentlichen Obsternte, noch auflesen; ebenso: liegengebliebene Ähren nach der Getreideernte zusammensammeln. Beides war früher Privileg der Ortsarmen.   *Donau*

Doo moss ma immr wiedr noche-haaga.
Da muss man immer wieder nach-hagen.

»Hag« (hier): Zaun (in dieser Bedeutung im mittleren und südlichen Oberschwaben geläufig)
»haaga / hagen«: Zaunarbeiten verrichten
»nooche-haaga / nach-hagen« den Zaun umsetzen (Routine-Arbeit im Weidebetrieb)

Du bisch au so en <u>Schbitz</u>mahdr!
Du bist auch so ein Spitzmäher!

Spott, wenn jemand aus mangelnder Übung beim Mähen mit der Sensenspitze öfters in den Boden haut. Sollte echten Landwirten nicht passieren ...

Du hoggesch doo, wia wenn da s Koora <u>vrkaufd</u> hettesch!
Du hockst da, wie wenn du das Korn verkauft hättest.

So zufrieden und behäbig wie nach einem guten Geschäftsabschluss.   *Donau*

Du mit daim Jammr!
Du mit deinem Jammer!

»Jammr/Jammer«: ein recht kleines landwirtschaftliches Anwesen. Herablassend zum entsprechenden Besitzer   *Donau*

Elfeleita – Weibrschreck!
Elf-Uhr-Läuten – Weiberschreck!

Das morgendliche Elfuhrleuten vom Kirchturm erinnerte die Frauen daran, sich aber jetzt sogleich an die Zubereitung des Mittagessens zu machen. (Büchele I)   *Allgäu*

em Haiet bzw. im Heibet
in der *(Zeit der)* Heuernte *(2x)*

Hinweis: im = in dem Haiet / Heibet: 2x männlich (Maskulinum);
der Haiet / der Heibet   Donau, Allgäu

Em Meez sand de feilschde Boura ouf de Fäldr.
Im März sind *(selbst)* die faulsten Bauern auf den Feldern.

Weil's da so viel zu tun gibt: »Im Märzen der Bauer die Rösslein einspannt ...«   Donau

Em Riecha kelberet d Schdallbäasama.
Dem Reichen kälbern *(sogar)* die Stallbesen. *(Büchele I)*

kälbern: ein Kalb zur Welt bringen
Wer hat, dem wird noch gegeben ...   Allgäu

Ema Reicha kälbert au der Holzschlegel
Einem Reichen kälbert auch der Holzschlägel. *(Ummendorf)*

Erklärung: siehe den vorigen Spruch

en dr Ährnet, en dr Äret / em Augschda
in der Zeit der Getreide-Ernte *(3x)*

Zwiefaltendorf, Griesingen / Fischbach-Ummendorf   2x Donau / Riß

en dr Hennawoid
in der Hennenweide

im (eingezäunten) Auslauf für Hühner   Donau

En Goul und a Maus
machd s Johr ous.
Eine Gaul und eine Maus
machen das Jahr aus.

Die Trächtigkeitsdauer von Pferd und Maus ergeben zusammen ein Jahr.   Donau

En Knäacht isch leicht gloffa mit nix im Maaga!
Ein Knecht ist leicht [= beschwingt] gelaufen mit nichts im Magen! Sinn: Als Knecht läuft es sich leicht mit nichts im Magen (sagt der Bauer). Er habe weniger zu schleppen ... Aber: Vorsicht, Ironie! Natürlich hätte der Knecht vor Arbeitsbeginn lieber eine kräftige Mahlzeit bekommen. Hier wird Armut der Dienstboten und gleichzeitig Geiz oder auch Armut mancher Bauern beschrieben.   Riß

Etz gange gau hoi zo mainr Vrwandtschaft – en Souschdall!

Jetzt gehe ich dann heim zu meiner Verwandtschaft – in den Saustall!

So pflegte ein Landwirt beim Aufbrechen zu sagen, nicht ohne eine Kunstpause vor dem hinteren Teil der Rede einzulegen. (Saustall heißt Schweinestall, nicht etwa eine unaufgeräumte Wohnung!) Donau

Etz honne main Goul soweit, dass ems Frässa abgwehnd honn: etz isch r mr vrreggd!

Jetzt habe ich meinen Gaul soweit, dass ich ihm das Fressen abgewöhnt habe: Jetzt ist er mir verreckt!

Verspottet übertriebene Sparsamkeit. Allgäu, Schussen

Etz hott dr Rääga wiedr a Loch gfunda!

Jetzt hat der Regen wieder ein Loch gefunden!

»Loch« (hier): Abflussöffnung in den Wolken
Seufzer, wenn man sich auf eine längere Regenperiode einzustellen hat.

Etz hotts gfuhrwerket!

Jetzt hat es gefuhrwerkt!

Jetzt hat es geklappt! Abgeleitet vom Fuhrwerk, bis alles angespannt, ggf. aufgeladen und eingepackt ist und es in die richtige Richtung losgeht. Donau

Etz isch grad räachd, dass Kua vrreggd isch, hott dr sell Bouer gsait. Grad hommer koi Hai mee ghett.

Jetzt ist es gerade recht, dass die Kuh verreckt ist, hat selbiger Bauer gesagt. Gerade haben wir auch kein Heu mehr gehabt.

Wird wohl eher (unterstellter) Sarkasmus anlässlich eines Unglücks im Stall sein.

Etz keiet dia Boura wiedr s Geld ouf d Äckr.

Jetzt schmeißen die Bauern wieder das Geld auf die Äcker.

über die im Frühjahr besonders hohen Ausgaben für Saatgut und Kunstdünger Donau

Fer di dääts au weniger zum bloß in d Schuel naihogga, wenn no main Bua meh hett.

Für dich täte es auch weniger *(Körperfülle)*, um bloß in die Schule reinzuhocken, wenn nur mein Bub mehr hätte.

So sprach die Tante zur kleinen Nichte, die damals ein wenig pummelig war, während ihr eigener Sohn, der später mal die Landwirtschaft übernehmen sollte, ein eher schmächtiges Bürschchen war. Allgäu

Frijer hot's ghoißa, wenn en Knechd a Fahrrad ghett hot ond a Mensch, hot r kenna nix meh vrschbara.

Früher hat's geheißen, wenn ein Knecht ein Fahrrad gehabt hat und ein Mensch, hat er können nichts mehr *(ver)*sparen.

Wenn man als Bauernknecht eh nicht viel verdiente und dann noch ein eigenes Fahrrad besaß, so war das im Verhältnis vielleicht so teuer wie heutzutage ein Auto. Wenn man dann sein Rad nach Feierabend oder am Wochenende benutzte, um sich nach auswärts zu begeben, so gab man auch entsprechend mehr Geld aus. Hatte man dann noch ein »Mensch« (Freundin; »das« (!) Mensch), so wurde wohl noch mehr ausgegeben. Dann war es mit Sparen endgültig nicht mehr weit her.   Riß

Gessa wär, etz wenn s no <u>brieglet</u> wär!

Gegessen wäre *(ja jetzt)*, wenn es nur schon geprügelt wäre!

»prügeln« (hier): von Hand mit dem Dreschflegel Getreide dreschen - eine sehr mühselige Arbeit (anstrengend, staubig). Seufzer zu sich oder anderen, wenn nach dem Essen (Vesper, Mittagessen) wieder zum Dreschen aufgebrochen wird.

Gohsch in Kellr und dosch Kardoffla a'kihda. *und:* Kihda

Geh*(st du)* in den Keller und tust *(die)* Kartoffeln ab-»kieden« *und:* »Kieden«

»a'kihda/abkeiden«: Kartoffelkeime abzupfen
»Kieden/Keiden«: (ungenießbare) Keimsprossen bei Kartoffeln   Allgäu

Gohschd – Goischd!

Gehe/Gehst du – Geist!

Zweiertakt, »endlos« wiederholt: Wenn zwei miteinander (mit dem Dreschflegel) droschen, rhythmisch gerufen, um im Takt zu bleiben.   Donau

Hai hommr <u>nemme</u> viel, abr Schdroh drfier faschd <u>kois</u> mee.

Heu haben wir nicht mehr viel, aber Stroh dafür fast keines mehr.

Der Witz steckt im »aber«: Es lockt erst auf eine falsche Fährte.

Hans

So pflegte ein Landwirt alle seine jeweiligen Eber fast liebevoll zu nennen, die er im Namen und im Auftrag seiner örtlichen Berufskollegen hielt, fütterte. Wenn eine Sau »riss«, half er den Deckvorgang organisieren.
»d Sou reißt / die Sau reißt«: das (weibliche) Schwein ist paarungsbereit   Donau

Heit goht dr <u>Ontrwind</u>.

Heute geht *[= bläst]* der Unterwind.

Der Nordostwind, der donauaufwärts bläst. »Viel Unterwind im Februar bedeutet ein fruchtbares Jahr.« Ehingen-Dettingen (Fischer)   Donau

Henna schärret rickwärds.
Hennen scharren rückwärts.

Aus dieser biologischen Erkenntnis leitet die Bauernweisheit eine ökonomische ab: Mit bäuerlicher Hühnerhaltung (Eiererzeugung) sei kein Geld zu verdienen, ja, man zahle noch drauf. Ob es stimmt oder eher daher rührt, dass das Eiergeld traditionsgemäß das bescheidene Privateinkommen der Bäuerin war und der Bauer davon also nichts unmittelbar zu sehen bekam?

Hett dr Hornung Jenners Gwalt, mießd vrfriera Jong ond Alt!
Hätte der Hornung [= Februar] die Gewalt des Jänners* [= Januars], müsste erfrieren Jung und Alt.

Wenn es im Februar noch so kalt wäre wie im Januar, dann ...
Der Spruch wurde vom Vater einer zumindest 1990 noch lebenden Frau gebraucht; ist also noch nicht sooooo uralt ... (einschließlich der Monatsnamen Hornung und Jänner)
* In Österreich heißt es immer Jänner, wenn man den ersten Monat im Jahr meint.

Hintanoochmelka ka ma immr!
Hinterher nachmelken kann man immer!

Selbst der beste Melker oder die beste Melkerin bringt das Kuheuter nicht so leer, als dass nicht hinterher jemand anderer noch ein paar weitere Spritzer Milch herausmelken könnte. Aus dieser Erkenntnis rührt die Weisheit, dass, wenn jemand etwas noch so Gutes oder Praktisches geschaffen hätte, doch nachher jemand kommen und herummäkeln könne, was hätte noch besser gemacht werden können.

Hontr ou scho bschitt? – S gitt hald allawiel da gliecha Dräckch!
Habt ihr auch schon Jauche auf die Wiesen ausgebracht? – Es gibt halt immer den gleichen Dreck!

»bschitta / beschütten«: Jauche/Gülle ausfahren (Allgäu). Es ist keine wirkliche Frage, sondern ahmt spöttisch bäuerliches Niederalemannisch des Umlands nach.   *Allgäu*

Hoooh! – Hoooh! – Hoooh!
Mit vielfachem lautem »Hoooh!« rief man abends das Weidevieh zusammen, damit es zurück in den Stall geführt werden konnte. Ja, »geführt«, nicht getrieben. Die Tiere kamen freiwillig und artig mit, und im Stall ging jedes an seinen Platz. Warum ich's weiß? Ich war viele Male selbst das kleine Hirtenbüble. Von Hoooh!-Rufen eines Weihnachtsmannes und von diesem selbst wusste man um 1955 nichts, wohl aber vom Christkindle.   *Riß*

Hü!
Hott nom!
Wiaschd nomm!
Eeeeeeeee–haaaa!

Rufe an die Zugtiere (1950er):
– Los, auf geht's!
– Nach rechts!
– Nach links!
– Haaaaaaaaaalt!

I winsch eich Glick im Schdall!
Ich wünsche euch Glück im Stall!

So sagte der Vetter Baptist, als wir von ihm unser erstes Paar Kälbchen kauften, um ein bisschen Landwirtschaft zu betreiben. »Glick broucht ma ou!« fügte er allgäuerisch-alemannisch hinzu. Dahinter steckt die weise Erkenntnis, der Bauer müsse gewiss das Seine zum Gelingen beitragen, aber Glück gehöre nun einmal auch dazu. Ganz lässt sich nicht alles planen und vorhersagen. Wie wahr!   *Allgäu*

Im Wintr guet frässa und im Sommr noch naschdrgga und vrregga: Do isch guet Goul sai!
Im Winter gut fressen und im Sommer dann hinliegen und verrecken:
Da ist *(es)* gut Gaul sein!

Auf das bäuerliche Arbeitstier bezogen, das im Winter wenig Arbeit hat und dennoch durchgefüttert werden muss, dafür im Sommerhalbjahr umso mehr zu leisten hat und nicht ausgerechnet dann ausfallen sollte.

Isch s am Josefsdag glar, so folgt ain fruchdbaar Jahr.
Ist's am Josefstag *(19. März)* klar, so folgt ein fruchtbares Jahr. (Büchele I)   Allgäu

Der Josefstag war ein sog. Bourafeitig [= Bauernfeiertag], an dem nur die notwendigsten Arbeiten verrichtet wurden.

Ischd Maria scheen und hell, kommt viel Obschd ouf all Fäll.
Ist Maria schön und hell, kommt viel Obst auf alle Fälle.

Mariä Verkündigung (25. März) (Büchele I)   *Allgäu*

Jörg und Marx bringet gern was Args!
Georg und Markus bringen gerne was Arges! *(Büchele I)*

Georgs- (23.4.) und Markustag (25.4.) gelten wie etliche andere auch als Lostag. An diesen glaubte man, das Wetter der nächsten Zeit vorhersagen zu können. Hier: Regnet es an diesen Tagen, so wird es noch längere Zeit regnerisch sein.   *Allgäu*

Kaschdakua
Kastenkuh

»Kasten«: Schrank. Stallhase (die »Kuh« des kleinen Mannes, in einer Art Schrank (-Regal) gehalten)

Keis ouf d Mischde!
Wirf es auf die Miste!

»Miste«:
a) Dunglege (Landwirtschaft)
Darauf warf man auch alle kompostierbaren Haushaltsabfälle aus der Küche. Freilich, es war nicht viel. Denn das meiste landete im Soukiebl* und diente den Schweinen als meist willkommenes Zusatzfutter. Der kleine Rest kam auf die Miste: Hennen und Gockeler bedienten sich mit Freude daran und manches heimlich tätige Nagetier wohl auch. Der Rest wanderte beim herbstlichen Mistführen mit auf die Felder. (*Soukiebl: Schweinekübel, -eimer; Futtereimer für die Schweine, in dem tagsüber gesammelt wurde, was für sie bestimmt war.)
b) Kompost(behälter) im Garten, abgeleitet von Punkt (a); Ziel: umweltgerechte Aufbereitung kompostierbaren Abfalls, der den Beeten im Garten wieder zugeführt werden kann

Kreszenz brunzt ins Hai.
Kreszenzia pinkelt ins Heu. *(Büchele I)*
An Kreszentia (15. Juni) regnet es gern.   *Allgäu*

Kreszenz hott s Wäattr vrschrenzd.
Kreszentia *(15. Juni)* hat das Wetter zerrissen. *(Büchele I)*
»(ver)schränzen«: »reißen, schlitzen; besonders von Kleiderstoffen« (Wax). Mitte Juni schlage gern das Wetter um. Es beginne eine Schlechtwetterperiode.   *Allgäu*

Kuapfläddr
Kuhfladen
hier: Scherzhafte Bezeichnung für die bräunlichen Boskop-oder Zabergäu-Äpfel. Wenn einige von ihnen zusammen im halbhohen Gras liegen, hätte man sie auf den ersten Blick in der Tat verwechseln können.   *Donau*

Lichtmess:
bei Dag ess,
dia Schbindl vbrgess!
Lichtmess: bei Tag ess', die Spindel vergess'!
Maria Lichtmess (2. Februar) war früher ein recht bedeutender katholischer Feiertag. An ihm werden die Christbäume wieder aus den Kirchen und Kapellen entfernt und die Krippen abgeräumt. Mit Lichtmess war auch der bäuerliche Winter vorbei. Dienstboten wurden ggf. wieder für die kommende Sommersaison angestellt. Die Nächte sind schon wieder etwas länger und man kann bei Tageslicht essen. Die wintersüber übliche Tätigkeit des Spinnens (von Wollfäden) wurde eingestellt: Daher solle man jetzt die Spindel (als hierfür erforderliches Arbeitsgerät) »vergessen«.

Aus der Landwirtschaft 405

Lor<u>ei</u>a macha
Gras, Heu, Öhmd nach dem Mähen in Längshaufen auf der Wiese anordnen

Lorei: »Die lange Reihe, in die das Heu oder Emd (Öhmd) zusammengerecht wird, ehe man es auf Haufen zusammenbringt. ... Aus franz. l'orée - der Rand« (Wax)

Loutr soo <u>Bich</u>ena!
Lauter so »Angepechtes«!

von »Pech« (Festklebendes). Lauter festgetretenes, festhaftendes, schwer zu entfernendes Zeug (Schmutz)!

Ma hott Henna, ma hott Fäa, ma hott a Ross, ma hott a Arbet!
Man hat Hennen, man hat Färsen [= Jungrinder, die noch nicht gekalbt haben: erwünschter Nachwuchs im Stall], man hat ein Ross, man hat eine Arbeit [= was zu tun].

Herz, was verlangst Du mehr! Bäuerliches Denken: alles notwendige Getier ist vorhanden, sogar ein Pferd. Dies war schon ein Zeichen für größere Wohlhabenheit. Arbeit gibt es auch, hier nicht als Last, sondern wohl zu verstehen als erwünschte Möglichkeit, sein Auskommen zu erwirtschaften.

Ma moss es inanand rächna, hott dr sell Bouer gsait, wia-n-em am gleicha Dag s Weib gschorba isch und d Kua kelberet hott.
Man muss es ineinander rechnen, hat selbiger Bauer gesagt, wie ihm am gleichen Tag das Weib gestorben ist und die Kuh gekalbt hat.

Der Schaden durch den Verlust der Frau werde durch die Geburt des Kalbs in etwa wieder ausgeglichen. – Kaum ein Mensch wird wirklich so gedacht oder geredet haben: boshafte Unterstellung? Oder es ließe sich ggf. leichter eine neue Frau (evtl. mit etwas Mitgift) finden, während ein Verlust im Stall unersetzlich wäre ...?

Ma moss viel leida, hott de sell Beiere gsait, und hott de dot Mous abgschlägged, wo se ous em Gsälzglas zoga hott.
Man muss viel leiden, hat selbige Bäuerin gesagt, und hat die tote Maus abgeschleckt [= abgeleckt], die sie aus dem Marmeladenglas gezogen hat.

Beschreibt, dass man in hungrigen Zeiten so manchen Ekel überwinden musste und möglichst nichts verkommen ließ. Ist aber auch Spott gegenüber (angeblich!) wenig zimperlichen Bauern.

Mai, dees bschiaßd <u>noit</u>!
Mein *(Lieber)*, das beschießt noch nicht!

»beschießen«: ausgiebig sein, reichlich vorhanden sein. Wenn zwar endlich der ersehnte Regen fällt, aber noch lange nicht ausgiebig genug ist und man dabei zusieht.

Mai, dees bschiaßd!
Mein *(Lieber)*, das beschießt!
Wenn endlich der ersehnte Regen fällt und auch ergiebig ist und man dabei zusieht.

Mai, dees hott bschossa!
Mein *(Lieber)*, das hat beschossen!
Wenn endlich der ersehnte Regen fiel und auch ausgiebig war.

Miggda Nui kutt nia allui!
(Am) Mittwoch Neu*(-mond)* kommt nie allein!
Eine mit dem Mondwechsel einhergehende Wetteränderung bleibt bestehen, besonders, wenn Neumond und Mittwoch zusammenfallen. (Büchele I)   *Allgäu*

Mihla warm,
Becka warm,
macht so manche Boura arm.
Mühlen warm, Bäcker*(eien)* warm, *(das)* macht so manche Bauern arm.
Vermuteter Sinn: wenn Mühlen* und Bäcker** sehr viel zu tun haben, gibt es Getreide im Überfluss. Also sind dann die Erzeugerpreise niedrig.
*Mühlen laufen bei Hochbetrieb warm.
**Wenn die Bäcker viel zu backen haben, ist es in der Backstube immer warm.   *Donau*

Mir dots des Wettr scho, i moss jo kai Hai drickna.
Mir tut [*= genügt*] das *(neblige November-)*Wetter schon,
ich muss ja *(jetzt)* kein Heu trocknen.
Ich füge mich in das Unabänderliche des jahreszeitlich bedingten Wetters. Es fügt mir ja auch keinen wirtschaftlichen Schaden zu.   *Donau*

Mir hand s Geld ouf Hoiza ouf dr Behne, dass it schemmlet.
Wir haben das Geld auf Heinzen auf der Bühne, dass es nicht schimmelt.
»Hoiza / Heinzen«: hölzerne Gestelle zum Trocknen des Heus auf der Wiese
»Behne / Bühne« (hier): Dachboden
Hier ironisch oder sarkastisch: Man habe dermaßen viel Geld, dass man es trocken aufbewahren müsse, damit es nicht zu schimmeln anfängt.   *Donau*

Mir land da Sonndig rai!
Wir lassen den Sonntag herein!
Samstägliches Putzen und Aufräumen in Haus und Hof.   *Riß*

Mir sand it von dr hentera Kua im Schdall!
Wir sind nicht von der hinteren Kuh im Stall!

Als in den Anbindeställen noch von Hand gefüttert wurde, band man diejenige Kuh, die zur Zeit am wenigsten Milch (oder gerade gar keine) gab, am anderen Ende des Stalles an. Sie wurde als letzte mit Futter bedient und erhielt auch gerne das, was die anderen in der Raufe liegen gelassen hatten. Sie wurde scheinbar stiefmütterlich behandelt. In Wirklichkeit ist das normal, denn wenn sie gerade keine Milch gibt, braucht sie weniger gehaltvolles Futter. Die Eierstöcke würden sonst bald verfetten, sie könnte künftig daher auch nicht mehr trächtig werden und würde dann nie mehr ein Kalb gebären und Milch geben können.
Wer nun von sich behauptet, nicht zur hinteren Kuh im Stall zu gehören, hebt sozusagen sein Haupt und zeigt Selbstbewusstsein nach dem Motto: »Wir sind auch wer und lassen uns nicht unterbuttern!«   *Donau*

Mischd fihrd ma mit em Schweizrkarra nous ouf d Mischde. bzw.
Mischd fihrd ma mit em Bährakarra nous ouf d Mischde.

Mist führt man mit dem Schweizerkarren hinaus auf die Miste. *bzw.*
Mist führt man mit dem Bährenkarren hinaus auf die Miste.

»Schweizer«: (früher) Oberknecht im Milchstall, fürs Milchvieh zuständig; die Bezeichnung ist abgeleitet davon, dass ihre Vorgänger einst aus der Schweiz geholt worden waren
»Karren«, der; die Karre
»Schweizerkarren«: ein Schubkarren ohne Kastenaufsatz, auf den allabends Mist im Stall aufgeladen und vor dem Stall auf die Miste [= Dunglege] gefahren und dort abgekippt wurde.
»Bährenkarren«, sprachverwandt mit »Bahre« (Wax); Gebrauch im Stall wie beim Schweizerkarren   *Riß*

Mischd ouf en gfrorena Boda isch wia a Schbritz fer en dota Ma.

Mist auf einen gefrorenen Boden ist wie eine Spritze für einen toten Mann.

Mist auf gefrorenen Boden auszubringen ist so wirkungslos wie eine Injektion für einen Toten. Rat eines erfahrenen Landwirts.   *Allgäu*

Mondschainbouer

Mondscheinbauer

Nebenerwerbslandwirte, die oft bis spät in die Nacht auf ihren Feldern unterwegs sind, denn tagsüber sind sie ja anderswo berufstätig.

nairauma beim Rousäckera

hineinräumen beim Herausackern

Diese Selbstverständlichkeit gelte nicht bei jedem Landwirt, wenn er »äckert« [= pflügt], sondern mancher lasse den herabfallenden »Dreck« (Erdschollen) beim Wenden des Traktors einfach auf dem Feldweg liegen, statt ihn wieder zurück auf seinen Acker zu bringen. Volkes Stimme bei einem politischen Frühschoppen auf der Schelklinger Alb.   *Donau*

Nepomugg duat no da ledschde Drugg!
Nepomuk tut noch den letzten Druck! *(Büchele I)*
Nach den Eisheiligen, von denen Nepomuk (16.5.) der letzte ist, beginnt die milde Jahreszeit. *Allgäu*

Nepomugg machd <u>au</u> no en Schbugg!
Nepomuk macht auch noch einen Spuck! *(Büchele I)*
Nepomuk (16.5.) ist einer der Eisheiligen: an diesem Tag regnet es: Nepomuk »spuckt«. *Allgäu*

No veglet mr onsere Kia in Zuakunfd <u>selbr</u>!
Dann vögeln wir unsere Kühe in Zukunft selber!
Erzürnter Ausruf eines Gemeinderats und Landwirts (CDU), als im Ehinger Stadtparlament wieder einmal die hohen Kosten der Vatertierhaltung (Gemeindebulle und -eber) zur Sprache kamen und die Abschaffung zur Debatte stand. *Donau*

Noo hoot s eis ondr da <u>Soichkarra</u> naa gschlaa …
Dann hat es uns unter den Seichkarren [= *Jauchewagen*] hinunter geschlagen.
Betonung wie angezeigt beachten! Aussage eines jugendlichen Zeugen vor dem Amtsgericht über einen Verkehrsunfall. Richter und andere im Gerichtssaal bemühten sich sehr, dabei ernst zu bleiben. »Soichkarra« ist die in der Gegend völlig normale und gebräuchliche Bezeichnung. *Donau*

ouf dr Schitte doba
auf der »Schütte« droben
»Schütte«: die unbewohnten und als Speicherräume, vor allem für Korn und Mehl, genutzten oberen Böden im Dachgeschoß oberschwäbischer Bauernhäuser *Riß*

ouf em Urbet doba
auf dem »Urbet« droben *Riß*
»Urbet«: die unbewohnten, als Getreidespeicherräume genutzen oberen Böden im Dachgeschoß oberschwäbischer Bauernhäuser: oberes Stockwerk der Scheuer« (Wax)

Ous dr Haglvrsicherung gange <u>rous</u>, hott dr sell Bouer gsait, weil <u>hagla</u> lau kane it, abr in dr <u>Feiervrsicherung</u> bleibe denna, weil a <u>Fuier</u> mache <u>kane</u>.
Aus der Hagelversicherung gehe ich raus, hat selbiger Bauer gesagt, weil hageln lassen kann ich nicht, aber in der Feuerversicherung bleibe ich drin, weil ein Feuer machen *(das)* kann ich.
Spielt auf den häufig unterstellten Versicherungsbetrug an, während eines Gewitters durch Brandstiftung »nachzuhelfen« und dann auf Kosten der Versicherung »warm zu sanieren«.

Aus der Landwirtschaft 409

**Petr und Paul
mached d Hoidlbeer blau.**
Peter und Paul
machen die Heidelbeeren blau. *(Büchele I)*
Um den 29. Juni reifen die Heidelbeeren. *Allgäu*

**Ratz, Ratz, gang ous em Hous,
ma läut die Faschda ous.**
Ratte, Ratte, geh aus dem Haus,
man läutet die Fasten*(zeit)* aus.
Karsamstagsbrauch. Unter dem Läuten der Kirchenglocken bei der abendlichen Feier der Osternacht soll ein Dienstbote beim »Gloria« dreimal ums Haus laufen, dabei jedesmal mit einem Stecken* an die Hauswand schlagen und dabei den Spruch rufen. (Büchele I)
*Stecken: Stock, Knüppel (jeweils nicht sehr dick)
Mit der kirchlichen Feier der Osternacht ist die Fastenzeit zu Ende, die an Aschermittwoch begonnen hatte. Um die Ratten von Haus und Hof fortzuwünschen, war vermutlich jeder Anlass recht, waren sie doch genau wie die Mäuse eine fortwährende Plage. Sie machten sich über die gelagerten Vorräte her und nagten somit ganz wörtlich am »Kapital« der Bauern. *Allgäu*

Regaalkia
Regalkühe
Stallhasen (scherzhaft)

S Märzagrien gheert mit ama Holzschlegl in Boda naigschla.
Das Märzengrün gehört mit einem Holzschlägel *[= großer Hammer]* (wieder zurück) in den Boden hineingeschlagen.
Zu früh austreibendes Grün wird ja doch vom Frost noch geschädigt, so dass man es am liebsten wieder dahin zurücktreiben möchte, wo es herkommt. (bäuerliche Erfahrung) *Allgäu*

Sangt Vitt enderet Zitt.
Sankt Veit ändert die Zeit. *(Büchele I)*
An Sankt Vitus (Veit; 15. 6.) ändert sich das Wetter. *Allgäu*

Schdrich zia / Schdriech zia
Striche ziehen *(2x)*
Gras, Heu, Öhmd in schmalen Längsstreifen auf der Wiese anordnen: Schutz gegen aufkommenden Regen und, damit das Erdreich wieder besser abtrocknet.
Schussen / Donau

Schlofa wia Barg, wenn r in Baara gsoicht hot.

Schlafen wir ein kastrierter Eber, wenn er in den Futtertrog uriniert hat.

Herrlich fest schlafen. Der zweite Teil dient wohl nur der Verstärkung. *Donau*

Schmalz an d Supp!

Schmalz an die Suppe!

Dreisilbiger rhythmischer Ruf beim Dreschen mit dem Dreschflegel zu Dritt, um im Rhythmus zu bleiben. *Donau*

**Schneits ouf d Huiza,
kennt's Wättr ma a'schbuiza!**

Schneit es auf die Heinzen*,
könnte das Wetter man anspuizen**! *(Moosmann)*

**»Heinzen«: hölzerne Trockengestelle für Heu, Klee … (Wax). Sie werden bei Bedarf direkt auf der gemähten Wiese aufgestellt und büschelweise mit dem Mähgut behängt.
**»(an)spuizen«: (an)spucken
Wenn es im Frühsommer zur Heuerntezeit schneit, dann ist das Wetter zum Anspucken verachtenswert.* *Allgäu*

Schultes dr Zipfl!

Schultes der Zipfel!

*»Schultes« (Schultheiß): Bürgermeister
»Zipfel« (hier): Dummkopf (nicht wirklich böse gemeint)
Fünfsilbiger rhythmischer Ruf beim Dreschen mit dem Dreschflegel zu Fünft, um im Rhythmus zu bleiben. Anmerkung: Der Artikel »dr« [= der] enthält keinen Vokal, wird aber als eigenständige Silbe gesprochen und somit auch »gewertet«.* *Donau*

Schwada zia

Schwaden ziehen

Gras, Heu, Öhmd in wenigen, aber breiten Längsstreifen auf der Wiese anordnen: Schutz gegen länger andauernden Regen bzw. Vorbereitung für das Verladen oder zum Ballen pressen (Silo- oder Heuballen).

Schweizerbirra gheeret oine nai!

Schweizerbirnen gehören einige hinein!

*»Schweizerbirnen«: »Die 'Schweizer Wasserbirne' … ist eine Sorte der Birne (Pyrus communis), genauer eine Mostbirne. Sie wird 1823 erstmals erwähnt und ist in der Schweiz und besonders in Württemberg verbreitet.« https://de.wikipedia.org/wiki/Schweizer_Wasserbirne
Wenn man die Leute fragt, die ihren eigenen Most [= Apfelwein] machen, hat jeder seine eigene Rezepturvariante. Obigen Satz aber hört man oft, dass zur Abrundung des*

Geschmacks ein paar wenige Mostbirnen, also zum Beispiel Schweizerbirnen, mit hineingehören. Es dürfen nur ja nicht zuviele sein, sonst würde der Most räß [= seeehr herb].

Send halt Mascheena, hot dr sell Bouer gsait, wo n er da Grend an d Soichschapfa gschla hott.

Es sind halt Maschinen, hat selbiger Bauer gesagt,
als er den Grind an die Seichschapfe hingeschlagen hat.

»Grind« (etwas derb): Kopf
»Seichschapfe«: Jaucheschöpfer (eimerartiges Gefäß an langem Stiel)
Kommentar zu Tücken der Technik *Riß, Donau*

Send halt Mascheena, hot dr sell Bouer gsait, wo n er ouf da Recha dappet isch, dass ems da Schdiel an Grend nagschla hott.

Es sind halt Maschinen, hat selbiger Bauer gesagt,
als er auf den Rechen getappt ist,
dass es ihm den Stiel an den Kopf hingeschlagen hat.

»Grind« (etwas derb): Kopf
Kommentar zu Tücken der Technik *Riß, Donau*

Send halt Mascheena, hot dr sell Bouer gsait, wo n er da Grend en d Soichschapfa naibroochd hott.

Es sind halt Maschinen, hat selbiger Bauer gesagt,
als er den Grind in die Seichschapfe hineingebracht hat.

»Grind« (etwas derb): Kopf
»Seichschapfe«: Jaucheschöpfer (eimerartiges Gefäß an langem Stiel)
Kommentar zu Tücken der Technik *Riß, Donau*

So wias Wettr an Siebaschläfr, so isch es no sieba Wocha!

So wie das Wetter an Siebenschläfer *(ist)*, so ist es noch sieben Wochen lang.

»Der Siebenschläfertag ist am 27. Juni und ein Gedenktag. … Seinen Namen verdankt der Siebenschläfertag einer alten Legende. Danach hatten sieben junge Christen in der Zeit der Christenverfolgung unter Kaiser Decius (249–251) in einer Berghöhle nahe Ephesus Zuflucht gesucht. Sie wurden entdeckt und lebendig eingemauert. Der Legende nach starben sie nicht, sondern schliefen 195 Jahre lang. Am 27. Juni 446 wurden sie zufällig entdeckt, wachten auf, bezeugten den Glauben an die Auferstehung der Toten und starben wenig später. Die Legende wird erstmals im 6. Jahrhundert schriftlich dokumentiert … Es gibt mehrere syrische und griechische Varianten. Auch der Islam (Koran, Sure 18, »Die Höhle«) erzählt eine Version dieser Geschichte. Mit dem Nagetier Siebenschläfer besteht kein Zusammenhang. Der Zeitraum um und insbesondere nach dem Siebenschläfertag gilt als meteorologische Singularität wetterbestimmend, die Bauernregel dazu gibt es in einer Vielzahl von Varianten.« Mehr dazu: https://de.wikipedia.org/wiki/Siebenschläfertag

So, bisch etz halt ou en <u>Gloi</u>-Heisler!
So, nun bist du jetzt eben auch ein <u>Klein</u>häusler!

Kleinhäusler werden in ursprünglichem Sinne wohl die genannt worden sein, die ein sehr ärmliches Leben auf einem kleinen Bauerngütle zu führen hatten. Früher sagte man auch Seldner/Söldner dazu, was aber nichts mit angeheuerten Berufssoldaten zu tun hat. Im konkreten Fall ging es jedoch nicht um Armut, sondern um Hof-Auf- oder -Übergabe und Rückzug aufs Altenteil, und der Spruch fiel augenzwinkernd von einem, der das schon vor längerer Zeit selbst hinter sich gebracht hatte. Traditionell zogen die Altenteiler meist in ein kleines Häuschen beim Bauernhof.   *Allgäu*

So, goosch zom Schdalla? *bzw.* Soo, send r beim Schdalla gwea?
So, gehst du zum Stallen *[= die Stallarbeit verrichten]*? *bzw.*
So, seid ihr *(gerade)* beim Stallen gewesen?

Oft grüßt man im Vorübergehen, in dem man nicht einfach »en gota Daag« (einen guten Tag) wünscht oder »Grüßgott« sagt, oder auch »gotta Morga« (guten Morgen) bzw. »gotan-Obed« (guten Abend) usw. Sondern zuweilen grüßt man auch, indem man beschreibt, was die Gegrüßten augenscheinlich gerade tun. Hier zum Beispiel: Beginnst du jetzt mit der (abendlichen) Stallarbeit? bzw. Habt ihr die Stallarbeit soeben beendet? Das sind dann rhetorische Fragen, auf die man keine Antwort erwartet; es ist ja offensichtlich. Die Fragen dienen der Pflege der nachbarschaftlichen Beziehungen, weil sie Anteilnahme und Interesse bekunden.   *Riß, Donau*

Sofamelker, Sofamäher
Reichlich boshafte Bezeichnung von Landwirten gegenüber Berufskollegen, die ihre Flächen verpachten oder anderweitig nutzen und ganz oder zum Teil von Pachteinnahmen leben.   *Allgäu*

Sommrholz
Sommerholz

Brennholz mit niedrigem Brennwert, zum Kochen geeignet, aber nicht zum Heizen; kein Hartholz. Vor Einführung der Elektro- oder Gasherde wurde im bäuerlichen Betrieb, zu dem meist auch Waldbesitz gehörte, sommers wie winters mit Holzfeuer gekocht – für Mensch und Getier, zum Beispiel die Futterkartoffeln für die Schweine und teils auch für das Geflügel. Das Herdfeuer ging tagsüber selten aus.   *Donau*

Soo lang isch jo koin Bouer ouf em <u>Hoof</u>!
So lange ist ja kein Bauer auf dem Hof!

Das dauert ja eine Ewigkeit, bis …! Unterstellt, dass Bauernfamilien über viele Generationen auf dem gleichen Hof beheimatet seien, was aber oft gar nicht zutrifft.

Soo, hondr <u>ou</u> bättet? – *Amol gsing, wo ma hett <u>kenna</u>.*
So, habt ihr auch gebetet? –
(Auf jeden Fall) mal *(dort)* gewesen, wo man hätte können.

Ich war zwar im Gottesdienst, aber ob ich dort auch andächtig war, bleibt dahingestellt (und geht dich vielleicht ja auch gar nichts an ...) *Allgäu*

Soo, Nadl, deesch räachd, dass d <u>Mill</u> rous isch, etz geits <u>doch</u> koin Kaffee!
So, Ahne *[= Großmutter]*, das *(geschieht dir gerade)* recht, dass die Milch raus *[= übergekocht]* ist, jetzt gibt es <u>doch</u> keinen Kaffee!

Sagt man nicht unbedingt zum konkreten Anlass, und auch nicht unbedingt zur Großmutter. Sinn, redensartlich: Ich hab's dir ja gleich gesagt, aber du wolltest nicht hören! bzw. Wer nicht hören will, muss fühlen!

Soviel drait s Giatle <u>scho</u> no.
Soviel trägt das Gütlein schon noch.

»Giatle / Gütlein« (hier): von »Gut«; kleines landwirtschaftliches Anwesen
So viel wirft unser kleiner Betrieb doch noch ab, dass wir uns diese Ausgabe leisten können. Scherzhaft gemeint.

Soviel drait s Sächle grad no.
Soviel trägt das Sächlein gerade noch.

»Sächle / Sächlein« (hier): kleines landwirtschaftliches Anwesen
Ansonsten siehe den vorigen Spruch.

Vor Johanni bet um Regen,
nochher kommd er ungelegen.
Vor Johanni bete um Regen,
nachher kommt er ungelegen.

Sankt Johannistag (24.6.) (Büchele I) *Allgäu*

Wär am Karfrittig morga fria nichdern a rohs Oi usdringd,
wird se koin Bruch nalupfa.
Wer am Karfreitagmorgen früh nüchtern *[= mit leerem Magen]* ein rohes Ei austrinkt, wird sich keinen Bruch hinlupfen.

Eier waren in früheren Jahrzehnten etwas Kostbares, das es bei weitem nicht alle Tage gab. »einen Bruch hinlupfen«: sich durch Heben schwerer Lasten einen Leistenbruch zuziehen: »Ein Bruch sollte immer rechtzeitig operiert werden, da die Gefahr einer lebensgefährlichen Einklemmung mit Absterben von Darmteilen besteht.« https://de.wikipedia.org/wiki/Leistenbruch. Man scheute sich früher oft vor einer Bruchoperation, vielleicht auch aus finanziellen Gründen, und versuchte sich mit einem Bruchband zu behelfen: https://de.wikipedia.org/wiki/Bruchband. Spätestens jetzt wird deutlich, dass sich die Menschen zu Recht vor einem solchen Bruch fürchteten. Und: Eigentlich war es am Karfreitag (Fastenzeit!) nicht erlaubt, Eier zu essen. *Allgäu*

**Wär vergant und woiß it wie,
der halt nur recht viel Federvieh.**

Wessen Anwesen zwangsversteigert wird und *(wer)* weiß nicht wie *(und warum)*,
der halte nur recht viel Federvieh [= Geflügel]. *(Moosmann II)*

Nutzgeflügel »so nebenbei« zu halten, sei oft ein unrentabler Zuschussbetrieb.   *Allgäu*

Warum isch a Kua so bleed? – *???* **–
Ha, weil se douernd mit de Boura zamma isch.**

Warum ist eine Kuh so blöd? – *???* –
Nun, weil sie dauernd mit den Bauern zusammen ist.

Wieder mal ein typisch böses Vorurteil. Es stimmt schon deswegen nicht, weil die Kuh keineswegs »ein Rindvieh« ist. Ich weiß es aus eigener Erfahrung.

Warum isch d Mill fett? – *???* **– Dass beim Mälka it gwietschd!**

Warum ist die Milch fett? – *???* – Damit es beim Melken nicht quietscht!

Scherzfrage

**Was ma it älls macha kaa!? – hott sell Bouraweible gsait,
wo se s aischtmool a gscheggads Kälble gsea hot.**

Was man *(doch)* nicht alles machen kann!? – hat selbiges Bauernweiblein gesagt,
als sie erstmals ein gscheckstes Kälbchen gesehen hat.

Karikiert ehrfürchtiges Staunen des angeblich hinterwäldlerischen Landvolks angesichts moderner Technik und Methoden.

Wenn d Sou bloß no a Mark fuffzg koschd, Maa, no scheischd koi graußa Boll!

Wenn die Sau nur noch eine Mark fünfzig *(je Kilo im Verkauf)* kostet [= bringt], Mann,
dann scheißt du keinen großen »Bollen« [hier: Haufen].

Wer wenig verdient, hat wenig zu futtern und daher auch wenig auf dem WC abzudrücken ...   *Donau*

Wenn d Sou rasslig isch ... *bzw.* **Wenn d Sou reißd ...**

Wenn die Sau paarungsbereit ist (2x) ...

... dann sollte sie zum Eber gebracht oder künstlich besamt werden.   *Allgäu / Donau*

Wenn der so <u>schaffa</u> dät, wia r <u>frissd</u>, no wär r <u>scho</u> räat.

Wenn der so schaffen [= arbeiten] täte, wie er frisst, dann wäre er schon recht.

Wohl ursprünglich Anspielung auf einen Knecht, der ja Kost und Logis bei seinem Bauern hatte und nach dessen Ansicht zu wenig Leistung erbrachte.

Wenn dr Oschdler goht, no goht r bis zum Gregor dem Gloina.

Wenn der Ostler [= Ostwind] geht [= weht],
dann geht er bis zum (Fest von) Gregor dem Kleinen.

Gregor der Große: 21.3. – Gregor der Kleine: 9.5.
So sagte man am Fest Gregors des Großen. (Büchele I) *Allgäu*

**Wenn es an Liamess schdürmd und schneit,
isch dr Friehling numma weit.**

(Auch) wenn es an Lichtmess stürmt und schneit,
ist der Frühling nicht mehr weit. (Büchele I).

Maria Lichtmess (2. Februar) *Allgäu*

**Wenn Maria iebrs Gebirge goht,
so vierzig Dag das Wäddr schdoht.**

Wenn Maria übers Gebirge geht,
so vierzig Tag' das Wetter steht. (Büchele I)

Mariä Heimsuchung (2.7.) »Die schwangere Maria macht sich auf den Weg, um ihre Verwandte Elisabeth zu besuchen (daher »Heimsuchung«)« (https://de.wikipedia.org/wiki/Mariä_Heimsuchung) *Allgäu*

Wenn s am Dreifaldigkaits-Sunntig rengat, no rengets sieba Sunntig.

Wenn es am Dreifaltigkeitssonntag regnet, dann regnet es sieben Sonntage (lang). (Büchele I)

»Dreifaldigkaits-Sunntig / Dreifaltigkeitssonntag«: Sonntag nach Pfingsten
Auch dieser Tag galt als Lostag, an dem das Wetter der kommenden Zeit vorgesagt werden konnte; so glaubte man jedenfalls. *Allgäu*

Wenn s am Karfriddig räenget, bschiaßd s Wassr itt.

Wenn es am Karfreitag regnet, dann »beschießt« das Wasser nicht. (Büchele I)

»beschießen«: ausgiebig sein, reichlich vorhanden sein; dann drohe also eine Trockenperiode. *Allgäu*

Wenn s am Karfriddig räenget, no räenget s ou am Iserherrgoddsdaag.

Wenn es am Karfreitag regnet, dann regnet es auch am Unserherrgottstag. (Büchele I)

»Iserherrgoddsdaag / Unserherrgottstag«: Fronleichnamstag. »Das Fronleichnamsfest oder Fest des heiligsten Leibes und Blutes Christi (...) ist ein Hochfest im Kirchenjahr der katholischen Kirche, mit dem die leibliche Gegenwart Jesu Christi im Sakrament der Eucharistie gefeiert wird. Die Bezeichnung Fronleichnam leitet sich vom mittelhochdeutsch vrône lîcham für ‚des Herren Leib' ab, von vrôn ‚was den Herrn betrifft' (siehe auch Fron) und lîcham (‚der Leib').« (https://de.wikipedia.org/wiki/Fronleichnam) *Allgäu*

Wenn s am Santehansdag räengat, grooted d Haslnussa it.
Wenn es am Sankt-Hans-Tag *[= Johannistag, 24.6.]* regnet, dann geraten die Haselnüsse nicht. *(Büchele I)*

»groota / geraten«: gedeihen *Allgäu*

Wenn s en Bulldogg wär, no dieft ma noo'handla.
Wenn es ein Bulldogg *[= Traktor, Schlepper]* wäre, dann müsste man geradezu versuchen nachzuverhandeln *[= nachträglich den Preis noch herunterzuhandeln]*.

Furztrockener Kommentar angesichts einer krank gewordenen Schwägerin, die als Arbeitshilfe somit ausfiel. *Donau*

Wia Maria iebrs Gebirge goht, so kunnt se wiedr.
Wie Maria übers Gebirge geht, so kommt sie *(auch)* wieder. *(Büchele I)*

Das Wetter bleibt von Mariä Heimsuchung (2.7.) bis Mariä Himmelfahrt (15.8.) gleich.
Allgäu

Wo isch dr Babba? – I glaub ouf em Heisle.
Wo isch dr Babba? – I gloub uf em Hiisle.
Wo ist der Papa? – Ich glaube auf dem Häuslein. *(2x)*

»Heisle« (Häuslein, Häuschen): Klo, einst am Ende des Stalles oder gar in einem freistehenden Häuschen (vielleicht mit Herzchen in der Tür), wovon der Begriff auch stammt, aber noch lange für jede Art von WC verwendet, auch innerhalb der eigenen Wohnung. *Riß, Allgäu*

Zia halt daine Henna! Du wirsch daine baar Henna wohl zia kenna – bisch jo schliaßlich Lehrere.
(Er)ziehe halt deine Hennen! Du wirst deine paar Hennen wohl *(er)*ziehen können – bist ja schließlich Lehrerin.

Freundlicher Kommentar zur Nachbarin. Anm.: Leider hilft bei Hühnern pädagogisches Wissen und Können ziemlich wenig. Eine Umfriedung bewirkt mehr ... *Donau*

Zia Katz a, heng d Hout ouf.
Ziehe die Katze ab, hänge die Haut auf.

»abziehen« (hier): der geschlachteten Katze das Fell abziehen
»aufhängen« (hier): das Katzenfell zum Trocknen aufhängen
Wir wissen nicht, inwieweit das bäuerlicher Alltag war.
Hier aber geht es um einen rhythmisch aufzusagenden sechssilbigen Spruch, mit dessen Hilfe sechs Drescher mit dem Dreschflegel arbeiten konnten und nicht aus dem Takt kamen. *Donau*

Aus der Landwirtschaft

Zom Johresschluss!

Zum Jahresschluss!

vermutlich Anspielung auf die in kath. Kirchengemeinden übliche Jahresschlussandacht am 31.12. Rhythmischer Ruf beim Dreschen mit dem Dreschflegel zu Viert, um im Takt zu bleiben *Donau*

Zu a ra reachda Sou muass mendeschtens zweiml dr <u>Gloos</u> komma sai.

Zu einer rechten Sau muss mindestens zweimal der Nikolaus gekommen sein.

Der Spruch hatte seine Berechtigung, als es in »notigeren« Zeiten noch darauf ankam, dass eine schlachtreife Sau möglichst dick und fett war. Dies erreichte sie frühestens nach zwei Lebensjahren. (»Sau«: Schwein) *Donau*

Essen und Trinken

Essa und Drinka halt Leib und Seel zamma
Und manchmal geht der Leib darum auch ein wenig auseinander ...

Solang s no Grout und Gnepfla git,
solang vrregged d Schwoba it.

Solange es noch *(Sauer-)*Kraut und Knöpfle*(-sspätzla)* gibt,
solange verrecken die Schwaben nicht.

Sagen auch die Schweizer Nachbarn über uns:
Solang s no Chrut und Chnöpfli git,
solang vrrecked d Schwoba nüt.
Hab ich als Kind um 1960 beim Schweizer Onkel so gehört.
Steht außerhalb des Alphabets als lebensfrohe Devise zu Beginn dieses Kapitels.

a Baar ohne Hemmed

ein Paar ohne Hemd

ein Paar »Nackte«, »Geschlagene«: Bratwürste ohne Haut, andernorts auch »Oberländer« genannt

Schussen

a bizzele Hassan

ein bisschen »Hassan«

eine Prise »Hassan«: Ein Schüler brachte mir vor vielen Jahren aus der Türkei ein kleines Päckle einer uns bis dato unbekannten pikanten Gewürzmischung mit. Inzwischen ist sie in griechischen und türkischen Läden überall erhältlich. Bei uns zu Hause heißt sie indes einfach nach dem Vornamen des damaligen Schenkenden »Hassan«, wird regelmäßig verwendet und nachgekauft und hält die Erinnerung wach.

a fains Schampanjer-Woiza ...

ein feines Champagner-Weizen ...

So sagte man genussvoll zum Kristallweizenbier, als der Vergleich mit dem edlen Getränk (aus Trauben) noch zulässig und das Weizenbiertrinken auf wenige süddeutsche Gegenden beschränkt war. Als wir im schon weizenbierfähigen Alter (1960er) einmal in Aach-Linz (bei Pfullendorf) in einer Wirtschaft danach fragten, ernteten wir nur ungläubiges Kopfschütteln. Von so einem »komischen« Bier hatte man noch nie etwas gehört. Auch in »norddeutscheren« Gegenden hielt es erst Jahre später allmählich Einzug. Ein ehem. Klassenkamerad nahm vom Heimatbesuch im Schussental jedesmal zwei Kisten Woiza an seinen Studienort Kiel mit, sehr zur Freude seiner norddeutschen Kommilitonen.

Schussen

A großer Bouch kommt et voo gloine Schbätzla.

Ein großer Bauch kommt nicht von kleinen Spätzla.

Von Nix kommt nix!

Donau

A Hongriger isst au a Bruathenn.
Eine Hungriger isst auch eine *(ältliche, zähe)* Bruthenne.
Kann auch übertragen gemeint sein ... Donau

A Loibada isch no doo.
Ein kleiner Rest *(an Speise)* ist noch da.
Sagt man zum Beispiel einem, der zu spät gekommen ist.

a Sarale
»schokokuss-«ähnliches, aber mehr spitzförmiges Schaumgebäck
»starker Anklang an die Schokoladen-, Süßigkeitsmarke ‚Sarotti', die einen mit Turban bestückten Mohren als Markenzeichen führt{e}« (Wax)

a Schäle Kaffee
ein Schälchen Kaffee
Sei teils geläufiger als eine Tasse Kaffee, obwohl das gemeinte Gefäß eine herkömmliche Tasse und keine Schale ist. »Eine Schale ist ein Gefäß für verschiedene Zwecke und im umgangssprachlichen Verständnis relativ zum Umfang flacher als eine Schüssel und tiefer als ein Teller. Unter dem Begriff Schale versteht man allerdings im Ober- und Mitteldeutschen auch eine Tasse (dafür auch ›Schälchen‹).« (https://de.wikipedia.org/wiki/Schale_(Gefäß) Donau

a Schdetzle Buttr
ein Stötzlein Butter
ein (quaderförmiges) Stück Butter (Verkaufseinheit 125 oder 250 g) Donau

a Sengna, a Singede
radiergummi-ähnlich zäher nichtessbarer Bestandteil im Rindfleisch
Hat mit dem nachstehend beschriebenen Früchtebrot nichts zu tun. Donau, Riß

a Singede
(zum Singen gehörig)
Birnenbrot / Hutzelbrot [= Früchtebrot]; vermutlich so genannt, weil man es den von Haus zu Haus ziehenden Sängergruppen zur Weihnachtszeit reichte. Auch Fischer gibt den Zusammenhang des Worts Singede mit weihnachtlichem Singen als sehr wohl möglich an. Frau Gretel Otter schreibt am 21. Januar 1995 in der Lokalausgabe Wangen der Schwäbischen Zeitung: »... des hond früher die Singbube von dr Spitolkirch als Dank fürs Singa bekomme.« Der wohl nur scherzhaft »Siebentürleswirt« genannte Kneipier am Wangener Eselsberg soll – demselben Bericht zufolge – die Singede [= Birnenbrot] jährlich einmal auch in Verbindung mit Kässpatzen im Blättle angeboten haben. »Während der ›Zwölf Nächte‹ vom 24.12. bis 6.1. wurde in Oberschwb./Allgäu gesungen und getanzt, so dass diese Abende die ›Singete‹ hießen. Weil dabei Hutzelbrot vorgesetzt wurde, heißt eben dieses ›die S.‹« (Wax) Allgäu

a Singede mit Käs
Birnenbrot / Hutzelbrot *(zu »Singede« siehe oben)*

Singede mit Käs gab es traditionell an Heiligabend, bevor man zur weihnachtlichen Mitternachtsmesse aufbrach. Das Birnenbrot wurde hierbei erstmals angeschnitten. Als Belag gab es bevorzugt Backsteinkäse [= Romadur], zuweilen aber auch Schweizerkäse [= Emmentaler]. Oh käseglückseliges Allgäu! Ich würde es kaum glauben, hätte ich nicht selbst in Wangen altem Brauch zufolge Birnenbrot mit Backsteinkäse erst misstrauisch gekostet und alsbald genossen!   Allgäu

Adlr-Bier? – *Nix fir uns!*
Sonna-Bier? – *Nix fir uns!*
Kepff-Bier? – *Nix fir uns!*
Krona-Bier? – *Nix fir uns!*
Freibier? – *Dees isch was!!!*

Adler-Bier? – *Nichts für uns!*
Sonnen-Bier? – *Nichts für uns!*
Koepff-Bier? – *Nichts für uns!*
Kronen-Bier? – *Nichts für uns!*
Freibier? – *Das ist was!!!*

Im Singstil einer katholischen Litanei im Wechsel zwischen Vorsänger und Gemeinde (Zechkumpanen) zu singen. Das »Nix fir uns!« wird immer mit dumpfem Murmeln gesungen. Bei »Freibier« aber heben sich Stimmen und Stimmung überdeutlich zum langgedehnten »Dees isch was!!!«. Anmerkung: Alle Biersorten außer Freibier sind beliebig austauschbar.

Am Meetig geits Erbsa,
am Zaischtig geits Reis,
am Miggda geits Gulasch
ond wiedr koi Floisch.

Am Montag gibt's Erbsen,
am Dienstag gibt's Reis,
am Mittwoch gibt's Gulasch
und wieder kein Fleisch.

Fleisch gibt's diese Woche bisher also so nie. Fleisch war früher etwas Seltenes und daher Begehrtes. Wenigstens im (angekündigten) Gulasch hätte welches drin sein müssen.   Riß

An halba Rousch isch nousgschmisses Geld.
Ein halber Rausch ist hinausgeworfenes Geld.
Wenn schon, denn schon.

bachene Engerling
gebackene Engerlinge

Scherzhaft für Erdnussflips (Knabbergebäck); die Form erinnert an den Engerling, die madenähnliche Larve des Maikäfers

Backschdoikäs, Brennts Muas *(aus Muasmehl)*, **(Lauga-)Brezga/Bräzla, Dampfnuudla, Dinnete**/*Denneda*, **Epflschmarra, Faschdabrezga, Flädlasubba, Goisburger Marsch, Gnouzawegga, Kesslfloisch mit Souergrout und Bluat- und Leabrwurschd, Kuttla mit Brootkardoffla, Leabrkäs, Linsa mit Schbätzla und Soita, Mauldäscha, Moschd, Naggede, Oofanudla, Roode Wegga, Schärrede, Schiebling/***Rote Wurschd/ Rauta Wuuschd***, soure Kuttla, soure Leaberla, soure Nierla, Schupfnuudla, schwarzr Petr, schwarze Wurschd/***schwaaza Wuuschda***, Schweinsfuaß, Seela, Soitawurschd/ ***Soitawuuschd***, Suser, Wähe, Wassrwegga, Woiza, Zwieblkuacha**

Backsteinkäse, Gebranntes Mus *(aus Musmehl)*, (Laugen-)Brezeln, Dampfnudeln, »Dünnete« *(Fladenbrot, pikant belegt)*, Apfelschmarren, Fastenbrezeln, Flädlessuppe *[= Brühe mit Einlage aus Pfannkuchenstreifen]*, Gaisburger Marsch, Knauzenwecken, Kesselfleisch mit Sauerkraut und Blut- und Leberwurst, Kutteln mit Bratkartoffeln, Leberkäse *[= Fleischkäse]*, Linsen mit Spätzle und Saiten*(wurst)*, Maultaschen, Most *[= Apfelwein]*, Nackte *[= Bratwürste ohne Haut)*, Ofennudeln, Rote Wecken, Gescharrtes *[= Eierhaber]*, Schübling/*Rote Wurst (2x)* *[= Knackwurst]*, saure Kutteln, saure Leberla, saure Nierla, Schupfnudeln, schwarzer Peter *[= Bratkartoffeln mit zerlassener Blutwurst]*, schwarze Wurst, Schweinsfuß *[Wurst mit Schwarte als Hülle, gab's zu meiner Kindheit und Jugend bei Weingartener Metzgern und dann noch bis zur Geschäftsaufgabe bei Metzger Bausenhart in Ehingen; seitdem nie wieder irgendwo gesehen]*, Seele *[= stangenförmiges Gebäck, mit Salz und Kümmel bestreut]*, Saitenwurst *[=Wiener]*, Wähe *(wie Dünnete)*, Suser *[= neuer Wein, Federweißer]*, Wasserwecken, Weizen*(-bier)*, Zwiebelkuchen

Wenigstens eine kleine Auswahl an (ober-)schwäbischen Speisen und Getränken. Manches gibt es überall, manches auch nur in bestimmten Städten oder Lokalen und Familien zu haben. Zu vielen Rezepturen weiß Tante Wikipedia was.
Allgäu, Schussen: »Wurschd« / Riß, Donau: »Wuuschd«

Bei mir kommet d Meis mit vrheilete Auga ous dr Schbeis!

Bei mir kommen die Mäuse mit verheulten Augen aus der Speis*(ekammer)*.

So leer ist darin. Heutzutage bei uns wohl eher zum Abnehmen denn aus Not! Oder weil man noch nicht beim Einkaufen war.

Beißa kennt e noo, bloß nemme schlugga!

Beißen könnte ich noch, bloß nicht mehr schlucken.

So satt bin ich. *Donau*

Bempf

Senf

scherzhaft nachgeahmte Kleinkindersprache oder wegen vollen Mundes

Bessr a Schdiggle Brot em Frieda wia en Loib em Hadr.

Besser *(nur)* ein Stückchen Brot im Frieden als einen *(ganzen)* Laib im Hader *[= im Streit].* Donau

Bettl-Schbatza

Bettel-Spatzen

Aus Mochenwangen zugesandt als Bezeichnung für den sonst landesweit so genannten Gaisburger Marsch: Eintopfgericht aus Spätzla, Kartoffelschnitzen, Rindfleischwürfeln, Saitenwurst-Scheibchen, alles in Fleischbrühe und mit Zwiebeln abgeschmälzt (übrigens aufwändig zu machen, aber sauguet, wemma it grad vegetarisch oder gar vegan essa will) Schussen

Bfannakuacha backa, jo, s ischt wohr,
Herr, no lass mrs schmecka
wiedr wia am neia Johr!
Komm, dua no schnell decka!
Luis, dia deckt, ma setzt sich na,
Supp kommt glei a'gfahra,
abr Buaba, Weib ond Ma dand an däara schbara,
dass da Maga Blatz no hot
fir dia Bfannakuacha.
Guck, wias etz ouf dia naigoht,
jedr wills vrsuacha.
Doch, wa hott des Jürgle jetzt,
ischt er zmool vo Sinna?
Ond au d Luis duat wia endsetzt,
zmol, als äß se Schbinna.
Ond da Alta schittlets au,
on r fangd a zom Fluacha:
»Herrschaffd, wa hosch duu naidau
en die Bfannakuacha?«
»I drennaidau!? Komm, sei gscheit!
Dees mießt i doch wissa ...«
»No vrsuach s,« sait er ond geit
ra au en feschta Bissa.
Richdig schdreggd se au da Hals,
ond jetzt isch re s komma:
»Herr, i hau schtatt ama Schmalz
weißa Schmiersoif gnomma!«

Pfannkuchen backen, ja, es ist wahr,
Herr, dann lass ich es mir schmecken
wieder wie im *[= zum?]* Neuen Jahr!
Komm, tu nur schnell *(den Tisch)* decken!

Luis*(e)*, die deckt, man setzt sich hin,
Suppe kommt gleich angefahren,
aber Buben, Weib und Mann
tun an dieser sparen,
dass der Magen Platz noch habe
für die Pfannkuchen.
Guck, wie es jetzt auf diese hineingeht *[= wie alle freudig zulangen]*,
jeder will sie versuchen.
Doch was hat das Jürgle *[= Klein-Jürgen]* jetzt,
ist er plötzlich von Sinnen?
Und auch die Luis*(e)* tut wie entsetzt,
plötzlich, als äße sie Spinnen.
Und den Alten schüttelt's auch,
und er fängt an zu fluchen:
»Herrschaft, was hast du hineingetan
in die Pfannkuchen?«
»Ich hineingetan?! Komm, sei gescheit!
Das müsst ich doch wissen ...«
»Dann versuchst du sie,« sagt er und gibt
ihr auch einen festen Bissen.
Richtig streckt sie auch den Hals,
und jetzt ist es ihr gekommen *[= wieder eingefallen]*:
»Herr, ich hab statt einem Schmalz
weiße Schmierseife genommen!«

»Pfannkuchen« (hier): *in der Pfanne gebackene, flache Mehlspeise aus Eiern, Mehl und Milch; Eier[pfann]kuchen (Duden)*
Dieses Gedicht wurde vor etlichen Jahrzehnten (um 1940) zum Beispiel von den Schulkindern aufgesagt, die in (Ehingen-)Briel wohnten und in Weilersteußlingen zur Schule gingen. Pfannkuchen-Essen war eine Besonderheit, auf die man sich damals freute.

Donau

Birna / Biera

(Birnen, 2x):

<u>Al</u>beckr *(Albecker Butterbirne)*, **Guete <u>Luise</u>** *(Gute Luise)*, **Konfe<u>renz</u>** *(Conference)*, **Kong<u>ress</u>birna** *(Kongressbirnen)*, **Riamela** *(Riemchen?)*, **Schwei<u>zer</u>birra** *(Schweizer Wasserbirnen)*, **Wippfelder Birn**

Die schriftsprachliche Bezeichnung steht, wenn verfügbar, jeweils in Klammern dahinter.

Breng mir au a Päckle Huaschdaziggerla mit.

Bring mir auch ein Päckchen Hustenzückerlein mit.

»Ziggerla/Zückerlein«: *Bonbons*

Riß, Donau

Breng mr au so Fahrradschleich mit.
Bring mir auch so Fahrradschläuche mit.
gemeint waren: gefrorene Tintenfischtuben oder -ringe

bretschala
Erbsen/Bohnen enthülsen Schussen, Allgäu

»Von Bretsch (grüne Hülse von Bohnen, Erbsen, Nüssen u. dgl.)« (Fischer)

Bua, du frisch mr noo d Hoor vom Grend raa.
Bub, du frisst mir noch die Haare vom Grind [= Kopf] herab.
Sinn: Du frisst mich ja arm. Zu einem jungen Burschen im »Fressalter«.

Buschde-Leffl
(Handwerks-)Burschen-Löffel

Noch in den 1920er- und 1930er-Jahren und auch noch in den 1950ern gab es »fahrende« (wandernde) Gesellen, die auf Arbeitssuche oder auch einfach bettelnd durch die Dörfer zogen. Man wies sie nicht ab, aber traute ihnen auch nicht über den Weg (sie hätten ja aus Rache das Anwesen nachts anzünden können ...). Im Bauernhaus meiner Großeltern war ein bestimmter Esslöffel für sie reserviert, den sonst niemand benutzte. Mein Opa hatte übrigens auch seinen eigenen Löffel. Nach der Mahlzeit wurde dieser sauber abgeleckt und wieder an seinem Platz verstaut, in einer Lederschlaufe unter dem Tischplattenrand. Ich als sein erster kleiner Enkel durfte ihn als einziger hervorholen ... Riß

Dankschee fir Speis und Trank,
und für Drocka und Nass
ein Deo gratias.
Dankschön für Speis und Trank,
und für Trocken und Nass
ein Deo Gratias.

»Deo gratias«: »Dank sei Gott«
Die letzte Zeile entstammt dem Kirchenlatein, das früher zum katholischen Gottesdienst gehörte und insoweit jedem geläufig war.

Där buggd sich it gern, där hot Angschd, s <u>Bier</u> laufd ous.
Der bückt sich nicht gern, der hat Angst, das Bier läuft aus.

Über einen alkoholabhängigen Arbeitskollegen. Oder scherzhaft über jemand, der es vielleicht im Kreuz hat und sich deswegen nicht so gerne bückt.

Där dringt alloobed sain Schdoi Moschd.
Der trinkt alle Abende [= jeden Abend] seinen Stein(krug) Most.

»Stein«: Krug aus Keramik, zum Trinken (Vgl. engl. »stein« für Bierkrug, Maßkrug)
»Most«: vergorener Apfelwein
Statt eines Steins Most könnte es auch ein Stein Bier sein. Das Maß »Stein« bedeutet 1 Liter. Der Kommentar enthält die Wertung, dass dies dem Genannten bekomme oder ihm zumindest nicht schade. Das Vergnügen sei ihm daher durchaus zu gönnen. Ist die Zahl jedoch höher als »eins«, dann wird Alkoholkrankheit angedeutet.

Där frissd wia en Scheinadrescher.
Der frisst wie ein Scheunendrescher.

Mit großem Appetit zugreifen. Als das Getreide noch von Hand (mit Dreschflegeln) in der Scheune gedroschen wurde, war dies eine staubige und schweißtreibende Arbeit, die auch entsprechend hungrig (und durstig) machte.

Där hot au z nass gfuaderet.
Der hat auch zu nass gefüttert.

»Füttern« im bäuerlichen Umfeld bedeutet in erster Linie »die Tiere füttern«; »nass füttern« heißt, das Futtergras war zu nass, was beim Vieh zu Verdauungsstörungen führt. Hier wird es scherzhaft auf den Menschen selbst bezogen: er habe einen über den Durst getrunken.
Donau

Där hot sich au sai Gurgl aa'gsoffa.
Der hat sich auch seine Gurgel abgesoffen.

Über einen durch übermäßigen Alkohol-«Genuss» Verkommenen.
Donau

Där hott geschd en scheena Ruaß im Gsicht ghett.
Der hat gestern einen schönen Ruß im Gesicht gehabt.

»Ruß« (hier): Rausch (Alkohol)
Schussen

Där hott geschd fai en schena Zapfa ghett.
Der hat gestern fein [= übrigens] einen schönen [= kräftigen] Zapfen gehabt.

»Zapfen« (hier): Rausch (alkoholbedingt)

Där isch au nemme alloi!
Der ist auch nicht mehr allein!

Über einen, der gerne eins über den Durst trinkt und also z. B. einen »Affen« hat.
Donau

Där ka gugglaweis Gummibärla fressa.
Der kann tütenweise Gummibärchen fressen.

»Guggl / Guckel«: Tüte

»aus lateinisch cucullus« (dies und viel mehr dazu: Wax)
»Fressen« statt »essen« ist zwar derb, aber nicht unverschämt.
Anm.: Im mittleren und nördlichen Oberschwaben heißt es »a Gugga« oder »a Gugg«, jeweils für »eine Tüte«.

Där Moschd isch zapfarääs.

Der Most ist korken-herb.

»Most«: vergorener Apfelwein (evtl. auch mit Zusatz von Birnen, Quitten, …)
»Zapfen«:
a) Korken einer Wein-, Sekt-, Spirituosenflasche
b) »länglicher, sich verjüngender Holzpflock (Stöpsel) zum Verschließen eines Gefäßes« (Wax); Spund
c) Rausch (alkoholbedingt)
»rääs / räs«: scharf, gesalzen; bei Most und Wein: (recht) herb
»zapfarääs«: in jenem Zustand der Gärung, dass der Zapfen durch die entweichenden Gärgase aus dem Spundloch gehoben wird. Der Apfelwein befindet sich gerade in der Gärung und schmeckt somit vorzüglich.
Bei Wein spräche man im alemannisch geprägten Sprachraum (Oberschwaben und Baden) vom »Suser« (Sauser, vom Gärgeräusch im Fass); andernorts sagt man »Federweißer«.
Anmerkung 1: Hieße es, der Most sei »rääs« statt »zapfarääs«, dann würde es »sauer« bedeuten und wäre überhaupt kein Kompliment.
Anmerkung 2: Zuweilen kann »zapfarääs« auch bedeuten, der letzte Rest im Mostfass sei in der Tat ungenießbar »rääs« geworden (Griesingen).

Där Pabrika isch soo scharf, där brennt oin glatt zwoimool.

D(ies)er Paprika ist so scharf, der brennt einen doch glatt *[= tatsächlich]* zwei Mal.

einmal beim Essen und ein andermal am Ende des Verdauungsvorgangs

Där soufd wia en schwaaza Goißbock!

Der säuft wie ein schwarzer Geißbock *[= Ziegenbock]*.

Kann man über Alkoholkranke sagen, aber auch scherzhaft, wenn einer aus übergroßem Durst schnell eine größere Menge hinabstürzt.

Där souft wia a Loch!

Der säuft wie ein Loch!

Hier: Die Oma über den kleinen Enkel, der gerne und viel trinke, während sein kleines Schwesterlein immer zum Trinken angehalten werden müsse. Riß

Där souft wia en Bürschtabindr.

Der säuft wie ein Bürstenbinder.

Bürstenbinder zogen von Haus zu Haus und boten ihre Ware oder deren Herstellung vor Ort an. Zu trinken stellten ihnen die Bauersleute allemal etwas hin, beim Essen wird es nicht immer so reichlich zugegangen sein. Und so mag ein gewisser Alkoholpegel die unausweichliche Folge gewesen sein. Arme, ausgemergelte Kerle, die nicht viel vertrugen, waren sie wohl zudem zuweilen auch.   *Schussen*

Där wird au et fett, ond wemmen em Schmalz bachet.
Der wird auch nicht fett, und wenn man ihn *(selbst)* im Schmalz bäckt.

Zu hungrigen Zeiten wohl über einen, der körperlich nicht »gedeihen« wollte und »fett« zu werden als ein erstrebenswertes Ziel galt. Heutzutage reden eher die Beleibteren neidvoll über manche Schlanke, die scheinbar oder anscheinend essen und trinken können, was sie wollen, und dennoch nicht dick werden.   *Donau*

Deff ma dr no a Glas Wai abiata? – It obedengt …
Darf man dir noch ein Glas Wein anbieten? – Nicht unbedingt …

Der Unterton im »nicht unbedingt« heißt: ja, eigentlich mag ich gerne noch ein Glas Wein trinken, ich hab mich nur nicht so richtig getraut, es offen zu sagen.   *Donau*

Dees Brot isch so hert: där Bäckr isch beschdimmt scho vor drei Dag gschdorba.
Das Brot ist so hart: der Bäcker ist bestimmt schon vor drei Tagen gestorben. *Schussen*

Dees Johr sind Tomata doschig wia no nia.
Dieses Jahr sind die Tomaten*(sträucher)* buschig wie noch nie.

Sie schießen witterungsbedingt stark ins Kraut, was ja gar nicht erwünscht ist. (2016)

Dees kaasch etz it macha – dia Leit send älle miad ond wellet etz hoim!
Das kannst du jetzt nicht machen – die Leute sind alle müde und wollen jetzt heim.

Eine Gruppe von Interessenten besichtigte einen Betrieb. Die Chefin selbst führte nett und gekonnt. Zum Schluss wollte sie jedem Besucher noch einen Apfel als kleine Aufmerksamkeit anbieten. Doch das ging dem mittlerweile hinzugekommenen Chef und Ehemann denn doch zu weit – und dank obiger Notbremse wusste jeder Bescheid. Man muss noch wissen, dass in diesem Hause immer eine Kiste Äpfel bereitsteht zur gefälligen Bedienung durch fest angestellte und freie Mitarbeiter.   *Donau*

Dees mondr mit Andachd essa!
Das müsst ihr mit Andacht essen!

Esst es bedächtig, schlingt es nicht nur runter, und seid euch bewusst: Es ist etwas ziemlich Teures! Wenn man sich mal etwas Besonderes gönnt oder einmal eine teure Delikatesse erstand, womöglich eher aus Versehen.

Dees wird scho so an Gummiadler mit doused Flugschdunda sai!
Das wird schon so ein Gummiadler mit tausend Flugstunden sein!

Sagt man angesichts des bevorstehenden Verzehrs eines »Göggeles« (Grillhähnchen) und drückt damit die Hoffnung aus, es möge eben gerade nicht alt und zäh sein.

Deesch koin Semsakräbsler!
Das ist kein *(Fenster-)*Sims-Kletterer.

»Simsenkrebsler« ist verächtlich für sauren(?) Wein der Marke »selbstgezogen«, der an der eigenen Hauswand emporklettert und sich an Fenstersimsen und Mauervorsprüngen festhält. Riß

Der Bodensee, der Schwaben Meer,
gibt unser Badewasser her,
für Stuttgarts Hofbräu, weshalb wir
entgeistert rufen: »Welch ein Bier!«

In Anspielung an die Landeswasserversorgung, die Trinkwasser aus dem Bodensee bis nach Stuttgart und noch weit darübert hinaus liefert. Eine Stuttgarter Brauerei hatte eine kleine oberschwäbische Familienbrauerei – die letzte im Städtchen – aufgekauft und geschlossen. Stuttgarter Bier sollte die Einheimischen nunmehr beglücken ...
Eben diese Stuttgarter Brauerei hatte jahrelang einen Werbefeldzug laufen. Danach war jedermann/frau aufgefordert, einen Vierzeiler zu dichten, der mit dem Satz enden sollte »... so ein Bier!« Für diejenigen Dichter/innen, deren Reimkünste Gefallen fanden, gab es einen kleinen Preis und die Ehre, ihre geistigen Ergüsse auf etlichen tausend Bierdeckeln verbreitet zu sehen. Obiges Anti-Gedicht indes wurde vom Verfasser natürlich nie eingesandt, aber es hat ihn selber diebisch gefreut. Altes oberschwäbisches Unbehagen gegenüber Hauptstadt-Gebaren hat sicher eine wesentliche Rolle gespielt. Aber sicher auch das Wissen angesichts des gurgelnden Badewasserablaufs: »d Schtuegerter soufets«. Und nun sollte ebendies plötzlich zum ortsüblichen, gleichsam heimischen Getränk werden ... »Brrrr!« mag da der Dichter gefühlt haben: Das eigene Badewasser als Bier recycelt ... Schussen

Dia Bettlerei kennemer!
Diese Bettlerei kennen wir!

»Bettlerei«: Gebettel. Scherzhafte Antwort, wenn einem jemand einen guten Appetit wünscht. Tut so, als ob der Wünschende in Wirklichkeit nur etwas abhaben wollte.

Dia Brezg hot au scho amol s Zwelfe-Leita gheert!
Die*(se)* Brezel hat auch schon einmal das Zwölfuhr-*(Mittags-)*Läuten gehört.

Wenn sie (nachmittags) nicht mehr ofenfrisch oder gar vom Vortag ist. Freilich: manche Bäcker backen sie heute fast den ganzen Tag über.

Dia hand au äll Sonndig scheane Bälle mit hoigschloifd! *bzw.*
Der hott geschd en scheena Bälle beianand ghett!

Die haben auch alle Sonntage schöne »Bälle« mit heimgeschleift!
Der hat gestern einen schönen »Bälle« beieinander gehabt!

– »Bälle« ist die Mehrzahlform von »Balla«: einen Ballen haben = einen Rausch haben (Wax); in der zweiten Zeile war es die Einzahlform, vielleicht, weil es so ein Allmachtsrausch war, dass er sozusagen für mehrere gereicht hätte.
– »heimschleifen«: nach Hause schleppen; hier Anspielung auf den alkoholbedingt schweren Gang

Die Rede war von den Vätern, die nach dem Sonntagsgottesdienst zum Frühschoppen gingen und danach ganz schön angetrunken zum Mittagessen nach Hause kamen.

Dia hond doch koin Schdägga Hungr!

Die haben doch keinen Stecken Hunger.

»Stecken«: Verstärkung durch Alltagsgegenstände *(Wax)*
Wenn man vergeblich etwas Gutes zum Essen anbietet und die Gäste allenfalls lustlos daran herumknabbern. Der Spruch drückt mit unterschwelliger Gereiztheit Verständnis und Enttäuschung zugleich aus.

Dia hond doo vor Johr und Dag amool a baar Brotwirschd gessa, und no hoißts, do issd ma goet!

Die haben da vor Jahr und Tag einmal ein paar Bratwürste gegessen, und dann heißt es, da isst man gut!

Als ich als Schüler und Studiosus jahrelang in immer derselben Firma Ferienarbeit machte, war ich auch viel als Beifahrer im Oberland unterwegs. Gelegentlich wollte mein Fahrer, der Kapler Sepp, in dörflichen Gaststätten zu Mittag essen. Meinen Rat, doch einfach einen Einheimischen nach einem geeigneten Lokal zu befragen, fand er indes nicht so gut, auch wenn der Sepp gewiss nicht schleckig war. Der Sepp kannte unser(e) Oberschwaben.
Schussen

Dia sind wulle!

Die sind wollig *[= das Gegenteil von herzhaft-knackig im Biss]*!
über winterliche Treibhausradieschen

Dia Subba war aweng dootalos.

Die Suppe war ein wenig »tatenlos« *(Wax)*
fad, zu wenig gewürzt
Schussen

Dia Tomat dohanna isch a vrsoffes Loch.

Die Tomate »dadran« ist ein versoffenes Loch.
»Tomate« hier: Tomatenstock, -pflanze

»dohanna / hier / dadran / hierdran«: diese hier (an dieser Stelle)
»versoffenes Loch«: jemand, der gerne viel trinkt (Alkoholkranker); hier:
»Diese Tomatenpflanze muss besonders viel gegossen werden.«

Dir moss au dr Schrainr no en Oufsatz namacha.

Dir muss auch der Schreiner noch einen Aufsatz hinanmachen.

Dann würde noch etwas mehr in Teller oder Tasse reinpassen. So spottet man, wenn jemand das Gefäß randvoll gefüllt hat und Verschütten droht.

Do dääfd ma Schendela nadua.

Da »därfte« man Schindelein hinantun.

»därfte«: dürfte/sollte; »Schindelein«: kleine Schindeln – Schindel: »dünnes, oft wie ein Dachziegel geformtes Holzbrettchen zum Decken des Daches und Verkleiden der Außenwände« (Duden)
Kommentar angesichts einer randvollen Tasse   *Donau*

Dia wohnet schräg wisawi von uns.

Die wohnen schräg vis-à-vis von uns.

Die wohnen uns schräg gegenüber.

Do brouchd ma da Oufraimige. *Oder:*
Do brouchd ma da Oufromiga. *Oder:*
Do brouchd ma da Oufraumiga.

Da braucht man den Aufräumigen. *(3x)*

»dr Oufraimige / Oufromige / Oufraumige:
der »Aufräumige«: die Stimmung/Verfassung/Lage, um etwas aufzuräumen, das man
   sich schon lange vorgenommen hatte
Im konkreten Fall ging es darum, den Kleiderschrank einer Verstorbenen »endlich« auszuräumen. (Ich habe diesen Spruch mehreren Personen aus Oberschwaben versuchsweise vorgesagt, und sie haben ihn alle sogleich verstanden.)
                                                 Allgäu & Schussen / Riß / Donau

Do hette en scheena Belle beianand ...

Da hätte ich einen schönen Schwips beieinander, *[wenn ich ...]*

Abwehr von (weiterem) Alkoholgenuss

Do homm mir en Rääb-Buggl.

Da haben wir einen Rebbuckel.

»Buckel« (hier): »Hügel«, »Rebbuckel«: kleinerer Weinberg   *Schussen*

Do hond d Auga meh Hungr ghett wia dr Maaga.
Do hand d Auga mai Hongr gheet wia dr Maaga.
Da haben die Augen mehr Hunger gehabt als der Magen. *(2x)*

Verständnisvoll (auch über sich selbst), wenn man mehr auf den Teller geschaufelt hat, als man zu essen vermag.
Man beachte die Aussspracheunterschiede: *Allgäu, Schussen / Riß, Donau*

Do hotts meh Läda wia itt. *Oder:* **Der hott meh Schulda wia itt.**
Da hat's mehr Läden wie nicht. *Oder:* Der hat mehr Schulden wie nicht.

»meh … wia itt / mehr … wie nicht«:
– unerwartet viel
– weit mehr als sinnvoll oder wünschenswert
Hinweis: Der Satz mit den [Einkaufs-]Läden fiel spontan angesichts eines neuen Einkaufszentrums, bei dem allerlei Filialisten verschiedenster Branchen in kurzer Zeit ihre Geschäfte errichtet hatten – sicher weniger zur Freude der Innenstadt-Geschäftsleute.   *Schussen*

Do ka ma zom Brotessa gau, vor do a Datei rontrglada isch.
Da kann man zum Brotessen gehen, bevor da eine Datei runtergeladen ist.

»Brotessa / Brotessen«: Vesper (Zwischenmahlzeit)
Klage über eine langsame Internetverbindung im Dorf; hier: Ehingen-Kirchen   *Donau*

Do wars scho Brandaburger. *Oder:* **Do wars scho Brandaburger Art.**
Da war es schon Brandenburger *(Art). (2x)*

Kurz nicht aufgepasst: Schwupps, schon war das Essen angebrannt.   *Donau*

Doo – griagsch a Zibfele!
Da – *(du)* kriegst ein Zipfelchen!

Mit diesen Worten erhielten Kinder in den 1950er-/60er-Jahren beim Einkauf in der Metzgerei ein Zipfelchen Wurst geschenkt. Unter Zipfel verstand man den Anschnitt bzw. das Endstück einer Wurst; oft war das »Zipfele« aber auch einfach ein Wursträdchen – in der damaligen Zeit eine heißbegehrte Köstlichkeit.   *Schussen*

Doo bisch au it fett woora!
Da bist du auch nicht fett geworden!

Da hat man dich aber sparsam / geizig bewirtet!   *Riß, Donau*

Doo hand se Reisch gheet wia d Scheitrbeiga.
Da haben sie Räusche gehabt *(so groß wie)* wie die Brennholzstapel.

»Scheit«: Holzscheit (gespaltenes Stück Holz); Mehrzahl: Scheiter
»Beig«: Holzstapel; Mehrzahl: Beiga (Beigen)
»Scheitrbeiga« (Scheiterbeigen): (mehrere) Stapel Brennholz   *Donau*

Doo isch dr Goggeler driebr gloffa!
Da ist der Gockel*(hahn)* drübergelaufen!

scherzhafter Kommentar, wenn in einer Suppe Spuren von verquirlten Eiern erkennbar sind

Doo lommer noo a Henn driebr schbaziera!
Da lassen wir noch eine Henne darüber spazieren!

Diese Mahlzeit verfeinern wir noch durch ein dazugegebenes Ei. Anmerkung: In früheren Jahrzehnten war ein Ei eine seltene weil teure Kostbarkeit. Schussen

Doo mießd mr scho s Rad ragau, wenn e so en Tee soufa dät.
Da müsste mir schon das Rad runtergehen, wenn ich so einen Tee saufen würde.

Da müsste es mir schon ganz arg schlecht gehen, bevor ich so einen (Kräuter-)Tee trinken würde. In Erinnerung daran, dass ein abgegangenes Rad am Fuhrwerk in der Landwirtschaft eine der schlimmsten Pannen war, weil es ja zumeist in der Eile und bei vollbeladenem Fahrzeug geschah, und womöglich ein Gewitter heraufzog.
Drückt also aus, dass »gesunde« Tees abscheulich schmecken. Riß, Donau

Doo simmr noch no vrhogged.
Da sind wir dann noch verhockt.

»Über dem Plaudern bei Kaffee/Wein haben wir die Zeit ganz vergessen und sind länger (sitzen) geblieben als geplant. Es war ja auch zu nett und gemütlich.« Zum Beispiel bei der abschließenden Einkehr nach einer Wanderung oder einem Ausflug.

Dr erschde Schluck isch dr beschd.
Der erste Schluck ist der beste.

Wenn man so richtig Durst hat ...

Dr Honig rennt mr glei nooch!
Der Honig rennt mir gleich nach [= »verfolgt mich«]!

Ich habe mich am Honig bald sattgegessen!

dräckede Schbätzla
dreckige Spätzle

Leberspätzle, wohl scherzhaft wegen ihrer rotbraunen Färbung. Aus Mochenwangen.

Driala wia Katzabär.
Trielen wie *(ein)* Katzenbär.

stark sabbern, zum Beispiel beim Essen einer Wassermelone, wenn der Saft nur so herunterläuft Donau

Drinket mr noo a Abgsäagete?
Trinken wir noch eine Abgesägte?

Bis in die 1960er-Jahre konnte man in manchen Brauereigasthöfen nach dem ersten Maß (sprich: Moos; langes offenes O) Bier (1 Liter) noch eine »Abgsäagete« bestellen. Dies war dann ein fast volles Maß zum Preis eines halben. Zwischen den Städten Ravensburg und Weingarten herrscht(e) immer schon eine gewisse Rivalität. Das gibt es anderswo überall auch zwischen Nachbarorten. Man weiß von manchen Ravensburgern, dass sie damals freiwillig nie ihre Schritte nach Weingarten gelenkt hätten, wenn es nicht den Brauereigasthof »Stern« und seine »Abgsäagete« gegeben hätte. Und noch etwas zum damaligen »Stern«: Bei leergetrunkenen Bierkrügen ließ man den Deckel offen, damit die Bedienung Bescheid wusste und Nachschub bringen konnte. Die Krüge hatten damals meist Zinndeckel, so dass die Bedienung im Vorbeigehen die Restmenge nicht erkennen konnte. Das Offenlassen als Zeichen der Bestellung war also sinnvoll. Umgekehrt galt aber auch: Wer nach einem Schluck den Deckel versehentlich offenstehen ließ, obwohl noch Bier drin war, und die Bedienung somit vergeblich herbeigerufen wurde, der musste eine Runde am Stammtisch ausgeben. Anmerkung: »Aagsäagete« [= Abgesägte] gab es auch in Ehingen.

Drinks mit Andachd, deesch dai letschds!
Trinks mit Andacht, das ist dein letztes!

Gemeint: das letzte Bier heute, weil der Vorrat ausgegangen ist – keine Morddrohung!

Dr Schwob isst, wenn s Zeit isch, no isch r scho satt, wenn en dr Hongr iebrkommt.
Der Schwabe isst, wenn es *(dafür)* Zeit ist, dann ist er schon satt, wenn ihn der Hunger überkommt.

*Über diese Erkenntnis muss man vielleicht erst nachdenken. Der Schwabe esse zu den jeweiligen landesüblichen Tageszeiten. Somit überkomme ihn kein Hungergefühl, wenn es zeitlich unpassend wäre. Zugleich steckt in dem Spruch auch die Tatsache, dass der Tagesablauf strukturiert sei. Und zugleich heißt es unausgesprochen: »Etz esset halt au ebbes, wenn r scho do send!« [= Jetzt esst halt auch etwas, wenn ihr schon mal da seid – auch wenn ihr noch gar keinen Hunger verspürt«]
Den Spruch sagte zu einer Besuchergruppe ein in seiner Region nicht unbekannter Gastwirt, dessen Lokal zum einen von den Einheimischen, auch aus der Umgebung, gerne besucht wird, das aber auch als Ausflugslokal bekannt ist, zu dem Touristen von weiter her angefahren kommen.*   *Donau*

Du glaubsch gar it, was in en Mensch älles naigoht!
Du glaubst gar nicht, was in einen Menschen alles hineingeht [= *reinpasst*]!

Wenn man aus besonderem Anlass im Übermaß isst, vor allem, wenn es denjenigen nichts kostet; meist selbstironisch: man habe gut und überreichlich gespeist.   *Donau*

Dullo
Schickr
Schwips
Bälle
Reischle
Rausch
Affa; Jeeses-Affa, Mords-Affa

...
Reischle: Räuschlein ...
Affe; Jesus-Affe, Mords-Affe
»Jesus« hier zur Verstärkung; Alkoholrausch (in verschiedenen Abstufungen)

Ebbes zum Drinka a me naa!
Etwas zum Trinken an mich hinan!
Schnell etwas zum Trinken herbei! Scherzhafter »Befehl«.

Egaal was fräss - Haubdsach Ranze schbann!
Egal was fress - Hauptsache *(der)* Ranzen spannt!
Hauptsache, man wird davon satt! Nachgeahmtes Gastarbeiter-Italienisch-Deutsch; 1960er. War auch scherzhafte Parole, als eine oberschwäbische Jugendgruppe erstmals in der französischen Partnerstadt weilte – und das anfangs teils ungewohnte Essen natürlich schmeckte!

Em Mooschd isch Drooscht!
Im Most ist Trost!
»Most«: Apfelwein. Dieser Spruch ist ebenso wie viele der hier angesiedelten natürlich nur dann wirklich lustig, wenn es um gelegentliches Trinken geht.   Donau

En Kaffee Hag® – deesch grad wia en Kuss dorch a Fenschdr!
Ein Kaffee Hag® – das ist gerade wie ein Kuss durch ein Fenster!
Also wie ein Kuss mit einer Glasscheibe dazwischen, so sehr nach »nichts« schmecke entkoffeinierter Kaffee. (So urteilen manche auch über »alkoholfreies« Bier.)

Epfl: Bitterling, Bohnepfl *(Bohnapfel)*, Boskopp *(Boskoop)*, Brettacher, Cox Orasch *(Cox Orange)*, Dapfetepfl *(-apfel)*, Goldparmäne, Goldrenette, Gravaschdoinr *(Gravensteiner)*, Gwirzluik *(Gewürzluike)*, Jakober, Jakob-Fischr{-Epfl} *(Jakob-Fischer{-Apfel})* bzw. Schenr vom Obrland *(Schöner vom Oberland)*, Dscheims Griev *(James Grieve)*, Klarepfl *(Klarapfel)*, Ontario, Rosaepfl *(Rosenapfel)*, Transberent *(Transparent)*, Zabrgai *(Zabergäu Renette)*
Epfl: Apfel, Äpfel.
Die schriftsprachliche Bezeichnung steht, wenn verfügbar, jeweils in Klammern dahinter; einheimische ältere Apfelsorten (Auswahl)

En Schdendr Bier, en Kaschda Bier, a Bläch Bier, a Rehmle Bier, a Kischda Bier
ein Ständer Bier, ein Kasten Bier, ein Blech Bier, ein Rähmchen Bier, eine Kiste Bier

Fünf Bezeichnungen für ein und dasselbe! Anmerkung: der Bierkasten namens »Blech« bestand in der Tat aus verzinktem Blech. Anmerkung: meine Erfahrung als Ferienjob-Bierführer um 1968/69

En Schdinkr
ein Stinker

– im Allgäu: Backsteinkäse
– allgemein: volle Windel oder Auto mit unangenehm viel Abgasen
Anmerkung: Da wird der vielgeliebte Käse in einer seiner urigsten Geschmacks- und Geruchsformen tollkühn in recht andere Zusammenhänge gebracht.

En Seggd sott halt it katzalack sai!
Ein Sekt sollte halt nicht halb lauwarm sein.

»lack« (»Nebenform zu ‚lau'; Wax): ungekühlt, nicht kühl genug; lau, fad, schal
»katza-«: das »katzen-« verstärkt das »lack«

En Vierleng Buttr
ein Vierling Butter

ein Viertelpfund (125 Gramm) Butter   *Riß*

Etz haune zuom <u>erschdamool</u> <u>Engl</u>isch gschwätzd.
Jetzt hab ich zum ersten Mal Englisch geredet.

Eine Ehinger Hauptschulklasse (1980er, Achtklässler) war als erste ihrer Art im Bereich des Regierungspräsidiums Tübingen, wenn nicht gar ganz Baden-Württembergs, auf Studienfahrt in England. Am Tag nach der Ankunft unternahmen sie eine Wanderung. In einem dörflichen Tante-Emma-Laden gingen sie alle Bonbons einkaufen. Zungen und Lippen waren dann in vielerlei Farben zu bewundern. Schee war's. Ein schüchterner Junge traute sich als letzter auch ins Lädele und kam dann freudestrahlend wieder heraus: Sein Satz zum Lehrer kündete von seinem ganzen diesbezüglichen Stolz.

Etz hommr s neetige Gwantum beianand!
Jetzt haben wir das nötige Quantum beieinander!

Gemeint: die nötige Menge alkoholischer Getränke für eine ausreichende Bettschwere

Etz kasch dr da Grend belzig soufa!
Jetzt kannst du dir den Kopf pelzig saufen!

... bis er sich pelzig anfühlt (von innen her).   *Donau*

Essen und Trinken 437

Etz mache drei Diäta ouf oiml. – Moinsch, i nemm ab? – It ums Vrregga!

Jetzt mache ich drei Diäten auf einmal. – Meinst du, ich nehme ab? –
Nicht ums Verrecken *[= nicht um alles in der Welt]*!

Ist sicher ursprünglich ein Witz, wird aber zuweilen auch einfach als Zitat verwendet. Dann macht es nichts, wenn das Gegenüber den Witz schon kannte.

Feldfrisch – gesund – oberschwäbisch

Werbeslogan eines Spargelerzeugers im Bodensee-Hinterland: »oberschwäbisch« als Qualitätsmerkmal

Frihjer hot ma s Käswassr de Soua naigea, heit kauft ma s im Becherle.

Früher hat man das Käswasser den Sauen *[= Schweinen] (zum Futter)* hineingegeben, heute kauft man es *(teuer)* im Becherlein.

»Käswasser / Käsewasser«: Molke (»wässrige grünlich-gelbe Restflüssigkeit, die bei der Käseherstellung entsteht« (https://de.wikipedia.org/wiki/Molke)
Statt »Käswassr« kann auch »Schottawassr« (Schottenwasser) gesagt werden. Der Spruch bleibt sonst unverändert. »Molke (auch Molken, Käsemilch, Schotte, Sirte, Waddike, Wedicke oder Zieger ...)« Quelle: Wikipedia, wie oben. Donau

Frontschboiler

Frontspoiler

scherzhaft für: (Männer-)Bauch Donau

gebrannte Leicha

gebrannte Leichen

Es ist viel weniger makaber als es klingt! Damit bezeichnete man im Jugendgruppenzeltlager in den 1960ern in selbstgemachte dünne Teigfladen eingewickelte und dann erhitzte Leberwurst. Ein fett-triefendes Zeug, das aber, sicher auch wegen seines makabren Namens, als abenteuerlich gut empfunden wurde. Schussen

Gell – in deem Altr, do schmeggds oim äaba!

Nicht wahr – in diesem Alter, da schmeckt es einem eben!

Wird zu jemand gesagt, der gerade beim Essen ist. Es verblüfft den Angesprochenen; er denkt darüber nach, was sein Alter mit seinem Appetit zu tun habe. Ja, er fühlt sich vielleicht sogar peinlich berührt, als ob der andere meine, er esse zu schnell oder zu viel. – Kunstpause –: Dann muss die erlösende Ergänzung folgen: Der Spruch bedeute gar nichts und passe schließlich zu jedem beliebigen Alter. Es sei also nur ein Scherz.

Gib nomool en Schdruuz nai!

Gib nochmal einen *(kräftigen)* Spritzer hinein!

Aufforderung/Bitte an Gastgeber oder Wirt, das Glas nochmals zu füllen. Wobei dann mehr als nur ein »Schdruuz« (Spritzer) erwartet wird.

Gibt's bald s Midd̲agessa? *bzw*. Geit's bald s Midaa̲gessa?
Gibt es bald das Mittagessen? *(2x)*

Betonungsunterschiede beachten: *Allgäu, Schussen bzw. Riß, Donau*

Griagsch a waggswoichs Oi̲.
(Du) kriegst [= bekommst] ein wachsweiches Ei.

Ein wachsweich gekochtes Ei ist etwas härter als ein weiches Ei; Kochzeit 5-8 Minuten. »Da der Verzehr [von gekochten Eiern] außerdem weniger kräftezehrend ist als das Kauen von Fleisch oder Fisch, wurden Eier auch häufig als Speise für Kranke und Genesende verwendet.« (https://de.wikipedia.org/wiki/Gekochtes_Ei)
Eigene Kindheits-Erinnerung 1950/1960: Ein gekochtes Ei gab es zum Geburts- und Namenstag, sowie, wenn es nach einer Krankheit wieder aufwärts ging. Das war alles vielleicht drei- bis viermal jährlich. Sonst gab es keine weichen Eier. Sie waren viel zu teuer.

Haiße – haiße – goddzallmächdig haiße!
Heiße – heiße – gottesallmächtig heiße!

»gotzallmächdig«: verstärkt hier das »heiß(e)« auf gewollt scherzhaft-dramatische Weise. Singsang der Metzger an ihren Verkaufsständen bei Festen und Märkten, wenn sie an kalten Tagen ihre heißen Schüblinge aus dem Sud anboten und anpriesen. »Schüblinge« (südlicheres Oberschwaben), andernorts »Rote« bzw. »Rote Wurst« genannt. »aus dem Sud« (aus dem Kessel mit siedendem Wasser), also nicht vom damals noch völlig unbekannten Grill(rost). 1950er   Schussen

Hammlboiz
Hammelbeize

Hammelkneipe. Spitzname des Gasthofs »Adler« in Arnach in Anspielung auf die dort seit Ende der 1970er-Jahre ansässige alternative Schäfergenossenschaft »Finkhof«. »Dort wird Fleisch aus eigener Schafzucht zu deftigen Gerichten verarbeitet.« (Südwest Presse vom 12. Juni 1992). Da das Wort »Boiz« meist einen leicht negativen Unterton hat, der von »düsterer Kneipe« bis zu »Kaschemme zweifelhaften Ruhms« reicht, spiegelt sich hierin das Meinungsbild einer bäuerlich-konservativ-katholischen Bevölkerung einer »Kommune« gegenüber, der man alles, bloß nichts Rechtes zutraue. 2016 sind sie immerhin schon 30 Jahre in Arnach. (www.finkhof.de). Es mag tröstlich stimmen, dass »Boiz« daneben auch noch die harmlose Bedeutung von »gemütliches kleines Wirtschäftle« besitzt.

Heersch, wia s pfludderet?
Hörst du, wie es »pfluttert«?

lautmalerisch: blubberndes Geräusch, das bei kochenden Breis entsteht

Heiliger Sankt Nepomuk, wia blooget me au dia Rettich im Bouch!
Schick mr au en Wind, dass es wieder rouslau ka.
Heiliger Sankt Nepomuk, wie plagen mich auch die Rettiche im Bauch! Schick mir auch einen Wind, dass *(ich)* sie wieder rauslassen kann.

Stoßseufzer *Riß*

Heit koschd dr Zehnerbolla bald a Mark!
Heute *[= heutzutage]* kostet die Zehnerkugel *(Speise-Eis)* fast eine Mark.

Sinn: Ach, wie teuer ist doch alles geworden, seufz! 2016 kostet eine Kugel Eis 1 Euro und gerne noch mehr. Die Kugel Eis kostete anfangs wirklich 10 Pfennig, also etwa heutige 5 Euro-Cent. Nur: Damals kostete eine Laugenbrezel 5 Pfennige! – Erinnerung an die 1950er, als es die ersten Eisdielen (»Eis-Salons« genannt) in oberschwäbischen Städten gab. Das heißt, eine Kugel Eis kostete etwa so viel wie zwei Brezeln. 1960 kostete ein Hühner-Ei 0,21 DM. Für diesen Preis erhielt man noch fast 2 Zehnerbollen Eis. Und heute?

Hond ihr en Ziegr?
Habt ihr einen Zieger?

»Zieger« (hier): Kräuterkäse, mit Butter vermengt *Allgäu, Schussen*

Hoornuudla
Haarnudeln

Scherzhaft für Krautspätzla, weil das in der Pfanne zusammen mit den Spätzla angebratene Sauerkraut an lange Haare erinnert.

Hosch Duuschd?
No schlupfsch in a Wuuschd!
Hosch Hongr?
No schlupfsch in a Gugommr!
Hast du Durst?
Dann schlüpf in eine Wurst!
Hast du Hunger?
Dann schlüpf in eine Gurke!

Gugommer: Gurke; vgl.: lat. cucumis, frz. concombre, engl. cucumber, usw.
Hinweis: Wie das Wort zu uns kam und viel mehr dazu: Wax *Riß*

Hosch en Gäh-Hungr?
Überfällt dich gerade der Heißhunger?

»Hervorgerufen durch Milch von einer Hexe.« (Fischer) – Viel mehr zu »Gäh-« bei Wax. *Schussen*

Hosch gsuggelet!?
Hast du gesuckelt [= etwas an Essen oder Trinken während der Mahlzeit verschüttet]?
Leichter oder nachsichtiger Tadel. »Suggela« sagt man auch, wenn kleinere Kinder mit Erde, Lehm und Sand in Verbindung mit Wasser spielen. *Schussen*

Hoschd en Bandwurm?
Hast du einen Bandwurm?
Wenn jemand großen Appetit hat. *Schussen*

I bin mit em Buudl oufzoga.
Ich bin mit dem *(Baby-)*Fläschchen aufgezogen worden.
Der »Buudl / Budel« (nicht: »Pudel«!): Schoppele, Babyfläschchen (vgl. norddeutsch »Buddel«, franz. »bouteille«). Ich trinke Bier, Mineralwasser usw. lieber aus der Flasche als aus einem Glas.

I bin rou oufzoga – i iss d Wurschd au ohne Brod!
Ich bin rau aufgezogen – ich esse die Wurst auch ohne Brot!
»rau« (hier): derb, unverwöhnt. Sinn: »Ich esse die Wurst ›notfalls‹ auch ohne Brot!«. Stammt aus hungrigeren Zeiten, als man eher Brot als Wurst zur Verfügung hatte. Übertragen ironisch: »Ich bin beim Essen nicht so zimperlich!« (Teil 2 kann auch entfallen.)

I ess halt, weils nix koscht.
Ich esse es halt *(deswegen)*, weil es nichts kostet.
Seufzer eines Sparsamen, als zum reichlich ausgefallenen Tagesessen in der Stammpizzeria überraschenderweise noch ein Nachtisch gereicht wurde. Hinweis: Dieser sparsame Schwabe stammte aus dem württ. Unterland, wo man traditionell eher pietistisch geprägt ist. *Donau*

I friss doch dene s U'ziefr it weg!
Ich fress' doch denen das Ungeziefer nicht weg!
Sprach die Dame, als sie zum ersten Mal die Gelegenheit gehabt hätte, Meeresfrüchte zu kosten. Sie hat inzwischen dazugelernt ...

I hau grad no so a Drialade denna, dia hebe nemme ouf.
Ich habe gerade noch so eine (...) drin, die hebe ich nicht mehr auf.
a »Drialede«: von »trielen, geifern, Speichel oder flüssige Speisen von den Lippen rinnen lassen« (Wax); davon abgeleitet: das, was herunterrinnt und sich irgendwo wieder ansammelt, ist die »Drialede«; folgerichtig ist das (Sabber-)Lätzchen der »Drialer«. »driala« kann bei Gefäßen oder Wasserleitungen auch »tropfen« bedeuten, »undicht sein«. »aufheben«: aufbewahren.
Was sich innen am Boden einer fast leeren Weinflasche ansammelt, kann auch

»Drialede« genannt werden. Und dies ist in diesem Falle gemeint: Den Spruch sagte der damalige Wirt im Adler und goss dem Gast, der nur noch ein Achtele haben wollte, das Viertelesglas übervoll ein. »Viertele«: ein Glas Wein (im Lokal ausgeschenkt), ursprünglich 0,25 Liter, inzwischen längst nur noch 0,2 Liter. Ein »Achtele« ist ein halbes »Viertele«.

I hon dia Wurschd a bizzle endressierd nadau.
Ich habe die Wurst ein bisschen geizig hingetan.

»endressierd«: »eigennützig, knigged, geizig, knauserig, vorteilhäftig, berechnend« (Wax). »knigged« (knickig): nach Art eines Geizkragens. »voordlhäfig / vorteilhäftig«: sehr auf den eigenen Vorteil bedacht. Im vorliegenden Falle wurde die Wurst so drapiert, dass mit möglichst wenig Materialeinsatz eine größtmögliche optische Wirkung erzielt wurde.

I iss au da Epflbutza mit, bis ouf da Schdiel.
Ich esse auch den Apfelbutzen mit, bis auf den Stiel.

»Epflbutza / Apfelbutzen«: angebissenes Kerngehäuse des Apfels
»... bis ouf da Schdiel / bis auf den Stiel«: alles (d. h. den ganzen Apfel) außer dem Stiel. Wer wissen will, wie man anderswo zum Epflbutza sagt: http://www.spiegel.de/kultur/zwiebelfisch/zwiebelfisch-spezial-von-aepfeln-erschlagen-a-331216.html

I iss doch de Kia s Fuettr it weg!
Ich esse doch den Kühen das Futter nicht weg.

Sagte die alte Dame, die fast zeitlebens in der Landwirtschaft tätig war, und weigerte sich standhaft, einen Löwenzahnsalat zu kosten, der vom Hobbykoch sorgsam gepflückt worden war.

I ka essa und drinka, wa n e will: I nimm oifach it ab!
Ich kann essen und trinken, was ich will: Ich nehme einfach nicht ab!

I mechd en Aiglemmta!
Ich möchte einen Eingeklemmten!

Ein aufgeschnittenes Brötchen, dazwischen mit einer Scheibe vorzugsweise warmen Leberkäses belegt. (»Leberkäse« ist »Fleischkäse«). Gab's nicht ohne Grund lange im Ehinger »Schwanen«, der nahe beim Gymnasium gelegen ist.

I mechd en El-Ka-Wee!
Ich möchte einen LKW!

»LKW« steht für »Leber-Käs-Wecken«. »Wecken«: oberschwäbisch für »Brötchen«
Ein aufgeschnittenes Brötchen, dazwischen mit einer Scheibe vorzugsweise warmen

Leberkäses belegt. (»Leberkäse« ist »Fleischkäse«). Wird in jeder oberschwäbischen Metzgerei an der Warmtheke verstanden.

I nemm scho zwoi Kilo zua, wenn e bloß am Kialschrank vr<u>bei</u>lauf.
Ich nehme schon zwei Kilo zu, wenn ich bloß am Kühlschrank vorbeilaufe.
Sagen Mollige gerne voller Selbstmitleid.

I souf jedn Daag en Houfa Wassr, ganze Geltana vool.
Ich saufe jeden Tag einen Haufen Wasser, ganze »Gelten« voll.
»Gelte«: »Wanne aus Holz oder Zink zum Wäschewaschen« (Wax). Die Dame, die so von sich erzählte, hielt sich offensichtlich an den Rat, täglich reichlich Wasser zu trinken.
Donau

I wär Bfarr woora, abr i vrdra morgens da <u>Wai</u> noit soo ...
Ich wäre Pfarrer geworden, aber ich vertrage morgens den Wein noch nicht so ...
Sagen natürlich die, die den Wein später am Tag ganz gerne mögen.
Anspielung auf den Messwein, der zum Ritual der katholischen Messe gehört. Diese wird in aller Regeln morgens gefeiert.
Donau

I will amol wiedr ins China-Lokal zum Essa ...
Ich will mal wieder ins China-Lokal zum Essen ...
... wünschte sich der Sprössling. Helles Entzücken bei seinen Eltern. Zeigte doch die Erziehung zu einer gewissen kulturellen Aufgeschlossenheit einschließlich Esskultur sichtlich Früchte. Ja, was er denn Gutes zu speisen vorhabe? Antwort: »Pommes«.

Ich sitze hier am runden Tisch und soufe, bis er eckig isch.
Kein hasenreines Schwäbisch und gleichzeitig einer der vielen Sprüche, die harmlos sein können (!).

Im Metzgerladen: »... und bittschee no a baar Wurschdzipfl fer da Hund, abr it so fett, em Vattr isch letzschmol schlecht worra.«
»... und bitteschön noch ein paar Wurstzipfel [= Reste, Anschnitte] für den Hund, aber nicht so fett, dem Vater ist es letztesmal schlecht geworden.«
Ist es wirklich nur ein ehemaliger Witz, dessen Kernaussage »abr it so fett« dann öfters zitiert wird, wenn der Rest bekannt ist? Oder tritt hier ursprünglich eine heimliche Armut zutage, deren man sich schämt und vielleicht deswegen auch das Kind zum Einkaufen schickt? Dann klingt alles auch recht aktuell und weniger zum Lachen ...

In deem Altr fresset se de schier zum <u>Hous</u> nous.
In diesem Alter fressen sie dich schier zum Haus hinaus.

Essen und Trinken 443

Über junge Burschen im »Fressalter«, wenn ihr fortwährender großer Appetit die Familie beinahe dazu bringe, dass sie darob arm würde und Haus und Hof verkaufen müsste.

Iss no, sonsch isch jo it drwert, dass da s Moul vrdrägglesch!

Iss nur, sonst ist es nicht *(der Mühe)* wert, dass du das Maul verdreckelst!

»Moul / Maul«: derb, aber keineswegs böse für »Mund«. Greif nur zu und sei nicht so bescheiden! Sonst lohnt es sich ja gar nicht, dass du dir den Mund »beschmutzt«.

Jedes Behnle git a Tenle.

Jedes Böhnlein gibt ein Tönlein.

Der Verzehr von Bohnen rege die Erzeugung von Darmwinden an.

**Jesus schbrach zu saine Jingr:
»Wär koin Leffl hot, isst mit de Fingr!«**

Jesus sprach zu seinen Jüngern:
»Wer keinen Löffel hat, isst mit den Fingern!«

Kann Spott sein über einen Gierigen, kann aber auch eine Art Seufzer sein, weil man halt kein geeignetes Esswerkzeug zur Hand habe. Oder es ist die scherzhafte Einladung zu Fingerfood. Die pseudo-schriftdeutsche Einleitung soll erst recht an ein Bibelzitat glauben machen und dem Spruch Nachdruck verleihen. Allgäu

Jetzd schbannd mr da Ranza, etz woiß es gwieß, dass e gessa hau.

Jetzt spannt mir der Ranzen, jetzt weiß ich gewiss, dass ich *(schon)* gegessen habe.

*»Ranza / Ranzen« (hier): Bauch.
Scherzhafte Bemerkung nach einem ausgiebigen Essen oder Vesper*

Kameafeagr

Kaminfeger

Bratkartoffeln mit untergerührter zerlassener Blutwurst (ländlich-deftig) Donau

Kardoffla maane am liabschda, wenn s d Sou gfressa hott.

Kartoffeln mag ich am liebsten, wenn sie *(zuvor)* die Sau gefressen hat.

Fleisch und Wurst ist mir lieber als Kartoffeln und anderes Gemüse.

**Kaschber, Melchr ond Baltes,
koch mr a Mues und schmalz mr s,
abr it so dick,
dass e it vrschdick!**

Kaspar, Melchior und Balthasar,
koche mir ein Mus und schmalz es mir *[= gieße geschmälzte Butter darüber]*,
aber nicht so dick,
damit ich nicht *(daran)* ersticke!

zerlassene Butter über einen Brei zu gießen galt als etwas Besonderes Riß

Käschberles-Seggd
Kasperles-Sekt

scherzhafte Umschreibung für sprudelndes Mineralwasser oder Limonade, wenn diese Kindern gereicht werden; während die Erwachsenen »Echtes« bekommen. Schussen

Kocha duure, wia es kaa,
was d Sou it frissd, dees frissd dr Maa!
Kochen tu ich, wie ich es kann,
was die Sau nicht frisst, das frisst der *(eigene)* Mann!

Unterstellt man schlecht kochenden Hausfrauen.

Koched wär s, wenn s no scho gessa wär.
Gekocht wär's, wenn es nur schon gegessen wäre.

1. Deutung: Die Köchin hat damit ihrer eigenen Koch-«Kunst» ein schlechtes Zeugnis ausgestellt. Aber dahinter werden wohl wieder einmal boshafte Männer stecken, die sich den Spruch selbst ausgedacht haben.
2. Deutung: Die Köchin hat sich diesmal besonders Mühe gegeben und etwas Festliches auf den Tisch gebracht. Mit der Bemerkung deutet sie an, dass die Gäste, wenn sie zuletzt die Speise genossen haben, alle Kunst und Mühe anerkennen und dies zum Ausdruck bringen. Auf diesen Zeitpunkt warte die Köchin.

Koi Sou frissd ugsalza!
Keine Sau frisst ungesalzen!

»koi Sou«:
a) kein Schwein (Tier)
b) niemand

Spöttischer Kommentar, wenn jemand Essen zu Boden fällt und dabei Haare, Fussel usw. daran hängenbleiben: »Iss es dennoch und sei nicht so zimperlich!«. Oder aber auch: »Wenn du das (Heruntergefallene) jetzt noch isst, bist du (wie) ein Schwein!«

Komm her, du Gwampeda!
Komm her, du Gewampter!

Ein »Gwampeder« ist einer mit einer Wampe, also einem einigermaßen runden Bäuchlein. Herzhaft-derbe Einladung an einen Stammtischbruder, sich doch mit an den Tisch zu setzen. Schussen

Laischda ka-n-e mers scho, etz moss mr s bloß au no schmegga.

Leisten kann ich mir es schon, jetzt muss es mir bloß auch noch schmecken.

Bemerkung angesichts des vielfältigen Speisenangebots aus aller Welt: Am Geld liege es nicht, aber ob es auch mundet? Im Hintergrund steckt die Redensart: »Wa dr Bouer it kennt, frissd r it.« / »Was der Bauer nicht kennt, frisst er nicht.«

Lass amool a Halbe rumwaxa!

Lass mal eine Halbe *(Bier)* herumwachsen *[= herüberwachsen]*!

An einen Wirt oder Gastgeber gerichtet: Reich mir mal eine Halbe herüber. Eine »Halbe« (halbe Maß): 0,5 Liter Bier.
»Mooß« (Maß), langes offenes »oo«: 1 Liter Bier im Krug/Glas (schwäbisch)
»Mass« (Mass), kurzes »a«: 1 Liter Bier im Krug/Glas (bayerisch)

Lass d Luffd rous, Wirte!

Lass die Luft raus, Wirtin!

Wirtin, ersetze die Luft im leeren Glas durch neues Bier. Vertraulicher Umgang beim Nachbestellen.

Leabr duck de, jetzt kommt r!

Leber, duck dich *[= bücke dich]*, jetzt kommt er ... *[= der Guss]*.

Wenn man zum Trinken ansetzt.

Liabr sich da Darm vrrenka
als dr Wirtschafd ebbes schenka!

Lieber sich den Darm verrenken
als der Wirtschaft etwas schenken.

»vrrenka / verrenken« (hier scherzhaft): verstauchen, verderben
Was in der Gastwirtschaft bezahlt werden muss, wird auch ausgegessen und ausgetrunken, selbst wenn es einem eigentlich schon fast zu viel ist. Ist aber scherzhaft so zu verstehen, dass man vor dem Aufbrechen noch schnell vollends austrinkt.

Liabr z viel gessa wia z wenig drunka!

Lieber zu viel gegessen als zu wenig getrunken!

Sozusagen wie »Das Eine tun, und das Andere nicht lassen.«

Ma ond Weib isch oi Leib, aber ed oi Gurgl.

Mann und Frau sind ein Leib, aber nicht eine Gurgel.

Der Mann hat (angeblich) das Recht zu saufen.   *Donau*

Ma sotts it glauba, was alles in oin naibassd, wemma aiglada isch!
Man sollte *(es)* nicht glauben, was alles *(an Speisen und Getränken)* in einen hineinpasst, wenn man eingeladen ist!

... und es einen also nichts kostet. – Scherzhafte Bemerkung, wenn es recht geschmeckt hat.

Maariele, Maariele, was kochesch daim Maa? –
Brennt's Sipple, brennt's Sipple, koi Schmälzle dra naa!
Mariele, M., was kochst du deinem Mann? –
Eine gebrannte Suppe, ..., kein bisschen Schmalz daran!

Soll wohl eine übertrieben geizige Hausfrau kennzeichnen, denn eine gebrannte Suppe ohne Fett (Schmalz, Butter) ist »technisch« gar nicht möglich.

Maasch du Bachela an de Nudla?
Magst du das Angebackene an den Nudeln?

... die Kruste, die sich unten in der Pfanne bildet; goldgelb gebratene Nudeln, die dann auch etwas zusammengebacken sind

Magsch a baar Oxa-Auga?
Magst du ein paar Ochsenaugen?

Ochsenaugen sind Spiegeleier.

Magsch a Ripple?
Magst du ein Ripplein?

Das »Ripple«, aus der Rippe geschnitten, ist gepökeltes und leicht geräuchertes Schweinefleisch, auch Kasseler (Kotelett) genannt. Es wird zum Vesper kalt, aber auch heiß, zum Beispiel zum Sauerkraut, gegessen.

Magsch Bäradreggg?
Magst *(du)* Bärendreck?

Lakritze.»Wohl im Vergleich zu der Farbe [und Konsistenz] der Exkremente, - schwäb. Dreck des Bären« (Wax)

Magsch liabr Gnepfla odr liabr de lange Schbätzla?
Magst du lieber Knöpflein oder die langen Spätzla?

Gnepfla sind die rundliche Variante der schwäbischen Schbätzla [= Spätzla]; auch Bollaschbatza [= Bollenspatzen] genannt. (»Bolla / Bollen« sind rundliche Gebilde.)

Mensch, hosch duu en Ranza! Ond dees kommt au it vo de enge Schua!
Mensch, hast du einen Ranzen! Und das kommt auch nicht von den engen Schuhen!

zu einem Wohlbeleibten

Mi kennt ma in Kardoffla nailega.
Mich könnte man in Kartoffeln *(mitten)* rein legen.
So sehr gerne mag ich die essen. *Schussen*

Milch und Brot machet d Wanga rot.
Milch und Brot machen die Wangen rot.
Essen und Trinken hält Leib und Seele zusammen. Rote Wangen, zumal bei Kindern, galten früher als erstrebenswerte Zeichen für gute Ernährung. »Rotbäckchen ist der Markenname eines für Kinder konzipierten Fruchtsafts« (1952). https://de.wikipedia.org/wiki/Rotbäckchen

Mir esset d Wurschd zur Not au ohne Brot,
weil s Brot muess ma so hart vrdiena.
Wir essen die Wurst zur Not auch ohne Brot,
weil das Brot muss man so hart verdienen.
Sinn: »Wir essen die Wurst ›notfalls‹ auch ohne Brot!« Stammt aus hungrigeren Zeiten, als man eher Brot als Wurst zur Verfügung hatte. Anspielung auf das religiös geprägte »täglich' Brot«, das man »im Schweiße seines Angesichts essen« müsse. Übertragen ironisch: »Ich bin beim Essen nicht so zimperlich!« *Allgäu*

Mir hond heit Kech! *freuten sich Bauherr und Frau, weil Sohn und Freundin ein Mittagessen zu kochen versprachen.*
Jo jo, Backschdoikäs und Flaschabier!
lästerte der Handwerker, der es mitbekommen hatte.
Wir haben heute Köche ...
Ja ja, Backsteinkäse und Flaschenbier!
also nichts sonderlich Verlockendes

Mir isch so langweilig ums Moul rum.
Mir ist so langweilig um das Maul herum.
*a) Das Essen schmeckt irgendwie fad, da müssen noch Gewürze dran.
b) Irgendwie fehlt mir noch etwas zur Genussvollendung, zum Beispiel eine Nachspeise.*

Mir waret ganz ousgleched!
Wir waren ganz aus-»gelecht«.
»verlechnen: vertrocknen wegen großer Wärme, ... schiergar verdursten« (Wax) verschmachtend, mit riesigem Durst; z. B. nach einer anstrengenden Wanderung

Moschdepfl / Mooschdepfl
Moschdbirra / Mooschdbiera
Mostäpfel *(2x)*, Mostbirnen *(2x)*

Most ist (vergorener) Apfelwein; Birnen werden meist nur in geringem Umfang zugegeben.   *je: Allgäu, Schussen & Riß / Donau*

Moss mr dr no en Schocha noufmacha?
Muss man dir *(auf Tasse/Teller)* noch einen Schochen hinaufsetzen?

»Schochen«: auf der Erde liegender Heu- oder Strohhaufen
Hast du noch nicht genug auf deinem Teller angehäuft!?
Ist dir deine Tasse noch nicht voll genug (obwohl sie schon fast überläuft)!?

Mr hond dr a Reschtle gloibet.
Wir haben dir ein Restchen *(vom Essen)* übriggelassen.

Etwas »loiben« heißt: etwas vom Essen (für einen Späterkommenden) übriglassen. Dazu gehört auch »a Loibede«: etwas vom Essen Übriggebliebenes, das zu einem späteren Zeitpunkt verzehrt werden kann.

Nach dem Essen sollst du rauchen
oder eine Frau gebrauchen.
Hast du diese nicht nur Hand,
wichse in die hohle Hand.

So lautete die männlich-pubertäre Variante von »Nach dem Essen sollst du ruh'n oder tausend Schritte tun.«

Negerkuss
Einst recht geläufige Bezeichnung für Schokokuss. »In Westösterreich, in der Schweiz und in Deutschland ist auch Mohrenkopf, in Deutschland auch Negerkuss verbreitet. »Schokokuss« und (seltener) »Schaumkuss« kommen vor allem in Mittelwest- und Südwestdeutschland sowie im Schriftdeutschen vor. Als Mohrenkopf ist regional allerdings auch ein anderes Gebäck bekannt. ... Die Bezeichnungen Negerkuss und Mohrenkopf werden in jüngerer Zeit wegen der rassistischen Konnotation* der Ausdrücke Neger und Mohr im offiziellen Sprachgebrauch größtenteils vermieden. Die Bezeichnungen werden aber zum Teil noch von den herstellenden Firmen verwendet.« (https://de.wikipedia.org/wiki/Schokokuss)
*Konnotation: »assoziative, emotionale, stilistische, wertende [Neben]bedeutung, Begleitvorstellung« (Duden)

Negerle, *100 g zu 1,06 Euro*
Negerlein ...

Unter diesem zumindest diskussionswürdigen Namen verkauft eine Metzgerei kleine

Schwarzwürste, auch noch 2016. Obwohl die Chefin bereits vor zwei Jahren darauf angesprochen wurde und Änderung schriftlich zusagte ...   Donau

Negerschwoif
Negerschweif

Anspielung auf den Penis von Männern dunkler Hautfarbe. Einst recht geläufige Bezeichnung für Schwarzwurst. Mehr dazu: https://de.wikipedia.org/wiki/Blutwurst

No bschdoht r.
Dann besteht er.

Bei Sud [= Brühe] aus Kalbs- oder Schweinsknöcheln: Dann geliert die Flüssigkeit.

Noo keiet mers halt no zwär rom nai.
Dann werfen wir es eben noch quer herum ein.

»keia«: werfen, »zwäär« (»zwerch«); quer; vgl. überzwerch, Zwerchfell (https://de.wikipedia.org/wiki/Zwerchfell)
Eigentlich haben wir für heute genug getrunken, aber jetzt trinken wir halt noch ein Glas obendrein, sozusagen quer zu den anderen. Anspielung auf den Wiesbaum (auch »Heubaum«); eine wagenlange Stange, die über den Heu- oder Garbenwagen gelegt und festgebunden wurde, um die Ladung zusammenzuhalten. Sie wurde in Längsrichtung des Fuhrwerks angebracht, während die Ladung quer dazu aufgeschichtet war. War der Wiesbaum drauf, war die Beladung abgeschlossen, und es ging nach Hause.

oine ohne Hemmed
eine ohne Hemd

Was das wohl sein mag? Verführerisch, weiblich, zart ... Ein wahrer Genuss, ja ein richtiges fleischliches Gelüst. Nun, es ist die Rede von einer Bratwurst aus reinem Brät, nicht im Darm abgefüllt; man nennt sie auch »Naggede« (Nackte) oder »naggede Brootwurscht«. Ein anderes Wort dafür lautet »Gschlagene«. Im eher pietistisch eingefärbten Reutlingen soll man dazu (g'schamig oder neidvoll?) »Oberländer« sagen.

Om fimfe dot ma bei eis s Brot essa.
Um fünf tut man bei uns das Brot essen.

»Brot essen« ist auf dem Land die Bezeichnung für eine (erste) abendliche kleine Mahlzeit, bevor es in den Stall geht.   Riß, Donau

Ouf Banana bin i it so narret.
Auf Bananen bin ich nicht so narrig.

Auf Bananen bin ich gar nicht mal so scharf.
(Statt Bananen kann es jede andere Speise sein.)

Ouf oim Fuaß goht ma amol noit hoim!

Auf einem Fuß geht man *(jedenfalls)* noch nicht heim.

... sondern man trinkt noch einen zweiten Schnaps.
(freundliche Aufforderung an den Gast)

Pfui Deifl, däär hot graad en Neesabuuzeler gfrässa! *oder*
Pfui Deifl, däär hot graad en Naasabolla gfrässa!

Pfui Teufel, der hat gerade einen Nasenpopel gefressen! *(2x)*

Donau / Allgäu, Schussen

Porzione sind dees, moi, dia kasch (faschd) it vrzwinga!

Portionen sind das, mein Lieber, die kannst du (fast) nicht *(ver)*zwingen!

Staunendes Lob über die Größe (nicht Güte!) der Essens-Portionen in einer Gaststätte. Boshafte Leute lästern darüber: Hauptsache, es sei viel, dann müsse es nicht auch noch besonders gut schmecken.

riggwärds veschbera

rückwärts vespern

sich erbrechen

Roifle amol do numm und holl mr ebbes z drinket!

Reifle mal da hinüber und hole mir etwas zu trinken!

»reifeln«: geschwind laufen; vom Reifen, den früher (meist) die Buben im Spiel mit einem Stöckchen die Straße entlang trieben.

Rumpf und Schdumpf voll sai

Rumpf und Stumpf voll sein

So richtig herzhaft satt sein – meist über sich selbst.

S Bescht isch in de Lechr. Dees messet r essa, hot dr sell Wirt zo saine Gäscht gsagt. No hand dia dees so gmacht. No isch em dr ganze Käs fiar da nägschda Dag no iebrigblieba.

Das Beste ist in den Löchern. Das müsst ihr essen, hat jener Wirt zu seinen Gästen gesagt. Dann haben die das so gemacht. Dann ist ihm der ganze Käse für den nächsten Tag noch übriggeblieben.

Kommentar eines Käseverkäufers auf dem Ehinger Wochenmarkt, als eine Kundin die Vielzahl der Löcher bei verschiedenen Käsesorten betrachtete und scherzhaft (!) bemerkte, Schweizerkäse kaufe sei keinen, da werde man wegen der Vielzahl der enthaltenen Löcher, die man ja mitbezahle, nur beschissen.

S Essa war ousnaam (guet)!
Das Essen war ausnehmend *[= besonders]* gut!
Hier ist die Qualität der Speisen allgemein angesprochen, nicht eine einzelne Mahlzeit.

s gibt nix Bessrs wia ebbes Gots!
Es gibt nichts Besseres wie *[= als]* als etwas Gutes!

S Grout isch heit guat, hot d Magd gsaid und da Schbäck gfrässa.
Das Kraut ist heute gut *(gelungen)*, hat die Magd gesagt und den *(darin mitgekochten)* Speck gefressen.
Stammt sicher aus hungrigen Zeiten, als Fleisch etwas Seltenes war.

S hot älles Geld koscht.
Das hat alles *(mal)* Geld gekostet.
Seufzer eines Sparsamen beim »Bieseln«   Donau

S isch egal, ob da magr odr digg schdirbsch.
Es ist egal, ob du mager oder dick stirbst.
Sterben musst du eh einmal, und deswegen lass es dich nicht verdrießen und greif beim Essen ruhig zu.

S isch jo zwar Faschdazeit, abr noo opfre halt s Ranzawai.
Es ist ja zwar Fastenzeit, aber dann opfere ich halt das Ranzenweh *[= Bauchweh]*.
Eigentlich soll man sich in der Fastenzeit ja mäßigen, aber es schmecke so gut, dass man davon nachgerade zu viel essen möge. Wenn man davon Bauchschmerzen bekomme, dann würde man eben diese »zur Buße« (Wiedergutmachung) in Kauf nehmen. Hier natürlich eher ironische Ausrede für ausgiebiges Essen.   Donau

S kommt jo en an warma Lompa nai!
Es kommt ja in einen warmen Lumpen hinein!
a) Mit »warm« ist die Körperwärme gemeint.
b) »Lump«: scherzhaft-derb über sich selbst oder Beteiligte
Sagt man, wenn ein Getränk zum Hinabstürzen eigentlich zu kalt ist.

Schad, dass e scho gnuag hon! *bzw.* Schad, dass e scho gnua hau!
Schade, dass ich schon genug *(gegessen)* habe! *(2x)*
Wenn ich nicht schon satt wäre, hätte ich gerne noch mehr von den guten Speisen gegessen.   Allgäu, Schussen / Riß, Donau

Schbatza, Schbätzla, Bollaschbatza, bachene Schbatza/Schbätzla, gschabede Schbatza, Boonaschbatza, Groutschbatza, Kässchbatza, Kardofflschbatza, Kernaschbatza, Leabrschbatza, Milchschbatza; Du bisch mai Schbätzle!

Schbatza: Spatzen *(als Teigwaren)*, Schbätzla: Spätzla *(Plural/Mehrzahl!)*, Bollaschbatza: *rundlich geformte Spätzla*, bachene Schbatza/Schbätzla: *im Fett gebackene Spätzla (Suppeneinlage)*, gschabede Schbatza: *geschabte Spätzla (vom Brett; fast nur in der Gastronomie)*, Boonaschbatza: *Bohnenspatzen (Eintopf mit grünen Bohnen)*, Groutschbatza: *Krautspatzen (mit Sauerkraut in der Pfanne geröstet)*, Kardofflschbatza: *Kartoffelspatzen (Eintopf, säuerlich)*, Kässchbatza: *mit fadenziehendem Käse angerichtet*, Kernaschbatza: *Eintopf mit Bohnenkernen*, Läabrschbatza: *mit gehackter Leber im Spatzenteig*, Milchschbatza: *in kalter oder warmer Milch schwimmend, auf Wunsch gesüßt*; du bist mein Spätzle! *(zu einem kleinen Kind oder zur geliebten Partnerin)*

»Spätzle« mit »-e« ist nur ein einziges! Die Mehrzahl heißt »Spätzla« mit »-a«.

Schbätzla ohne Soß sind wia a Ma ohne Hos.
Spätzla ohne Soße sind wie eine Mann ohne Hose.
Beide gehören jeweils unbedingt zusammen.

Schdadtrootslippa
Stadtratslippen

scherzhaft für »Ochsenmaulsalat«; »Ochsenmaulsalat (französisch Salade de museau de bœuf) ist ein Fleischsalat aus dem Maulfleisch vom Rind mit einer einfachen Essig/Öl-Vinaigrette. Er ist vor allem in Süddeutschland und Österreich bekannt. Zur Zubereitung wird das zuvor gepökelte Maulfleisch gekocht, in sehr dünne, mundgerechte Scheibchen geschnitten und mit Weißweinessig, neutralem Pflanzenöl, gehackten Zwiebeln, Salz und Pfeffer sowie gehackten Gewürzgurken oder Kapern, nach Geschmack auch Kräutern, angemacht. Serviert wird Ochsenmaulsalat traditionell zu Bratkartoffeln oder mit Brot. Ochsenmaulsalat wird auch als Handelsware angeboten. Nach den Leitsätzen des Deutschen Lebensmittelbuchs sollte er zu mindestens 50 % aus Rindermaul bestehen.« Quelle: https://de.wikipedia.org/wiki/Ochsenmaulsalat

Schussen

Schenk mr no a <u>Bier</u> ai – dr Rousch loot nooch!
Schenk mir noch ein Bier ein – der Rausch lässt nach *[= wird schwächer]*.
zum Wirt in fröhlicher Zecherrunde

Donau

Schluechda *(nicht als »ü« sprechen!)*
Schluchten
Teigstränge, die zu einem Hefezopf geflochten werden

Riß

Essen und Trinken 453

Schnabs: oinr isch zwenig und zwoi sind z viel …
Schnaps: einer ist zuwenig und zwei sind zuviel ...
Soll vielleicht Ratlosigkeit ausdrücken, ob wohl einer noch geht.

Schneeballa
Schneeballen = Schneebälle

Ein Nachtisch: Eischnee (aus Eiweiß) in Vanillesoße; entspricht den französischen »îles flottantes« [= schwimmende Inseln] bzw. »œufs à la neige« [= Schnee-Eier]. (vgl. http://www.kochbar.de/rezepte/ile-flottante.html). Nicht zu verwechseln mit den schmalzgebackenen fränkischen »Schneeballen«. Riß

Schnitzl wia Abortdeggl
Schnitzel *(so groß)* wie WC-Deckel
Manche beeindruckt die schiere Größe mehr als Zartheit und Geschmack ...

Send scho meh em Wai versoffa als em Wassr.
[Es] sind schon mehr im Wein ersoffen als im Wasser. Riß

Sollet mr heit Floischkiachla macha?
Sollen wir heute Fleischküchlein machen?

oi Floischkiachle, zwoi Floischkiachla: ein Fleischküchlein, zwei Fleischküchlein: Bifteki, Buletten, Cevapcici, Fleischklopse, Fleischpflanzerl, Frikadellen, Hamburger ...

Soumäga ka ma au nazia!
Saumägen kann man auch heranziehen *[= heranzüchten]*!

»Saumagen« (hier): menschlicher Magen mit großem Fassungsvermögen, dessen »Besitzer« zugleich nicht wählerisch sei. Man sei selbst schuld, wenn man sich angewöhnt habe, dauernd zu viel zu essen; der Magen gewöhne sich an die großen Portionen – mit entsprechenden Folgen.
Auch: Eltern seien selbst am Übergewicht ihrer Kinder schuld, wenn sie diese von Anfang an überfüttern.

Soviel mags scho no leida.
Soviel mag es schon noch leiden.

»leida / leiden« (hier): es sich leisten können
Diese Geldausgabe [= Geldbetrag] kann ich mir schon noch leisten, auch wenn ich nicht gerade reich bin. Meist scherzhaft, wenn man sich im Gasthaus ein weiteres Getränk oder ein etwas teureres Gericht gönnen will.

Süß gsoffa, souer zahlt!

Süß gesoffen, sauer dafür bezahlt.

Mit Familienleben und Ehe, mit Geld und Gut, mit Gesundheit, mit Ansehen, ...

Viel fiehrt ma ouf de Wäga!

Viel führt man auf den Wägen *[= Wagen; Mehrzahl]*!

Jemand, zum Essen eingeladen, antwortet auf die Frage, wie viel man ihm denn reichen dürfe: »It so viel! / Nicht so viel!«, woraufhin der Gastgeber antwortet, die Menge namens »viel« stehe hier nicht zur Verfügung, denn diese sei so groß wie Wagenladungen. Das heißt mit anderen Worten: »Lieber Gast, sei nicht so bescheiden oder zurückhaltend und greif zu!« Riß

Vierkant-Schbatza

Vierkant-Spatzen

Pommes (frites): Diese sind wie die eher rundlichen Spatzen (»Spätzla«) eine beliebte Beilage, nur eben kantig.

Vom Hungr schwätzd niamed – bloß vom Ässa. *bzw.*
Vom Durschd schwätzd niamed – bloß vom Soufa.

Vom Hunger redet niemand – bloß vom Essen. *bzw.*
Vom Durst redet niemand – bloß vom Saufen.

Wird gern als Kommentar und gelegentlich auch als Ausrede genommen.

Was geit s heit zum Essa? –
Nudla, Grout ond Floisch,
Wondrfitz, et woisch!

Was gib's heute zum Essen?
Nudeln, Kraut und Fleisch,
(du) Wunderfitz *[= Neugieriger]*, jetzt weißt du es!

Antwort auf die Frage, was es (heute / demnächst) zu essen gebe.

Was gitts denn heit zum Essa?
– a Glas Wassr und a Zahbirschda!
– aigmachde Kellrschdaffla (mit Rotzglenklsalat)!
– Hund mit Nudla (nach Art des Houses)!
– junge Hund mit Bohna!
– nix und a Grout drzua (Und weem dees it bassd, deem schdeggd ma noo
en Schdägga drzua)!
– Schnägga mid Schwenz!
– a Gosch voll Glufa!
– Gulasch und wiedr koi Floisch!
– soura Housschella

Was gibt's denn heut zum Essen?
– ein Glas Wasser und eine Zahnbürste!
– eingemachte Kellerstaffeln *[= Kellertreppenstufen]*
  (mit Salat aus herabhängendem Nasensekret)!
– Hund mit Nudeln (nach Art des Hauses)! *(der Zusatz auf Schriftdeutsch, um gehobene Gastronomie anzudeuten)*
– junge Hunde mit Bohnen!
– nichts und ein Kraut dazu (Und wem dies nicht passt, dem steckt man noch einen Stecken dazu)! *(»Stecken« als Deko oder als Scheinandrohung einer Tracht Prügel)*
– Schnecken mit Schwänzen!
– eine Gosch(e) voller Glufen *[= Steck- oder auch Sicherheitsnadeln]*
– Gulasch und wieder kein Fleisch!
– saure Hausschelle *[= Haus(tür)glocke]*

Alles Scherzantworten auf die Frage, was es (heute / demnächst) zu essen gebe; z. B. wenn es Koch / Köchin (Vater / Mutter) noch nicht verraten wollen. Die in Klammern gesetzten Zusätze können auch entfallen.

Was magsch heit zom Essa?
– A gfillte Kua ond drei Roia Kardoffla.
– En gfillta Goul und drei Roia Kardofffla!
– A halbe Sou und drei Roia Kardofffla!

Was magst *(du)* heute zum Essen?
– Eine gefüllte Kuh und drei Reihen Kartoffeln.
– Einen gefüllten Gaul und drei Reihen Kartoffeln.
– Eine gefüllte Sau und drei Reihen Kartoffeln.

Scherzhafte Antworten, mit denen der/die Kochende wenig anfangen kann ...

Was mechdesch heit zum Essa? – Ebbes Goets und viel!

Was möchtest du heute zum Essen? – Etwas Gutes und viel!

Sieh zu, Haus- und Ehefrau, was du daraus machst ...

Was mechdesch heit zum Essa? – S Beschde ous Kiche und Kellr!

Was möchtest du heute zum Essen? – Das Beste aus Küche und Keller!

Sieh zu, Haus- und Ehefrau, was du daraus machst ... Die Antwort ist halb in der Schriftsprache und soll damit gehobene Gastronomie andeuten.

Wemma da Rotz noufziat, noch sind des d Ouschtera des kloinen Mannes.

Wenn man den Rotz hinaufzieht, nach *(dann)* sind das die Austern des kleinen Mannes.

Eine Vorstellung, bei der es manchen auch angesichts echter Austern schütteln mag ...

Wenn da no en Gluschda hosch, mosch a Semfbrot essa.
Wenn du noch ein Gelust hast, musst du ein Senfbrot essen.
»Gelust«: »Gelüste, Verlangen, Appetit zu etwas« (Wax)
»Senfbrot« (hier): eine Scheibe Brot mit Butter und Senf (statt Marmelade …)
Tipp: Hilft wirklich, wenn man etwas Appetit hat und nicht recht weiß worauf.

Wenn dot ma bei eich Morga essa?
Wann tut man bei euch *(zu)* Morgen essen?
Wann frühstückt ihr?

Wenn e s Floisch gschepfd honn, no woiße,
wiaviel Schbätzla i no brouch, hot drsell Bour gsait.
Wenn ich das Fleisch *(in den Teller)* geschöpft habe, dann weiß ich,
wieviel Spätzla ich noch brauche, hat selbiger Bauer gesagt.
Stammt natürlich aus der Zeit, als Fleisch noch eine rare Sache war und die Beilagen wesentlich wohlfeiler. Und, ihm, dem Bauern, stehe auch zu, sich vorwiegend am Fleisch zu bedienen …

Wer obedengt ois will, griagt au a Krischdall-Woiza.
Wer unbedingt eins will, kriegt auch ein Kristallweizen*(bier)*.
Sagte einer der Verantwortlichen zur regionalen Presse, als das jährliche Dellmensinger Weizenbierfest vorgestellt wurde, an dem es immer um die 30(!) verschiedene Weizenbiersorten gibt. (Mai 2016) Zumindest an der Donau ist Hefeweizenland; Kristallweizen gilt dort als reichlich exotisch. Vom Griesinger Sportheim hörte ich, da stehe eine Kiste Kristallweizen »a halbs Johr rom«.   *Donau*

Willsch nommool a Subba? – Noi, i moss itt scho vom Mindschda gnuag hon.
Willst du nochmal eine Suppe? Nein, ich muss nicht schon vom Mindesten genug haben.
»das Mindeste«: das Schlechteste. Der Gastgeber fragt, ob der Gast nochmals Suppe nachgereicht haben wolle. Der Gast antwortet, er wolle nicht schon vom Minderwertigsten satt werden, es gebe sicher noch etwas Anderes und Besseres. Ein Scherz unter guten Freunden, wenn alles gut ist.   *Allgäu*

Woisch scho, warum ma da Backschtoi-Käs butzet? – ??? – Wenn r Feadera hett, no dät men rupfa!
Weißt du schon, warum man den Backsteinkäse [= Limburger, Romadur] putzt [= abschabt]? – ??? – Wenn er Federn hätte, täte man ihn rupfen!
Scherzrätsel   *Donau*

Wurschd und Wegga
Wurst und Wecken

Wecken [= Brötchen]; Wurst: Schübling bzw. Rote Wurst (kalt!). Dies gab's zu verschiedenen Ereignissen für die teilnehmenden Kinder und Jugendlichen, oft als Belohnung fürs Mitmachen. Beispiele:
- *Fasnet in Weingarten, beim Narrenbaumziehen (Kinder zogen ihn an einem langen Seil durch die Innenstadt, bevor er auf dem Münsterplatz aufgestellt wurde)*
- *Kinderfest, später Kinder- und Heimatfest, Weingarten, am Ende des Umzugs*
- *zum Rutenfest, Ravensburg, eine lange Tradition (http://www.suedkurier.de/region/bodenseekreis-oberschwaben/ravensburg/225-Jahre-Rutenwurst;art372490,2687664)*
- *in Biberach gibt's zum Schützenfest die »Schützenwurst«*
- *Wurst und Wecken am Ende der Bundesjugendspiele in Rottenacker (1970er)*

Heute wird in Zeiten verschiedener Einstellungen zu Fleisch- und Wurstgenuss wohl weitgehend darauf verzichtet. Die Kinder sind sicher auch nicht mehr so »scharf« darauf wie 1950 und noch die zwei bis drei darauffolgenden Jahrzehnte.

Wurschd/Wuuschd und/ond Wegga *(halt a baar Beischbiel)*
Gnouzawegga, gnetzde Wegga, Wassrwegga, Holzofawegga, rote Wegga, Seela, Schiebling, Rauchwuuschd, rauta Wuuschd, Bussakendle, Gloosa-Ma, Faschdabräzga, Kiegala, Wuusala, Schnerkala, Schitzawuuschd, Ruatawurschd

Wurst *(2x)* und Wecken *(eben mal ein paar Beispiele)*
- Knauzenwecken *(s. entspr. Abbildung: https://de.wikipedia.org/wiki/Biberach_an_der_Riß)*
- genetzte Wecken *(nach dem Backen mit Wasser bepinselt, damit sie knusprig werden)*
- Wasserwecken *(s. genetzte Wecken)*
- Holzofenwecken
- rote Wecken *(s. genetzte Wecken)*
- Seelen *(s. https://de.wikipedia.org/wiki/Seele_(Gebäck)*
- Schübling *(südl. Oberschwaben; https://de.wikipedia.org/wiki/Schübling)*
- Rauchwurst *(wie Schübling/rote Wurst; Fischbach-Ummendorf, um 1960)*
- rote Wurst / Rote *(mittleres und nördliches Oberschwaben; wie Schübling)*
- Bussenkindle(in) nach Abb. in der Bussenkirche benanntes essbares »Wickelkind«-Gebäck
- Nikolausmann: *aus Hefeteig, mit Rosinen als Augen und Knöpfe und kl. Zweig als Rute*
- Fastenbrezel: *in Biberach und Munderkingen salzig, nur zur Fastenzeit*
- Kügele: *kleine Kugel, Fastnachtsgebäck (Brötchen) in Ehingen*
- Wusele: *kleine Kugel, Fastnachtsgebäck (Brötchen) in Munderkingen*
- Schnörkele: *brezelartiges Gebäck zur Fastnacht, Aulendorf*
- Schützenwurst: *eine Art Roter Wurst zum Biberacher Schützenfest*
- Rutenwurst: *eine Art Schübling zum Ravensburger Rutenfest*

Zeltes, Funkaring, Moschdschnitta, Palmbrezl
Zeltes, Funkenring, Mostschnitten, Palmbrezel

Zeltes: ähnlich wie Dinnete*, aber ohne Belag, allenfalls etwas Speckwürfel und Kümmel darüber gestreut; ursprünglich flacher Teigrest beim Brotbacken, der bei abklingender Hitze noch gut herausgebacken werden konnte und ein begehrter Leckerbissen war
*Dinnete (von »dünn«): dünner Teigfladen, belegt: »schwäbische Pizza«
Funkaring: »Funkenringwürfeln: Diese Tradition findet in Oberschwaben und im Allgäu traditionell am Funkensonntag (bzw. vielerorts zudem auch am Samstagabend) statt. Dann wird in vielen Wirtshäusern und Vereinshäusern ab dem Frühschoppen um so genannte Funkenringe, ein kreisförmiges Hefegebäck (Kranzbrot), gewürfelt. Der Funkenring gilt auch als ein Sonnen- und Fruchtbarkeitssymbol.«
(https://de.wikipedia.org/wiki/Funkenfeuer)
Moschdschnitta: Grießschnitten in heißem Most [= Apfelwein]
Palmbrezl:»Die Palmbrezel aus süßem Hefeteig wird in Teilen Schwabens am Palmsonntag gebacken.« (https://de.wikipedia.org/wiki/Brezel#S.C3.BC.C3.9Fe_Varianten)

Zerschd hott ma <u>koin</u> Hungr, und noo dät ma fer <u>drei</u> frässa!
Zuerst hat man keinen Hunger, und dann täte *[= würde]* man für drei fressen!

Erst kommen die Gäste auf einen Sprung zu Besuch und sagen, sie wollten natürlich nicht beköstigt werden, höchstens ein klein wenig ... Und dann, mit der Zeit, langen sie doch immer mehr zu und bringen die Gastgeber womöglich damit noch in Verlegenheit. - Der Appetit kommt mit dem Essen.

Zo was hott Gäarschda, Droub ond Hopfa
dr liabe Herrgott waxa lau!?
Ond doch geits no so domme Dropfa,
wo nix als wand zom Bronna gau.
Zu was *[= wozu]* hat Gerste, Traube(n) und Hopfen
der liebe Herrgott wachsen lassen!?
Und doch gibt es noch so dumme Tropfen,
die nichts als wollen zum Brunnen gehen.

Spruch der Zecher in froher Runde, als im Gasthaus Wasser zu trinken noch ziemlich verpönt war. Es wurde allenfalls Kindern und Schwangeren »zugestanden«.   Donau

Zor goldena Hochzeit dät i mrs grad <u>it</u> winscha ...
Zur Goldenen Hochzeit täte *[= würde]* ich mir das nicht gerade wünschen ...
über eine Speise, die einem nur mäßig gut schmeckt

Zum a deggda Disch gheert <u>meh</u> wia bloß a weißes Dischduach.
Zu einem gedeckten Tisch gehört mehr als bloß ein weißes Tischtuch.
... sondern auch Speis und Trank!

Buntes Allerlei

»Dr Lumpasammlr«
Was sich sonst noch so angesammelt hat und auch teils in einem der anderen Kapitel stehen könnte; nur, dann fiele dieser Bunte-Allerlei-Eintopf magerer aus …
Lustiges, Ernstes, Besinnliches, Mitleidiges, Boshaftes, Erlebtes, Gehörtes, …

Lumpasammlr
Lumpensammler

Spätbus, Nachtbus; letzte Straßenbahnfahrt des Tages usw. Die »Lumpen« (hier: Nachtschwärmer) werden »eingesammelt« und nach Hause gebracht.
Wichtig: »Lumpen« ist hier ausschließlich scherzhaft und nicht abwertend gemeint.

a Achte-Kircha-Gloid
ein Acht-Uhr-Kirchen-Kleid

Frau Gretel Otter schreibt am 21. Januar 1995 in der Wangener Schwäbischen Zeitung, wie früher das Geld noch weniger locker als heute saß, und wie dann Frauen beim Textilhaus Frast-Maier einkauften: »I mecht en Stoff für a Kloid, it für da Sonntig, aber oineweg ebbes Bessers.« Der Ladenbesitzer wusste dann mit obigem Satz den Wunsch der Kundin in Worte zu fassen: Man könne es immerhin zum Besuch der (werktäglichen) Frühmesse gut anziehen, auch wenn es für den Sonntagsstaat noch nicht schön und wertig genug sei. *Allgäu*

A baar lebrzwääre geits emmr.
Ein paar Überzwerche gibt es immer.

Überzwerche sind Quertreiber, Querulanten – oder einfach solche, die nicht so tun wie die Übrigen. *Donau*

a Breisle
ein Breislein

– Stehkragen an Hemd zum Anknüpfen von Kragen und Hemdbrust
– separate Hemdmanschetten, die ein langärmliges Hemd vortäuschen
Anm.: Mehr dazu bei Wax

a Fäal
ein Fehl

Schorf auf heilender Wunde; leichte Verletzung; blauer Fleck

a Fass boogla
ein (Bier-)Fass rollen *(nicht nur geradeaus)*

Die aus Holz gefertigten bauchigen Bierfässer ließen sich von Hand wesentlich besser bewegen als die heutigen zylindrischen. (Freilich, heute gibt es Gabelstapler und Paletten.) Man konnte die Fässer des alten Typs geradeaus rollen, aber auch Kurven beschreiben und sie mit dem richtigen Geschick auch aufrichten oder wieder umlegen, indem man die Schaukelbewegung ausnützte. Man konnte sie voll und zentnerschwer auch von der LKW-Pritsche auf einen sandgefüllten Ledersack plumpsen lassen und damit auffangen. Das alles konnte auch ich als Ferienarbeiter selbst mit 100-Liter-Fässern, die man kurz »Hekto« nannte.

a Fehl, a baar Fehla *(mit geschlossenem »e« zu sprechen, also nicht wie »ä«)*
ein Mädchen, ein paar Mädchen

abgeleitet von »filia« (lat.): »Tochter«; vgl. franz. »jeune fille«, ital. »figlia« Allgäu

a Galschtr
ein Galster

– ungestalter, grobschlächtiger, schwer zu handhabender Gegenstand
– auffallend großgewachsene Frau (etwas abschätzig) Riß

A goete Andacht!
Eine gute Andacht!

sonntagmorgendlicher Gruß und Wunsch unter Kirchgängern, vor dem Gottesdienst

a Groutschdandagschwätz
ein Krautstandengeschwätz

Eine (närrische) Büttenrede. Eigentlich ist die Krautstande ein größeres irdenes, glasiertes Gefäß, in dem in manchen Haushalten zur Herbstzeit geschnittenes Weißkraut zwecks Erzeugung von Sauerkraut eingelegt wird; früher gab es hierzu auch hölzerne Behältnisse, womit wir endgültig bei der Bütt(e) und der oberschwäbischen Büttenrede angelangt wären. Schussen

A guete Zeit!
Eine gute Zeit!

*Ich wünsche dir/euch/Ihnen für die Zukunft alles Gute!
Ein häufig geäußerter höflicher Gruß zum Abschied.*

a Guttr, a Gittrle
eine Flasche, ein Fläschchen

»Lat. ›gutta‹ - Tropfen - gibt mittellat[einisch] ›guttarium‹ - Tropfenbehälter« (Wax), vgl. franz. goutte; ital. goccia = Tropfen Allgäu, Schussen

a Hiara wia a Viertl
ein Hirn wie ein Viertel *(Pfund?)*
(sehr) wenig Hirn

a Rolle macha
Pipi machen

rollen: »Das Geräusch machen, das verursacht wird ‚von der Bewegung von massen, die sich aus körner- oder tropfenartigen bestandtheilen zusammensetzen'. … plätschern von einer Flüssigkeit. Pissen, bes. von Kindern« (Wax)
hier: bei kleinen Buben   Allgäu, Schussen

A schdiller Mensch isch ruig.
Ein stiller Mensch ist ruhig.

Wenn einer von Natur aus zurückhaltend ist, soll man sich nicht wundern, wenn er sich an Gesprächen nicht sonderlich beteiligt. Kann man spöttelnd auch sagen, wenn sich einer entgegen seiner sonstigen Gewohnheit mal in der Aussprache zurückhält.

a siaße Grott
eine süße Kröte

Klingt auf Schriftdeutsch unmöglich und ist doch auf Schwäbisch ein allerliebstes Kompliment, entweder für ein niedliches kleines Mädchen, oder, im Zustande des Verliebtseins, auch für ein schon gerade erwachsen gewordenes reizvolles, liebenswertes weibliches Geschöpf.

A Veegele mit gälbem Aarsch und beißa wia Deifl, wa isch dees? – ??? – A Wäps!
Ein Völein mit gelbem Arsch und beißen wie ein Teufel, was ist das? – ??? – Eine Wespe!

a Weib, a Gaus ond a Schlang isch au a Ziefr
ein Weib, eine Gans und eine Schlange ist auch Geziefer

1. Es vergleicht das Gespräch von Frauen (frauenfeindlich) mit dem Geschnatter oder Gegacker von Federvieh oder gar dem Gezische von Schlangen.
3. »Ziefer« ist ein altes bäuerliches Wort für »Federvieh« (Hühner, Enten, Gänse) und enthält einen geringschätzigen Unterton, denn das Ziefer war »nur« Angelegenheit der Bäuerin, womit sich der Bauer nicht abgab.   Donau

Aabr <u>jetzd</u> bigoschd!
Aber jetzt bei Gott!

»bigoschd / bei Gott«: verstärkt den Ausruf; zum Beispiel hier: »Na, jetzt hast du es endlich auch begriffen / hinbekommen!« (ironischer Unterton)
Anm.: »bigoschd« taucht auch bei den Sieben Schwaben auf.

Abrila-Butzeler *bzw.* **Abrila-Buuzeler**
April-Butzeler *(2x)*
kurzer heftiger Regen-, Schnee- oder Graupelschauer im April   Schussen / Donau

Affakaschda
Affenkasten
Mindestens um 1960 herum die Bezeichnung für die ehemalige Spohn'sche Villa als Hauptgebäude des damaligen Mädchengymnasiums (Ravensburg); heute: Welfengymnasium; Anm.: es gibt auch noch andere Gebäude in Ravensburg, die (noch früher) ebenso bezeichnet wurden.

Affaschoukl *(Auto)*
Affenschaukel
Citroën 2 CV, »Ente«; hochbeinig und weichgefedert, man fühlte sich wie in einer Schaukel

Affaschoukl *(Haare)*
Affenschaukel
am Ende wieder hochgebundene Haarzöpfe, so dass sie auf beiden Seiten ein Oval bildeten (Mädchen und Frauen)

a'genehms Flohbeißa – gratza kasch selbr
angenehmes Flohbeißen – kratzen kannst du *(dich)* selber
scherzhaft für »Gute Nacht!«   Schussen

ahäsa,
I dor me ahäsa.
se umhäsa
se oushäsa

s Häs
s Wärfdigshäs, s Schaffhäs
s Sonndigshäs
s (Fasnets-)Häs

(sich) anziehen, ankleiden
Ich tu mich anziehen = Ich ziehe mich an.
sich umziehen
sich ausziehen

das Oberbekleidungsstück
die Werktagsbekleidung, die Arbeitskleidung
die Sonntagsbekleidung (-anzug, -kleid ...)
das Fasnetsgewand (in der schwäbisch-alemannischen Fastnacht in Oberschwaben)

Eine eigentlich schon beinahe ausgestorbene Wortgruppe, außer bei »(Fasnets-)Häs«. In der schwäbisch-alemannischen Fastnacht dafür »Kostüm« zu sagen, könnte nur Unwissenden verziehen werden … Gelegentlich verwendet man Begriffe aus dieser Wortgruppe aber doch ganz bewusst ironisch-scherzhaft-nostalgisch.

aischlaifa

Etz schlaif de no amol ai!

Wo isch dai Aischlaifede?

anziehen, ankleiden
Jetzt zieh dich doch nur mal *(endlich)* an!
Wo sind die Klamotten, die du anziehen sollst? [= *Wo hast du sie hingelegt?*]

Äksl isch wia Zaawee.

Excel® ist wie Zahnweh.

Die Computerbürosoftware dieses Namens sei für sie so angenehm wie Zahnschmerzen, meinte eine Lehramtsreferendarin, und weigerte sich auch hierin beharrlich, sich etwas sagen und zeigen zu lassen. Es wurde letztlich nichts mit dem Lehrberuf.

Alfons, du diefdeschd a baar Schritt verre.

Alfons, du dürftest ein paar Schritte vor.

Blutfreitag 1992, Weingarten. Eine Musikkapelle reiht sich am Güterbahnhof wieder in die Schar der von den Fluren zurückkehrenden Reitergruppen ein. Sie nimmt Aufstellung. Mit obigen Worten wird einer der beiden Fahnenbegleiter aufgefordert, einige Schritte nach vorn zu treten, damit er besser in die Reihe passe. »Du dürftest« drückt hier also nicht etwa eine Erlaubnis aus, sondern stellt die höfliche Bitte an einen respektierten Erwachsenen dar und ist gleichzeitig eine Aufforderung.

A'liagr frei

Anlieger *bzw.* Anlüger frei

Wortspiel zum Befahren einer entsprechenden Straße: Darf man – oder lieber nicht?

all Bott

alle *(Ge-)*Bote

»Bot(t)«: abgeleitet von »Gebot zu erscheinen, … zum Beispiel auf dem Rathaus. Da der Amtsschimmel in diesem Punkt nie lahm ging, konnten sich die ›Bot‹ unangenehm häufen.« (Brechenmacher in: Wax); »all Bott«: in recht regelmäßigen und nervend kurzen Abständen (unangenehme Vorkommnisse)

all Furz

alle Fürze

in regelmäßigen, nervend kurzen Abständen

all Häck
alle Schluckauf

in regelmäßigen, nervend kurzen Abständen wie beim Schluckauf

all Häck äbba anderschd
alle Schluckauf irgendwo anders

Über jemand, der sich unstet mal hier, mal da aufhält (Kind oder Erwachsener, ggf. auch berufsbedingt)

all Hennadrägg
alle Hühnerdreck

in regelmäßigen, nervend kurzen Abständen, so oft, wie Hühner (vermeintlich) Kot absetzen

all Hennafuuz
alle Hennenfurz

So oft, wie (angeblich) ein Huhn einen Darmwind entlässt: häufig, andauernd.

alles Rodschi
alles Roger

Funker- und CB-Funker-Jargon; eigentlich bedeutet »roger« [sprich: rodscher] »alles klar!«. Durch das »-i« wird es schwäbisiert und verniedlicht. Beim Amateurfunker gehört! Vgl. »Tschüssi«.

älls, wa nix Räats isch
alles, was nichts Rechtes ist

Seufzer einer geplagten Mutter, sie habe allerlei Zipperlein, hier eine Warze, dort einen Ausschlag, einen Husten, der nicht weggeht – und dazu kleine Kinder, denen auch dauernd etwas fehlt. Es steckt im Ausspruch aber auch, sie wolle alles auch nicht überbewerten und sich ein Stück weit dreinfügen. Trotziger Humor blitzt durch.   Riß

Als Kindr hommr a Gschdältle aghett.
Als *(Klein-)*Kinder haben wir ein Gestältlein angehabt.

Das Gestältlein war ein kurzer ärmelloses Unterhemdchen mit vier angenähten Hosengummis mit Löchern, an denen mit Hilfe eines Knopfes die langen Strümpfe befestigt wurden. Andernorts sagte man auch »Leible/Leiblein« dazu, an dem richtige Strapse (Strumpfhalter) befestigt waren.

Also wenn Ihra Ma no läaba dät, denn wär dees net bassiert, dass Ihra Dochter en Evangelischa heirotet!

Also wenn Ihr Mann noch leben würde, dann wäre das nicht passiert, dass Ihre Tochter einen Evangelischen heiratet!

Liebe Leserschaft! Ihre Befürchtung trifft zu – nicht finsterstes Mittelalter, sondern in diesen Jahren so gesprochen! Die Schwester der Braut hat's mir selber erzählt.   Donau

Also, do hot se scho a bsondere Gnood!

Also, da*(für)* hat sie schon eine besondere Gnade!

Sagt aus, dass jemand eine unerwünschte Eigenschaft (Gewohnheit) an sich habe. Verkehrt also die Redensart, jemand verfüge über eine besondere »Gnade« [= Eigenschaft, die von Gott persönlich herstamme und also besonders ehrwürdig, bewunderns- und bestaunenswert sei] in ihr ironisch gemeintes Gegenteil. Ist nicht sehr böse gemeint. Und es kann natürlich auch auf ein männliches Wesen gemünzt werden. Es könnte auch mitleidig gemeint sein, dass jemand immer wieder Pech mit etwas habe.

'alt dain Goosch und frieß!

Halt deine Gosch*(e)* und friss!

Schwäbisch mit französischem Akzent, wie es junge Franzosen anlässlich kommunalpartnerschaftlicher Besuche bald erlernen. Es klingt derb und ist eine 1:1-Übersetzung des französischen »Ta gueule, bouffe!«: »Halt gefälligst die Klappe und iss!« Es ist auch in Frankreich unfein, aber in Schülerkreisen weit verbreitet (Schulmensa!). Es wurde in einem gemischten deutsch-französischen Freundeskreis zum geflügelten Wort. Und in diesem Zusammenhang bedeutete es etwa so viel wie: »Nun lasst's euch alle gut schmecken!«

Alta Bläh-Huur!

(Du) alte Blähhure!

»Blää-« Vielleicht zu »›blät‹ ... fett, dick von Menschen« (Wax)
derbes Schimpfwort gegenüber einer Frau

Alte Brunzkachl!

Alte Brunzkachel! *[= alter Nachttopf!]*

Nachttopf: topfartiges Gefäß mit einem Henkel, das der Verrichtung der Notdurft während der Nacht dient (Duden); war besonders wichtig, als sich die Aborte (WCs) außerhalb der Wohnung befanden.
»brunzen«: urinieren
»Kachel« (hier): Topf, Pfanne, Kochgefäß aus Metall oder Keramik
»alte Brunzkachel« (hier): scherzhafte Bezeichnung für jemand, der besonders oft aufs WC muss, um (vermutlich) Pipi zu machen.

Alte Rennhenn!
Etwa wie: »Grüß dich, du altes Haus!«, wenn man sich länger nicht gesehen hat.
Nur zu Frauen, kumpelhaft. Schussen

am Äschriga Miggda
an Aschermittwoch

Als »memento mori« (lat. »Mensch, bedenke, dass du aus Erde entstanden bist und wieder zu Erde werden wirst«) wird in der katholischen Kirche den Gottesdienstbesuchern am Aschermittwoch etwas Asche aufs Haupt gestreut. Riß

Am Karfreitig beim Zwelfeleita dräht sich där Schdoi.
Am Karfreitag beim Zwölfuhr-Läuten dreht sich dieser Stein.

Ab Gründonnerstagabend wird in gut katholischen Gegenden das Glockenläuten bis zur Feier der Osternacht eingestellt, also auch am Karfreitag. Mit der Behauptung legte man in Zwiefaltendorf Mitbürger herein, die auf das Wunder vergeblich warteten, dass sich ein großer Findling mitten im Ort unversehens drehen werde. Da könnten sie freilich lange warten.

Am liabschda bedoniera ond grea a'schdreicha, no ka ne mit em Bäasa mäa.
Am liebsten betonieren und grün anstreichen, dann kann ich mit dem Besen mähen.
einer, der Gartenarbeit überhaupt nicht mag Donau

Am Ranza raa-schenda dur i nix.
Am Ranzen [= Leib] herunterschinden tu ich nichts.

Die Schwäbische Zeitung Ehingen übersetzte so: »Ich arbeite so viel ich kann, mehr ist ungesund und macht keine Freude.«
(»Sich schinden = sich übermäßig abmühen.«)
Portrait eines fleißigen Landwirts zur Erntezeit. Donau

Am scheaste isch halt emmer no do, wo scho gschaffet isch, aber noit gessa.
Am schönsten ist es halt immer noch da, wo schon geschafft [= gearbeitet] ist,
aber noch nicht gegessen. Donau

Am Sonntigg hott där immr sain Schdutzr aaghett.
Am Sonntag hat der hat immer seinen Stutzer angehabt.
schwerer, oberhalb der Knie endender Herrenmantel (Wangen, ca. 1930-1960) Allgäu

An alta <u>H</u>uat!
An alta <u>H</u>uat zom <u>Dromm</u>la!
Einen alten Hut!
Einen alten Hut zum Trommeln!

Schön wär's gewesen, doch leider ging der Wunsch nicht in Erfüllung! *Donau*

an Broota Rauchfloisch
ein Braten Rauchfleisch
ein Stück Rauchfleisch, wie es als ganzes geräuchert wird (daran ist nichts gebraten!) *Donau*

an ebbes rabnulla
an ebbes rumnulla
an etwas herabsaugen/-lutschen
an etwas herumsaugen/-lutschen
an etwas Essbarem langsam (und mit viel Speichel) herumkauen; z. B. kleine Kinder an einem Stückchen trockenen Brotes *Schussen*

An gschissana Mensch isch oifach en ganz andera!
Ein geschissener Mensch ist einfach ein ganz anderer!
Wenn man (endlich) Stuhlgang hatte, fühlt man sich fast wie neugeboren.

An gsoichta Mensch isch oifach en ganz andera!
Ein geseichter Mensch ist einfach ein ganz anderer!
Wenn man (endlich) beim Pinkeln war, fühlt man sich fast wie neugeboren.

anand gäbela
einander gäbeln
sich halb im Scherz/halb im Ernst necken; sticheln

Angschd honne koine, abr mai Mottr ka boxa!
Angst habe ich keine, aber meine Mutter kann boxen!
Scherzhaft unter Kumpeln: »Ich warne dich!«, oder aber über einen anderen: Er sei recht großmäulig, aber letztlich einer, der davonrenne, wenn's brenzlig wird.

Angschd honne koine, abr renna kane!
Angst habe ich keine, aber *(davon-)*rennen kann ich!
Erklärung wie im vorigen Spruch.

Angschd wia en Jud!
Angst wie ein Jude!
Jüdischen Mitbürgern wurden immer wieder allerlei negative Eigenschaften zugeschrieben und angedichtet. Sie hätten an allem Möglichen selber schuld sein sollen.

Daher hat man sie jahrhundertelang immer mal wieder da und dort verfolgt, vertrieben, ausgerottet (bis hin zum Holocaust) – und zwischendurch wieder geduldet und auch mal wohlgelitten. Kein Wunder, dass sie auch immer wieder Grund hatten, Angst zu haben und zu zeigen. Dies wurde ihnen dann auch wieder schlecht ausgelegt und ist somit sprichwörtlich geworden.

Angschd wia en Jud! Aabr joo it folga!
Angst wie ein Jude! Aber *(dennoch)* ja nicht folgen [= *gehorchen*]!

Eine Erweiterung des vorangegangenen Spruchs. Hier wie dort gebraucht man den Spruch wohl gewohnheitsmäßig, ohne im Einzelfall wirklich an jüdische Mitmenschen zu denken. (Ob es dadurch besser wird?)

Aprila-Buuzeler *bzw.* Aprila-Schittler
typischer Schnee-Graupel-Regen-Schauer im April (2x)   *Riß*

Aprila-Filla!
April-Fohlen!

»Füllen«: Fohlen. »Der 1. April ist der Tag des scherzhaften Lügens. Man schickt die Kinder in den ›Aprilen‹, lässt sie um fünf Pfennig ›Ibedum‹ (Ich-bin-dumm) oder ›Dampfnudelsamen‹ kaufen oder das ›hölzerne Bügeleisen‹ oder den ›gläsernen Holzschlegel‹ holen. Fällt der Angeführte auf den Spaß herein, wird er mit obigem Ruf ausgelacht.« (HUBER)   *Donau*

Aprila-Kua, mach d Auga zua!
April-Kuh, mach die Augen zu!

Wenn jemand auf einen Aprilscherz hereingefallen ist, wird er damit geneckt.
                                                                               Riß, Allgäu

Aprilaschnee ond Jongferpracht
dauret it länger als oi Nacht.
Aprilschnee und Jungfernpracht
dauern nicht länger als eine Nacht.

Gar Manches ist vergänglich …   *Donau*

bähmullig
dunkel, finster, langweilig, unattraktiv
– Gesichtsaudruck
– Mode: Hosch du heit en bähmulliga Bulloovr a!: Hast du heute einen geschmacklosen Pullver an!

Bahwärdsdäfela
Bahnwärterstäfelchen

»Bahnwärter«: Angestellter der Eisenbahn, der die Schranken betätigt und die Gleisanlagen überwacht (Duden) – Sie hatten auch mit größeren Signaltafeln zu tun: hier: Segelohren (nicht gerade sehr dezent, aber auch nicht allzu boshaft gemeint)

bära-glä-ig
»bär(en)-kläuig, bär-kläuig, bär(en)-gläbig, bär-glaibig; von den geschwollenen und steifen Hinterbeinen des Schweins; übertragen von krampfhaftem, mühsamem Gang des Menschen« *(Wax)*

bocksteif, ungelenk wegen mangelnder Bewegung *Donau*

Bärbelestreiben
(Sankt-)Barbara-Treiben

Am Vorabend des Barbaratags vom 4.12., also am 3.12., ganz in der zeitlichen Nähe zum »Klosentag« (Nikolaustag, 6.12.), vermummten sich die Mädchen bei einbrechender Dunkelheit und begannen, mit dem Reisigbesen »den Unrat und das Böse aus dem Haus hinaus und um das Haus herum wegzukehren.« (Büchele I) *Allgäu*

Bass ouf, dr Bullamägge kommt!
Pass auf, der Bullenmägge kommt.

Angstfigur mit Fantasienamen, um Kinder einzuschüchtern *Schussen*

Bass ouf, s kutt en Ranka!
Pass auf, es kommt ein Ranken!

»Ranken«: scharfe Kurve (niederalemannisch)
Anm.: In der Tettnanger Gegend gibt es ein Gasthaus »Zum Ranken«. Auf ihrer Website schreiben dessen Inhaber, dass der Name auf die Hopfenranken zurückzuführen sei. Möglich, aber müsste es dann nicht »Zur Ranke« heißen? Sieht man auf Google Earth nach, so liegt das Gebäude an einer gut erkennbaren Kurve ...

Allgäu, Schussen

Bätschlach
Patschlache

Wasserpfütze auf der Straße *Donau*

Beck – schdegg da Fengr en Aarsch ond schmeck!
Beck – steck *(dir)* den Finger in den Arsch und schmecke *(daran)*!

»Beck«: Bäcker (Beruf) oder ein Träger dieses Namens oder pure Fantasie um des Reimes willen
»schmecken« (hier): (an etwas) riechen
Jux- oder Nonsens-Vers, aus Zimmermannskreisen gehört *Donau*

Bei Bier und Brezga gomma
Bei Bier und Brezeln gemütlich verweilen

»gommen«: »gaumen: das Vieh hüten, Kinder hüten, zu Hause bleiben in Abwesenheit der übrigen Hausbewohner, besonders während des Gottesdienstes, eines Festes, der Feldarbeit« (Wax). Hier: Bezog sich auf eine gemütliche Einkehr im Gasthaus Fidelisbäck in Wangen (Allgäu), wenngleich dort die Brezeln längst den etwas prosaischeren Laugenhörnchen weichen mussten. *Allgäu*

Bei dära Arbeit isch au scho amol oinr gschdorba!
Bei dieser Arbeit ist auch schon mal einer gestorben!

Weil er so langsam arbeitete, dass er darüber verstarb.
Spott zu einem, der allzu bedächtig arbeitet.
Kann auch Spott beim Kartenspiel sein: Nun komm' endlich raus!

Bei dära Arbeit isch au scho amool oinr in d Rente komma!
Bei dieser Arbeit ist auch schon mal einer in die Rente gekommen!

Weil er so langsam arbeitete, dass er dabei das Rentenalter erreichte.
Spott, wie im vorigen Spruch.

Bei denne isch Ordnung: Do schdeggd da Kamm im Buddr, und dr Boddschammbr wird mit em Brotloib zuadeggd.
Bei denen herrscht Ordnung: Da steckt der Kamm im *[= in der]* Butter, und der Nachttopf wird mit dem Brotlaib zugedeckt.

»Boddschammbr« (französisch): Pot de chambre = »Kammertopf« = Nachttopf
Sehr ironischer Kommentar über »andere« Leute.

Bei denner Verschopfong hengts dr beim Scheißa s Kreiz ous.
Bei dieser *(schweren)* Verstopfung hängt es dir beim Scheißen das Kreuz aus.

So sehr musst du dich dabei abmühen. Kann sich durchaus auf den Erzählenden selbst beziehen.

Bei derra Bouschdell diefds au aweng schnellr noche-ganga!
Bei dieser Baustelle dürfte es auch ein wenig schneller vorangehen!

Das »dürfte« drückt hier keine Erlaubnis aus, sondern eine indirekte Aufforderung, also eine Kritik am (vermeintlich) langsamen Baufortschritt.

Bei eich isch es oin Kiddl keltr wia bei uns.
Bei euch ist es einen Kittel kälter wie *[= als]* bei uns.

Bei euch (da droben) ist es um einiges kälter als bei uns zu Hause, so dass wir lieber eine Jacke mehr anziehen.

Bei uns war grad so en Märzahäggeler.
Bei uns war gerade so ein Märzenhagelschauer.

Graupelschauer im Monat März

beim Redduurfaara
beim Re<u>tour</u>fahren

»retour« (entstammt dem Französischen): zurück
beim Rückwärtsfahren; beim Zurückstoßen (Fahrzeug)

Bettsoicherbacka
Bettseicherbacke *[= Bettnässerwange]*

Wenn jemand morgens mit einer auffallend geröteten Wange aufsteht.   Schussen

Bfiate Gott, scheene Gegend!
Behüt dich Gott, schöne Gegend!

Scherzhaft für »Also dann, tschüss!«, wenn es sich um keinen Abschied für längere Zeit handelt. Ernsthaft (hinter dem Rücken): Nun haut schon endlich ab! Kann auch ironisch-sarkastisch sein, wenn jemand ausdrücken will: »Ab nun beginnen (diesbezüglich) schlechtere Zeiten!«

Bfui Deifl scheißt Barchet iebr d Mädla-Bettr!
Pfui Teufel scheißt Barche(n)t über die Mädchen-Betten!

»Barchent (von arabisch barrakan - ›Stoff aus Kamelhaar‹, bzw. persisch baranka - ›Schafwolle‹); ... ist ein Mischgewebe aus Baumwoll-Schuss auf Leinen-Kette, das glatt, auf einer oder auf beiden Seiten aufgeraut ist. ... Barchent verdrängte seit dem 14. Jahrhundert mehr und mehr das Leinen. Zu den führenden Zentren der Barchentherstellung auf dem europäischen Markt gehörten u.a. Ravensburg, Biberach, Regensburg, Ulm (›Ulmer Geld‹) und Augsburg.« (https://de.wikipedia.org/wiki/Barchent)
Kein nachvollziehbarer Sinn! Soll vermutlich nur das »Bfui Deifl / Pfui Teufel« mit markig klingenden Lauten verlängern und damit verstärken: Ausdruck großen Ekels.

Bis dett naa isch dr Margd vrl<u>off</u>a!
Bis dorthin ist der Markt verlaufen!

Bis zu diesem Zeitpunkt haben sich Marktbeschicker und -besucher zerstreut. Bis dahin ist der Markt längst zu Ende: Die Chancen sind vertan. Dann ist es zu spät! Oder: »Wer zu spät kommt, den bestraft das Leben.« (Nach Michail Gorbatschow)

Bis etz isch es amol guat ganga, no schaffa ma da ledschde Metr au no – hot dr sell Fallschirmschbrengr gsait, wo da Schirm it oufganga isch.
Bis jetzt ist es *(auf jeden Fall)* einmal gut gegangen, dann schaffen wir den letzten

Meter auch noch – hat selbiger Fallschirmspringer gesagt, als sein Schirm nicht aufgegangen ist.
Kommentar eine Zuschauers anlässlich einer Flugschau.

Bis ge Boia<u>furd</u> drage dees!
Bis nach Baienfurt trage ich das!

Ein Kind – in Weingarten aufwachsend – empfindet einen Topf/Teller, den es irgendwohin tragen soll, als viel zu heiß. Da sagt die Mutter: »Was, das soll heiß sein!?« Damit laufe sie bis zum Nachbarort Baienfurt. Das Kind staunt über die magischen Kräfte der Mutter, wie lange sie Heißes in Händen halten könne und bedenkt dabei nicht, dass das Gefäß auf dem 3 km langen Weg längst abgekühlt wäre.
Variante aus der Heimat der Mutter mit gleichem Sinn: »Bis ge Ommadorf!« (Von Ummendorf-Fischbach bis Ummendorf)

Bisch du mit dr Helga im Schdrooßagraba gläaga, dass du »DU« sagsch zuera?
Bist du mit der Helga *(schon mal)* im Straßengraben gelegen, dass [= weil] du »DU« sagst zu ihr?

»Ich wusste gar nicht, dass ihr so vertraut seid miteinander ...« Der Name ist natürlich austauschbar.   Schussen

Bisch etz <u>aig</u>schnabbd?
Bist du jetzt eingeschnappt?

Bist du jetzt beleidigt (mit mir)?

Bisch etz vollends numgschnabbet!? *bzw.* Där isch numgschnabbet.
Bist du jetzt vollends hinumgeschnappt!? *bzw.* Der ist hinumgeschnappt.

Bist du jetzt total verrückt geworden!? bzw. Der ist verrückt geworden. (als Bemerkung oder auch im medizinischen Sinn)

Bisch gniggig – ruit s de?
Bist du knick(er)ig – (ge)reut es dich?

Gibst du das, was du mir gibst, nicht wirklich gerne – reut es dich etwa?   Schussen

Bisch heit am erschta März riggwärds zur Dier nous? – *Noi!* – No hot dir dr März ouf d Naas gschissa.
Bist du heute am ersten März rückwärts zur Tür hinaus? – *Nein!* –
Dann hat dir der März auf die Nase geschissen.

Soll man besonders zu Sommersprossigen an diesem Tag scherzhaft sagen. Vielleicht, weil die Sonne wieder mehr Kraft hat und sich dies auf Sommersprossen auswirke.
                                                                  Schussen

Bisch heit grääg? *bzw.* Deesch en grääga Siach!
Bist du heute g.? *bzw.* Das ist ein g. Mistkerl!

grääg/gräg: (»gräuig, ... von grau«, Wax), übelgelaunt, missgestimmt

Bisch lang gnuag fir dees Elend!
(Du) bist lang genug für dieses Elend!

Eine Mutter in leiser Ironie zum Wunsch ihrer Tochter, doch noch etwas zu wachsen. Das »Elend« hätte ebenso die Tochter selbst sein können wie auch der Lauf der Welt. Dies blieb immer offen. Aber es war ja nie böse gemeint.   *Allgäu*

Bisch vo Langsamaweilr?
Bist du von Langsamenweiler?

Sagt man (scherzhaft) zu einem Langsamen. Der Ortsname ist erfunden, klingt aber glaubhaft.

Blass wia frisch gschdorba.
Blass wie frisch gestorben.

leichenblass   *Schussen*

Bleibsch halt hogga,
du himmlische Dogga!
(Dann) bleibst du halt sitzen,
du himmlische Puppe!

»Dock, Dogg ...; Puppe« (Wax) Die zweite Zeile steht wohl um des Reimes willen da und verschönert den Seufzer, dass jemand Weibliches nicht aufstehen und fortgehen, sondern noch ein Weilchen dableiben will.

blendzenkata Naacht
stockfinstere Nacht

»blind-sinket-nacht: ... stockdunkel« (Wax nach Rehm, Dürmentingen)   *Donau*

Bloich bisch wia Käsloible.
Bleich bist du wie Käslaiblein.

mitleidig zu einem Blassen   *Riß*

boinegla
an den Fingern einen prickelnd-stechenden Kälteschmerz verspüren (Winter), wenn man zum Beispiel kalte Finger in warmes Wasser taucht

Boura jommret scho, wenn se no sooo kloi send!
(Die) Bauern jammern schon, wenn sie noch sooo klein sind.

(Mit Daumen und Zeigefinger etwa 5 cm andeutend, vermutlich auf Kartoffeln bezogen). Bauern jammern immer und seit jeher. (Sagte ein Schweinehändler).   *Donau*

Breggala lacha
Bröcklein lachen

sich erbrechen

Breißa, also alles, was nerdlich vo Bad Waldsee isch …
Preußen, also alles, was nördlich von Bad Waldsee ist

Dass innerhalb Deutschlands der Main den sogenannten Weißwurstäquator bildet, ist hinreichend bekannt. Historisch ziemlich zu Unrecht wird halb scherzhaft, aber auch halb ernsthaft alles nördlich dieser Linie Gelegene von den Süddeutschen oft als »Preußen« bezeichnet, auch die Bewohner. Umgekehrt gilt freilich Ähnliches: sehr oft wird von den »Nordlichtern« alles, was südlich des Mains liegt, automatisch als Bayern verortet. Im südlichen Teil Oberschwabens fühlt man sich manchmal noch ein wenig mehr oberschwäbisch, was man gutheißen kann oder nicht. Aber zuweilen ist es insgeheim so. Wobei man – zugegeben – den Raum Biberach schon noch unbedingt dazuzählen darf. Geht es aber der Donau zu (Munderkingen, Ehingen, Ulm), dann zählt man sich dort wirklich nicht mehr so richtig zu Oberschwaben gehörig.
Der hier zitierte Spruch fiel am Telefon von einem in Weingarten nicht Unbekannten, mittlerweile Verstorbenen, freilich mit »hörbarem« Augenzwinkern. Das Körnchen Wahrheit mag darin bestanden haben, dass bei Bad Waldsee die Sprachgrenze zwischen oberschwäbischem Schwäbisch (nördlich) und alemannisch gefärbtem Schwäbisch (südlich) verläuft.

Brenntelet s do?
Brenntelt es da *[= hier]*?

Riecht es hier irgendwie angebrannt? Kann sich auf Küchengerüche oder Brandgeruch in der Landschaft beziehen.

Briaderla, heebet anandr, s kommed bodabaise Zeita!
Brüderlein, hebt *[= haltet]* einander *(fest)*, es kommen bodenböse Zeiten!

»bodabaise / bodenböse«: sehr böse/schlimme … Wurde von einem Zuhörer bei einem politischen Frühschoppen vor einer Landtagswahl gesagt. Gar so schlimm stand es um die Befürchtung aber nicht. Wie sagte doch einer »draußen« beim Pinkeln: »Eigentlich geht's uns doch ganz gut.« Er stimmte zu, dass ja auch ein vom schlimmen Los der der Arbeitslosigkeit Betroffener immerhin nicht verhungern müsse. Und er fand dies auch gut so.   *Donau*

briala / brela / brella

plärren, laut weinen, sich weinerlich gebärden (um etwas zu erreichen); brüllen *(Vieh) (3x)*

3 Varianten: von Süd- nach Nordoberschwaben *Schussen / Riß / Donau*

Bringsch mr au a Greemle mit! bzw. Bringsch mr au a Groomet mit!

Bringst *(du)* mir auch ein Reisemitbringsel mit! *(2x)*

von »Kram« (»Krämlein«): Gekramtes
Anmerkung: Die »Reise« kann auch nur bis in die nächste Stadt geführt haben, zum Beispiel auf den dortigen Jahrmarkt o.ä.

Bringsch mr au a Memale mit!

Bringst *(du)* mir auch ein Reisemitbringsel mit!

vielleicht Kindersprache zu: »Greemle«; von »Kram« (»Krämlein«): Gekramtes: Siehe den vorigen Spruch. *Schussen*

Brrrr, isch bei eich a wiaschds Wettr! –
I hon mr saaga long, in dr Schtadt dunda seis mindr.

Brrrr, ist bei euch ein wüstes [= *garstiges*] Wetter! – Ich hab mir sagen lassen, in der Stadt drunten sei es minder [= schlimmer].

Kundin beim Betreten des Ladens. Und Entgegnung der freundlichen Verkäuferin.
März 2016; in Kofeld oberhalb Ravensburgs *Allgäu / Schussen*

buggla

buckeln

körperlich schwer arbeiten; sich sehr abmühen (müssen) *Donau*

bugglgrääza

Buggl / Buckel: Rücken; ein Kind spieleshalber auf dem Rücken tragen

butzegäägela, rumbutzegäägela

herumalbern; Purzelbaum schlagen; harmlosen Spaß betreiben;
aber auch: nur scheinbar ernsthaft arbeiten und in Wirklichkeit trödeln

Buuzeler

a) Knoten im Haar (Frauen), am Hinterkopf gebunden (»Haarzwiebel«)
b) Vogelscheuche
c) dürrer Strauch, den man um des Verspottens willen statt eines Maibaums steckt

d Greamachschuuz azia
die Gräamachschürze anziehen

»gräa«: »im Stall, im Hof, in der Küche, etc. fertig machen; ... Ordnung schaffen, auf
 räumen« (Wax)
»Schuuz«: (eigentlich: der Schurz) = die Schürze
Die »Greamachschuuz« war die Schürze, die man für diese Arbeiten anzog, wobei es
 auf den Feierabend zuging. Lange blaue Halbschürze mit schmalen Streifen.

D Leit lond sich beiga.
Die Leute lassen sich beigen.

»beiga«: stapeln (wie Brennholz). Kommentar, wenn es am Biertisch schon eng hergeht und sich noch ein paar weitere dazusetzen möchten. Sinn: Ein paar finden hier bei gutem Willen aller immer noch ein Plätzchen ...

D Merzedes henket halt glei da Aarsch nab,
wemma amool a bizzele viel glaada hott.
Die Mercedes *(LKW)* hängen eben gleich den Arsch hinab,
wenn man mal ein bisschen viel geladen hat.

»den Arsch hinabhängen«: das Fahrzeugheck hängt auffällig tief nach unten. Bezog sich auf Mercedes-LKWs der 1950er- bis 1960er-Jahre und wurde von deren Fahrern gelegentlich gesagt, wenn sie wegen sichtbar kräftigen Überladens Angst vor Polizeikontrollen hatten.   Schussen

D Näare vo Horn,
was se heit nähd, vrdrennd se morn!
Die Näherin von *(Schloss)* Horn,
was sie heute näht, trennt sie morgen *(wieder auf)*.

Auch selbst-ironisch, wenn (nicht nur beim Nähen) ein Missgeschick geschehen ist. Schloss Horn gehört zu Fischbach (Gemeinde Ummendorf), das früher auch HornFischbach genannt wurde.

d Ofakuche
die Ofenküche

Abseits stehendes kleineres Nebengebäude, Teil eines alleingelegenen Hofes im württembergischen Allgäu. Darin wurde – mit staatlicher Lizenz – Schnaps gebrannt, darin badeten die Leute, hier wurde auch die Wäsche gewaschen. Das sind alles Verrichtungen, zu denen ein größeres Feuer benötigt wurde. Das Brot wurde unseren Gewährsleuten zufolge interessanterweise in der normalen Küche gebacken.

D Schweiz wär ou größr, wemma se it hochkant bout hett.
Die Schweiz wäre auch (flächenmäßig) größer, wenn man sie nicht hochkant gebaut

hätte. Also wenn sie nicht mehr hoch als breit wäre. Fastnächtlicher Spott aus Konstanz (Baden), in Anspielung auf die Alpen.

D Sonna hot Fiaß!
Die Sonne hat Füße!

Menschliche und auch tierische Füße reichen hierzulande vom Po bis zur Erde. Ausruf, wenn man von weitem lichte Regenschleier erkennt, die von der Sonne erleuchtet strahlenförmig schräg zur Erde verlaufen.

d' Spiel-Lompa-Reitr
die Spiel-Lumpen-Reiter

Spiel: Kartenspiel; Lump: Schimpfwort für Nichtsnutz; Reiter (hier vielleicht): Leute, die beharrlich an etwas bleiben (vgl. auf etwas herumreiten)
Sie gehen angeblich nicht so früh nach dem Kartenspielen aus der Wirtschaft heim. Vielleicht auch in Anspielung auf »Spüllumpen« (Geschirrspüllappen), die eher Sache der Hausfrauen seien. Donau

Da hauts dr jo dr Voogl rous!
Da haut's dir ja den Vogel raus!

Das schlägt dem Fass den Boden aus! Ärger und Empörung Schussen

Da Hegschda hon e scho päggd.
Den Höchsten *(ein Bergrücken in Oberschwaben)* habe ich schon gepackt.

Einer, der sich auf schon ziemlich ehrgeiziges Radfahren verlegt hat und auch den »Höchsten« bereits bezwungen hat:
»Der Höchsten ... ist mit 837,8 m ü. NHN die höchste Erhebung Oberschwabens und des Linzgaus, außerdem die höchste nicht zur Schwäbischen Alb gehörende Erhebung im Landkreis Sigmaringen, die höchste im Bodenseekreis und die höchste zwischen den Hegauvulkanen und dem Allgäu.« (https://de.wikipedia.org/wiki/Höchsten) Schussen

da Näächschda macha
den Nächsten machen

Trauzeuge/Trauzeugin sein Donau

da Woogscheißr macha
den Waagscheißer machen

Auf einer Balkenwaage/Wippe in der Mitte stehen und durch Gewichtsverlagerung das Heben und Senken der einen oder anderen Seite bewirken. Sinn: Mit vergleichsweise geringem Einsatz an Gewicht großen Einfluss ausüben. Kann auch auf eine politische Partei bezogen sein, die (mit wenig Stimmprozenten ausgestattet), zusammen mit einer größeren Partei eine Regierungskoalition eingeht und damit »unverhältnismäßig« viel Einfluss gewinnt.

Däär *(dia/dui)* hot en Macka!
Der *(die)* hat einen Macken!

der »Macken«: die Macke. Über jemand, der einen Tick (oder so ähnlich) habe.
Zu den weiblichen (hinweisenden) Fürwörtern:
»dia«: südliche Hälfte, »dui«: nördliche Hälfte Oberschwabens

Däär hott bittlet und bettlet.
Der hat »gebittelt« und gebettelt.

Der hat inständigst und lange anhaltend um etwas gebeten.

Dachhas
Dachhase

Katze. Scherzhaft oder schadenfroh, wenn man jemand einen Braten als Hasenbraten anbietet und es sich in Wirklichkeit um eine Katze handelt. (Soll früher öfters vorgekommen sein, zum Gaudium der darum Wissenden, wenn es dem Unwissenden schmeckt.)

Dachtrauf-Schwooba
Dachtrauf-Schwaben

Anspielung auf die am steil abfallenden Nordrand der Schwäbischen Alb Ansässigen – mit leisem Spott im Unterton

Dai Brilla isch so iebrflissig wia en Oißa am Aarsch!
Deine Brille ist so überflüssig wie ein »Oißen« am Arsch.

»Eißen / Oißen: Geschwür unter der Haut, Furunkel, Karbunkel« (Wax)
Derbe Bemerkung, wenn jemand trotz Brille nicht genau hingesehen und daher seine Arbeit nicht (ganz) richtig gemacht habe.

Dai Mässr haut mol wiedr – do kennsch noch Schdueget reita!
Dein Messer haut *[= schneidet]* mal wieder *(so gut)* – da*(rauf)* könntest *(du gefahrlos bis)* nach Stuttgart reiten!

über ein Messer, das dringend geschärft werden müsste　　　　　　　　*Schussen*

Dai Schutzbläch noddled fai ganz schee.
»noddla«: »nottlen; (an etwas) rütteln; ... wackeln« (Wax)
Dein Schutzblech (am Rad) wackelt übrigens ganz schön [= gewaltig].

Damma Verschlubferles schbiela?
Tun wir Verschlupferles spielen?

verschlupfen = sich verstecken. http://umgangssprache_de.deacademic.com/27748/verschlupfen
Aufforderung an andere Kinder zum gemeinsamen Versteckspiel.   *Riß*

Där duet oim da Leegous.
Der tut einem den Legaus.

»einem den Legaus tun: einem etwas (gut) darlegen, erklären« (Wax)
Wenn man jemand (öfters) den Legaus tun kann, wird man dafür geachtet.

Där goht mit saim Geld om wia d Sou mit em Schtroh.
Der geht mit seinem Geld um wie die Sau mit dem Stroh.

achtlos

Där goht no lang it bei Root iebr d Ampl!
Der geht noch lange nicht bei Rot über die Ampel!

… wie es Rentner angeblich öfters tun. Über einen, der damit kokettierte, jetzt 54 zu sein und also allmählich ans Aufhören mit Arbeiten denken dürfe.

Där Goul hott s Gwittr im Fiedla, drum isch r so u-ruig!
Der Gaul hat [= spürt] das (herannahende) Gewitter im Hintern, darum ist er so unruhig!

Anlässlich eines unruhigen Reitpferdes während des Weingärtler Blutritts (Reiterprozession): http://www.blutritt.de/noflash/FRAME_NF.htm

Där hot en Leibschada ontrem Huat!
Der hat einen Leibschaden [= Körperschaden] unterm Hut!

Also im Kopf: Der ist geistig minderbemittelt!

Där hot etzd a Achzgerle.
Der hat jetzt ein Achtzigerlein.

»Achzgerla«: Leichtkrafträder mit 80 ccm Hubraum (1980-er). Sie waren für Jugendliche der ersehnte »richtige« Schritt in die Motorisierung, denn sie waren viel schneller als Mofas.

Där hot gschbia – und wia!
Der hat gespien – und wie!

Der hat sich heftig erbrochen.

Där hot me scho lang gnuag blooget.

Der hat mich schon lange genug geplagt.

Über einen Darmwind, als er endlich abging.

Där hot mr schier d Hout rabdua.

Der hat mir schier [= beinahe] die Haut herabgetan [= abgezogen].

Wenn jemand sehr inständig um etwas bat und nicht lockerließ, bis er/sie zuletzt das Gewünschte doch noch erhielt. In der Bemerkung kann auch heimliche Anerkennung für die Hartnäckigkeit des Bittenden enthalten sein.

Där hot oufmandela wella.

Der hat auf-mann-deln wollen.

Wohl abgeleitet von »ein Männchen machen«: wenn sich etwas Kleines groß aufzurichten versucht – Sinn: sich aufspielen, sich wichtig machen, sich aufplustern, auch: unversehens und zu Unrecht an etwas herummäkeln
                               Donau

Där hott alle Hoilige oinzeln raaghollet.

Der hat alle Heiligen einzeln herabgeholt.

Beschreibt das kräftige Fluchen eines Autofahrers, als im Winter die Handbremse zugefroren war.
                               Schussen

Där hott au zwoimool »hier!« gschria, wo ma d Nasa vrdoild hott!

Der hat auch zweimal »hier!« geschrien, als man die Nasen verteilt hat!

Anspielung auf den Tag der Schöpfung der Menschheit. Wenn einer eine besonders große Nase hat. (Andere Körpermerkmale, Krankheiten oder Charaktereigenschaften können bedarfsweise eingesetzt werden.)

Där hott bloß oin Fähler: koi Ahnung!

Der hat nur einen Fehler: keine Ahnung!

Der hat von dieser Sache aber sowas von keine Ahnung!

Där hott d Gscheidhoit mit em Leffl gfrässa!

Der hat die Gescheitheit mit dem Löffel gefressen!

Das ist ein von sich eingenommener Neunmalkluger!

Där hott dräggede Hend, wia wenn r noch de Geil griffa hett.

Der hat dreckige Hände, wie wenn er nach den Gäulen [= Pferden] gegriffen hätte.

Er hat sehr schmutzige Hände, wie einer, der Pferde beim Kauf rundum und an den richtigen Stellen abgreift und befühlt.

Där hott geschd fai en scheena Zapfa ghett.
Der hat gestern fein [= übrigens] einen schönen [= kräftigen] Zapfen gehabt.

»Zapfen« (hier): Rausch (alkoholbedingt)

Där hott mir no nia a Bier zahld!
Der hat mir noch nie ein Bier bezahlt!

a) Diesen Menschen kenne ich nicht. – Oder:
b) Diesen Menschen kenne ich nur vom Hörensagen, aber nicht persönlich. – Oder:
c) Mit diesem Menschen will ich lieber nichts zu tun haben!

Där hott mr alle Hoilige ghollet.
Der hat mir alle Heiligen geholt *(herbeigerufen)*.

Eine Mutter zum Sprachtherapeuten über die Reaktion ihres Sohnes, als er von den Übungen hörte, die er zu Hause machen sollte. Zu Deutsch: der Sohn hat sich sehr wenig begeistert gezeigt und kräftig geflucht.   *Donau*

Där isch ää-et.
Der ist ...

»lätschig«*, merkwürdig, eigenartig, eigenbrötlerisch, »gschbässig«**, widersprüchlich
*»lätschig«: »weich, faul, kraftlos« (Wax)
**»gschbässig/gespässig«: »komisch, wunderlich, unberechenbar, sonderbar, seltsam, launenhaft« (Wax)   *Donau*

Där isch bärig ganga!
Der ist kaum gegangen, ...

... so dass du ihn knapp verpasst hast! »bärig«: »kaum, gerade noch« (Wax)

Där isch nabgschnabbet.
Der ist hinabgeschnappt.

– wider Erwarten bei einer entsprechenden Gelegenheit nicht berücksichtigt werden
– in einem beruflichen Auswahlverfahren zuletzt unterlegen sein
– bei einer Wahl der Verlierer sein

Där isch so dirr, där dät it amol fett wära, wemm en em Fett rousbacha dät.
Der ist so dürr, der täte [= würde] nicht einmal fett werden,
wenn man ihn im *(heißen)* Fett *(he-)*rausbacken täte.

Sagen Mollige neidvoll über schlanke Typen.   *Donau*

Där juggt omanand wia a Romplschdilzle.
Der juckt umeinander wie ein Rumpelstilzchen.
Im entsprechenden Märchen der Gebrüder Grimm heißt es: »... und um das Feuer sprang ein gar zu lächerliches Männchen, hüpfte auf einem Bein und schrie ...« Ironischer Kommentar einer Ehefrau angesichts ihres wegen einer Computerpanne äußerst unruhigen Gemahls. Er springe dahin und dorthin, telefoniere herum, wälze Bücher, zergrüble sich den Kopf, und dergleichen mehr. Donau

Där ka singa wia a Sou krebsla!
Mädle, du kahst ja singa, wie a Sau krebsla! *(Ummendorf)*
Der kann singen wie eine Sau klettern!
Mädchen, du kannst ja singen, wie eine Sau klettern!
nämlich gar nicht

Där kaa mi am Aaaadlr dreffa, no brouchdr it in Leewa.
Der kann mich am Aaaadler treffen, dann braucht er nicht in den Löwen.
Umschreibung des »Schwäbischen Grußes« unter Verwendung zweier geläufiger Gasthausnamen. Das langgedehnte Aaaaaa ... will zunächst auf eine andere Fährte locken, die ja eigentlich auch gemeint ist.

Där kommt au räat schäbs drhär!
Der kommt auch recht schief daher!
Krumm, gebeugt, schleppend, hinkend – mitleidsvoll beschreibend!

Där laufd wäg wia d Sou vom Droog.
Der läuft weg wie die Sau vom *(Futter-)*Trog.
In übertragener Bedeutung gemeint: Einfach so weglaufen, ohne Gruß oder Dank. Oder ohne seinen Arbeitsplatz aufzuräumen.

Där sott halt it glei bampig werra, wenn de oine it so dond, wie er s gern hett.
Der sollte halt nicht gleich pampig werden, wenn die einen [= die übrigen Beteiligten] nicht so tun, wie er es gerne hätte.
»bampig / pampig«: »in grober Weise frech, patzig« (Duden)

Där und de säll sait ma im Bruadrhous.
Der und dieselbige sagt man im Bruderhaus.
Bruderhaus nannte sich das städtische Altenheim und Heim für sozial Schwache in Ravensburg, und dort, so deutet der Spruch an, sei der Umgangston eher rau. Die Bewohner redeten überdies angeblich eher über- statt miteinander.

Där vrkommt mr efters. *bzw.* Mir vrkommet anand hi und da.
Der verkommt mir öfters. *bzw.* Wir verkommen einander hier und da.

Dieser Mensch begegnet mir öfters. Seine und meine Wege kreuzen sich öfters. Wir begegnen uns zuweilen.

Där wext ondrsche wia Kuaschwanz.
Der wächst nach unten wie ein Kuhschwanz.

Jemand wird immer kleiner statt größer; (über das Älterwerden). Donau

Där will soicha wia a großer Hond, drbis brengt r d Fiaß gar it so hoch nouf.
Der willen seichen wie ein großer Hund, dabei bringt er die Füße *[= Beine]* gar nicht so hoch hinauf.

über einen Gernegroß, Angeber

Dass jetzd de wiaschde Leit ou no hoikalig sai miasset!
Dass jetzt die wüsten Leute auch noch heikelig sein müssen!

Erst hässlich sein und dann auch noch Ansprüche stellen …! Ist aber wohl meist ein herzhafter Scherz unter guten Freunden.

De erschd Sou laufd, de zwoit Sou schbringd.
Die erste Sau läuft, die zweite Sau springt.

»Sou / Sau« (hier): Ass im Kartenspiel
Zu den Spielen »66«, »Rufdeck« und »Kreuzgaigel« gibt es eine nicht allgemein eingeführte Regel, wonach die erste ausgespielte Karte, wenn es ein Ass ist, nicht überspielt/überstochen werden kann, daher »läuft« sie gleichsam gemütlich. (»laufen« ist im Schwäbischen »gehen«!) Alle weiteren Asse im Spiel haben aber sozusagen Grund zur Eile – für sie gelten die normalen Spielregeln.

de ganz Bloosa
die ganze Blase

alle miteinander, die gemeinsam etwas unternehmen und dabei (zumindestens im Herzen) jung sind; eine andere Ausdrucksweise wäre »die ganze Corona« oder auch »die Clique«.

de ganz Butschääre
der ganze Plunder, alles zusammen

leicht verächtlich; »Die Herkunft des auch in anderen Gegenden bezeugten Wortes ist nicht sicher geklärt, möglicherweise zu ‚Putzschere' oder zu ‚Budget', wobei das Wort ‚Bescherung' mitgespielt haben kann.« (Wax) Dem Stichwort und zwei der drei möglichen Herkunftsdeutungen ist die Betonung auf der zweiten Silbe gemeinsam. Riß

De Mai isch a schena Dräggsou: Jedesmol, wenn e ins Schbialbegga schiffa will, schdohd a Gschirr denna, hot dr sell gsait.

Die Meinige [= Ehefrau] ist eine schöne [= furchtbare] Drecksau: Jedesmal, wenn ich ins Spülbecken schiffen will, steht *(da)* ein Geschirr drin, hat selbiger *(Mann)* gesagt.

Richtet sich wohl nur scheinbar gegen die Frau.

De moischte gäabat a Mark!

Die meisten geben eine Mark!

Auf einem Fest zugunsten einer guten Sache wird eine Laugenbrezel zu 80 Pfennig (ca. 0,40 €) verkauft. Der freundliche ehrenamtliche Verkäufer beantwortet die Frage nach dem Preis mit obigem Satz und erbittet somit ein höheres Spendeneinkommen. Dieselbe Bemerkung soll auch öfters dem früheren Wirt einer Ehinger Vereinsgaststätte entschlüpft sein, wobei es dann seinem eigenen Umsatz zugute kommen sollte. (Er verlangte freilich sehr mäßige Preise.)

de Rucksack-Deitsche

die Rucksack-Deutschen

In den Jahren nach 1945 Spott der Einheimischen gegenüber den Flüchtlingen und Heimatvertriebenen, die ihr ganzes damaliges Hab und Gut, das ihnen verblieben war, auf dem Rücken trugen.

Deem hond se au da Babbadeggl gnomma.

Dem haben sie auch den Pappendeckel genommen.

»Babbadeggl / Pappendeckel«: Pappe, Karton (Material); hier: Führerschein
Sinn: den Führerschein abgenommen

Deem isch au d Hout z kurz.

Dem ist auch die Haut zu kurz.

Wenn jemand hörbar einen Darmwind streichen lässt.

Deem isch au dr Babbadeggl ins Bierglaas gfalla, und etz isch r ouf em Landratsamt beim Rainiga.

Dem ist auch der Pappendeckel ins Bierglas gefallen, und jetzt ist er auf dem Landratsamt beim Reinigen.

»Babbadeggl / Pappendeckel«: Pappe, Karton (Material); hier: Führerschein
Sinn: den Führerschein wegen Alkohols am Steuer abgenommen

Deen haune nous-gschdampfed.

Den habe ich hinausgestampft.

Sagte der jüngere über seinen zehn Minuten älteren Zwillingsbruder.   Riß, Donau

Deen moss ma au <u>dapp</u>a!
Den muss man auch *(erst mal)* treten, bis er etwas unternimmt.

in den Hintern treten; über einen Langsamen, Zögerlichen, Faulen

Deen <u>wähl</u> e z'letschd noo!
Den <u>wäh</u>le ich zuletzt noch!

Auf die Betonung achten!
Zuguterletzt komme ich noch zu dem Entschluss, wenn ich lange genug nachdenke, demjenigen doch tatsächlich meine Stimme zu geben, entgegen meiner ursprünglichen Absicht.

Deen wähl e <u>z'letschd</u>!
Den wähle ich zu<u>letzt</u>!

Auf die Betonung achten!
Den da wähle ich gewiss nicht! Das wäre nun gewiss das letzte, was ich täte!

Dees bschiaßt, mai Liaber! bzw. Dees hot abr bschossa!
Das beschießt, mein Lieber! *bzw.* Das hat beschossen!

»beschießen«: ausgeben, (über)reichlich (vorhanden) sein, seine Wirkung entfalten
a) Wenn ein lange ersehnter Regen recht ausgiebig ausfällt.
b) Wenn z. B. ein elterliches Donnerwetter wirkte.

Dees dot, wia wenn a Goiß ouf a Dromml scheißd.
Das tut, wie wenn eine Geiß *[= Ziege]* auf eine Trommel scheißt.

Ziegenkot besteht aus vielen kleinen Kügelchen: Beschreibt kurze, knapp aufeinander folgende harte Geräusche.

Dees duats. Deesch schee gnuag. Isch jo bloß fer <u>an</u>der Leit.
Das tut's. Das ist schön genug. Ist ja nur für andere Leute.

Ein paar Frauen halfen mal einer guten Bekannten beim Tapezieren. Irgendwo fand sich dann zuletzt irgendwo »oben links« eine Blase, worauf eine der Helferinnen den Ausspruch tat. Es sollte natürlich Trost und Witz sein, aber die Wohnungsinhaberin reagierte recht verschnupft.

Dees gibt mol a scheene Beerdigung!
Das gibt mal eine schöne Beerdigung!

Sagte einer über sich selbst, weil er in gar so vielen Vereinen engagiert sei.

Dees gibts meh wia rote Hund!
Das gibt es mehr wie *[= als]* rote Hunde.

Diese sind sehr selten bzw. es gibt sie gar nicht. Wenn es etwas mehr als solche Hunde gibt, heißt das nichts anderes als: Das ist etwas extrem Seltenes.

Dees Gloid isch ganz vrhogged.
Das Kleid ist ganz verhockt.
Durch langes Sitzen ist das Kleid ganz faltig und sollte dringend gebügelt werden.

Dees het mer kenna an Esl saga, denn heddesch duu kenna gscheid bleiba!
Das hätte mir können ein Esel sagen, dann hättest du können gescheit bleiben!
Eine meisterliche Übertragung des antiken »Si tacuisses, philosophus mansisses«: »Oh Kerle, wenn du doch nur für diesmal dein Maul gehalten [= nicht so unqualifiziert herausgeschwätzt] hättest, hätte man dich weiterhin für einen klugen Menschen halten können, aber so ...«

Dees isch dermaßa souer, dass es oim s Hemmed hinta nai ziat.
Das ist dermaßen sauer, dass es einem das Hemd hintenrein zieht.
Je saurer etwas Ess- oder Trinkbares sei, desto eher werde einem das Hemd durch den Po in den Körper hineingezogen; anschauliche Beschreibung der adstringierenden [= zusammenziehenden] Wirkung von Saurem. Kann sich auf Obst, Wein, mit Essig versetzte Speisen und ähnliches beziehen.

Dees isch it naitig, sonsch hersch du noo s Meisle pfeifa.
Das ist nicht nötig, sonst hörst du noch das Mäuslein pfeifen.
Sagte eine Oma zu ihrem Enkel, als der in ihren Augen allzu fürwitzige Fragen stellte. Sonst erfrage und erfahre er zuletzt zu viele Dinge oder solche, die er noch gar nicht wissen sollte.
Donau

Dees Moschdfass isch ganz ousgleched!
Dieses Mostfass ist ganz ausgetrocknet!
ausgetrocknet und daher undicht geworden

Dees moscht au dua mega!
Das musst du auch tun mögen!
Das ist nicht gerade jedermanns Geschmack (Arbeit oder Liebhaberei).

Dees schabt me au!
Das schabt mich auch!
Das ärgert mich auch (so wie dich)!

Dees schdragged oba doba!
Das liegt oben droben!
Im oberen Stock oder zuoberst im Stapel usw.

Dees schdragged wohl no obadanna.
Das liegt *(gut und gerne)* noch oben dran.
Über ein Schnäpsle zum Abschluss oder Abschied.

Dees schmeggd au wia aigschlofene Fiaß!
Das schmeckt auch wie eingeschlafene Füße!
Essen, das (angeblich) schlecht, fad, langweilig schmeckt

Dees send bei dir au it loutr Samaschdräng!
Das sind bei dir auch nicht lauter Samenstränge *[= -leiter]*!
Dein dicker Bauch kommt vom Essen und Trinken und ist nicht etwa konstitutionell bedingt, sagen beleibte Männer humorvoll untereinander.

Dees winsch e em Deifl it amool zom nuia Johr!
Das wünsche ich *(nicht mal)* dem Teufel zum neuen Jahr!
Gemeint: das wünsche ich meinem ärgsten Feind nicht. (Krankheit, Schmerzen, Kummer, Leid, Sorgen) Donau

Dees ziat sich doch ganz schee weit nous!
Das zieht sich doch ganz schön weit hinaus!
Die Entfernung, zumal fußläufig, zum angestrebten Ziel, zum Beispiel ein Ausflugslokal, ist doch um einiges größer, als zunächst angenommen wurde.

Deesch a fandiger Schnai.
Das ist Schnee von »gestern« *(nicht sprichwörtlich!)*.
»fernd, ferndig, … fand«: vorjährig; Das ist kein Neuschnee (mehr).

Deesch a netts Butzele!
Das ist ein nettes »Butzele«!
Säugling, Baby

Deesch an Altlediga.
Das ist ein Altlediger.
ein »Junggeselle« deutlich älteren Semesters (unverheirateter älterer Mann) Donau

Deesch au in Hintrpfui<u>deif</u>l!
Das ist auch in Hinterpfuiteufel!

am Arsch der Welt; sehr weit abgelegen

Deesch au it ouf <u>daim</u> Mischt gwaxa!
Das ist auch nicht auf <u>dei</u>nem Mist gewachsen!

Abschätzig, wenn jemand sich mit fremden Federn schmücken will und anderer Leute Einfälle als seine eigenen darstellt.   Schussen

Deesch bessr wia en Briegl ouf d Naas, ond wenn r noo so goet sitzd!
Das ist besser wie ein Prügel auf die Nase, und wenn er noch so gut sitzt!

Über irgendetwas, das zwar auch nicht sonderlich angenehm/schön/wünschenswert ausfällt, aber immer noch besser sei als eine »noch so gekonnte« Tracht Prügel.

Deesch ganz <u>naa</u>bichet!
Das ist ganz »angepecht« *(von Pech, klebrige Masse).*

Das haftet ganz fest, wo es nicht soll, und lässt sich nur sehr schwer wieder entfernen; (zum Beispiel festgetretener und angetrockneter Kaugummirest). Vgl. »zusammenhalten wie Pech und Schwefel«

Deesch halt <u>au</u> so a Bebbelesmusigg!
Das ist halt auch so eine B.-Musik!

»Bebbela«, abgeleitet von »Boppel«, zum Beispiel Wollboppel [= Knäuel]. Holzbebbela sind kleine Holzkügelchen. Befestigt man diese an einem Stäbchen, kann man damit einen Triangel bedienen. Nicht zuletzt ein beliebtes Musikinstrument in vielen Schulklassen, damit jedes Kind etwas zu tun bekommt.
Der Begriff »Bebbelemusigg« drückt abwertend aus, es handle sich dabei um nichts Gescheites oder musikalisch sonderlich Erbauendes.

Deesch heit a Wettr zum <u>Hel</u>da zeiga!
Das ist heute ein Wetter zum Helden zeugen.

Ein Prachtwetter, so dass die Stimmung steigt; früher sagte man auch »Kaiserwetter« dazu.

Deesch inna dinna.
Das ist innen drin.

Da kann die Freude am Wortklang mitschwingen.

Deesch jo bloß noo en <u>Hen</u>dscha!
Das ist ja bloß noch ein Handschuh!

Sagt man von einem Menschen, der wegen schwerer Krankheit nur noch ein Schatten seiner selbst ist; eine schwache leere Hülle sozusagen, eben wie ein Handschuh; teilnehmend, mitleidig

Deesch scho a grootigs Egg dahaana!
Das ist schon eine »geratige« Ecke hier herum!

»groodig«: gut geratend, gut gedeihend
»das Eck« = die Ecke
In dieser Ecke des Dorfes gerieten die Menschen besonders gut; eine ironische Anspielung (sich selbst eingeschlossen) auf die Bäuchlein fast aller Nachbarinnen und Nachbarn.
Donau

Deesch so a Kiddrloch!
Das ist so ein Kicherloch!

»kiddra«: kichern: Über ein Mädchen, das zusammen mit anderen immer wieder in Kichern ausbricht. Ist nicht böse, sondern eher verständnisvoll gemeint!

Deesch so a Noomoisale.
Das ist so ein ein »Nachweiselein/Nachmeiselein/...« *(Wax)*

»jüngstes Kind einer Familie, zumal wenn schwächlich oder sehr hintendrein gekommen« *(Wax)*

Deesch währle wohr!
Das ist wahrlich wahr!

Es ist in der Tat so!
Riß

Deesch zom Vrsoicha!
Das ist zum Verseichen!

Das ist so zum Lachen, dass man in die Hose pinkeln möchte.
Donau

Deesch zum Gnocha-Kotza!
Das ist zum Knochen-Kotzen!

Da muss etwas schon arg schlimm oder widerwärtig sein.
Schussen

Deff ma zu Ihne nahocka? – *Jo, so lang Se d Hend ouf em Disch lond.*
Darf man zu Ihnen hinhocken? – Ja, so lange Sie die Hände auf dem Tisch lassen.

Frage (Frau) und gutgelaunte Antwort (fremder Mann; am selben Tisch sitzend) in einer gut besetzten Gaststätte.
Allgäu

**Deisa-Magd hott selbr gsait, se häb en dicka Bouch,
do sei en glaine Mockes denna, z Jakobi lass mern rous.**

Die Magd von Mattheis* hat selber gesgt, sie habe einen dicken Bauch,
da sei ein rundliches kleines Etwas drin, zu Jakobi lasse man es heraus.

kann auch der Hausname »Deises« sein. Fest des heiligen »Jakob«: 25. Juli Donau

Dem frisst dr Zais mit us dr Schissl.

Dem frisst der Zins mit aus der Schüssel.

Wenn es bei manchen »etwas eng« ist bei der Rückzahlung der Darlehen. Man sagt ja auch, dass einen die Zinsen auffressen können.

Den Soumist losst der Bauer liega, wo er leit.

Den Schweinemist lässt der Bauer *(genau dort)* liegen, wo er liegt. *(Ummendorf)*

Denne Leit kasch no helfa!

Denjenigen Leuten kannst du noch helfen!

… dir aber leider nicht (mehr)! Man wischt dabei mit der linken Hand über's Gesicht. (Das »Wischen« geht so, wie man andeutet, jemand sei nicht recht bei Trost.) – Harmlose Neckerei!

Der isch ouf em Boda rumdroolet.

Der ist auf dem Boden herumgerollt.

Im Spiel oder auch im Zorn: sich auf dem Boden wälzen. Schussen

Des Feschd wird gmachd, ond wenn s Grotta haglet.

Das Fest wird gemacht, und wenn es Kröten hagelt.

Sinn: Wir sind fest entschlossen, das Fest auch unter widrigsten Witterungsverhältnissen durchzuführen.

Di schdegge in d Hosatasch ond vrschla de, wenn e Zeit hon.

Dich stecke *(ich)* in die Hosentasche und *(ver)*schlage dich, wenn ich *(mal)* Zeit habe.

Es ist deutlich zu erkennen, dass es mit dem »Verschlagen« [= Verhauen] gar so ernst nicht gemeint sein kann. Schussen

Dia Beeraboscha hanget buuzlet vool.

Die Beerenbüsche hängen büschelweise voll.

über und über mit Beeren behangen Donau

Dia dätet mit oim seggeles-geiles.

Die täten mit einem *(am liebsten)* s.-g. *(wenn man sie ließe)*.

»seggeles-geiles«: »säckeles-geiles tun: jmd. an der Nase herumführen, zum Narren halten, übervorteilen, reinlegen, ausnützen« (Wax) *Donau*

Dia Doggdr-Souerei goht mr scho lang ouf da Weckr.
Die Doktor-Sauerei geht mir schon lange auf den Wecker.

Nein, der Arzt tut hier nichts Anrüchiges: »souen« (sauen): schnell laufen, rennen Gemeint ist, dass jemand dauernd zum Doktor »rennen« muss wegen irgendeiner Krankheit. Und dies geht dem Patienten auf die Nerven. *Donau*

Dia Epfl hond jo Moosa / Mausa!
Diese Äpfel haben ja Masen.

»Masen«: entstellende, hässliche Flecken – natürlich nicht nur bei Obst! Aussprachevarianten: langes offenes »oo« / nasal *Schussen / Donau*

Dia gängdet dr mit em Arsch ins Gsicht, wenn da dees däteschd.
Die würden dir mit dem Arsch ins Gesicht gehen, wenn du das tätest.

Vorhersage, dass es mächtig Ärger geben würde, wenn … *Schussen*

Dia goht au nooch dr Viehwoog!
Die geht auch nach der Viehwaage!

über eine Uhr, die falsch geht oder stehengeblieben ist

Dia hand a Wohnzimmer so groß, do kennt sich en Goul denn z doot reita.
Die haben ein Wohnzimmer, so groß, da könnte sich ein Gaul drin zu Tode reiten.

gemeint: unnötig groß *Donau*

Dia hand als Gloo au bloß so a Soichrinna.
Die haben als Klo auch nur so eine Seichrinne.

Die Seichrinne ist/war als Urinal etwas simpler Art in vielen Männer-WCs verbreitet, zuweilen noch in öffentlichen Anlagen oder manchen Gaststätten, vor allem aber in Toilettenwagen bei Volksfesten, an der Wand in halber Höhe befestigt. In Schul-WCs gibts/gabs oft nicht mal das, sondern für die Buben nur eine anzupinkelnde Wandfläche, unten dran mit Bodenablaufrinne.

Dia hogged doo wia a Bfund Schnitz!
Die hocken da wie ein Pfund Schnitze!

»Pfund«: 500 Gramm; hier: wie ein Häuflein »Schnitz(e)«: Apfel-, Kartoffel- usw. -schnitze. Über Leute, die körperlich und geistig unbeweglich, untätig herumsitzen und keine Initiative zeigen.

Dia hogged so pflootschig doo.

Die hockt so pflatschig da.

»pflootschig / platschig«: »unförmig, fett, plump, träge« (Wax)
unbeteiligt, desinteressiert

Dia hond enand vrdefflet!

Die haben einander verhauen!

Eher eine handfeste Rauferei unter Kindern als Ausbruch roher Gewalt.

Dia honnd Geld wia Hai!

Die haben Geld wie Heu!

sehr viel Geld   *Allgäu, Schussen*

Dia hont hochkanntig gwonna.

Die haben hochkantig gewonnen.

Die haben sehr hoch gewonnen. (Bei einem Spiel)   *Schussen*

Dia hot it schlechd pflädderet!

Die hat nicht schlecht gepfladdert!

*– eher mitleidig, wenn ein Mensch starken Durchfall hat und man es
 (ggf. ungewollt) mitbekommen hat*
– dünnflüssiges Abkoten bei einer Kuh

Dia hot richdige Schdeggelesfiaß.

Die hat richtige Stöckchenfüße!

Wenn jemand auffallend dünne Beine hat (»Storchenbeine«). Im Schwäbischen gibt es keine »Beine«, dafür reichen die »Füße« vom Po bis zu den Zehenspitzen.

Dia hott a Herz wia en umkehrda Hafadeggl!

Die hat ein Herz wie einen umgekehrten Hafendeckel!

»Herz«: Umschreibung für »Busen«, als man dies nicht zu sagen wagte
»Hafen«: Topf. Die Dame habe einen sehr flachen Busen! (Sagten übrigens Frauen!)

Dia hott d Meebl in d E-e brochd, noch soll se au drouf oufbassa!

Die hat die Möbel in die Ehe *(mit-)*gebracht, dann soll sie auch drauf aufpassen!

Nicht so »macho«, wie es aussieht; eher scherzhafte Begründung, warum einer der Partner zuhause bleiben muss, eventuell wegen der Kinder. Könnte man auch auf »ihn« anwenden.

Dia hott da Kopf scho in dr Schdadt dinna und da Aarsch no beim Bahdamm hussa!

Die hat den Kopf schon in der Stadt *(mitte)* drin und den Arsch noch beim *(außerhalb gelegenen)* Bahndamm heraußen.

Wenig charmantes Stadtgespött über eine Dame mit ausladendem Po. (Das »hussa« zeigt den Stand- oder Wohnort der kommentierenden Person: beim Bahndamm.)

Dia hott en Aarsch wia en Brauereigoul!

Die hat einen Arsch wie ein Brauereigaul!

Sehr ungalant! Pferde, die früher (und heute noch zu Schauzwecken) Wagen voller Bierfässer zogen, waren schwere und stämmige Kaltblüter.

Dia hott en Aarsch wia en Brui!

Die hat einen Arsch wie ein *(Bier-)*Bräu *[= Bierbrauer(meister)]*!

… einen breiten Po; ungalant!
Bierbrauern soll man an der Statur ansehen, dass Bier nahrhaft ist.

Dia hott ganz schee viel Holz voor dr Hitte!

Die hat ganz schön viel Holz vor der Hütte!

Anspielung auf große Brennholzstapel: Über eine Frau mit großem Busen!

Dia isch au gäara vrkeltet.

Die ist auch gerne *[v]*erkältet.

Die fängt sich immer wieder schnell eine Erkältung ein.

Dia isch boh-mend!

Die ist bodenmind!

»boh-«: Ableitung von »Boden-« als Verstärkung (Wax)
»mend / mind«: »schlecht, geringwertig« (Wax)
Sinn: Der geht es gesundheitlich überhaupt nicht gut! (mitleidig)

Dia isch nää naa hunderte worra.

Die ist nahe hinan hundert *(Jahre alt)* geworden.

beinahe hundert Jahre

Dia Klara war a gschwischdrigs Kind zu uns. – *Soso, it hon denkt, it amool!*

Die Klara war ein geschwisteriges Kind *[= Base/Cousine]* zu uns. –
Soso, ich hätte gedacht, nicht einmal *(dieses)*.

Ich hätte gedacht, wir seien nur viel weitläufiger verwandt. Der Name ist natürlich austauschbar.   *Allgäu*

Dia kommed ganz oosegfääd.
Die kommen ganz unverhofft!

»dahergeschneit«

Dia koppet wia en Wald-Esl!
Die koppt *[= rülpst]* wie ein Wald-Esel!

Fiel in fröhlicher Runde – wobei letztlich offenblieb, was Waldesel für Tiere sind und wie diese zu rülpsen pflegen ...

                                                                                                             Donau

Dia loset wia Beckasou, wenn se in Baara soichd.
Die lauscht wie eine Bäckersau, wenn sie in den Futtertrog seicht.

mit unschuldigem / unbeteiligtem Gesicht lauschen; mit unschuldigem / unbeteiligtem Gesicht Verbotenes tun. »Als Schimpfwort verwendet man ›Beck‹ auf einen nicht gerade regen und aufgeschlossenen Menschen an.« (Wax)   *Donau*

Dia schillet so, die ka in zwoi Hääfa zmool naigugga.
Die schielt so, die kann in zwei Häfen *[= Töpfe]* zugleich hineingucken.   *Allgäu*

dia Schnoddlkotze
Glibberiges,

hier scherzhaft: Glaskörper im Auge   *Schussen*

Dia Schua figged.
Die Schuhe ficken.

Sie sind im Fersenbereich so, dass sie nicht richtig sitzen und, wenn es länger dauert, eine Blase reiben. »ficken«: »Durch wiederholte Hin- und Herbewegung reiben; enge, unpassende Stiefel ficken« (Wax). Die sexuelle Handlung beschreibt in Wirklichkeit nur einen Teil dessen, was das Wort »ficken« ursprünglich und allgemein eigentlich bedeutet.

Dia Schua schnabbed.
Die Schuhe »schnappen«.

Sie sind im Fersenbereich so, dass sie (hör- und sichtbar) nicht richtig sitzen und, wenn es länger dauert, eine Blase reiben. »schnappen«: »eine schnellende, oft mit einem klappenden, leise knallenden Geräusch verbundene Bewegung irgendwohin ausführen« (Duden)

Dia send ganz aigschmodderet.
Die sind ganz zusammengeschrumpelt/runzelig.

Obst, Kartoffeln ...   *Donau*

Dia send ussa dussa.
Die sind außen draußen.

außerhalb des Raumes bzw. im Freien befindlich – gepaart mit Freude am Sprachspielerischen
Riß, Donau

Dia war am Grischd<u>kee</u>nigsgimnasium.
Die war am Christkönigsgymnasium.

Gemeint: das damalige Mädchengymnasium in Ravensburg, dessen Schulleiter Christ und dessen Hausmeister König hießen. (1960er)

dia zwea, dia zwua *bzw.* dia zwoi
»dia zwea«: die zwei Männer, »dia zwua«: die zwei Frauen *bzw.* »dia zwoi«: die zwei Männer und/oder Frauen
oben: Donau (2x), unten: Allgäu, Schussen

Die due hindersche in d Schua nai, wenn da versche it naiwitt!
Dich tu ich verkehrtherum in die Schuhe hinein, wenn du vorwärts*(-herum)* nicht hineinwillst!

mittelstarke Drohung gegenüber einem Widerspenstigen

Die gestrig Gaudi hot mi huramäßig g'freut; i hau g'lachet zum Verrecka. *(Ummendorf)*
Die gestrige Gaudi hat mich hurenmäßig gefreut; ich hab gelacht zum Verrecken.

Gaudi: lustige Unterhaltung; huramäßig: sehr (stark); lachen zum Verrecken: extrem lange und stark lachen (müssen)

diefa
schmollen, eingeschnappt sein *(vor allem bei Kindern)*
Schussen

diega; a diegener Siach
diegen, ein diegener Siech

»diegen«:
– dickköpfig, gewalttätig (im Sinne von »starrsinnig«), hartnäckig, unbeugsam
– »hart, stur, ausdauernd« (Wax)
»a diegener Siach«: ein ebensolcher Kerl

Diemelig sai; diemela
Do hanna diemelets!

diemelig, sein; diemeln
Hier diemelt es!

Schimmlig, muffig; modernd riechen *Schussen*

Dir gheert älles, was d Henna leget, bloß d Oier, die gheeret mir!

Dir gehört alles, was die Hennen legen, bloß die Eier, die gehören mir!

Karikiert scheinbare Großzügigkeit. *Donau*

Do ben e schwäär en a Wäddr naikomma!

Da bin ich schwer [= stark] in ein (Un-)Wetter hineingeraten!

von jemand unverhofft und stark getadelt/beschimpft worden sein

Do brouchsch gotte Kuttla!

Da brauchst du gute Kutteln!

»Kutteln«: hier stellvertretend für »Eingeweide«: Hierfür brauchst du starke Nerven!

Do daine <u>Griffl</u> do hanna wäg!

Tu deine Griffel da »hannen« weg!

»da hannen«: »hier«, »hiervon«; »Griffel« (hier): Finger
Sinn: Nimm deine Finger da weg!

Do <u>h</u>enta loot se noo*.

Da hinten lässt sie nach.

Da hinten endet diese Straße (Sackgasse). (*Hörte ich von einem Drittklässler.)

Do hinna meichelets! *bzw.* **Do hinna meichdelets!**

Hier herin meich(t)elt es *(2x)*.

schimmlig, muffig, modernd riechen *Schussen*

Do hodds Leit gheet wia Mugga.

Da hat es Leute gehabt wie Mücken *[bzw. Fliegen]*.

sehr viele Leute *Donau*

Do hoißt s au »ussa hui und inna pfui«!

Da heißt es auch »außen hui und innen pfui«!

Äußerlich toll, beeindruckend, in Wirklichkeit in elendem Zustand. Kann sich auf menschliche Charaktere wie auch auf Gebäude usw. beziehen.

Do hosch denn so en Boole von Ma, so en gwaltdätiga!
Da hast du *(dann)* so einen *[ungehobelten Kerl]* von Mann, so einen gewalttätigen!

»Boole« (sprich: offenes O) heißt »Kater«; wird aber auch als Schimpfwort für einen grobschlächtigen, ungehobelten, dauernd schlecht aufgelegten Kerl verwendet.
»gwaltdätig«: gewalttätig, hier aber vor allem dickköpfig, stur
Mit der Aussage kann auch ein Mensch charakterisiert werden, der trotz widriger Umstände nicht so schnell aufgibt. Und dann wird aus Kritik plötzlich auch leises Lob und stille Anerkennung.

Do hot s Hous gruabet, wenn dr Ma amol ous em Hous isch!
Da hat das Haus einmal geruht, wenn der Mann mal aus dem Haus ist!

»Haus« (hier): der ganze haus- und landwirtschaftliche Betrieb
»gruaba« (gruben): ruhen, (sich) ausruhen
Die Altbäuerin, die das erzählte, meinte natürlich auch sich selbst: Auch sie habe es bei einer ja sowieso seltenen Abwesenheit ihres Mannes einmal einen Tag ruhiger und beschaulicher gehabt.

Do hotts beschdimmd en Deifl volla Leit.
Da hat es bestimmt einen Teufel voller Leute.

Schätzungsweise kommen unzählig viele Leute zu dieser Veranstaltung.

Do isch en Engerkengr denna gwäa.
Da ist ein Ingerkinger drinnen gewesen.

Da war der Wurm drin. Da hat etwas nicht so geklappt, wie es hätte sollen. Vermutlich (höchst unfaire) Anspielung auf eine Heimstätte für Geistigbehinderte im benachbarten Schemmerhofen-Ingerkingen.

                                        Donau, Riß: Weisel, Sontheim und Laupheim-Westerflach

Do isch jo kua-naacht! *bzw.* Do isch jo kua-ranza-naachhd!
Da ist *(es)* ja kuh-nacht! *bzw.* Da ist *(es)* ja kuh-ranzen-nacht!

so dunkel wie im Ranzen [= Körper] einer Kuh: stockfinster   Riß / Donau

Do isch Matthäi am Letschta.
Da ist Matthäus am Letzten.

– Da ist nichts mehr zu machen. Da ist Hopfen und Malz verloren. (Über eine wie auch immer verfahrene Situation.)
– »Die Redewendung ›(Dann ... ist) Matthäi am Letzten‹ bedeutet, dass dies der letztmögliche Termin oder Zeitpunkt für Irgendetwas ist. Ein Beispiel: Der letzte Tag einer Frist ist Matthäi am Letzten. Im modernen ›Deutsch‹ würde man das eventuell als ›deadline‹, letzte Frist, letzter Abgabetermin etc. bezeichnen.« (https://de.wikipedia.org/wiki/Matthäi_am_Letzten)

Do ka ma it saga »In vierzea Däg odr in dreizeah Wocha ...«

Da kann man nicht sagen »In vierzehn Tagen oder in dreizehn Wochen ...«

Wenn es um einen eiligen Termin geht, kann man nicht sagen: Also halt irgendwann einmal ...

Do kasch äaba bis vor s Loch na'fahra.

Da kannst du eben bis vor's *(Tür-)*Loch hinfahren.

Direkt bis vor die Haus- oder Ladentür. Nicht selten als Argument gegen die Einführung von innerstädtischen Fußgängerzonen von Geschäftsleuten vorgebracht, die Umsatzeinbußen fürchten.

Do kasch dr da Fingr im Fiedla grumm bohra, do griagsch koi gscheide Antword.

Da kannst du dir den Finger im Hintern krumm bohren,
da kriegst du *(dennoch)* keine gscheite [= brauchbare] Antwort.

zu Bürgeranfragen an ein örtliches Rathaus

Do kenndesch Fuier soicha!

Da könntest du Feuer seichen!

Das ist zum Aus-der-Haut-fahren!   Riß, Donau

Do kommsch vo Nix ouf Middla-Nai!

Da kommst du von Nichts auf Mitten-Hinein!

Variiert die Formulierung, ein Fahrzeug komme »von Null auf Hundert in ... Sekunden.«: Man komme jäh und unversehens in eine unerwartete peinliche oder sonstwie unangenehme Situation.

Do mosch laufa wia Schnitzmaa!

Du musst du laufen wie ein Schnitzmann!

schnell, emsig laufen; vor allem als Aufforderung an Kinder zur Erledigung eines Auftrags. Anm.: Bisher konnte ich nicht in Erfahrung bringen, was ein »Schnitzmann« sei.

Do ruf i de Michl a!

Da ruf ich den Michl [= Michael] an!

»Spruch einer schwäbischen Hausfrau aus dem Schussental, wenn ihr Göttergatte nicht unverzüglich seinen haushandwerklichen Pflichten nachkommt.« Der namentlich genannte Bruder bzw. Schwager wohnt eine Autostunde entfernt. Die »Drohung« ist also nur augenzwinkernd-scherzhaft gemeint. (Name geändert.)   Schussen

Do wird dain Babba schwär dua hon!

Da wird dein Papa schwer getan haben!

»schwer tun«: wütend sein, (vor Zorn) toben
Nicht zu verwechseln mit »sich (mit etwas) schwer tun«.
Drückte die Vermutung aus, dass sich ein Papa angesichts seines vorübergehend nicht auffindbaren kleinen Sohnes ziemlich besorgt/aufgeregt/erregt/zornig aufgeführt haben mag.

Do wird's oim ganz efangeelisch!

Da wird's einem ganz evangelisch!

Da wird's einem ganz seltsam zumute! Kann/konnte nur in kulturell katholisch geprägten Kreisen gesagt werden.

Do, kriagsch an Betz!

Da, *(du)* kriegst einen B.

»Betz«: von »Batzen« abgeleitet, kleinerer Geldbetrag, den Kinder etwa von den Großeltern geschenkt bekommen, um sich dafür etwas zu kaufen   Schussen

Dont Se it s Geld verveschbera, wo no gar it doo isch!

Tun Sie nicht das Geld verveschpern *[= ausgeben]*,
wo *[= das]* noch gar nicht da *[= vorhanden, verdient, als Steuer eingegangen]* ist.

Es geht hier gewiss eher um Investitionen als um Nahrungsaufnahme.

Doo bisch au it fett woora!

Da bist du auch nicht fett geworden!

Diese Arbeit hat dir auch nicht viel Lohn eingebracht.   Riß, Donau

Doo broucht s nix!

Da braucht es nichts!

Das klappt (bei denen immer) tadellos!

Doo fähld bloß noo a Muggaseggale.

Da fehlt nur noch ein Mückensäcklein.

»Mugg / Mücke« (hier): Fliege
»Seggale«: Säcklein; hier sinngemäß: Penis einer Fliege
»a Muggaseggale«: Sagen oft Hand- und Heimwerker, wenn nur noch ein bisschen weiter aufgebohrt, eine Kleinigkeit weggehobelt, ein wenig geschoben werden muss: um die winzige Kleinigkeit (»Länge«) eines Fliegenpenis.

Doo gnoozgets untr de Schua. *bzw.* Doo gnoozgets in de Schua.

Da (...) es unter den Schuhen. *bzw.* Da (...) es unter den Schuhen.

»Gnoozga« ist wohl lautmalerisch und beschreibt das Geräusch, wenn man sich auf

total durchnässtem und aufgeweichtem Untergrund bewegt. Es kann auch in den Schuhen »gnoozgen«, wenn sie voll Wasser gelaufen sind. *Schussen*

Doo hamma drialet.
»Da haben wir getrielt.«

»Driala / Triala« heißt »trielen«: »Speichel verlieren«, »betont langsam vorangehen« oder »bei der Arbeit trödeln«, also sich bei der Arbeit immer wieder gerne ablenken und aufhalten lassen. Die Äußerung bezog sich hier selbstironisch auf eine gemeinsame Wanderung, bei der ältere Leute Mühe hatten hinterherzukommen. *Donau*

Doo hanna hots koine Henna, wo hi ganga kennet.
Hier herum hat es keine Hennen, die hin gehen [= eingehen] könnten.

Einer wollte singen. Andere waren davon nur begrenzt angetan, kannten sie doch dessen sängerische Fähigkeiten. Der Sangesfrohe stellte darauf hin zur Beruhigung der Übrigen fest, dass allzu großer Schaden ja nicht eintreten könne … *Schussen*

Doo hauts dr da Zoigr nous!
Da haut's dir den Zeiger hinaus!

Spielt auf ein Messinstrument an, das bei Überlastung den Zeiger weit über die vorgesehene Endmarke hinaus ausschlagen lässt, meist sogar so, dass das Gerät anschließend unbrauchbar ist. Sinn: Da bist du vor Überraschung total platt!

Doo hinta heert d Welt ouf!
Da hinten hört die Welt auf!

Das ist eine gottverlassene Gegend! Anm.: Vielleicht geistert da noch die uralte Vorstellung herum, dass die Erde eine Scheibe sei.

Doo hommr gschlabbouchet.
Da haben wir schlapp-gebaucht.

»schlappbouchen« von »schlägbauchen«: »keuchen, schwer atmen, es vor großer Anstrengung kaum mehr schaffen« (Wax). Bei einer Wanderung oder Arbeit – beinahe schlapp gemacht haben.

Doo hosch au messa helfa mascheena.
Da hast du auch müssen helfen maschinen.

»mascheena / maschinen«: an/mit der Dreschmaschine arbeiten (Dabei musste Jung und Alt helfen.) *Donau*

Doo hotts amool äbbes gäa …
Da hat es einmal etwas gegeben …

Man erinnert sich an ein länger zurückliegendes unangenehmes Vorkommnis,
vor allem in Verbindung mit einer Person.

Doo isch ma mit dr Millbitsch ganga.
Da ist man mit der *(1- oder 2-Liter-)*Milchkanne gegangen.

»Bitsch, Bütsch, …; Gefäß zum Tragen von Flüssigkeiten« (Wax) *Donau*

Doo isch mr s Zäbfle ganga! *bzw.*
Doo isch mr s Zäbfle gfalla!
Da ist mir das Zäpfchen gegangen [= hat sich bei mir zitternd bewegt]!
Da ist mir das Zäpfchen gefallen!

»Zäbfle / Zäpflein« (von: Zapfen) (hier): Penis, der vor Verzagtheit hängt (Wax)
Da ging mir der Arsch auf Grundeis! Da empfand ich gehörig Angst! Da hat mich der Mut verlassen!

Doo isch mrs bletzlich ganz maria-magdaleenisch worra!
Da ist mir's plötzlich ganz maria-magdalenisch *(ge-)*worden!

»maria-magdalenisch«: Abgeleitet vom Schmerz der biblischen Gestalt der Maria
    Magdalena: »Der heilige exstatische Schmerz wird in den banalen Alltag herunter
    geholt …«
»ganz schlecht, übel.« (Wax)
körperlich und übertragen: unwohl, unbehaglich, blümerant [= flau, unwohl, übel; Duden]

Doo isch mrs bletzlich ganz zwoierloi worra!
Da ist mir's plötzlich ganz zweierlei *(ge-)*worden!

»zwoierloi / zweierlei« (etwa:) schwindlig, Schwindelanfall, Flimmern vor den Augen o.ä.

Doo kane schloofa wia en Dax.
Da kann ich schlafen wie ein Dachs.

sehr tief und fest (wie im Winterschlaf) *Schussen*

Doo kenndsch ouf dr Sou nous!
Doo kennt ma ouf dr Sou nousreita … und ouf de Borschta wiedr rai!
Da könntest du [= man] auf der Sau hinaus!
Da könnte man auf der Sau hinausreiten … und auf den Borsten wieder herein!

Es ist zum Davonlaufen! Es ist höchst ärgerlich! *Schussen*

Doo kennet r ananand noufzenna!
Da könnt ihr nun aneinander hinaufplärren / miteinander beleidigt sein!

»zennen / zännen«: »den Mund verziehen aus Neid, Leid; boshaft lachen, heulen, weinen, ... verhöhnen, ... beleidigt sein« (Wax)
Nun streitet euch mal drum! Seht, wie ihr euch einig werdet!   Donau

Doo legsch de niedr – und schdohsch nimme ouf!
Da legst (du) dich nieder – und stehst nicht mehr auf!

Die zweite Hälfte verstärkt noch den Eindruck des eh schon allergrößten Erstaunens – es kann aber auch ironisch gemeint sein: gar so groß sei die Überraschung denn doch nicht!   Schussen

Doo lupfd s me grad!
Da lüpft es mich gerade(zu)!

Es ekelt mich bis zum Brechreiz!

Doo machsch bloß Manko!
Da machst du bloß Manko!

»Manko«: »Aus ital. ›manco – Mangel, Manko, Fehlbetrag‹« (Wax)
Dabei machst du nur ein Minusgeschäft! Dabei wirst du draufzahlen!

Doo mosch it schärra, sondern Falla schdella!
Da musst du nicht scharren [= kratzen], sondern Fallen stellen!

»Guter« Rat, als jemand den Rücken am Türpfosten rieb. Es sei größeres Ungeziefer und in größerer Anzahl zu fangen: Läuse, Flöhe ...   Donau

Doo schnoufet oinr it schlächd durch s Fiedla!
Da schnauft einer nicht schlecht durch den Po!

Da atmet einer ganz gewaltig durch den Hintern! Wenn einer hörbar gewaltige Blähungen hat.

Doo schueh-et r!
Da schuht er!

»schu-en / schuhen« (von »Schuh«): laufen - (Sieh mal:) Da läuft er!

Doo sollsch gwinna: zwoi Soua und sieba Bläddla!
Da sollst du gewinnen: zwei Asse und sieben Blättchen!

»Sou / Sau«: Ass im Kartenspiel
»Bläddla / Blättlein«: die Spielkarten von Eins bis Sieben
Seufzer, dass man mit so einer Kartenkombination unmöglich gewinnen kann.

Doo werret Se au it grad heila! – *A woo!*
Da werden Sie auch nicht gerade heulen! – *Ach wo!*

Darüber werden Sie wohl nicht gerade vor Kummer oder Ärger in Tränen ausbrechen! -- Nein, das ganz gewiss nicht, ganz im Gegenteil: Es freut mich, dass ...!

Doo wuud ma it feddig!
Da würde man nicht fertig.

Das würde ewig so weitergehen, wenn man nicht selbst damit aufhören würde. Im konkreten Fall war gemeint, nun sei es genug mit endlosen Besuchen beim Arzt; dieser habe schon vielerlei Salben, Tabletten und Tinkturen verschrieben; alles habe man versucht, und nichts davon habe wirklich geholfen. Nun nehme man das Zipperlein eben in Kauf, verzichte auf die bislang eh vergebliche ärztliche Kunst und hoffe auf Heilung durch Zeit.   Donau

Dor au langsam, brouchsch it schbringa! – *I schbring halt langsam ...*
Tu auch langsam, du brauchst nicht *(zu)* springen! – *Ich springe halt langsam ...*

Dialog mit einer Gehbehinderten, die damit andeutete, sie beeile sich ja so gut es nur gehe.

Dorch Noddla isch es wägganga.
Durch Rütteln ist es weggegangen.

»noddla / noddlen«: »nottlen, (an etwas) rütteln; intrans. wackeln« (Wax)
Triumph einer Hausfrau oder eines Hausmanns: wie ein ungewöhnliches Geräusch bei der Waschmaschine wieder abgestellt werden konnte.

doschig
buschig

(Pflanze*/Tierschwanz) – *bei einer Pflanze auch: kräftig, gut gewachsen

Dr Babba kurret no bees umamandr!
(Der) Papa hustet noch böse »umeinander«.

»kurra / kurren«: »engbrüstig husten« (Wax).
Papas Husten ist noch lange nicht wieder abgeklungen.

Dr Bfarrer bredigd au it zwoimool!
Der Pfarrer predigt auch nicht zwei Mal!

Hättest du mir zugehorcht, dann wüsstest du, was ich eben gesagt habe!

Dr Deifl hollet au nia da Lätza!
Der Teufel holt auch nie den Letzen *[= Falschen]*.

Es trifft immer die Richtigen. Scherzhaft, und nicht auf Todesfälle bezogen.

Dr Deifl scheißt immr doo naa, wo dr greeschde Houfa isch.
Der Teufel scheißt immer dahin, wo der größte Haufen ist.
Wer (schon viel) hat, dem wird (noch zusätzlich was) gegeben.

Dr Nähne isch de ganz Zeit ouf dr Bouschtell schbaziera-gschdanda.
Der Nähne [= Opa] ist die ganze Zeit auf der Baustelle spazieren-gestanden.
Wie es halt alte Leute gern an sich haben. Körperlich sollen oder können sie vielleicht nicht mehr arbeiten, aber untätig zu Hause herumsitzen geht auch nicht. Also begeben sie sich dorthin, wo etwas »los« ist, würden eigentlich gerne ein wenig mit-«schäffela«, finden aber vielleicht nichts so richtig Geeignetes zu tun. Also stehen sie unschlüssig herum, gar den Anderen im Wege stehend. Und doch wollen sie noch dabei sein. Das Wort »spazierenstehen« drückt dieses unstete Sich-doch-nicht-von-der-Stelle-bewegen genau aus.

Dreiml umzooga isch wia oiml abbrennd.
Dreimal umgezogen ist wie einmal abgebrannt.
Auch bei Wohnungswechsel entstehen Schäden.

driala; en Drialer sai
trielen; ein Trieler sein
»trielen«: »Speichel oder flüssige Speisen von den Lippen rinnen lassen« (Wax)
»Trieler«:
a) »Latz, der verhindert, dass man sich beim Trielen schmutzig macht
b) der Mensch, der den Speichel laufen lässt, der langsam arbeitet« (Wax)
c) gedankenverloren, untätig sein; sehr langsam und unbeständig arbeiten

Du Aarschloch!
Übersetzen muss man es nicht, wohl aber erklären: Je nach Tonfall, Gesichtsausdruck und Lautstärke kann es eine derbe Beschimpfung und Beleidigung sein, unter Umständen aber auch augenzwinkernde Anerkennung (»du bist schon ein rechter Teufelskerl!«). Aber mit Vorsicht zu gebrauchen!

Du Beitl!
du Beutel!
Du dummer Kerl! Auch zu einem, der etwas falsch gemacht hat.

Du bisch da Beschd – wenn koin andera doo isch …!
Du bist der Beste – wenn kein anderer da ist!
Die Kunstpause dazwischen relativiert das Lob natürlich völlig, dennoch ist das nicht böse gemeint, sondern scherzhaft.

Du bisch <u>scho</u> reachd, bloß it im <u>Kopf</u>!
Du bist schon recht, bloß nicht im Kopf!

Du bist an und für sich schon ok, nur eben nicht im Kopf.
Lange nicht so böse gemeint, wie es klingt, sondern scherzhaft und durchaus unter Umständen auch ein Lob.

Du bisch soo <u>gscheid</u> wia drei <u>Domme</u>!
Du bist so gescheit wie drei Dumme!

(manchmal ironisches) Kompliment

Du bischd a <u>Fetz</u>!
Du bist ein <u>Fetz</u>!

»Fetz: Schlingel, durchtriebener Bursche, Lump« (Wax). Wie so manches scheinbare Schimpfwort drückt es oft heimliches Lob und Anerkennung aus.

Du brouchsch mi koin schilliga <u>Hund</u> hoißa!
Du brauchst mich keinen schieligen [= schielenden] Hund heißen!

Damit verbittet man sich Tadel und Kritik. Aber es ist meist weit weniger ernst gemeint, als es klingen mag.   Schussen

Du griagsch go glei oine an <u>Seier</u> na!
Du kriegst jetzt dann gleich eine an den Seiher hin!

Androhung, jemand eine aufs Maul zu hauen

Du guggesch wia Kua, wenn s blitzget.
Da guckst du wie eine Kuh, wenn es blitzt.

Da bist du vor Erstaunen platt!

Du guggsch wia Outo mit offene Diera.
Du guckst wie ein Auto mit offenen Türen.

Scherzhaft, wenn jemand mit vor Staunen weit aufgerissenen Augen und vielleicht sogar offenem Mund dasteht und »glotzt«.   Schussen

Du hosch a Hiara wia Giaßkannta!
Du hast ein Hirn wie eine Gießkanne!

Hirn = Gedächtnis; löchrig, vergesslich

Du hosch koi Schdimm im Landdag!
Du hast keine Stimme im Landtag!

Erkenntnis oder Zurechtweisung, man habe hier nichts zu sagen/mitzubestimmen.
                                                                    Schussen

Du machschs wia d Henna ouf em Schdengele: schlofsch im Hocka ai.

Du machst es wie die Hennen auf dem Stänglein [= *Sitzstange*]:
(du) schläfst im Hocken [= *Sitzen*] ein.

Wenn jemand am Tisch einnickt.   *Schussen*

Du mit daim Schrumpfpassat ;-))

Du mit deinem Schrumpfpassat ;-))

(liebevoll) gelästert über den VW-Polo der Gattin, der ja einer verkleinerten Ausgabe des »großen« VW-Automodells Passats gleicht (jeweilige Kombiversion)

Du mosch etz hoi: d Mottr doilt d Nachdhemmeder ous!

Du musst jetzt heim*(gehen)*: die Mutter teilt die Nachthemden aus!

Ältere Kinder schicken damit die jüngeren Spielkameraden abends heim. Kann, muss aber nicht Anspielung auf eine kinderreiche Familie sein.   *Schussen*

Du mosch it als reichschda Ma ouf em Friedhof liega.

Du musst nicht als reichster Mann auf dem Friedhof liegen.

Möglichst viel zu verdienen kann nicht das Ziel allen Strebens sein.   *Donau*

Du oufgschdellda Mousboll!

Du aufgestelltes Mauskotkügelchen!

Eigentlich: Du Nichts! Du Niemand! Du Zwerg, was willst Du dich hier aufspielen!? ... Aber es war überhaupt nie ernst gemeint!   *Donau*

Du schdinksch ous dr Gosch wia en Fisch ous em Aarsch!

Du stinkst aus der Gosche wie ein Fisch aus dem Arsch.

Zu einem Mitschüler mit Mundgeruch.

Du Schnittlauchbubi! – Ussa grien und inna hohl.

Du Schnittlauchbubi! – Außen grün und innen hohl.

Du siehsch grad ous, wia wenn du von dr Krona wäresch vo Weilerschdeisslenga.

Du siehst *(nach)*gerade aus, wie wenn du von der »Krone« wärest von Weiler-steußlingen.

Der Eugen von Kronenwirts war als deutscher Kriegsgefangener in Amerika und wurde so von einem amerikanischen Wachtposten angesprochen. Dieser war einer der »Judaknechtla« gewesen, die beim Buttenhauser Viehhändler Löwenthal in Diensten gestanden hatten und war – wie sein Arbeitgeber – noch rechtzeitig der Vernichtung durch Auswanderung entronnen. Kronenwirts Eugen stammte von Weilersteußlingen (bei Allmendingen). Im Wirtshaus seiner Eltern waren der Viehhändler, auch als es den

Juden eigentlich schon verboten war, und seine Knechte noch zu Gast gewesen, und keiner der Einheimischen hatte dies bei den Nazis verpfiffen. Nach einer Mitteilung der Schwäbischen Zeitung Ehingen vom 25. April 1995.   *Donau*

Du siehsch ous wia a Buuschd.

Du siehst aus wie ein *(Handwerks-)*Bursche!

Noch in den 1920er- und 1930er-Jahren gab es »fahrende« [= wandernde] Gesellen, die auf Arbeitssuche oder auch einfach bettelnd durch die Dörfer zogen. Man wies sie nicht ab, aber traute ihnen auch nicht über den Weg (sie hätten ja aus Rache das Anwesen nachts anzünden können …). Wer so aussah wie diese (angeblich), war ungepflegt, unrasiert, zerlumpt, abgerissen; es war also fürwahr kein Kompliment!

du Zibeeb!

du »Zibebe«

»Zibeeb(e)«: (arab.) große Rosine (getrocknete Weinbeere)
Schimpfwort für eine Frau, die sich ungeschickt anstellt

du Ziebeere!

du Z.

vom Taufnamen »Tiberius« (Wax)
Schimpfwort für einen Mann, der sich ungeschickt anstellt

Du, d Douba fliaget ous!

Du, die Tauben fliegen aus!

Halbdiskrete Aufforderung an einen Kumpel, sein versehentlich offenes Hosentürchen zu schließen.

Du, d Läda hond gschlossa!

Du, die Läden haben geschlossen!

Halbdiskrete Aufforderung an einen Kumpel, sein versehentlich offenes Hosentürchen zu schließen. Im südlicheren Teil Oberschwabens sagt man »Hosenladen« dazu.

Duesch herbobbela?

Schlüpfst *[= schnuckelst]* du nun ganz eng an mich heran?

Aufforderung einer lieben Mutter an ihr müdgewordenes kleines Kind, sich zum Einschlafen ganz an die Mama hinanzuschmiegen. Hinweis: Ein »Bubbele« ist Erwachsenensprache gegenüber Kindern und bedeutet »Bett«.

Dui hot s Lacha ond s Heila en oim Säggle.

Die hat das Lachen und das Heulen in einem Säcklein *(beieinander)*.

Die lacht schnell und heult auch schnell.   *Donau*

Dui hot Schenkl, wo bis in bis in d Schua naiganget!
Die hat Schenkel, die bis in die Schuhe hineingehen *[= -reichen]*!
dicke Beine *Donau*

Dui La<u>du</u>ddr an daim Rad goht fai <u>au</u> it!
Die Lampe an deinem Rad geht übrigens auch nicht!
»Laduddr«: Laterne, Funzel; »Rad« (hier): Fahrrad; »fai / fein«: verstärkt den mahnenden Unterton

Dulla
1. Delle *(in Blech)*
2. Frau *(verächtlich)*
Zur zweiten Bedeutung passt, dass sich ein fröhlicher Frauen-»Stammtisch« zur Fasnetszeit selbst in einer Art Flucht nach vorn als »Dulla-Klub« bezeichnet. *Schussen*

Duu <u>doilsch</u> und <u>i</u> wähl.
Du teilst und ich wähle.
Eine weise Erziehungsmaßnahme von Eltern ihren Kindern gegenüber: Damit diese sich nicht um etwas Essbares oder Naschwerk stritten, sollte das eine der Kinder das Begehrte in zwei Hälften teilen, wovon dann das andere Kind sich zuerst seinen Teil nehmen dürfe. Damit war für größtmögliche Gerechtigkeit gesorgt. *Riß*

<u>Duu</u> mit daim Konfirmanda-Bläsle!
Du mit deinem Konfirmanden-*(Harn-)*Bläschen!
Sagt man, wenn einer öfters aufs WC zum Pipimachen geht. Konfirmanden sind ja noch Jugendliche, und da ist das Fassungsvermögen der Blase noch etwas beschränkt. Bemerkenswert, dass dieser Spruch im ursprünglich ganz überwiegend katholischen Oberschwaben Heimat gefunden hat, denn Konfirmanden sind ja etwas originär Evangelisches (Lutherisches).

Duu wuudsch me <u>schdär</u>ka! *oder:* **Du däät(e)sch me <u>schdär</u>ka!**
Du würdest ... *(oder)* du tätest mich stärken!
Ironisch: wenn jemand eine unangenehme Neuigkeit überbringt, an die man nicht gleich glauben kann oder will. Wenn diese Meldung jedoch zuträfe, dann würde sie in Wirklichkeit das Gegenteil bewirken: sie würde »schwächen« und geplante Vorhaben somit vielmehr be- oder sogar verhindern und den Betroffenen keinesfalls darin »stärken«.

Duur amool dai Gsiechd muasla!
Tu einmal dein Gesicht museln!

»muasla / muslen«: »waschen, aber keine Gegenstände, sondern nur Hand oder Gesicht« (Wax)
Wasch dir erst mal das Gesicht! *Donau*

ebbes naa-bitschiera

etwas hin...

»bitschiera / pitschieren«: »siegeln« (Wax) - * Siegel anbringen im Bastel-, Hobby-, Heimwerkerbereich etwas »hinzaubern«, fertigbringen, anbringen, befestigen; etwas zuschmieren, abdichten, versiegeln*

ebbes ouslicha

etwas *(zum Beispiel Geschirr)* nur oberflächlich ausspülen

ebbes vrschäbbera

etwas verscheppern

etwas (weit) unter Wert verkaufen, oder einfach geringschätzig für »verkaufen«: verscherbeln

Em Gnaschd isch es guat. Do griasch dreimol am Dag en Budding, ond en gregleda Gschlächtsvrkehr hosch au.

Im Knast ist es gut. Da kriegst du dreimal am Tag einen Pudding, und einen geregelten Geschlechtsverkehr hast du auch.

Das fidele Knastleben. Ich vermute jedoch eher starke Ironie und nicht etwa falsche Vorstellungen ... *Donau*

em Ledschda no ouf da Buggl gugga

dem Letzten noch auf den Buckel *[= Rücken]* gucken

So lange im Gasthaus (oder auf einer Party) sitzen bleiben und weiterfeiern, bis der Vorletzte geht und man diesem also noch hinterherschauen kann. Kann aus besonderem Anlass erklärtes Ziel sein, kann sich so ergeben oder beschreibt einen Alkoholkranken, der immer so lange bleibt, bis er rausgeworfen wird.

en Bebbl

(kleineres rundliches Ding)

a Bebbale: ein Kügelchen o.ä.
Bebbela (Mehrzahl): Suppeneinlage (Backerbsen)
en Wollbebbl: ein Wollknäuel

en Bolla; a Boll

(ein Rundes, Kugeliges, Klumpenhaftes) (Wax) (2x)

«en Bolla«: männlich, südliche Hälfte Oberschwabens
«a Boll«: weiblich, nördliche Hälfte Oberschwabens
Dazu:
Nasabolla, Rotzbolla: Nasenpopel
Scheißbolla: Kotstückchen
Rossbolla: Pferdeapfel
Bolla: die Farbe »Schelle« im Kartenspiel
en Bolla Wurschd/Käs: eine gehörige Portion Wurst/Käse (scherzhaft)
en Bolla Moschd: eine gehörige Menge Most (Apfelwein) (noch mehr scherzhaft)
en Bolla griaga: einen schwarzen Punkt nach verlorenem Kartenspiel aufgemalt bekommen
der Bolla zwische de Ohra: der Kopf (scherzhaft)
bollamäßig, zur Verstärkung: es war bollamäßig hoiß an dem Daag

En d Molke – do sand se gschbronga mit ebene Fiaß.

In die Molke - da sind sie gesprungen mit ebenen Füßen.

»Molke« (eigentlich kurz für »Molkerei«); hier aber die dörfliche Milchannahmestelle; es gab sie in jedem Dorf. Man brachte die ermolkene Milch morgens und abends in großen Kannen dahin, wobei man kleine Wägelchen und winters Schlitten benutzte. In der Molke wurde die Milch gewogen und das Ergebnis in ein Büchlein eingetragen. Einmal im Monat wurde hier das Milchgeld ausbezahlt, für die Bauern eine sehr wichtige Einnahmequelle, und gleich anschließend oft auch für die Gastwirte.
Die Molke war also zweimal der tägliche Treffpunkt der Bevölkerung; auch die Jugendlichen fanden den Weg zur Molke aus nachvollziehbaren Gründen spannend. Insofern beeilten sie sich, zur Molke zu kommen. Selbst im langgestreckten und buckligen Griesingen beeilte man sich im Galopp dahin. So wird man den Ausdruck »mit ebenen Füßen« wohl deuten müssen. Ein weiterer Grund zur Eile frühmorgens kann auch der anstehende Schulbeginn gewesen sein, den es nicht zu verpassen galt. Dafür hatte man abends um so mehr Zeit ...

En Dettenga ganget se hentrm Leichawaga zom Kardoffl-Schdäala.

In [Ehingen-]Dettingen gehen sie hinter dem Leichenwagen zum Kartoffelstehlen.

Nichts sei ihnen »heilig«: Nachbarspott. Donau

en Gnoupa griaga

einen Knaupen *(ab)*bekommen

eine Art Kopfnuss bekommen; hier: mit der geballten Faust am Kopf des zu Bestrafenden entlangfahren – Der Kirchendiener sollte somit unartige Buben bei der Sonntagsmesse zur Ruhe bringen. Donau

En gsondr Vrhau isch au was wärd.

Ein gesunder Verhau ist auch etwas wert.

*Ironischer Kommentar, wenn wegen viel herumliegenden Gerümpels erst mal nichts
zu finden ist und man auch kaum irgendwohin treten kann.*   *Donau*

en Hennahäge
ein Hennenhäge

»Häge«: Stier, Bulle; scherzhaft für Gockeler [= Hahn]

En Klassalehrer isch wia a Gluckhenn.
Ein Klassenlehrer ist wie eine Gluckhenne.

*An Grund-, Haupt-, Werkreal- und Gemeinschaftsschulen; an anderen Schularten
institutionell teils schwieriger umzusetzen: Ein »richtiger« Klassenlehrer will möglichst
viele Fächer in seiner Klasse unterrichten und arbeitet sich dafür gerne auch in eine
Materie ein, die ihm anfangs fremd ist. Wichtig ist ihm, dass er seine Klasse möglichst jeden Tag sieht [= unterrichtet] und dass dies möglichst zu Unterrichtsbeginn
ist, also frühmorgens. Er will für seine Kids da und ansprechbar sein. Er will an ihren
Sorgen, Nöten – und zuweilen auch kleinen Freuden des Alltags – teilhaben, wenn es
gewünscht wird. Er will sie zuweilen auch in Schutz nehmen und, ja, das auch, mal
schimpfen, liebevoll-ernsthaft.*

En läara Beitl druggd oin <u>mee</u> wia en <u>voll</u>a.
Ein leerer *(Geld-)*Beutel drückt einen mehr wie *[= als]* ein voller.

Sorgen bei Geldnot drücken schwerer als das Gewicht von Münzen.

en Moia schdegga
einen Maien stecken

*Beschreibt den Brauch, dass in der Nacht zum 1. Mai junge Burschen Mädchen, die
sie kennen und schätzen (oder auch schon lieben), ein bändergeschmücktes Bäumchen »stecken«: in das Fallrohr der Dachrinne, in den Schornstein oder in den (Vor-)
Garten. In diesem Falle ist das »Bäumchen« dann auch schon mal haushoch und wird
eher eingegraben als nur irgendwo hineingesteckt. Meist wird ziemlich weit oben ein
Täfelchen mit dem Vornamen der »Angebeteten« angebracht. In den letzten Jahren
werden solche Maien auch schon mal Fußballtrainern, Feuerwehrkommandanten,
Musikvereinsdirigenten usw. gesteckt; ein Brauch, der wohl aus Bayern zu uns kommt.*

en oim <u>Kia</u>-Roia
in einem Kühe-Reihen; in einer Kühe-Reihe

*So wie Kühe im Stall in einer Reihe stehen:
Ununterbrochen, in steter Folge, unablässig. Bezieht sich auf sich wiederholende Vorgänge, die einen womöglich nerven.*   *Donau*

en Rugeler
(etwas, das rugelt = rollt)

Walzenförmiges Stück vom Baumstamm, abgelängt, aber noch nicht gespalten. Kann auch ein großes Stück runden Käses sein und drückt dann »vergleichsweise große Menge« aus.

En scheena Vaddrdaag!
Einen schönen Vatertag!

»Vatertag – Krawattentag« lautete zu meiner Jugend (1960er) ein bekannter Werbeslogan. Als die Väter noch häufiger als heute solche Kulturbändel am Hals trugen, waren diese ein beliebtes Geschenk (beliebt vor allem bei den Schenkenden, weil man somit wusste, was man verehren sollte). Doch es sollte wohl noch Jahre oder Jahrzehnte dauern, bis sich für das Fest »{Christi} Himmelfahrt« – wie es diese Werbung suggerierte - der Begriff »Vatertag« ersatzweise allgemein weitgehend durchsetzte. Und so ist es mir doch tatsächlich erst 1995 erstmals geschehen, dass mir jemand »einen schönen Vatertag« wünschte, wie man sich auch »frohe Weihnachten« und dergleichen wünscht.

En Schiff ohne Furz isch wia Veschbr ohne Magnifikat.
Ein Schiffen ohne Furz ist wie eine Vesper ohne Magnifikat.

– *Die* Vesper: katholischer Spätnachmittagsgottesdienst
  Anmerkung: *Das* Vesper ist eine kalte (Zwischen-)Mahlzeit.
  »Die« und »das« Vesper zu lat. vesper: Abend, (zur) Abendzeit
– Magnifikat: festlicher Gesang im katholischen Gottesdienst.
  Das eine darf ohne das andere nicht sein – in beiden Fällen ...

Entschuldigung – hand Sia a Tageszeitung do? –
Noi, mir hond bloß ganz normale Zeitunga!
Entschuldigung – haben Sie eine Tageszeitung da? –
Nein, wir haben bloß ganz normale Zeitungen!

Eine Gastwirtin auf die entsprechende Frage eines Gasts. Der Gast fragte nochmals nach, um sicher verstanden worden zu sein. Aber die freundliche Wirtin wiederholte ihre Antwort im selben Wortlaut. Da stupfte die Frau des Gasts ihren Mann: »Kapiersch it? Dia hot koi Zeitung und moint mit ‚normal' BILD oder de Illuschtrierte.«

Donau

Epfenga, Renga, Pappelau zue,
wia danzet dia Boura, wia klepfet dia Schua.
Beim Wai, beim Wai,
doo meeget se sai,
beim Bier, beim Bier
vrregget se schier.

Öpfingen, Ringingen, Pappelau zu,
wie tanzen die Bauern, wie klopfen die *(Holz-)*Schuhe.
Beim Wein, beim Wein,
da mögen sie sein,
beim Bier, beim Bier
verrecken sie schier *[= beinahe]*.

Enthält u.a. wohl auch, dass Bier hierzulande als preisgünstigeres Alltagsgetränk in weit größerem Maße und mit entsprechenden Folgen konsumiert wird als Wein.

Donau

Er wär scho räachd, abr sui …!

Er wäre schon recht, aber sie …!

Er (der Ehemann), wäre ja in Ordnung, aber seine Frau,
oh, die hat Haare auf den Zähnen …!
»Haare auf den Zähnen haben« (nur bei Frauen): bösartig, keifend, streitsüchtig sein

Donau

Es mißtet koine fuffzea Litr Weihwassr sai, a baar Schbritzr dätets au!

Es müssten keine fünfzehn Liter Weihwasser sein, ein paar Spritzer täten es auch!

Weihwasser: geweihtes Wasser, das in der kath. Kirche und von ihren Gläubigen verwendet wird
In Anspielung auf die Niederschlagsmenge, gemessen in Litern pro Quadratmeter: Eugen Klotz, Leiter des Kultur- und Verkehrsamts Weingarten, in Sorge um das Wetter am »Blutfreitag« 1995, entstanden aus der Erinnerung an den Dauerregen des Vorjahres während der ganzen Reiterprozession, die in ganz Oberschwaben ein Begriff ist und jedesmal Zehntausende Pilger und Schaulustige anzieht.

Schussen

Ess was, wersch was, kaa ma de zom Schdeala schigga!

Iss was, *(dann)* wirst du was, *(dann)* kann man dich zum Stehlen schicken!

Rhythmisch zu sprechen. Das mit dem Stehlen ist nicht wörtlich gemeint! Der Spruch richtet sich an Kinder und Jugendliche und fordert sie zum kräftigen Essen auf, damit sie gut und stark heranwüchsen (wie man sie früher in der Landwirtschaft benötigte). Heute scherzhaft: Lass es dir schmecken!

Etz bugsier doch dia Kendr it ällaweil omanand!

Jetzt bugsiere doch die Kinder nicht alleweil *[= dauernd]* umeinander!

Nun verpass doch den Kindern nicht unablässig irgendwelche Vorschriften oder Verhaltensmaßregeln!

Riß, Donau

Etz gange hoim, sonschd holled mi da Ehrla-Has.

Jetzt gehe ich heim, sonst holt mich *(noch)* der Ehrla-Hase.

Wahrscheinlich hat örtlicher Sage zufolge einst ein besonderer Hase sein Unwesen im Ehrla-Wald getrieben (zwischen Mochenwangen und Messhausen). Vermutlich sagt man den Spruch vor Einbruch der Dunkelheit. Sicher hat man »früher« den Kindern auch damit gedroht, besagter Hase nähme sie mit.   Schussen

Etz gange ond gugg, ob e gau da Schaffr fend.
Jetzt gehe *(ich)* und gucke *[= sehe mal nach]*, ob ob ich wohl den Schaffer finde.

»Schaffer«: einer, der gerne, fleißig und gut seine Arbeit macht; hier: Die eigene Arbeitslust. Der Spruch bedeutet also: Mal sehen, ob ich mich noch zur geplanten Arbeit aufraffe oder nicht – meistens findet sich danach der Schaffgeist in der Tat!

Riß, Donau

Etz gange zaischd amol zom Senga.
Jetzt gehe ich zuerst einmal zum Singen.

In Wirklichkeit geht dasjenige auf die Toilette, was somit umschrieben wird.   Donau

Etz gange zeerschd nous, voor e wiedr raikomm!
Jetzt gehe ich zuerst *(mal)* hinaus, bevor ich wieder reinkomme.

*In Wirklichkeit geht dasjenige auf die Toilette, was somit umschrieben wird.
Dient als Antwort auf neugierige Kinderfragen:
»Woo goosch naa? / Wo gehst du hin?«*   Riß

Etz goht scho koi Häx an de!
Jetzt geht schon keine Hexe an dich!

Soll trösten, wenn man ein Kleidungsstück verkehrtherum anhat.

Etz goht's los – abr it in d Hos!
Jetzt geht's los – aber nicht in die Hose!

Ungefähr so wie »Auf geht's, Leute!«.

Etz gruabesch a Weile!
Jetzt »grubst« du ein Weilchen.

»gruaba / gruben«: sich ein Weilchen hinlegen und ausruhen. Mit obigem Satz schickten gutmeinende Eltern ihren kleinen Sohn für ein Weilchen zur Mittagsruhe.

Etz gugge amool ins Mogeleskässle!
Jetzt gucke ich mal ins Mogelkässlein *(1)* / Maukelkässlein *(2)*!

*– (1) Entweder: »mogla / mogeln« (rotwelsch): schummeln, leicht betrügen
  Im Schwäbischen heißt es hier »Mogeleskässle«, also in der unübersetzbaren
  Verkleinerungsform. Es handle sich also nur um eine kleine Mogelei.*

– (2) Oder (wahrscheinlicher): »Mauklet, ..., Mauklete ...; ›der eiserne Vorrat an Geld‹; Verb mauken - verstecken, verschieben« (Wax)
»Mogeleskässle«: kleines inoffizielles [= heimliches] Kässchen der Hausfrau. Mühsam ersparte Klein- und Kleinstbeträge kamen hinein; stille Reserve für eigene kleine Wünsche, oder wenn die Kinder für den Schulausflug Taschengeld brauchten (siehe obigen Spruch!). Der augenzwinkernd gebrauchte Begriff »Mogeles-Kässle« verrät, dass die Frau und Mutter das Wort auf ihre Art volksetymologisch deutete, dabei wissend, dass es sich um einen kleinen frommen Selbstbetrug handelte; denn wenn jemand jeden Pfennig [= Cent] zweimal umdrehen muss, bevor er ihn ausgibt, tut er ihn auch nicht leichten Herzens in ein »Mogeles-Kässle«.

Etz halt amol dai Räätscha!
Jetzt halte mal deine Rätsche [= schwatzhaftes Mundwerk]!

Eine Rätsche ist ein hölzernes Lärminstrument, das – in Drehung versetzt – ein stakkatoähnliches Klappergeräusch in ziemlicher Lautstärke erzeugt. Zum Beispiel als Glockenersatz am Karfreitag und als Narren-»Werkzeug« an der Fasnet. Und zum Verjagen der Stare in den Weinbergen.
Ein »Ratsch-« oder »Rätschweib« verbreitet gerne (teils bösen) Klatsch.

Etz hone Ne lang gnuag naghebt!
Jetzt habe ich Ihnen [= Euch] lange genug hingehalten!

Ich habe Euch (Anrede zwischen »du« und »Sie«) lange genug aufgehalten.
(Zum Abschied nach einem längeren Gespräch oder Besuch.)   *Schussen*

Etz honne a Ficke.
Jetzt hab ich eine Ficke.

»ficken«: hier (und ursprünglich): hin und herreiben
Wer im Mühlespiel eine Ficke hat, hat eine Konstellation der Spielsteine erreicht, dass er mit jedem Zug zwar eine Mühle auf-, zugleich aber eine andere zumacht und beliebig gegnerische Steine einkassieren kann, solange der Gegner nicht springen darf.
Schussen

Etz honne gruabet.
Jetzt habe ich »gegrubt«.

»gruaba / gruben«: sich ein Weilchen hinlegen und ausruhen. Mit obigem Satz meldete sich ein kleines Kind vom Mittagsschlaf, der keiner war, zurück.

Etz hosch gaggeret, etz legs Oi au!
Jetzt hast du gegackert, jetzt leg das Ei auch!

Nun hast du schon etwas angedeutet, nun auch raus mit der Sprache!:
Wer A sagt, muss auch B sagen.

Etz isch hodda!
Jetzt ist hat-ihn!
Jetzt reicht's! (deutlicher, verärgerter Hinweis)

Etz mach dr noo it ins Hemmed!
Jetzt mach dir nur nicht ins Hemd!
Abschätzig zu jemand, er solle nicht so viel Angst vor etwas haben, unter Anspielung darauf, dass Menschen (und Tiere) im Falle äußerster Furcht einnässen und einkoten.

Etz mond ihr zwoi en Scharfa dua!
Jetzt müsst ihr zwei einen Scharfen tun!
»Scharfer«: das eigentlich selbstständige Kartenspiel »66«; hier als Finale verwendet, um den Sieger aus mehreren Mitspielern zu ermitteln, wenn zuletzt nur noch zwei zur Entscheidung anstehen und die anderen bereits genügend Punkte haben. Bei »66« zu mehreren, bei »Ruf-Deck« (eine Art »Schafkopf«) und bei »Kreuzgaigel«.

Etz mosse hoim und helfa wohna.
Jetzt muss ich heim und helfen wohnen.
Scherzhaft: Ich muss jetzt nach Hause gehen/fahren (»zu Weib und Kind«).

Etz schdohschd doo mit daim kurza Hemmed!
Jetzt stehst du da mit deinem kurzen Hemd!
Dann wirst du ganz schön »alt« aussehen; der Blamierte sein; »dumm« dastehen.

Etz sei amool schdilla! bzw. Willsch etz gau amool schdilla sai!
Jetzt sei einmal still [= halte den Mund]! bzw. Willst du jetzt gleich einmal still sein [= den Mund halten]!
verärgert: Nun halt doch mal die Klappe und hör doch mal endlich zu!   Riß

Etz wäre schier gschdoggelet.
Jetzt wäre ich *(doch)* beinahe gestolpert *(und dabei hingefallen)*.

Etz werds erscht gmiatlich …
Jetzt wird es erst gemütlich …
… sagen die letzten Gäste, wenn die Wirtin zu später Stunde anfängt aufzustuhlen. Sie denken nicht daran, »jetzt schon« heimzugehen. Unsere Gewährsfrau war die Wirtin selbst.

Etz will e gau Aschalda mache …
Jetzt will [= werde] ich dann Anstalten machen …

– *Vorstellig werden, damit etwas längst Überfälliges endlich getan werde.*
– *Selbst mit etwas länger Hinausgeschobenem beginnen.*

Etz wird's afanga <u>kee</u>balig!
Jetzt wird es allmählich unangenehm kühl!

»keebalig / gehebelig (Wax)«: nasskalt, es fröstelt einen, (»gefühlte nasse Kälte«), abendliche Kühle nach einem warmen Sommertag.
Das Wort ist zumindest im Raum Ehingen unbekannt; wird aber im südlichen Oberschwaben verwendet. *Allgäu, Schussen*

fauls Floisch, fouls Floisch, fouls Floisch …
faules Fleisch …

Mit diesem im Singsang Gerufenen bettelten kleinere Kinder die Größeren darum, ein Stück weit getragen zu werden., einfach so, weil's schön war. *Schussen*

ferdig – ous – Ebfl!
fertig – aus – Apfel/Äpfel!

Schluss! Aus! Fertig! Warum der Ruf mit »Epfl« statt mit »Amen« wie im Gebet beendet wird, bleibt unerklärlich, verursacht aber die komische Wirkung.

Firchtesch du denn <u>gar</u> nix? – *Doch, so Weibr wia <u>di</u>!*
Fürchtest du denn gar nichts? – Doch, so Weiber wie dich!
(Bauerntheater; Antwort des »Todes«!) *Riß*

foiga
feigen

»foigen/feigen«:
– »spielen; im Scherz miteinander balgen; von Verliebten
 – das (grausame Spiel) der Katze mit der gefangenen Maus« (Wax)
– das Spiel jüngerer Katzen untereinander (Donau)

Franz, Franz, Hemmedschwanz*,
goht it gern in Rosagranz**.
Dr Rosagranz isch halba ous,
dr Franz schbringd no im Hemmed rous.

Franz, Franz, Hemdschwanz,
geht nicht gerne in den Rosenkranz.
Der Rosenkranz ist halb zu Ende,
der Franz eilt noch im Hemd heraus.

* – jemand, dem ein Hemdzipfel zur Hose heraushängt bzw.
* – jemand, der im Hemd/Nachthemd umhergeht (zu Kindern: leises Necken)

** Rosenkranz (hier): Andacht (Gottesdienst), bei der der Rosenkranz gebetet wird, häufig vor anstehenden Beerdigungen

Friedhofsjodler
Friedhofsjodler
Gehuste, Hustenanfall

Friejer hot dr dr Birgrmoischdr fimf <u>Mark</u> gäa, dass da it saisch, wo da <u>här</u>kommsch.
Früher hat dir der Bürgermeister fünf Mark gegeben, dass du nicht sagst, wo du herkommst.

Sagt man heute scherzhaft unter Kumpeln, also etwa: »So einer bist du, dass du besser nicht sagst, wo du herkommst, um die deinigen und deinen Heimatort nicht zu blamieren.« Ob als geschichtlicher Hintergrund die »Bettelfuhre« dahinter steckt? In früheren Jahrhunderten wurden nämlich mittellose, bettelnde und kranke Leute ziemlich gnadenlos höchstens eine Nacht lang auf öffentliche Kosten notdürftigst versorgt und alsdann, notfalls per Schubkarren, entweder in den Heimatort, soweit bekannt, oder aber wenigstens in den benachbarten Herrschaftsbereich verfrachtet. Dort erging es der armen Person ebenso. So konnte ein Schultes durchaus Interesse daran haben, es sage einer nicht, woher er stamme. (5 Mark = ca. 2,50 €).   *Donau*

Gange mr, vor mr vr<u>hogg</u>et!
Gehen wir *(lieber)*, bevor wir verhocken!

»verhocken« bedeutet etwa: gegen die eigene ursprüngliche Absicht in froher Stammtisch- oder Kaffeerunde viel zu lange oder viel länger als geplant sitzen zu bleiben

gärdla / gäädla
gärteln *(2x)*

*leichte Gartenarbeit verrichten
(kann auch ironisch für harte Gartenarbeit gemeint sein)
kann auch scherzhaft bedeuten: an der Liebsten fingern/fummeln; eine Liebschaft haben*   *Schussen / Donau*

Gelta – Karra – Kiebl – Kischda – Schnäddere – Soukarra
Gelte: *Zuber [= hölzerne oder blecherne Wanne]* – Karren – Kübel *[= Eimer]* – Kiste – Schnatterdings – Saukarren

So wurden Autos schon mal genannt; meist nach der Form, einmal nach dem Geräusch, doch nie nach der eigentlichen Funktion.

Glatteis hotts ond Breama
Glatteis hat es und Bremsen

»Bremen / Bremsen«: blutsaugende Insekten
Glatteis steht für Winter, Bremen für schwüle Sommertage: beides zusammen geht nicht. Könnte also eine bewusste Nonsens-Antwort auf eine Frage sein: Was hier los ist, geht dich nichts an. Donau

gleiba

kneifen, »klemmen«, zwicken Donau

glimpfig

Där isch no <u>glimp</u>fig fir sai Altr!

sportlich, behände, beweglich
Der ist noch körperlich fit für sein Alter! - anerkennend Schussen

Gmoint und gschissa isch zwoierloi!

Gemeint und geschissen ist zweierlei!

– Der Mensch denkt und Gott lenkt!
– Irren ist menschlich!
– Da hast du dich aber getäuscht, mein Lieber! Schussen

gneischda

(bei der Arbeit) jammern/seufzen/stöhnen; eventuell, um Mitleid zu erregen

»gneischda / knäusten«: stöhnen, schwer atmen, seufzen« (Wax) Allgäu, Schussen

Gohschd au zum Kohla-Ablada?

Gehst *(du)* auch zum Kohle-Abladen?

*Gehst du auch zum Beichten - [so wie der Fragende selbst auch]?
Kohle = schwarz = Sünde*

Gohts morga <u>au</u> no? Sonsch moss me heit ibr<u>boggla</u>.

Geht es morgen auch noch? Sonst muss ich mich heute »überbockeln«.

Wenn diese Aufgabe unbedingt noch heute erledigt werden müsste, dann müsste ich heute Purzelbäume schlagen – also bitte erst morgen! Donau

Gott schuf in seinem Zorn
Senden, Ay und Weißenhorn.

(Das Schriftdeutsch soll dem Spruch Weihe und Würde verleihen.)

Spottvers über drei Orte jenseits der Iller in Bayerisch-Schwaben. Ein alter Pfarrherr sagte mir einmal: »Die Iller war nie eine Grenze.« Donau

**Gott schütze mich vor den drei Dingen:
Hunger, Durst und Allmendingen.**

(Das Schriftdeutsch soll dem Spruch Weihe und Würde verleihen.)

Spottvers über Allmendingen (Alb-Donau-Kreis)   *Donau*

gotzga / gootzga

gotzgen: würgend husten   Schussen / Donau

goutscha, a Goutscha

gautschen *[= schaukeln]*, eine Gautsche *[= eine Schaukel, eine Wippe]*

»goutscha« wurde im Singsang auch oft »endlos« während des Schaukelns wiederholt
                                                                                                  Riß, Schussen

greisa
Bei deem Gladdeis sind d Outo bloss no griesa.

langsam kriechen, etwas langsam erklettern
Bei diesem Glatteis sind die Autos bloß noch *(voran-)*gekrochen.   Schussen

greizweis und iebrzwerch

kreuzweise und überzwerch

kreuz und quer in allen Richtungen durcheinander, Lage oder Bewegung

Griaßle, Grüßle

Grüßlein *(2x)*

Grußformel am Ende von E-Mails, von manchen Absendern standardmäßig netterweise so eingerichtet

Gruuschd*
Gruuschdlaad**

Gerümpel
Gerümpellade

* Unaufgeräumtes, herumliegendes, unnütziges Zeug (Kleinteile); es kann sich um wirklichen Plunder handeln; es kann aber auch »nur« Kritik an Unaufgeräumtheit und Unordnung sein.
** Schublade o.ä. in Haushalt oder Hobbywerkstatt, in der allerlei Krimskrams aufbewahrt wird, falls man irgendwann mal etwas doch noch brauche

gruuschdla

kramen, suchen, stöbern

auch beim Einkaufen, wenn man/frau »einfach so« ohne feste Kaufabsicht loszieht und dann, wetten, doch dies und das findet und erwirbt

Guate Zeit, vor allem bleibet gsund, dass ers Geld sell ausgäbe kennat und it Kind s Geld vergeidet!
Gute Zeit, vor allem bleibt gesund, dass ihr das Geld selber ausgeben könnt und nicht die Kinder das Geld vergeuden!
Abschiedsgruß, wenn man jemand voraussichtlich nie mehr oder für längere Zeit nicht mehr sehen wird. (Tischnachbarn beim Fidelisbäck als Gruß zum Aufbruch)

Guck it so gaataschillig!
Guck nicht so gatter-schillig!
»gatterschillig: … sehr schielend. … Beim Anblick gegitterter Gegenstände wird man gatterschillig«, geblendet, schwindelig« (Wax)
Guck nicht so dumm drein!

Guet Nacht um sekse!
Gute Nacht um sechs!
Sechs Uhr ist sehr früh am Abend. Wenn man da schon eine Gute Nacht wünscht … Kommentar, wenn man Unheil heraufziehen sieht.

Guet Nacht, schlof wohl,
scheiß s Bett voll,
schlag d Hand nai,
morga fria isch alles dai.
Gute Nacht, schlaf' wohl,
scheiß 's Bett voll,
schlag die Hand hinein,
morgen früh ist alles dein.
Gute-Nacht-Spruch … Schussen

Guggus – daaaaaaaaaa!
Kleine Kinder glauben ja, wenn sie ihre eigenen Augen schlössen oder bedeckten, würden sie auch von anderen nicht gesehen. Dies macht sich das Spielchen zunutze: Solange das Kind die Augen bedeckt hält, ruft der/die Erwachsene scheinbar lockend und suchend sein »guggus« (an den Ruf des Kuckucks erinnernd). Öffnet das Kind die Augen oder nimmt es die Hände davor weg, so stupst es der/die Erwachsene an und ruft laut »daaaaaaaa!«

hääza *bzw.* **ouf en Baum hääza**
klettern, hinaufsteigen *bzw.* auf einen Baum klettern
eher mühsam als behände

Hagbeega
Hag-Bögen

»Hag« (u.a.:) Hecke, Einfriedung
Hagbeega: einzelne starke krumme (verdrehte) Äste, die auffallend vom Stamm abstehend wachsen bzw. auch nach außen gebogene Fichtenäste am Waldrand, dicht bewachsen, gehäckselt als Einstreu im Stall geeignet   Donau

Hählenga fett wie d Goißa!
Heimlich [= unvermutet] fett wie die Geißen [= Ziegen]!

Ziegen sehen schlank aus und haben doch auch etliches Fett am Körper.
Über jemand, der schlanker und leichtgewichtiger aussieht, als er in Wirklichkeit ist.

Hain noo, no mosch scho weenigr biesela!
Weine nur, dann musst du schon weniger bieseln.

»heina / heinen«: leise vor sich hinweinen
Kann auch recht ironisch zu einem Weinenden sein.

Halbadrui
Halbdrei *(Uhr)*
Name eines A-capella-Sextetts (Kabarett) aus dem Illertal

Halleluja – Katz hott gschruia!
Halleluja – die Katze hat geschrien!

Ein bewusst künstlich verfälschter Reim: Erstens sagt man nicht »gschruia« (für »geschrien«), und zweitens ist auch keine Katze im Spiel, schon gar keine, die schreit. »Halleluja« sagt man vielleicht nach getaner und gelungener Arbeit, und damit es nicht zu feierlich oder kirchlich würde, hängt man wortspielerisch den zweiten Teil an.

Hallo mitnandr! *bzw.* Halleele mitnandr!
Hallo miteinander [= zusammen]! *bzw.* Hallööle miteinander!

»Hallööle« passt zu »Tschüssle«. »Hallo mitnander« könnte der Lehrer zur Klasse sagen, aber wohl niemals »hallööle«.

Halt dai Gosch! Halt dai Moul! Halt dain Rand! Halt dain Riaßl! Halt dai Schnorra!
Gosch(e), Maul, Rand, Rüssel, Schnorre*

*»Schnorre«: »Schnauze, Maul, Rüssel; von Tier und Mensch« (Wax)
fünf derbe Aufforderungen, die Klappe zu halten

halt mit allem Schisslawäng
halt mit allem *(Was-eben-so-dazugehört)*
mit allem »Pipapo«, mit allem Drum und Dran

»Schisslaweng [ʃɪslaˈvɛŋ] bzw. Zislaweng ist ein aus dem Französischen gebildetes Wort. Eine Deutung besagt, dass es eine Verballhornung aus ›ainsi cela vint‹ (›so ging das vor sich‹) ist, eine andere geht davon aus, dass es von c'est le vent (›das ist der Wind‹) herrührt. Den Ursprung fand es vermutlich im Berliner Raum mit den Glaubensflüchtlingen aus Frankreich (Hugenotten) Ende des 17. Jahrhunderts. Bis heute wird das Wort vor allem in der Berliner Mundart verwendet. Mit dem Wort werden nicht näher definierte, visuelle Zusätze oder Ergänzungen kleinerer Art an Schriften oder Objekten bezeichnet. Diese sind nicht für das Verständnis notwendig, sollen dem Ganzen aber eine gewisse Leichtigkeit verleihen. Ähnliche Ausdrücke sind ›mit dem gewissen Extra‹ oder ›mit Pfiff‹.« https://de.wikipedia.org/wiki/Schisslaweng
Und siehe: Es kam vom fernen Berlin auch ins schwäbische Oberland. Donau

Hand ihr koi Hoimet?
Habt ihr keine Heimat?

Fragte die Wirtin ihre allzu späten Gäste, die noch keine Anstalten machten, aufzubrechen.

Hanomag-Zwuggl
Hanomag-Zwerg

»Zwuggl«: »kleingewachsener Mensch« (Wax)
Innerbetriebliche Bezeichnung für den Kraftfahrer Josef R., der seinerzeit den einzigen firmeneigenen Forstschlepper der Marke Hanomag fuhr. Er war tatsächlich auffallend klein - ein Kontrast zu dem riesengroßen Fahrzeug, das er gekonnt lenkte. Schussen

Hans isch en scheena Nama.
Hans wett i hoißa.
Hans hott sich küssa lau
vo sieba alte Goißa.

Hans ist ein schöner Name.
Hans wollt' ich heißen.
Hans hat sich küssen lassen
von sieben alten Geißen.

»Geiß«: Ziege
Statt »Hans« kann es natürlich auch jeder andere Vorname sein. Schussen

Hast du gesehen weißes Katz mit schwarzem Arsch?
Nachgeäfftes gebrochenes Deutsch für »Hast du es endlich kapiert?« Schussen

Hau naa, wo Hoor schdoot!
Hau hin, wo (ein) Haar steht!

Schlag unbesehen auf jeden erreichbaren Kopf – du triffst immer den richtigen!
Eine hoffentlich nicht wirklich ernst gemeinte Aufforderung.

Heer au <u>ouf</u> mit gigampa! *bzw.* **Heer au <u>ouf</u> mit gigampfa!**
Höre auch auf mit Hin- und herschaukeln! *(2x)*

»Gigamp(f)en« kann bei technischen Dingen unerwünscht sein (»wackeln«, »lose sitzen« …), kann aber auch kindliches spielerisches Hin- und Herschaukeln beschreiben.
Schussen/Allgäu

Heersch, wia s woodlet?
Hörst du, wie es »wadelt«?

»woodla«: wabern (hörbares Feuer im Ofen/Kamin)
Dabei wird das damit verbundene Wohlbehagen ausgedrückt.

Heilan<u>zack</u>!
Heilandsak…!

Ist ein verkürztes »Heilandsakrament!« Ein Fluch also unter Benutzung mithilfe von Wörtern, die von der christlichen Religion eigentlich tabuisiert sind.
Sonst tu ich's hier ja selten, aber jetzt passt mal ein Witzle. Ein Pfarrer sieht, wie ein Ministrant den Fahrradreifen flickt und dabei flucht. Er weist ihn zurecht. Der Bub errötet. Kurze Zeit später will der Herr Pfarrer einen Nagel in die Wand schlagen und haut sich dabei saumäßig auf den Daumen. »Gell, Herr Pfarrer,« sagt s Büble, »etz sott ma fluacha däffa!« [= »… jetzt sollte man fluchen dürfen!«]

Heiliger Sankt Veit,
weck me beizeit,
weck me it zfria,
weck me it z zschbät,
dass es it ins Bett gäht.

… wecke mich beizeiten *(rechtzeitig)*,
weck mich nicht zu früh,
weck mich nicht zu spät,
dass »es« nicht ins Bett geht *[= dass ich rechtzeitig auf's Klo komme]*

Ähnlich wie ein (Nacht-)Gebet vor dem Einschlafen, daher auch nicht in hasenreinem Schwäbisch.

Heit goht koin <u>Doil</u>.
Heute geht kein Teil *[= Anteil, Bruchteil]*.
Heute geht mir kaum ein Teil dessen so leicht von der Hand wie sonst.

Heit <u>mit</u>tag hott s bloß a weng gflemselet.
Heute mittag hat es nur ein wenig »leicht geschneit«.

Ein »Flemsele« ist eine Fluse oder eben auch ein Schneeflöckchen. Wenn ein Kleidungsstück »flemselet«, dann gibt es Flusen ab. Wenn es aber winters draußen flemselet, dann herrscht leichtes Schneetreiben.
Schussen

Helf dr Gott in a Rehfiedla nai, no kommsch em Wald rom!
(Es) helfe dir Gott in einen Rehhintern hinein, dann kommst du im Wald herum!
scherzhafte Erweiterung des Wunsches, dass Gott einem helfen möge

hieba und dieba *bzw.* hanna ond danna *bzw.* heana ond deana
hüben und drüben *(3x)*
von links: südliches, mittleres, nördlicheres Oberschwaben

Hier wohnt ein reicher Mann,
der uns vieles geben kann,
vieles kann er geben,
lange soll er leben,
selig soll er sterben,
im Himmel Heil erwerben!
zwar nicht in Mundart, aber von alters her gesungen
Heischespruch vor Schloss Sigmaringen am Martinstag (11. November)

Himmlisch!
Ausruf, wenn man beim Kartenspiel eine »Familie« (Unter oder Bube, Ober oder Dame, König, Zehner, Ass) oder, bei einem Spiel mit doppelten Karten, fünf gleichartige Karten (zum Beispiel fünf Könige) auf die Hand erhält. Wer somit »Himmlisch!« rufen konnte, hatte das Spiel damit gewonnen.

Himmlsveegl - Houbadanta - Houbalercha
Himmelsvögel - Haubentanten - Haubenlerchen

scherzhaft, spöttisch oder auch boshaft: Klosterfrauen, Nonnen. In früheren Jahrzehnten (und vielleicht auch davor) trugen sie in vielen Orden gestärkte Hauben mit flügelähnlichen Ansätzen. Anmerkung: Ich vermute, so sagte man eher in evangelisch geprägten Kreisen. Denn dort, wo Klosterfrauen zum Alltag gehörten, waren sie in den Kindergärten, in der häuslichen Krankenpflege, teils in den Schulen als Lehrkräfte tätig und man wusste meist sehr zu schätzen, was man ihnen hatte.
Mehr dazu: »Gemeindebuch Griesingen«

Hitza, sait se, häb se.
Schwitza, sait se, däb se.
Hitzen, sagt sie, habe sie.
Schwitzen, sagt sie, täte sie.

»Hitza / Hitzen: Hitzewallungen. Hier geht es wohl um unterschwellige erotische Anzüglichkeiten oder Anspielungen auf eine Frau, der man eine gewisse diesbezügliche Aufgeschlossenheit unterstellt. Es kann aber auch Spott oder Neid sein.

hochfotzanobl
hochfatzennobel

Mein Gewährsmann pflegte aus dem eigentlich richtigen »fatz...« ein zu Irritationen führendes »fotz...« zu machen. Das Wissen um sprachliche Wurzeln geht eben zuweilen verloren. »fatzen-; ... in der Redensart verstärkend gebraucht« (Wax)
sehr ironisch für »besonders vornehm in Kleidung und Gehabe«   Donau

Hock au it so blähsackig doo!
Hocke [= sitze] auch nicht so bläh-sackig da!

Die Blähmühle trennte einst auf dem Bauernhof die »Spreu vom Weizen«, also die Getreidekörner von den Spelzen. Diese letzteren wurden im Blähsack gesammelt und weggetragen. Der Blähsack enthielt also eine große Menge beinahe nutzlosen Abfalls, bestenfalls noch als Einstreu für die Hühner verwendbar. Wer mit einem Blähsack verglichen wurde, schien in diesem Augenblick wohl gerade wenig gesegnet an geistiger und/oder körperlicher Beweglichkeit.

Hock doch it doo wia a Brooteskachl!
Hock doch nicht da wie eine Bratkachel! *(etwa: Bräter, Brattopf)*

Zu jemand, der breit, unbeweglich und vor allem stumm verweilt, wenn man gerne eine Aktivität oder Äußerung erwartet hätte.

Hoffahrt moss leida!
Hoffahrt muss leiden!

»Hoffahrt«: besonders modisches Auftreten
Heute sagen wir auch: »Schönheit muss leiden!«

Hoizeel-Maserati
Heizöl-Maserati

Spöttisch zu Dieselautos, als man deren Fahrern gerne unterstellte, sie würden Heizöl statt Diesel tanken, was zwar verboten, aber weitgehend üblich war, weil billiger. Und das Heizöl war seinerzeit auch noch nicht eingefärbt.

Hola, hola Klobferta rous!
Holt, holt die Anklopfer(-Gaben) heraus *(und gebt sie uns)*!

»Beinahe vergessen sind die Klöpfles- oder Klopferlesnächte an den drei letzten Donnerstagen vor dem Christfest [= Weihnachten]. Da zogen bis 1932 die Kinder in aller Morgenfrühe von Haus zu Haus mit (obigem Spruch) und erbettelten Äpfel, Süßigkeiten, Geld und eine Brezel vom Herrn Pfarrer. Auch Knecht und Magd erhielten als Anklopfete einen Trunk.« (Alb-Donau-Kreis) Es handelt sich also um einen sog. Heischebrauch: Erbitten kleiner Gaben, durch lange und an Termine gebundene Tradition im Gemeindeleben verankert und dadurch mit einem gewissen Recht eingefordert.

Holl mr a baar Schbäch*d*ala. *bzw.* Hool mr a baar Schbächala.
Hol mir ein paar Sp. *[= kleingespaltene Holzstückchen zum Anfeuern]. (2x)*

Auf dem »Weg« von Süd- nach Nordoberschwaben geht das »d« verloren.
Allgäu, Schussen, Riß / Donau

Holz und Schtroh machet d Funka hoh.
Holz und Stroh machen den Funken hoch.

Funken: am Funkensonntag (Sonntag nach Fasnet) traditionell entzündeter Holzstoß

Hond de daine Leit recht vrsegglet?
Haben dich deine Leute *[= Eltern]* recht verseckelt?

»verseckeln«: schimpfen, tadeln, »den Kopf waschen«, zusammenstauchen …
Kann heftig sein, aber auch gelinder.
Schussen

Hond dia en Läbdaag mitanand ghett!
Haben die einen Lebtag miteinander gehabt!

»Lebtag«: aufgeregtes lautes (für die anderen nerviges) Getue beim Zusammentreffen, -kommen
Schussen

Hond ihr a feichte Wohnung drhoim?
Habt ihr eine feuchte Wohnung daheim?

Fragte die Wirtin ihre allzu späten Gäste, die noch keine Anstalten machten aufzubrechen.

Hosafalla-Bude
Hosentürchen-Bude

So nannte sich in Untersulmetingen, einem Teilort von Laupheim im Kreis Biberach, der örtliche Jugendtreff. In vielen ländlichen Gemeinden haben sich Jugendliche ein altes leerstehendes Haus oder, viel häufiger, einen Bauwagen als Treff besorgt und eingerichtet. Meist stehen diese Bauwagen etwas außerhalb, so dass es weniger Ärger mit der Anwohnerschaft wegen Lärms gibt. Die »Bauwagen-Kultur« als eine ursprüngliche Form »selbstverwalteter Jugendhäuser« hat sich in den letzten Jahren stark ausgebreitet und auch bereits die Aufmerksamkeit von Landratsämtern, Medien und soziologischen Studien auf sich gelenkt. Nicht selten gibt es schließlich selbst in kleineren Orten mehrere »Buden«. Der »Semmedenger« Name dafür mag zu Spekulationen Anlass geben … Aber gar so arg wird es nicht gewesen sein. Schließlich luden sie dort auch jährlich zum öffentlichen Sommerfest mit Plakatierung ein. Und es durfte Jung und Alt, Hinz und Kunz kommen, auch zum Zeltgottesdienst. – Und sie konnten zumindestens ihr 20jähriges Bestehen feiern.
Riß

Hosch a goette Schdrooß ghett, gell!
(Du) hast eine gute Straße gehabt, gell!

Sagt man scherzhaft, wenn jemand irgendwo mit viel Kleingeld bezahlt, als ob man ihm anlässlich einer Betteltour in jedem Haus zwar nur jeweils eine kleine Münze, aber doch immerhin über<u>haupt</u> etwas gegeben habe.

Hosch äbbes boozget?
Hast du etwas ausgefressen?

»boozgen / bosgen«: Ableitung von »böse« (Wax)
kleinere oder auch größere Schandtaten, vom Lausbubenstreich bis zu Strafbarem

Hosch aigschepfd?
Hast du eingeschöpft?

hier: bist du mit deinem Schuhwerk so tief in eine Pfütze oder in Schneematsch geraten, dass Wasser oben hineinlief?   *Schussen*

Hosch au scho gwissd, dass heit in dr Zeitung hinta dinna alle dia schdanded, wo beim Gaissmaier* nimme aikaufa däffet?
Hast du auch schon gewusst, dass heute in der Zeitung hinten drin alle die stehen, die beim G. nicht mehr einkaufen dürfen?

*Gaissmaier: früherer regionaler Lebensmittelfilialist; der Name ist austauschbar. Wer so angesprochen wird, glaubt an Dinge wie »ertappt beim wiederholten Ladendiebstahl und damit öffentlich gemachtes Hausverbot«. Auf die aufgeregte Aufforderung »Komm, lass säa! / Komm, lass es sehen!« erfolgt dann der Verweis auf die Todesanzeigen, die in der Zeitung »hinten drin« stehen ...   *Schussen*

Hosch da Meggl nagschlaa?
Hast (du dir) den Möckel hinangeschlagen?

»Möckel« (hier): Kopf
(ursprünglich Klumpen, Brocken und vieles anderes; Wax)   *Donau*

Hosch da Melle nagschlaga?
Hast du dir den (Kopf) angeschlagen/angestoßen?

»Melle / Molle, Mölle«: u.a. »dicker, runder, fleischiger, vollgefressener Kopf« (Wax)

Hosch dai ganz Gäld vrbutzed?
Hosch da Noochdisch vrbutzed?
Deen kaane um alles in dr Welt it vrbutza!
Deer hot geschdig sai Garasch vrbutzd.
Hast du dein ganzes Geld verputzt?

Hast du den Nachtisch verputzt?

Den kann ich um alles in der Welt nicht verbutzen!

Der hat gestern seine Garage verputzt!

»vrbutza / verputzen«: Geld ausgeben
   Hier z.B.: Geld, das ein Kind für den Jahrmarktbesuch mitbekommen hat
»vrbutza / verputzen«: restlos aufessen
»vrbutza / verbutzen«: jmd. oder etwas ausstehen / leiden können
   Nur gebraucht im verneinenden Sinn: jmd. <u>nicht</u> verbutzen können
»vrbutza / verputzen«: Mauerwerk mit Mörtel usw. versehen (Gipserarbeit)
Hinweis: Wer genau hinsieht, bemerkt, dass sich im Perfekt der letzte dieser vier schwäbischen Ausdrücke von den ersten beiden etwas unterscheidet.

Hosch de vrmoiet?

Hast du dich vermait?

»vermoia / vermaien«: irrtümlich glauben, es sei schon der Monat Mai angebrochen
Sinn: »Hast du dich erkältet, weil du beim ersten Sonnenstrahl schon glaubtest, allzu leicht bekleidet hinausgehen zu dürfen, wie wenn schon ein leichtes Mailüftchen ginge?«
Donau

Hosch du d <u>Schalt</u>maschin?

Hast du die Schaltmaschine?

Frage nach der Fernbedienung des Fernsehgeräts

Hosch du sällamool <u>au</u> a Leible a'ghett?

Hast du selbiges Mal auch ein Leiblein angehabt?

»sellamool /selbiges Mal«: damals (Zeitpunkt, -raum ist bekannt; z. B. Kindheit)
»Leible / Leiblein«: Kleinkinder-Unterhemdchen mit Knopfleiste und angenähten Strapsen; für Buben und Mädchen; 1940/50-er

Hosch du soubere Hend? I sott zom Soicha!

Hast du saubere Hände? Ich sollte zum Seichen [= aufs WC zum Pipi machen].

Ein derber Nach-Feierabend-Biertisch-Männer-Spruch, unerotisch, weil bei manchen Berufen die Hände auch nach dem Waschen noch nicht wirklich sauber werden. Und dann wendet man(n) sich halt (scheinbar hilfesuchend) an den Stammtischkumpel. Der wird indes nur selten Hilfe wirklich leisten wollen und sollen ...
Donau

Hosch en Koffr schdanda lau?

Hast du einen Koffer stehen lassen?

Hast du einen (Furz) fahren lassen, (der jetzt entsprechend zu riechen ist)?

Hosch etz au en Voogl?! – Ha jo, der schdammt ous dainer Zichdung!
Hast du jetzt auch *(womöglich)* einen Vogel?! –
Na klar, der stammt aus deiner Züchtung!

Einen Vogel haben: »spinnen«. Die Antwort bedeutet im Grunde, dass es der Fragende selbst sei, der vielleicht nicht richtig ticke.

Hosch me!?
Hast *(du)* mich!?

Ein kurzes, aber deutliches: »Kapiert!?!!!« Kann von sachlich bis grob gemeint sein.

Hosch wiedr loutr Fingr-Doopa dinna!
Hast du wieder lauter Finger-Abdrücke drin!

»Doope / Tape«: »Pfote eines Tieres« (Wax); »Doopa«: Finger (einer Hand) So sagte die Freundin beim kritischen Blick durch's trübschmutzige Brillenglas des Freunds.
Schussen

Hot die denns Meisle bissa?
Hat dich denn das Mäuslein gebissen?

Ja, bist du wohl übergeschnappt?

Hot dr en Vogl ouf d Nas gschissa?
Hat dir ein Vogel auf die Nase geschissen?

angesichts eines Pickels
Schussen

Hott ma ...? Isch ma ...?
Hond r / Hand r ...?
Hat man ...? Ist man ...?
Habt ihr ...? *(2x)*

Die Anrede »man« und »ihr« ist im ländlich geprägten Umfeld bis zum heutigen Tag lebendig und wird dort verwendet, wenn man sich nicht so recht zwischen dem »du« und dem »Sie« entscheiden will oder kann. Die Anrede »man« und »ihr« sind Zwischenformen, die oft Respekt bezeugen sollen, häufig zum Beispiel gegenüber Schwiegereltern. Außerdem stellt »ihr« natürlich auch die Mehrzahlform der du-Anrede dar. Anmerkung zur zweiten Zeile: »hond« ist süd-, »hand« (leicht nasal zu sprechen) ist nordoberschwäbisch und beides heißt jeweils »habt«.

Hott ma scho Noochwux? – Noi, abr aagheefld isch scho.
Hat man schon Nachwuchs? – *Nein, aber angeheftelt ist schon.*

»anhefeln«: Mehl und andere Teigzutaten mit Hefe versetzen und gehen lassen. Sinn: Nein, Kind ist noch keines da, aber die Frau ist bereits schwanger.

Hott r s scho vrliggered, där Schbitzbua!
Hat er's schon »verlickert«, der Spitzbub!

etwas »vrliggera / verlickern«: Wenn jemand, vor allem ein Kind, etwas (unerwünschterweise) entdeckt, herausfindet, auf den Geschmack kommt
Nicht zu verwechseln mit »verklickern« (erklären, erläutern, klarmachen).

Hurament, hosch gwieß ebbes falsch gmacht!
Sapperlott, da hast du gewiss etwas falsch gemacht!

Zu sich oder über sich selber: eine betagte Dame, als sie sah, dass eine Topfpflanze plötzlich eingehen wollte. »Hura-« (von Hure) wird häufig zur Verstärkung von Worten gebraucht, ähnlich wie »sau-«. »-ment« ist eine Verfremdung von Flüchen in Verbindung mit »Sakrament«, die man tunlichst zu vermeiden trachtet.

I bin doch itt dr Aff in Zifil!
Ich bin doch nicht der Affe in Zivil!

Das kann man mit mir nicht machen - mit mir NICHT!!!

I bin heit dranfunzlig.
Ich bin heute tranfunzlig.

Ich bin heute nicht »gut drauf«. Ich bin müde, unausgeschlafen ... Also das Gegenteil von »hellwach« und »topfit«. Eine Tranfunzel war, als es das noch gab, ein Öllämpchen, das nur ein sehr schummeriges Licht abgab. »Tran« ist »Öl«, ursprünglich aus Walen und Fischen gewonnen.

Schussen

I bin heit scho ebbes inne-worra ... *bzw.*
I be heit scho ebbes enna-woora ...
Ich bin heute schon etwas innegeworden ... *(2x)*

a) sich einer Sache bewusst werden, sie in ihrer Bedeutung erkennen, sie gewahr werden, begreifen (Duden)
b) etwas in Erfahrung bringen, etwas gehört haben (Oberschwaben)
   1. Zeile südliches, 2. Zeile nördliches Oberschwaben

I briechd a Bettflascha, abr liabr oine mit Fiaß!
I briechd a Bettflascha, abr liabr oine mit Oora!
Ich brüchte [= bräuchte] eine Bettflasche, aber lieber eine mit Füßen!

Ich brüchte [= bräuchte] eine Bettflasche, aber lieber eine mit Ohren!

»Bettflasche«: Wärmflasche
Ich hätte gerne etwas lebendiges Wärmendes im Bett; aber: keine Katze o.ä. gemeint!

I dapp drweil halt aweng umanand.
Ich tappe derweilen halt ein wenig umeinander [= umher].
»Ich tappe [= gehe, schlendere] solange eben ein wenig hin und her, bis du (mit Anprobieren und Einkaufen eines Kleidungsstücks) fertig bist.« (Geduldiger Ehemann, der aber auch bei seiner Frau nicht gerne modeberaterisch tätig sein kann und will.) Sinn: »Ich trag's mit Fassung und warte geduldig, bis du fertig bist.«

I derf nix draga, in bin grank, vor allem koi fouls Floisch.
Ich darf nichts tragen, ich bin krank, vor allem kein faules Fleisch.
Scherzhaft zu einer Bekannten: »Da musst du schon selber laufen!«

I gang in d Schdadt.
Ich gehe in die Stadt.
*Gemeint ist immer die jeweils regelmäßig für Erledigungen aller Art aufgesuchte nächste Stadt. Diese muss dann nicht unbedingt beim Namen genannt werden, es reicht die Bezeichnung »Stadt«.
Oder: Man geht von Außenbezirken (am Stadtrand) in die Innenstadt.*

I gang no schnell oufs Scheißhous.
Ich gehe noch schnell aufs Scheißhaus.
Schülersprache 1957-1966 (verbürgt) am damaligen Ravensburger Neuen Gymnasium (heute: Albert-Einstein-Gymnasium) für das Aufsuchen der Schüler-WCs, einschl. der Urinale in Form einer anzupinkelnden Wandfläche. So derb der Sprachgebrauch, auch fürs »kleine Geschäft«, klingen mag, es dachte sich kein Schüler etwas dabei – Mädchen gab's am damaligen Jungengymnasium (leider!) keine.

I gang ouf d Schdadt. bzw. **I gang oufs Roothous.**
Ich gehe auf die Stadt. *bzw.* Ich gehe aufs Rathaus.
Ich begebe mich in einer entsprechenden Angelegenheit aufs Rathaus (Stadt- bzw. Gemeindeverwaltung)

I gang ouf d Schitza! – Gohsch mit?
Ich gehe auf die Schützen! – Gehst du mit?
»die Schützen«: das Biberacher Schützenfest; DAS Fest in Biberach

I glaub, du bisch bleed! – Macht nix, so lang no en Bleedera vor mir schdoht!
Ich glaube, du bist blöd! – Macht nichts, so lange noch ein Blöderer vor mir steht!
So wird's dann wieder heimgezahlt ...   *Schussen*

I glaub, main Blockr pfeifd! *Oder:*
I glaub, main Hamdschdr pfeifd! *Oder:*
I glaub, main Muli pfeifd!

Ich glaube, mein Blocker pfeift. *Oder:*
Ich glaube, mein Hamster pfeift. *Oder:*
Ich glaube, mein Muli pfeift.

»Blocker«: Bohner, eine schwere Bürste mit langem Stiel zum Polieren gewachster
  Fußböden (von kleinen Kinder gern zum Draufsitzen geliebt, wenn Mama schob)
»Muli«: Maulesel, -tier
Nonsens-Redensart, Sinn: »Ich glaub', ich spinn!« Drückt ungläubiges oder fassungsloses Erstaunen aus. Kann, muss aber nicht bierernst gemeint sein.

I hau da Nero scho gmanglet heit morga!

Ich habe den Nero [= Name von Nachbars Katze] schon gemangelt heute morgen!

»mangeln«: vermissen; vergeblich auf etwas warten, das gewohnheitsmäßig hätte
kommen müssen – Ein tatsächlich so gebrauchtes Beispiel.

I hommer heit scho a baar Hemmedr kauft.

Ich hab mir heut schon ein paar Hemden gekauft.

»oi Hemmed«: ein Hemd; »zwoi, drei … Hemmedr«: zwei, drei … Hemden

I hon da Däts nagschla!

  Däts [= Kopf]: lat.? franz.? persisch? (mehr dazu bei Wax)

I hon da Grind nagschla!

  Grind [= Kopf]; Bedeutungsübertragung …
a) von »Grind«: Schorf, Hautausschlag oder abgestorbenes Hautgewebe
b) oder von »Berg« (vgl. Grünten, Hornisgrinde) (mehr dazu bei Wax)

I hon da Melle nagschla!

  Molle, Mölle, Melle [= Kopf]: weich, sanft, fleischig, fett … (mehr dazu bei Wax)

I hon da Ribl nagschla!

  Ribel [= Kopf]; Bedeutungsübertragung, vom rundlichen Anschnitt oder Rest eines
  Brotlaibs; (mehr dazu bei Wax)

Ich habe den Kopf angeschlagen. (4x)

vier herzhafte Begriffe für »Kopf«   *Schussen*

I honn en Frosch im Hals.

Ich habe einen Frosch im Hals.

Ich habe eine belegte Stimme - räusper - räusper.

I honn gschlofa wia Gette.
Ich habe geschlafen wie ein Götte.
Götte«: Taufpate. Ich habe herrlich tief geschlafen.

I honn koi Mamma: Mi hott mai Dante ledig ghett!
Ich habe keine Mama: Mich hat meine Tante ledig gehabt!
Damit wird kein biologisches Wunder beschrieben, sondern Spott über eine Frau getrieben, die ein Kind un- oder außerehelich zur Welt gebracht habe. Dies wurde früher als Schande für Mutter und Kind angesehen; heute hat man sich selbst im »hintersten Dorf« halbwegs (!) daran gewöhnt. Manche Frau hat damals in ihrer Not dem eigenen Kind verschwiegen, seine Mutter zu sein. Sie sei seine Tante, die das Kind wegen angeblicher Unauffindbarkeit der Mutter an Kindes Statt aufziehe. Böser Volksmund hat sich daran ergötzt und gebraucht dies so, dass die obige Aussage, so jemals gefallen oder auch nicht, dem ahnungslosen Kind untergeschoben wird.

**I ka au it an jedn Dregg denka, hott sell Weib gsait,
wo se s Middaggessa vrgessa hott.**
Ich kann auch nicht an jeden Dreck denken, hat selbiges Weib gesagt,
als sie das Mittagessen *(zu kochen)* vergessen hatte.
Chauvi-Spruch, der die Frauen an den Herd verbannt. Und demnach sei das Zubereiten eines Mittagessens natürlich eine der obersten Pflichten.

I ka doch it kadolisch kotza!
Ich kann doch nicht katholisch kotzen!
Religionsunterricht an einem Ravensburger Gymnasium, 1960er. Damals wurden gerade die sog. SOS-Autoaufkleber beworben und fanden sich an vielen Heckscheiben der Autos. Sie sollten besagen: »Wenn ich durch einen Unfall in Lebensgefahr bin, möchte ich priesterlichen Beistand. Außerdem will ich von katholischen Sanitätern betreut werden.« Genau über den letzten Satz entspann sich eine lebhafte Diskussion. Die Schüler waren einhellig der Meinung, es sei wichtiger, es käme überhaupt Hilfe, und zwar möglichst schnell. Und es sei ein Unding, Unfallhelfer, die z. B. nicht dem kath. geprägten Malteserhilfsdienst angehörten, zurückweisen zu sollen. Mit obigem Spruch wurde dies drastisch formuliert. Wenn einem was fehle, dann sei es ein entsprechendes »Bulvr / Pulver« [= Medikament], das verabreicht werden müsse, und es sei herzlich wurscht, von wem dies gemacht würde. Zur Ehrenrettung des Lehrers, eines Geistlichen, sei angefügt: Nach dem Unterricht räumte er im kleinen Kreis ein, so unrecht hätten die Schüler mit ihrer Argumentation ja wohl nicht. Aber es sei eben nicht die offizielle Auffassung der kath. Kirche.

I ka it hoi vor Viera, do leit dr Schlissl noit.
Ich kann nicht heim vor vier Uhr *(in der Früh)*, da liegt der Schlüssel noch nicht.

So lautete die Ausrede des späten Gasts im Gasthaus, als ob ihm jemand zu Hause den Haustürschlüssel hinterlegen müsse, damit er überhaupt rein könne. Dies berichtete die Wirtin selbst, die längst zu Bett gehen wollte. *Riß*

I komm iebral rumm wia s bees Geld.

Ich komme überall herum wie das böse Geld.

Der Spruch fiel, als sich jemand auf einen anderen Platz als sonst setzte und damit kokettierte. »Böses Geld« ist »schlechtes, falsches oder abgeschätztes Geld.« (Fischer) Ich vermute, dass »abgeschätzt« so etwas wie »als geringwertig eingestuft« bedeutet; vgl. eine »abschätzige Bemerkung«. Könnte Anspielung auf Falschgeld sein, das jeder möglichst schnell wieder loswerden will, oder auf eine hierzulande nicht bekannte und anerkannte Währung. *Schussen*

I lass dr d Aura schdau! *bzw.* I lass dr d Oora schdau! *bzw.*
I loss dr d Oora schdanda! *bzw.* I loss dr d Oora schdong!

Ich lass dir die Ohren stehen! *(4x)*

Ich ziehe dich (zur Strafe) gleich an den Ohren! *Donau, Riß, Schussen, Allgäu*

I mecht me au fir den scheena Blumaschtock bedanka.
S wär doch it neetig gwäa!

Ich möchte mich auch für den schönen Blumenstock *[= Topfpflanze]* bedanken.
Dies wäre doch nicht nötig gewesen!

So kann sich jemand artig bedanken. *Schussen*

I moss bampa.

Ich muss mal. *(Toilettengang, »großes Geschäft«)*

kleine Kinder, dem Windelalter eben entwachsen *Schussen*

I moss digge-digg.

Ich muss mal. *(Toilettengang, »großes Geschäft«)*

kleine Kinder, dem Windelalter eben entwachsen; vielleicht von »dick« abgeleitet *Schussen*

I moss etz hoim, d Mamma moss Kindr zella, und se hott bloß mi!

Ich muss jetzt heim, die Mama muss die Kinder zählen, und sie hat bloß mich!

Zähneknirschende Einsicht, man müsse sich jetzt für heute von den Spielkameraden trennen und nach Hause gehen. Doch wird der Spruch wohl nie vom Betroffenen gesagt worden sein, sondern die schadenfrohen anderen Kinder werden es ihm untergeschoben haben.

I schimpf doch itt mit deem Moul, wo i bätt!

Ich schimpfe doch nicht mit dem *(selben)* Maul [= Mund], mit dem ich bete.

Ich und schimpfen!!!??? Niiiie und nimmer!   Schussen

I schlag dr da Grind voll! *bzw.* **I schlaa dr da Grend vool!**

Ich schlage dir den Grind voll! *(2x)*

»Grind / Grend«: Kopf (derb)   *Allgäu, Schussen bzw. Riß, Donau*

I und du
und d Annemie
und sonsch no dri,
und dr glaikopfed Bua
und dr großkopfed Bua
und dr Bua mit em Bendale,
d Mamma, Dätt und s Bommerle –
Mir sind it so viel, bloß eisera Vierzehne.

Ich und du
und die Annemie
und sonst noch drei *(weitere)*,
und der kleinköpfige Bub
und der großköpfige Bub
und der Bub mit dem Bändlein,
die Mama, Papa und das Hündlein –
Wir sind nicht so viel, bloß unser Vierzehn.

Zählt man mit, so kommt man mit Hund auf zwölf Familienangehörige. Der Spruch veralbert wohl Kinderreiche, die selbst nicht wüssten, zu wievielt sie seien.   Donau

I will itt fir de andere bloß da Joggl macha!

Ich will nicht für die anderen bloß den Jockel machen!

»Jockel« (Jürgen; hier:) Ich will nicht der gutmütige Dummkopf sein, den die anderen zu allem Möglichen beauftragen, und dessen Gutmütigkeit dabei nur ausgenützt wird.

I wott, i wär a Kuah ...

Ich wollte, ich wäre eine Kuh ...

Seufzer einer gebürtigen Allgäuerin, die auswärts wohnt und immer wieder gerne heimwehgeplagt dorthin zurückkehrt, um »Allgäu(-Impressionen) zu tanken«. Das Ganze ergibt aber erst Sinn, wenn man das dahinter stehende Witzle kennt: Ein Paar in der Sommerfrische [= Urlaub] steht im Allgäu vor glücklichen grasenden Kühen. Alles blüht. Die Kuhglocken läuten. Eine Kuh muht. Im Hintergrund grüßen die schneebedeckten Alpen. Idylle pur! Da entringt sich der Frau der Seufzer: »I wott, i wär a Kuah ...«. Sie schaut ihren Gatten zärtlich dabei an. Doch der sagt trocken: »Und i wott, du wäresch koine!« [= Und ich wollte, du wärest keine!]

Ich taufe dich auf den Namen Heiko ... Josef

Ein Pfarrer meinte, über die Namensgebung mitentscheiden zu können und pflegte bei Taufen ungefragt den Kindern »Josef« oder »Maria« als zweiten Vornamen beizugeben.

Donau

Ihr schtracket ins Bett nai bis anna Duuback!

Ihr legt euch *(faul)* ins Bett hinein bis Anno Tobak [= bis in alle Ewigkeit]!

So schimpft eine besorgte Mama ihre längst erwachsenen Kinder und Schwiegerkinder, weil diese sonntags lieber im Bett bleiben statt zur Messe zu gehen. »Stracken« ist ziemlich verächtlich für »sich hingelegt haben« oder »daliegen«. Es unterstellt Faulheit. »Anna Duback« (oder ähnlich) kann (anders als in der Schriftsprache) auch in eine ferne, unbestimmte Zukunft weisen und nicht nur in eine ferne »finstere« Vergangenheit. Auch wenn diese ungewisse Zukunft höchstens bis in den späteren Sonntagvormittag hinein dauert. »Anna Duback« ist abgeleitet von lateinisch Anno Domini [= im Jahre des Herrn], wobei die dort nachfolgende Jahreszahl entfällt.

Donau

Im Bett schderbet d Leit!

Im Bett sterben die Leute!

Ich gehe jetzt noch nicht schlafen; es ist mir noch zu früh am Abend.

Schussen

im Gräbale schloofa

im Gräblein [= kleiner Graben] schlafen

*in der Besucherritze übernachten (dürfen)
kleine Kinder oder aber Besucher, wenn die Schlafplätze knapp sind*

Im Greiz isch Hail!

Im Kreuz ist Heil!

So lautet oft die Inschrift an Feld- und sogenannten Missionskreuzen in katholischen Gegenden. Hier wurde der Spruch indes von jemand ironisch gebraucht, der von seinen Kreuzschmerzen berichtete. Sein (körperliches) Heil liege demnach (zumindest zur Zeit) ganz und gar nicht im Kreuz [= Wirbelsäule].

im Schdieble

im Stüblein *[= Stübchen]*

Austragshaus, Ausgedinghaus: kleines Wohnhäuschen für Altbauer und -bäuerin (»Altenteiler«), in dem sie nach der Hofübergabe lebten. Kann auch eine Art zweites (kleineres) Wohnzimmer beschreiben.

Imma Weile isch ois, waa ma dand!

In einem Weilchen ist es eins*, *[= egal]* was wir tun.

*ein Uhr morgens. Sagte jemand, als Mitternacht in fröhlicher Runde schon vorbei war und derjenige eigentlich schon längst hätte vorgehabt wieder heimzukehren. Nun wurde allgemein noch zum Bleiben »genötigt«, worauf er sich mit dieser Bemerkung dreinfügte: Nun käme es letztlich auch nicht mehr drauf an: Ein Uhr wird es so oder so ... Dorau

in a Daaga achd bis verzea
in an Tagen acht bis vierzehn

in etwa acht bis vierzehn Tagen: in etwa ein bis zwei Wochen Riß

in dr Grattl
im Schritt

die »Grattel / Graddel«: beim Körper und bei Hosen

In Ulm, do schdoot a großes Hous,
gugged a aldr Esl rous.
Ja, Esl, lebsch du au no?
Warum soll i et leaba?
Mai Vaddr isch a Weabr,
mai Moddr isch a Kichefrau,
und was se kochd, des issd se au.
Etzt komm i gau ins Narrahous,
do schdechet se anandr d Auga ous,
se wigglets in a Ziachle
ond essets fir a Kiachle.

In Ulm, da steht ein großes Haus,
guckt ein alter Esel raus.
Ja, Esel, lebst du auch noch?
Warum soll ich nicht leben?
Mein Vater ist ein Weber.
Meine Mutter ist eine Küchenfrau,
und was sie kocht, das isst sie auch.
Jetzt komm ich dann ins Narrenhaus,
da stechen sie einander die Augen aus,
sie wickeln's in ein Tüchlein
und essen es als ein Küchlein.

»Küchlein«: Schmalzgebackenes

Isch doo aigendlich koi Sou doo, dass doo koinr naagoht!?
Ist da eigentlich keine Sau da, dass da keiner hingeht!?

»koi Sou / keine Sau«: niemand, keiner – derb schon, aber nicht beleidigend zu verstehen. Ein Stuttgarter Behördenvorsteher, erkennbar Unterländer Schwabe, bekam so einen Satz gleichwohl in den falschen Hals und erklärte höchst beleidigt, er lasse sich

und seine Mitarbeiter nicht als »Schweine« titulieren. Dabei wollte der Anrufer ja nur wissen, warum denn von seinen Mitarbeitern die ganze Zeit keiner ans Telefon gehe.

Isch heit s zwoit Opfr?
Ist heute das zweite Opfer?

»Das [zweite bzw. dritte] Opfer war je ein kath. Gottesdienst zum Gedenken an den jüngst Verstorbenen, im Abstand von etwa zwei bis vier Wochen nach der Beerdigung. Dazu wurde in der Kirche auch immer die Tumba aufgebaut, ein Lattengestell, mit schwarzem Tuch bedeckt, so dass es an einen Sarg erinnern sollte. Entsprechend wurde die Tumba vom Pfarrer auch mit Weihwasser besprengt und mit Weihrauch beräuchert. Das dritte ‚Opfer' war der letzte Gedenkgottesdienst vor dem Jahrtag. Die Leute aus dem Dorf, die nicht engste Angehörige waren, nahmen zum Abschluss der Trauerfeierlichkeiten lieber erst wieder am dritten ‚Opfer' teil, gelegentlich seufzend, weil die Gottesdienste an einem Werktag und zur Arbeitszeit angesetzt waren.« (Gemeindebuch Griesingen). Das »Opfer« wird z. B. in Griesingen auch heute noch (2016) begangen.

It luck long!
Nur nicht loslassen – nur nicht nachgeben – beharrlich dran bleiben!

Ein Kegelclub nennt sich so.
Schönstes südoberschwäbisches (Nieder-)Alemannisch.   Schussen

It omasonschd sait ma, d Rentner hand nia koi Zeit.
Nicht umsonst sagt man, die Rentner hätten nie keine Zeit.

»nie keine«: die doppelte Verneinung bewirkt eine verstärkte Bejahung.
Als nur schwer ein passender Termin vereinbart werden konnte.   Riß

Jedr Furz isch zea Batza wert!
Jeder Furz ist zehn Batzen wert!

Jeder Darmwind ist gesund, zeugt er doch von funktionierender Verdauung; erspart somit Kosten für Arzt und Arznei. Batzen: frühere Münze

Jeedr Schwanz hoißd Franz,
jedr Depp hoißd Sepp.
Jeder Schwanz [= beinahe jeder] heißt Franz,
jeder Depp [hier auch: beinahe jeder] heißt Sepp.

Derb, aber nicht böse gemeint. Erst recht nicht gegen jemand, der so mit Vornamen heißt. Weist auf die weite Verbreitung und große Beliebtheit dieser Vornamen hin. Kann auch Begründung mancher Eltern sein, warum sie für ihren Neugeborenen einen eher seltenen Namen ausgeguckt haben.

Jeeh, isch där/dia mägerle worra!

Je*(sus)*, ist der/die „magerlein" geworden!

Über jemand, der von schwerer Krankeit gezeichnet ist. Die unübersetzbare Verkleinerungsform »mägerle« (von »mager«) drückt genau das Mitleid aus. Schussen

Jo jo, immr de gloine Digge
mit de Dagglgfiaß und de lange Ohra,
wo in dr Kirch Zigarett rauchet und mit de Holzschua glepfed!

Ja ja, immer die kleinen Dicken
mit den Dackelfüßen und den langen Ohren,
die in der Kirche Zigarette rauchen und mit den Holzschuhen klopfen [= klappern].

Fantasievolle Ausdehnung des Klagerufes »immer auf die Kleinen«; aber immer überwiegend scherzhaft und auf sich selbst bezogen gemeint; eine plastische Kombination negativer Eigenschaften: hässlich-missgestaltig, arm (Holzschuhe) und von unmöglichem Benehmen. Manchmal bleibt es auch bei der ersten Zeile. (Weingarten)
Der vollständige Spruch samt 2. und 3. Zeile: Wangen. Schussen, Allgäu

Jo jo, verzea-achzea, dees waret halt no Zeita,
doo simmer verzea Daag undr Wassr marschierd
und hond immr no schdaubige Schdiefl ghett.

Ja ja, vierzehn-achtzehn, das waren halt noch Zeiten,
da sind wir vierzehn Tage unter Wasser marschiert
und haben immer noch staubige Stiefel gehabt.

Sagte man ironisch, wenn jemand von der angeblich guten alten Zeit schwärmt oder nostalgische Gefühle und Jugenderinnerungen äußerte. So lästerten Jugendliche in den 1960ern. Sie wussten damals nicht viel vom Grauen des Ersten Weltkriegs (1914-18), sonst hätten sie sich vielleicht eine andere »Scherzgeschichte« ausgedacht.

Jo, am Aarsch nab!

Ja, am Arsch hinunter!

Derb: Von wegen! Das hätte dir so gepasst!
Damit erteilt man einem anderen eine böse Abfuhr, oder man kommentiert damit eine soeben selbst erfahrene herbe Enttäuschung.

Judafirz, Käbsela, Schweizrkrachr, Kinakrachr

Judenfürze, Zündplättchen, Schweizerkracher, Chinakracher

Knallkörper zu Silvester; »Käbsela« auch zur Fasnet
Judenfürze geben nur ein »ffft« von sich, während die anderen in der aufgeführten Reihenfolge an Intensität des Krachens zunehmen. »Judenfürze« hat wohl einen antisemitischen Hintergrund. Schussen

Käfera, rumkäfera, umanandkäfera
käfern, herumkäfern, umeinanderkäfern

unruhig/unstet hin- und hergehen; aufgeregt tun; nervös sein; kein Sitzleder haben

Kasch mi it nouf-biema?
Kannst du mich nicht hinauf-beamen?

<to> beam (englisch): strahlen, ausstrahlen, senden – hier (frei umgedeutet): kannst du mich mal hinaufbringen, -geleiten? Die Gewährsperson wollte es sogar noch so gedeutet wissen: es habe schnell, schlagartig, gleichsam per Knopfdruck, zu geschehen. Jugendsprache 1994 *Schussen*

Kaufd hommr groß nix, mir sind bloß soo umanandgschdrialet.
Gekauft haben wir groß nichts, wir sind nur *(einfach)* so umhergeschlendert

… und haben dabei dieses und jenes angeschaut. »strielen«: »sich herumtreiben, herumstreunen« (Wax); ziellos umherschlendern (Hier zum Beispiel über einen preiswert ausgefallenen Einkaufsbummel)

Kelbrkischda
Kälberkiste

»Kälberkiste«: hölzernes Transportbehältnis für Kälber
Hier: Wenig respektvolle Bezeichnung für den damals neu auf den Markt gekommenen R4 (Renault) in Anspielung an die Kastenform der Karosserie
https://de.wikipedia.org/wiki/Renault_4

Kendr, send ruig, da Vattr schreibt da Nama!
Kinder, seid ruhig, der Vater schreibt den *[= seinen]* Namen!

Ursprünglich wohl Anspielung auf jemand, der des Schreibens eher ungewohnt ist. Hier aber fiel der Spruch, als jemand vor aller Augen eine Widmung in ein Buch schreiben sollte und dabei zunächst ratlos mit dem Kuli spielte. *Donau*

Kennet Se die Dawos-Methode? – ??? – Ha, ganz oifach, da wos weh duat.
Kennen Sie die Davos-Methode? – *???* – Naja, ganz einfach, da wo's weh tut.

Eine wahre Begebenheit: So legte ein zu seinen Lebzeiten prächtiges Exemplar von Arzt für Allgemeinmedizin erst seine Patientin und dann mit sichtlichem Vergnügen auch seinen jungen, bei ihm in der Praxis mithelfenden, Kollegen herein. Dieser murmelte auf die Frage zunächst so etwas wie »… hab ich schon mal gehört«, bis er dann vom Scherzchen seines Bosses völlig überrascht wurde: Er setze die Akupunkturnadeln genau an, da wo's der Patientin weh tue. (Ehingen)

Kenntet Sia mir bitte mai Hand in Schatta lega?
Könnten Sie mir bitte meine Hand in den Schatten legen?
Höchst ironisch zu einem, dem man sagen will, er lasse sich zu gern von Anderen bedienen.

Kerle, du frogsch mr jo a Loch en Sagg!
Kerl, du fragst mich ja ein Loch in die *(Schürzen-)*Tasche!
Sagte eine Oma zum zwei- bis dreijährigen Enkel, der nun wirklich alles genau und mehrfach wissen wollte. Als gute Oma wusste sie natürlich, dass man den Kindern das Fragen aber nicht abgewöhnen soll.

Kipper-Karle
Innerbetriebliche Bezeichnung für den Kraftfahrer Karl R., der den einzigen firmeneigenen LKW mit Kipperaufbau fuhr.

Kitzabehnela *bzw.* s kitzabehnelet
»Kitzböhnchen« *bzw.* »es kitzböhnelt«
– »Kitz« hier: Junges der Ziege
– »Beenela«: Böhnchen (kleine Bohnen/-kerne)
– »Kitzabehnela«: sehr kleine Hagelkörnchen (so groß wie Kotkügelchen der Kitze)
Davon abgeleitet das Verb (Tunwort): es ... (nicht direkt übersetzbar): es hagelt nur ganz kleine Hagelkörnchen
                             Schussen

Koin Zah im Moul, abr scho La Paloma pfeifa!
(Noch) keinen Zahn im Maul, aber schon La Paloma pfeifen *(können)*!
»La Paloma«: alter Schlager (https://de.wikipedia.org/wiki/La_Paloma)
Beschreibt für noch kindliches Alter frühreifes Reden oder Tun und kann Bewunderung oder Kritik ausdrücken.

Komm mr ge Nudla!
Komm mir zum Nudeln!
Rutsch mir den Buckel runter! – Du kannst mich mal!

Kommet mr scho z Schlag?
Kommen wir schon zu Schlage?
Bekommen wir das schon »gebacken«? Schaffen wir das?   *Donau*

Koppa und furza
hilft d Zeit vrkurza.
Rülpsen und furzen
hilft die Zeit verkürzen.
Zeitvertreib ...   *Schussen*

Kuschd allat morga zum Huigarda?
Kommst du morgen mal zu einem kurzen Besuch vorbei?

*»Huigarda / Heimgarten«: »jede Zusammenkunft zum Zweck der Unterhaltung«
(Wax). Etwa: Kommst du morgen mal zu einem Kaffeeb'süchle vorbei?*   *Allgäu*

Kuuz, abr heftig!
Kurz, aber heftig!

So sollte die Ehrung verdienter Mitglieder vonstatten gehen, wurde der Vereinsvorsitzenden vor der Jahreshauptversammlung aufgetragen.   *Donau*

Lagoodsch au it so! *bzw.*
Deesch au soo en Lagoodsche!
Komm nicht so schlürfend daher! [= Ein bisschen mehr Mumm, bitte!] bzw.

Das ist auch so ein »Lahmarsch«!

*– verächtlich, wenn jemand langsam, schlürfend geht
– einer, der sich für nichts zu interessieren scheint*

Lälla
Zunge, Mund, Mundwerk

*»Lälla / Lälle«: Zunge; Ableitung von »lallen« (Wax)
weniger boshaft als »Gosch«*

Land uier Geld schdegga!
Lasst euer Geld stecken!

Sehr ironisch, wenn einer nach seinem künstlerischen Beitrag gerne eine gewisse materielle Anerkennung möchte, das Publikum aber nur mit Beifall nicht geizt. Der Künstler fordert also nur scheinbar auf, die Geldbörsen in den Taschen stecken zu lassen.   *Donau*

Langsam mit dr Braut, dass d Huur it fellt!
Langsam mit der Braut, dass die Hur' nicht hinfällt!

Ausspruch eines Hochzeitsladers am Tag der Hochzeit. Anmerkung: »Hur« hat nicht nur die Bedeutung »Dirne« (Sexarbeiterin), sondern ist ein derbes Wort für allerhand, auch Technisches, das nicht so geht/läuft/klappt/funktioniert, wie man es gerne hätte. Selbst wenn obiger Ausspruch sicher derb und heute undenkbar ist, drückt er also nicht einen etwaigen unmoralischen Lebenswandel der Braut aus, sondern die Sorge, es möge der Braut (ausgerechnet) am heutigen Tag nichts zustoßen.

Lass de hoimgeiga!
Lass dich heimgeigen!

– Geh heim (notfalls mit Musikbegleitung), aber geh! Hauptsache, du gehst jetzt!
– Was du tust (oder vorhast), hat überhaupt keinen Zweck! Lass es lieber bleiben!

Lass mr bloß mai keniglich-boirische Rua! *oder:*
I will nix wia mai keniglich-boirische Rua!

Lass mir bloß meine königlich-bayerische Ruhe! *oder:*
Ich will nichts als meine königlich-bayerische Ruhe!

Lass(t) mich mit allem mal gefälligst in Ruhe!
Offenbar guckt man auch mal über die Grenze zum bayerischen Nachbarn. Riß

Letschd Nachd war e so miad, in han messa grad oufschdau und a Weile naahogga.

Letzte Nacht war ich so müde, ich hab gerade müssen aufstehen und ein Weilchen hinsitzen.

Dies erzählte ein Herr höheren Alters und beschrieb so seine Schlaflosigkeit.

Letschdin isch mr ebbes Glatts bassiert!

Letzthin [= neulich] ist mir etwas Glattes [= ziemlich Komisches] passiert.
… hört nur zu: …

Liabr gar koi Weddr wia soo ois! *oder:* **Liabr gar koi Weddr wia a seddigs!**

Lieber gar kein Wetter wie so eines! *oder:* Lieber gar kein Wetter wie ein solches!
vergeblicher Wunsch bei schlechtem Wetter

Lond Se s no!

Lassen Sie es nur!

Ironische Schein-Aufforderung, nichts zu bezahlen. In Wirklichkeit hätte man schon gern eine Entlohnung gehabt. Der Spruch wird von einer doppelten Handbewegung begleitet: Die eine Hand weist scheinbar etwas Angebotenes zurück, während die andere etwas gleichsam einfordert: »Her damit!« Macht man natürlich nicht im Beisein des hiermit gemeinten Geizigen.

Loss mer doch mai Luftballeenle! *bzw.*
Sei zfrieda, du griagsch dai Luftballeenle jo!

Lass mir doch mein Luftballönchen! *bzw.*
Sei zufrieden, du kriegst dein Luftballönchen ja!

Lass mir doch meinen kleinen harmlosen Spleen! bzw.
Ja ja, du bekommst ja, was du willst. Schussen

Lumpa gits mehnrloi:
Herdlumpa, Butzlumpa, Schdaublumpa, Wäschlumpa und Erzlumpa

Lumpen gibt es mehrerlei:

Herdlumpen*, Putzlumpen, Staublumpen, Waschlumpen und Erzlumpen

*Außer beim letzten kann man »Lumpen« durch »Lappen« ersetzen.
(*Herdlumpen = Topflappen). »Erz-« verstärkt die Tatsache, dass es ein Lump sei.*

Ma duet, was ma ka, mai duet koi Häx.
Man tut, was man kann, mehr tut keine Hexe.

Man tue alles, was in seinen Kräften stünde. Und dies grenze sozusagen schon an Hexerei. Kann auch augenzwinkernd gesagt und dann nicht gar so ernst gemeint sein.

Donau

Ma goht ge Wisa.
Man geht zum Weisen.

Kommt vom althochdeutschen »wisan« (besuchen). Bekannte (Frauen) und Nachbarinnen statteten früher einer Wöchnerin, sobald sie wieder halbwegs bei Kräften war, einen Besuch ab und brachten ihr und dem Neugeborenen ein Geschenk mit: zum Beispiel Wäsche, Weißbrot, Wein. (Weißbrot galt als etwas Seltenes, Luxuriöses). Zum Dank für das »Wiesa« wurden die Besucherinnen zu einem Imbiss eingeladen. (Büchele I)

Allgäu

Ma ka it schnell gnuag langsam dua.
Man kann nicht schnell genug langsam tun.

*– Eile mit Weile.
– Man soll sich nicht Hals über Kopf auf jede neue Herausforderung stürzen u.ä.*

Ma moss Kendla bei der Schlaiabliate macha, noch ka s'Weib noo d' Ähret mitmacha und em Frialeng wieder uff da Acker mitgau.
Man muss die Kindlein bei der Schlehenblüte machen [= zeugen], dann kann das Weib noch die Getreideernte mitmachen und im Frühling wieder auf die Äcker mitgehen.

Geburtenplanung unter betriebswirtschaftlichen Rahmenbedingungen in der Landwirtschaft. Der Spruch kommt von der nahen Alb, wo die Schlehen später als in Oberschwaben zu blühen pflegen. Mein Gewährsmann berichtet: »Hat mir mal ein älterer Raiffeisen-Bänker mit nachgewiesenen vier Kindern, geboren Januar/Februar, mitgeteilt.«

Donau

Ma sott halt bloß <u>dia</u> iebr d Schdroß nomm doa, wo au <u>well</u>et.
Man sollte nur diejenigen über die Straße hinüber tun [= geleiten], die auch wollen.

Anspielung auf Hilfsangebote für gehbehinderte Personen beim Überqueren einer Straße. Sinn: Man soll nur denjenigen Bürgern etwas behördlicherseits anbieten, die es auch annehmen wollen.

Donau

Ma werd dr scho nix wäggugga!
Man wird dir schon nichts weggucken!
Wenn sich jemand ungern/unfreiwillig/versehentlich nackt zeigt/zeigen muss; ist als (ggf.) derber Trost gemeint, etwa des Sinnes: »Nun hab dich nicht so!«

Maarri, drrag ou dr Abbrraad rraa, drr Vaddrr will maschdurrbiera. *oder:*
Maarri, lass d Suu rruus, im Gaata grraaset a Wurrm. *oder:*
Maarri, lass d Suu rruus, mirr wennt in d Opr rritta.
Marie, trag auch den Apparat *(he-)*rab, der Vater will masturbieren! *oder:*
Marie, lass die Sau heraus, im Garten grast ein Wurm! *oder:*
Marie, lass die Sau heraus, wir wollen *(damit)* in die Oper reiten!
Alle »r« sind besonders deutlich und rollend zu sprechen. Es geht nicht um den Sinn, sondern um die derbe Nachahmung bäuerlichen Dialekts. Schussen (um Tettnang)

Mach daine Glotzbebbl ouf!
Mach deine Glotzkugeln auf!
Mach deine Augen auf! Sieh genauer hin! Pass besser auf! Schussen

Mach koi so a Gsiechd naa wie nai Deifl!
Mach kein so ein Gesicht hin wie neun Teufel!
Damit ermahnte eine Oma ihren kleinen Enkel, er solle nicht so ernst dreinschauen.

Mach me bloß it no schaluu!
Mach mich nur nicht noch sch.!
»schaluu« von franz. »jaloux« [= eifersüchtig]: »aufgeregt, verwirrt, ratlos, rappelig« (Wax)
– Bring mich nicht soweit, dass ich noch zornig werde!
– Mach mir nichts weis, das ich kaum glauben kann!
– Wenn du so weiter machst, dann komme ich noch völlig durcheinander!

Mach me noo it rappa-naatig!
Mach mich nur nicht »rappen-natig«!
Mach mich nur nicht verrückt! Bring mich nur nicht auf die Palme!
(Bisher fand ich keine Herkunftserklärung zu »rappa-naatig«.) Donau

Mach r mr etz Schbätzla odr fress r mr da Doig glei soo?
Machen wir jetzt Spätzla oder fressen wir den Teig gleich so?
Kommen wir nun zu einer Entscheidung oder nicht?
(Hat mit den schwäbischen Spätzla direkt nichts zu tun.)
Auf eine Entscheidung drängen.

Mädle, mach s Lädale zua,
kommt a Zigainerbua,
nommd de an dainer Hand
ond führt de ins Zigainerland.

Mädchen, mach den Fensterladen zu,
es kommt ein Zigeunerbub,
nimmt dich an deiner Hand
und führt dich ins Zigeunerland.

Da verbergen sich allerlei Ängste, auch davor, was im »fernen« Land womöglich verlockend sein könnte.   *Donau*

Mai Bank und i hond zamma gnuag Geld.

Meine Bank und ich *(wir)* haben zusammen genug Geld.

Stimmt auch dann, wenn man selbst nicht mit Reichtümern gesegnet ist.

Mai ganz Gerippe dätsch vor Lacha kläppera heera, wenn e it so beleibt wär!

Mein ganzes Gerippe tätest *(du)* vor Lachen klappern hören, wenn ich nicht so beleibt wäre!

Hier wurde ein bitteres, enttäuschtes »Lachen« beschrieben, das gar keines war. An entsprechender Körperfülle der betreffenden Person kann es nämlich keineswegs gelegen sein, dass nichts von einem echten Lachen zu vernehmen war.   *Donau*

Mai <u>Gwichd</u> dät <u>scho</u> schdimma, i bin bloß z <u>gloi</u> drfier.
Abr i ka essa, so<u>vi</u>el e will, moisch, i dät <u>waxa</u>!?

Mein Gewicht täte *[= würde]* schon stimmen, ich bin nur zu klein dafür.
Aber ich kann essen, soviel ich will, meinst du, ich täte wachsen!?

selbstironisch bei Wohlbeleibten

mai Jongr*, mai Jonga
mai Altr, mai Alta**

mein Junger, meine Junge; mein Alter, meine Alte

<u>nördliches</u> *Oberschwaben:*
mein jüngerer Bruder, meine jüngere Schwester;
mein älterer Bruder, meine ältere Schwester (**weniger gebräuchlich)
*Sagte im April 2016 ein Geschäftsmann im Kundengespräch und meinte seinen
jüngeren Bruder – in aller Unschuld. Beide Herren sind bereits in dem Alter, in dem sie
Opa sind bzw. sein könnten.   *Donau*

mai Jungr, mai Junge
mai Altr, mai Alte

mein Junger, meine Junge;

mein Alter, meine Alte

südliches Oberschwaben:
mein Sohn, meine Tochter;
mein Vater* (bzw. Mann*); meine Mutter* (bzw. Frau*)
(*jeweils derb, unhöflich)
Anmerkung: Die diesbezüglichen Bedeutungsunterschiede innerhalb Oberschwabens haben schon zuweilen Verwirrung gestiftet, wenn z. B. ein Drittklässler von seinem »Alten« sprach und doch weder Freund (Partner), noch Ehemann und eigentlich auch nicht »Vater« gemeint sein konnte. Es war doch »nur« der ältere Bruder. Schussen

Mai liabr Schiabr!

Mein lieber Schieber!

Etwa wie »mein lieber Scholli!« Soll also entweder eine beinahe unglaubliche Behauptung kommentieren oder als Warnung an jemand dienen, es nicht gar zu bunt treiben zu wollen.

Mai Ma isch dr Kopf, abr i be da Hals ond dräa wiane will.

Mein Mann ist (zwar) der Kopf, aber ich bin der Hals und drehe ihn, wie ich will.
                                                                                                  Riß, Donau

Mai Vaddr ischd en <u>Appa</u>zeller,
frissd da Käs mit<u>samt</u> em Däller.

Mein Vater ist ein Appenzeller,
frisst den Käse mitsamt dem Teller.

Appen<u>zell</u>: Ort und zwei Halbkantone in der Schweiz;
Kleines Spottgedicht über die Schweizer Nachbarn, denen man vom Allgäu aus an klaren (Föhn-)Tagen beinahe in die Stuben gucken kann.   Allgäu

Main nuia Ofa isch <u>it</u> zum Vr<u>zah</u>la!

Mein neuer Ofen ist nicht zum Verzahlen.

Er ist (schlichtweg) unbezahlbar – so sehr wärmt er auf angenehmste Weise. Man sagt es insbesondere als Vergleich zum Vorgängergerät. Natürlich wird die Redensart nicht nur auf Öfen angewandt.

Mamma, mir isch ganz dipplig! *oder*
Mamma, mir isch ganz drimmlig! *oder*
Mamma, mir isch ganz dirmelig!

Mama, mir ist ganz schwindlig! *(3x)*

»dipplig«: schwindlig (»Karussell im Kopf«)
»Dippel«:
– Drehkrankheit bei Schafen und Ziegen, verursacht durch eine Bandwurmlarve
– »Verrücktheit» bei Menschen
»drimmlig / dremlig«: »schwindlig« (Wax)
Hierzu gehört vermutlich auch »dirmelig«. 2x Schussen, 1x Allgäu

Marie, lass da Zopf ra – unsere Gäscht wellet hoim.

Marie, lass den Zopf herunter – unsere Gäste wollen heim.

Früher trugen viele Frauen ihr zu Zöpfen geflochtenes Haar tagsüber hochgesteckt. Zur Schlafenszeit lösten sie den Knoten, und ein langer Haarzopf fiel über Schulter und Rücken. Sie gingen übrigens zeitlebens nie zum Haareschneiden. Wenn nun der Mann seine Frau aufforderte, den Zopf herabzulassen, so war dies nichts anderes als eine deutliche Aufforderung an die Gäste, nun sei es an der Zeit heimzukehren. Der Witz besteht in der Umkehrung der Tatsache, dass ja in Wirklichkeit nicht heimkehrwillige Gäste auf das Signal der Hausfrau warteten, bis sie aufbrechen dürften, sondern dass die Gastgebersleute gerne zu Bette gingen, wenn nur die Besucherschar nicht mehr anwesend wäre. Die Bemerkung fiel als Redensart 1995 durch einen weiblichen Gast. Es war – nach fröhlicher Runde – Mitternacht denn auch bereits vorbei ...

Max, wia goht's? – *Halt au so ... – Scheiße, gell!?*

Max, wie geht's? – *Na, eben so, wie es halt geht ... – Sch...*

Ein wortkarger Dialog, doch er lässt tief blicken. Ich wurde zufälliger Ohrenzeuge. Offenbar war die Frau des Max vor nicht langer Zeit gestorben. Der andere wusste darum und erkundigte sich teilnahmsvoll. Max antwortete nur kurz, aber darin lag sein ganzer Schmerz. Der abschließende Kommentar des Fragenden enthielt bei aller scheinbaren Derbheit und Kurzangebundenheit sämtliches denkbare Mitgefühl. Max ergänzte dann noch: Wenn da obends hoikommsch ond s isch älles leer, no kenntesch grad wiedr omkaira. (Wenn du abends – nach Feierabend – heimkommst und es ist alles leer, dann könntest du geradewegs wieder umkehren.) – Name geändert. Donau

Meedig, Zaischdig, Miggda, Dooschdig, Freidig, Samsdig, Sonndig; Wärfdig, Feidig

Montag, Dienstag, Mittwoch, Donnerstag, Freitag, Samstag, Sonntag; Werktag, Feiertag Riß, Donau

Meezafilla

Märzenfüllen

»Füllen«: Fohlen
spotteshalber zu dem, der am ersten März als letzter aus den Federn kam
Ursprung wohl im bäuerlichen Umfeld: Im März ging die Feldbestellung wieder los, und da hieß es wieder früh aus den Federn! Donau

Mendle! Mendle!
Männlein! Männlein!
Halb scherzhafte Drohung gegenüber kleinem Jungen, er solle etwas tunlichst unterlassen bzw. er habe etwas Unbotmäßiges getan.

Mensch, do haana bretzlet se au mit achzge ins Oort rai!
Mensch, hier bretzeln *[= brettern]* sie auch mit achtzig in das *[= den]* Ort herein!
Feststellung eines Anwohners am Ortsrand   *Donau*

Mensch, do sieht heit wiedr oine ous wia kotzte Riarmill!
Mensch, da sieht heut' wieder eine aus wie *(ge)*kotzte Rührmilch!
Scheinbar über, in Wirklichkeit eher zu jemand: Ansprache in der 3. Person!
Derb, aber durchaus mitfühlend zu jemand überaus Blassem.   *Schussen*

Mensch, hot däär en Duusl ghett!
Mensch, hat der einen Dusel gehabt!
»Dusel«: unverdientes Glück, wobei jemandem etwas Gutes widerfährt oder etwas Unangenehmes, Gefährliches an jemandem (gerade noch) vorübergeht (Duden)

Mensch, i schlaa de, dass da in koin Schua mee naibasschd!
Mensch, ich schlage [= verhaue] dich, dass du in keinen Schuh mehr hineinpasst!
Androhung von Schlägen   *Riß, Donau*

Mensch, Kerle, schdand ouf Deitschlands Booda und it ouf maine Fiaß!
Menschenskind, du Kerl, steh auf Deutschlands Boden und nicht auf meine Füße!
Ironisch-scherzhaft, vielleicht auch, um den Schmerz zu verbeißen. Das mit »Deutschlands Boden« ist – so steht zu vermuten – außerdem eine ursprünglich bewusste Veräppelung pathetisch-»vaterländischen« Getues früherer Zeiten gewesen.   *Schussen*

Mi maa neamed, abr i bee auch drnooch!
Mich mag niemand, aber ich bin auch danach *[= entsprechend]*!
Eine Aussage, die man unsympathischen Menschen unterschiebt.
Oder scherzhaft von sich selbst sagt.   *Donau*

Mini isch doch in Mode, hott sell Mädle gsait. –
Lass du no Mode Mode sai,
s Fiedla gheert in d Hosa nai!
Mini ist doch in Mode, hat selbiges Mädchen gesagt. –
Lass du nur Mode Mode sein,
der Po gehört in die Hose rein!

Omas Tipp an die Enkelin, als diese einen Minirock trug. Die Enkelin setzte sich argumentativ offenbar nicht so ohne weiteres durch.

Mir brouchet koi Lichd, mir lassed unsern Gaischd leichda!
Wir brauchen kein Licht, wir lassen unseren Geist leuchten!

Wenn man zum Beispiel auf einer Party lieber im Dämmerlicht oder Dunkeln bleiben will. Oder: spaßhaftes Lob auf die eigene Intelligenz, die zur »Erleuchtung« ausreiche.

Mir dont so rumsuchta.
Wir tun so herumsuchten.

Wir sind (zur Zeit alle) ein bisschen kränklich.   *Allgäu*

Mir flemselets vor de Auga.
Mir flemselt [= flimmert] es vor den Augen.

»flemsela« (hier): flimmern; abgeleitet von »Flemsela«: kleine Flusen / Fussel

Mir hand älle Fehlr wia Judafilla. *bzw.*
Der Toni hat Unförm wia a Judafülla. Er tuat ausglau, als wär er dem Tuifel us dr Butta g'juckt.

Wir haben alle Fehler, wie (vom jüdischen Pferdehändler gekaufte) Füllen [= Fohlen]. Der Toni hat Unfirmen (schlechte Angewohnheiten) wie ein Judenfüllen. Er tut ausgelassen, als wäre er dem Teufel aus der Butte (Rückentraggefäß) gejuckt (gesprungen, gehüpft) (Ummendorf; 2x)
Beide Sätze haben wohl einen antisemitischen Ursprung, auch wenn sich nicht jeder dessen bewusst sein mag, der sie zitiert. Vor 1933 gab es in der Region viele Viehhändler, die der jüdischen Religion angehörten. Es waren übrigens oft geachtete Leute.   *Donau*

Mir hand nommool so en Däller, und wemmen dr Katz wägnimmt.
Wir haben nochmal so einen Teller, und wenn man ihn *(notfalls so lange)* der Katze wegnehmen *(müsste)*.

Als unerwartet Gäste verspätet hinzukamen und für sie schnell noch aufgedeckt werden sollte. Dass die Vorstellung, notfalls aus dem Schüsselchen der Katze essen zu müssen, mit leichtem Entsetzen ihren Scherz treibt, erhöht den Reiz. Andererseits kokettiert der Satz mit der Vorstellung von aberwitzigem Wohlstand, dass sogar die Katze vom schönen Porzellanservice »speisen« dürfe.

Mir hond koi Housdier me dahoim.
Wir haben keine Haustür mehr daheim.

Wir haben kein Zuhause mehr (im konkreten Fall: das Haus war abgebrannt).   *Allgäu*

Mir isch heit it wia andere Weibr!
Mir ist heute nicht wie anderen Weibern!

Ich fühle mich heute nicht so wohl wie an anderen Tagen.
Spielt auf die Menstruation an, die aber keineswegs immer gemeint sein muss.
Daher kann der Spruch auch von Männern gesagt werden, zum Beispiel
bei einem Kater »am anderen Morgen«.

Mir isch wai!
Mir ist weh!

Mir ist unwohl! Ich habe Schmerzen! Donau

Mir sand ous em graischda Jäschd hussa!
Wir sind aus dem größten Jäst heraußen!

»Jäst«: Gärung ; (vgl. englisch: yeast = Hefe) (Wax) Wir sind jetzt aus der Sturm- und
Drangzeit draußen. Wir haben an Alter, Weisheit und Verstand entsprechend zuge-
nommen. Wenn es denn so stimmt ...

Mir werds ouf oiml so däagamäßig! *bzw.*
Där isch etz ouf oimool ganz däagamäßig!
Mir wird es auf einmal so »degenmäßig«! *bzw.*
Der ist jetzt auf einmal ganz »degenmäßig«!

– *»Däagamäßig« wird hier wörtlich gebraucht für »schwach, schwummrig vor*
  den Augen«;
– *es kann aber auch übertragen bedeuten, dass jemand jetzt nicht mehr großmäulig,*
  überheblich oder überlegen tuend auftritt. Riß

Mit dem ka ma au gschirra!
Mit dem kann man auch geschirren!

»gschirra«: abgeleitet von Zugtieren, die gemeinsam in ein Geschirr eingespannt sind
und einträchtig den Karren ziehen. Das »au / auch« ist nicht direkt übersetzbar. Es
verstärkt das Lob, das in der ganzen Aussage steckt, etwa im Sinne von »Da ist jetzt
endlich mal einer, mit dem man in der Tat gut zusammenarbeiten kann.«

Mit eire Gnocha kei i noo d Epfl ra! *bzw.*
Mit uire Boiner kei i no d Epfl vom Bomm.
Mit euren Knochen werfe ich noch die Äpfel *(vom Baum)* herab! *(2x)*

Wartet's nur ab – ich überleb euch alle! Schussen, Donau

Mit Gwalt kaasch a Goiß hintarum lupfa, wenn da Schwanz it rouslossd.
Mit Gewalt kannst du eine Geiß hinten herum lupfen *[= heben]*, wenn der Schwanz
nicht rauslässt *[= rausgeht]*.

Mit Starrsinn, Dickschädligkeit oder Beharrlichkeit geht alles, fast alles! Im konkreten Fall war es allerdings ein eher resignierender Kommentar, weil sich ein schwerer Gegenstand oder Ähnliches um nichts so bewegen ließ, wie es erwünscht war, es sei denn mit Brachialgewalt.

Mit naggede Fingr zoiget ma it ouf aazoogene Leit!
Mit nackten Fingern zeigt man nicht auf angezogene Leute!
Man zeigt nicht mit ausgestrecktem Finger auf andere Leute! (erzieherischer Hinweis)

Mit volle Hosa isch guet schdinka!
Mit vollen Hosen ist gut stinken!
Ironisch: Unter solchen Umständen kann man leicht den starken Maxe spielen.

Moi, där hott no a goete Kuttl!
Mein *(Lieber)*, der hat noch eine gute Kuttel!
»Kuttl« (hier in der Einzahl): Gesamtheit der Innereien
Bewundernd: Der kann beim Essen, Trinken oder auch nervlich noch viel vertragen.

monkelesferbig
m.-farbig *[= farben]*
Eine nicht genau definierbare grau-braun-grünlich-gefleckte Farbe. Drückt aus, sie sei dezent und unauffällig, oder aber, sie sei undefinierbar missfarben.

monna Moora *(offenes gedehntes »oo«)*
morgen *(am)* Morgen
morgen (in der) Früh, morgen Vormittag   *Riß*

Mosch mit Schuaneggl gurgla, no vrgoht s Hoisrsai.
(Du) musst mit Schuhnägeln gurgeln, dann vergeht das Heisersein.
Es geht eben nichts über bewährte Hausmittel ...

Moschd it briaka, d Mamma nimmt de ...!
(Du) musst nicht weinen, die Mama nimmt dich ... *(tröstend auf den Arm)*
»briaka / brieken / briegen«: »leise vor sich hin weinen« (Wax)   *Allgäu*

Moul zua, d Scheiße wird kalt!
Maul zu, die Scheiße wird kalt!
Derbe Aufforderung an einen, der offenen Mundes dasteht und gafft.

Naagnagled – weggrissa. Wieder naagnagled, wiedr weggrissa. Dreimool!
Jetz naagles nemma na, jetzt naaglesch selbr na!
Angenagelt – weggerissen. Wieder angenagelt, wieder weggerissen. Dreimal!
Jetzt nagle ich es nicht mehr an, jetzt nagelst *(du dich)* selber an!

Ein erboster Heimwerker zu Werkzeug und Material – und die Angehörigen erlauschten's heimlich …
Schussen

naaheeba wia lousiga Sou
(Kopf oder Körper) hinhalten (zum Streicheln und Kraulen) wie eine lausige Sau
»lausig«: »von Läusen befallen« (Fischer). Lässt sich gerne kratzen, wie wenn von Läusen befallen.
Ein Hinweis, der zu einer anderen Spur führen könnte: Loos/Laus (das zweite ist nordoberschwäbisch; sprich »laus«, nicht »lous«) nennt der Landwirt ein (angehendes) Mutterschwein. Wenn dieses in Paarungsstimmung ist, hält es vermutlich auch besonders still, wenn es gekrault wird und »träumt« vom Eber, auch wenn der heute meist durch eine Sperma-Einführungsgerätschaft ersetzt wird.

Nai und näabanaa goht viel!
Hinein und *(gleichzeitig)* daneben geht viel!
Wenn jemand beim Eingießen oder Umfüllen etwas danebenschüttet.

Narrete Beckasou!
(Du) narrige Bäckersau!
Zu einem Wütenden. »Narret« heißt hier »zornig« oder »verrückt«. »Als Schimpfwort wendet man ›Beck‹ [= Bäcker] auf einen geistig nicht gerade regen und aufgeschlossenen Menschen an.« (Wax). Das angefügte »-sau« wird verstärkend gemeint sein.

Nemm a Schwäafale!
Nimm ein Schwefel*(-Hölzle)*!
Streichholz, Zündholz
Donau

Nemme mer amol a,
s Grischtkendle sei a Ma.
Nehmen wir mal an,
das Christkind *[= Jesusknabe]* sei ein Mann.
Ironischer Kommentar, wenn jemand etwas umständlich argumentiert und dabei (wiederholt) sagt »mal angenommen, …«, während der scheinbar nur hypothetische Fall längst unumstrittene Realität ist. Der Beisatz mit dem Christkind ist wohl um des Reimes willen angefügt, und um das Absurde zu unterstreichen.
Riß, Donau

Nimm au en Zentimetr!
Nimm *(doch)* auch einen Zentimeter!

Verwende doch ein Maßband! »Zentimetr«: flexibles, aufrollbares Maßband, wie es im Schneiderhandwerk und im Haushalt verwendet wird.

Nimm Blatz – wenn da oin findesch!
Nimm Platz – wenn du *(überhaupt)* einen findest!

Weil es eigentlich schon voll besetzt ist. Fordert aber letztlich auf zusammenzurücken, und es lädt den Hinzugekommenen ein.

nix Uruis
nichts Unreines

Wenn man am Karsamstag (Samstag vor Ostern) während des Gloria-Läutens (der Kirchenglocken) sein Gesicht an Bach oder Brunnen wüsche, bekäme man das ganze Jahr über nichts Unreines, also keinen Ausschlag und dergleichen. (Büchele I) Pickel und Akne waren wohl immer ein Problem.   Allgäu

No geischt em Goggeler faif Mark,
no sorgsch fer dia Menscher.
Dann gibst du dem Gockel*(hahn)* fünf Mark;
dann *[= damit]* sorgst du für die Menscher.

Es sei der Rat an einen faulen Bauern, der seine Arbeit nicht tun wolle. Er möge den Hahn bezahlen, dann tue dieser die Arbeit und versorge die Menscher. »Das Mensch« ist ein geringschätzig so genanntes weibliches Wesen. Ob es sich hier um die Menscher des Gockels [= die Hühner] handelt, die dieser in mehrfacher Hinsicht zu betreuen habe, oder um die Kühe, oder ob es eine Anspielung auf die Bauersfrau und heimlich hinzugeträumte Mägde handelt, die vom erotisch »müden« Bauern auch gleich der Einfachheit halber dem Gockel überlassen werden sollen, war nicht in Erfahrung zu bringen.   Donau

No honne schnell bei dr Dante a̱'glitta.
Dann habe ich schnell *(mal)* bei der Tante angeläutet.

Inzwischen veraltet für: angerufen (Telefon).   Schussen

No isch endlich Gras driebr gwaxa, no kommt so a Kamel ond frissd s wiedr wäg!
Dann ist endlich Gras drüber gewachsen,
dann kommt so ein Kamel und frisst es wieder weg.

Wenn jemand alte Geschichten wieder aufrührt. (Frei nach Erich Kästner)

No it luck long! *bzw.*
No it luck lassa! *bzw.*
No it luck lau!
Nur nicht los*(ge)*lassen! *(3x)*

– *Ermunterung, nicht aufzugeben oder*
– *Kommentar über einen Sturen, Uneinsichtigen*
– *Aufforderung, das Schwere, das man gerade gemeinsam festhält, nicht fallen- oder loszulassen*
                Allgäu / Schussen / Riß, Donau

No kennet ihr au it oifach wella, dass mir graad ouf em Schdiale schdanded!

Dann könnt ich *(von uns)* auch nicht wollen [= *erwarten*],
dass wir gerade auf dem Stühlchen stehen!

»ouf em Schdiale schdanda«: dienstbeflissen dastehen und Anweisungen erwarten, um sie sogleich auszuführen. Sinn: »Ihr könnt von uns nicht erwarten, dass ihr uns einfach Bescheid gebt, wenn es euch gerade so passt, und wir dann alles stehen und liegen lassen, um zu euch zu eilen.«

No macht ma aweng dr Näe nooch.

Dann macht man ein wenig der Nähe nach.

Dann tut man das naheliegende Einfachere und treibt keinen besonderen Aufwand. Zum Beispiel, wenn man ausnahmsweise nur für sich allein ein Essen zubereitet.

No räat greilig dua!

Nur recht gräulig tun.

»greilig dua / gräulig / gräulich tun«: sich öffentlich »unmöglich« benehmen; krakeelen; andere nerven; wegen ordinärer Lautheit belästigen usw.
Ironische Aufforderung, genau dies zu tun. Gemeint: Dies zu unterlassen.
Kann auch «ausgelassen feiern» bedeuten, dann nicht unbedingt negativ.

Noch losch dr z Wassralfinga oin giaßa!

Dann lässt du dir in Wasseralfingen einen gießen!

Ironisch zu jemand, der mit nichts zufrieden ist, zum Beispiel auch nicht mit potentiellen (Ehe-)Partnern. Wenn nichts recht sei, dann solle er/sie sich im Eisenhüttenwerk in Wasseralfingen (Ostalbkreis) eigens etwas Passendes nach Maß gießen lassen. Die SHW (Süddeutschen Hüttenwerke) waren einst die einzige Eisengießerei im Königreich Württemberg. Die Firma besteht noch, aber Bergbau und Erzgewinnung sind längst eingestellt. Man kann einen ehemaligen Stollen touristisch oder zu Kur-Zwecken befahren.

Noi, heit isch Amsel!

Nein, heute ist Amsel-*[Termin]*!

Neuntklässlerinnen der Realschule Weingarten betreuen in einem Projekt an MS erkrankte Menschen. Laut einem Bericht der Schwäbischen Zeitung (1995) nehmen sie diese Aufgabe so ernst, dass sie selbst an heißen Sommertagen lieber am Projekt teilnehmen und entsprechend antworten, als einfach zum Baden zu entschwinden. (AMSEL nennt sich die Interessengruppe an MS Erkrankter und deren Angehöriger.)   *Schussen*

Noi, mir wohnet am Hang …
Nein, wir wohnen am Hang …

… und da fallen sie von selbst zu! Spontane (rotzfreche?) Antwort eines Neuntklässlers auf die Frage einer Lehrkraft, ob man bei ihm zu Haus die Zimmertüren auch mit dem Fuß zuschlage.

Nommer gommet allet!
Irgendjemand hütet das Haus immer! *(Büchele I)*

Es findet sich immer jemand, der während der Abwesenheit der übrigen Hausbewohner (Erntezeit, Gottesdienst usw.) auf Haus und Hof aufpasst. Allgäu

Noo langsam mit dr Brout!
Dass se it fellt!
Nur langsam mit der Braut!
Langsam! Nicht so hastig! Nicht so hektisch! Aufgepasst! …

Damit sie nicht (hin-)fällt! Hat mit einer richtigen Braut nichts zu tun, sondern eher mit dem Bewegen schwerer Gegenstände (Möbel, Elektrogeräte usw.). Die zweite Zeile kann auch entfallen.

Noo schdood r wuuz!
Dann steht er total!

»wuuz« (wirkt verstärkend): Dann steht er völlig still: Computer(-Programm-)Absturz.

O jeggesle, vorgeschdern isch geschd worra, geschd isch heit worra, und heit wird s au wiedr mon.
Oh herrje, vorgestern ist *(es)* gestern geworden, gestern ist *(es)* heute geworden, und heute wird es auch wieder morgen.

Etwas ironischer Stoßseufzer, wenn es wegen sich häufender Feste oder Partys jeweils nach Mitternacht ist, bis man ins Bett kommt. So auch heute wieder … Es muss kein großes Bedauern darüber herauszuhören sein!

Oh duu Gluufamichl!
Oh du Glufen-Michael!

»Gluf / Glufe«: Stecknadel
Sagt man zu einem eigenwilligen, eigenbrötlerischen, sonderbaren, aber auch ungeschickten Menschen. (Viel mehr dazu: Wax)

Oh duu Grischdkindle!
Oh du Christkindlein!

Oh du ungeschickter, tolpatschiger, ängstlicher, unbedacht handelnder oder fragender Kerl (auch: Mädchen). Kann auch heißen: »Wie bist du doch naiv (gewesen)!«

Milder Tadel Kindern gegenüber, wenn man ihnen eigentlich nicht böse sein kann oder will.

Oi Guats hott dia Kelte: no donnd Breama it so wild!
Ein Gutes hat die Kälte: dann tun die Bremen nicht so wild!

»Breama / Bremen / Bremsen«: Stechmücken
Ein »Trost«, wenn es in beißender Kälte im Freien zu arbeiten galt.   *Schussen*

Oierdapper
Eier*(zer)*treter

Wie »Gelbfüßler«: Scherzbezeichnung für die Badener. In manchem Scherzwort lebt noch weiter, dass Baden und Württemberg einst Ausland zueinander waren. Allein einen Badener »Badenser« zu nennen, ist in dessen Augen Frevel. Dafür nennt er die Nachbarn »Schwobakäafer«, »Schwobaseggl« oder beppt (klebt) an sein Auto, es gäbe »Badische« und »UnsymBadische«. Nun, möge die Geschichte zwischen den beiden ehemaligen Aus-Ländern Vorbild und Ansporn für ein einiges Europa bleiben. Eigene Geschichte, Sprache, Kultur, Eigenart und Neckerei, aber auch Gemeinsamkeit und Zusammenarbeit: Ja – Bosheit, Neid, Hass, Streit und Krieg, Arroganz und Rassismus: nein!   *Schussen*

oifach in dr Gosch umanandbeiga
einfach in der Gosch *[= Mund]* umherstapeln

Grundlage war die komplizierte Anleitung zu einem Hausmittel gegen allerlei Krankheiten: Man solle das Sonnenblumenöl folgendermaßen verwenden: »ohne Hast und Mühe im Mund gesaugt, gespült, durch die Zähne gezogen ... auf keinen Fall hinunterschlucken«
»beigen« stapeln, aufeinanderschichten (z. B. Brennholz); hier aber: hin und her bewegen, von links nach rechts und von oben nach unten usw. Der obige Spruch wollte die komplizierte Originalanweisung in aller Kürze zusammenfassen ...

Oine schderbet leicht, ond andere werret schier hee drbei.
(Die) einen sterben leicht, und andere werden schier *hin* dabei
[= gehen daran beinahe zugrunde].   *Donau*

oim a Aale gäaba
jemand ein »Ahle« geben

Wenn Kinder einem/einer Verwandten oder gut Bekannten zu Begrüßung oder Abschied kurz ihre Wange an dessen/deren Wange schmiegen; dabei sagen die Erwachsenen im Singsang ein- bis mehrmals gedehnt »Aaaaa-aaa« dazu.   *Schussen*

oim da Schua in Aarsch haua
einem den Schuh in den Arsch hauen

– *einem einen Fußtritt verpassen (wörtlich)*
– *einem auf derbe Art klarmachen, dass man mit ihm nichts mehr zu tun haben will*
– *jemand unmissverständlich klarmachen, er habe sich jetzt (geistig) zu bewegen und müsse initiativ werden*

Ois nochem andera – wia beim Beichda!
Eins nach dem andern – wie beim Beichten!

– *Wer sich gut vorbereitet, sortiert die zu bekennenden Sünden nach der Reihenfolge der 10 Gebote. Beichtkindern legt man dazu das Anlegen eines Beichtzettels nahe, eine Art Spickzettel, damit auch ja keine Verstöße vergessen würden.*
– *Zum Beichten kann immer nur einer/eine in den Beichtstuhl hinein; die anderen müssen warten, bis sie an der Reihe sind.*

Om naina
goht jedr zua dr Saina.
Wär koina hott, nemmt Katz en Arm:
dia geit au warm.

Um neun *(Uhr)*
geht jeder zu der Seinigen.
Wer keine hat, nimmt die Katze in den Arm:
die gibt auch warm.

Wenn die Männer vom Stammtisch oder von der Sitzung aufbrechen.
Die beiden letzten Zeilen entfallen oft. Donau

Ondr oinr Mark kas koschda, was will.
Unter einer Mark kann es kosten, was es will.

Unterhalb der Preisgrenze von einer Mark (ca. 0,50 €) spielt der Preis keine Rolle. Karikiert scherzhaft eigene oder anderer Leute übergroße Sparsamkeit. Donau

Ontr dem bissle Boda kommt glei s Deifls Kommod!
Unter dem bisschen Boden kommt gleich des Teufels Kommode.

Unter einer dünnen Humusschicht stößt man alsbald auf den (harten) Fels, was für die Bauern bedeutet, dass die Felder wenig fruchtbar sind. Und dies hieß früher Not für die dortige Bevölkerung. Über die Schwäbische Alb. Donau

ouf da Bimsl dappa
auf den Pinsel treten

Kräftig aufs Gaspedal treten und (viel zu?) schnell fahren. Schussen

Ouf oimool duats en Wedderer!
Auf einmal tut es einen Wetterer!
Auf einmal tut es einen mächtigen Donnerschlag! *Donau*

ouf oin Dätsch
auf einen Schlag, mit einem Mal, urplötzlich *Schussen*

Oufraumig wia ne halt be, haune hondrd Mark vrbrennt!
Aufräumig *[= ordentliche Hausfrau, die immer alles aufräumt]* wie ich halt bin, habe ich hundert Mark verbrannt!

Noch mit Schrecken in der Stimme erzählte eine Oma, wie sie ihrer Enkelin 100 Mark zu einem Paar selbstgestrickter Socken dazugepackt zu Weihnachten habe schenken wollen. Alles schön in Geschenkpapier. Die Enkelin packte aus, zog die Socken an, und den beigefügten Geldschein legte sie sorgsam zum Verpackungspapier. Und dann war die Oma am Aufräumen – und herumliegendes Papier wanderte gleich in den Ofen ... Das tat weh! (100 Mark sind ca. 50 Euro.) *Donau*

ousgangs Monet
(zu) Ausgang *(diesen)* Monat*(s)*
gegen Monatsende; natürlich auch: »ausgangs Januar, Februar ...«

Oussäa dosch wia kotzde Leichabrediggd!
Aussehen tust du wie eine gekotzte Leichenpredigt!
Ansammlung von Garstigem, um zu beschreiben, wie schlecht jemand aussehe, aus mangelnder Gesundheit: »Du siehst schlecht aus, geht's dir nicht gut?«

Pfingschdlimml
Pfingstlümmel
Im Allgäu trieben früher in der Nacht vom Pfingstsonntag auf -montag die Pfingstlümmel ihr Unwesen und stellten allerhand Schabernack an, ähnlich wie es heute in der Nacht zum 1. Mai der Brauch ist. Da wurden Fensterläden und Türen ausgehängt, und alles, was nicht niet- und nagelfest war, wurde verschleppt und versteckt. (Büchele I)
Allgäu

Räächd hosch, Lugabeitl!
Recht hast *(du)*, Lugenbeutel!
»Lugabeitl / Lugenbeutel«: Aufschneider, Sprücheklopfer, Lügner
Sagt man scherzhaft: »Du sollst meinetwegen Recht haben / Recht behalten, auch wenn ich eigentlich anderer Ansicht bin/war.«
Oder auch: Gutmütiges Nachgeben, wenn einem vielleicht ein bisschen etwas vorgeflunkert wurde, um zum Ziel zu kommen.

Raibr und Bolle schbiela
Räuber und Polizei spielen
Räuber und Gendarm spielen

ratzebutz soubr!
ratzeputz sauber!
völlig sauber, wie abgeleckt

rehfiedlesbraun
reh-po-braun
Bräunlich wie der Po eines Rehs. Mode: Eine nicht genau definierbare hellere oder dunklere bräunliche Farbe. Drückt aus, sie sei dezent, unauffällig, oder aber, sie sei undefinierbar missfarben.

Reiß mer en Fuaß rous, ka-n-e lacha!
Reiß mir einen Fuß [= Bein] heraus, kann ich lachen!
... damit ich lachen kann. Wenn jemand einen Witz erzählt, über den keiner lacht.

Richdig schwimma kaner it, abr wenigschdens hundela.
Richtig schwimmen kann er nicht, aber wenigstens hundeln.
»hundela / hundeln«: sich durch Paddeln wie ein Hund mit allen Vieren über Wasser halten, ohne eine der klassischen Schwimmtechniken zu gebrauchen oder zu beherrschen

Schussen

Riefefressr
Reif-Fresser
Wer am Palmsonntag (Sonntag vor Ostern) als erster aufstand, wurde spotteshalber so gerufen. (Büchele I)

Allgäu

Roh-Eel
Roh-Öl
frühere Bezeichnung für Dieselkraftstoff

Rot ond grea
machd d Naana schea.
Rot ond blau
isch em Kaschbr sai Frau.
Rot und grün
macht die Oma schön.
Rot und blau
ist dem Kaspar/Kasper seine Frau.

Ratschläge (ironisch!) zur farblichen Abstimmung bei Damenoberbekleidung. Ob »Kaspar« (Vorname) oder »Kasperle« gemeint ist, bleibt offen. Es deutet aber manches darauf hin, dass die Spielpuppenfrau gemeint ist als Sinnbild für buntscheckig und nicht nach ästhetischen Gesichtspunkten gekleidet.
Riß, Donau

Rotz und Butza bläära
Rotz und *(Nasen-)*popel plärren

heftig heulen

Rotzäffle!
Rotzäfflein!

So sehr »du Rotzaff!« eine böse Beschimpfung für einen Frechen/Ungezogenen darstellt, so derb-liebevoll kann die Verkleinerungsform jemand zugedacht sein, den man mag und der gerade arg unter Schnupfen und laufender Nase leidet, also eine »Rotznase« hat.

Rous mit dr Sou! *bzw.*
Rous mit dr Sou, kaa ma drouf rumschdächa!
Raus mit der Sau! *bzw.*
Raus mit der Sau, kann man darauf herumstechen!

»Sou / Sau«: Ass im Kartenspiel
Aufforderung, auch an sich selbst, ein Ass auszuspielen.

ruaßla – penna – poofa – *(vor sich na)* driala
rußeln – pennen – (schlafen) – *(vor sich hin)* tagträumen

– rußeln (außer beim Kaminfeger) heißt es schlafen und auch (einigermaßen gleichmäßig) dabei zu schnarchen
– pennen (schlafen, nicht auf der Hut sein) ist geistig und körperlich zu verstehen
– poofen heißt etwa: sich auf notfalls provisorischer Liegestatt mal auf's Ohr hauen und »eine Runde« schlafen
– driala, trielen heißt zunächst tropfen, leck sein, sabbern (Speichel absondern), aber auch sehr langsam und umständlich hantieren oder eingenickt sein, dösen

s Allgaier Schbortabzaicha
das Allgäuer Sportabzeichen

Das Trinkwasser im Allgäu enthält von Natur aus zu wenig Jod, daher waren dort oft auch ziemlich große Kröpfe recht häufig: Kropf, krankhafte Vergrößerung der Schilddrüse. Spöttische Bezeichnung für einen Menschen mit sichtbarem Kropf.

S fangd a renga, ouf, d Fiaß ousanand!
Es fängt an zu regnen, auf, die Füße auseinander!

Füße = Beine! Los, geht schneller! (Eine noch sehr schwungvolle Oma zu Tochter und Enkeln in der Fußgängerzone.) *Donau*

S Fiedla und s Gäld meegets boide dunkl
Der Po und das Geld mögen es beide dunkel.

Der Po gehöre aus Gründen des Anstands* in die Hose, und das Geld aus Gründen der Sparsamkeit in den Geldbeutel. (Anmerkung: Sauna, FKK und Stringtangas müssen deswegen ja noch lange nicht unanständig sein ;-)))

S gibt Boggelor ond Bluia.
Es gibt Bockler und »Blaue« [= Flecken?]

»Boggulor / Bockler«: »leichter Fall, Stolperer« (Wax) Androhung von Schlägen gegenüber Kindern. Über die Herkunft oder Bedeutung konnte die Gewährsperson keine nähere Auskunft geben – hat aber den eigenen Vater sich oft so äußern gehört... *Riß*

S goht eis jo nix a, abr ma moit jo bloß ...
Es geht uns ja nichts an, aber man meint ja nur ...

So leitet man gerne ein, dass man sich zu Dingen äußere, von denen man sehr wohl wisse, dass sie einen persönlich eigentlich nichts angingen. Je nach Situation kann Einmischen unangebracht oder aber sinnvoll oder notwendig sein. Das Wörtchen »man« drückt eine gewisse Distanziertheit aus. *Donau*

S herbschtelet allhui.
Es herbstelt allüberall.

»herbstelen«: Verkleinerungsform des Verbs »herbsten«, das es in dieser Bedeutung bei uns gar nicht gibt; anderswo heißt es u.a. (Weintrauben-)ernte einbringen
Der Herbst ist allmählich da! Man spürt seine Vorboten. *Riß*

S isch a Greiz und a Leida
midd de alte Weibr
jetzd und in Eeeewikait!
Es ist ein Kreuz und ein Leiden
mit den alten Weibern
jetzt und in Ewigkeit!

Der Text ahmt ein Gebet nach und wird ggf. im Stil einer Litanei gesungen (kath. Kirche). Sagen (weniger oft: singen) zuweilen auch ältere Damen, wenn von ihren diversen Zipperlein die Rede ist.

s isch go glei ois	s isch gau glei ois
s isch grad zwoi vrbei	s isch grad zwoi vrbei
s isch go virdl drei	s isch gau viedl drui
s isch virdl viere	s isch viedl viera
s isch virdl nooch drei*	–
s isch fimfe	s isch faifa
s isch fimf nooch siebene	s isch faif nooch semna
s isch dreiviertl achte	s isch druivietl ächta
s isch um de naine	s isch om de naina
s ich bald zeene	s ich bald zzeena
s isch halb elfe	s isch halb olfa
etz isch grad zwelfe	etz isch grad zwelfa

es ist gleich eins *(ein Uhr)*
es ist gerade zwei *(Uhr)* vorbei
es ist gleich viertel drei *(Uhr)* [= viertel nach zwei]
es ist viertel vier *(Uhr)* [= viertel nach drei] (fast ganz Oberschwaben)
   *es ist viertel nach drei *(Uhr)* (im Altkreis Wangen und in weiten Teilen Deutschlands); nicht im übrigen Oberschwaben
es ist fünf *(Uhr)*
es ist fünf nach sieben *(Uhr)*
es ist dreiviertel acht *(Uhr)* [= viertel vor acht]
es ist so um *(die)* neun *(Uhr)*
es ist bald zehn *(Uhr)*
es ist halb elf *(Uhr)*
jetzt ist es gerade zwölf *(Uhr)*

Linke Spalte: Allgäu, Schussen, teils Riß
Rechte Spalte: nördliches Oberschwaben (teils Riß, Donau)

S isch hählenga kalt.

Es ist hählingen kalt.

»hählenga / hählingen«: heimlich, nicht gleich zu bemerken, unvermutet;
   vgl. »etwas verhehlen« (verbergen, verheimlichen)
Es ist deutlich kühler, als es den Anschein hat. Sagt man, wenn man zum Beispiel bei den ersten Frühlingssonnenstrahlen etwas leichter bekleidet ins Freie geht und sich prompt dabei zu erkälten droht.

S isch it älles, abr ebbes!

Es ist nicht alles, aber *(wenigstens)* etwas!

Lieber der Spatz in der Hand als die Taube auf dem Dach!   *Donau*

S isch scho am Zuanaachda gwea.

Es ist schon am Zunachten gewesen.

Die Dämmerung war schon hereingebrochen.

S kurranzet me.

Es fährt mir im Bauch herum.

Mich drückt, bläht, plagt etwas im Magen.

s Kuufr

das Koffer

Ja, das Koffer!

s Michele mit oim dreiba bzw. *bzw.*
Dia dreibed mit oim s Michele!

Das Michele mit einem treiben. *bzw.* Die treiben mit einem das Michele.

»Michele«: Klein-Michael; jemand veräppeln, zum Narren halten

S Moul mueß sai Sach hau.

Das Maul muss sein Sach haben.

»sein Sach«: was einem gehört oder zusteht
Es geht hier aber nicht ums Essen: Das Mundwerk muss zu seinem Recht kommen;
gemeint: wenn Frauen miteinander ratschen* – so jedenfalls soll der verstorbene
Ehemann der einen immer angemerkt haben, wie sie selber erzählte –
*ratschen = ein Schwätzle halten, »klönen«   Donau

S naachded scho ondr de Benk!

Es nachtet schon unter den Bänken!

Unter den Sitzbänken wird es schon langsam dunkel: Die Dämmerung kommt.   Donau

S rengalet.

Es regnelet.

ein wenig regnen, nieseln – Verkleinerungsform des Verbs »regnen«

S schneielet.

Es schneielet.

ein wenig schneien – Verkleinerungsform des Verbs »schneien«

S Veitle mit oim dreiba.

Das Veitle mit einem treiben.

»Veit«: Vitus (männlicher Vorname);
jemand veräppeln, zum Narren halten; mit ihm nach Belieben umspringen

S vrdloidet oim denn scho hi und dag.

Es verlässt einen schon dann und wann jeder Mut und jede Zuversicht.

Die obige Übersetzung ist frei [= nicht wörtlich], aber sie trifft den Sinn.
»vertloida«: »leid werden, leid/verhasst machen«; (Wax)
    vgl. »vertleided/vertloided - mutlos, verzagt, verzweifelt, pessimistisch, resigniert« (Wax)
»hi und dag«: »dann und wann«; hier mit dem Unterton, es geschehe viel zu oft. Geduldige Untertreibung: jemand verzeifelt ab und zu fast an Kummer und Sorgen oder wegen andauernder Schmerzen. Dies sagt insbesondere jemand, der hierin nicht gerade zimperlich ist. Im konkreten Fall handelte es sich um eine betagte Dame, die ihr Leben lang unter unter teils argen Schmerzen an Knien und Hüfte litt.   *Allgäu*

Sag amol, hosch du en Furz im Hirn!?

Sag einmal, hast du einen Furz im Hirn!?

Bist du nicht ganz bei Trost? Spinnst du? Hast du nicht mehr alle?

Sag amol, hot's die!? *bzw.*
I glaub, die hot's! *bzw.*
Hot's deen aigendlich?

Sag einmal, hat's dich!? *bzw.*
Ich glaub, dich hat's! *bzw.*
Hat's den eigentlich?

Sag mal, spinnst du!? bzw.
Ich glaub, du spinnst! bzw.
Spinnt der eigentlich?
Weitere Kombinationen sind natürlich möglich.

Sag amool, bisch du doll-oorig!?
Sag amool, bisch du daus-aurig!?

Sag mal, bist du toll-ohrig!?
Sag mal, bist du taub-ohrig!?

»doll-ohrig/daus-aurig« heißt taub oder schwerhörig, wird aber auch gebraucht, wenn sich jemand nur so stellt, um Unangenehmem aus dem Weg zu gehen.
    Schussen/Donau

Sag au »Broosit!«, sonschd moind ma, du häbesch gfurzet!

Sag auch »Prosit!«, sonst meint man, du habest gefurzt.

Zwei verschiedene Fälle von Anwendung:

1) Einer hat mit einem »verdächtigen« Geräusch gerülpst, und man will ihn bestärken zu zeigen, es sei nichts anderes gewesen, indem er sich lauthals »Prosit!« wünsche.
2) Einem ist vernehmlich ein Darmwind entfahren, der andere zeigt ihm dann durch den Spruch die Möglichkeit auf, sich aus der peinlichen Situation zu retten. Naja …

Sag, hosch du aigentlich da Fihrrschai beim Gebauer gwonna?

Sag, hast du eigentlich den Führerschein *(in der Losbude)* beim Gebauer gewonnen?

Firma Gebauer ist in der Region auf vielen Schüler- und Heimatfesten mit einem Vergnügungspark präsent, zu dem auch Losbuden gehören. Sagt man zu einem, an dessen Fahrkünsten man zweifelt.

Saget Se doch oifach »Hans« zu mir!

Sagen Sie doch einfach »Hans« zu mir!

Als ich 1971 als junger Lehrer in Ehingen anfing, gab es dort noch eine eigene Schule für griechische Kinder und Jugendliche. Griechenland war damals Diktatur (»Obristen-Regime«). Die Schule wurde von zwei griechischen Lehrern betreut, allein nach griechischen Lehrplänen gestaltet und unterstand auch keiner deutschen Schulaufsicht. Deutsch wurde nur an einigen wenigen Stunden als Fremdsprache unterrichtet. Für genau diese Aufgabe hatte ich mich freiwillig gemeldet, war ich doch eben von einem Jahr Auslandsaufenthalt zurückgekehrt, wo ich französischen Kindern und Jugendlichen unsere Sprache etwas näher bringen konnte. Dennoch: ich betrat die griechische Schule in Ehingen (Tränkberg, u.a. zwischenzeitlich Jugendhaus und nunmehr städtische Kunstgalerie) schon mit allerhand gemischten Gefühlen. Eine gewisse Angst vor dem »Fremden« und einer mir völlig unverständlichen Sprache will ich nicht abstreiten. Gar zu fremdartig Klingendes hörte ich da, mitten im Schwabenland. Zu Beginn versuchte ich meine neuen Schüler nach ihren Namen zu fragen. Nicht wenige konnten mich nicht verstehen, weil sie noch kaum Deutsch sprachen. So erschien es mir wie Sonnenschein, als der zwölfjährige Ioannis, als er an der Reihe war, im schönsten Ehinger Schwäbisch sagte: »Saget se doch oifach ‚Hans' zu mir!« Das Eis war gebrochen, eine Brücke geschlagen. Der muntere Ioannis-Hans war mir noch oft Stütze und Hilfe bei Mitschülern, die mich sonst nicht verstanden hätten. Er lebt immer noch in Ehingen, und mit ihm noch ein paar weitere gut (auch namentlich) eingedeutschte und voll integrierte damalige Mitschüler. Und wenn der »Hans« später seine eigenen Kinder zur Schule brachte und wir uns gerade sahen, hielten wir immer noch ein kleines freundliches Schwätzle miteinander.

Schä isch gsi, d Lit hont bregget.

Schön ist es gewesen, die Leute haben geweint.

Kommentar nach einem gelungenen dörflichen Theaterabend, bei dem zumeist ein ernstes und alsdann ein lustiges Stück aufgeführt wurden. Wenn man vor Rührung richtig weinte, trug das durchaus zu einem »schönen« Abend bei. (Büchele I)
Allgäu

Schandeshalbr simmr naganga.
Schandeshalber sind wir hingegangen.

um der Schande zu entgehen, also »anstandshalber«

Schärrwegga
(Zusammen-)Scharr-Wecken / nachgeborenes Kind

Wenn (früher) der Bäcker die Teigreste in der Backmulde zusammenscharrte und daraus ein letztes Laiblein formte, so war dies ein Schärrwegga (von Wecken = Brötchen).
Meinem Gewährsmann zufolge wurde dasselbe Wort aber auch übertragen für ein Kind verwendet, das mit deutlichem Abstand, nach seinen älteren Geschwistern geboren wurde. Da hätten dann die Eltern (oder meinte man »nur« den Papa?) eben auch die letzten Reste zusammengekratzt, damit es zu einem allerletzten Kinde reiche.

Schbara und housa,
Katz vrkaufa, selbr mousa.
Sparen und hausen,
(die) Katze verkaufen, selber mausen.

»housa / hausen« (hier): sparsam wirtschaften
»mousa / mausen« (hier): Mäuse fangen
(Auch scherzhafter) Tipp, man möge inskünftig sparsam(er) wirtschaften.

schdegge schbiela
(ver)stecken spielen

Kinderspiel

Schdeig mr da Buggl nouf und vorna wiedr rab,
no hosch a Wallfahrd gmachd!
Steig mir den Buckel hinauf und vorne wieder herunter,
dann hast du eine Wallfahrt gemacht.

»Buggl / Buckel«: Rücken. Erweitert das Standard-Rutsch-mir-den-Buckel-runter und schwächt die Heftigkeit zugleich ab.

Schdeig mr in Dasch!
Steig mir in die Tasche!
Rutsch mir den Buckel runter!

Schderba isch koi Kunscht, dees hot no a jeeds alt Weib ousghalta.
Sterben ist keine Kunst, das hat noch ein jedes alte Weib ausgehalten.
eine Art Galgenhumor, vorgebracht von einer älteren Dame

Schdoohsch nass?
Stehst du nass?
Ist dir Wasser (oder Schnee) in die Schuhe eingedrungen?   Schussen

Schee wars, alle hond bläret. bzw.
Schee wars, viel Leit hond briaket.
Schön wars, alle haben geweint.
Schön wars, viele Leute haben geweint.
»blära« kann leiser sein als »plärren«.
»briaga / briegen«: »leise vor sich hin weinen/wimmern« (Wax)
Antwort auf die Frage, wie eine Veranstaltung gewesen sei.
Ursprünglich natürlich eine Anspielung auf eine »schöne Leich«, eine würdig verlaufene Bestattungsfeier. Inzwischen eher scherzhaft zu fast jeder Art von Veranstaltung.
Enthält dann ein etwas distanziertes Lob.   Schussen, Allgäu

Schmalzhäfa
Schmalzhäfen [= Schmalztöpfe]
Butterblumen, Sumpfdotterblumen

schnetzgalga / schneezgalga
etwas hochfedern, hochschnellen lassen;
bestimmte Blüten mit dem Finger so abknipsen, dass sie davonfliegen
Schussen / Allgäu

Schoufl und Kehrwisch
Kutterschaufel und *(kleiner)* Handbesen/Handfeger
Die Beiden gehören sprachlich und von der Verwendung her zusammen.

Schwädds it ouf!
Schwätze nicht auf!
Halt's Maul! Misch dich da nicht ein!

Schwädzmaschi
Schwätzmaschine

scherzhaft zu technischen Geräten, die »sprechen«: Anrufbeantworter, Diktiergerät, Smartphone u.ä.
Schussen

Schwätz doch au koin soo en <u>Bäpp</u> rous! *bzw.*
Schwätz doch au koin soo en <u>Dräck</u> rous! *bzw.*
Schwätz doch au koin soo en <u>Schoof</u>-Scheiß rous! *bzw.*
Schwätz doch au koin soo en <u>Soich</u> rous! *bzw.*
Schwätz doch au koin soo en <u>Sou</u>-Soich rous!
Red doch auch nicht so einen Klebstoff *[= Kleister = Unsinn]* heraus! *bzw.*
Red doch auch nicht so einen Dreck heraus! *bzw.*
Red doch auch nicht so eine Schaf-Scheiße *[= Riesenunsinn]* heraus! *bzw.*
Red doch auch nicht so einen Seich *[= Unsinn]* heraus! *bzw.*
Red doch auch nicht so einen Sau-Seich *[= Riesenunsinn]* heraus!

Tadel; Zurechtweisung (unterschiedlich scharf):
Derjenige solle nicht so einen Unsinn verbreiten bzw. behaupten.

<u>Schwätzed ihr no – i los zua!</u>
Schwätzt ihr nur – ich höre zu!

Jemand, der in vergnüglicher Runde gerade eine stille Phase einlegt.

Schwimma kane scho – wia en Schdoi. *Oder:*
Schwimma kane scho – wia en Wetzschdoi. *Oder:*
Schwimma kane scho – it weit, abr diaf.
Schwimmen kann ich schon – wie ein Stein. *Oder:*
Schwimmen kann ich schon – wie ein Wetzstein. *Oder:*
Schwimmen kann ich schon – nicht, weit, aber tief.

So sagen die, die es ihr Leben lang nicht gelernt haben und sich vor dem nassen Element fürchten.

Schwoba und Württaberger
Schwaben und Württemberger

In Bayern gibt es den Regierungsbezirk »Schwaben« mit der Bezirkshauptstadt Augsburg. Dies ist heute die einzige Gegend in ganz Deutschland, die offiziell den Namen »Schwaben« trägt. Im Mittelalter hingegen war das ein weitgefasster Begriff, der größere Teile Süd- und Südwestdeutschlands (nach heutigem Begriff) und teils weit darüber hinaus umfasste. Mit einigem Stammesgefühl bezeichnen sich die bayerischen Schwaben teils gar als die »echten« und kämpfen damit ein wenig gegen das alles vereinnahmende Image vom jodelnden knödelmampfenden krachledernen fensterlnden Naturburschentum der Bayern. In ihren bayerisch-schwäbischen Augen sind wir Nachbarn auf unserer

Seite der Iller allenfalls Württemberger, aber keine so ganz echten Schwaben. Nun, so ernst sollte man das alles natürlich nicht sehen.

Interessant war mir, dass ein aus Bad Saulgau stammender Lehrerkollege, der seit langem im Kreis Biberach wohnt, ganz ohne Böses zu denken, von Württembergern sprach und damit Oberschwaben ausdrücklich ausschloss und nur die Leute aus dem historischen Altwürttemberg meinte. Siehe da: eine Koalition der ehemals vorderösterreichischen Lande, die seit etwa 1810 als Folge napoleonischen Tuns bayerisch oder württembergisch werden mussten?

Se hot s <u>hert</u>!
Sie hat es hart!

Es trifft sie schwer, z. B. ein Todesfall. *Allgäu*

Seggl – bleedr – oifeltigr!!!
Seckel – blöder – einfältiger!!!

Ein liebendes Eheweib (echt!!) – aber da war sie gerade zornig, als sie ihren Gatten derart beschimpfte. Der trug's mit stoischer Gelassenheit. *Donau*

Sei brav und mach mr koi <u>Schand</u>!
Sei [= bleib] brav und mache mir keine Schande!

Bitte von Eltern an ihre Kinder, wenn diese für längere Zeit in die Ferne reisen: »Verhalte dich in der Fremde so, dass wir uns für dich nicht fremdschämen müssen.«

Sell isch gwieß,
en Ackr isch koi Wies!
Selbiges ist gewiss:
Ein Acker ist keine Wiese.

Bekräftigt die Feststellung, dass etwas gewiss so sei. *Riß*

Send dees de narrete Hitza?
Sind das die narrigen/närrischen Hitzen?

Hitzewallungen in den weiblichen Wechseljahren

Setzling! Setzling!
Was man sonst nur von Gärtnereien kennt, galt hier als Spott im Singsang gegenüber den neu an die Schule gekommenen Erstklässlern, gerufen von den Zweit- und Drittklässlern usw. (1957). Die Rede ist vom Gymnasium; heute sind dort die Neuen die Fünftklässler, weil man von der Grundschule ab weiterzählt und nicht wie früher wieder von vorne beginnt.

Anm.: Die andernorts teils üblichen Bezeichnungen der gymnasialen Klassenstufen von Sexta über Quinta, Quarta, Unter-, Obertertia, Unter-, Obersekunda sowie Unter- und Oberprima waren damals hierzulande ungebräuchlich. *Schussen*

**So a Hemmed wia Sia, dees hengt där glatt zom Drickna nous! –
No henge deen no als Hos drzua!**
So ein Hemd *[= mickriger Kerl]* wie Sie, so etwas hängt der glatt zum Trocknen hinaus. – *Dann hänge ich den [= jenen anderen] noch als Hose dazu.*
mit seinen Kräften prahlen.   *Riß*

So ain Rotzaff!
So ein Rotzaffe!
Jede Silbe betonen! Kritisiert einen besonders Frechen, wenn man empört ist.

So Butza hommr scho noo umanand.
So Butzen* haben wir schon noch umher*(liegen)*.
Antwort auf die Frage, ob im Allgäu noch Schnee liege.
*Schneereste, -haufen (übriggeblieben)   *Allgäu*

So en alta Geppl!
So ein alter Göpel!
So eine alte Karre (abschätzig): Fahrrad oder Kraftfahrzeug. Ein Göpel war früher die lange Stange, die ein Mensch/Ochse/Esel/Pferd unentwegt im Kreis herum schob oder zog, um eine einfache Wasserschöpfpumpe, eine Mühle oder ähnliches anzutreiben. Im Kürnbacher Museumsdorf (bei Bad Schussenried) kann ein Göpel besichtigt werden, an besonderen Tagen auch in Betrieb vorgeführt.

**So hoißet d Schbielkarta:
– Bläddla, Untr, Obr, Keenig, Zehnr, Sou**

**– Schälla / Bolla
– Oichl,
– Schippa/ Laub / Blatt
– Herz**

So heißen die Spielkarten:
– Blättchen *[= Einer bis Siebener]*, Unter *[= Bube]*, Ober *[= Dame]*
   König, Zehner, Sau *[= Ass]*
– Schelle / Bollen *[= Karo]*
– Eichel *[= Kreuz]*
– Schippe / Laub / Blatt *[= Pik]*
– Herz

So isch se halt, abr endr was! Ma machd da Mensch bloß oimol!
So ist sie halt, aber ändere was! Man macht den Menschen nur einmal!
Und dann ist er so, wie er ist, mit all seinen Eigenschaften. Das kann man nicht ändern. Resignierender Seufzer über eine Frau, mit der gutnachbarlicher Umgang etwas schwierig sei.

So langsam vrsurret dees Zah'weh.
So langsam versurrt das Zahnweh.

abgeleitet von einem Rädchen, das allmählich langsamer surrt: langsam abklingender Schmerz

So wia du singsch, schloofsch no!
So wie du singst, schläfst du noch!

morgens in der Kirche (beim Gottesdienst), wenn einer herzhaft danebensingt

So, dot ma aidreiba!?
So, tut man eintreiben?

Eintreiben bedeutet zum Ersten, das Vieh abends von der Weide zurück in den Stall zu bringen. Es läuft von selber mit und findet im Stall auch jedes seinen Platz. Man kann auch das Federvieh eintreiben. Und schließlich ruft man es auch dem Nachbarn zu, wenn er abends die kleinen Kinder ins Haus holt. Die Anrede »man« ist durchaus geläufig, wenn ein Zuruf nicht allzu »intim« wirken sein soll.
Anmerkung: Dazu gibt es im Französischen Parallelen zum Schwäbischen. Man sagt bei den Nachbarn viel öfter »on« [= man] statt »je« [= ich] oder »nous« [= wir], wenn man von sich selber spricht. Sonst klänge es gern zu aufdringlich-intim.

So, hond Se heit Frei-Buuschd?
So, haben Sie heute »freien Ausgang«?

Ursprünglich wohl Anspielung auf eine Art Suche nach einem Bräutigam, denn ein »Buuschd« war ein Handwerksgeselle auf der Walz, aber auch ein Vagabund oder Bettler. Wer unter diesen auf Männersuche war ... Scherzhaft-ironisch mit melancholischem Unterton: es handelte sich um ältere Witfrauen, die nach dem Ende von winterlichem Glatteis sich endlich mal wieder so richtig aus den Häusern trauten und im Seniorentreff zusammenkamen.   Schussen

So, hondr s goet a'gfanga? *oder* So hosch es goet a'gfanga?
So, habt ihr es gut angefangen? *oder* So, hast du es gut angefangen?

Gruß kurz nach Jahresbeginn, aber auch anderntags nachträglich zu einem Geburtstag als neuem Lebensjahr (dann allerdings eher nicht schon frühmorgens, wissend oder ahnend, es sei eine lange Feier vorangegangen)

So, isch ma scho ouf?
So, ist man schon auf?

Kann man den Nachbarn über den Gartenzaun hinweg fragen.

Sodale, scheiß Boda naa, it allaweil Bankale!
Sodele, scheiß *(auf)* den Boden hinab, nicht immer *(aufs)* Bänkchen!

Unter bestimmten Umständen kann man im Schwäbischen an »so« die Verkleine-

rungsform »-le« anfügen, mit einem »Fugen-de« dazwischen. Der Spruch ahmt die Sprache mancher Erwachsener zu Kindern nach und erweitert das allgemein verbreitete »sodale / sodele« bei händereibender Zufriedenheit zu einem ganzen Satz; ist aber keineswegs als Aufforderung zu verstehen. Also keinen Sinn dahinter suchen: Es wird nur das Wort »sodele« verstärkt. Und: Ich hab's keineswegs erfunden!

Soichzabfa
Seichzapfen

Penis; männliche Jugendliche; 1960er

Soll i dr a Märle vrzella?
Soll ich dir ein Märchen erzählen?

So fragte mich öfters meine Fischbächer Oma (1891-1972).
Im Märle steckt die süddeutsche Silbe »-le/-lein« zur Verkleinerung.

Sonsch bisch gsund!?
Sonst bist du gesund!?

Ärgerlich-ironisch zu jemand. Eigentlich heißt es: Du hast sie wohl nicht alle! Aber es wird in die Frage gekleidet, ob es jenem sonst schon gesundheitlich gut gehe und nur das momentan gezeigte Verhalten Rückschlüsse auf (geistige) Defekte zulasse …

Soo, au scho muntr? – Amol ouf!
So, auch schon munter? – *(Auf jeden Fall schon) mal auf!*

Morgendlicher Gruß und Gegengruß. Der Antwortende kokettiert damit, er sei zwar schon (aus dem Bett) aufgestanden, aber ob er schon wach sei, bleibe dahingestellt.

Soo, dees Gäld wär au vrglobbfed! *bzw.* Soo, dees Geld wär au vrgläbbered!
So, dieses Geld wäre jetzt auch verklopft! *bzw.* So, dieses Geld wäre jetzt auch verkläppert!

»Geld verklopfen«: Geld zum Vergnügen ausgeben
»Geld verkläppern«: Geld unnötig und nur zum Vergnügen ausgeben

Der Geldbetrag, den man für ein bestimmtes Vergnügen (Ausflug, Jahrmarkt, Fest) auszugeben bereit bzw. in der Lage war, ist jetzt tatsächlich aufgebraucht. Es schwingt bei aller Freude über das Erlebte etwas Bedauern mit.

Soo, hond r au glodderet?
So, habt ihr auch gelottert [= *Lotterie gespielt*]?

Um geringen Einsatz beim Jahrmarkt Lose kaufen; bei einfachen Volksfest-Glücksspielen mitmachen. Drückt Interesse aus, was diejenigen denn so alles erlebt hätten.

Soo, hondr glumpet?
So, habt ihr gelumpt?

Scherzhaft für: Habt ihr (gestern) einen draufgemacht? Habt ihr was gefeiert? Wart ihr auf dem …fest? War die Nacht entsprechend kurz? Bezieht sich meist auf höchst harmlose Vergnügungen.

Soo, sind r au beim Aikaufa? Gell, deesch bloß, dass ma s Geld im Kellr it nooche-schoufla moss, weil s sonschd schimmla dät.

So, seid ihr auch beim Einkaufen? Gell, das ist bloß, dass man das Geld im Keller nicht nachschaufeln muss, weil es sonst schimmeln täte.

fröhlicher Gruß unter Bekannten, die sich beim Einkaufen treffen   Schussen

Soodale - jetzdale
sait d Warthauser Metzgere.

Sodele, jetztle
sagt die Warthauser Metzgerin [= Metzgersfrau].

Unter bestimmten Umständen kann man im Schwäbischen an »so« und »jetzt« die Verkleinerungsform »-le« anfügen. Damit kann man dann den Abschluss eines Vorgangs kommentieren wie z. B. hier beim Verkaufsgespräch. Aber: Das »Soodale - jetzdale« wird hier durch den Zusatz in der zweiten Zeile scherzhaft verlängert und damit betont. Ein größerer Vorgang sei erfolgreich abgeschlossen, der jedoch keineswegs unbedingt im Metzgereiladen stattfinden musste.

Soubr – hanget dr Vattr am Galga, ond d Muaddr hot au no Blatz.

Sauber – hängt der Vater am Galgen, und die Mutter hat auch noch Platz.

»Sauber …« sagt man zuweilen gerne, wenn einem etwas NICHT gefällt. Und der Spruch führte dies dann noch weiter aus. Allerdings wurde das Ganze durch den Zusatz mit der Mutter auch wieder als weniger schlimm dargestellt.   Donau

Sou-Glump, vrregdds!

Sau-Gelumpe, verrecktes!

Derb, im Zorn: Elendes, nichtsnutziges Zeug!

Texaswägela, Sommrwägela, Wintrwägela

-wägelein *(hier)*: Straßenbahnanhänger

Die 1959 eingestellte Straßenbahnlinie Ravensburg-Weingarten-Baienfurt: Mit diesen Begriffen unterschieden die Gymnasiasten aus Weingarten und Baienfurt die unterschiedlichen Waggontypen (Anhänger).
Texaswägele hießen die kurzen mit offener Plattform an beiden Enden, mit Scherengittern als »Türen«. Es waren wohl die ältesten, die nur samstags zuweilen eingesetzt wurden. Dann war die Freude der jugendlichen Fahrgäste groß. (Samstags war damals und noch für lange Jahre Unterricht.) So ähnliche Waggons führt u.a. das Öchsle, die Schmalspur-Museumsbahn zwischen Warthausen und Ochsenhausen.

Sommerwägela: Der Waggonkörper reichte bis an die Puffer, es gab Türen und keine offene Plattform. Sie wurden ganzjährig eingesetzt.
Winterwägela: Sie waren ähnlich wie die Sommerwägela aufgebaut, aber etwa doppelt so lang und mit einer zusätzlichen Mitteltür ausgestattet.
Woher die Bezeichnungen stammten, bleibt unbekannt. Selbst das großartige Buch von Raimund Kolb zur Geschichte dieser Straßenbahn schweigt sich darüber aus.

Schussen

Uffe ruckcha, riabig si! Wär itt riabig isch, ka huigong!

Aufrücken, ruhig sein! Wer nicht ruhig ist, kann heimgehen!

Schönstes Allgäuer Niederalemannisch! So ermahnte in den 1950er-/1960-ern der Kirchenschweizer Kinder und Jugendliche während des Sonntagsgottesdiensts. Wer sich nicht daran halte, werde nach Hause geschickt, also rausgeschmissen (vor aller Augen!). »Kirchenschweizer«: Von der Kirchengemeinde bestellter Ordnungshüter, oft mit einer Robe und langem Stock mit oben angebrachter Verzierung als Zeichen seiner Amtswürde ausgestattet. Gab es auch in der Weingartener Basilika, wo ich ihn aber nie aktiv handelnd sah oder hörte; er stand nur »würdig« im hinteren Bereich des Kirchenschiffs da.

Allgäu

ums Numgugga

ums Hinumgucken [= Hinübersehen]

a) schier, beinahe, fast
b) schnell, überraschend, unversehens, »zmool« [= zumal = plötzlich]

Und wa gibt dees, bis ferdig isch?

Und was gibt das, bis es fertig ist?

Misstrauische Bemerkung zur Arbeit eines anderen, die in Zweifel zieht, dass daraus etwas Rechtes oder Sinnvolles werden könnte.

**Und wemme noch d Arbaitswuat so richdig paggd,
no schdande ganz schdill in a Egg nai und wart, bis se wiedr vrrauchd isch.**

Und wenn mich dann die Arbeitswut so richtig packt,
dann steh ich ganz still in eine Ecke hinein und warte, bis sie wieder verraucht ist.

Unerwartete Pointe! Solche Sprüche werden freilich vor allem von Leuten gebraucht, die sich vor Arbeiten keineswegs drücken wollen.

Und wenn s Glawier in Kellr kommd!

Und *(selbst)* wenn das Klavier *(eigens deswegen)* in den Keller kommt!

Notfalls trage man das (schwere) Klavier vorübergehend in den Keller [= Abstellraum]: Etwas sei auf Teufel komm raus durchzuführen. Meist als Aufmunterung zu sich selbst gesagt.

Und, wia waar s? Hond se rächt deeberet?
Und, wie war's? Haben sie recht unwirsch reagiert?
»deebera / töberen«: »toben, unsinnig schimpfen, lärmen (in der Wut, im Alkoholrausch, u. dgl.)« (Wax)

Vaddr ond Mueddr, ihr brouchet edd fuddschbrenga, i bees.
Vater und Mutter, Ihr braucht nicht fort(zu)springen, ich bin's.
Ernst Bäuerle war einige Jahre zuvor von Grötzingen (bei Allmendingen) nach Amerika ausgewandert, kam im April 1945 als US-Soldat in sein Heimatdorf und überraschte mit der beruhigenden Aussage seine eigenen Eltern bei der Feldarbeit ...
Nach einer Mitteilung der Schwäbischen Zeitung Ehingen vom 25. April 1995.   Donau

Vaddrs Gabl
Vaters Gabel
mit bloßen Händen arbeiten oder essen, wenn man etwas Anderes gerade nicht zur Hand hatte   Donau

Vieleichd kommt nooch d Reie raa.
Vielleicht kommt dann die Räue herab.
»Reie / Räue« (von »rau«): Rauheit; hier »kalte Witterung«
Der Satz fiel, als sich Regen im Frühling ankündigte und damit die Hoffnung weckte, die winterliche Kälte würde damit endlich gebrochen.

von dr Wuuz it
ganz und gar nicht *(Jugendsprache 1980er-Jahre)*   Donau

voor da me hausch *oder* **voor ma me haut**
(bevor) du mich haust *oder (be)*vor man mich haut
Scherzhaft-kokettierend, wenn einem etwas angeboten wird: Dann nehme man eben »notgedrungen« an, bevor man Schläge beziehe.

voordrhand
vorderhand
zunächst, als erstes, vorläufig, bis auf weiteres

Vrgelts Gott! – Gsägnes Gott! S git na koin Bättlr mee!
Vergelt's Gott! – (Ge-)Segne es Gott! Es gibt euch kein Bettler mehr!
Rede und Gegenrede: Der erste bedankt sich, Gott möge dem anderen die gute Tat vergelten, d.h. belohnen. Der andere antwortet darauf sehr traditionell mit dem Wunsch, Gott möge dies segnen. Darauf folgt zuweilen der dritte Teil. Dieser spielt darauf an,

dass arme Leute, selbst wenn sie wollten, keine andere Möglichkeit haben, sich für eine Wohltat zu revanchieren als sich eben mit ihrem frommen Wunsch zu bedanken.

Vrheebsch en?
Verhebst du ihn?

Kannst du ihn zurückhalten? (zum Beispiel an der Leine zerrenden Hund)

Vrheebsch es noo?
Verhebst du es noch?

Kannst du den Harn- oder Stuhldrang noch ein Weilchen zurückhalten?

Wa dätet au mir ohne di und de gloine Grommbirra? – ??? – No miaßded mir loutr große essa!
Was täten auch wir ohne dich und die kleinen Grundbirnen [= Kartoffeln]? – ??? – Dann müssten wir lauter große essen!

Relativiert ein scheinbar großes Lob »Wa dätet au mir ohne di? / Was täten auch wir ohne dich?«, ist aber ein harmloses Wortspiel und bleibt ein Lob.

Wa hosch au doo fer a Huurazuig kaufd!?
Was hast du auch da für ein Hurenzeug gekauft!?

Was für ein schlechtes, sinnloses, wertloses, hässliches und viel zu teures Produkt hast du denn (bloß wieder) da gekauft?
Mit diesen wenig schmeichelhaften Worten empfing ein Ehemann seine Gemahlin, als sie ihm ihre eben erstandene Jacke freudestrahlend und Lob erhoffend vorführte. Das »Huren-« dient der Verstärkung und hat mit Sexarbeiterinnen nichts zu tun.

Wa hosch denn fir a käafrigs Fiedla heit?
Was hast du denn für einen käfrigen Po heute?

»käafrig / käfrig« (von »Käfer«): aufgeregtes Hin- und Herlaufen, unruhig, nervös sein, »Fiedla / Po«: damit ist stellvertretend Rumpf und Beine gemeint
Warum bist / tust du denn heute so aufgeregt (und machst dabei auch noch die anderen damit verrückt)?

Wa hosch groomet?
Was hast du gekramt? [= Was hast du denn von deiner Shoppingtour so alles mitgebracht?]

Kann auch die Frage nach einem Mitbringsel sein.

wäaga ma Mool ...
wegen einem *(einzigen)* Mal ...

Einmal ist keinmal! (Aussage / Ausrede des »Sünders«)

Wäaga oim dirra Ascht haut ma it da ganze Baum um.
Wegen einem* dürren Ast haut man nicht *(gleich)* den ganzen Baum um.

Man verzeihe mir den schwäbischen Dativ »wegen einem Ast« statt des klassischen Genitivs »wegen eines dürren Ast(e)s...«
Wenn einem gesundheitlich auch etwas fehlt, ist man deswegen noch nicht gleich zum Sterben bereit.

Wäar am Funkasonntig kuin Funka brenna sieht, muess in dem Johr schderba.
Wer am Funkensonntag keinen Funken brennen sieht, muss in diesem Jahr sterben. *(Büchele I)*

»Funkensonntag«: Sonntag nach Aschermittwoch
»Funken«: große Feuer, die unter Anteilnahme der Bevölkerung am Funkensonntag abgebrannt werden (Frühlingsbrauch); https://de.wikipedia.org/wiki/Funkensonntag
Allgäu

Waisch au bloß deem iebers Näbele griesa?
Was ist auch bloß diesem über das *(Bauch-)*Näbelchen gekrochen?

Eher mitfühlend gemeint: Welche Laus ist ihm denn nur über die Leber gelaufen?

Wär isch da Schnalladruggr?
Wer ist der *(Tür-)*Schnallendrücker?

»Türschnalle«: Türklinke
»Schnalladruggr / Schnallendrücker« wurde mancherorts derjenige genannt, der am Palmsonntagmorgen als erster der Familie aus dem Bett aufgestanden war.   *Riß*

Wär isch dr Gruibagratzr?
Wer ist der Griebenkratzer?

»Gruibagratzr / Griebenkratzer« spottete man mancherorts über den Palmenträger, der am Palmsonntag als erster wieder aus der Kirche ins Freie hinaustrat. (https://de.wikipedia.org/wiki/Osterpalme).
»Gruiba / Grieben«: würfelförmige kleine Stücke ausgelassenen Specks
Über den Begriff »Gruibagratzr / Griebenkratzer« kann ich nur spekulieren: Vielleicht unterstellte man demjenigen, der es so eilig hatte, dass er möglichst schnell heim an den Schmalztopf (Sinnbild für »Lebensmittelvorrat«) wolle. Der letzte der Palmenträger beim Auszug aus der Kirche wurde als »Palmesel« verspottet. Dies wollte auch keiner genannt werden. Und so gab es am Gottesdienstende mancherorts ein ziemlich heftiges Gedränge um die »mittleren« Plätze. Ein früherer Griesinger Pfarrer teilte an die hierbei Unterlegenen zum Trost kleine Süßigkeiten aus.

Wär isch dr Palmesl?
Wer ist der Palmesel?

Palmesel wurde mancherorts auch derjenige genannt, der am Palmsonntagmorgen als letzter der Familie aus dem Bett aufgestanden war. Riß, Allgäu

Wär it doo isch, soll »Hier!« schreia!
Wer nicht da ist, soll »Hier!« schreien!

Beinahe schon Standard-Spruch im Reisebus, wenn es nach einer Rast weitergeht und Busfahrer oder Reiseleiter feststellen wollen, ob wieder alle an Bord sind.

Wär kommd in mai Guggushousale?
Wer kommt in mein Guggus-Häuselein?

Ein Erwachsener geht einige Meter vor einem kleinen Kind in die Hocke und lockt es mit diesem Singsang-Ruf. Das Kind stürmt auf seine ausgebreiteten Arme los und wird dann stürmisch hochgehoben. Schussen

Wär s glaubd, wird selig,
und wär in Mäalsack schlupfd, wird mäählig.
Wer's glaubt, wird selig,
und wer in den Mehlsack schlüpft, wird mehlig [= voller Mehl].

Oft wird nur die erste Zeile gesagt. Die zweite erweitert sie zu einem scherzhaften Reim. Sinn: Das mag glauben, wer will.

Wart, i gib dr glei a Loche!
Wart, ich geb dir gleich eine »Loche«!

»Loche« spielt auf »Arschloch« an. Jemand eine »Loche« geben heißt, ihm oder ihr einen Fußtritt in den Hintern zu verpassen. Allgäu

Warum hand d Fraua glaine Hend? – ??? – Dass se bessr d Ecka butza kennet!
Warum haben die Frauen kleine Hände? – ??? – Dass sie besser die Ecken putzen können!

Da sind sie wieder: die drei Ks der Frauen: Kinder, Küche, Kirche. Es soll politische Bestrebungen geben, die das ganz gerne wieder so sähen ... (2016)

Warum hand d Fraua glainere Fiaß? – ??? – Dass se näer a da Heard na kommet!
Warum haben die Frauen kleinere Füße? – ??? – Dass sie näher an den Herd hinan kommen!

Da sind sie nochmals: die drei Ks der Frauen: Siehe den vorigen Spruch.

Warum hausch en soo noch de Fliaga?
Schbätr im Sarg kasch au it nooch de Mada schlaga!
Warum haust *(du)* denn so nach den Fliegen?

Später im Sarg kannst du auch nicht nach den Maden schlagen!
Makabrer Trost, wenn einen die Fliegen nerven.

Was hondr au firr en **Leb**dag?
Was habt ihr auch für einen Lebtag?

»Lebtag«: aufgeregtes lautes (für die anderen ggf. nerviges) Getue beim Zusammentreffen, -kommen. Kann jemand fragen, der zu einer Gruppe von Leuten stößt, die sich schon sehr lebhaft unterhalten, nicht unbedingt leise und dabei auch lachen und kichern. Enthält evtl. den (besorgten?) Unterton: Was bewegt euch so?

Was **hondr** au firr en **Vrzabr**?
Was habt ihr auch für einen Verzaber?

»Vrzabr«: aufgeregtes lautes (für die anderen ggf. nerviges) Getue (»Gegacker«) Siehe beim vorigen Spruch.

Was machd au dr **Hans**? – Warmwassr beim Soicha!
Was macht auch der Hans? – *Warmwasser beim Seichen!*

Sagt man als Scheinantwort, wenn man die Frage nicht wirklich beantworten will. Kann einen Unterton von Unwillen enthalten: »Das geht dich nichts an!« (Der Name ist natürlich austauschbar.)

Was machsch graad? – *D Schnägga ouf d Schwenz schlaa, dass se bellet!*
Was machst du gerade? – *Die Schnecken auf die Schwänze schlagen, dass sie bellen!*

Sagt man als Scherzantwort, wenn man die Frage nicht wirklich beantworten will. Riß

Was soll i au a'ziaga? – *A Hemmed, dass ma it alles siehd, und Schua, dass da it iebrall naidabbesch!*
Was soll ich auch [= nur] anziehen? – *Ein Hemd, dass man nicht alles sieht, und Schuhe, dass du nicht überall reintappst!*

»Hemmed / Hemd«: stellvertretend für Obergewand
So antwortete eine resolute Mutter ihrer Tochter auf deren entsprechende Frage.

Was soll i großmächtig drzua saga?
Was soll ich *(denn schon)* Großmächtiges [= Großartiges] dazu sagen?

Ein Angeklagter im Schlusswort laut einer Meldung in der Ehinger Schwäbischen Zeitung vom Februar 1995.

Was willsch? Guetsla odr Schleeg? – *Guatsla!* – Guatsla sind ous …
Was willst *(du)*? Gutslein* oder Schläge? – *Gutslein!* – Gutslein sind aus …

*Gutslein = Bonbon(s)

Anm.: Das aus dem Französischen stammende Wort Bonbon heißt wörtlich »Gutgut«. Ritualisierte Scherzfrage z. B. zwischen Eltern und Kindern: Da es keine Gutslein mehr gibt, bleiben nur Schläge als scheinbare(!) Alternative übrig ...

Was!? En Lehrer witt du, wo am Morga nix z fresset hott und am Mittag und am Obed ou nix?

Was!? Einen Lehrer willst du, der am Morgen nichts zu fressen hat und am Mittag und am Abend auch nichts? (Büchele I)
So im 19. Jahrhundert der Vater einer heiratswilligen Bauerntochter angesichts großer materieller Not des Lehrerstandes. *Allgäu*

Wee-Zätt!

W.Z. *(gesprochen wie einzeln buchstabiert!)*
scherzhafte Abkürzung für »Wia Zau« = »Wia d Sou« = »Wie die Sau»
Heißt: sehr, in besonderem Maße
Kann Lob, Anerkennung und Bewunderung bedeuten, aber auch Kritik verstärken
Jugendsprech der 1960er

Weißenau macht Betriebsousflug!

Weißenau macht Betriebsausflug!
Kommentar, wenn sich eine Gruppe Reisender in den Augen anderer ungebührlich benimmt. In Weißenau befindet sich eine Psychiatrische Fachklinik, die für allerlei mehr oder weniger derbe Späße herhalten muss.

Weißenau, mach s Dierle ouf,
Erwin kommt im Douerlauf,
legt sich glei ins erschte Bett,
meldet sich als »Oberdepp«!

Weißenau, mach 's Türlein auf,
Erwin kommt im Dauerlauf,
legt sich gleich in's erste Bett,
meldet sich als »Oberdepp«!
In Weißenau befindet sich eine Psychiatrische Klinik, was für allerlei mehr oder weniger derbe und geschmacklose Späße herhalten muss. Der Name ist natürlich austauschbar. *Schussen*

Wemma mit Dommhoit fahra kennt, noo missd där da Berg nouf noo migga!

Wenn man mit Dummheit fahren könnte, dann müsste der den Berg hinauf noch bremsen!
»migga«: bremsen; ... so dumm ist der! *Donau*

Wemma moit, s goht it weitr, goht immr wiedr a Dierle ouf.
Wenn man meint, es geht nicht weiter, geht immer wieder ein Türlein auf.

Man soll nicht verzagen, irgendwie geht es immer wieder weiter.

Wenn da a Schbinn hi'machsch, griagsch Bouchweh.
Wenn du eine Spinne hinmachst *[= tötest]*, bekommst du *(zur Strafe)* Bauchweh.

Wohl alter Aberglaube; doch scheint er eine große Weisheit zu enthalten, weil er das Leben der ja oft als garstig empfundenen Tierlein zu schützen versucht.   Schussen

Wenn da dees etz it glei dosch, no dor i de schnetzgalga.
Wenn du das jetzt nicht gleich tust, dann tu ich dich schnetzgalgen *[= an einem niedergebundenen Ast hochschnellen lassen – oder irgendwie so ähnlich]*

Eine nicht ganz ernstgemeinte »Drohung« gegenüber unartigen Kindern.   Schussen

Wenn da it beizeit drhoim bisch, no kasch mit de Gmoolate essa!
Wenn du nicht beizeit*(en)* *[= rechtzeitig]* daheim bist, dann kannst du mit den Gemalten essen!

»Gmoolate / Gemalte«: Heiligenbilder an der Kirchenwand; diese brauchen nichts zu essen. Dringende Bitte, pünktlich zum Essen zu erscheinen.

Wenn da mi ouf hondert Meetr dreffa willsch – also, hosch scho amol a Reh heera lacha?
Wenn du mich auf hundert Meter *(mit dem Gewehr)* treffen willst – also, hast du schon mal ein Reh hören lachen?

Zwei Freizeitjäger am Biertisch über Treffsicherheit, und wie der eine glaubt, was der andere behauptet.   Donau

Wenn da no lang so weitrmachsch, no kommsch zledschd bais en d Scheißgass nai!
Wenn du noch lange so weitermachst, dann kommst du zuletzt böse in die Scheiß-gasse hinein!

Dringender Rat, damit nicht weiterzumachen, sonst könnte es richtig Ärger geben.   Donau

Wenn där so lang wär wia dumm, no kenntr ous dr Dachrinna soufa!
Wenn der so lang wäre wie dumm, dann könnte er aus der Dachrinne saufen!

... so dumm ist der!

Wenn de gloine Kendr it ousgschloofa hand, no zennet se.
Wenn die kleinen Kinder nicht ausgeschlafen haben, dann sind sie sehr missgelaunt.

»zennen / zännen«: »den Mund verziehen aus Neid, Leid; boshaft lachen, heulen, weinen, ... verhöhnen, ... beleidigt sein« (Wax)

Wenn dees Pfeifle Junge griat, will i au ois drvo!
Wenn dieses Pfeiflein Junge kriegt, will ich auch eins davon!
Sagte einer, den es störte, dass jemand fröhlich vor sich hin pfiff. *Schussen*

Wenn dia amol schdirbd, no moss ma derra s Moul no ägschdra dodschlaa!
Wenn die einmal stirbt, dann muss man dieser das Maul noch extra totschlagen!
über eine redselige Person

Wenn doo oiner komma wär, Maa, no wäret mr voll em Aarsch gwäa!
Wenn da einer *(entgegen)*gekommen wäre, Mann, da wären wir *(aber)* voll im Arsch gewesen!
Ein Zwölfjähriger, der mitfahrender Zeuge eines Überholvorgangs war: »Dies hätte für uns sehr gefährlich werden können.« *Donau*

Wenn Dummhoit jung macha dät, no wär där heit noit ouf dr Welt!
Wenn Dummheit jung machen täte, dann wäre der heute noch nicht auf der Welt!
... so dumm ist der!

Wenn Dummhoit weh dät, no dät där da ganza Daag »aua!« schreia!
Wenn Dummheit weh täte, dann täte der den ganzen Tag »aua!« schreien!
... so dumm ist der!

Wenn Dummhoit weh dät, noo mießded alle Leit in dr Schdadd mit Ohropax rumlaufa!
Wenn Dummheit weh täte, dann müssten alle Leute in der Stadt mit Ohropax rumlaufen, ...
... weil derjenige vor Schmerz laut schreien müsste! - »Ohropax®«: Gehörschutz
... so dumm ist der!

Wenn e no amol reich wäre, arm wäre noch glei wiedr.
Wenn ich nur einmal reich wäre, arm wäre ich dann gleich wieder.
Arm zu werden geht viel schneller als reich zu werden. Und: Ich wüsste schon, was ich mir bei etwaigem Reichtum alles leisten wollte.

Wenn e scho grad schterba muess, isch's bessr, es butzt oin von de Rote ...
Wenn ich schon *(demnächst)* sterben muss, ist es besser, es ‚putzt' einen von den Roten *(hinweg)*.
Damit soll ein altgedienter CDU-Stadtrat und überdies ein närrischer Mensch eine Todsünde kurz vor seinem Ableben eingestanden haben. Er sei nämlich noch schnell in die SPD eingetreten. ... Ätsch ... alles nicht wahr. Es war nur die gekonnte Un-

terstellung eines begnadeten Kabaretts. Es ist aber auch eine geläufige Redensart im Anschluss an einen entsprechenden Witz. Die Protagonisten sind austauschbar.

Schussen

Wenn en Diesl amool laufd, no laufd r!
Wenn ein Diesel einmal läuft, dann läuft er!

Dieselfahrzeuge galten früher als eher lahm. Sie kamen nur langsam in Schwung. Doch wenn sie einmal auf Touren waren, dann behielten sie diese auch bei, sozusagen über Stock und Stein, bergauf bergab.
Bemerkung unter (früheren) Dieselfahrern, unterschwellig gegen das Bild vom »lahmen« Dieselauto angehend und es doch nicht ganz abstreitend.

Wenn es noo scho hett …
Wenn ich es nur schon hätte …

Scherzhaft für »ja!«, wenn einem etwas angeboten oder als Geschenk angekündigt wird. Es könnte die Urangst mitspielen, dass aus dem Angebot zuletzt doch nichts würde.

Wenn i amool a Mofa hau, Maa, noo vrsäag de!
Wenn ich mal ein Mofa habe, Mann, dann versäge ich dich!

Dann überhole ich dich, du mit deiner lahmen Karre! - Pubertäres angeberisches Geschwätz: Mofas dürfen höchstens 25 km/h fahren.

Donau

Wenn i kennt wia itt …
Wenn ich *(so)* könnte wie nicht …

… dann, ja dann könnte ich …

Wenn i maine Kiachla in daim Schmalz bacha däff, no däffsch duu dai Floisch in maim Grout kocha.
Wenn ich meine Küchlein *[= Schmalzgebäck, Schmalzgebackenes, Krapfen …]* in deinem Schmalz backen darf, dann darfst du *(dafür)* dein Fleisch in meinem Kraut kochen.

Es klingt wie ein faires Tauschgeschäft. In Wirklichkeit hat der Sprecher immer den weitaus größeren Nutzen, wenn er sich mit seinem Vorschlag durchsetzt. Beschreibt einen, der immer gerne auf seinen eigenen Vorteil aus ist.

Wenn man sich in der Andreasnacht (30.11.) an eine Kreuzung stellt und das Christoffelgebet betet, so kommt der Teufel und gibt, was man verlangt. Wer aber hernach das Gebet nicht rückwärts beten kann, den nimmt er mit.

kein Schwäbisch, aber alte Überlieferung (Büchele I)

Wenn s Laufa zor Arbeit wird, no moss ma oufheera!

Wenn das Laufen *[= Wandern]* zur Arbeit wird *[= ausartet]*, dann muss man damit aufhören.

So sprach jemand schon nach den ersten 400 Metern einer kleinen Wanderung.

Wenn s Mode wird, dass ma sai Schwiegrmuettr mag, no mag i de halt au amol.

Wenn es in Mode kommt, dass man seine Schwiegermutter mag,
dann mag ich dich eben auch einmal.

»mögen«:
a) dauerhaft gern haben (lieben)
b) hier ironisch verfremdet: umarmen/drücken/herzen,
aber eben nur einmal, um dem Zeitgeist Genüge zu tun! (kann nur scherzhaft sein!)

Wenn s Wass lauft iebr drei Schdoi,
isch s wiedr roi.

Wenn das Wasser läuft über drei Stein',
ist es wieder rein.

So hat man in Schlechtenfeld die Kinder getröstet, die so gerne im Bächle gebadet hätten, wenn nicht die Lausbuben vom wenige Kilometer oberhalb gelegenen Ort Kirchen immer in den Bach gebieselt hätten.
(»Roi« für »rein« wird nur wegen »Schdoi/Stein« so gereimt.)   Donau

Wenn s Weäddr goet isch, isch ou Granket bessr!

Wenn das Wetter gut ist, ist auch die Krankheit besser *(zu ertragen)*.   Allgäu

Wer litt, wenn da Mesmer mäht?

Wer würde *(die Kirchenglocken)* läuten, wenn der Mesmer *(Futter/Getreide)* mäht?

»Mesmer/Mesner«: Kirchendiener, Küster
Vermutlich: Wer außer ... könnte dies schon tun?! Oder auch: Wenn es dafür Zeit ist, soll man/frau die übertragene Arbeit tun und nichts anderes. Auch die Deutung »Schuster, bleib bei deinen Leisten« ist denkbar. Die Redensart muss noch aus Zeiten stammen, als die Kirchenglocken nicht elektrisch und nicht nach elektrischer Zeitschaltuhr geläutet wurden.   Schussen

Wer nix isch und wer nix ka,
goht zo Boscht und Eisabah'.
Wer s au do zo nix hat brunga,
handlet mit Versicherunga.
Und wer gar nix wird,
wird Wirt.

Wer nichts ist und wer nichts kann,
geht zu Post und Eisenbahn.

Wer's auch da zu nichts hat gebrungen *[= gebracht*]*,
handelt mit Versicherungen.
Und wer gar nichts wird,
wird Wirt.

*»gebrungen«: nur um des Reimes willen

Wer s Hus firbet, vrdriebd alle Wanza.

Wer das Haus firbt *[= mit dem Besen ausfegt]*, vertreibt *(dadurch)* alle Wanzen.
(Büchele I)   Allgäu

Werbung fr Schneedreiba

Werbung für Schneetreiben

Kommentar, früher: als die Fernsehsender abends ihr Programm abschalteten, sah man nur noch wildes Schwarz-Weiß-Geflimmer auf den Bildschirmen. Heute: Bildschirmgeflimmer bei Totalausfall eines Senders   Schussen

Wia alt bisch? – *So alt wia mai Fiedla, und dees hott noit zahnet!*

Wie alt bist du? – *So alt wie mein Hintern, und der hat noch nicht gezahnt.*

»zahnen«: Zähne bekommen
Wenn man die als überneugierig empfundene Frage nicht wirklich beantworten will.

Wia d Sou!

Wie die Sau!

Heißt: sehr, in besonderem Maße
Kann Lob, Anerkennung und Bewunderung bedeuten, aber auch Kritik verstärken.

Wia goht s em Pazient? – *Ha, da Humoor isch amol goet!*

Wie geht's dem Patient? – *Ja also, der Humor ist auf jeden Fall gut!*

Einer hat jemand am Krankenlager besucht. Ein Dritter fragt ihn nach dem Befinden des Patienten. Dessen »Humor« sei gut, was nicht heißt, dass er Witze reiße, sondern dass er zuversichtlicher Stimmung sei und eine baldige Genesung erwarte.   Schussen

Wia hot's gschmeckt? – Wia scho amool gessa.

Wie hat's geschmeckt? – *Wie schon mal gegessen.*

so schlecht, als ob es Erbrochenes sei

Wia isch s nooch soo bei ui denna?

Wie ist es denn nun so bei euch drin?

Wir hatten lieben Besuch aus Tabarz in Thüringen, als unsere Nachbarn vorbeischauten, ein gutes neues Jahr zu wünschen. Interessiert wollten sie denn auch wissen, wie es in der Ex-DDR so gehe. Und nun der Reihe nach:

a) »bei Ui« drückt aus: man wollte nicht gestelzt und distanziert »bei Ihnen« sagen, nachdem es sich zum einen um unsere guten Freunde und zum anderen um unsere guten Nachbarn handelte. Das «Ui» (»euch«) den thüringischen Gästen gegenüber schloss diese in die gute Nachbarschaft ein Stück weit mit ein.
b) »nooch soo« heißt »so ganz allgemein und so«. Dahinter steckt, dass man schon manches über Probleme mit Arbeitslosigkeit in der Ex-DDR mitbekommen habe, aber nichts Genaues darüber wisse. Viel Neugier und etwas Anteilnahme werden spürbar.
c) »do denna«: Damit wird im häufig (das benachbarte) Ausland bezeichnet. Man war z. B. in Österreich »dinna« [= drin] und fährt »in d' Schweiz nai« [= hinein]. Die Formulierung zeigt, dass die ehemalige Grenze zur DDR noch weit drin in den Köpfen ist. (Auch in der ehemaligen DDR selbst: »...eine Firma aus dem Westen ... einer von uns/euch ...«)
Zeitraum: 1. Hälfte der 1990er. Ob es 2016 ganz anders wäre? Donau

Wia ka ma au so en <u>Dregg</u> rousschwätza!? *Oder:*
Wia ka ma au so en <u>Scheiß</u>dregg rousschwätza!?
Wie kann man auch *(nur)* so einen Dreck herausschwätzen!? *Oder:*
Wie kann man auch *(nur)* so einen Scheißdreck herausschwätzen!?
Wie kann man so einen Unsinn verzapfen!? Wie kann man nur so niveaulos daherreden!?

Wia ma schaffet, so isst ma!
Wie man schafft *[= arbeitet]*, so isst man *(auch)*!
Entweder flink, sorgsam und überlegt oder hastig und schludrig

Wia sagsch doo? – ….
Wie sagst du da? – …

Damit zeigt man Kindern, man erwarte jetzt von ihnen, dass sie »Danke« sagen, weil sie etwas geschenkt bekommen hatten. Meist fordert das nicht der Schenkende selbst ein, sondern ein anderer begleitender Erwachsener.

Wia weit goht dr Näabl? – *???* – Bis Konschdanz, weil ab do hoißt r Naabl.
Wie weit geht der Nebel? – *???* – Bis Konstanz, weil ab da heißt er Nabel.

Beliebte Scherzfrage im südlichen Oberschwaben, wo es im Schussental häufig Nebel bis runter zum »See« [= Bodensee] hat. Damit weckt man die Hoffnung, es gebe nicht allzu weit entfernt eine nebelfreie Zone, wo womöglich die Sonne schiene. Doch man treibt mit der Frage ein »böses« Spiel: Konstanz liegt ja auch am Bodensee, und also ist es dort nicht minder neblig. Nur, dort sage man nicht schwäbisch Näbl, sondern alemannisch »Naabl«. Schussen

Wia weit isch es von Kniebis Fraidaschdadt? – *???* **–**
So Schdugga zwanzg Zentimetr ...
Wie weit ist es von Kniebis Freudenstadt? – *???* –
So Stücker zwanzig Zentimeter ...

»Stücker ...«: ungefähr ... Wortspiel zwischen dem Namen des Schwarzwaldorts »Kniebis« und »(vom) Knie bis«. Freudenstadt, ebenfalls im Schwarzwald gelegen, muss für die andere Deutung als »Ort der Freude« herhalten.

Willsch zo mir rumhocka ouf de ander Seita? – *Warum?* **–**
Ha, no wäresch näer bei daine Fiaß!
Willst du zu mir rum sitzen auf die andere *(Tisch-)*Seite? – *Warum?* –
Ja weißt du, dann wärst du näher bei deinen Füßen!

Damit neckt man Großgewachsene, die unter dem Tisch ihre langen Beine so weit ausstrecken, dass sie mit denen des Gegenübersitzenden ins Gehege geraten.

Wo na gamma? – Ma goht ouf Dribs<u>drill</u>, wo d Hond bei de <u>Wedl</u> nous bellet.
Wohin gehen wir? – *Man geht [= wir gehen] auf [= nach] Tripsdrill, wo die Hunde bei den Wedeln [= Schwänzen] hinaus bellen.*

Scheinantwort auf die kindliche Frage, wohin die Reise gehe. Vielleicht ging sie ja auch nur aufs Feld oder bestenfalls in die nahe Stadt. »Tripstrill« hielt man für einen Fantasie-Ort, von dem niemand ahnte, dass es ihn wirklich gibt. Dort sollen angeblich die wunderlichsten Dinge möglich sein.
Donau

Wo na gohts? – *Immr da Naas nooch, no goht dr Aarsch it fehl!*
Wohin geht's? – *Immer der Nase nach, dann geht der Arsch nicht fehl!*

»fehl gehen« (hier): in die Irre gehen, sich verlaufen
Auf die Frage gemeinsam Wandernder, wohin man sich an einer Weggabelung zu wenden habe. Es ist fraglich, ob die Antwort wirklich hilfreich ist ...
Kann natürlich auch scherzhaft die Pause überbrücken helfen, bis der Zuständige Wanderkarte, Kompass oder GPS-Gerät hervorgeholt und konsultiert hat.

Wo Rauch isch, do isch au Fuier, hot dr sell gsait und hott sai Daabaggspfeifa an de Rossbolla azenda wella.
Wo Rauch ist, das ist auch Feuer, hat selbiger gesagt und hat seine Tabakspfeife an den Pferdeäpfeln anzünden wollen.

Frische Pferdeäpfel dampfen in der Kälte, was wie Rauch aussieht. Wohl eher ein gerne weitererzählter Witz als eine wahre Begebenheit.

Woisch – mit denne mosch Deitsch schwätza!
Weißt du – mit denen musst du Deutsch schwätzen *[= reden]*!

»Deutsch« (hier): Klartext, unverblümt, in aller Deutlichkeit

Woisch au, warum dr Schdadroot R. etz immr so nä am Droddwaarrand laufd? – *???* **– Dass r dr Hoett beim Grießgottsaga weitr nab dua ka!**

Weißt du auch, warum der Stadtrat R. jetzt immer so nahe am Trottoirrand läuft? – ??? – Dass er den Hut beim Grüßgott-Sagen weiter hinab tun kann!

»Schdadroot / Stadtrat« (Gemeinderat): Mitglied des gleichnamigen kommunalen Kollegiums
»Droddwaar / Trottoir« (französisch): Gehweg, Bürgersteig
»Grießgottsaga / Grüßgott-Sagen«: den Gruß entbieten
Eine wahre Geschichte: Ein böses Spottwort aus den unseligen Zeiten eines harten und teils reichlich unfairen Wahlkampfs in einer oberschwäbischen Stadt, um 1960. Einer der Stadträte namens R. soll zugunsten »seines« Bürgermeisterkandidaten-Favoriten, für den er sich öffentlich einsetzte, plötzlich begonnen haben, alle Leute auf der Straße in erkennbar wahlkämpferischer Absicht übertrieben höflich zu grüßen. Damals lüfteten Herren dazu noch ihren Hut. Der Spott der Bürger übertrieb das in der Beschreibung und verbreitete, dass sich besagter Herr R. eigens deswegen immer am Gehwegrand bewege, dass er nach unten noch mehr Platz zum Schwenken seines Huts habe, denn die Straße liegt ja etwas tiefer.   *Schussen*

Woisch, i hau Känguruh-Benzee tanket.

Weißt du, ich habe Känguruh-Benzin getankt.

Sagte der Autofahrer, als sein Auto beim Losfahren einige Bocksprünge machte.

Woisch, was Kunschd isch? – *???* **– Imma runda Zimmr in a Egg naischeißa.**

Weißt du, was Kunst ist? – ??? – In einem runden Zimmer in ein Eck hineinscheißen.
war mal eine Schüler-»Weisheit«   *Schussen*

Woll! Woll! - Hond d Schäf am Fiedla!

Woll(e)! Woll(e)! - Haben die Schafe am Hintern!

Wortspiel mit nachgeahmtem und veralbertem preußisch-militärischen »Ja<u>woll</u>«. Damit wird angedeutet, dass man es mit der Zustimmung oder Ausführung nicht sehr ernst nehme oder es nicht so eilig damit habe, wie vom Gesprächspartner eigentlich erwartet.

Wolle, lauf! *bzw.* **Där isch wolle gloffa!**

Lauf geschwind! bzw.
Der ist schnell gelaufen! (um eine aufgetragene Besorgung zu erledigen).
»wolle«, eine Form zu »weidlich«: »tüchtig, hurtig, geschwind« (Wax)

Wu-le-wu da Ranza voll mit awäck a Briegele?

Voulez-vous den Ranzen voll mit avec einem Prügelchen?

»wu-le-wu / voulez-vous« (französisch): »wollen Sie?« bzw. »wollt ihr?«
»awäck / avec« (französisch): »mit«

Scherzhaftes Androhen von Prügeln, halb auf Französisch, halb auf Schwäbisch; meistens verwendet von Leuten, die kein Französisch können.

Wu-le-wu kuschee awäck mo-a?
Voulez-vous coucher avec moi? *[= Wollen Sie mit mir schlafen?]*
»wu-le-wu / voulez-vous« (französisch): »wollen Sie / wollt ihr?«
Scherzhaftes Anfragen auf Französisch, gerne verwendet von Jugendlichen, die kein Französisch können und allenfalls ahnen, was es bedeutet. Sie fragen aber jemand, von dem sie annehmen, er verstünde es, weil sie sich dann an dessen seltsamer oder peinlich berührter Reaktion ergötzen. Und dann probiert man's wieder und wieder ...

Wuudesch gau schdilla sai!?
Würdest du jetzt denn bald still sein!?
Ziemlich grobe Aufforderung, jetzt aber unverzüglich die Klappe zu halten, vor allem Kindern gegenüber.
Anm.: Mir fällt dabei das englische »Would you <please> ...« ein. Riß

Xundhait! Noi – Schenhait, weil, xund bisch jo!
Gesundheit! Nein – *(lieber wünsche ich dir)* Schönheit, weil, gesund bist du ja!
scherzhafter Gruß, wenn einer geniest hat

Z Rom liesd ma äll Dag a Mäss, dass dr Glai dr Groß it fress.
Zu Rom liest man alle Tage eine Messe, dass der Kleine den Großen nicht fresse.
»Rom« (hier): oberstes Zentrum der katholischen Kirche; Papstsitz
»Messe« (hier): Bittgottesdienst, um einen Wunsch erfüllt zu bekommen
»eine Messe lesen» einen Messgottesdienst feiern
Hintergrund: Eine Bittmesse in Rom soll besonders »wirksam« sein.
Dass Große die Kleinen fressen, ist ja »normal«. Hier soll aber das umgekehrte Ziel durch Beten erreicht werden. Wie das? Jetzt kommt die Ironie ins Spiel: Unter Kindern kommt es durchaus vor, dass sich die jüngeren als Opfer von Missetaten der Älteren präsentieren und von Erwachsenen Mitleid usw. erheischen. In Wirklichkeit aber waren sie selbst die Urheber des Streits. Das bleibt den älteren Kindern nicht verborgen, und dann kommt es zuweilen zum obigen ironischen Spruch. Donau

Zahl dai Sach, no brouchsch it Dankschee saga!
Zahl deine Sachen, dann brauchst du nicht Dankeschön *(zu)* sagen!
scherzhaft, wenn sich jemand für etwas bedankt

Zerschd hott ma koin Hungr, und noo dät ma fer drei frässa!
Zuerst hat man keinen Hunger, und dann täte *[= würde]* man für drei fressen!
Erst kommen die Gäste auf einen Sprung zu Besuch und sagen, sie wollten natürlich

nicht beköstigt werden, höchstens ein klein wenig ... Und dann, mit der Zeit, langen sie doch immer mehr zu und bringen die Gastgeber womöglich damit noch in Verlegenheit. Der Appetit kommt mit dem Essen.

Zoig amool dain Hoobl!
Zeig mal deinen Hobel!
Der eine Kumpel zum anderen, er wolle mal dessen neuerstandenes Fahrzeug (Auto/ Motorrad) in Augenschein nehmen. *Riß*

Zom Schderba moss ma Zeit hau!
Zum Sterben muss man Zeit haben!
Der (gewerbliche) Bestatter bei ländlicher Beerdigung zu den ehrenamtlichen Sargträgern, damit diese den Sarg ja nicht zu schnell am Seil hinunterließen. Es war weder spaßhaft noch zynisch, sondern eigentlich der Würde des Geschehens durchaus angemessen. Es nahm den Helfern etwas die Beklommenheit und rückte den Tod irgendwie in einen natürlichen, selbstverständlichen und würdigen Zusammenhang.

Zum Beschta von ra Wallfahrt gheert allat no dr Durscht und dr Hungr.
Zum Besten von einer Wallfahrt gehört immer noch der Durst und der Hunger.
Oh barocke Lebensfreude, in Oberschwaben und im zugehörigen Allgäu zuhause!
Allgäu

Zur Liech loss mer bitta!
Zur Leiche [= *Beerdigung*] lässt man bitten!
Mit diesem Spruch zog die »Liechsagere« (Leichen-Ansagerin) von Haus zu Haus und lud zur Teilnahme an einer Beerdigung ein. Sie erhielt dafür jeweils einen kleinen Geldbetrag oder ein Metzle Mehl (125 g). (Büchele I) *Allgäu*

Zwickerle, zwäckerle,
zoig mir s Äckerle,
Haus, Hof,
Schdiggle Brod,
Lucka-Ma, komm zor Milsupp rai!
Bobbo!
... zeig mir das Äckerlein, ..., Stückchen Brot,
(Zahn-?-)Lücken-Mann*, komm zur Milchsuppe rein! ...
* entweder Anspielung auf einen Erwachsenen, dem die Zähne zum Teil ausgefallen sind oder auf ein Kind im Grundschulalter, wenn das Milchgebiss vorübergehend Lücken aufweist

zwischa Dunkl und Siehsch-me-it
zwischen Dunkel und Siehst-mich-nicht
in der Dämmerung; im Zwielicht

Zwoi Blondina wellet Schach schbiela. Frogt de oi: »Hosch d Regl im Kopf?« Sagt de andr: »Warum, bluet e ous dr Nas?«
Zwei Blondinen wollen Schach spielen. Fragt die eine: »Hast du die Regel im Kopf?« – Sagt die andere: »Warum, blute ich aus der Nase?«
Ja, ich weiß. Doof, geschmacklos, frauenfeindlich, diskriminierend. Früher gab es mal Ostfriesen-, Opel-Manta-Fahrer-, Österreicherwitze. Dann waren »Blondinen« dran. Diese Witze kursierten alle auch in Oberschwaben. Also halte ich wenigstens einen davon exemplarisch fest. Anmerkung: Genau dieselben Witzmotive gab es auch in Frankreich, als »Belgierwitze«.

Quellen

Das jeweilige Kennwort für die Quellen steht bei den Sprüchen in Klammern; siehe nachstehende Auflistung

Alb-Donau-Kreis, Kreisbeschreibung, Band I (1989) und II (1992), Thorbecke-Verlag.

Büchele (I), Berthold, Ratzenried, Eine Allgäuer Heimatgeschichte, Band I-IV, 1986-93. Hinweis: Es gibt drei Audio-Interviews im Dialekt von Ratzenried und Umgebung zu hören unter: http://www.ratzenried.de/index.php/audioaufnahmen-zeitzeugen-in-um-ratzenried.html

Büchele (II), Berthold, Allgäuer Niederalemannisch in seiner schönsten Form. In: Schwäbische Zeitung, Ausgabe Wangen, Leutkirch, 20. Juli 1992.

Dorner (I), Ludwig, It gschimpfd isch globt gnua, Silberburg-Verlag, 1. Auflage, Stuttgart, 1992.

Dorner (II), Ludwig, Schad, daß e scho gnuag hon, Silberburg-Verlag, 1. Auflage, Tübingen und Stuttgart, 1994.

Dorner, Ludwig, 100 Jahre SPD-Ortsverein Ehingen 1914-2014; 2014.

Duden, http://www.duden.de/rechtschreibung

Ehingen, Handwerk, Handel & Gewerbe einst bis heute, Museumsgesellschaft Ehingen e.V., 1. Auflage, Ulm, 2011.

Fetzer, Arthur, Deutsch-Schwäbisch. Schmutzige Wörter, Frankfurt, 1993.

Fischer, Schwäbisches Wörterbuch (6 Bände u. ein Nachtragsband), Tübingen, 1904-1936.

Gemeindebuch Griesingen, 2010; Hrsg. Gemeinde Griesingen; hg. zur 1250-Jahrfeier, erhältlich bei der Gemeindeverwaltung; 20 Euro; siehe auch: www.Griesingen.de

Huber, Anton, Volkskundliches und Kulturelles, Zulassungsarbeit für die zweite Staatsprüfung für das Lehramt, Kirchbierlingen, um 1950.

Kennzeichen BC, Heimatkunde für den Landkreis Biberach, W. Lutz und Klett, Biberach/Riß.

Krüger-Lorenzen, Deutsche Redensarten und was dahinter steckt (Sammelband), Wilhelm Heyne, Taschenbuchausgabe, München, 1982.

Moosmann (I), Agnes, Barfuß, aber nicht arm, Thorbecke, 5. Auflage, Stuttgart, 2000.

Moosmann (II), Agnes, In den Schuhen der Ehefrau, Gulde-Verlag, Tübingen, o.J.

Oxford, Dictionary of English Etymology, Oxford at the Clarendon Press, 6. Auflage, Oxford, 1976.

Sägmüller, Paul, Oh - je, Vom Aberglauben und allerhand Unglaublichem aus Oberschwaben. www.saegmueller-verlag.de

Südwestpresse Ulm (Donau)

Schwäbische Zeitung, Ausgabe wie jeweils angegeben.

Wax, Hermann, Etymologie des Schwäbischen, Biberacher Verlagsdruckerei, 4. Auflage, 2011.

Ummendorf, Geschichte einer oberschwäbischen Gemeinde, Albert Angele, Pfarrer i. R., 1954; 1997 3. unveränderte Auflage; Selbstverlag der Gemeinde Ummendorf.

Wikipedia

(siehe die jeweilige Quellenangabe)

www....,

(Internet), siehe jeweiliges Zitat

Vereinzelte andere Quellen am jeweiligen Ort des Zitats

Zahlreiche ungenannte Bürgerinnen und Bürger in Oberschwaben, die so rede(te)n, wie ihnen der Schnabel gewachsen ist und die es mir frei- oder unfreiwillig zukommen ließen.

Ludwig Mich. Dorner

ist 1946 im mittleren Schussental geboren, aufgewachsen, zur Schule und Hochschule gegangen und hat dort den Großteil seiner sprachlichen Wurzeln. Auch sein Vater ist hier zu Hause gewesen: städtisch-alemannisches Spracherbe, während seine Mutter aus dem südlichen Landkreis Biberach stammte und samt ihrer Verwandtschaft die mittel-oberschwäbische Komponente beisteuerte.
Ludwig Dorners Frau Klara (von allen Klärle genannt) ist im württembergischen Allgäu geboren und aufgewachsen. Auch ihre Eltern stammen aus dieser Gegend. Beruflich waren beide über vier Jahrzehnte in Ehingen tätig. So ist dem Ehepaar auch das Schwäbisch an Donau und Albaufstieg bestens vertraut.